FRIEDRICH DER GROSSE

Friedrich Benninghoven · Helmut Börsch-Supan
Iselin Gundermann

# FRIEDRICH DER GROSSE

Ausstellung des Geheimen Staatsarchivs Preußischer Kulturbesitz
anläßlich des 200. Todestages König Friedrichs II. von Preußen

1986

Zweite, durchgesehene Auflage

Konzeption und Leitung der Ausstellung:
Friedrich Benninghoven

Kunsthistorische Beratung:
Helmut Börsch-Supan
Verwaltung der Staatlichen Schlösser und Gärten, Berlin

Assistenz:
Kunigunde Degen, Elke Prinz und Christel Wegeleben

Beschreibung der Ausstellungsstücke:

Friedrich Benninghoven:
Teil I, Teil II, Teil III Nr. 84—110, Teil IV, Teil V Nr. 1—9, 45—55, 85—102, Teil VI Nr. 20—31, 43—66, Teil VII

Iselin Gundermann:
Teil III Nr. 1—83, Teil V Nr. 10—44, 56—84, 103—110, Teil VI Nr. 1—19, 32—42

Helmut Börsch-Supan:
Teil VIII

Graphik, Gestaltung und Aufbau:
Ralf Karsten Jürgensen

Restaurierungsarbeiten in den Werkstätten des Geheimen Staatsarchivs:
Karl Herczeg, Werner Jäkel, Gisela May, Jürgen Wodtke, Gerhard Ziemann

Fotoarbeiten und Herstellung von Faksimiles in der Bildstelle des Geheimen Staatsarchivs:
Heide-Marie Moll-Bakaris, Susanne Titzmann, Carla Eimer



Satz und Druck: Buch- und Offsetdruckerei
H. Heenemann GmbH & Co., Berlin

Vertrieb über den Buchhandel:
Nicolaische Verlagsbuchhandlung, Berlin

ISBN: 3-87584-172-7

# Inhaltsverzeichnis

# Friedrich der Große

## Zur Erinnerung an seinen Todestag vor 200 Jahren

Von Friedrich Benninghoven

„Er kam geritten", so schreibt aus eigener Erinnerung Friedrich August Ludwig v. d. Marwitz, „auf einem großen weißen Pferde, — ohne Zweifel der alte Condé, der nachher noch zwanzig Jahre lang das Gnadenbrot auf der école vétérinaire bekam, denn er hat seit dem Bayernkrieg beinahe kein anderes Pferd mehr geritten. Sein Anzug war derselbe wie früher auf der Reise, nur daß der Hut ein wenig besser conditioniert, ordentlich aufgeschlagen, und mit der Spitze (aber nicht die lange Seitenspitze, die man jetzt wohl vorn setzt) nach vorn, echt militärisch aufgesetzt war. — Hinter ihm waren eine Menge Generäle, dann die Adjutanten, endlich die Reitknechte. Das ganze Rondeel (jetzt Belle-Alliance-Platz) und die Wilhelmstraße waren gedrückt voll Menschen, alle Fenster voll, alle Häupter entblößt, überall das tiefste Schweigen, und auf allen Gesichtern ein Ausdruck von Ehrfurcht und Vertrauen, wie zu dem gerechten Lenker aller Schicksale. Der König ritt ganz allein vorn, und grüßte, indem er fortwährend den Hut abnahm. Er beobachtete dabei eine sehr merkwürdige Stufenfolge, je nachdem die aus den Fenstern sich verneigenden Zuschauer es zu verdienen schienen. Bald lüftete er den Hut nur ein wenig, bald nahm er ihn vom Haupte und hielt ihn eine Zeitlang neben demselben, bald senkte er ihn bis zur Höhe des Ellenbogens herab. Aber diese Bewegung dauerte fortwährend, und so wie er sich bedeckt hatte, sah er schon wieder andere Leute und nahm den Hut wieder ab. Er hat ihn vom Halleschen Tore bis zur Kochstraße gewiß 200mal abgenommen.

Durch dieses ehrfurchtsvolle Schweigen tönte nur der Hufschlag der Pferde, und das Geschrei der Berlinischen Gassenjungen, die vor ihm hertanzten, jauchzten, die Hüte in die Luft warfen, oder neben ihm hersprangen und ihm den Staub von den Stiefeln abwischten. Ich und mein Hofmeister hatten so viel Platz gewonnen, daß wir mit den Gassenjungen, den Hut in der Hand, neben ihm herlaufen konnten.

Man sieht den Unterschied zwischen damals und jetzt. Wer schrie damals? Wer blieb anständig? Wer brüllt jetzt? Und welchen Wert kann man auf solches Brüllen legen?

Bei dem Palais der Prinzessin Amalie angekommen (welches, in der Wilhelmstraße gelegen, auf die Kochstraße stößt), war die Menge noch dichter, denn sie erwarteten ihn da; der Vorhof war gedrängt voll, doch in der Mitte, ohne Anwesenheit irgend einer Polizei, geräumiger Platz für ihn und seine Begleiter.

Er lenkte in den Hof hinein, die Flügeltüren gingen auf, und die alte, lahme Prinzessin Amalie, auf zwei Damen gestützt, die Oberhofmeisterin hinter ihr, wankte die flachen Stiegen hinab ihm entgegen. So wie er sie gewahr wurde, setzte er sich in Galopp, hielt, sprang rasch vom Pferde, zog den Hut (den er nun aber mit herabhängendem Arm ganz unten hielt), umarmte sie, bot ihr den Arm, und führte sie die Treppe wieder hinauf. Die Flügeltüren gingen zu, Alles war verschwunden, und noch stand die Menge, entblößten Hauptes, schweigend, alle Augen auf den Fleck gerichtet, wo er verschwunden war, und es dauerte eine Weile, bis ein jeder sich sammelte und ruhig seines Weges ging.

Und doch war nichts geschehen! Keine Pracht, kein Feuerwerk, keine Kanonenschüsse, keine Trommeln und Pfeifen, keine Musik, kein vorangegangenes Ereignis! Nein, nur ein 73jähriger Mann, schlecht gekleidet, staubbedeckt, kehrte von seinem mühsamen Tagewerk zurück. Aber jedermann wußte, daß dieser Alte auch für ihn arbeitete, daß er sein ganzes Leben an diese Arbeit gesetzt, und sie seit 45 Jahren noch nicht einen einzigen Tag versäumt hatte! — Jedermann sah auch die Früchte seiner Arbeiten, nah und fern, rund um sich her, und wenn man auf ihn blickte, so regte sich Ehrfurcht, Bewunderung, Stolz, Vertrauen, kurz alle edleren Gefühle des Menschen."

Diese schlichte Beschreibung gibt Abstand und Nähe zugleich. Sie macht nachdenklich. Wie fern ist das alles inhaltlich unserer Zeit und wie kurz sind doch 200 Jahre! Der Historiker Friedrich Meinecke ist manchen unter uns noch persönlich begegnet. Meinecke schrieb die Geschichte des preußischen Reformers von Boyen und hat dazu in seiner Jugend noch Boyens Tochter befragen können. Boyen war Zeitgenosse König Friedrichs. Über drei Menschenleben zurück sind wir schon in der hier behandelten Zeit . . .

Mit dem gebotenen Abstand und mit Achtung nähern wir uns den Überresten und Zeugnissen aus dem Leben des Königs. Musiker, Feldherr, Philosoph, Freund der Künste, wachsamer und schöpferischer Verwaltungsbeamter, nicht Politiker, sondern Staatsmann, Menschenkenner in Freundschaft und Sarkasmus, Lenker eines Staates von nicht ganz sechs Millionen Menschen — das alles war Friedrich der Große, der so viele äußerlich manchem widersprüchlich erscheinende Eigenschaften vereinigte und so reich begabt war, daß er sie vereinigen und ihnen Raum geben konnte, eine der bedeutendsten Persönlichkeiten unserer Geschichte.

Der junge Kronprinz, der unter Zurücksetzung seines Eigenwillens von einem strengen Vater drakonisch auf sein durch Geburt bestimmtes Herrscheramt vorbereitet wurde, der einen Freund verlieren mußte, um zur Einsicht zu reifen, — der junge König, der aus Staatsräson und Ruhmesliebe nach dem Lorbeer des Soldaten griff und sein Land zur Großmacht erhob, und dann der Beständige, der in zäher Arbeit und zugleich als Freund der Musen sein Werk baute und es schließlich gegen feindliche Übermacht zu verteidigen hatte bis zum Rande des Abgrundes, schließlich der von Krankheiten, Schicksalsschlägen gezeichnete Weise von Sanssouci, der seiner Umwelt auch unbequem werden konnte: das alles in einer Ausstellung lückenlos sichtbar zu machen, wäre unmöglich. Unmöglich, weil die Fülle des Stoffes den Raum sprengen und den Betrachter überfordern müßte. Unmöglich, weil Geschichte als bewegtes Geschehen und geistiger Vorgang sich dem Medium der Ausstellung vielfach entzieht. Eine Ausstellung kann kein Buch und keinen Film ersetzen. Was sie leisten kann, ist die Vermittlung von bedeutenden Augenblickseindrücken, von Streiflichtern und entscheidenden Situationen. Es kommt hinzu, daß das Verständnis für eine ganz anders geartete Zeit als die unsere erst aufgebaut werden muß. So ist eine Ausstellung wie diese auch eine Anforderung an den Beschauer. Trotzdem sollte der Umfang des Gebotenen gerade bei einem so unerschöpflichen Thema nicht zu eng gehalten werden. Der Betrachter kann so auswählen und Schwerpunkte des ihn besonders Interessierenden setzen.

Bewußt wird davon abgesehen, das Nachwirken der Gestalt des Königs über die Zeit der Mitlebenden und unmittelbar Nachlebenden auszudehnen. Dieser Abstand ist beabsichtigt, damit der Beschauer sich einmal ganz von den Problemen unserer Tage lösen kann. Vielmehr lädt uns der König, laden uns seine Zeitgenossen gleichsam selbst ein, sie und die brennenden Fragen ihrer Epoche unmittelbar zu erleben. Dieser Abstand von unseren Tagen kann fruchtbar sein, gibt er doch auch uns Anlaß und Gelegenheit, unsere Epoche zu vergleichen und mit anderen Augen aus der Entfernung zu werten.

König Friedrich dem Großen hat es zu seinen Lebzeiten und nach seinem Tode an Freunden und Bewunderern, aber auch an Feinden und Tadlern nicht gefehlt. Auch heute bleibt es jedermann überlassen, wie er sich zu ihm einstellen will, ganz im Sinne der Freiheit des Denkens, die der große König seinem Lande gab und vorlebte. Schon aus manchem Tadler ist bei näherem Umgang mit dem König auch ein Bewunderer geworden. Kritik hat die Majestät immer vertragen, selbst wenn sie in Schmähungen überging. Hören wir ihn dazu selbst, anläßlich eines Pamphlets im Mai 1754; da schrieb er an George Keith, den Lord Marschall von Schottland und preußischen Botschafter in Paris: „Ich habe das Glück, mein lieber Lord, sehr gleichgültig zu sein gegen alle Reden und Schriften, die man auf meine Kosten in Umlauf setzt; ja ich bin ganz stolz darauf, einem armen Autor, der ohne alle seine Injurien gegen mich vielleicht Hungers sterben würde, Honorar einzutragen. Ich habe stets die Urteile des Publikums verachtet und für mein Verhalten nur die Zustimmung meines Gewissens in Betracht gezogen. Ich diene dem Staat mit aller Fähigkeit und Integrität, welche die Natur mir verliehen hat; obgleich meine Talente schwach sind, bin ich doch drum nicht weniger gegen den Staat quitt, denn niemand kann mehr geben, als er hat, und im übrigen haftet es dem Begriff der öffentlichen Stellung als ein Merkmal an, daß man der Kritik, der Satire und oft sogar der Verleumdung als Stichblatt zu dienen hat. Alle, welche Staaten gelenkt haben, als Minister, Generale, Könige, haben Schmähungen über sich ergehen lassen müssen; es würde mir sehr leid tun, der einzige zu sein, der ein anderes Schicksal hätte. Ich verlange weder Widerlegung des Buches noch Bestrafung des Verfassers, ich habe dies Libell mit sehr ruhigem Blut gelesen und es sogar ein paar Freunden mitgeteilt. Man muß eitler sein als ich bin, um sich über derartiges Gekläff zu ärgern, dem jeder Vorübergehende auf seinem Wege ausgesetzt ist, und ich müßte weniger Philosoph sein als ich bin, um mich vollkommen und über die Kritik erhaben zu dünken. Ich versichere Sie, mein lieber Lord, daß die Injurien des anonymen Verfassers nicht die geringste Wolke über die Heiterkeit meines Lebens verbreitet haben und daß man noch zehn polemische Broschüren dieses Schlages schreiben könnte, ohne meine Gedenkart und Handlungsweise irgendwie zu stören."

Der Mann, der so fest und heiter seinen Weg ging und sein Werk verrichtete, als „erster Diener seines Staates", der zugleich von sich sagen konnte: „Ich habe immer das Licht geliebt", ist schon zu seinen Lebzeiten zum Mythos geworden. Wie konnte es auch anders sein bei seinen Begabungen, seiner Unerschrockenheit, seinem sprühenden Geist und Witz und seiner Leistungskraft, aber auch bei dem unermüdlichen Einsatz gerade für das Wohl des einfachen Mannes? Seine Standhaftigkeit im äußersten Unglück und seine Volkstümlichkeit schon zu Lebzeiten sind es, die schließlich den Grund zu seinem Beinamen „der Große" gelegt haben, der ihm nicht verliehen wurde wie ein Orden, sondern wie von selbst aufkam, zugleich im bewundernden Ausland wie im eigenen Volk. Es war etwas in der Welt der Monarchen Unerhörtes, wenn seine Grenadiere das Privileg hatten, ihn mit dem vertraulichen Du oder „Fritz" anzureden, es kam aus dem täglichen Umgang und gemeinsamer Gefahr. Wenn er die Westfalen etwa vor der Schlacht launig auf Plattdeutsch fragte, ob sie „heute grote Bohnen eßen" wollten, so konnten sie nach gescheiterter Attacke auch einmal antworten: „Ich dächte, Fritze, für acht Groschen wäre es für heute genug!" Die Ausstellung bemüht sich, in beispielhaft ausgewählten Fällen auch der Legendenbildung bis zum Kern nachzugehen. Nicht, um Legenden zu zerstören, die ohnehin weiterleben werden, weil sie für sich schon wieder ein Stück Geschichte sind. Warum sollte man Gewachsenes zerstören, wenn man nur den Kern kennt? Große Völker bilden ihre großen Mythen. Und der wahre Gehalt allein ist auch schon sprechend genug.

Bei alledem geht unsere Gedenkgabe davon aus, auf wissenschaftlichem Boden zu bleiben, sachlich die Zeit selbst sprechen zu lassen. Die Beschauer haben das Urteil, die Schaustücke sollen sie in die Lage versetzen, sich selbst ein Bild zu machen. Die ältere Generation wird manches Bekannte wiederfinden, aber sie wird mit den Jüngeren auch ganz neue Entdeckungen machen können. Wenn es den einen oder anderen anregt, sich auch weiter mit der Gestalt des Weisen von Sanssouci zu beschäftigen, sind die Aussteller reich belohnt.

# Die Bildnisse des Königs

Von Helmut Börsch-Supan

Die zahlreichen Bildnisse Friedrichs des Großen, die zu seinen Lebzeiten entstanden sind, lassen sich in zwei Gruppen teilen. Bei der einen ging der Auftrag vom Dargestellten selbst oder von einem Angehörigen des Königshauses aus und zielte auf Propaganda. In ihrer Mischung von wirklicher Menschlichkeit und politischer Absicht sind sie bedeutsame, aber schwer lesbare Dokumente. Bei der anderen Gruppe kam der Anlaß zur Entstehung von außen und lag in Bedürfnissen begründet, die es zu befriedigen galt. Information und später in zunehmendem Maße Verehrung waren die Motive für eine anschwellende Bildnisflut, die bis heute anhält. Wenn auch die Gegenwart kaum neue Bildnisse des Königs gestaltet, so ist die Nachfrage seiner heutigen Bewunderer nach Reproduktionen älterer Porträts immer noch groß, ja eine neuerdings wieder propagierte Beschäftigung mit der Geschichte durch das bloße Anschauen von Bildern statt durch mühevolles Nachdenken hat nicht nur den Porträts des Königs neue Popularität verschafft, sondern beginnt die Denkmalseligkeit des 19. Jahrhunderts, freilich auf die billigste Weise, wiederzubeleben.

Die beiden Gruppen lassen sich relativ scharf voneinander abgrenzen, weil Friedrich nach seinem Regierungsantritt neben anderen einschneidenden Änderungen seiner Lebensführung auch das Interesse an der Darstellung seiner Person im Bildnis verlor, was ihm in den dreißiger Jahren sehr wichtig gewesen war. Zwischen 1733 und 1739 besitzen wir aus jedem Jahr einen neuen Porträttypus. Antoine Pesne, Georg Wenzeslaus von Knobelsdorff und Carlo Francesco Rusca, ein italienischer Wanderkünstler, waren die Maler. Das Verhältnis zwischen dem Kronprinzen und dem Vater war damals noch von erheblichem gegenseitigem Mißtrauen belastet. Die Bildnisse waren, soweit sie vom Kronprinzen in Auftrag gegeben waren, mehr oder weniger aufrichtige Erklärungen über sich selbst und Demonstrationen der eigenen Rolle, oder aber Wunschbilder des Vaters, sofern dieser sie veranlaßt hat. Letzteres gilt für Pesnes Bildnis von 1733 und das Ruscas von 1737. Knobelsdorff, der von den drei Malern Friedrich am nächsten stand, hat in seinen Bildnissen von 1734 (I, 54 a) und 1735 (I, 86) den Kronprinzen so gemalt, wie dieser gesehen werden wollte. In dem Bildnis von 1735 trägt er eine Schärpe, die direkt aus einem damals im Berliner Schloß hängenden Porträt des Grand Dauphin von Hyacinthe Rigaud kopiert ist. Das war ein Verstoß gegen die eindeutigen Uniformvorschriften des Vaters. Erst 1736 bediente sich Friedrich des überlegeneren Talentes von Antoine Pesne, um ein Bildnis mit all der Ausstrahlung von Charme, Geist und Entschlußkraft malen zu lassen, die der geübte Franzose mit dem Schwung seiner Handschrift und der Delikatesse seines Kolorits wiederzugeben vermochte.

Die relativ zahlreichen Kinderbildnisse sind Aufträge Friedrich Wilhelms I. und der Königin Sophie Dorothea. Sie sind, wie alle höfischen Kinderbildnisse des Barock, weniger als zuverlässige Schilderungen eines heranreifenden Individuums denn als Projektion von Vorstellungen der Eltern in ihre Kinder nach den Vorschriften einer Konvention zu sehen. Der Vater ließ den Knaben durch die mittelmäßigen Hofmaler, die er wegen ihrer billigeren Preise bevorzugte, zum Soldaten stilisieren. Das berühmte Bildnis des zweijährigen Kronprinzen mit seiner Schwester Wilhelmine (I, 26), das Pesne 1714 für die Mutter malte, ragt aus dieser Reihe heraus. Die Fülle der Porträts, die beide Eltern in ihren Schlössern anhäuften — kaum etwas anderes erwarteten sie von der Malerei als die Darstellung von Personen, die ihnen wichtig waren —, haben dem Kronprinzen frühzeitig einen Begriff von der repräsentativen Funktion des Bildnisses vermittelt. Wenn Friedrich als König sich ganz anders verhielt und in seinen Schlössern nur auffallend wenig Bildnisse um sich hatte, dann äußert sich darin wie in anderen Dingen auch, ein betontes Sichabsetzen von den Anschauungen des Vaters. Obgleich er in Antoine Pesne und in einigen seiner Schüler wie Joachim Martin Falbe, Johann Gottlieb Glume oder Anna Dorothea Therbusch vorzügliche Bildnismaler besaß, entstanden im Auftrag des Königs nur wenige Porträts von Persönlichkeiten aus seiner

Umgebung. Weder Voltaire, noch den Marquis d'Argens, Maupertuis oder Algarotti ließ der König porträtieren.

Nach 1740 wurden unzählige Bildnisse des Königs als Geschenke angefertigt. Sie waren Gunstbeweise oder Auszeichnung und entstanden in mannigfacher Abstufung von Qualität und Format. Die psychologische Aussage dieser Bilder ist zumeist zurückhaltend und ihr künstlerischer Wert oft gering. Vor allem die Werkstatt Pesnes produzierte nach dem letzten Porträt der Kronprinzenzeit von 1739/40 eine kaum überschaubare Zahl von Repliken und Varianten.

Daß der König keinem Künstler mehr Sitzungen für ein Porträt gewährte, wurde bald als besondere Eigenheit Friedrichs allgemein bekannt, und es darf angenommen werden, daß Friedrich sich damit ostentativ von der üblichen Eitelkeit der Herrscher, sich im Bildnis bewundern zu lassen, absetzen wollte. Eine Ausnahme hat er anscheinend nur seiner Schwester Philippine Charlotte von Braunschweig zuliebe 1763 zugelassen, indem er sich von dem hannoverschen Hofmaler Johann Georg Ziesenis malen ließ (IV, 78). Die lebendige Skizze zu diesem in mehreren Exemplaren verbreiteten Porträt ist als seltenes Beispiel einer nach dem Leben gemalten Bildnisstudie dieser Zeit erhalten.

Der König konnte sich, je mehr nach dem Siebenjährigen Krieg mit dem Ruhm seine Verpflichtungen wuchsen, umso weniger dem Verlangen seiner Umgebung nach Bildnissen von seiner Person entziehen. Er löste diesen Konflikt dadurch, daß er von Johann Heinrich Christoph Franke, einem durchaus mittelmäßigen Berliner Porträtisten, für Geschenkzwecke ein jeder Eitelkeit bares Bildnis malen ließ, das ihn als den in den Strapazen der Kriege frühzeitig gealterten und häßlich gewordenen König und als ersten Diener seines Staates darstellte. Von den vielen Varianten ist die, auf der der König grüßend den Hut zieht (V, 1 a), die bemerkenswerteste. In seiner ausdrucksstarken Kargheit bis hin zur Dürftigkeit der künstlerischen Handschrift ist es ein sehr preußisches Porträt, das an die Tradition der hölzernen Offiziersbildnisse des Soldatenkönigs anknüpft.

Diese Gleichgültigkeit gegenüber dem Bildnis und das Sichbegnügen mit einer maskenartigen Erscheinung paßt bei Friedrich zur betonten Vernachlässigung seines Äußeren. Damit war jedoch den Künstlern die Freiheit gegeben, sich ihr eigenes Bild vom König zu machen. So hat Daniel Chodowiecki 1777 mit der „Wachtparade" eines der gültigen Bildnisse des Königs geschaffen, das in seiner einprägsamen Knappheit die Vorstellung vom „Alten Fritz" bis hin zu Rauchs Denkmal bestimmt hat, aber dieses Reiterbildnis mußte zwangsläufig die Physiognomie zugunsten der Gesamterscheinung vernachlässigen. Das Profil Friedrichs mit oder ohne Dreispitz ließ sich zu einem Bild von signethafter Deutlichkeit vereinfachen, das jeder kannte, das aber im Ausdruck leer blieb.

Demgegenüber ist durch zahlreiche Beschreibungen von Zeitgenossen, die den König gekannt haben, hinlänglich bekannt, daß kaum eines der verbreiteten Bildnisse seine überaus lebendige, den Ausdruck rasch wechselnde Physiognomie getreu wiedergibt, daß jedenfalls Frankes die Karikatur streifendes Bildnis manchen Zug unterschlägt. Einige unabhängig voneinander entstandene Bildnisse, zu denen auch das von Ziesenis gehört, zeigen sein Gesicht wesentlich runder und weniger markant. Besonders das Porträt des siebzigjährigen Königs von Christian Friedrich Reinhold Lisiewski (VI, 20), einem hervorragenden Bildnismaler, das ein gerötetes und aufgedunsenes Greisengesicht wiedergibt, stimmt mit Beschreibungen überein und darf hohe Glaubwürdigkeit beanspruchen, zumal es weit mehr als das Frankesche Bildnis die vertrauten Züge aus den Porträts der Kronprinzenzeit in altersbedingter Veränderung aufweist.

Das Bildnis, das Anton Graff, der bedeutendste deutsche Bildnismaler dieser Zeit, 1781 gemalt hat (VI,44), nachdem er Gelegenheit gehabt hatte, den König mehrmals aus der Nähe zu beobachten, wandelt den Frankeschen Typus zu einer weicheren, mehr durchgeistigten Erscheinung ab. Es paßt zur Vorstellung vom Philosophen von Sanssouci und ist deshalb in unserem Jahrhundert das am höchsten geschätzte Bildnis des Königs. Ob dieser jedoch wirklich so ausgesehen hat, darf bezweifelt werden. Im 18. Jahrhundert war das Bildnis nicht sehr verbreitet. Die überaus eindrucksvolle Totenmaske, die Johannes Eckstein abformte und die die Grundlage für weitere Bildnisse wurde, scheint die Gültigkeit des scharf geschnittenen Typus zu bestätigen, zu bedenken ist jedoch, daß die fleischigen Teile im Tode eingefallen sind. Friedrich der Große wurde bald nach seinem Tod zu einem ideologischen Kapital, mit dem die politischen Kräfte arbeiteten. Für sie war das markante Idealbildnis des Alten Fritz weit brauchbarer als ein wirklich getreues es hätte sein können. Es konnte in die eine oder andere Richtung verformt werden. So hat Johann Gottfried Schadow, der mit seinem Stettiner Denkmal (VII, 23) von 1792 ein imponierendes Standbild schuf, das mehr die Lebensleistung und den politischen Machtanspruch als die menschlichen Eigenschaften ausdrückt, gleichzeitig für sich selbst einen versonnen dreinschauenden König als Philosophen gestaltet. Gern hat die Nachwelt die verläßlicheren Porträts wie die von Ziesenis oder Lisiewski verdrängt, um wirksamere an ihre Stelle zu setzen.

Adolph Menzel hat es dank seiner Geschichtskenntnis, dank seines psychologischen Scharfblicks und dank seiner impulsiven und dabei sicheren Handschrift verstanden, aus vielen Bildern ein suggestives Bild des Königs zusammenzusetzen. Erst die Summe seiner Friedrichdarstellungen, vor allem in den rund 400 Illustrationen zu Franz Kuglers „Geschichte Friedrich des Großen" ergibt einen Eindruck, der sich dem widersprüchlichen und facettenreichen Bild vom König, das die Historiker entwerfen, nähert. Dabei läßt sich nicht verhehlen, daß von ihm einige Darstellungen des Königs existieren, namentlich wo dieser in heroischer Vereinzelung erscheint, deren innerer Drang zu drohender Monumentalität dem Zeitgeist der zweiten Hälfte des 19. Jahrhunderts näher steht als dem 18. Jahrhundert.

Neben und nach Menzel sind viele Friedrich-Darstellungen entstanden, in denen die Künstler glaubten, den Eindruck der Genialität durch Dämonisierung der Physiognomie erzeugen zu können. Vor allem Wilhelm Camphausen und Arthur Kampf sind zu nennen. Vielen dieser Bildnisse liegt mehr oder weniger direkt die Totenmaske zugrunde. Die publikumswirksamen Darstellungen verfolgten stets auch die Absicht, auf dem Wege der Identifizierung mit dem Gegenstand dem eigenen Talent den Anschein von künstlerischer Genialität zu verleihen. Im Kaiserreich ging es schließlich darum, den König zu einem Vorbild für eine Großmachtpolitik von neuen Dimensionen zu stilisieren, bei denen nur ein eiserner Wille und Fähigkeit zu äußerster Anstrengung zum Erfolg führen. Diejenigen Züge seiner Physiognomie, die einerseits auf seine inneren Verwundungen und andererseits auf seine Genußfreudigkeit verweisen, mußten notwendig unterschlagen werden.

Angesichts der Überlieferung ist eine skeptische und nachdenkliche Betrachtung aller Bildnisse angebracht. Dieser Blick ist übrigens auch der, den Friedrich der Große uns lehrt, auf die Dinge zu werfen.

# Nachleben im Bild.

## Wirklichkeit und Legende

Von Helmut Börsch-Supan

Die bildende Kunst war schon immer ein Mittel der Propaganda, und sie ist es bis heute geblieben, wenngleich die moderne Bildproduktion die gestalterischen Impulse der Kunst zumeist durch die wirkliche oder vorgespielte Authentizität der Fotografie ersetzt.

Die näheren Umstände der Entstehung solcher Bilder zu untersuchen, ist dennoch höchst reizvoll und lehrreich, weil sie einen Blick in das Getriebe der Politik gestatten.

Das Bild besitzt Möglichkeiten, die dem Wort fehlen, und seine Stärken sind mit seinen Schwächen verbunden. Es kann getreu abbilden und so historische Wahrheit fixieren, aber es berührt kaum das differenzierte Ursachengeflecht der Geschichte, das dem Historiker nahezu unendlichen Stoff des Forschens bietet und ihm ein hohes Ethos der Wahrhaftigkeit abverlangt. Es ist suggestiv, weil es vereinfacht und durch seine Präsenz und Gegenständlichkeit sich einprägt. Es will dem Zweifel keinen Raum lassen.

Bilder lösen die Geschichte, die so mühsam zu durchdringen ist, in Geschichten auf, die immer auch unterhalten, wenn sie belehrende Zwecke verfolgen, und vermitteln als herausgehobene Einzelheit menschliche Wärme. Sie entbinden von der Anstrengung der Kritik und tendieren zur Anekdote. Bilder großer Künstler haben freilich ihre eigene Komplexheit und komplizierte Wahrheit, die an den Betrachter hohe Anforderungen stellt. Einwände gegen das Bild, wie das Judentum, der Islam und der Protestantismus sie vorgebracht haben, gründen ebenso in diesen Eigenschaften wie die bis zur Verehrung sich steigernde Benutzung durch andere Religionen und Konfessionen.

Die zunächst zögernde Verwendung des Bildes zur Propaganda im protestantischen Brandenburg-Preußen des 18. und 19. Jahrhunderts muß vor diesem Hintergrund gesehen werden.

Friedrich der Große hat Malerei und Zeichenkunst kaum zur Beeinflussung der Öffentlichkeit benutzt. Verherrlichung von Kriegstaten auf ephemeren Triumphbögen zum Beispiel, wie Friedrich I. sie geliebt hatte, gab es nicht, wenigstens wurde derartiges nicht vom König selbst in Szene gesetzt. Seine Schlösser waren gänzlich frei von rühmenden Darstellungen seiner Taten, sogar von seinem Bildnis, das dafür jedoch umso mehr in den Häusern derer verbreitet war, die ihn verehrten. Gemalte Darstellungen von Schlachten der schlesischen Kriege muß man in österreichischen Museen suchen. In Preußen blieben sie vereinzelt. Die einzigen Bilder zur brandenburgisch-preußischen Geschichte, die Friedrich der Große in Auftrag gegeben hat, waren die Illustrationen zu seinen „Mémoires pour servir a l'histoire de la maison de Brandenbourg" (1751) von Georg Friedrich Schmidt und Blaise Nicolas Lesueur, aber diese Bilder waren nur wenigen zugänglich.

Es gab flugblattartige Kupferstiche, die bei besonders wichtigen Ereignissen das Informationsbedürfnis eines naiven Publikums befriedigten. Sehr breit war diese künstlerisch höchst bescheidene Produktion nicht. In Augsburg entstanden weit mehr dieser Stiche, die hauptsächlich das Kriegsgeschehen kommentierten, und zwar teils aus preußischer, teils aus österreichischer Sicht, als in Berlin. Ziemlich vereinzelt blieb das Werk, das der Kupferstecher Johann David Schleuen d. Ä. nach Zeichnungen von Christian Bernhard Rode 1769 noch in der Siegesstimmung herausbrachte, „Les actions glorieuses de Frédéric le Grand", eine künstlerisch relativ anspruchsvolle Folge von 29 Radierungen, hauptsächlich Massenszenen mit wenig anekdotischen Zügen.

Rode, der einzige Schüler Antoine Pesnes, der sich in Preußen intensiv um die Pflege der Historienmalerei mühte und einen Anschluß der hiesigen Kunst an die internationale Entwicklung suchte, war es, der bereits während des Siebenjährigen Krieges begonnen hatte, Szenen aus der brandenburgisch-preußischen Geschichte in Gemälden wiederzugeben, die indessen kaum Käufer fanden, obgleich er seine Kompositionen auch in Radierungen verbreitete. Nach seinem Tod bot seine Witwe 1798 Friedrich Wilhelm III. 22 dieser Gemälde an, die jedoch nicht gekauft wurden.

Der Ruhm Friedrichs des Großen, der nach dem Frieden von Hubertusburg weltweit geworden war, erfüllte diejenigen, die zu seinen Erfolgen beigetragen hatten, mit Stolz, beflügelte den ohnehin in dieser Zeit aufblühenden Patriotismus und schuf sich ein nach Erinnerung verlangendes Publikum.

Es entstand eine Literatur, die sich mit dem außerordentlichen Phänomen der Persönlichkeit des Königs befaßte, und je mehr diese sich einer klaren Erkenntnis entzog, umso mehr beschäftigte sich die Phantasie mit ihr und suchte in kolportierten Geschichten von oft zweifelhaftem Wahrheitsgehalt den Kern seines Wesens in raschem Zugriff zu erfassen. Augen- und Ohrenzeugen stiegen im Wert und wurden zur Aufzeichnung ihres Wissens ermuntert, je ferner die Ereignisse rückten. So erklärt es sich, daß die bildenden Künstler, die die Nachfrage nach Porträts schon seit langem befriedigten, sich erst relativ spät mit der Charakterisierung des Königs durch Anekdoten befaßten.

Der Tod des Königs bedeutete eine Zäsur. Die Künstler kommentierten das Ereignis durch Darstellungen der Sterbeszene, durch Apotheosen oder durch allegorische Verherrlichungen, die mit den Bemühungen der Bildhauer und Architekten, ein Denkmal für ihn zu entwerfen, in einem Zusammenhang stehen. Von diesem Zeitpunkt an trat das vergangene Leben unter neuem Gesichtswinkel in das Blickfeld der Maler und Zeichner. Begleitet und stimuliert wurde diese Produktion durch eine Flut von Literatur über den König, teilweise auch mit herabsetzender Tendenz, gegen die andere Autoren protestierten. Unter den Erzeugnissen der bildenden Kunst fehlt allerdings bezeichnenderweise die Karikatur und die kritische Sicht, aber auch die übertreibende Glorifizierung ist selten. Die bedeutendsten literarischen Anekdotensammler waren Friedrich Nicolai (1787) und Anton Friedrich Büsching (1788). Johann Georg von Zimmermann nennt diese ganze Kategorie von Schriftstellern und ihr Publikum 1790 „preußische Historiettenhäscher, Anekdotenhändler und Anekdotophagen“. Auch außerhalb Preußens wurde der König verehrt. So erschien 1788—89 in Nürnberg mit Kupferstichen von Abraham Wolfgang Küfner das „Leben Friedrichs II., König von Preußen für deutsche Jünglinge bearbeitet“. An dem umfangreichen graphischen Werk Chodowieckis läßt es sich am besten nachweisen, wie schlagartig mit dem Tod des Königs 1786 die Darstellung von Episoden seines Lebens einsetzt und sich das Interesse an diesem Genre bis zur Zeit um 1800 steigert.

Die erste von Chodowiecki radierte Friedrichanekdote „Zieten sitzend vor seinem König“, ein Hauptblatt, entstand zwar noch zu dessen Lebzeiten im Frühjahr 1786, aber die Hauptperson ist Zieten, und das der Witwe gewidmete Blatt war als Ehrung des am 26. Januar 1786 gestorbenen Generals gedacht. Bei den 1786 geschaffenen Kalenderkupfern mit zwölf „brandenburgischen Kriegszenen“ kommt der König nur auf zweien vor, und auch hier ist beabsichtigt, andere zu ehren, die gefallen sind. 1787 folgt eine Apotheose Friedrichs des Großen als Fächerbild, das anläßlich der Huldigung Friedrich Wilhelms II. herausgebracht wurde. 1788 entsteht dann eine erste Folge von 12 Anekdotenszenen für den Gothaischen Hofkalender des folgenden Jahres, alles mit Aussprüchen des Königs als Unterschrift, also Erinnerungen an seine geistigen Fähigkeiten. Es sind Begegnungen mit Angehörigen ganz verschiedener Schichten in geregelter Folge, beginnend mit dem im Sarg liegenden Großen Kurfürsten und dem Prinzen von Preußen und endend mit einer Bürgerfrau und einem Kutscher. Das kleine und steile Format der Kalenderkupfer war nicht ohne Einfluß auf die Ausbildung eines zeichenhaft lapidaren, ja gewissermaßen militärischen Stils der Erzählungen und der Komposition. Eine strenge Tektonik und steife Theatralik mischen sich mit Schlichtheit. Es ist kein Raum für weitläufigen Bericht, ausschmückende Details und Differenzierung der Körperbewegung und Mimik vorhanden. Alles muß knapp und dabei prägnant vorgetragen sein. Diese vorgeschriebene Nüchternheit paßte zum „Alten Fritz“, schloß verherrlichenden Überschwang aus und konnte auf eine sympathische Weise volkstümlich werden, wogegen der lockerere atmosphärische Stil des elf Jahre älteren Rode dem Rokoko verhaftet blieb und auf eine höfische Note nicht ganz verzichtete.

Die frühesten Kalenderillustrationen mit Kriegsszenen entstanden erst 1793, als der Krieg mit den französischen Revolutionsheeren eine Erinnerung an die preußischen Siege unter Friedrich dem Großen opportun erscheinen ließ. Es läßt sich in der Folgezeit bei der ganzen Anekdotenproduktion beobachten, wie die Beschwörung einer ruhmreichen Vergangenheit mit den jeweiligen politischen Verhältnissen der Gegenwart zusammenhängt.

Am Ende des Jahrhunderts war zudem der Zeitpunkt erreicht, an dem noch genügend Menschen lebten, die die Schlesischen Kriege mitgemacht hatten und als alte Leute sich gedrängt fühlten, ihre Erinnerungen zu verewigen. War es Friedrich Wilhelm II. nicht in jeder Hinsicht angenehm, sich mit seinem großen Vorgänger vergleichen zu lassen, so hat der 1797 zur Regierung gelangte Friedrich Wilhelm III., der sich vom Lebensstil seines Vaters zu distanzieren suchte, umso deutlicher den Großonkel als Vorbild verehrt. Die gern abgebildete Ballanekdote — der kleine Friedrich Wilhelm forderte energisch vom König den Federball zurück, den er auf seinen Schreibtisch geschlagen hat, worauf dieser sagt: „Du wirst dir Schlesien nicht nehmen lassen“ — soll die Fortsetzung friderizianischer Tradition unterstreichen.

Friedrich Wilhelm III. regte 1799 in einem Aufruf an die Berliner Künstler zur Gestaltung von Szenen aus der brandenburgisch-preußischen Geschichte an, um damit den angesichts der Bedrohung durch Napoleon so notwendigen Patriotismus zugleich mit dem Interesse an der Kunst zu fördern. Dabei war auch an repräsentative Kunstwerke gedacht, die der König zu erwerben versprach, wenn sie qualitätvoll seien. Einen monumentalen Auftrag zu vergeben, wagte er bezeichnenderweise nicht, weil er anscheinend keinem der Berliner Maler eine überzeugende Leistung zutraute. Er argumentierte, die gewöhnlich dargestellten Episoden aus Geschichte und Mythologie seien dem Publikum zu fern gerückt und daher unverständlich. Vertrauter seien ihm die Ereignisse der eigenen Vergangenheit.

Ein Berater des Königs, Friedrich Rambach, stellte eine Liste von geeigneten Motiven zusammen, und auf den Berliner Akademieausstellungen von 1800 und 1802 waren die Ergebnisse dieses Aufrufes in einer Sonderabteilung „Gallerie vaterländisch-historischer Darstellungen“ zusammengefaßt. Hier zeichnete sich zuerst so etwas wie eine friderizianische Ikonographie ab, die bewußt eine Parallele zu traditionellen Bildthemen herstellt und als der Versuch gewertet werden muß, die bildende Kunst für einen Mythos zu nutzen. Fünf Themen aus dem Leben Friedrichs des Großen wurden vorgeschlagen. Der König zollt am Sarg des Großen Kurfürsten dem Begründer der Macht Preußens seinen Respekt. Damit wird ausgesprochen, daß das Haus Hohenzollern nicht nur ein politisches Genie hervorgebracht hat, und zugleich wird damit die Nachfolge ebenbürtiger Herrscher für Gegenwart und Zukunft angedeutet. Der gemeinsame Besuch Friedrich Wilhelms III. und Kaiser Alexanders I. von Rußland am Sarg Friedrichs des Großen in der Nacht vom 4. zum 5. November 1805, eine Drohung gegen Napoleon, sollte bald darauf als ein Gegenstück zu dieser Szene mehrfach dargestellt werden. Nach der Schlacht bei Leuthen beweist Friedrich in Lissa seine Kaltblütigkeit und die faszinierende Macht seiner Persönlichkeit, im nächtlichen Lager vor der Schlacht bei Liegnitz seine Kraft zu raschen Entschlüssen, in der Begegnung mit den Soldaten des Regiments Bernburg nach der Schlacht bei Liegnitz seine Gerechtigkeit und väterliche Fürsorge für die Truppe, bei Kunersdorf seinen bis zur Selbstaufopferung gehenden persönlichen Einsatz.

Hervorstechendes Merkmal dieser friderizianischen Ikonographie ist überhaupt die Einbeziehung von militärischen Niederlagen, vor deren düsterem Hintergrund erst die ganze Seelengröße des Helden aufleuchtet. Die Geschichte Friedrichs wird damit behutsam in die Nähe der Passion Christi gerückt. Der König, der erste Diener des Staates, der leidet und Mitleid mit seinen Soldaten empfindet, steht seinem Volk näher als das glückliche Genie, und die Bereitschaft des Königshauses, in den Kriegen persönliche Blutopfer zu bringen, war in der Tat ein wichtiger Beitrag zur Stärkung der Kampfmoral der Armee gewesen. Nur so erklärt es sich, daß die in der historischen Überlieferung ziemlich schlecht gesicherte Episode nach der Schlacht bei Kolin — Friedrich der Große sitzt einsam und deprimiert auf einer Brunnenröhre und zeichnet Figuren in den Sand — zur populärsten Anekdotendarstellung werden konnte und als solche auch auf Rauchs Friedrichsdenkmal abgebildet wurde.

Das Bestreben, eine Art kanonischer Fridericus-Ikonographie einzuführen, tendierte — auch in der Verbindung mit der Literatur, wo das Bild als Illustration zum Text hinzukam — zum Zyklus. So sind denn um 1800 mehrere solcher graphischer Bilderreihen entstanden, deren vornehmste aus vier großen Radierungen von Daniel Berger nach Vorlagen von Ludwig Wolf, Johann David Schubert und Johann Christoph Frisch besteht.

Der Appell Friedrich Wilhelms III. an die Berliner Künstler, patriotische Themen zu gestalten, hatte keinen sehr nachhaltigen Erfolg. Etwas Überragendes hat er nicht ins Leben gerufen. Der dahinvegetierenden Malerei konnten auch königliche Anregungen nicht aufhelfen, ebensowenig wie es zur gleichen Zeit den Weimarer Kunstfreunden mit anderen Themenvorschlägen gelang. Auf der Akademie-Ausstellung von 1804 gab es schon keine „Galerie vaterländisch-historischer Darstellungen" mehr. Nach der Niederlage Preußens bei Jena und Auerstedt entstanden kaum noch Fridericus-Darstellungen, aber es fällt auch auf, daß auf der Akademie-Ausstellung von 1808 viele ältere Werke mit dieser Thematik gezeigt wurden. Darin lag eine Provokation der französischen Besatzung. Der patriotische Widerstand der Romantik allerdings, der sich in der bildenden Kunst dieser Zeit zu regen begann, in Berlin vor allem bei Schinkel, griff jedoch nicht auf das Vorbild Friedrichs des Großen, sondern auf ferner liegende Zeiten, auf das Mittelalter, zurück. Auch nach den Befreiungskriegen blieben die Wiedergaben von Friedrich-Anekdoten auf den Bereich der Illustration von Geschichtsbüchern und Almanachen beschränkt. Künstlerisch stehen diese anspruchslosen Arbeiten oft in der Nachfolge Chodowieckis. Die Kompositionen sind vielfach direkt aus Stichen der Zeit um 1800 übernommen, die also immer noch als gültig angesehen wurden.

So wie die patriotische Historienmalerei in den Hintergrund trat, wurde auch das Projekt des Denkmals für Friedrich den Großen vergessen. Vorstöße in den Jahren 1822 und 1829 führten lediglich zu Entwürfen. Erst 1835 kam die Planung erneut in Gang, deren Ergebnis schließlich das 1851 enthüllte Reiterdenkmal Rauchs Unter den Linden war. Der Grundstein dafür wurde am 1. Juni 1840, genau hundert Jahre nach der Thronbesteigung Friedrichs des Großen, gelegt — und eine Woche vor dem Tod Friedrich Wilhelms III.

Damit war die Verherrlichung Friedrichs des Großen in der Kunst zum ersten Mal an ein Jubiläum gebunden, und da das Schicksal es wollte, daß Friedrich Wilhelm IV. gleichzeitig seine Regierung antrat, ergab sich damit auch eine Verknüpfung zum gegenwärtigen politischen Geschehen. Indem der neue König Schloß Sanssouci zu seinem Potsdamer Sommerwohnsitz wählte, wurde diese Parallele noch unterstrichen.

Ein neues Interesse an vaterländischen Geschichtsdarstellungen und eine neue Wertschätzung des Rokoko hängt mit tiefgreifenden geistigen Wandlungen in den dreißiger Jahren zusammen. Der Kronprinz Friedrich Wilhelm hatte 1824—27 noch bedenkenlos Rokokodekorationen von hoher Qualität in Wohnräumen Friedrichs des Großen im Berliner Stadtschloß zerstören lassen, als Schinkel dort eine Wohnung für ihn einrichtete. Als König hat er die Einrichtung der von ihm bewohnten Räume im Schloß Sanssouci kaum angetastet und Erweiterungsbauten am Schloß in einem Neurokoko ausgestattet.

1834 erschien erstmals nach 24 Jahren wieder ein Motiv aus der Geschichte Friedrichs des Großen auf der Berliner Akademieausstellung, ein Stich von Johann Friedrich Rossmäßler, der Tod des Königs. Ein vielleicht durch das Jubiläum angeregtes Gemälde war 1840 auf der Ausstellung zu sehen: „Friedrich der Große auf dem Rückzug nach der Schlacht bei Kunersdorf“ von dem Akademie-Professor Friedrich Bürde. 1842 zeigte Wilhelm Herbig ein Gemälde „Der alte Fritz und die Berliner Jugend“, 1846 Clara Oenicke „Eine Szene aus dem Leben Friedrichs des Großen“, 1848 dieselbe Malerin „Friedrich der Große nach der Schlacht bei Kolin“. Diese sämtlich verschollenen Beispiele sind bemerkenswert, weil sie belegen, daß Menzels Friedrich-Gemälde seit 1849 nicht ohne Voraussetzung entstanden sind.

Adolph Menzel nahm sich der Darstellung des Lebens Friedrichs des Großen mit solcher materiellen Breite und psychologischen Tiefe des Studiums und dazu mit solcher Genialität des künstlerischen Gestaltens an, daß die Kunst durch ihn tatsächlich einen Beitrag zum Verständnis der schwierigen Persönlichkeit des Königs lieferte, wenn er auch manche legendäre Anekdote übernahm. Menzel hat sich mit dieser Leistung als der bedeutendste deutsche Historienmaler des 19. Jahrhunderts ausgewiesen. Es läßt sich bei ihm verfolgen, wie ein hervorragender Künstler durch eine bis zur Identifikation gehende Vertiefung in eine historische Persönlichkeit an Größe gewinnt.

Die ungeheure Arbeitswut Menzels, seine scharfe Beobachtung, sein Skeptizismus und Sarkasmus, seine Abkapselung von der Gesellschaft im Gefühl, ein Außenseiter zu sein, haben sicher ihr Vorbild in Friedrich dem Großen.

Wichtiger als die Reihe der Gemälde, die mit der „Bittschrift“ (Kat. VIII, 21 b) einsetzt, sind die 398 Holzstiche zu Franz Kuglers „Geschichte Friedrichs des Großen“, deren erste Auflage 1840—42, also seit dem Jubiläumsjahr, in 20 Lieferungen erschien. Allerdings wird in der Vorrede kein Bezug auf das Datum genommen. Die unmittelbare Anregung zu dem Werk war von der von Horace Vernet mit Holzschnitten ausgestatteten „Histoire de Napoléon“ von Laurent de l'Arcèche von 1839 ausgegangen.

Die Fertigstellung der Illustrationen in der Zeit von 1839—42 ist eine gewaltige Arbeitsleistung, nicht nur des Zeichners, sondern auch des Forschers und Denkers. Zuvor hatte sich Menzel mit dem Gebiet nur in einer 1836 erschienenen Folge von 16 Lithographien „Denkwürdigkeiten aus der brandenburgisch-preußischen Geschichte“ befaßt, von denen zwei Blätter, Darstellungen der Schlachten von Mollwitz und Leuthen, der Zeit Friedrichs des Großen gewidmet waren.

Was die Illustrationen Menzels vor den älteren Darstellungen auszeichnet, ist ein Begreifen der Geschehnisse aus dem inneren Mechanismus der Geschichte heraus. Die früheren Bilder waren nach Regeln komponiert worden, um den Betrachtern eine äußere Vorstellung von einem Ereignis, wie es sich hätte abspielen können, einzuprägen. Eine oft naive Künstlichkeit des Arrangements schloß eine Sachlichkeit nicht aus. Menzel dagegen hat ein Gespür für die in seelischen Tiefen liegenden menschlichen Triebkräfte der Geschichte und die Verflechtungen von Handeln und Leiden. Friedrich mit seiner ungewöhnlichen Energie und seinem seltsamen Schicksal mußte ihm als das faszinierendste Beispiel des Zusammen- und Gegeneinanderspiels innerer und äußerer Kräfte erscheinen. Menzel teilte seine Einsichten in Physiognomie und Haltung seinen Gestalten mit. Aufgrund einer unablässigen scharfen Beobachtung hatte er sich eingeprägt, wie sich menschliches Verhalten in Mienenspiel und Körperbewegung äußert. Hinzu kamen Erfindungsreichtum und Blick des genialen Regisseurs für den fruchtbaren Moment einer Handlung und die packendste Ansicht der Geschehnisse. Der Vergleich bestimmter Szenen bei Menzel mit älteren Gestaltungen macht immer wieder auf frappante Weise deutlich, mit welchem Geschick, oft auch mit welchem Takt, er denjenigen Moment der Handlung wählt, der das Empfinden des verständigen Lesers und Betrachters am stärksten berührt und doch seiner Phantasie eine Freiheit läßt. Menzel versteht es immer, durch Ahnung einer Fortsetzung des Geschehens eine Spannung wach zu halten, wo andere bündige Aussagen machen. Um das Denken zu beflügeln, hat Menzel in Vignetten und Initialen auch Symbole und Allegorien eingeführt. Durch die große Zahl der Illustrationen, von denen keine die Routine eines überlasteten Arbeiters verrät, war Menzel nun in der Lage, den reichen Gehalt der Geschichte Friedrichs des Großen auszubreiten. Er mußte sich nicht, wie seine Vorgänger, darauf beschränken, in punktuellen Anekdoten einzelne Schlaglichter zu werfen.

Für seine packenden Schilderungen verwendete Menzel neuartige zeichnerische Mittel, die z. B. den in der akademischen Zeichendisziplin des Klassizismus groß gewordenen Gottfried Schadow zu einer heftigen Kritik provozierten.

Menzel zeichnete mit lebhaftem handschriftlichem Strich, der Einzelheiten stellenweise präzise bezeichnet, stellenweise die atmosphärische Stimmung, sowie Licht und Schatten angibt und im wechselnden Duktus auch den subjektiven, vom Gefühl gesteuerten Kommentar des Zeichners zum Ereignis gibt. Das Unbestimmte, das neben dem Definierten steht, ist das ehrliche Eingeständnis, Geschichte nie ganz ergründen zu können. Der Hinweis auf das Unerklärliche wirkt bei Menzel deshalb so eindringlich, weil er den Bereich des Erklärbaren durch unablässiges Studium so gründlich durchforscht hat.

Mit diesem Stil kehrt sich Menzel entschieden vom Klassizismus ab, knüpft an barocke Traditionen an, vor allem an Rembrandts Radierungen, und nähert sich dem Rokoko als dem Ausläufer des Barock gleichsam aus der Richtung der Vergangenheit. So entsteht bei den Illustrationen die überzeugende Einheit von Menzels Stil und seinem historischen Gegenstand, bei dem freilich der grazile Charme des Rokoko nur stellenweise in Obertönen über dem tiefdunklen heroisch-schicksalhaften Klang der Geschichte liegt. In dieser Auffassung konnte sich die unruhige Zeit des ausgehenden Biedermeier wiedererkennen.

Mit den Illustrationen zu Kuglers Werk hatte sich Menzel als der unübertreffliche Kommentator der Geschichte Friedrichs des Großen ausgewiesen. Als Friedrich Wilhelm IV. eine illustrierte Prachtausgabe der Werke des Königs veranstaltete, die 1846—57 in dreißig Bänden erschien, kam für die Bebilderung kein anderer Künstler in Betracht als Menzel. Von den zweihundert Illustrationen, die er 1843—49 für dieses Werk zeichnete, stellen nur wenige bestimmte Momente aus dem Leben des Königs dar.

Mit dem Abschluß dieser Arbeiten kurz nach dem Jahr 1848, das den Unterschied zwischen Friedrich dem Großen und seinem Urgroßneffen Friedrich Wilhelm IV. auf die schmerzlichste Weise offenbarte, begann Menzel die Reihe seiner Fridericus-Gemälde, von denen der König nur eines, die „Schlacht bei Hochkirch", 1856 erwarb. Während sich Menzel immer stärker für Friedrich den Großen begeisterte und auf ihn als das Muster eines preußischen Königs hinwies, rückte Friedrich Wilhelm IV. jenem immer ferner.

Die „Tafelrunde von Sanssouci" und das „Flötenkonzert" zeigten, wie es im Lieblings-Schloß Friedrich des Großen hundert Jahre später eben nicht zuging.

Auffällig ist, daß Menzel sein letztes großes Fridericus-Bild in dem Jahr schuf, in dem der geisteskranke König die Regentschaft in die Hände seines Bruders Wilhelm legte. Menzel hat später — außer Gouachen — nur noch einmal 1878 eine kleine Grisaille mit einer Darstellung aus dem Leben Friedrichs gemalt. Er hat also die Beschäftigung mit dem König als Kritik an seiner Zeit gemeint. Darin kann uns Menzel heute ein Vorbild sein. Von Wilhelm I. dagegen hatte er eine günstigere Meinung und hat ihn mehrfach dargestellt.

Menzels gemalte Szenen aus dem Leben Friedrichs des Großen stehen in der Eindringlichkeit der Schilderung hinter den gezeichneten Illustrationen zurück. Der größere Effekt, den sie machen, hat andere Maler aufgerufen, auf diesem Wege weiterzugehen, manchmal bis zu einer dem Wesen des Königs völlig widersprechenden und daher unerträglichen Art der Verherrlichung. Wilhelm Camphausen (1818—1885), Carl Röchling (1855—1920), Richard Knötel (1857—1914), Georg Schöbel (1860— nach 1936) und Arthur Kampf (1864—1950) sind die wichtigsten Nachfolger. Carl Röchlings und Richard Knötels weit verbreitetes Bilderbuch „Der alte Fritz in fünfzig Bildern für Jung und Alt" von 1895 zeigt, daß hundert Jahre nach Chodowiecki die alten Anekdoten immer noch lebendig waren und neue dem Sentiment der Zeit entsprechende Bilder hinzugekommen sind, es macht aber auch den großen künstlerischen Abstand von Menzel deutlich.

In unserem Jahrhundert hat nur ein einziger Künstler von Rang das Thema der Friedrich-Anekdoten behandelt: Lovis Corinth. Aber sein 1921 entstandener Lithographien-Zyklus „Fridericus Rex" ist ein schwaches Werk, mit dem ein alter Mann nach dem Zusammenbruch des Kaiserreiches sich aufbäumend an Erinnerungen festhält. Anrührend ist es in dem stammelnden Trotz, mit dem Corinth im Vertrauen auf seine Potenz dem Thema nach Menzel noch einmal gerecht zu werden sucht, und überzeugend nur in einigen Szenen, wo der Blutrausch der Schlacht oder die Auflösung einer Physiognomie dargestellt wird.

Die Verherrlichung Friedrichs des Großen als Nationalheld durch die Darstellung von Episoden seines Lebens hat in Deutschland eine Parallele lediglich in einer entsprechenden Beschäftigung mit Martin Luther gefunden. Die Schilderung seines Lebens in populärer Druckgraphik setzt bereits am Ende des 17. Jahrhunderts ein, führt im 18. Jahrhundert auch zu schmähenden Darstellungen, bleibt im ganzen jedoch sporadisch, bis seit dem letzten Jahrzehnt des 18. Jahrhunderts gleichzeitig mit der einsetzenden Flut von Friedrich-Darstellungen aus ähnlichem patriotischen Motiv die Produktion von Szenen aus dem Leben Luthers anschwillt. Auch bei ihm läßt sich beobachten, wie bestimmte Szenen gern wiederholt wurden, so daß die Vorstellung von seinem Leben sich auf wenige markante Stationen reduzierte. Das Anekdotische trat weit weniger hervor als bei Friedrich, weil eine entsprechende Überlieferung fehlte. Eine Ausstellung der Kunstsammlungen der Veste Coburg hat 1980 dieses Phänomen in aller Breite und Ausführlichkeit mustergültig behandelt. Ausstellungen von Zeugnissen des Nachlebens einer großen Persönlichkeit, aufmerksam und kritisch zu betrachten, ist nützlich, weil sie selber heute neben dem Buch und dem Film die geläufigste Form des Nachlesens sind.

# Herkunft der Ausstellungsstücke

Altena
- Märkischer Kreis, Museum der Grafschaft Mark
- Archiv des Märkischen Kreises Altena

Aurich
- Niedersächsisches Staatsarchiv

Berlin
- Staatliche Museen Preußischer Kulturbesitz (SMPK)
  - Skulpturengalerie
  - Gemäldegalerie
  - Nationalgalerie
  - Kupferstichkabinett
  - Kunstgewerbemuseum
  - Kunstbibliothek
  - Museum für Deutsche Volkskunde
  - Gipsformerei
- Staatsbibliothek Preußischer Kulturbesitz (SBPK)
  - Benutzerabteilung
  - Handschriftenabteilung
  - Musikabteilung
  - Kartenabteilung
- Geheimes Staatsarchiv Preußischer Kulturbesitz (GStA PK)
- Bildarchiv Preußischer Kulturbesitz
- Staatliches Institut für Musikforschung, Musikinstrumenten-Museum
- Amerika Gedenkbibliothek
- Berlin Museum
- Consistorium der Französischen Kirche zu Berlin
- Freie Universität Berlin — Universitätsbibliothek
- Claus-Peter C. Groß
- Große National Mutterloge „Zu den drei Weltkugeln"
- Kammergericht
- Dr. Günter Krüger
- Gerhard Pieh

Berlin
- SKH Dr. Louis Ferdinand Prinz von Preußen
- Dr. Werner Schochow
- Sammlung Axel Springer
- Verwaltung der Staatlichen Schlösser und Gärten (SSG)
  - Jagdschloß Grunewald
  - Schloß Charlottenburg

Bad Mergentheim
- Dr. Elmar Mauch

Bad Pyrmont
- Stadt Bad Pyrmont

Bonn
- Der Johanniterorden

Braunschweig
- Braunschweigisches Landesmuseum

Coburg
- Kunstsammlungen der Veste Coburg

Doorn
- Stichting Huis Doorn

Eichzell bei Fulda
- Kurhessische Hausstifung, Museum Schloß Fasanerie

Erlangen
- Friedrich-Alexander-Universität Erlangen-Nürnberg

Frankfurt am Main
- Deutsche Bundesbank — Geldmuseum

Göttingen
- Eugenie Mannkopff
- Niedersächsische Staats- und Universitätsbibliothek

Graz
- Steiermärkisches Landesarchiv

Hannover
Niedersächsisches Hauptstaatsarchiv

Hechingen
Heimatmuseum

Heidelberg
Kurpfälzisches Museum der Stadt Heidelberg

Ingolstadt
Bayerisches Armeemuseum

Kiel
Stiftung Pommern

Lippstadt
Städtisches Museum

Lübeck
Museum für Kunst und Kulturgeschichte

Marburg
Hessisches Staatsarchiv

Münster
Dr. Hans Bleckwenn
Nordrhein-Westfälisches Staatsarchiv (StA)
Westfälische Landschaft Bodenkreditbank
Westfälisches Landesmuseum für Kunst- und Kulturgeschichte

Soest
Stadtarchiv

Ulm
Stadtarchiv

Unna
Hellweg Museum

Washington
National Archives

Wien
Heeresgeschichtliches Museum
Österreichisches Staatsarchiv
Haus-, Hof- und Staatsarchiv
Kriegsarchiv

Wilhelmshaven
Küsten-Museum (KM) der Stadt Wilhelmshaven

Wolfenbüttel
Herzog August Bibliothek
Niedersächsisches Staatsarchiv

Würzburg
Universitätsbibliothek

Private Leihgeber

Allen Leihgebern wird für die Unterstützung der Ausstellung herzlich gedankt.

# I. Der Kronprinz
# (1712–1740)

*Friedrich Wilhelm*
*hinterließ bei seinem Tod*
*ein Heer von 66 000 Mann,*
*das er durch seine*
*sparsame Wirtschaft unterhielt,*
*gesteigerte Staatseinkünfte,*
*einen wohlgefüllten Staatsschatz*
*und in all seinen Geschäften*
*eine wunderbare Ordnung.*

*Wenn es wahr ist,*
*daß wir den Schatten der Eiche,*
*der uns umfängt,*
*der Kraft der Eichel verdanken,*
*die den Baum sprossen ließ,*
*so wird die ganze Welt*
*darin übereinstimmen,*
*daß in dem arbeitsreichen Leben*
*dieses Fürsten*
*und in der Weisheit seines Wirkens*
*die Urquellen*
*des glücklichen Gedeihens*
*zu erkennen sind,*
*dessen sich das königliche Haus*
*nach seinem Tode erfreut hat.*

# Friedrich Wilhelm I. und sein Staat

## 1 Friedrich Wilhelm I., König in Preußen (1688–1740)

Antoine Pesne

Friedrich Wilhelm I.

Öl auf Lwd., 242 × 149 cm
1729

SSG, Schloß Charlottenburg

Der Sohn des ersten Preußenkönigs, der bei seinem Regierungsantritt einen verschuldeten Staat mit kostspieliger Hofhaltung ganz nach barocker Weise vorgefunden hatte, vollendete den Absolutismus in seinem Lande. („Ich ruiniere die Junkers ihre Autorität; ich komme zu meinem Zweck und stabiliere die souveraineté wie einen rocher von bronce.“) In der unermüdlichen Arbeit für seinen Staat, die er in calvinistischem Geist als Gottes Auftrag empfand, sah der König seine Lebensaufgabe, der er alles andere unterordnete. Persönlich von einfacher Lebensführung und gradlinig zuweilen bis zur Schroffheit, wurde er der Schöpfer des preußischen Beamtentums mit den Forderungen zur Redlichkeit, Pünktlichkeit und zum Arbeitsfleiß. Wie seinem Großvater, dem Großen Kurfürsten, der Dreißigjährige Krieg, so hatte Friedrich Wilhelm I. der Nordische Krieg vor Augen geführt, was es bedeutete, mit zu geringer Verteidigungsmacht einen kleinen Staat zwischen den Auseinandersetzungen der Großmächte zu behaupten und fremde Truppen im Lande zu haben. Der Stärkung der Armee mit einem Offizierskorps nach neuen Prinzipien galt daher sein besonderes Augenmerk. Diese Armee, die er von 40 000 auf 76 000 Mann vermehrte, sollte von auswärtiger Subsidienhilfe unabhängig sein. Dazu gehörten geordnete Finanzen, eine blühende Wirtschaft und eine sparsame Ausgabenwirtschaft. Die Verwaltung wurde auch strukturell reorganisiert; als neue Zentralbehörde schuf der König 1723 das Generaldirektorium, dem er selbst vorstand, wie ihn denn ein starkes Pflichtbewußtsein und die Idee leiteten: „Ein Regente, der mit Honneur in der Welt regieren will, muß seine Affairen alle selber tun.“ Nach seiner Auffassung hatte der König selbst den schwersten Dienst am Staat zu tun, und im Einklang damit trug er seit 1725 stets den einfachen blauen Uniformrock der Armee, die nun ihrerseits in ihren Monturen „des Königs Rock“ erblicken durfte.

In dem Gemälde von Pesne kommt das Wesen Friedrich Wilhelms I. zu einem sprechenden bildlichen Ausdruck. Dieses Wesen hat der König auch seinen Kindern und namentlich dem Thronfolger, dem kleinen Kronprinzen Friedrich, durch Erziehung zu vermitteln gesucht. Mit väterlichem Ernst und, wo er es für notwendig hielt, auch mit Strenge, auch gegen sich und die Familie, verband dieser Monarch das Wissen um die Pflicht der Fürsorge für die von ihm Regierten, eine Fürsorgepflicht, die sich ihm als gläubigem Christen ebenfalls aus göttlichem Auftrag herleitete.

## 2 Sophie Dorothea, Königin in Preußen (1687–1757)

Antoine Pesne

Sophie Dorothea

Öl auf Lwd., 143 × 112 cm
1737

SSG, Schloß Charlottenburg, GK I, 1218

Sophie Dorothea stammte aus dem Hause Hannover und war aus dynastischen Interessen 1706 mit dem damaligen Kronprinzen Friedrich Wilhelm, dem Sohn ihrer Tante Sophie Charlotte, vermählt worden. Die seit ihrer Jugend an reiches und behagliches höfisches Leben gewöhnte welfische Prinzessin wurde in Preußen nie recht heimisch, besonders seit mit Friedrich Wilhelms Thronbesteigung Sparsamkeit und Einfachheit am Berliner Hof eingeführt wurden. Vierzehn Kinder schenkte die Königin, „Fiekchen“, wie er sie mit einem Kosenamen nannte, dem preußischen König. Unverbrüchlich hielt er ihr in einer Zeit, in der es an anderen Höfen locker und galant zuging, die eheliche Treue. Aber unüberbrückbar war die Wesensverschiedenheit beider Partner, die burschikose Derbheit des Königs und die feine, ideellen Dingen und der schönen äußeren Seite des Lebens und geistigen Beschäftigungen zugewandte Art der Königin, zu deren Interessen Friedrich Wilhelm keinen Zugang fand. Bedenklich war, daß die Königin ihre beiden ältesten Kinder früh um ihre innere Unzufriedenheit wissen ließ und so als Vertraute in die ehelichen Unstimmigkeiten hineinzog. Sie hat so Wilhelmine und Friedrich dem Vater entfremdet. Dies führte nach 1725 zu besonderen Zuspitzungen, als

die Königin die von ihr als Lebenswerk betriebene Doppelheirat der Prinzessin und des Kronprinzen mit Partnern aus dem englischen Königshaus durchzusetzen suchte und dabei auch vor Winkelzügen und Verhandlungen mit ausländischen Diplomaten nicht zurückscheute.
Pesne hat das Bildnis, das die Königin als Fünfzigjährige zeigt, dem Kronprinzen 1737 überreicht. Dieser war von dem Gemälde so sehr entzückt, daß er eine Ode auf den Maler verfaßte. Es überrascht durch ungewöhnlich kräftiges und klangvolles Kolorit und durch das frische Auftreten und Aussehen der Königin. Es gehört zu den Werken, die den Beginn des friderizianischen Rokoko anzeigen.

## 3 Europa und Brandenburg-Preußen zur Zeit Friedrich Wilhelms I.

Historische Karte von Europa um 1740

Aus: F. W. Putzgers Historischer Schul-Atlas, 31. Aufl. 1907

Fotografische Vergrößerung

Deutlich zeigt die Karte das räumlich in viele Teile zersplitterte Gebiet des brandenburgisch-preußischen Staates, wie er durch dynastische Politik, vor allem durch Heirats- und Erbschaftspolitik, entstanden war. Er erstreckte sich zwischen Maas und Memel hauptsächlich auf dem Boden des Heiligen Römischen Reiches Deutscher Nation, das durch die starke gerissene Umrißlinie gekennzeichnet ist. Das namengebende Preußen lag außerhalb dieses Reiches; hier war der König ganz souverän, also nicht vom römisch-deutschen Kaiser verfassungsmäßig abhängig. Auch das Haus Habsburg hatte neben seinen Reichslanden außerdeutsche Territorien, vor allem Ungarn und italienische Gebiete, während die österreichischen Niederlande (Belgien) zum Reich zählten. Die mächtigsten Nachbarstaaten Preußens waren das mit Hannover in Personalunion vereinigte England, Frankreich und Österreich, etwas räumlich getrennt das aufstrebende Rußland. Polen war räumlich groß, innerlich aber durch die Adelsherrschaft schwach. Brandenburg-Preußen mußte, um zu überleben, sich auf eine eigene Streitmacht stützen und dynastische Erwerbungen suchen, um seine Teile räumlich zu vereinigen, oder es mußte Beute der mächtigen Nachbarn sein. Das hatten der Dreißigjährige Krieg und der Nordische Krieg gelehrt.

## 4 Das Testament des Großen Kurfürsten

„Vätterliche Vermahnung"

Cölln a. d. Spree, 1667 Mai 19

Eigenhändige Ausfertigung mit Unterschrift des Kurfürsten Friedrich Wilhelm auf Papier

GStA PK, BPH Urk. III b Nr. 18

Nicht wenige der Regierungsgrundsätze Friedrich Wilhelms I. gehen auf den Kurfürsten Friedrich Wilhelm von Brandenburg (1620—1688) zurück, seinen Großvater, der in seinem Testament von 1667 einige dieser Gedanken niedergeschrieben hat. Dieser Schöpfer des brandenburgisch-preußischen Staatswesens ermahnte bereits seinen Erben zur Gottesfurcht, zur religiösen Duldsamkeit und Wahrung des Rechtsstandes der Konfessionen bei Förderung des reformierten Bekenntnisses. Schon dieses Testament sieht in einer geordneten Rechtspflege eine der Grundlagen eines soliden Staates, charakterisiert die Länder und den in ihnen lebenden Menschenschlag, fordert zu sparsamer Hofhaltung auf, zur Friedenswahrung und dazu dienlichen guten Bündnissen und zur Unterhaltung einer starken Armee. Der Kurfürst warnt aber auch vor der Begehrlichkeit der Nachbarn auf das brandenburgische Territorium und empfiehlt: „Alliancen seindt zwahr gutt, aber eigene Krefte noch besser, darauff kan man sich sicherer verlassen, undt ist ein herr in keiner consideration, wan er selber nicht mittell undt volck hatt, den das hatt mich, von der zeitt das Ichs also gehalten, Gott sey gedanck(t) considerabell gemacht. . ."

## 5 Truppenrevue in der Berliner Hasenheide vor Friedrich Wilhelm I.

„Eigentliche Abbildung der König. Preußischen Gens d'Armes Revue in Berlin"

Kupferstich, 24 × 34,4 cm
Zwischen 1728 und 1739 (um 1730)
Bez.: „Christian Wolffgang del. et fec. à Berlin"

SMPK, Kunstbibliothek, Lipp. K. 77, 18

Alljährlich nahm der König die Revuen seiner Armee ab, wobei die einzelnen Truppenteile zu zeigen hatten, wie leistungsfähig sie durch Exerzieren, Drill und Manövrieren waren. Gefechtsmanöver

Kat. Nr. I, 1

gab es aber nicht. Das Offizierskorps erhielt unter Friedrich Wilhelm ein neues Gesicht. Der Adel, dessen ständische Rechte der König einschränkte, wurde in der Armee bevorzugt und erhielt so eine neue Aufgabe. Das Offizierskorps sollte sich vor allem aus dem einheimischen Adel ergänzen; ungeeignete Leute wurden ausgeschieden, dafür aber junge Adelssöhne auch mit Nachdruck in das Kadettenkorps eingereiht. So entstand ein Offiziersstand von hohem Ethos und selbstbewußtem Korpsgeist. Die Mannschaften wurden angeworben, ursprünglich waren zwei Drittel des Heeres Nichtpreußen. Die Heeresvergrößerung unter Friedrich Wilhelm I. zwang aber zu verstärkter Heranziehung der Landeskinder, die 1740 zwei Drittel der Armee stellten. Hierzu wurde die alte Pflicht zur Landesverteidigung wiederbelebt, doch wurden die angeseheneren Bürger, Arbeiter, Beamte, Studenten sowie die ältesten Söhne der Bauern und Teile des Adels ausgenommen, so daß eine allgemeine Wehrpflicht stark eingeschränkt wurde. Vor allem die jüngeren Bauernsöhne und Handwerker zog man heran; sie wurden von den Regimentern in diesen zugewiesenen Kantonen ausgewählt und in Listen eingetragen („enrolliert").

## 6 Kanton-System der preußischen Armee

„Cantons von dem Hochgräflich Alt Dohnaschen Regiment"

Tabelle aus dem Jahr 1749

Staatsarchiv Münster, Gutsarchiv v. Romberg, Nr. 4980

Die Landeskinder wurden für die preußische Armee nach dem Kanton-System ausgehoben, das Friedrich Wilhelm I. 1733 eingeführt hatte. Jedes Regiment erhielt bestimmte Gebiete zugewiesen, in dem es Musterungen durchführte und die Gemusterten in Listen „enrollierte". Die ältesten Söhne der Bauern wurden als Hoferben ausgenommen. Im vorliegenden Fall umfaßte der Kanton des Dohnaschen Regiments Orte des Fürstentums Minden sowie der westfälischen Grafschaften Lingen und Tecklenburg. Die Liste weist für jede Einheit des Regiments die ihr zugewiesenen Orte und Ziffern nach. Sie stammt aus der Zeit 16 Jahre nach Einführung des Kantonsreglements, also schon aus der Regierung König Friedrichs.

## 7 Truppenwerbung

„Die Werbung"

Kupferstich eines unbekannten Stechers 10,4 × 13 cm (Platte)

Dr. Elmar Mauch, Bad Mergentheim

Wie alle damaligen Armeen, war auch die preußische auf Werbung angewiesen. Wer sich freiwillig anwerben ließ, versprach in der Regel aus eigener Neigung Soldat zu werden und daher bei körperlicher Gesundheit im Felddienst tauglicher als Zwangsrekrutierte zu sein. Auch reichte das Aufgebot der „Enrollierten" (wehrpflichtigen Landeskinder) nicht aus. Man warb im eigenen Territorium, aber auch im „Ausland"; die Preußen vorwiegend im nichtpreußischen Reichsgebiet. Die ausgesandten Werbeoffiziere mußten sich im fremden Gebiet durch eine Vollmacht ausweisen. Sie wohnten in einem Gasthof, wie hier gezeigt, oder privat. Bisweilen griffen die Werber, um begehrte kräftige Rekruten zu erhalten, auch neben Überredung zu Bewirtungen und unter Alkoholeinfluß zu zweifelhaften Praktiken. Es konnte auch zu Prozessen kommen, auch wenn die Werber betrogen wurden.

## 8 Das Gassen- oder Spießrutenlaufen

Daniel Chodowiecki

Strafe des Spießrutenlaufens

1770

SMPK, Kupferstichkabinett

Foto

Die Militärstrafen waren wegen der körperlichen Züchtigungen drastisch, und zwar in fast allen Heeren der damaligen Zeit. Das einfache Prügeln mit dem Stock und das Fuchteln mit dem Degen galten nicht als ehrenrührig. Beides wurde beim Exerzierdrill gebraucht. Schwere Vergehen konnten mit dem Spießrutenlaufen bestraft werden, vor allem versuchte Desertion. Der Missetäter durchlief eine Gasse aus Soldaten und wurde dabei mit Rutenstreichen gezüchtigt. In Preußen wurde die Strafe 1807 abgeschafft, in Österreich nach 1850. Sie stammte aus dem 16. Jahrhundert. In den Flotten war zu dieser Zeit das noch schlimmere Hängen in die Wanten und das Kielholen (Durchziehen unter dem Kiel) üblich.

Kat. Nr. I, 2

## 9 Fahnenflucht an der preußisch-polnischen Grenze

Bericht über Desertionsvorgänge mit eigenhändigem Marginaldekret des Königs und einem zweiten der Behörde
Berlin, 1726 November 27 und 29

GStA PK, BPH Rep. 46 Nr. 56

In den Armeen des 18. Jahrhunderts, die zu einem erheblichen Teil aus geworbenen landfremden Söldnern bestanden und zu ihrem Zusammenhalt disziplinarischer Maßnahmen umso mehr bedurften, war die Fahnenflucht eine bekannte Erscheinung. Die Truppe wurde daher in Frieden und Krieg besonders bewacht. Dennoch wurde desertiert; in Preußen und den kleinen deutschen Territorialstaaten waren die stets nahen Grenzen dabei für den Fahnenflüchtigen eine besondere Hilfe. Deshalb schlossen die Landesherren auch gern Konventionen über gegenseitige Auslieferung der Fahnenflüchtigen ab. Im vorliegenden Fall war es an der preußisch-polnischen Grenze zu dem interessanten Fall wechselseitiger Fahnenflucht gekommen. Der polnische Oberst Siwinarski schickte einen desertierten Unteroffizier zurück mit dem Wunsch, gegen Auslieferung der übrigen preußischen Fahnenflüchtigen nur die Ausrüstung der aus Polen desertierten Soldaten zurückzuerhalten. Friedrich Wilhelm I. entschied: „Soll Ihn leutte und gewehr lievern, woferne sie unsere leutte wiedergeben, sonsten wo sie unsere leutte nit gehben, sollen Ihn nits wieder gehben. FW."

## 10 Grenadier Samuel Meißner aus Alstädt

Öl auf Lwd., 101,5 × 75 cm
1738

SMPK, Kunstgewerbemuseum

Für den Infanteriedienst der Armeen des 18. Jahrhunderts war ein langes Körpermaß der Rekruten zum Laden der Gewehre und beim Bajonettkampf vorteilhaft; große Leute wurden daher überall gern angeworben. Bei König Friedrich Wilhelm I. war die Suche nach „Langen Kerls" allerdings zu einer Liebhaberei geworden, die er sich entgegen seiner sonstigen Sparsamkeit viel Geld kosten ließ. Seine Riesengarde in Potsdam durfte nur aus groß gewachsenen Soldaten bestehen, die in vielen Teilen Europas für ihn gesucht wurden. Der hier abgebildete Grenadier war 5 Fuß und 9,5 Zoll groß, was 1,78 m entspricht.

## 11 Bäuerliches Leben in Preußen im 18. Jahrhundert

Johann David Schleuen nach Daniel Chodowiecki

„Landwirtschaftliche Arbeiten in den vier Jahreszeiten"

Radierungen, je 8,4 × 11 cm
Bez.: „D. Chodowiecki del. Schleuen sc."

Aus: Kupfertafeln zum Elementarbuche, für die Jugend, ihre Eltern und Freunde in gesitteten Ständen, Altona und Bremen 1770, Tafel XVI.

SSG, Schloß Charlottenburg

Der Bauer, im gleichförmigen Ablauf der vier Jahreszeiten an die natürlichen Gegebenheiten gebunden, war stets eher ein konservatives Element im gesellschaftlichen Leben. Dies veranschaulichen die Abbildungen der vier Jahreszeiten. In der ersten Hälfte des 18. Jahrhunderts lebten annähernd vier Fünftel der Gesamtbevölkerung Brandenburg-Preußens auf dem Lande. Der Bauer war die tragende Schicht, die Landwirtschaft von besonderer Bedeutung für Staat und Gesellschaft. Die Bauern bewirtschafteten selbständige Höfe, waren aber erbuntertänig und frondienstpflichtig, auch auf den königlichen Domänen. Immerhin war ihre Lage wesentlich besser, auch auf den adligen Gütern, als etwa im benachbarten Polen, wo der Adel ihnen gegenüber viel weitergehende Rechte ausüben konnte. Da der Bauer mit den Abgaben und Steuerlasten auch die erste Finanzquelle des Staates, damit auch der Armee, war, sah es der König als eine Hauptaufgabe an, diesen Bauernstand zu schonen und zu stärken. Die Abhängigkeitsverhältnisse wurden zwar nicht gelockert oder aufgehoben wie in der späteren Reformzeit, aber Friedrich Wilhelm I. bemühte sich, die Lage der Bauern durch Anleitung zu besseren Formen und Methoden der Wirtschaftsführung und durch Milderung ihrer Behandlung zu bessern. Die Leibeigenschaftsverhältnisse in Pommern und der Provinz Preußen sollten der milderen Erbuntertänigkeit in der Kurmark angeglichen werden, Schinden und Prügeln der Bauern wurden verboten, die Frondienste nach Möglich-

keit auf vier Tage der Woche begrenzt, ihre Ablösung durch Geldzahlungen angestrebt. Diese Maßnahmen auf den umfangreichen Domänenländereien ließen den noch umfangreicheren adligen Gutsbesitz allerdings noch weitgehend unberührt.
Das Elementarbuch von Johann Bernhard Basedow war eine weit verbreitete Enzyklopädie, die im Sinne der Aufklärung den Wissensstand der Mittel- und Unterschichten heben wollte. Die vier Jahreszeitendarstellungen sind im Text folgendermaßen beschrieben: „Die Beschäftigung in den vier Jahreszeiten, a) Das Pflügen, Säen, Eggen, die Blumenpflege und das Vergnügen an diesem allem im Frühlinge... b) Die Heuernte und Kornernte im Sommer... c) Die Fruchtsammlung, die Weinlese, das Vieh auf den Stoppeln und die Fischerey im Herbste... d) Das Dreschen, das Holzfällen und die Jagd im Winter.“

## 12 Havellandschaft mit Potsdam

Friedrich Wilhelm Delkeskamp

Blick von Sanssouci auf die Havel

Bleistift, Aquarell, 24,3 × 33,7 cm
Bez. auf dem Untersatzkarton von späterer Hand: „Delkeskamp Sanssouci“

SSG, Schloß Charlottenburg

Prägend für das Preußen Friedrich Wilhelms I. und sichtbares bauliches Sinnbild dieses Staates wurde das in der an Seen und Flüssen reichen Havellandschaft liegende Potsdam, damals fünf Fahrstunden von Berlin entfernt. Schon der Große Kurfürst, der 1688 in Potsdam starb, hatte aus dem kleinen mittelalterlichen Städtchen seine Lieblingsresidenz gemacht; sein Enkel baute sie in den Jahren 1722 bis

Kat. Nr. I, 12

1740 unablässig aus. Das Gemälde zeigt die unvergleichbare Schönheit dieser Landschaft, die Theodor Fontane die „Preußenwiege" genannt hat. Von ihm stammen auch die Verse: „Es spiegeln sich in deinem Strome Wahrzeichen, Burgen, Schlösser, Dome... Ob rote Ziegel, ob steinernes Grau, du verklärst es, Havel, in deinem Blau... Und an deinen Ufern, an deinen Seen, was, stille Havel, sahst all du geschehn?!"

## 13 Das Stadtschloß in Potsdam

Peter Schenk

„Das Schloß zu Potsdam von der Eingangsseite"

Kupferstich, 15,7 × 19,2 cm
um 1700

Berlin Museum

Kern der nach dem Dreißigjährigen Krieg und seinen Verwüstungen nur wenig mehr als 1000 Einwohner zählenden Stadt Potsdam wurde das 1661 begonnene neue Residenzschloß, dessen Bau von J. G. Memhardt, später von M. M. Smidts und J. A. Nering geleitet wurde. 1685 wurde die Orangerie, der spätere Marstall, geschaffen. In diesem Schloß wurde 1685 zugunsten der aus Frankreich vertriebenen Hugenotten das Edikt von Potsdam erlassen, das ihre Aufnahme in Brandenburg-Preußen regelte. Der Schloßbau zog mit dem nun dort vorhandenen Hofstaat die Gewerbetreibenden an. Die Folge waren die Erholung und der Ausbau des Städtchens; es entstanden die geförderten ersten Manufakturen noch im 17. Jahrhundert. 1722 hatte die Einwohnerzahl der Stadt etwa 4000 erreicht. Friedrich Wilhelm I. ließ den Bau des Schlosses nicht verändern oder erweitern; die spätere, bis 1945 bekannte Gestalt hat es erst durch Knobelsdorff 1746 erhalten. Die Sparsamkeit des zweiten Preußenkönigs sorgte dafür, daß das Schloß bis dahin im wesentlichen so blieb, wie das Bild es zeigt.

## 14 Potsdam, Gesamtansicht um 1733 und Bürgerhäuser

a) „Prospect der Stadt Potsdam Wie solche nach der von Sr. König. Maj. in Preussen Friderici Wilhelmi Anno 1733 geschehenen Erweiterung von der Mittags und Morgen Seite anzusehen"

Foto nach einem Kupferstich von G. P. Busch, Berlin, nach Feldtman

GStA PK, Bibliothek $19^b$ P 101

b) Häuser aus der Zeit von 1730 bis 1738

Fotos nach GStA PK, wie a)

Vor dem kurfürstlichen Potsdam wuchs auch die neue „Wilhelmstadt" Friedrich Wilhelms I. heran, durch den Kanal oder, wie man nach holländischem Vorbild auch sagte, die Gracht von der älteren Stadt getrennt. Der „Soldatenkönig" verlegte die Grenadiere seines Regiments nach Potsdam. Die Garnison zog Handwerker und Gewerbetreibende an; zur Fayencen- und Seidenmanufaktur trat eine Gewehrmanufaktur. Die Bewohnerzahl der Stadt stieg bis 1742 auf 11 000, die Zahl der Häuser auf 1150. Der König förderte die Niederlassung Adliger, aber auch den Bau bürgerlicher Wohnhäuser; sein Sohn hat später dieses Werk zu seiner großartigen Vollendung geführt und aus der Stadt ein architektonisches Kleinod gemacht, eine einzigartige Residenzstadt von herber Schönheit, die steinerner Ausdruck preußischen Geistes wurde. Die hier gezeigten Bürgerhäuser stammen noch aus der Zeit Friedrich Wilhelms I.

## 15 Die Garnisonkirche in Potsdam

Carl Hasenpflug

„Die Garnisonkirche in Potsdam"

Bemalte Kupferplatte eines ehemaligen Uhrenbildes (Das Uhrwerk und die früher vorhandenen Zeiger fehlen), 62 × 82 cm

Berlin Museum

Weithin bekanntestes Wahrzeichen Potsdams war die berühmte Garnisonkirche mit ihrem Glockenspiel. Friedrich Wilhelm I. hatte bereits 1721 eine Garnisonkirche erbauen lassen, die aber 1730 abgerissen wurde. Schöne Kirchtürme, so wollte es der König, sollten der Stadt einen „Splendeur" verleihen und Zuwanderer anlocken. So schuf Philipp Gerlach 1731 bis 1735 im Auftrag des Königs den Neubau, den er dem militärischen Zweck und dem Charakter der Residenz anpaßte. Der Choral „Üb immer Treu und Redlichkeit" erklang über der Stadt allerdings erst in der Zeit der Königin Luise. Weniger bekannt ist, daß Friedrich Wilhelm I. für seine katholischen Soldaten und die Lütticher Arbeiter eine katholische Fachwerkkirche 1721 errichten ließ, daß die orthodoxen Christen 1734 in Potsdam die sogenannte „Moskowiterkirche" erhielten, und daß er auch den Mohammedanern einen Betsaal einrichten ließ. Die religiöse Toleranz des Großen Kurfürsten wurde hier fortgeführt.

## 16 Tuchmanufaktur des 18. Jahrhunderts

Wollweberei

Foto nach einem Kupferstich von Johann David Schleuen

GStA PK

Die Manufakturen wurden in Brandenburg-Preußen nach französischem Vorbild seit der Zeit des Großen Kurfürsten eingerichtet und vermehrt. Die Manufaktur stellt einen Gewerbebetrieb mit innerbetrieblicher Arbeitsteilung dar, dessen Fertigung in Handarbeit geschieht. Leitung und Arbeit waren schon getrennt, die Erzeugung jedoch noch nicht mechanisiert wie bei der späteren Fabrik. Die gewerbliche Erzeugung konnte dadurch gesteigert, Handwerksbetriebe älterer Art ersetzt werden. Vor allem in der Spinnerei, Weberei und in der Metallverarbeitung, auch im Ledergewerbe gab es Manufakturen. Sie wurden vom Staat betrieben oder von ihm konzessioniert. Zweck war dabei, Fertigwaren auszuführen und möglichst alle Gebrauchsgüter im eigenen Lande zu erzeugen, durch den Handel sollte ein Gewinnüberschuß der Ausfuhren über die Einfuhren erzielt werden. Die steigenden Staatseinnahmen sollten so den Wohlstand und die Finanzkraft des Gemeinwesens stärken.

## 17 Die Franckeschen Stiftungen in Halle

J. F. Schleuen

„Prospect des Waysen-Hauses zu Glaucha vor Halle"

Radierung, 27,9 × 41,3 cm

Berlin Museum

Wie Philipp Jakob Spener von Kräften einer christlichen Erweckungsbewegung getragen, die ihre orthodoxen theologischen Gegner „Pietismus" nannten, lehrte August Hermann Francke (1663—1727) an der 1694 neu gegründeten Universität Halle Theologie im Sinne eines lebendigen, aus der Liebe tätigen Glaubens. Zu seinen Hauptzielen wurde auch die pädagogische Unterweisung der Jugend in diesem christlichen Geist. So gründete er aus Spenden und Legaten nacheinander mehrere Schulen, 1695 die Armenschule, später die Bürgerschule und das Pädagogium. Schließlich entstand zur Unterweisung von Kindern, deren häusliche Umgebung das Unterrichtswerk störte, und zur Aufnahme bedürftiger Waisen das Waisenhaus. An diese Stiftung schlossen sich eine Druckerei mit Buchhandlung, eine Apotheke, aus der Arme auch unentgeltlich mit Arznei versorgt werden konnten, und endlich ein Missionswerk für Nordamerika und Ostindien. In den Schulen wurden zahlreiche Lehrer ausgebildet, auch wirkten die Stiftungen vorbildgebend in alle Teile der preußischen Monarchie und darüber hinaus. Die Waisenhäuser in Berlin und Potsdam wurden von hier beeinflußt. Die Anfänge der preußischen Lehrerbildung mit damals neuen Grundsätzen nahmen von Halle ihren Ausgang. Dazu gehörte die Unterrichtung in Realien und neuen Sprachen, die Einschränkung der Prügelstrafe in den Schulen, die Einrichtung der ersten Schulsternwarte, des Werkunterrichts, eines Naturalienkabinetts; auch etwas Ballspiel und Musik wurden gepflegt. 40 v. H. der Schüler waren Mädchen. Friedrich Wilhelm I. besuchte die Stiftungen gleich nach seiner Thronbesteigung und förderte sie sehr; sie waren für den inneren Ausbau seines Staatswesens von hoher geistiger Bedeutung. Mit der Aufklärung, die in Halle ebenfalls eine Heimstatt gefunden hatte, teilte Francke deren Bildungsbegeisterung, nicht aber ihre Skepsis und Rationalität. So kam es zu Auseinandersetzungen mit den Philosophen Thomasius und Christian Wolff, in deren Verlauf Franckes Anhänger die Vertreibung Wolffs aus Halle durch die Regierung 1723 durchsetzten.

## 18 Plan zum Wiederaufbau des abgebrannten Pfarrhauses in Groß Krebs im Amt Marienwerder

Grund- und Seitenriß, farbige Handzeichnung, 35 × 20 cm
1729

GStA PK, XX.HA EM 94 d Nr. 172

Die evangelische Kirche unterstand in Brandenburg-Preußen dem Landesherrn als „summus pontifex". In Friedrich Wilhelms I. neuer Zentralbehörde, dem Generaldirektorium, gab es für die landesherrliche Aufsicht das Departement der geistlichen Angelegenheiten. In den Provinzen waren Konsistorien die Träger der Aufsicht. Seit 1717 begann der König für die seit dem Dreißigjährigen Krieg nicht im besten Zustand befindlichen Kirchen umfassende Reformen. Für die Gebäude von Kirchen, Pfarrhäusern und Schulen wurde großzügiger gesorgt, für Pfarramtskandidaten ein theologisches Hochschulstudium vorgeschrieben, eine Prüfungsordnung eingeführt und auf die Durchführung der Maßnahmen geachtet. Die Gehaltsverhältnisse der Pfarrer und Lehrer wurden verbessert. Erforderlichenfalls gewährte der König Freiholz aus den königlichen Forsten zur Errichtung solider Bauten. Das durch einen Brand zerstörte Pfarrhaus in Groß Krebs, dessen Neubauplan hier gezeigt wird, wurde 1729 erneuert. Es war ein Gebäude mit 12 Räumen auf insgesamt rund 200 qm Grundfläche. Der Kostenanschlag wies außer dem Freiholz 90 Taler 56 Groschen Baukosten aus. Der Pfarrer nahm auf dem Lande in seinem Kirchspiel eine bedeutende Stellung ein. Neben der Wortverkündigung und der Seelsorge nahm er die kirchlichen Amtshandlungen bei Taufen, Trauungen und Bestattungen vor, beurkundete sie aber auch allein; er verlas behördliche Anordnungen, war in der Krankenpflege tätig und ging zuweilen auch bei landwirtschaftlichen Neuerungen mit gutem Beispiel voran. Im innerkirchlichen Leben war Träger der Reform vor allem der von Halle und Berlin (Francke und Spener) ausgehende Pietismus, der den Glauben verinnerlichte und ein praktisches und tätiges Christentum lehrte. So wurde das Pfarrhaus wie die Kirche Mittelpunkt des geistigen Lebens der Landbevölkerung, zumal auch die Schule der Aufsicht des Pfarrers unterstand.

## 19 Plan eines Schulhauses auf dem Lande

Grund- und Seitenriß, koloriert, Handzeichnung, 35 × 20,3 cm
Vermutlich vom Landbaumeister Fischer aus Gumbinnen
1736/1737

GStA PK, XX.HA EM 42 a 9

Schule und Kirche waren in Preußen wie im übrigen Deutschland von alters her eng verbunden. Seit der Reformation hatten sich die Bestrebungen um den Ausbau eines Schulwesens für alle Teile der Bevölkerung verstärkt; die Erfolge darf man sich allerdings nicht zu groß vorstellen. In Preußen hielt zwar ein Edikt von 1717 bei Strafandrohung die Eltern an, auf den Schulbesuch ihrer Kinder zu achten, doch galt dies nur für Orte, an denen sich bereits Schulen befanden, und wurde keineswegs überall auch ernsthaft befolgt. Der Unterricht auf dem Lande, wo ja die große Masse der Bevölkerung wohnte, bestand lediglich im Lesen und in der Christenlehre, manchenorts auch im Schreiben und Rechnen. Zu einer Vermehrung der Schulen ist es unter Friedrich Wilhelm in bescheidenem Umfang gekommen, insbesondere entstanden beim Retablissement in dem von der Pest entvölkerten und neu besiedelten östlichen Ostpreußen zusammen mit dem Bau zahlreicher Kirchen auch viele Dorfschulen, weil den König die Einsicht leitete: „Wenn ich baue und bessere und mache keine Christen, so hilft es mir nit." Ein solches Schulhaus ist hier zu sehen. Es war beheizbar, zumal der Unterricht vor allem im Winter stattfand (wegen der Feldarbeiten im Sommer), und enthielt neben dem etwa 30 qm großen Schulraum auch die Wohnung für den Lehrer. Die Gesamtgrundfläche maß rund 100 qm. Die Baukosten wurden auf 25 Taler veranschlagt. Der durchdachte Grundriß war auf Ausnutzung der Wärmeenergie angelegt. Die Ausbildung und Besoldung der Lehrer ließ noch sehr zu wünschen übrig.

## 20 Die königliche Residenzstadt Berlin

Georg Paulus Busch nach einer Zeichnung von Anna Maria Werner

„Die Königl. Residenzstadt Berlin, Nördl. Seite"

Links im Mittelgrund der Weidendamm, im Vordergrund der Schiffbauerdamm, rechts im Hintergrund der Tiergarten

Kupferstich, 34,5 × 84 cm
1717

Berlin Museum

Der Stich zeigt Berlin etwa um die Zeit der Geburt Friedrichs des Großen. Die mittelalterliche Stadt mit dem neuen Stadtteil Friedrichswerder hatte der Große Kurfürst bis 1688 mit Wällen und Bastionen befestigen lassen; schon sein Sohn legte die Friedrichstadt an, mit rechtwinkligem, gitterartigem

Straßennetz nach den rational entworfenen Vorbildern der absolutistischen Zeit. 1709 wurden die vier Stadtteile verwaltungsmäßig zusammengelegt und erhielten die einheitliche Magistratsverfassung, büßten aber auch an Selbständigkeit gegenüber dem Staat und seinen Zentralbehörden ein. Doch war die Krönungs- und Universitätsstadt Königsberg am Anfang des 18. Jahrhunderts mit 40 000 Einwohnern noch fast doppelt so volkreich wie Berlin, das sie allerdings noch vor 1740 überflügelte. Die Handels- und Gewerbepolitik Friedrich Wilhelms I. und die Vermehrung der Armee (um 1730 zählte die Berliner Garnison schon über 14 000 Mann) führten zu diesem stürmisch zu nennenden Wachstum.

## 21 Das Zeughaus in Berlin

Johann Friedrich Schleuen

„Prospect des Königl. Arsenals zu Berlin"

Radierung, 25,9 × 42,6 cm

Berlin Museum

Schon in seinem politischen Testament von 1667 hatte der Große Kurfürst vorgesehen, daß nach der Befestigung Berlins „das große Magazin" dort errichtet werden müsse, ein großes Zeughaus. Als repräsentativen Bau ließ sein Sohn es 1695—1706 von den Architekten Johann Arnold Nering, Martin Grünberg, Andreas Schlüter und Jan de Bodt errichten, um seiner Hauptstadt Eindruck zu verleihen. Friedrich Nicolai hat den klassizistischen Bau mit barockem Schmuck einmal „das schönste Gebäude Europas" genannt. Der Figurenschmuck, darunter die berühmten Masken sterbender Krieger, stammte überwiegend von Schlüter. Das Zeughaus oder „Arsenal" diente als Hauptwaffen- und Munitionsmagazin der preußischen Armee.

## 22 Schloß Monbijou

Johann Böcklin nach Johann Eosander Göthe

„Vue General de la Maison du plaisance de Sa Majesté Le Roy de Prusse nommé mon Byoux Batie devant Berlin sur la Spree"

Kupferstich, 46 × 69 cm
Bez.: „Eosander Göthe in J. Böcklin sc. Berlin"

SSG, Schloß Charlottenburg

Das ursprüngliche Schloß wurde 1703 für den Minister und Günstling Friedrichs I., den Grafen v. Wartenberg, erbaut und nach dessen Sturz 1710 vom König der damaligen Kronprinzessin Sophie Dorothea geschenkt. Baumeister war Eosander von Göthe. 1725 hat der Hofgärtner Schlichting das Schloß gezeichnet. In dem abgebildeten Zustand befand es sich in der Kronprinzenzeit Friedrichs II. In dem fast quadratischen Bau mit seinen beiden rechts und links flankierenden Pavillons, durch Laubengänge mit dem Haupthause verbunden, hatte die preußische Königin ihre geschmackvoll eingerichtete Sommerresidenz. Hier besuchte auch der Kronprinz später seine Mutter und hat hier wohl in den unbeschwertesten Stunden seiner Jugend geweilt.
Der Stich von 1711 stammt aus dem Theatrum Europaeum.

## 23 Friedrichs-Hospital und Waisenhaus in Berlin

Johann David Schleuen

„Prospect des Grossen Friedrichs-Hospitals und Waysen-Hauses zu Berlin"

Kupferstich, 27,9 × 41,5 cm

Berlin Museum

Das Große Friedrichshospital wurde unter Friedrich I., nach dem es benannt ist, begonnen, doch zog sich die Bauarbeit von 1698 bis 1727 hin, als der Turm vollendet wurde. Die fast quadratische Anlage von rund 50 m Seitenlänge bestand aus vier Flügeln, die einen Innenhof einschlossen. Der Turm an der Mitte der Ostseite stand über dem Eingang in den Hof, links vom Turm schloß sich die 22 m lange Kirche an. Das Bauwerk, das für seine Zeit als sehr aufwendig galt, wurde von den Baumeistern Grünberg und Gerlach geschaffen.
Die Sozialfürsorge war im 18. Jahrhundert weitgehend noch eine Angelegenheit der Kirchen, Stiftungen und Privatpersonen. In Preußen wandte sich der Staat jedoch ebenfalls diesem Aufgabengebiet zu. Das für seine Zeit beachtlich große Friedrichshospital war zunächst als Kranken-, Irren- und Waisenhaus geplant. Nach Gründung der Charité blieb ihm aber nur der Zweck des Waisenhauses, in dem gleichzeitig bis zu 400 elternlose Kinder aus Berlin ihre Heimstätte fanden. Bekannt sind auch die Einrichtungen der Militärwaisenhäuser, die der Staat in Berlin und Potsdam unterhielt.

## 24 Das Königliche Schloß in Berlin

Johann Friedrich Schleuen

„Prospect des Königl. Schlosses zu Berlin, wie dasselbe gegen dem Parade-Platz und der Schloss-Freyheit sich praesentiret“

Kupferstich, 28,3 × 41,5 cm

Berlin Museum

Der Geburtsort des Kronprinzen Friedrich, das Berliner Schloß, dessen älteste Teile noch aus dem Mittelalter stammten, das in der Renaissancezeit und im 17. Jahrhundert große Um- und Erweiterungsbauten erhalten hatte, ist in der Gestalt, die es um 1712 hatte, im wesentlichen das Werk von Andreas Schlüter gewesen. Der Schlüterbau wurde 1698 begonnen und wurde 1707, nachdem Schlüter sein Amt verloren hatte, von Eosander fortgeführt. Der Innenausbau war zur Zeit der Geburt des Prinzen Friedrich 1712 noch im Gange, weitergehende Pläne (u. a. eines neuen Münzturms) wurden nach Friedrich Wilhelms I. Regierungsantritt 1713 eingestellt, nur die Fertigstellung des bestehenden Bauwerks betrieben, von dem Teile für Behördenzwecke verwendet wurden. Die Schloßkapelle mit der gewaltigen Kuppel ist erst im 19. Jahrhundert gebaut worden. Das Schloß war der wichtigste Repräsentationsbau des ersten Preußenkönigs, der seiner gesteigerten Macht und der Königswürde auch den äußeren Eindruck vermitteln sollte.

# Der Thronfolger

## 25 Geburtszimmer des Kronprinzen im Berliner Stadtschloß

GStA PK, IX. HA Slg. Oertel Nr. 2600. Foto

Am 24. Januar 1712, an einem Sonntag, erblickte Friedrich, der „Prinz von Oranien“, im Berliner Stadtschloß das Licht der Welt. Zwei Brüder waren vor ihm bereits im ersten Lebensjahr gestorben. Deshalb knüpften sich die Hoffnungen des noch regierenden Großvaters, Friedrichs I., der 1701 als brandenburgischer Kurfürst Preußen zum Königreich erhoben hatte, und des Kronprinzen Friedrich Wilhelm an diesen neuen Thronfolger, an dessen Leben die Zukunft des Hauses Hohenzollern damals hing.
Den Titel des „Prinzen von Oranien“ verlor Friedrich schon ein Jahr später, 1713, als nach dem Frieden von Utrecht die Grafschaft Orange für Preußen verloren ging.

## 26 Friedrich als Kronprinz mit seiner Schwester Wilhelmine

Antoine Pesne

„Friedrich der Große als Kronprinz mit seiner Schwester Wilhelmine“

Öl auf Lwd., 174 × 163 cm
1714

SSG, Schloß Charlottenburg, GK I, 3418

Mit seiner älteren Schwester Wilhelmine verbanden den kleinen Kronprinzen (dies war er seit Friedrichs I. Tode 1713) die ersten kindlichen Spiele, gleichgerichtete Neigungen und Interessen. Sie musizierten gemeinsam, sie entwickelten im Lauf der Jahre unter der Anleitung der Mutter Geschmack und Sinn für die feineren geistigen Richtungen der Zeit, z. B. auch für die französische Sprache und Literatur. Die Erziehung durch die Eltern war sonst einfach und streng, die Mahlzeiten bescheiden wie bei Privatleuten; eins der Kinder pflegte unter Anleitung des Königs das Tischgebet zu sprechen. Bis zu seinem sechsten Lebensjahre blieb der kleine Prinz im übrigen hauptsächlich unter der Aufsicht der Königin und ihrer Beauftragten.
Das Gemälde von Pesne zeigt den zweijährigen Friedrich mit seiner fünfjährigen Schwester. Daß der Prinz nach des Vaters Willen in allererster Linie zum Soldaten erzogen werden sollte, wird durch die Trommel schon auf diesem frühen Kinderbild deutlich. Gemalt wurde das Bild im Auftrag der Königin.
Es zeigt den bereits zur Strenge und Nüchternheit neigenden Stil der Epoche Friedrich Wilhelms I., dem sich auch ein lebhaftes Künstlertemperament wie Pesne nicht entziehen konnte.

Kat. Nr. I, 26

Kat. Nr. I, 27

## 27 Jacques Egide Duhan de Jandun (1685—1746), Lehrer des Kronprinzen

Duhan de Jandun

Kupferstich, 9,8 × 5,6 cm
Bez.: „F. C. sc."

Dr. Elmar Mauch, Bad Mergentheim

Während des Nordischen Krieges hatte Friedrich Wilhelm I. in den Laufgräben vor dem belagerten Stralsund einen jungen Hugenotten kennengelernt, Jacques Egide Duhan de Jandun. Duhan war noch in Frankreich geboren, aber nach der Aufhebung des Edikts von Nantes und der Verfolgung der Reformierten mit seinem Vater Philippe nach Brandenburg-Preußen gekommen, wo er Hofmeister der Söhne des Grafen Alexander Dohna wurde. Als Freiwilliger hatte er sich zur Armee gemeldet. Dem König gefiel diese Laufbahn. Am 31. Januar 1716 ernannte er Duhan zum „informator" des vierjährigen Kronprinzen und legte so selbst die Grundlage für Friedrichs französische Erziehung. Der Kronprinz hing an seinem Lehrer mit großer Achtung und Zuneigung und bewahrte ihm durch alle späteren Wechselfälle bis zu Duhans Tod diese Anhänglichkeit. Daß auch die Erzieherinnen des Prinzen in seinen ersten sechs Lebensjahren, Frau von Rocoulle und ihre Tochter, Martha Duval, Französinnen waren, hat die französische Prägung der Bildung Friedrichs verstärkt. Wenn er sich auch mit vielen Persönlichkeiten seiner Umgebung, denen das Französische nicht geläufig war, deutsch unterhalten und in der Muttersprache verständigen mußte, so blieb doch das Französische das von ihm bevorzugte Ausdrucksmittel.

Duhans Unterricht sollte mit Rechnen, Geographie und Geschichte beginnen; Lesen und Schreiben lernte Friedrich bei Hilmar Curas, der die Form der deutschen Schriftzüge des Prinzen bleibend beeinflußt hat. Duhans Lehrtätigkeit endete 1727. Er leitete den Kronprinzen auch beim Aufbau seiner Bibliothek an, die bis 1730 auf 3775 Bände anwuchs.

## 28 Albrecht Conrad Graf Finck von Finckenstein (1660—1735)

Porträt von unbekannter Hand

Öl auf Lwd., 135 × 100 cm

Privatbesitz

Albrecht Conrad Graf Finckenstein stammte aus einem ostpreußischen Adelsgeschlecht und hatte sich mit 16 Jahren für die militärische Laufbahn entschieden. Er trat nacheinander in holländische, französische und brandenburgische Dienste, erlebte durch seine Tapferkeit und sein Geschick einen glänzenden Aufstieg und zeichnete sich in den Schlachten des Spanischen Erbfolgekrieges so hervorragend aus, daß er auf Empfehlung des Prinzen Eugen vom Kaiser in den Reichsgrafenstand erhoben wurde. Friedrich Wilhelm I. lernte ihn am Berliner Hof bereits kennen und schätzen, als er noch junger Kronprinz war, später auch während des Spanischen Erbfolgekrieges. Der Graf wurde 1707 der Brautführer der Prinzessin Sophie Dorothea bei ihrer Eheschließung mit Friedrich Wilhelm. Als höchsten Vertrauensbeweis übertrug der König ihm 1718 als Oberhofmeister die Erziehung des sechsjährigen Kronprinzen Friedrich, die er gemeinsam mit dem Sousgouverneur Christoph Wilhelm Kalckstein übernahm. Zu seinen Aufgaben gehörte die Aufsicht über die Lehrstunden, auch über Duhans Unterricht. Finckensteins Söhne waren die Spielgefährten des jungen Prinzen; einer von ihnen, Graf Karl Wilhelm, wurde später Friedrichs vertrauter Berater und Minister.

Kat. Nr. I, 28

## 29 Das Theatrum Europaeum

Theatri Europaei continuati ... Vierzehender Theil. Hg. v. Matthäi Merians Erben.
Franckfurt am Mayn, 1702

Amerika-Gedenkbibliothek, G 187/67[14] Sm-Br

Hauptziel der Erziehung des Kronprinzen, so wollte es der König, sollte sein, einen Offizier heranzubilden. Denn der Thronerbe sollte dereinst das Werk des Vaters fortführen und den preußischen Staat ganz im Sinne des Vaters leiten. Grundlage der Erziehung war der Unterricht im Christentum mit Morgen- und Abendgebeten, Predigt, Bibelstunde und Katechisation. Vor dem Katholizismus, Atheismus, Deismus, aber auch vor der strengen Prädestinationslehre der Calvinisten sollte der Prinz gewarnt werden. Die Gottesfurcht war dazu bestimmt, den absolutistischen Herrscher in seiner staatlichen Herrschaftsgewalt in Schranken zu halten und vor unkontrollierter Willkür zu bewahren. Neben der Bibel sollten aber die Fächer Geschichte, Geographie und Naturrecht den Prinzen auf sein späteres Amt vorbereiten. Hierbei setzte Friedrich Wilhelm als Unterrichtswerk das 17bändige Theatrum Europaeum fest, von dem aber wohl vor allem die letzten Bände herangezogen wurden. Denn die Geschichte der letzten hundertfünfzig Jahre, also seit etwa 1570, sollte im Mittelpunkt stehen, während die römische und griechische Geschichte vom König als „zu nichts gut" gestrichen waren. Die formlos gehäuften Stoffmassen des Riesenwerkes konnten allerdings die Freude an der Geschichte eher verleiden, doch verfaßte Duhan einen geeigneten Auszug und wußte den Unterricht zu verlebendigen. Sein Vater war Sekretär des Marschalls Turenne gewesen, und in dem nun einsetzenden Unterricht hat Friedrich wohl die Talente von Turenne und Condé schätzen gelernt, die er später als die vorzüglichsten Feldherren und Vorbilder ansah. Das Lateinische wurde verboten, und so hat Friedrich die Schriften der Antike später nur in Übersetzungen kennengelernt. Dagegen legte der König Wert auf Übungen in freier Rede, wie ein Fürst sie brauchte, auf „Exempel und kurze Sentenzien" in der Moral und auf Gewandtheit im schriftlichen Ausdruck, die an einer Sammlung von deutschen Fürstenbriefen gelernt werden sollte.

## 30 Kronprinz Friedrich im Alter von etwa neun Jahren

a) Unbekannter preußischer Maler

Porträt des Kronprinzen

Öl auf Lwd., 93 × 77,5 cm
um 1720

SSG, Schloß Charlottenburg, GK I 30342

(Zum Vergleich fotografische Wiedergaben zweier fast gleichzeitiger Porträts von Lisiewsky[?] und Weidemann.)

b) Brief des Kronprinzen an seinen Vater

Berlin, 1721 Juli 5

Urschrift auf Papier, 1 Doppelblatt, 1 Seite beschrieben

GStA PK, BPH Rep. 47 Nr. 77

c) Brief des Kronprinzen an seine Mutter

1721 Mai 11. Verschrieben: 1712

GStA PK, BPH Rep. 47 Nr. 302

Soldatenkönigs. Der Kopf ähnelt einem Georg Lisiewski zugeschriebenen Porträt des Kronprinzen im Neuen Palais in Sanssouci.
Der Brief, „mitwog habe ich mich mallen laßen", könnte zu dem Bild gehören. Sonst teilt der Prinz dem Vater mit, womit er ihm Freude zu machen gedenkt, nämlich: „bei meine Compani in Cöpenik ist noch alles wohl wie auch bei die Cadetz" und „dinstdag bin ich auf der gagt (Jagd) gewesen." Die Verwechslung von g und j, meine statt meiner, verrät den kleinen Berliner. Die Nachricht im Brief des Neunjährigen an seine Mutter lautet: „Mama sei so gnädig und mache mein complimend an meine libe

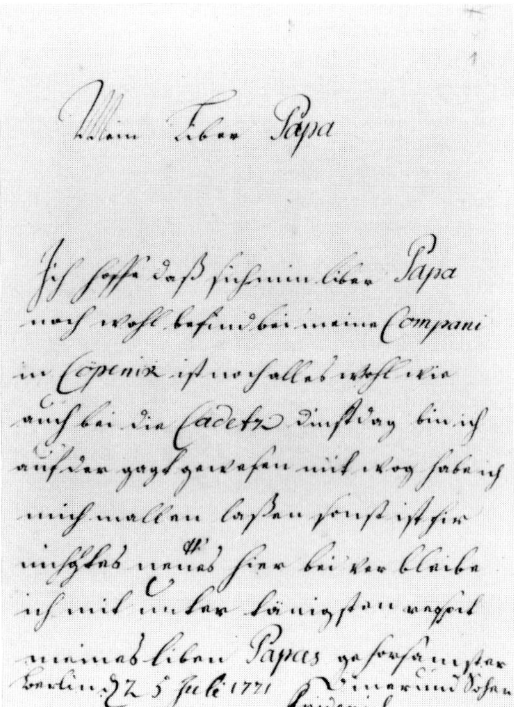

Kat. Nr. I, 30 b

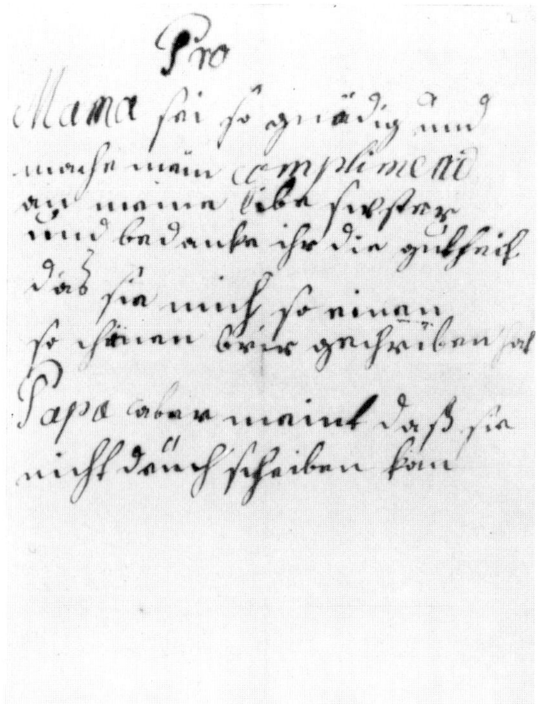

Kat. Nr. I, 30 c

Das 1985 erworbene Bild aus dem Besitz des Prinzen Karl von Preußen, eines Sohnes Friedrich Wilhelms III., zeigt den Kronprinzen als etwa Acht- oder Neunjährigen. Der nicht sehr geschickte Maler übertrug die Pose des Repräsentationsporträts eines Erwachsenen einfach auf ein Kind. In seiner künstlerischen Anspruchslosigkeit kennzeichnet das Bild den spartanischen Lebenszuschnitt am Hof des

swester und bedanke ihr die gutheit das sie mich so einen so chönen briv gechriben hat. Papa aber meint daß sie nicht deüch scheiben kan." Feste orthographische Regeln gab es damals noch nicht, wenn man deutsch schrieb, wohl aber eine Konvention in Schrift und Druck. Auch diese beherrschte der Kronprinz nicht und lernte es auch später nicht zufriedenstellend.

## 31 Friedrich in Tangermünde

Holzstich nach Adolph Menzel, 7,2 × 9,8 cm

Aus: Franz Kugler, Geschichte Friedrichs des Großen, Leipzig 1840, S. 22

Foto: GStA PK

Neben christlicher und soldatischer Erziehung sollte der Kronprinz auch in sparsamer Wirtschaftsführung unterwiesen werden. In dieser Hinsicht haben sich jedoch die Erfolge am wenigsten eingestellt und sind erst nach dem Regierungsantritt hervorgetreten. Mit Unmut wollte der König schon früh die „Neigung zu Depensen" an dem sechsjährigen Prinzen wahrgenommen haben. Ein Zug der Mildtätigkeit, Selbstlosigkeit und freigebigen Wesens, der an Friedrich auch später, namentlich Freunden gegenüber, hervortrat, kam hinzu Bei einem Besuch in Tangermünde übergab der kleine Prinz seine gesamte Barschaft an Taschengeld einem Bäcker, um damit Brezeln und Gebäck einzukaufen. Dieses verteilte er an Kinder und Arme und hatte an deren Dankbarkeit seine Freude. Die Szene, die sich bis zum zwölften Lebensjahre Friedrichs wiederholt haben soll, ist von Menzel in einem Holzstich dargestellt worden.

Kat. Nr. I, 30 a

## 32 Der Kronprinz auf Wache im Königlichen Schloß

Unbekannter Meister nach einem Ölbild in der Eremitage, Bayreuth

„Friedrich II., wie er in seinem 14ten Jahre Wache steht vor den Palais seines Vaters"

16,1 × 12,4 cm
1726
Bez.: „F. A. Fricke Lithog. Steindr. v. E. Ponicke, Leipzig"

SKH Dr. Louis Ferdinand Prinz von Preußen, Berlin

Als der Kronprinz 12 Jahre alt war, gewahrte der König an ihm andere Neigungen, als er sie gern gesehen hätte. So begann sein Mißtrauen. „Ich möchte wohl wissen", sagte er eines Tages, „was in diesem kleinen Kopfe vorgeht. Ich weiß, daß er nicht so denkt wie ich; es gibt Leute, die ihm andere Gesinnungen beibringen und ihn veranlassen, alles zu tadeln; das sind Schufte!" — „Fritz, denke an das, was ich dir sage. Halte immer eine gute und große Armee, du kannst keinen besseren Freund finden und dich ohne sie nicht halten. Unsere Nachbarn wünschen nichts mehr als uns über den Haufen zu werfen, ich kenne ihre Absichten, du wirst sie auch noch kennen lernen. Glaube mir, denke nicht an die Eitelkeit, sondern halte dich an das Reelle. Halte immer auf eine gute Armee und auf Geld; darin besteht die Ruhe und die Sicherheit eines Fürsten." Bei dieser Rede schlug er dem Prinzen leicht die Wangen, bis er ihn schließlich fast ohrfeigte. Ein ausländischer Beobachter erinnerte sich an des Vierzehnjährigen „schlechte Grenadierkleider", aber auch an sein „aimables Gesicht" mit den funkelnden Augen. Und von den Diplomaten sah einer, daß der Prinz durch seinen Tageslauf überanstrengt würde, er sehe „ältlich und steif" aus, „als ob er schon viele Kampagnen getan hätte".

# Zerwürfnis, Fluchtversuch und Kriegsgericht

## 33 Das Zerwürfnis des Kronprinzen mit seinem Vater

Besuch von Gotthilf August Francke in Wusterhausen

Holzstich nach Adolph Menzel

Aus: F. Kugler, Geschichte Friedrichs des Großen, Leipzig 1840, S. 41

Foto: GStA PK

Nach dem Tode August Hermann Franckes, des Gründers, übernahm die Halleschen Stiftungen sein Sohn Gotthilf August (1696—1769) und besuchte auf Einladung des Königs schon 1727 Wusterhausen. Bei dem Kronprinzen, der im April 1727 konfirmiert worden war, hatten sich gerade damals ein Nachlassen seines Lerneifers und eine gewisse Distanz zu den christlichen Glaubenssätzen bemerkbar gemacht. Francke, in dessen Gegenwart bei Tische Friedrich kein Wort sprach, schildert den Kronprinzen als „eines sehr stillen Wesens, bedachtsam und gar merklich temperamenti melancholici; die älteste Prinzessin desgleichen". Als der König aber am 9. Oktober abwesend war, war Friedrich wie umgewandelt, er zog mit Spott über den Gelehrten Gundling her und machte auch über Francke „mokante Miene", äußerte schließlich auch deutlich hörbar zu Wilhelmine: „Der glaubt Gespenster!" Deutlich trat hier nun auch in Glauben und Weltansicht der Gegensatz des Prinzen zu seinem Vater hervor; die Spannungen vertieften sich, zumal der König auch unwillig und schließlich zornig die nachlässige Lebensführung Friedrichs betrachtete, die er durch scharfen Tadel und schließlich durch öffentliche Kritik und Schläge zu ändern suchte. Es kam später dazu, daß der König seinen ältesten Sohn, der die Uniform gern privat mit bequemen modischen französischen Röcken vertauschte, das Flötenspiel dem Exerzieren vorzog und Romane las, einen „effeminierten Kerl" schalt, ihn vor Dienerschaft und Offizieren züchtigte und ihm vor allem auch seine heimlichen Schulden vorhielt, die sich schließlich bis auf über 7000 Taler beliefen und der Finanzierung der Vergnügungen dienten. Friedrich Wilhelm fürchtete um den Fortbestand seines Lebenswerkes nach seinem Tode; dem Kronprinzen, der anders als der Vater geistige Interessen für Literatur und Philosophie entwikkelte, war der enge Lebenszuschnitt des preußischen Hofes eine Fessel.

## 34 Schloß Wusterhausen

Carl Toeche

Schloß Königs Wusterhausen

Aquarell, 19,7 × 31,5 cm
Bez. links unten: „C. Toeche. 1848"

SSG, Schloß Charlottenburg

Eine alte Burg in Wusterhausen hatte Friedrich Wilhelm I. 1698 als Kronprinz von seinem Vater als Geschenk erhalten. Er ließ sie 1717 zu einem wasserumgebenen Jagdschloß umbauen. Seitdem trug der Ort den Namen Königs Wusterhausen. Das Schloß wurde ein Lieblingsaufenthalt Friedrich Wilhelms, hier versammelte sich, zuweilen auch in dem unweit gelegenen Gartenhaus, das Tabakskollegium. Die Königin verabscheute den Ort, an dem es derb und rauh zuging, und diese Abneigung hat sich auch auf den Kronprinzen Friedrich übertragen.
Das Bild zeigt die Nordfront des Schlosses. Links erscheint das Kavalierhaus, rechts ein Trakt mit Beamtenwohnungen. Der ursprünglich vorhandene Wassergraben wurde 1831 beim Auftreten der Cholera zugeschüttet.

## 35 Tabakskollegium und Jagdwaffen

a) Leygebe

Das Tabakskollegium König Friedrichs I.

Öl auf Lwd.
um 1710

b) Nach einem Gemälde von Lisiewski, 1737

Das Tabakskollegium Friedrich Wilhelms I.

a) und b) nach Fotos aus Privatbesitz

c) Köpfe zweier Tonpfeifen aus der Zeit des Tabakskollegiums, einer mit Wappen

SSG, Jagdschloß Grunewald

d) Tabaksdose aus dem Tabakskollegium in Form eines preußischen Grenadiers des Kronprinzenregiments

Holz, bemalt, Anfang 18. Jh., 67 × 47,5 cm
Mütze und Kopf sind einzeln abnehmbar und verschließen je einen Tabakbehälter. Die Lunte in der linken Hand diente zum Anzünden der Pfeifen.

SMPK, Kunstgewerbemuseum

e) Jagdgewehr, um 1725, Berlin. Arbeit des Büchsenmachers von der Fecht

Länge: 139 cm. Mit Nußbaumschaft, stählernem Lauf und Messingbeschlägen

SSG, Jagdschloß Grunewald

f) Jagdplaute aus der Regierungszeit Friedrich Wilhelms I.

Länge: 66 cm

In dieser Form getragen von den Piqueurs der königlichen Jagdequipe. Auf dem Mittelstück der Parierstange die Initialen FWR mit Krone. Klingeninschrift ME FECIT POTZDAM und SEMPER IDEM 1730

Privatbesitz

g) Flasche und Trinkglas. Gebrauchsglas des 18. Jahrhunderts

SMPK, Museum für Deutsche Volkskunde, Inv. Nr. 950/78 (176) und 892/78 (118)

Abgesehen von Potsdam war Königs Wusterhausen der beliebteste Aufenthaltsort Friedrich Wilhelms I., wo er gern seine Zeiten der Muße zubrachte. Vor allem von Ende August bis Anfang November pflegte er alljährlich dort zu weilen. Schon sein Vater hatte ein Tabakskollegium eingerichtet, bei dem es jedoch höfisch und elegant im Stil barocker Hofhaltung zuging. Der „Soldatenkönig" pflegte im Tabakskollegium einen einfachen Stil, bei Tabak und Bier oder Wein wurden mit Vertrauten ohne Rücksicht auf Standesunterschiede und Zeremoniell zwanglose Gespräche, auch über Staatsangelegenheiten geführt. Das Kollegium wurde dort abgehalten, wo der König sich aufhielt, oft also auch in Wusterhausen. Die beteiligten Mitglieder der Akademie hatten gelehrte Erläuterungen zu geben, wenn dies in Einzelfragen benötigt wurde, sahen sich aber auch nicht selten in die Rolle von Hofnarren versetzt. Tagsüber begleitete die Wusterhausener Gesellschaft den König zur Jagd. Die kleinen Prinzen mußten zu später Stunde im Kollegium erscheinen und dort nicht selten nach dem Kommando eines Offiziers exerzieren. Der Kronprinz, der von seinem fünfzehnten Lebensjahr an auch selbst am Kollegium teilnehmen mußte, fand weder an der Jagd noch am Tabak Gefallen. Auf diese Weise steigerte sich die bereits nach seinem zwölften Lebensjahr beginnende Entfremdung zu seinem Vater noch mehr. Während der Jagd auf dem Anstand las er lieber ein Buch, er hatte dann kein Wild erlegt. Häufig wiederkehrende Themen im Kollegium, wie z. B. den niederländischen Feldzug des Königs von 1709, bezeichnete Friedrich spöttisch als „eine wahre Goldmine von Potosi", die sich nie erschöpfe. Die Wusterhausener Runde erschien ihm als eine „höchst buntscheckige und höchst übel erlesene Gesellschaft im törichtsten Nebeneinander, denn weder Laune, noch Alter, noch Neigung der Anwesenden stimmt zusammen". Es kam so weit, daß der Sohn, der in Gegenwart des oft jähzornigen Vaters immer scheuer und gedrückter wurde, in dessen Abwesenheit seine Maßnahmen kritisierte und von den bevorzugten Ratgebern des Königs geringschätzig und spöttisch sprach. Da dies dem König nicht verborgen blieb, steigerte sich der Gegensatz noch mehr. Auf der gezeigten Abbildung des Kollegiums ist der Kronprinz nicht dargestellt; zur Rechten des Königs sitzt der damals fünfzehnjährige August Wilhelm, links sieht man die Prinzen Heinrich und Ferdinand.

## 36 Der Besuch in Dresden 1728

Johann David Schleuen

a) „Prospect des Lust-Schlosses im Churfürstl. Zwinger-Garten zu Dresden"

Radierung, 27,3 × 43,8 cm

Berlin Museum

b) J. J. Kretzschmar(?)

August der Starke, Kurfürst von Sachsen und König von Polen

Figur aus Böttgersteinzeug, H. 11,2 cm
Meißen, 1713—1715

SMPK, Kunstgewerbemuseum, Inv. Nr. 180, 35

c) Johann Joachim Kendler

Liebespaar mit Vogelbauer

Porzellan, farbig bemalt mit vergoldeter Bronzemontierung
Höhe: 16,2 cm
Meißen, um 1737 bis 1740

SMPK, Kunstgewerbemuseum, Inv. Nr. HF 217

d) König August II. präsentiert seinen Gästen auf dem Maskenball eine junge Dame

Holzstich nach Adolph Menzel
Aus: Franz Kugler: Geschichte Friedrichs des Großen, Leipzig 1922, S. 45
Foto: GStA PK

e) L. de Poellnitz

„La Saxe galante ou histoire des amours d'August I roi de Pologne"

Amsterdam 1736

Im Auftrag der Stiftung Preußischer Kulturbesitz verwaltet durch die SSG, Schloß Charlottenburg, S 199 (Exemplar aus der Bibliothek Friedrichs des Großen im Stadtschloß Potsdam)

Im Jahre 1728 reiste Friedrich Wilhelm I. auf Einladung des sächsischen Kurfürsten und Königs von Polen zu einem Staatsbesuch an den Dresdner Hof. Den Kronprinzen hatte er nicht mitgenommen, ließ ihn aber auf dringende Vorstellungen und Bitten seines Gastgebers nachkommen. Das prunk- und genußvolle, leichtfertige Leben an König Augusts Hof mit seinen verschwenderischen Ausgaben, seiner Günstlingswirtschaft und galanten Abenteuern und Vergnügungen stand in denkbar stärkstem Gegensatz zu der bescheidenen und spartanischen Hofhaltung in Berlin. An den Fürsten Leopold von Anhalt-Dessau schrieb kurz danach der preußische König, er werde ein Jahr brauchen, um ihm mündlich die ganze Chronica scandalosa und seine Aventüren zu erzählen; er sei aber vor Gott rein geblieben: „Ich bin wiedergekommen, als ich hingegangen." Für den Kronprinzen war diese neue Welt überwältigender, waren die Anfechtungen größer. Glaubt man den sehr viel später in einer Zeit der Verstimmung geschriebenen, von Bosheit und Klatschsucht nachweislich nicht freien Memoiren seiner Schwester Wilhelmine, so ist Friedrich den Verlockungen des prachtliebenden Hofes erlegen. An einem Abend nach ausgedehntem Gelage führte der polnische König seine Gäste in ein mit feinstem Geschmack eingerichtetes Gemach, wo ihnen bei hellem Kerzenschein unvermittelt eine junge Schönheit auf einem Ruhebett präsentiert wurde. Der preußische König soll nach der ersten Überraschung seinen Sohn aus dem Zimmer geschoben haben. Friedrich, der sich auch von den Kunstschätzen des Grünen Gewölbes begeistert zeigte, kehrte verwandelt nach Berlin zurück. Er verfiel in tiefe Melancholie und körperliche Abmagerung. „Mein Sohn gehet herrumb", schrieb der König dem Alten Dessauer am 8. Mai 1728, „wie ein s(ch)atten, isset nits; ich halte ihn (für) kaput, wo es sich in kurtzen nit enderdt ..." Und am 23. April hatte er geschrieben: „Wenn die Kinder gesundt sein, dan weiß man nit, das man sie lieb hat." Der König machte sich ernste Sorgen um seinen sechzehnjährigen Sohn und suchte nun zeitweise die Schuld auch in seinem eigenen Verhalten, doch stellte sich der frühere Gegensatz bald wieder her. Kurz darauf folgte der sächsische Gegenbesuch in Berlin; hier sah Friedrich die von ihm verehrte Gräfin Orczelska wieder, die Tocher König Augusts, die er in Dresden kennengelernt hatte, und äußerte den Wunsch, ihr Bild zu erhalten.

## 37 Friedrich Wilhelm v. Grumbkow, preußischer Feldmarschall (1678—1739)

„Friedrich Wilhelm von Grumbkow, königl. Preuss. Geheimer Staats-Minister, General-Lieutenant von der Infanterie."

Kupferstich, 14 × 8,7 cm
Stecher unbekannt

GStA PK, IX. HA III, Nr. 36

Friedrich Wilhelm von Grumbkow, aus pommerschem Adelsgeschlecht, hatte, wie viele seiner bedeutenden Zeitgenossen, seinen Aufstieg in der Armee gemacht, sich bei Malplaquet hervorgetan und war schon vom ersten preußischen König zum Generalmajor befördert worden. Seit 1711 bewährte er sich auch im Verwaltungsdienst und wurde 1723 Vizepräsident des Generaldirektoriums, der neuen Zentralbehörde. Als engster Mitarbeiter des Königs hatte er fortan großen Einfluß auf die preußische Politik, auch die Außenpolitik, und war eins der hervorragendsten Mitglieder im Tabakskollegium. Mag er auch außenpolitisch die preußischen Interessen am besten in einer Bindung an Österreich gewahrt gesehen haben, so war er in der Wahl seiner Mittel zur Durchsetzung dieses Zieles und zur

Durchkreuzung der Pläne der Königin nicht eben kleinlich. Vom österreichischen Gesandten nahm er ein Jahresgehalt an, den preußischen Residenten in London veranlaßte er gemeinsam mit Seckendorff, seine Berichte an Friedrich Wilhelm so abzufassen, als wolle England Preußen zu einer britischen Provinz degradieren und den Preußenkönig zu seinem „Galopin“. Beim König fiel er auch nicht in Ungnade, als die Bindung an Österreich ohne Gegen-

Kat. Nr. I, 37

leistung blieb. Zwischen König und Kronprinz vermittelte Grumbkow seit 1731, doch empfand Friedrich Grumbkow als beauftragten Überwacher und hat ihm 1739 nach Grumbkows Tod ein beißendes Epigramm gewidmet.

## 38 Das Hauptpostamt in der Lombard Street in London

„The General Post Office“
Kupferstich aus: Daniel Defoe: A Tour thro' London. London 1729.

SBPK, Sign. 2°Tx 3330 KD (Fotografische Reproduktion)

Seit im 17. Jahrhundert eine leistungsfähige englische Post eingerichtet wurde, gab es ein General Post Office und einen Postmaster General. Die Briefe wurden über Entfernungen von 500 km so schnell befördert, daß der Absender in fünf Tagen die Antwort in Händen halten konnte. Doch hatte diese Einrichtung, deren Hauptpostamt seit 1690 in der Lombard Street in London lag, noch andere, der Öffentlichkeit weniger bekannte Vorzüge. So gab es eine Entzifferungsstelle in St. Mary-Axe, in der die vom Kontinent einlaufende Diplomatenpost heimlich geöffnet, abgeschrieben und in Zahlen verschlüsselte Briefe entziffert wurden. Diese Stelle griff auch in Friedrichs Leben ein, als man dort den Briefwechsel Grumbkows mit dem preußischen Residenten in London entschlüsselte und der englischen Regierung die geheimen Anweisungen und Intrigen bekannt wurden. Die englischen Gesandten in Berlin, Lord Hotham und Guy Dickens, spielten Entzifferungen von Grumbkows Briefen dem König in die Hände, um den ihren Anträgen auf die Doppelheirat hinderlichen Minister zu stürzen. Die Heiratsverhandlungen waren von neuem im Frühjahr 1730 aufgenommen worden und, obwohl der Kronprinz sie in eigenen Unterhandlungen mit den englischen Gesandten heimlich begünstigte, auch beim König schon wieder auf Entgegenkommen gestoßen. Als aber Hotham, wenig geschickt, am 10. Juli dem König als neuen Beweis gegen Grumbkow, der alles geleugnet hatte, einen festgehaltenen Originalbrief vorlegte, warf dieser ihn nach kurzer Einblicknahme zu Boden mit dem Ausruf: „Meine Herren, ich habe genug von dem Zeug!“ Mit der brüsken Abreise Hothams war der Bruch vollzogen, die angestrebte dynastische englisch-preußische Allianz gescheitert.

## 39 Friedrich Heinrich Reichsgraf v. Seckendorff (1673—1763)

„Fridericus Henricus S. R. I. Comes de Seckendorf"

Kupferstich, 32,7 × 19,3 cm (Platte)
Bez.: „I. I. Haid fecit et excudit Augsburg"

GStA PK, IX. HA I 29

Seit 1726 wurden die Auseinandersetzungen zwischen König und Kronprinz auch mit den Auseinandersetzungen in der Außenpolitik Preußens verknüpft. Anlaß war, daß sowohl England als auch Österreich bemüht waren, Preußen mit ihren Interessen zu verbinden. England betrieb im Bunde mit der Königin Sophie Dorothea die dynastische Verbindung einer Doppelheirat des Kronprinzen Friedrich mit der englischen Prinzessin Amalie und der Prinzessin Wilhelmine mit dem Herzog von Gloucester. Österreich suchte hingegen jede Stärkung Preußens zu verhindern, um seine eigene Vormacht im Reich unangefochten aufrechtzuerhalten. Zu diesem Zweck sandte der Kaiser auf Betreiben des Prinzen Eugen den Grafen Seckendorff als diplomatischen Vertreter 1726 nach Berlin. Der aus Franken stammende Seckendorff hatte sich als Soldat in allen großen Kriegen der Zeit einen Namen gemacht und durch Tapferkeit die Reichsgrafenwürde erhalten. So gewann er auch das Vertrauen des preußischen Königs, der ihn bei Malplaquet und Stralsund kennengelernt hatte. Seckendorffs eigentliche Begabung aber lag in der Diplomatie, die er mit Menschenkenntnis, Beobachtungsgabe und unermüdlicher Arbeitskraft verband. Durch seine Begabung der Intrige gelang es ihm, die Umgebung des Königs mit Geld und durch Gelage und Vergünstigungen zu bestechen, auch die Hilfe von Kammerdienern war ihm recht. Ziel war die Beeinflussung des Königs und die Durchkreuzung der englischen Heiraten. Obgleich Seckendorff das Vertrauen des Königs zu gewinnen wußte, obgleich er auch mit Rang in den Johanniterorden aufgenommen wurde, scheute er doch nicht davor zurück, den bestochenen preußischen Residenten in London seine Berichte so abfassen zu lassen, daß Friedrich Wilhelm ein falsches Bild erhielt. Der Graf ließ in London verbreiten, Prinzessin Wilhelmine sei häßlich geworden. Schon 1726 gelang ein Bündnis zwischen Preußen und Österreich, das 1728 noch gefestigt wurde. Preußen billigte darin die Erbfolge der Tochter des söhnelosen Kaisers, Österreich versprach Unterstützung in der Erbfolge im Herzogtum Berg. Letzteres war eine Täuschung ohne ehrlichen Willen. So war Seckendorffs Wirken für den Wiener Hof zwar jahrelang erfolgreich, bei Aufdeckung der wahren Absichten mußte er sich jedoch die redliche Natur des preußischen Königs dauerhaft zum Gegner machen. Deshalb war letztlich die Folge der intriganten Politik doch für Österreich nachteilig.

## 40 Der Kronprinz im Alter von siebzehn Jahren

Antoine Pesne — Schule

Kronprinz Friedrich

Öl auf Lwd., 76 × 59,5 cm
um 1729

Sammlung Axel Springer, Berlin

Das Bild stammt aus der Zeit, als im Verhältnis zwischen Vater und Sohn die Krise sich ankündigte. Der Sohn mied den Umgang mit dem Vater, brieflich suchte er sich verständlich zu machen und bat den Vater, den „grausamen Haß" aufzugeben, mußte sich aber — ebenfalls schriftlich — seinen „bösen, eigensinnigen Kopf" vorhalten lassen, sein „malpropres" Äußeres, sein ungeschnittenes, aber wie ein Narr frisiertes Haar. Den Gehorsam verlangte der König gern und willig, nicht mürrisch. Dem Gesellschafter Rochow gegenüber tadelte der König die „weiblichen Occupationes" des Prinzen, der „in seinem Gehen, Sprechen, Lachen allemal grimassieret", krumm und schief beim Reiten sitzt, und dem „die Schlafmütze aus dem Kopp" vertrieben werden müsse.

Der Prinz wiederum wurde scheuer und verstockter; wenn aber der Vater den Rücken kehrte, vorlaut und absprechend. Die Uniform nannte er nun verächtlich seinen „Sterbekittel". Schließlich drohte Friedrich Wilhelm seinem Sohn, er würde „alle Tage härter werden. Und Ihr wisset, daß ich mein Wort halte." Endlich sprach ihm der König auch das Ehrgefühl ab, weil er sich widerspruchslos öffentlich hatte züchtigen lassen. Einen guten Ausgang konnte dieses Zerwürfnis kaum noch nehmen.

## 41 „Reglement vor die Königlich Preußische Infanterie“ von 1726

„Reglement vor die Königl. Preußische Infanterie von 1726“

Potsdam, 1726 März 1

Faksimiledruck, Osnabrück 1968

GStA PK Bibliothek 6 R 93. Aufgeschlagen die Seiten 530 und 531

In dem Kronprinzen war durch die Behandlung, die er vom König erfuhr, nicht nur die persönliche Würde verletzt, sondern auch die Ehre des Offiziers. Erst drei Jahre zuvor hatte der König selbst

Kat. Nr. I, 42

in seinem Reglement für die Infanterie Leitsätze aufgestellt, die es untersagten, daß ein Offizier den andern an seiner Ehre angriff. Hatte nun jeder Offizier das Recht, sich über empfangene Kränkungen bei Vorgesetzten zu beschweren, so gab es dem König gegenüber keine Beschwerdeinstanz mehr. Erschwerend war, daß der König dem Prinzen die Subordination, die er doch forderte, als Mangel an Ehrgefühl auslegte. Auch hierbei sah der Kronprinz keinen Ausweg. Der Konflikt war tief in der Verschiedenheit der Naturen von Vater und Sohn begründet, die sich beide im Recht glaubten und beide einen Teil des Rechts auf ihrer Seite hatten.

## 42 Leutnant Hans Hermann von Katte (1704–1730)

Georg Lisiewski

Katte

Öl auf Lwd., 119 × 92 cm

Privatbesitz

Auf der Rückseite: „Diss original bild hat der Seelige freyHerr von Katt mit grosen fleis vertigen lassen von mich, George Liszewsky Mahler in Berlin. Anno 1730.“

Seit März 1729 waren die bisherigen Erzieher des Kronprinzen abgelöst worden; an ihre Stelle traten der Oberstleutnant von Rochow und der Leutnant Keyserlingk, die den Prinzen zu ernsten, männlichen Tätigkeiten statt seiner Vergnügungen anhalten sollten. Die Dienstvorschrift des Vaters schalt das Verhalten des Sohnes, sein lässiges Wesen und setzte dies einem „Lumpenkerl“ gleich. Nicht lange danach lernte Friedrich den Leutnant Hans Hermann v. Katte kennen, der, acht Jahre älter, bei den Gensdarmen in Potsdam stand. Katte hatte das Franckesche Pädagogium und die Universitäten Königsberg und Leyden besucht; er hatte in England einflußreiche Verwandte, hatte Auslandsreisen gemacht und teilte in Lektüre, Flötenspiel, Schreibfreude und gewandten Gesprächen Friedrichs Neigungen. Der Prinz vermochte die jungen Offiziere seiner Umgebung sehr zu gewinnen; mit Katte verband ihn bald eine enge Freundschaft. Während des Lagers von Mühlberg, das August der Starke für den preußischen König zu einer prunkvollen Truppenschau ausgerichtet hatte, offenbarte Friedrich dem Freund im Frühjahr 1730 zum erstenmal seinen Plan, nach England zu fliehen, da er die gewalttätige Behandlung durch den König nicht mehr ertragen könne, und bat um Hilfe. Katte konnte den Wünschen nicht widerstehen, hat aber wohl zeitweise gemeint, den Prinzen doch wieder davon abbringen zu können.

## 43 Friedrichs Fluchtversuch in Steinsfurt am 4. August 1730

a) Zeichnung von Adolph Menzel

Aus: Franz Kugler: Geschichte Friedrichs des Großen, S. 64

Reproduktion GStA PK. Vorlage 11 × 11 cm

b) König Friedrich Wilhelm I. an Ilse Anna Gräfin von Kameke über den Fluchtversuch des Kronprinzen

1730 August [13]

Zeitgenössische Abschrift

GStA PK, BPH Rep. 46 Nr. 27

Der König hatte schon Anfang 1730 den Argwohn geschöpft, daß sein Sohn eine Flucht beabsichtigte. Überwachungsvorkehrungen wurden seitdem getroffen. Dennoch nahm Friedrich Wilhelm den Kronprinzen mit auf seine süddeutsche Reise, die über Ansbach und Stuttgart führen sollte. Der Page des Königs, Keith, war von Friedrich ebenfalls ins Vertrauen gezogen worden; er sollte für ihn und sich selbst Pferde beschaffen. Der englische Attaché Dickens wurde über Katte eingeweiht, verlangte aber auf Instruktion aus London wegen der unabsehbaren Folgen von Friedrich das Versprechen, von der Flucht abzusehen. Unterwegs ließ sich der Kronprinz einen blauen Mantel und einen roten Rock kaufen. Hinter Heilbronn, in dem Dorf Steinsfurt, versuchte er dann, in der Morgenfrühe heimlich die Reisegesellschaft zu verlassen, wurde aber von Rochow und anderen in ein Gespräch verwickelt und hingehalten. Dem König war der Vorgang verborgen gehalten worden, bis ihm der Page, vom Gewissen getrieben, am folgenden Tag Mitteilung machte. Am 6. August floh der eingeweihte Bruder Keiths, der als Leutnant in Wesel stand, nach England. Die Oberhofmeisterin der Königin erhielt vom König den Auftrag, die Königin schonend vorzubereiten und die Nachricht: „Ich habe leider das unglück, das mein sohn hat desertiren wollen mit dem pagen Keut, ich habe ihn aretiren laßen . . ."

## 44 Der Kronprinzenprozeß

Protokoll des Verhörs des Kronprinzen zu Mittenwalde

1730 September 2

GStA PK, BPH Rep. 47 Nr. 14,8 (Vol V). Bl. 245 verso und 246

Über Mannheim und Frankfurt wurde Friedrich unter strenger Überwachung nach Wesel gebracht, hier der Fahnenflucht angeklagt und mehrfach verhört. Als Gefangener wurde er sodann unter Vermeidung hannoverschen und hessischen Gebiets über Halle und Mittenwalde nach Küstrin überführt. Auch Katte wurde verhaftet und in Berlin verhört, die Verhöre des Kronprinzen fanden in Mittenwalde und Küstrin statt. Eines davon, vom 2. September 1730, ist hier aufgeschlagen, es wurde noch zu Mittenwalde abgehalten. Die Stelle behandelt die versuchte Konspiration mit dem englischen Attaché Guy Dickens (hier zu „Gedkens" entstellt). Dickens habe die Sache abgeschlagen und gewarnt, „es würde das Feuer in allen Ecken von Europa angezündet werden, wann der Prinz bei jezigen conjuncturen dergleichen vornehmen wolte." Katte hatte bei dem nächtlichen Gespräch, das im Freien stattfand, in einiger Entfernung Wache gehalten.
Der König war bei den Vernehmungen nicht anwesend, er ließ sich aber genau berichten. Die förmliche Schuld beider Angeklagten wurde von ihnen nicht bestritten. Friedrich sprach aber von einer beabsichtigten „Retraite", was der König in „Desertion" änderte.
Die Verhöre leiteten das förmliche Kriegsgerichtsverfahren ein.

## 45 Schloß Köpenick, Sitz des Kriegsgerichts

Carl Benjamin Schwarz

„Vue du Chateau de Köpenick"

Radierung, koloriert, 22,2 × 35,3 cm
Bez.: „Nach der Natur von Schwarz Melzer inv."

SSG, Schloß Charlottenburg

Vom 25. bis zum 31. Oktober 1730 tagte nach Abschluß der Ermittlungen mit Unterbrechung das Kriegsgericht im Schloß Köpenick unter dem Vor-

sitz des 71jährigen Grafen v. d. Schulenburg, um das Urteil in der Sache gegen den Kronprinzen und seinen Freund Katte zu finden.
Das Bild zeigt das Schloß am Zusammenfluß von Dahme rechts und Spree links. Der Bau ist von Rutger von Langerfeld entworfen; bis 1681 kam nur der westliche Seitenflügel an der Dahme zur Ausführung sowie ein Galerieanbau, der links vom Schloß erscheint. Die Kapelle weiter links wurde 1684–1685 nach Plänen von Arnold Nering erbaut. Das Torhaus trägt die Jahreszahl 1682. Die Radierung ist 1790 entstanden.

## 46 Schreiben Friedrichs an seine Schwester Wilhelmine aus der Haft

Schreiben des Kronprinzen an Wilhelmine aus Küstrin, 1730 November 1

Eigenhändig mit Bleistift und der Unterschrift „Le Prisonier“

In einem Briefband

GStA PK, BPH Rep. 47 Nr. 305 I

In der Haft hatte der Prinz keine Verbindung zur Außenwelt. Die Hilfe Wohlgesinnter hatte ihm die Möglichkeit verschafft, mit Bleistift einen eiligen Brief an seine Schwester niederzuschreiben. Daß man ihn verurteilen werde, war ihm klar, in jugendlichem Trotz sah er aber die Schuld nur auf der Gegenseite: „Man wird mich verketzern“. Denn, so sagt er weiter: „. . .es bedarf nicht mehr, um als Erzketzer zu gelten, als daß man nicht in jeder Sache mit den Gefühlen des Meisters übereinstimmt. . .“ Er sieht also innerlich immer noch die Ursache seines Vergehens allein in seinem abweichenden Empfinden und Denken; die Haltung und die Vorstellungswelt des Vaters versteht er nicht. Daß seine Flucht gegen das Staatswohl verstoßen haben könnte, kommt ihm noch nicht in den Sinn, auch die Gefahr diplomatischer, ja kriegerischer Verwicklungen in Europa wegen seiner Flucht, wäre sie gelungen, hat er wohl nicht als wirklich angesehen oder, gemessen an seinen Wünschen, als für ihn unbedeutend eingeschätzt. „Ich beunruhige mich kaum über den Bann, der gegen mich ausgesprochen werden wird.“ Er tröstet sich damit, daß seine Schwester ihn verstehen wird und daß er sie bald wieder in die Arme schließen kann.

## 47 Das Urteil gegen Katte

Kabinettsordre König Friedrich Wilhelms I. zur Aufhebung des Urteils und Umwandlung der Strafe in die Todesstrafe durch das Schwert für den Leutnant Katte

Wusterhausen, 1730 November 1

GStA PK, BPH Rep. 47 Nr. 14,4

Das Kriegsgericht urteilte nach fünf Klassen der Hauptleute, Majore, Oberstleutnante, Obersten und Generalmajore. Es waren angesehene Mitglieder, von denen sich mehrere später in den schlesischen Kriegen auszeichneten, darunter der Sieger von Mollwitz, Kurt Christoph von Schwerin. Die Urteile gegen den als Mitwisser angeklagten Freiherrn v. Spaen (Kassation und dreijährige Festungshaft), Leutnant v. Ingersleben wegen Wissens um ein Liebesverhältnis des Kronprinzen zu der sechzehnjährigen Dorothea Ritter in Potsdam (sechs Monate Festung), den desertierten Leutnant v. Keith (Erhängen in effigie) waren einhellig. Einhellig auch erklärte sich das Gericht in dem Falle des Kronprinzen nicht für zuständig, diese „Staats- und Familiensache“ wurde der väterlichen Gnade des Königs anheimgestellt. Im Falle Kattes erkannten zwei Klassen auf ewigen Festungsarrest, da es beim Vorsatz zur Desertion geblieben war, drei Klassen auf Tod durch das Schwert mit Empfehlung an die Gnade des Königs. Das Urteil des Vorsitzenden lautete auf den milderen Spruch, und da er den Ausschlag gab, entschied das Gericht auf ewige Festungshaft. Dieses Urteil hob der König am 1. November auf. „Da aber dieser Katte“, so begründete es die Kabinettsordre, „mit der künftigen Sonne tramirt zur Desertion, mit frembden Ministren und Gesandten allemahl durcheinander gesteckt“, so wisse der König nicht, warum das Kriegsgericht ihm das Leben zugesprochen hätte. „Se. Königl. Majest. werden auf die Art sich auf keinen Officier noch Diener, die in Eyd und Pflicht seyn, sich verlaßen können, denn solche Sachen, die einmahl in der Welt geschehen seynd, öffters geschehen können, es würden aber alsdann alle thäter den praetext nehmen, wie es Katten wäre ergangen.“ Deshalb ordnet der König „von rechts wegen“ an, „daß der Katte, ob er schon nach deme rechten verdienet gehabt, wegen des begangenen crimen laesae Majestatis mit glüenden Zangen gerißen und aufgehänget zu werden, Er dennoch nur in Consideration seiner Familie mit dem Schwerdt von Leben zum Tode gebracht werden soll. Wann

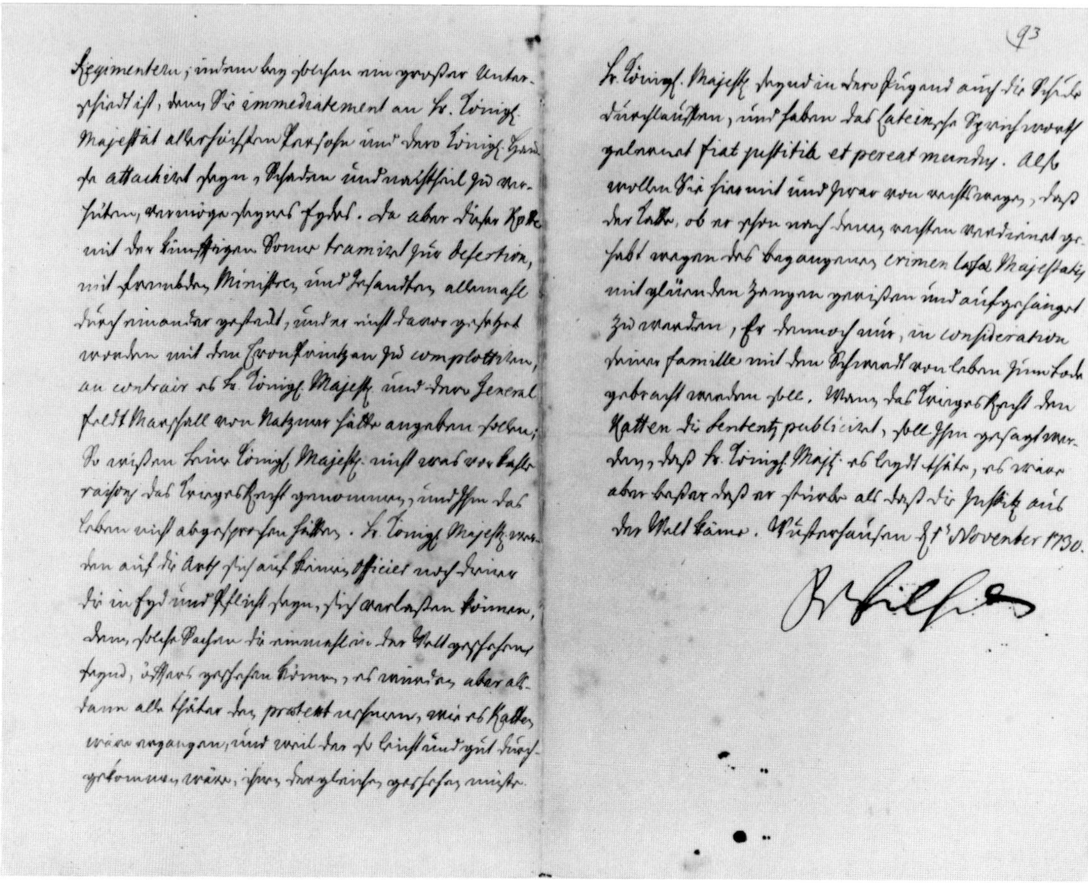

das Kriegesrecht den Katten die Sententz publicirt, soll Ihm gesagt werden, daß Sr. Königl. Majt. es leydt thäte, es wäre aber beßer, daß er stürbe, als daß die Justitz aus der Welt käme."

## 48 Die Festung Küstrin

Alberti

„Ansicht der Festung Küstrin"

Deckfarben, 22,5 × 33,5 cm

SSG, Schloß Charlottenburg

In Küstrin, wo der Kronprinz in ständig verschärfter Haft gehalten wurde, vollzog sich am 6. November 1730 der letzte Akt des dramatischen Prozesses. Der König hatte festgesetzt, daß Katte „vor den Fenstern des Kronprinzen" hingerichtet werden sollte. Falls dort der Platz zu beengt war, sollte ein anderer so gewählt werden, „daß der Kronprinz aus dem Fenster solchen gut übersehen kann." Ein solcher Platz ließ sich fünfzig Schritte links von dem Fenster finden. Vor der Verkündung des Urteils grüßte der Kronprinz seinen Freund aus dem Fenster und bat ihn laut um Verzeihung. Katte erwiderte den Gruß und rief, es sei nichts zu verzeihen. Nach Abschied von seinen Kameraden und einem laut gesprochenen Gebet kniete er nieder, verhüllte die Augen und wurde enthauptet. Der Kronprinz wurde bereits vor der Vollstreckung ohnmächtig; erst später betrachtete er das schwarze Tuch, das den Toten verhüllte.

## 49 Vom Kronprinzen Friedrich verfaßter und geschriebener Immediatbericht der Kriegs- und Domänenkammer

**Küstrin, 1731 April 13**

Faksimile nach Hohenzollern-Jb. Bd. 16, 1912.

GStA PK

Noch vor der Hinrichtung Kattes war am 31. Oktober die Entscheidung zur Begnadigung des Kronprinzen gefallen. Seckendorff hatte sich hier wieder geschickt eingeschaltet und dem König Vorschläge zur weiteren Behandlung des Kronprinzen unterbreitet. Am 19. November 1730 mußte Friedrich einen schriftlichen Eid leisten und fernerhin Wohlverhalten gegenüber den Wünschen des Vaters geloben. Darauf erhielt er den Degen wieder, aber nicht die Uniform, auch durfte das Militär ihn nicht grüßen. Er bezog ein Haus in der Stadt, die er nicht verlassen durfte. In der Küstriner Kriegs- und Domänenkammer sollte er nun in der Praxis die Verwaltungsgeschäfte lernen, die ein Regent kennen mußte, als Auskultator, ohne Stimmrecht. Diese Arbeit hatte er am 20. November aufzunehmen. Das vorliegende Schriftstück ist ein Bericht an den König über eine Rechnung für Vermessungsarbeiten an der Küstriner Krampe; die Rechnung sollte aus der königlichen Extraordinärkasse bezahlt werden. Kammerdirektor Hille und die Räte haben den vom Kronprinzen geschriebenen Bericht unterzeichnet, am Schluß auch Friedrich selbst.

Kat. Nr. I, 48

# Der Weg zur Versöhnung

## 50 Instruktion Friedrich Wilhelms I. für die Behandlung des Kronprinzen

Bericht des Hofmarschalls Gerhard Heinrich v. Wolden an den Minister v. Grumbkow mit der neuen Instruktion des Königs zur weiteren Lebensführung des Kronprinzen

Küstrin, 1731 August 25

GStA PK, BPH Rep. 47 Nr. 14, 11 (Vol. VI)

Im ersten Jahr der Haft stand der Kronprinz unter einer vom König geregelten strengen Aufsicht und Pflicht zur spartanischen Lebensführung. Alles französische und englische Wesen sollte er sich aus dem Kopf schlagen, nichts als preußisch, seinem Vater getreu sein und ein deutsches Herz haben. Sein Unterhalt durfte monatlich nicht mehr als 147 Taler kosten.

Erst nach Beweisen der inneren Umkehr besuchte an seinem Geburtstag, dem 15. August 1731, der König seinen Sohn zum erstenmal seit dem Urteil. Der Prinz kniete vor dem König nieder, mußte aufstehen und sich noch einmal eine geharnischte Vorhaltung anhören. Friedrich zeigte jetzt, von der Situation ergriffen, Einsicht, legte ein Geständnis ab und erhielt die Vergebung des Vaters. Eine neue Instruktion lockerte die Haftbedingungen. In der Kriegs- und Domänenkammer sollte er zur Linken

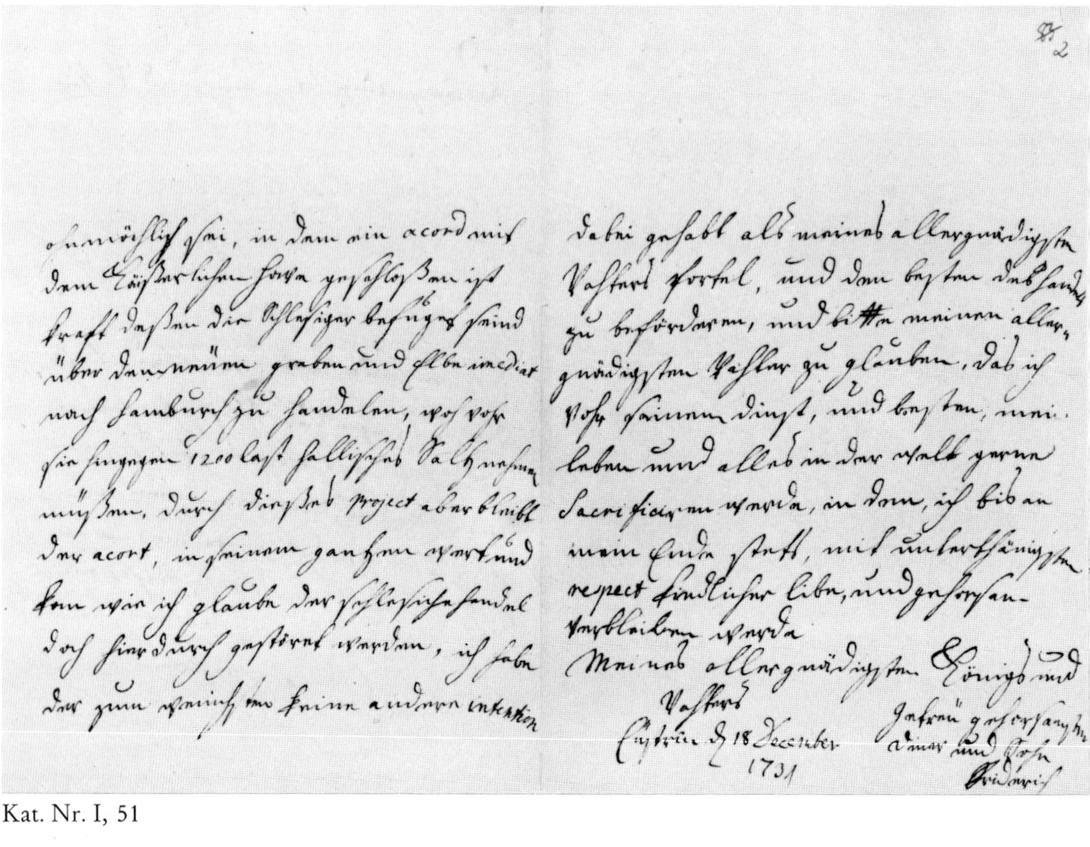

Kat. Nr. I, 51

des Kammerpräsidenten Münchow sitzen und Stimmrecht haben. Er sollte einige Ämter bereisen und die Äcker, das Pflügen, Säen und die Viehzucht kennenlernen. Die Jagd wurde erlaubt. Dreimal wöchentlich konnte er nachmittags spazieren gehen, fahren oder reiten. Korrespondenz war nur mit seinen Eltern gestattet, bei Tische durfte er zwei Gäste haben, aber Frauen durften nicht dabei sein. Weltliche Bücher, Musik, Spiel und Tanz blieben verboten. Er sollte sich solide beschäftigen und sich Selbsthilfe angewöhnen, z. B. das Gewehr selbst putzen. Trotz neuen Etats sollte er „sich einer Menage befleißigen". Gänge aus der Stadt waren dem Gouverneur zu melden. In der Nähe waren Stall und Wagenscheune zu mieten, damit der Prinz auf Pferde, Sattel und Zeug selbst Achtung geben konnte.

## 51 Plan wegen des Commercii nach Schlesien

a) Denkschrift des Kronprinzen Friedrich, verfaßt in Küstrin, 1731 Dezember 18

Druck nach der früher im GStA in Berlin vorhandenen Vorlage
Oeuvres Bd. 27, S. 35—39

b) Begleitschreiben des Kronprinzen an seinen Vater
Cüstrin, 1731 Dezember 18

Urschrift auf Papier

GStA PK, BPH Rep. 47 Nr. 436

Der Kronprinz hatte sich in Küstrin dem Vater erst äußerlich gefügt. Die Kleinarbeit der Verwaltung langweilte ihn. Rasche Stimmungswechsel wurden an ihm beobachtet, und schon am 19. Dezember 1730 bezeichnete der Kammerdirektor Hille Friedrich als „lustig wie ein Buchfink". Nach Unterweisung in der Kameralistik durch Hille verfaßte Friedrich schon im Januar einen Plan zur Hebung der Leinenindustrie, der vom König als nicht solide und als „Windmachen" bezeichnet wurde. Lebhafter interessierte Friedrich sich für den Handel, und im Dezember 1731 verfaßte er, ganz im Geist des ihm erteilten Unterrichts, einen Plan wegen des Handels nach Schlesien. Die Schrift bekräftigt nur, was der König schon im April angeordnet hatte, durch Senkung der Oderzölle den eigenen Kaufleuten zu ermöglichen, Kolonialwaren ebenso billig wie die schlesischen Wettbewerber auf den heimischen Markt zu bringen, wenn nicht sogar günstiger. Nach eigener Aussage saß der Kronprinz „bis über die Ohren" in seinem schlesischen Handel, und Hille bestätigte seinen Arbeitseifer. Im Begleitschreiben erläutert Friedrich dem König seine Absichten und bittet seinen „allergnädigsten Vahter zu glauben, das ich vohr seinen Dinst, und besten, mein leben und alles in der welt gerne Sacrificiren werde, indem ich bis an mein Ende stets, mit unterthänigstem respect, kindlicher libe und gehorsam verbleiben werde".

Kat. Nr. I, 53 a

## 52 Schloß Tamsel in der Neumark bei Küstrin

Farblithographie aus der Dunckerschen Sammlung, 29,5 × 39,6 cm

Zustand um 1840

GStA PK, IX.HA I/311/15

Das nach 1686 im Auftrag von Hans Adam v. Schöning erbaute Schloß befand sich durch Erbschaft seit 1724 in der Hand der Enkelin dieses brandenburgischen Feldmarschalls, Luise Eleonore, vermählte von Wreech. In den Monaten August 1731 bis Februar 1732 war Kronprinz Friedrich oft dort zu Gast, nachdem seine Küstriner Haftbedingungen gelockert worden waren. An der Stelle, wo nach Erinnerungen der ältesten Leute in Tamsel der Kronprinz gesehen worden war, ließ Graf Hermann von Schwerin, der spätere Eigentümer, 1840 ein Denkmal errichten, das von Rauchs Viktoria gekrönt war und die biblische Inschrift trug: „Es ist ein köstlich Ding einem Manne, daß er das Joch in seiner Jugend trage."

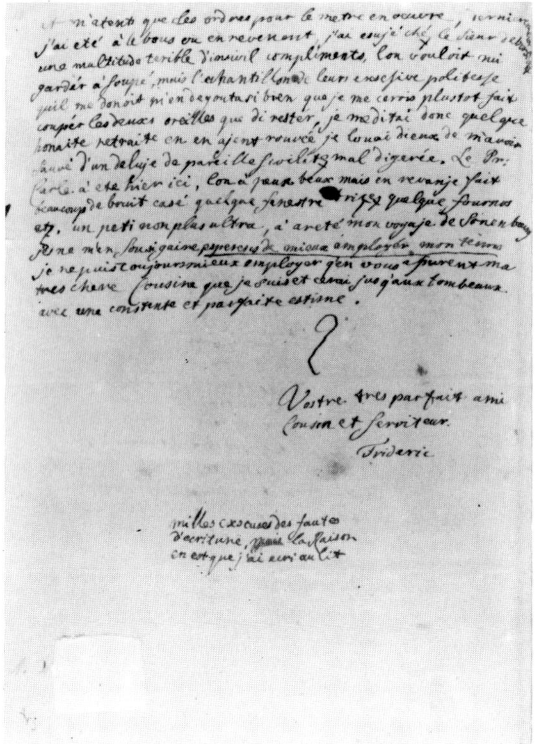

## 53 Luise Eleonore v. Wreech geb. v. Schöning (1707—1764)

a) Antoine Pesne

Luise Eleonore v. Wreech

Bayreuth, Eremitage (hier fotografische Wiedergabe)

b) Schluß eines Briefes des Kronprinzen Friedrich an Luise Eleonore v. Wreech und Brief an ihre Mutter [1731—1732]

GStA PK, BPH Rep. 47 Nr. 287

Schloßherrin in Tamsel war zu dieser Zeit, als Friedrich vom August 1731 bis Februar 1732 dort öfter als Gast weilte, Luise Eleonore v. Wreech, die damals 24 Jahre alt war. Sie wird als sehr geistreich, gebildet und schön geschildert. Zeitgenossen haben ihr Aussehen mit „Rosen und Lilien" verglichen. Friedrich fühlte bald eine feste Zuneigung zu ihr, mußte sich in seinem Ungestüm für Unartigkeiten auch manche Belehrung gefallen lassen und um Verzeihung bitten. Er durfte sie aber laut einem mündlichen Vertrag als seine „liebste Cousine" und „Freundin" anreden und hat ihr in Briefen seine Leidenschaft gestanden. Einer der Briefe, deren französische Rechtschreibung ebenso zu wünschen übrig läßt wie seine deutsche, ist hier aufgeschlagen, ebenso einer an Luise von Wreechs Mutter, in der er die Schönheit der Tochter und die Bewunderung hervorhebt, die sie in Berlin am Hofe gefunden habe. Als er sich schließlich verabschieden mußte, tat er es, seiner früh entwickelten Vorliebe nach, in Versen, deren Schluß in deutscher Übertragung lautet:

„Verhülle Deiner Wünsche liebstes Ziel,
Verschweige, daß nur Eine Dir gefiel,
um die Du sterben möchtest jede Stunde."

## 54 Der Kronprinz als Regimentschef in Ruppin

a) Georg Wenzeslaus von Knobelsdorff

Kronprinz Friedrich

Pastell, oval, 48 × 36 cm

SSG, Schloß Charlottenburg, GK I, 41301

b) Ansicht von Neuruppin nach Merian, um 1650

Nachdruck

13,3 × 35,5 cm

GStA PK, IX. HA I 807

Am 4. April 1732 endete die Küstriner Festungszeit des Kronprinzen. Er wurde zu seinem neuen Regiment versetzt, um zunächst in Nauen, dann in Neuruppin die Aufgabe zu übernehmen, eine Truppe zu führen. Wie der König bemerkte, sollte er sich angelegen sein lassen, daß sein Regiment „kein Salatregiment wäre". In seine neue Tätigkeit, über die er zunächst wieder seinen Spott ergoß, wuchs der Kronprinz zuerst langsam hinein. Ruppin war eine kleine Garnisonstadt; hier hatte Friedrich außer dem Exerzierdienst und den wirtschaftlichen Arbeiten als Abwechslung nur die Gesellschaft des kleinen Offizierskreises mit Kartenspiel, dazu etwas Musizieren und Lesen. Höhepunkte waren die zwei wöchentlichen Posttage, wenn aus Hamburg Kapaunen, Steinbutte und Austern geliefert wurden, auf die er trotz Geldmangel nicht verzichtete.
Die Ansicht zeigt Ruppin im Zustand von 1650; die Stadt hatte sich jedoch seither nicht wesentlich verändert.
Das Porträtbildnis ist bereits um 1734 entstanden. Es stammt aus dem Besitz der Königin Elisabeth Christine. Ein 1734 datiertes Exemplar in Öl befindet sich heute im Haus Doorn. Als Profilbildnis steht das Bild in der Tradition des barocken Herrscherporträts, bei denen diese Ansicht auf Münzen und Medaillen verweist. Vermutlich steht dieses Bild Knobelsdorffs in Zusammenhang mit der schweren Erkrankung Friedrich Wilhelms I. und der Erwartung einer baldigen Thronbesteigung Friedrichs.

## 55 Elisabeth Christine, Prinzessin von Braunschweig-Bevern (1715—1797)

Antoine Pesne

Königin Elisabeth Christine von Preußen

Öl auf Lwd., 140 × 107 cm

SSG, Schloß Charlottenburg

König Friedrich Wilhelm hatte während der Küstriner Zeit des Kronprinzen dessen baldige Eheschließung vorgesehen. Ursprünglich sollte der Prinz unter drei Prinzessinnen wählen dürfen, aber auf Betreiben Seckendorffs und Grumbkows, hinter denen die Wünsche des Prinzen Eugen standen, wurde dem König die Prinzessin Elisabeth Christine von Braunschweig-Bevern, eine Nichte der Kaiserin, empfohlen, weil man damit die Interessen Preußens enger an Habsburg zu binden hoffte. Grumbkow hat später für das Zustandekommen der Verbindung eine kaiserliche „Begnadigung" von 40 000 Gulden erhalten. Der Kronprinz, in seiner Haft auf die väterliche Gnade und die Vermittlung Grumbkows und Seckendorffs angewiesen, fügte sich dem Plan unter der Bedingung, die Auserwählte dürfe weder dumm noch widerwärtig sein. Doch im Februar 1732 zeigten briefliche Äußerungen des Prinzen an Grumbkow, daß er der Eheschließung verzweifelt entgegensah und ihr auszuweichen suchte, weil die Prinzessin ihm nicht zusagte und er zu jung sei. Er wünschte eine eigene Wahl zu treffen. Elisabeth Christine war bescheiden und religiös erzogen worden, sie war sechzehn Jahre alt, als die preußische Werbung begann. Schüchtern, gläubig und, wie er sagte, „unbeholfen" in der Unterhaltung, konnte sie dem Wesen des geistreich-lebhafte Unterhaltung wünschenden Kronprinzen nicht zusagen. Er hat seine Ansicht später gemildert, als er die ihm zugedachte Braut selbst kennengelernt hatte: „Ich habe keine Abneigung gegen die Prinzessin, sie ist ein gutes Herz, ich will ihr nichts Böses, aber ich werde sie nie lieben können." Um aus Küstrin und der Abhängigkeit loszukommen, fügte er sich, aber mit dem Bemerken, der König könne ihm dann nicht mehr in sein Haus hineinreden: „. .ich lasse Madame tun, was ihr gut dünkt, und tue meinerseits, was mir gefällt. Ich werde mein Wort halten, ich werde mich verheiraten, aber nachher sehen Sie zu, was geschehen wird: Guten Tag, Madame, und guten Weg!"
Am 12. Juni 1733 fand in dem braunschweigischen Schloß Salzdahlum die Eheschließung statt.
Antoine Pesne malte dieses Bild um 1740 als offizielles Porträt in feierlicher En-face-Ansicht mit Vorhang, Krone und Hermelinmantel. Die Nelken, die sie vor die Brust preßt, sind seit jeher ein Zeichen der ehelichen Liebe. Die stellenweise etwas mechanische Ausführung deutet auf eine Beteiligung der Werkstatt Pesnes.

## 56 Tafelgeschirr aus dem Besitz Friedrichs und Elisabeth Christines

Das hier zusammengestellte Tafelgeschirr besteht aus vier silbernen Leuchtern und zwei silbernen Speisetellern, hergestellt von Lieberkühn

Kat. Nr. I, 54 a

in Berlin/Potsdam um 1740; einer Anbietplatte, einer Wärmeglocke, Tranchiergabel und Tranchiermesser, zwei Eßbestecken mit den Initialen EC (Elisabeth Christine), bestehend aus silbernen Löffeln, Messern und Gabeln (Gabeln von Müller, Messer aus Berlin um 1750); sowie zwei Sektgläsern der Josephinenhütte

SKH Dr. Louis Ferdinand Prinz von Preußen, Berlin

## 57 Schaumünze zur Hochzeit des Kronprinzenpaares

Denkmünze mit Darstellung des Königs (Vorderseite) und der Hochzeitsparade der Armee (Rückseite) anläßlich der Eheschließung des Kronprinzenpaares

Durchmesser: 13,2 cm. Zinn

Stempelschneider Friedrich Marl (1704—1743)

GStA PK, Neuerwerbung 1985

Denkmünze auf die Truppenschau, die am 27. Juni 1733, dem Tage des Einzugs des neu vermählten kronprinzlichen Paares (Friedrich und Gemahlin) zwischen Berlin und Charlottenburg stattfand. FRID WILH D G REX BORVSS EL BRAND: Geharnischtes Brustbild linkshin, mit Zopf, von dem nur wenig zu sehen ist, glattem Ordensband und über die linke Schulter gelegtem Hermelin, der über den Rücken und unter dem rechten Arm sich erstreckend bis unter das Ordensband reicht; am Armabschnitt: F. Marl. Rückseite: PRO DEO umstrahltes Dreieck ET MILITE, Darstellung der Truppenschau, unten herum auf einem Bande BEROL: MDCCXXXIII. Daneben links am Boden N 9.

## 58 Besorgnisse des Prinzen Eugen

Schreiben des Prinzen Eugen an den österreichischen Gesandten v. Seckendorff in Berlin

1732 März 9

Konzept im Haus-, Hof- und Staatsarchiv in Wien, Gr. Korrespondenz, Fz. 116 b, fol. 142 r-147 v (Faksimile)

Auf Betreiben des Prinzen Eugen und des Wiener Hofes, auf deren Anweisung Seckendorff so viel zum Zustandekommen der Heirat des Kronprinzen mit der braunschweigischen Prinzessin getan hatte, war Friedrich zu einer Ehe gebracht worden, der er innerlich ablehnend gegenüberstand. Wieviele Sorgen sich Eugen während dieser Vorgänge gemacht hatte, zeigt er im vorliegenden Brief an Seckendorff. Mit der Hochzeit „mit so guter Art“ glaubt er zwar alles gelungen; aber wäre es zur Ablehnung Friedrichs gekommen, so würde „der König nach seinem bekannten Humor in die vorigen Hitzigkeiten gegen den Kronprinz verfallen und wer weiß, zu was Extremitäten geschritten sein, deren Gehässigkeit in des Kronprinzen Gemüth auf kaiserliche Majestät aus der Ursache immer würde gefallen sein, weilen doch selber so wenig als die Königin und der englische Hof jemals sich wird ausreden lassen, daß Prinz Bevern ohne kaiserliches Vorwissen seine Prinzessin nach Berlin geführt und daß Ew. Excellenz nicht derjenige gewesen, der den König auf die dasigen Heirathsgedanken gebracht habe. Wäre hingegen die Eheverlöbniß mit des Kronprinzen Widerwillen erfolgt, so wäre der Groll immerdar im Herzen ihm geblieben und eher eine schlimme, als gute Heirath, mithin auch eher ein schlimmer, als guter Effect vor den kaiserlichen Dienst davon zu vermuthen gewesen sein. . .“ Prinz Eugens Ahnung trog ihn nicht; Friedrich wußte um die Hintergründe und hat Seckendorff dies nie verziehen.

## 59 Schloß Schönhausen

Carl Benjamin Schwarz

Schloß Niederschönhausen

Deckfarbe über Radierung, 21,8 × 33,9 cm

SSG, Schloß Charlottenburg

Nach der Hochzeit überließ Friedrich Wilhelm I. seiner Schwiegertochter das Lustschloß Schönhausen (Niederschönhausen) mit einem gepflegten schönen Park. Friedrich I. hatte Schönhausen von den Grumbkows erworben und eine kleine Anlage von 1622 im Jahre 1708 zu einem Schloß mit zwei Pavillons umbauen lassen. Die Darstellung zeigt das Schloß vor der russischen Plünderung von 1760 und dem Umbau von 1764. 1736 bis 1740 lebte die Kronprinzessin zusammen mit dem Kronprinzen in Rheinsberg; nach der späteren Entfremdung beider lebte sie in Schönhausen, wenn sie nicht in Berlin an Hoffestlichkeiten teilnahm.

Kat. Nr. I, 55

## 60 Eugen, Prinz von Savoyen, kaiserlicher Generalleutnant und Reichsfeldmarschall (1663–1736)

B. Picart

Prinz Eugen

Kupferstich, 58 × 40 cm
1722

SMPK, Kupferstichkabinett, KFB N. 23

Prinz Eugen, in Paris als Sohn des Grafen von Soissons aus dem Hause Savoyen geboren und aufgewachsen, wurde wegen schwächlicher Konstitution und körperlicher Mängel nicht in die französische Armee zugelassen. Er bot als Zwanzigjähriger dem Kaiser seine militärische Begabung an und erlebte im österreichischen Heer einen glänzenden Aufstieg, vor allem in den Kämpfen gegen die Türken und in zwei Kriegen gegen Ludwig XIV. Die Siege von Zenta, Höchstädt, Turin und Malplaquet und seine für die Zeit unkonventionelle und wagemutige Kriegführung unter persönlichem Einsatz im Kampf haben ihm den Ruf des bedeutendsten Feldherrn seiner Zeit verschafft und wirkten vorbildgebend auch auf den Kronprinzen Friedrich. Die Ertüchtigung des österreichischen Heeres und die Gewinnung Ungarns, der österreichischen Niederlande, des Banats und Nordserbiens für die habsburgische Dynastie sind in erster Linie das Werk dieses hervorragenden Soldaten und Staatsmannes gewesen. In der Jugendzeit des Kronprinzen Friedrich nahm Eugen, vor allem mit Hilfe seines Berliner Gesandten, des Grafen Seckendorff, auch Einfluß auf die Politik des Berliner Hofes und die Eheschließung Friedrichs. Hierdurch, sowie durch die Durchkreuzung der preußischen Interessen in der jülich-bergischen Erbfolgefrage, wurde aber auch damals schon der Grund zur Entfremdung zwischen Berlin und Wien gelegt. Im 1733 ausbrechenden polnischen Thronfolgestreit, in dem Frankreich Partei ergriff und ins Reich einmarschierte, befehligte der greise und körperlich bereits leidende Eugen noch einmal die Streitkräfte des Reiches, jedoch ohne greifbare Erfolge. Friedrich, der das preußische Kontingent an den Rhein begleitete, lernte hier im Lager den Prinzen Eugen auch selbst kennen.

## 61 Kronprinz Friedrich beim Prinzen Eugen im Feldlager vor Philippsburg, 1734 Juli

Friedrich und der Prinz Eugen vor Philippsburg

Lithographie, 17 × 27 cm
Bez.: „Gez. von G. Opitz. Lith. und gedr. bei Louis Zöllner in Dresden“

SBPK Einblattdrucke YB 5314 m.

Am 30. Juni 1734 ging der Kronprinz „als Volontär“ zu dem preußischen Hilfskorps von 10 000 Mann am Neckar ab. Hatte er bereits 1733 Sehnsucht nach Ruhm und Tatendrang gezeigt, so erhielt er nun die Weisung, die kaiserlichen Generale, vor allem den Prinzen Eugen, kennenzulernen. In der Umgebung dieser Männer sollte er den Kriegsverlauf genau beobachten und die Beweggründe der Maßnahmen erforschen. Er gewahrte bald, wie lasch und zögernd der Krieg geführt wurde, gewann aber die höchste Achtung noch vor dem greisen und gesundheitlich beeinträchtigten Feldherrn. Besonders beeindruckte ihn, daß in Eugens Gegenwart nichts zu dessen Lobe gesagt werden durfte. In einem Vierteljahr wurde der Kronprinz mit den Einzelheiten des Felddienstes voll vertraut; er gewahrte aber auch mit Scharfblick, daß „man aus der Verwirrung und Unordnung, die in dieser Armee herrscht, eine Lehre ziehen kann“. In diesem Feldzug zeigte Friedrich zum erstenmal seine Kaltblütigkeit unter feindlichem Beschuß. Im Herbst mußte er heimkehren, um erstmals einen Teil der Regierungsgeschäfte von dem schwer erkrankten König zu übernehmen.

## 62 Brief des Kronprinzen aus dem Rheinischen Feldzug an Leutnant von der Groeben

Lager bei Tribur, 1734 August 9

Eigenhändiger Brief Friedrichs, Doppelblatt, einseitig beschrieben, mit Unterschrift

GStA PK, BPH Rep. 47 Nr. 335

Im Feldzug am Rhein lernte Friedrich zum erstenmal den Krieg aus eigener Anschauung kennen, als er an den Kampfhandlungen und dem Lagerleben des preußischen Kontingents teilnahm. Im Leben bei der Truppe nahm der Zweiundzwanzigjährige zeitweise auch die derbe Soldatensprache an, so daß der Brief mit Flüchen und Kraftwörtern durchsetzt ist. „Doner, Blitz, Hagel, Weter und Flamen als die gerechten Werktzeuge des ertzürneten Himels schlagen, schmeisen, raufen und tzersmetren Deinen mit Mehl und Unflaht besudelten Muferl, und die Rache der Götter verstöhre Deines voller Bestien gefülletes Seraille in Rupin", so beginnt der Brief etwas prahlerisch gegenüber dem Daheimgebliebenen. Die Franzosen seien unvermutet über den Rhein gegangen, die Armee werde ihnen „bei Mähntz" folgen und habe den Obersten der Franzosen gefangengenommen. Beim französischen Bombardement sei in Mainz nur der Domturm beschädigt worden. Es folgen Nachrichten über Belle-Isle, Prinz Eugen und Knobelsdorff und viele bei Gewaltmärschen gefallene Pferde, „der gantze Wek liget foll davon, so das es horende stinket." 10 Rekruten hat er zum Regiment (nach Ruppin) geschickt und bald wieder einen Transport beisammen.

## 63 Ansiedlung der Salzburger Emigranten im nordöstlichen Ostpreußen durch König Friedrich Wilhelm I.

a) (Johann Heinrich Baum)

„Der Saltzburgischen Emigranten Freudenmüthige und höchst.gesegnete Wanderschafft in die Königlich-Preussische Lande . . ."

Nürnberg 1732

Aufgeschlagen: Titelblatt und Kupferstich mit der Wanderung und „St. Iohannesburg od. Neu Saltzburg in Preussen"

GStA PK, Bibliothek 14 W 65

b) „Potentissimo Borussorum Regi Friderico Wilhelmo . . . hancce Lithuaniam Borussicam in qva loca colonijs Salisburg. ad incolendum Regio nutu concessa chorographice exhibentur"

Homanns Erben, Nürnberg 1735

100 x 59 cm

GStA PK, XI. HA C 50 066

Den Wunsch, 1735 erneut zum Prinzen Eugen in den Feldzug zu gehen, schlug der König seinem Sohn ab. Stattdessen entsandte er ihn auf eine mehrwöchige „Lustreise", um als sein Vertreter die Provinz Preußen zu besichtigen und ihm genau über den Zustand zu berichten. Insbesondere sollte Friedrich die Ergebnisse des „Retablissements" kennenlernen, die Wiederbesiedlung der Teile der Provinz, die durch die große Pest von 1709 bis 1712 in eine Einöde verwandelt worden waren. Friedrich unterzog sich der Aufgabe nicht ohne Einwände, aber mit großem Geschick und zur Zufriedenheit des Vaters. Er sah das Aufblühen von 15 verlassen gewesenen Städten und über 500 Dörfern, bei deren Neubesiedlung vor allem die aus Glaubensgründen vertriebenen Salzburger Emigranten eine neue Heimstätte gefunden hatten. Noch zweimal hat der Kronprinz 1736 und 1739 Ostpreußen in ausgedehnten Besichtigungen mit dem Vater bereist. Er erweiterte seine Verwaltungskenntnisse und gewöhnte sich, die Staatsangelegenheiten mit den Augen des Vaters zu sehen. Die Versöhnung machte Fortschritte, die Urteile von Vater und Sohn ergänzten sich. Der Plan zeigt das Hauptgebiet des Retablissements mit einigen Stadtplänen. In einem Brief an Voltaire 1739 war der Kronprinz voll der echten Bewunderung über diese Leistung seines Vaters. „Ich finde etwas so Heroisches in der hochherzigen und emsigen Art, wie der König diese Wüste besiedelt, sie fruchtbar und glücklich gemacht hat, daß es mir schien, als müßten Sie der gleichen Meinung sein, wenn Sie die Umstände dieser Kolonisierung erführen."

## 64 Friedrich Wilhelms I. Sorge für die Ansiedlung der Salzburger Emigranten in Ostpreußen

Kabinettsordre des Königs Friedrich Wilhelm I. an den Etatsminister v. Lesgewang

Berlin, 1732 Juni 23

Ausfertigung mit eigenhändiger Unterschrift des Königs. 1 Seite

GStA PK, BPH Rep. 46, Nr. 78

Der Wiederbesiedlung Ostpreußens galt eine der Hauptsorgen des Königs. Er freut sich über die Übereinstimmung der Ansichten des Ministers mit den seinen, kündigt die Ankunft von weiteren 150 „Saltzburgischen Flüchtlingen" an, denen weitere folgen; viele von ihnen verfügten über Bargeld. Er nennt sie „recht gute Leute" und zweifelt nicht, „Ihr werdet alle Sorge fürkehren, daß Sie wohl eingesetzet und nicht verdorben werden, die andern dahin gesandte ackersleuteknechte anlangend, so muß man suchen, Ihnen das Pflügen und was sonst zum ackerwerk gehöret, recht zu lernen, welches ja so unmöglich nicht seyn wird."

## 65 Königsberg in Preußen

Ringle und Engelbrecht nach einer Zeichnung von F. B. Werner

Königsberg

Kolorierter Stich, 21 × 30,8 cm
Augsburg um 1730—1740

Dr. Günter Krüger, Berlin

Während seiner Reisen von 1735 und 1736 lernte der Kronprinz auch den östlichen Kriegsschauplatz des polnischen Thronfolgestreits kennen, sah das von den Russen 1734 eroberte Danzig, aus dem der von Frankreich unterstützte Thronkandidat Stanislaus Leszczyński vertrieben worden war und begegnete 1735 in der preußischen Krönungsstadt Königsberg diesem unglücklichen Fürsten selbst, der dort im Exil lebte. Friedrich behandelte ihn und die ihn umgebenden polnischen Adligen mit diplomatischer Höflichkeit und wünschte ihnen, daß sie sich auf preußischem Gebiet wohlfühlen mögen, bemerkte aber in seinem Bericht nach Berlin, daß dieser Hofstaat so ganz anders sei als die Polen, die er in Dresden kennen und schätzen gelernt hatte. Bestechlichkeit, Schmutz und Mangel an Sprachkenntnissen fielen dem preußischen Beobachter auf, und die damaligen Eindrücke blieben später für sein Bild der Adelsrepublik vorherrschend. Königsberg selbst als geistiges Zentrum machte auf den Kronprinzen gleichfalls noch keinen großen Eindruck: „Vielleicht taugt dieses Land nicht zum Denken. . ." Dieses Urteil korrigierte er erst 1740 bei der Huldigung nach seinem Regierungsantritt, als er den Hofprediger und Rektor der Universität, Quandt, schätzen lernte, so daß er ihn für den „einzigen deutschen Redner" ansah.

# Freundschaft und Bildung: Rheinsberg

## 66 Schloß Rheinsberg

Johann Conrad Krüger nach Friedrich Ekel

„Vue et Perspective du Chateau du Coté du Jardin, tirées du bord du Lac. . ."

Radierung, koloriert, 29,5 × 47 cm (Bild)
Aus: Plans et vues du chateau etc. de Rheinsberg, 1773

SSG, Schloß Charlottenburg

1733 kaufte König Friedrich Wilhelm für seinen Sohn die Herrschaft Rheinsberg unweit Neuruppin mit einem kleinen, eingeschossigen Renaissanceschloß. Dieses wurde nach den Vorstellungen Friedrichs 1734 bis 1739 umgebaut und mit einem zweiten Turm versehen, war außen barock, innen im Rokoko ausgestaltet. Die Baumeister waren J. G. Kemmeter und vor allem Georg Wenzeslaus von Knobelsdorff. 1736, nach seiner Rückkehr aus Ostpreußen, konnte der Kronprinz einziehen, während die Bauarbeiten noch weiter im Gange waren. Nach einer älteren örtlichen Überlieferung eines angeblichen Remus-Grabes nannte Friedrich das Schloß gern sein „Remusberg", und hier verlebte er die glücklichsten vier Jahre seines Lebens. Vor allem baute er sich eine neue Bibliothek auf, denn die erste hatte der zornige Vater nach dem Fluchtversuch 1730 in Amsterdam versteigern lassen. Das Bild zeigt das Schloß nach dem Umbau; das Wasser des Grienerick-Sees diente zu Lustfahrten. Später ging die Anlage in den Besitz von Friedrichs Bruder Heinrich über.

## 67 Schloß Rheinsberg mit der Hofgesellschaft des Kronprinzen

Georg Wenzeslaus von Knobelsdorff

Schloß Rheinsberg

Öl auf Lwd., 82 × 163 cm
um 1737

SSG, Schloß Charlottenburg

Das Leben in Rheinsberg brachte für Friedrich im Gegensatz zu seinem einfachen Neuruppiner Offiziersdasein die Gründung eines eigenen Hofstaates und die Vereinigung mit der Haushaltung der Kronprinzessin. Auch Elisabeth Christine hat die Rheinsberger Jahre später als die glücklichste Zeit ihres Lebens gesehen. Das Bild zeigt eine Gruppe der Rheinsberger Gesellschaft. Links ist der Lehrer Friedrichs in den Kriegswissenschaften, Oberst Senning, zu erkennen; der Zeichner neben ihm wird als Knobelsdorff gedeutet. In der Mitte sieht man die Königin, von einem Mohr gegen die Sonne beschirmt, dahinter das Kronprinzenpaar. Das Schloß zeigt noch seine Form vor dem Umbau. „Die Frauen breiten einen unbeschreiblichen Reiz über den täglichen Verkehr aus", schrieb Friedrich in dieser Zeit. „Ganz abgesehen von dem holden Minnedienst, sind sie für die Gesellschaft durchaus unentbehrlich; ohne sie ist jede Unterhaltung matt." Zu diesen Damen gehörten neben der stillen und aufmerksam-zuvorkommenden Elisabeth Christine die gewandte Frau von Brandt, Frau von Kannenberg, eine Tochter des Grafen Finckenstein, ferner das schöne Fräulein von Walmoden, die lebhafte Baronin von Morrien und die von Friedrich „Finette" getaufte schlagfertige „kleine Tettau". Es war wohl eine Gesellschaft ganz nach dem Geschmack des Kronprinzen, der die Menschen zuerst nach dem beurteilte, „was die Franzosen Esprit nennen", und dem Unterhaltungen vor allem dann gefielen, wenn sie durch Bonmots und Pointen einen besonderen Glanz erhielten, mochten sie dabei auch nicht immer Tiefe oder einen besonderen Inhalt haben.

## 68 Bildnis des Kronprinzen Friedrich in der Rheinsberger Zeit

Antoine Pesne

Porträt des Kronprinzen, Kniestück, um 1736

Öl auf Lwd., 152 × 118 cm

SKH Dr. Louis Ferdinand Prinz von Preußen, Berlin

Der Maler zeigt den Kronprinzen in militärischer Kleidung und Haltung schon mit den Zeichen des Herrschers. Insofern spiegelt das Bildnis zwar die gewonnene Selbständigkeit Friedrichs in dieser Periode, läßt aber nichts von der Heiterkeit und Gelöstheit des Lebens in Rheinsberg ahnen, was auch nicht in der Absicht des Malers lag. Vielmehr wird hier die Vorausschau auf die baldige Thronbesteigung deutlich.

Kat. Nr. I, 67

Kat. Nr. II, 2

## 69 Charles Etienne Jordan (1700–1745)

Antoine Pesne

Charles Etienne Jordan

Öl auf Lwd., 145 × 110 cm

Stichting Huis Doorn, aus dem Besitz SM Kaiser Wilhelms II.

Im September 1736 zog Friedrich einen Mann als Sekretär an seinen Rheinsberger Hof, der bald sein engster Vertrauter wurde, Charles Etienne Jordan, einen Geistlichen aus ursprünglich südfranzösischem Hugenottengeschlecht. Den Kronprinzen störte nicht die bürgerliche Herkunft, auf die er sonst etwas herabgesehen hatte. Jordan, am Domgymnasium in Magdeburg unterrichtet, hatte in Genf und Lausanne Theologie studiert, teilte aber des Prinzen Abneigung gegen starre dogmatische Systeme. Er beherrschte die gewandte, geistvolle Unterhaltung und hatte 1733, nach dem frühen Tod seiner Frau, weite Reisen durch mehrere europäische Länder unternommen, deren literarische und gelehrte Ergebnisse er in dem Werk „Histoire d'un voyage litéraire" veröffentlichte. Durch dieses Buch und Empfehlungen war er Friedrich bekannt geworden. Nach Friedrichs Thronbesteigung wurde Jordan die Aufsicht über die Universitäten, Hospitäler und Waisenhäuser übertragen, er wurde Geheimer Rat und Vizepräsident der Akademie. Friedrich, der in Gedichten Jordan als Hephaestion und Tindal feierte, schätzte an dem Freund vor allem seine Herzensgüte und Menschenliebe.

## 70 Dietrich Freiherr von Keyserlingk (1698–1745)

Antoine Pesne

Keyserlingk

Öl auf Lwd., 145 × 110 cm
um 1738

Stichting Huis Doorn, aus dem Besitz SM Kaiser Wilhelms II.

Keinem seiner Freunde fühlte sich der Kronprinz so verbunden wie dem kurländischen Edelmann Dietrich von Keyserlingk. Der um 14 Jahre Ältere war 1729 dem Kronprinzen vom König zum Gesellschafter bestimmt worden. Nach der Küstriner Haftzeit durfte Keyserlingk zunächst nicht in seine alte Stellung zurückkehren, und es kam zu einem Briefwechsel mit dem Kronprinzen. Das Erscheinen des Freundes in Rheinsberg wurde von Friedrich begrüßt wie der „Durchbruch der Sonne durch den frostigen Winternebel". Der gewandte und lebhafte Edelmann, der sich in vier Sprachen beredt auszudrücken wußte, liebte Wein, Jagd und Tanz. Er hatte in Königsberg studiert und mehrere europäische Höfe aufgesucht, darunter den in Paris. Keyserlingk übersetzte Alexander Popes „Rape of the Lock" ins Französische und gewann die Freundschaft des Kronprinzen durch seine Bildung, Eleganz, Gutmütigkeit, Verschwiegenheit und sein Verständnis für Friedrichs kühne Pläne. Im von Friedrich in Rheinsberg gegründeten Bayard-Orden erhielt er den Namen „Cäsarion", eine Latinisierung seines Namens. 1742 heiratete er die Gräfin Schlieben; sein Töchterchen war ein Jahr alt, als er 1745 in noch jungen Jahren starb. „Erinnern Sie sich, daß Cäsarion mir alles ist", schrieb der Kronprinz damals an einen Freund.

Kat. Nr. I, 69

## 71 Heinrich August Baron de la Motte Fouqué (1689—1774)

Antoine Pesne

Baron de la Motte Fouqué

Öl auf Lwd., 145 × 110 cm

Stichting Huis Doorn, aus dem Besitz SM Kaiser Wilhelms II.

Neben Keyserlingk ragte im Rheinsberger Freundeskreis des Kronprinzen besonders Heinrich August de la Motte Fouqué hervor, zum „Großmeister“ des „Bayard-Ordens“ ernannt, einer Vereinigung mit militärisch-wissenschaftlicher Zielsetzung in Anlehnung an alte ritterliche Überlieferungen. Fouqué war Kompanieführer im Regiment des Alten Dessauers und daher oft aus Rheinsberg abwesend. Er wirkte führend im Rheinsberger Liebhabertheater mit. Im Siebenjährigen Krieg zeichnete er sich durch seine Tapferkeit aus. Als Fouqué bei Leopold von Anhalt-Dessau in Ungnade fiel, verschaffte Friedrich ihm 1739 eine ehrenvolle Entlassung und den Eintritt in den dänischen Dienst. 1740 nach seiner Thronbesteigung holte er ihn nach Preußen zurück.

## 72 Franz Isaak Egmont von Chasot (1716—1797)

Antoine Pesne

Chasot

Öl auf Lwd., 145 × 110 cm

Stichting Huis Doorn, aus dem Besitz SM Kaiser Wilhelms II. (Die Ausstellung zeigt ein Foto des Gemäldes.)

Kat. Nr. I, 70

Kat. Nr. I, 71

Der in der Normandie geborene Vicomte Chasot floh nach einem Duell 1734 aus der französischen Armee am Rhein ins deutsche Lager und wurde hier mit dem preußischen Kronprinzen bekannt. Friedrich lud ihn zunächst nach Ruppin ein und 1736 an seinen Rheinsberger Hof, da er an dem geistreich-witzigen, ritterlichen und zugleich leichtlebigen Franzosen Gefallen gefunden hatte. Seine täglichen Rededuelle mit Jordan an der Rheinsberger Tafel trugen sehr zur Unterhaltung des Kreises bei, weniger anscheinend sein Flötenspiel, da er, wie Friedrich bemerkte, dem sanften Instrument bei Tag und Nacht die schmetternden Töne der Trompete entlockte und damit den Kopfschmerz seines Zimmernachbarn Wylich hervorrief. Chasot hat sich in den beiden ersten Schlesischen Kriegen als Kavallerist ausgezeichnet, vor allem beim Angriff der Bayreuther Dragoner bei Hohenfriedberg. Als Führer von fünf Schwadronen eroberte er dort 66 österreichische Fahnen.

## 73 Francesco Graf von Algarotti (1712—1764)

Rosmäsler

Algarotti

Kupferstich, 9,3 × 7,3 cm
gedruckt bei Gebr. Schumann in Zwickau

Dr. Elmar Mauch, Bad Mergentheim

Erst spät, im September 1739, erschien in dem Rheinsberger Kreis Francesco Algarotti, der Sohn eines venezianischen Kaufmanns. Algarotti hatte in Bologna Philosophie und Mathematik studiert und sich auf Reisen nach Rom, Paris, London und Petersburg weltläufig gebildet. Sein Werk „Le Newtonianisme pour les dames“ kam 1736 in Paris heraus. Die Bekanntschaft mit dem Kronprinzen geht wohl auf die Vermittlung Voltaires zurück.

Kat. Nr. I, 72

Friedrich schrieb über den Besuch: „Wir haben von Geometrie, von Poesie, von allen Wissenschaften und von Spielereien gesprochen, kurz von allem, wovon man überhaupt sprechen kann. Er hat viel Feuer, viel Lebhaftigkeit und viel Weichheit; mir zusagend, wie nur irgend möglich.“ Es schloß sich ein Briefwechsel an, und Algarotti siedelte nach 1740 für viele Jahre an den Hof des Königs über, der ihn auch in den Grafenstand erhob. Friedrichs naturwissenschaftliche Interessen hatten schon 1738 zur Einrichtung einer physikalischen Bibliothek in Rheinsberg und zur Errichtung eines Observatoriums geführt. Gleichwohl hat Friedrich eine vertiefte Bildung in den Naturwissenschaften nur unvollkommen erlangt.

FRANZ GRAF ALGAROTTI.

Kat. Nr. I, 73

## 74 Die musikalische Neigung des Kronprinzen

Sonate für Flöte h-moll
Faksimile-Wiedergabe nach einem Foto

GStA PK, Sammlung Oertel Nr. 3359

Wie seine Schwestern Wilhelmine und Amalie war der Kronprinz musikalisch begabt. Als er sieben Jahre alt war, hatte ihm der Domorganist G. Hayne den ersten Unterricht im Generalbaßspiel erteilt. Nach dem Besuch in Dresden 1728 nahm er Johann Joachim Quantz zeitweise als Flötenlehrer in seinen Dienst. Das Zerwürfnis mit dem Vater hatte dazu geführt, daß Friedrich Wilhelm seinem Sohn das Musizieren zeitweise überhaupt verbot. In Rheinsberg durfte er seinen Neigungen wieder nachgehen und schuf sich ein kleines Kammerorchester unter Leitung von Carl Heinrich Graun, der ihm auch Kompositionsunterricht gab. Die Musik diente dem Kronprinzen zum Vergnügen und zur Entspannung. Das Notenblatt zeigt eine seiner eigenen Kompositionen aus späterer Zeit. Die Flöte blieb sein bevorzugtes Instrument.

## 75 Ulrich Friedrich von Suhm (1691—1740)

Ulrich Friedrich von Suhm

Foto nach einem Kupferstich von F. Carstens, in: Hermann von Petersdorff: Fridericus Rex, Berlin 1925, S. 67

Der sächsische Diplomat Ulrich Friedrich v. Suhm, von etwas weicher, melancholischer Natur, Sohn eines Diplomaten und wissenschaftlich durch ein Studium in Genf gebildet, gewann früh das Vertrauen des Kronprinzen, und diese Freundschaft blieb bis zu seinem Tode erhalten, auch als Suhm 1730 aus dem Dienst entlassen war und als Privatmann in Berlin, später wieder als sächsischer Gesandter in Petersburg lebte. Er übersetzte für Friedrich Wolffs „Vernünftige Gedanken von Gott, der Welt und der Seele des Menschen“ ins Französische. In der Rheinsberger Zeit entstand ein reger Briefwechsel mit Suhm über philosophische und religiöse Fragen. „Wenn die Philosophie mich aufklärt, so tut sie es durch Sie,“ schrieb Friedrich einmal an seinen Freund, „Sie haben die Schranken niedergerissen, die mich von der Wahrheit trennen.“ Suhm starb in Warschau am 8. November 1740 auf der Reise nach Berlin, wohin ihn Friedrich nach seiner Thronbesteigung gerufen hatte. „Ich würde lieber Millionen verloren haben wollen“, so klagte der König beim Empfang der Todesnachricht.“

## 76 Philosophische und religiöse Gedanken des Kronprinzen

a) Jacques Benigne Bossuet

„Discours sur l'Histoire universelle à Monseigneur le Dauphin pour expliquer la Suite de la Réligion et les Changements des Empires"

Paris 1732

Im Auftrag der Stiftung Preußischer Kulturbesitz verwahrt: SSG, Schloß Charlottenburg, V 77 (Exemplar aus der Bibliothek Friedrichs des Großen in Sanssouci)

b) Unbekannter Maler

Isaak Beausobre (1659—1738)

Öl auf Lwd., 85 x 72 cm

Consistorium der Französischen Kirche zu Berlin

In der Küstriner Zeit hatte sich der Kronprinz vorübergehend der calvinistischen Prädestinationslehre zugewandt, mußte ihr aber auf Anweisung des Königs entsagen. Seither kannte er den Gewissenszwang, und seine Äußerungen bis 1740 sind immer im Hinblick auf die ihm ratsam erscheinende Vorsicht zu werten. Die nun von ihm zu verleugnende Überzeugung der Prädestination war aus philosophischer Lektüre von Büchern wie den „Wandlungen der reformierten Kirche" des Franzosen Bossuet entstanden. Die vom König befohlenen Andachtsübungen konnten bei einem so selbständigen Geist wie dem des Kronprinzen nur Überdruß erzeugen, das Gegenteil von dem, was beabsichtigt war. Doch blieb Friedrich den Katholiken gegenüber fest der Protestant, den Lutheranern der Reformierte. Dies ist seine Haltung offiziell auch während seiner Regierungszeit geblieben. Und an Isaak Beausobre (1659—1738), den in Berlin lehrenden Theologen und Geistlichen, den einzigen, dessen Predigten ihn beeindruckten, schrieb der Kronprinz 1737: „Man braucht weder Luther noch Calvin, um Gott zu lieben." Atheist wurde er nicht, doch blieb er ein philosophischer Sucher nach Gewißheit. Und schrieb er 1735 an Wilhelmine, indem er den Atheismus mit „Verwirrung des Gehirns" verglich, man müsse „auf das Licht des Verstandes und der Vernunft verzichten, die Augen schließen, sich die Ohren verstopfen und allen Organen des Körpers ihre Funktion untersagen, damit sie nicht gegen das Geschöpf zugunsten eines Schöpfers Zeugnis ablegen, da es notwendig und unzweifelhaft ist, daß die Welt einen Ursprung hat", so klagte er am gleichen Tage an Grumbkow über die Anmaßlichkeit der Religionssysteme, wollte sich vom Zweifel leiten lassen „und sich dabei auf das Erbarmen des Schöpfers verlassen". Nachdem vorübergehend auch die Argumente der Materialisten Friedrich beeindruckt hatten, wandte er sich schließlich ganz der aufklärerischen Lehre von Christian Wolff zu. Dessen Lehre hat er dann auch gegen Voltaire verteidigt, bis sich ihm die Gedankenwelt des Engländers John Locke erschloß.

## 77 Montesquieus „Betrachtungen über die Ursachen der Größe und des Verfalls der Römer"

„Considérations sur les causes de la grandeur des Romains et de leur décadence"

Nouvelle édition . . . Paris 1748

Im Auftrag der Stiftung Preußischer Kulturbesitz verwahrt: SSG, Schloß Charlottenburg, V 413b (Exemplar aus der Bibliothek Friedrichs des Großen in Sanssouci)

In der deutschen zeitgenössischen Literatur vor der Mitte des 18. Jahrhunderts fand sich nichts, was den Kronprinzen begeistern oder davon überzeugen konnte, daß die westeuropäischen Dichter und Schriftsteller nicht überlegen seien. So wurde seine Vorliebe für französische Sprache und Literatur nur bestärkt, wenn er auch hoffte, man müsse seine „Landsleute von ihrer Schwerfälligkeit heilen" können. So war und blieb die französische Sprache sein bevorzugtes Ausdrucksmittel, „die nach meinem Urteil in Eleganz, Feinheit und Energie und in allen ihren Wendungen eine eigenartige Anmut besitzt". Da er das Lateinische nicht beherrschte, erschloß sich ihm auch die antike Welt mit ihren Schriftstellern nur durch französische Übersetzungen. Das galt auch für die antiken Historiker, die er in Rheinsberg las. Montesquieus Betrachtungen über die Antike schließlich erregten durch ihre Gedankengänge seine höchste Begeisterung. Auch in der Geschichtsschreibung bevorzugte Friedrich die Franzosen.

## 78 Friedrich als Freimaurer

a) „Friderich der grosse als Freymaurer im Jahre 1740“

Kupferstich, koloriert, 18 × 23 cm

Bez.: „Zu haben bey Johann Weiss in Berlin“

SBPK Einblattdrucke YB 5617 m

b) Nachbildung des Hammers, mit dem Friedrich als Stuhlmeister seines Amtes waltete

Große National Mutterloge „Zu den drei Weltkugeln“, Berlin

Unter Vermittlung des Grafen Albert Wolfgang von Schaumburg-Lippe, dessen freimütiges Bekenntnis zur Freimaurerei Eindruck auf ihn gemacht hatte, trat Kronprinz Friedrich in der Nacht vom 14. zum 15. August 1738 während einer Reise, die er mit dem Vater nach Braunschweig gemacht hatte, im Gasthof „Zum Schloß Salzdahlum“ dem Freimaurerbund bei. Die von diesem vertretenen humanitären Ideale der Freiheit, Wahrheit, Menschlichkeit und Duldung hatten ihn angesprochen. Die Aufnahme geschah heimlich ohne Wissen des Königs, der die Freimaurer als schädlich für seinen Staat ansah. Nach der Thronbesteigung hat Friedrich sich am 3. Juni 1740 auch öffentlich zur Freimaurerei bekannt, auch als Meister andere dem Orden zugeführt. Unter anderen waren Algarotti, Keyserlingk, Prinz August Wilhelm und der Page Möllendorff Mitglieder. Der König hielt öfter Loge, wobei er den Hammer führte. Am 13. September 1740 wurde unter seiner Mitwirkung die neue Loge „Aux trois Globes“ gegründet. Sie nannte sich nach mehrfacher Umbenennung seit 1772 „Große National-Mutter-Loge der Preußischen Staaten, genannt Zu den drei Weltkugeln“. Des Königs Logenteilnahme endete jedoch schon bei Beginn des Ersten Schlesischen Krieges, also im Dezember 1740, 1743 endete auch seine Logentätigkeit. In seinem Alter hat er sich auch kritisch über die Freimaurer geäußert.
Das Bild entstammt erst dem späten 18. Jahrhundert und zeigt im Gegensatz zur historischen Wirklichkeit den alten König in seiner Tätigkeit von 1740. Er leitet dort die Aufnahme des Markgrafen von Brandenburg-Schwedt in die Loge.

## 79 Das zwiespältige Verhältnis des Kronprinzen zu seinem Vater

Brief des Kronprinzen Friedrich aus Rheinsberg an seinen ehemaligen Lehrer Duhan

„Remusberg, 2. Octobre 1736“

Eigenh. Ausfertigung auf Papier, französisch beschriebene Seiten, mit Unterschrift „Federic.“

GStA PK, BPH Rep. 47 Nr. 483

1736 gelang es dem Kronprinzen, durch einen sicheren Boten dem verbannten Duhan ein Schreiben zuzusenden, in dem er ihm für alles dankt, was er bei ihm gelernt hat. Aufschlußreich sind die Andeutungen über sein Verhältnis zum König: „Die Bande des Blutes gebieten mir Stillschweigen über ein Thema, über das ich manches zu sagen hätte, ein Thema, bei dem die spitzfindige Unterscheidung zwischen dem Haß auf die schlechte Handlung und der Liebe zu dem, der sie begeht, hinfällig werden könnte. In solchen Fällen erheischt es die Ehrfurcht, schlimme Dinge so zu wenden, daß sie minder gehässig erscheinen und die Fehler des Nächsten nach Kräften beschönigen. Trachten Sie nach Seelenruhe, mein lieber Duhan, und unterwerfen Sie sich den unwandelbaren Gesetzen unseres Schicksals, das keine Menschenmacht zu ändern vermöchte.“ Hier wird deutlich, daß der Kronprinz eine innere Aussöhnung mit dem Vater noch nicht vollzogen hatte, sondern erst in inneren Kämpfen auf dem Wege dahin war.

## 80 Ankündigung des Besuchs Friedrich Wilhelms I. in Rheinsberg

Kabinettsordre Friedrich Wilhelms I.
Berlin, 1736 August 29

GStA PK, BPH Rep. 46 Nr. 7

Die späten dreißiger Jahre sind durch ein allmählich immer besser werdendes Verhältnis zwischen dem König und seinem Sohn gekennzeichnet. Je mehr Friedrich lernte, auf die Wünsche des Vaters einzugehen, um so mehr minderte sich auch das immer noch vorhandene Mißtrauen des Königs, das durch Einflüsterungen stets neue Nahrung erhielt, und wich der väterlichen Güte, über die Friedrich Wilhelm auch gebot. Er nannte den Kronprinzen in der Anrede nun wieder „Mein lieber Sohn". Im vorliegenden Brief kündigt er an, er habe „nicht weniger Verlangen, alß Ihr bezeuget, Euch in Eurer neuen Wirthschaft zu Rheinsberg zu sehen", und der eigenhändige Zusatz lautet: „Heutte über 8 dage werde abendt zu Rheinsberg sein." Der Kronprinz sah solchem Besuch noch nicht ohne Sorge entgegen, weil ein kleiner Mißgriff die Rückkehr früheren Zornes bringen konnte. Er weilte deshalb auch noch nicht gern länger beim Vater in Berlin oder Potsdam.

## 81 Friedrichs Spott über die Anwerbung eines „langen Kerls" für den König

Brief des Kronprinzen an den Obersten v. Camas

Rheinsberg, 1738 Oktober 14

Eigenh. Ausfertigung und Unterschrift, französisch. Doppelblatt mit 2 beschriebenen Seiten

GStA PK, BPH Rep. 47 Nr. 482

Friedrich berichtet dem ihm befreundeten Camas von seinen Beschäftigungen in „meinem kleinen Kloster": „Der Horizont meiner Tätigkeit erstreckt sich bloß von den Wohnräumen bis zur Bibliothek." Dann folgen Betrachtungen über die ihm unerreichbar erscheinende Moral der Stoiker mit einer anschließenden Wendung zu seinem Regiment in Ruppin: „Ohne mich aber weiter auf die Moral einzulassen, gestatten Sie mir, Ihnen ein physikalisches Phänomen mitzuteilen, das in unserer Zeit gar nicht nebensächlich ist. Es besteht darin, daß ich durch die Anziehungskraft von 6000 Talern aus dem tiefsten Holland einen Körper von über 6 Fuß 4 Zoll nach meinem Zentrum gravitieren ließ. Dieses Phänomen, ebenso selten und ungewöhnlicher als ein langgeschweifter Komet, wird binnen kurzem am Horizont von Ruppin glänzen. Jetzt, meine Herren, ist es an Ihnen, sich zu verbergen und Ihr Antlitz zu verhüllen, damit dies Licht, das dem leuchtenden Antlitz des Moses gleicht, Sie nicht blendet." Für die Sammelfreude seines Vaters an „langen Kerls" hatte der Kronprinz keine Bewunderung übrig.

## 82 Schuldschein des Kronprinzen für Hauptmann von Hacke

Ausfertigung mit eigenhändiger Unterschrift „Friderich" und rotem Lacksiegel des Kronprinzen

1739 August

GStA PK, BPH Rep. 47 Nr. 355

Auch in seiner Rheinsberger Zeit war Kronprinz Friedrich beständig in Geldverlegenheit. Da ihm nur ein bescheidener Etat zur Hofhaltung bewilligt worden war, viele Gelder jedoch allein für die Truppenwerbung ausgegeben werden mußten, lieh er sich beträchtliche Summen, da er auf Annehmlichkeiten der Tafel und Repräsentation nicht verzichten mochte. Das Ausleihen von Geld an die königlichen Prinzen war durch strenge Mandate verboten. Gleichwohl gab es Helfer wie den Hauptmann Hans Christoph Friedrich Graf v. Hacke, der in Potsdam stand. An ihn hatte Friedrich schon 1732 seinen Hilferuf gerichtet: „Das ist keine Kunst, daß des Fürsten und die magdeburgischen Regimenter schön sind, wenn sie Geld vollauf haben und kriegen darnach noch einige dreißig Mann umsonst. Ich armer Teufel aber habe nichts und werde auch mein Tage nichts kriegen. Bitte, Ihn lieber Hacke, bedenke Er doch das; und wor ich kein Geld habe, so führe ich dem Könige künftiges Jahr Asmus allein als Rekruten vor und wird mein Regiment gewiß Krop sein ... so helft mir doch, lieber Hacke." Hacke half, auch später, hier mit 4000 Talern, die 1744 zurückgezahlt wurden.

## 83 Sophia Friderica Wilhelmine, Prinzessin von Preußen (1709–1758)

Maler aus dem Umkreis von Antoine Pesne

Öl auf Lwd., 160 × 120 cm

Friedrich-Alexander-Universität, Erlangen-Nürnberg

Wie Kronprinz Friedrich, so geriet auch seine lebhafte und geistig rege Schwester Wilhelmine, nicht ohne Beeinflussung durch die Mutter, in einen trotzigen Gegensatz zu der strengen väterlichen Erziehung und zu den Lebensauffassungen Friedrich Wilhelms I. Wie Friedrich, so wurde auch Wilhelmine Opfer der Intrigen um die englischen Heirats-

Kat. Nr. I, 83

pläne (sie sollte nach Absicht der Mutter und des englischen Hofes den Prinzen von Wales heiraten). Am Ende schrieb der König auch seiner Tochter Wilhelmine den Ehepartner vor; 1731 wurde sie mit dem Erbprinzen Friedrich von Bayreuth vermählt und geriet so, anstatt Königin von England zu werden, in die engen Verhältnisse eines der kleinen deutschen Fürstenhöfe, wie sie im Heiligen Römischen Reich so zahlreich waren. Sie rächte sich für ihr Geschick durch die Abfassung sehr boshafter und ironischer Memoiren, in denen die historische Wahrheit manche phantasiebegabte Ausschmückung hinnehmen mußte. Als der Erbprinz 1735 das Fürstentum übernahm, tat Wilhelmine viel für den kulturellen Ausbau der Residenz. Schloßbau, Oper, eine Akademie, die bald in die Erlanger Universität umgewandelt wurde, Schauspiele und ein größerer Hofstaat sollten aus Bayreuth ein kleines Versailles machen. Aber die Finanzkraft des kleinen Landes war überfordert. Schulden und Zahlungsunfähigkeit führten in den letzten anderthalb Lebensjahrzehnten der Fürstin auch zu Konflikten mit dem königlichen Bruder, zeitweise zur Annäherung an dessen politische Gegner. Dennoch blieb im Wechsel mit den Zerwürfnissen eine Zuneigung beider Geschwister bis zuletzt erhalten.

## 84 Prinzessin Luise Ulrike (1720–1782)

Antoine Pesne

Prinzessin Luise Ulrike von Preußen als Schäferin

Öl auf Lwd., 142,5 × 107 cm

SSG, Schloß Charlottenburg, GK I 1217

Luise Ulrike, jüngere Schwester des Kronprinzen, heiratete 1744 Herzog Adolf Friedrich von Holstein-Gottorp, der 1751 den schwedischen Thron bestieg. Als Königin von Schweden hat sie einige Male politische Schritte zur inneren Festigung der königlichen Macht unternommen, die auch zu außenpolitischen Folgen führten und Friedrich nötigten, sich davon zu distanzieren oder mildernd einzugreifen. Das Bildnis galt bisher als Darstellung der jüngsten Schwester Friedrichs, Amalie. Gerd Bartoscheck (Katalog Rheinsberg, eine märkische Residenz, Schloß Rheinsberg 1985) hat eine Identifizierung mit Luise Ulrike glaubhaft gemacht und in dem Bild ein 1738 gemaltes Porträt gesehen, das bis 1862 in Rheinsberg hing. Die Kleidung rückt das Porträt in die Nachbarschaft Watteauscher und Lancretscher „Fêtes galantes".

## 85 Prinzessin Amalie (1723–1787)

Antoine Pesne

Prinzessin Amalie von Preußen als Amazone

Öl auf Lwd., 147 × 114 cm

SSG, Leihgabe im Kunstgewerbemuseum, GK I 1028

Die bereits 1779 bei Nicolai nachgewiesene Bezeichnung „als Amazone" bezieht sich auf den Dreispitz, den die Prinzessin hier als eine für die Jagd passende Kleidung trägt. Im Hintergrund ist eine Gesellschaft mit Masken in einer Parkallee dargestellt. Eine unmittelbare Anregung zu der Darstellung scheint Lancrets Gemälde „Das Jagdfrühstück" gegeben zu haben (ehemals im Besitz Friedrichs des Großen, jetzt National Gallery, Washington). Amalies Bildnis befand sich ursprünglich in dem um 1745 eingerichteten Konfidenztafelzimmer der Wohnung Friedrichs des Großen im Berliner Schloß zusammen mit einem Bildnis der Prinzessin Luise Ulrike.

Prinzessin Amalie, die jüngste Schwester Friedrichs des Großen, wurde gemeinsam mit Luise Ulrike erzogen. Besonderes Ereignis in ihrer Jugend war eine kurze Beziehung 1744 zu dem jungen Leutnant Friedrich von der Trenck, die von König Friedrich gewaltsam beendet wurde. Trenck wurde in Haft genommen, später nach seiner Flucht wieder ergriffen und zu Festungsarrest verurteilt. Seine Güter wurden beschlagnahmt. Für Amalie war dies ein tiefer Einschnitt. Anders als Wilhelmine, Luise und Philippine Charlotte ist sie unverheiratet geblieben. Sie wurde Koadjutorin des Stifts Quedlinburg, 1756 dort auch Äbtissin, hat aber nicht in Quedlinburg gewohnt. Bekannt geblieben ist ihre musikalische Begabung. Amalie spielte Klavier, Orgel und Violine und wie Friedrich und Wilhelmine komponierte sie selbst. Ihre persönliche Eigenart galt als wetterwendisch, zwischen Liebenswürdigkeit und zorniger Erregung schwankend.

Kat. Nr. I, 85

# Erziehung zum Regenten

## 86 Kronprinz Friedrich

Georg Wenzeslaus von Knobelsdorff

Kronprinz Friedrich

Öl auf Lwd., 78 × 63 cm

um 1735

SSG, Schloß Charlottenburg

Das Bildnis zeigt Friedrich so, wie ihn Knobelsdorff etwa beim Feldzug am Rhein oder zu Anfang der Rheinsberger Zeit gesehen hat.

Das 1975 von den Staatlichen Schlössern und Gärten erworbene Bildnis stammt aus dem Besitz von Friedrichs engem Freund Dietrich von Keyserlingk, genannt Cäsarion. Entstanden ist es nach der Teilnahme am Feldzug am Oberrhein. Die Schärpe ist einem Bildnis des Grand Dauphin von Hyacinthe Rigaud, jetzt im Schloß Charlottenburg, entlehnt. In Potsdam ist eine ganzfigurige Variante in kleinem Format vorhanden, die ursprünglich der Gemahlin Friedrichs gehört hat.

## 87 Die „Species Facti" Friedrich Wilhelms I.

„Species Facti"
Denkschrift Friedrich Wilhelms I.

1736 Februar

Druck nach der Urschrift, bei J. G. Droysen: Geschichte der preußischen Politik. 1870, S. 451–463

Seitdem er von den Westmächten enttäuscht worden war, suchte nach 1728 der preußische König die Wahrung seiner Interessen, vor allem die Sicherung seiner Erbfolge in Jülich und Berg, an der Seite des Kaisers. Gegen die Zusage der Unterstützung in dieser Frage garantierte er die „Pragmatische Sanktion", in der die weibliche Erbfolge in Österreich festgelegt wurde. Zuerst in der Zeit des polnischen Thronfolgekrieges aber sah Friedrich Wilhelm sich aus Wien getäuscht. Seine Gedanken darüber hat er schriftlich in der vorliegenden Denkschrift aufgezeichnet. Aber schon im Oktober 1734 hatte er zum Kronprinzen nach einem Gespräch im Dorf Priort mit dem österreichischen Gesandten Seckendorff gesagt: „Mein lieber Sohn, ich sage Dir, daß ich meinen Tod in Priort geholt habe, und ich bitte Dich um alles in der Welt, traue den Leuten nicht, die auch noch so viele Versprechungen machen. Ja, den Tag, da kam ein Mann zu mir, das war, als wann man mir einen Dolch im Leibe umgewandt hätte." In Wien hatte man ihn hintergangen. Von dieser Zeit an datiert sein Wort, das er im Blick auf den Kronprinzen mehrfach äußerte: „Da steht einer, der mich rächen soll."

## 88 Kronprinz Friedrich an Grumbkow nach dem Tode des Prinzen Eugen

Eigenhändiger Brief Friedrichs an den Marschall Grumbkow, französisch, mit Unterschrift „Federic"

(Rheinsberg), 1737 Oktober

Faksimile nach der Urschrift im Geheimen Staatsarchiv zu Berlin, aus: H. v. Petersdorff: Friedrich der Große. Berlin 1911

„Der Schatten des Prinzen Eugen", so beginnt das Schreiben, „flößte noch in seinen letzten Feldzügen den Feinden Schrecken ein." Der Kaiser werde den Verlust merken, denn Verwirrung und Intrigen hätten schon am Wiener Hof eingesetzt. Mit scharfem Blick sieht der Kronprinz die Zustände in Wien. Es sollten nur fünf Monate vergehen, da schrieb er am 24. März 1738 an den gleichen Empfänger, den er im Grunde verabscheute: „Wenn der Kaiser heute oder morgen stirbt, welche Umwälzungen wird man nicht in der Welt erleben! Jeder würde von seiner Verlassenschaft mitgenießen wollen. . .", und erwog schon eine Koalition mit Frankreich. Die Pläne und der Tatendrang erfüllten ihn bereits, aber der ihn auch später kennzeichnende schnelle Stimmungswechsel ist im vorliegenden Brief sogleich spürbar:
„Ein Hauptmann von der Leibwache des Kaisers Commodus wurde ohne Grund vom Hofe verbannt. Als er im Exil seinen Tod herannahen fühlte, machte er seine Grabschrift: Hier liegt der sieben Jahre gelebt hat. Er war jedoch 64 Jahre alt. Nur die letzten Jahre hat er in der Verborgenheit gelebt. Wenn ich meine Grabschrift machen würde, so würde sie lauten: Hier liegt, der ein Jahr gelebt hat.

Kat. Nr. I, 86

Es gibt Menschen, die Gott dazu bestimmt hat, ein tätiges Leben zu führen, es gibt andere, die er geschaffen hat zum Denken und zur Anstellung von Betrachtungen über die Taten anderer. Ich gehöre zur letzten Klasse, was sicher das Angenehmste ist." Zwischen Tatendrang und Freude am betrachtenden Genuß sollte sich auch künftig sein Leben hin und her bewegen.

## 89 Kronprinz Friedrich an Grumbkow wegen einer geplanten Flugschrift

Eigenhändiger Brief Friedrichs an Grumbkow, französisch, mit Unterschrift „Federic"

(1738 Januar)

Faksimile der Urschrift im Geheimen Staatsarchiv Berlin. Aus: H. v. Petersdorff: Friedrich der Große. Berlin 1911

Um die Wende 1737 zu 1738 suchte Preußen erneut, seinen berechtigten Erbansprüchen auf die Herzogtümer Jülich und Berg bei den Großmächten Geltung zu verschaffen. Österreich, offiziell mit Preußen verbündet, einigte sich mit Frankreich auf eine Abwehr und gewann auch die Hilfe Englands und der Niederlande. Alle vier Mächte wünschten, aus unterschiedlichen Interessen, nicht die Gebietserweiterung Preußens am Niederrhein. Besonders Frankreich trat dabei hervor, und nun erwog der Kronprinz zum erstenmal, publizistisch in die Außenpolitik einzugreifen, und zwar durch eine polemische Flugschrift, die auf die Öffentlichkeit der Seemächte einwirken und diese so unter Druck der öffentlichen Meinung vom Kaiser und Frankreich trennen sollte. Der preußische Ursprung sollte verhüllt werden, indem die Flugschrift unter englischem Pseudonym in England erscheinen und dann in Holland im Urtext als Übersetzung erneut herauskommen sollte. Sie wurde nie gedruckt, weil Frankreich sich zum Schein Preußen wieder annäherte. Im vorliegenden Brief teilt Friedrich dem Minister seine Absicht mit und bittet um seine Stellungnahme.

## 90 Der Antimachiavell

a) (Kronprinz Friedrich)

„Anti-Machiavel ou essai de critique sur le Prince de Machiavel, publié par Mr. de Voltaire"

La Haye 1740

GStA PK, Bibliothek 14ª 500, 463

b) Brief Friedrichs an Voltaire, mit Angaben über seine Arbeit am Antimachiavell

Remusberg, 1739 November 6

Doppelblatt, 2 Seiten beschrieben, eigenhändig mit Unterschrift. Die Streichungen stammen wohl von Voltaire.

GStA PK, BPH Rep. 47 Nr. 306

Neben ersten Versuchen in der praktischen Politik, wie in der Flugschrift von 1738, widmete sich der Kronprinz auch theoretischen Gedanken über die Leitsätze politischen Handelns. Anlaß war wiederum die französische Politik des Kardinals Fleury, die ihn seit 1734 mehr und mehr empörte, des „Machiavell in der Kutte, der Gott dient und die Welt betrügt". Ansatz wurde denn auch eine Beschäftigung mit dem bekannten Buch „Principe" (Der Fürst) des Italieners Niccolo Machiavelli (1469—1527), das im 18. Jahrhundert in der Fürstenerziehung noch eine Rolle spielte, und dessen Anhänger daraus die ethische Rechtfertigung des Bösen im Rahmen der Staatsnotwendigkeit oder sogar die Rechtfertigung einer von sittlichen Normen losgelösten Machtpolitik herleiteten. Im „Antimachiavell" läßt Friedrich keinen doppelten Maßstab für die öffentliche und private Moral zu, er gewährt „ebensowenig der Schurkerei der Könige Quartier, wie der Unredlichkeit der gewöhnlichen Sterblichen". Insofern ist ihm der „Principe" eins „der gefährlichsten Bücher", dessen Wirkungen schlimmer sind als Überschwemmungen, Blitz und Pest. Es komme darauf an, ohne Verletzung der Moral das Interesse ebensogut oder noch besser seine Rechnung finden zu lassen, als es der Moral einfach überzuordnen. Aber dennoch sieht auch Friedrich: „Immerhin kann es traurige Notlagen geben, in denen ein Fürst nicht umhin kann, seine Verträge und Bündnisse zu brechen, nur soll das dann auf gute Art geschehen, mit rechtzeitiger Benachrichtigung der Verbündeten, und nie ohne daß das Landeswohl und eine starke Notwendigkeit es gebieterisch erheischen." Insofern räumt auch Friedrich Fälle ein, in denen das Staatswohl den Vorrang vor moralischen Rücksichten haben muß; diese Fälle sollen aber nie Allgemeinprinzip werden, sondern begrenzt bleiben. So sagt er über die Kriege: Unschuldig an dem vergossenen Blut ist der Fürst, der einem Angriff wehrt, der vorenthaltene Rechte mit den Waffen geltend macht, der einer drohenden Gefahr entgegentritt, solange es noch Zeit ist, ehe die Vorbereitungen seiner Gegner fertig sind.

Es war für Friedrichs Gegner leicht, ihm später, als er selbst politisch Handelnder wurde, Verstöße gegen sein Jugendwerk nachzuweisen. Aber es wird oft übersehen, daß das Buch noch etwas anderes enthält, das bleibenden Wert behalten hat, nämlich die Grundzüge eines politischen Programms des künftigen Königs von Preußen, Grundzüge, die wir z. T. auch in seinen politischen Testamenten wiederfinden. So zeigt er neben dem Idealbild des nur moralisch handelnden Fürsten, daß der Fürst alles mit eigenen Augen sehen und den Staat selbst regieren soll, daß er Verstand und Arbeitssinn benötigt, daß seine erste Pflicht die Rechtspflege, die zweite die Verteidigung seines Staates ist, die er selbst leiten muß, wegen des Interesses und — des Ruhms. In der Schlacht hat er anwesend zu sein, um Mut und Zuversicht der Truppen zu stärken (ein Grundsatz, den er später immer befolgte). Dabei soll er seine Leidenschaft beherrschen, Eroberungen nicht um ihrer selbst willen machen und nicht unersättlich werden. Ein anderes Mittel zur Vergrößerung der Macht als der Krieg ist die Tatkraft des Fürsten, die alle Werktätigkeiten und Wissenschaften zur Blüte bringt, um das Volk kräftiger und gesitteter zu machen; auch die schönen Künste werden dazu gezählt. In der Finanzwirtschaft ist der Fürst seinen Untertanen verantwortlich. Unter den im Antimachiavell vertretenen Grundsätzen ragt schließlich hervor: „Vorliebe für die eine Nation, Abneigung gegen die andere, Weibervorurteile, persönliche Mißhelligkeiten, untergeordnete Interessen, Kleinlichkeiten dürfen den Blick derer nicht trügen, welche ganze Völker lenken sollen. Für sie gilt es, auf das Große zu schauen und ohne Zögern das Kleinere zu opfern. Wirklich große Fürsten haben stets ihr eigenes Ich vergessen, um nur an das Gesamtwohl zu denken, das heißt, sie haben jeder Voreingenommenheit sorgsam sich entwöhnt, um ihre wahren Interessen um so mehr zu erfassen."

Voltaire, zu dem Friedrich, sehr zum Argwohn Friedrich Wilhelms I., schon 1736 brieflich Verbindung aufgenommen hatte, erhielt mit dem hier gezeigten Brief einige „Stücke des unbearbeiteten Marmors" des Antimachiavell und war begeistert. Er sorgte für die Drucklegung.

## 91 Schreiben des Kronprinzen Friedrich an Voltaire über die seelische Wirkung der bevorstehenden Thronübernahme

Eigenhändige Ausfertigung, z. T. in Gedichtform, französisch, mit Unterschrift „Federic" und einer Nachschrift des Freundes Dietrich von Keyserlingk

Berlin, 1740 März 23

Doppelblatt mit 3 beschriebenen Seiten

GStA PK, BPH Rep. 47 Nr. 117

Im März 1740 verschlechterte sich der Gesundheitszustand König Friedrich Wilhelms zusehends. Schon seit 1734 lebte er wegen seines schweren körperlichen Leidens nur noch „durch die Kunst der Ärzte". Mehrfach hatte der Kronprinz sich innerlich auf die Regierungsübernahme vorbereitet. Die innere Ungewißheit, wann er von dem Rheinsberger Leben der Geselligkeit, der Literatur und der Muße Abschied nehmen müsse, um die Bürde der Regierung zu tragen, spricht auch aus einem Brief an Voltaire vom 23. März 1740, neun Wochen vor dem Tod des Vaters. Zwar äußert er noch seine Gedanken über seine Pläne, das „Vorwort zur Henriade" zu verbessern, einige Kapitel des „Machiavel" zu ändern, „aber ich komme kaum voran, in der unruhigen Lage, in der ich bin". In einem einleitenden Gedicht fordert er Voltaire zwar auf, nicht zu fürchten, daß Götter, das Schicksal oder das Reich ihn veranlassen könnten, „die Leier für das Zepter preiszugeben". Aber nüchtern berichtet er gleich darauf, daß die äußeren Umstände sich ändern können, „denn die Lage meines Vaters läßt uns keine Hoffnung auf Genesung, so daß ich mich darauf vorbereiten muß, mein Geschick auf mich zu nehmen." Dann tritt aber schon die andere Seite hervor: „Was mich tröstet, ist der einzigartige Gedanke, meinen Mitbürgern zu dienen und meinem Vaterland nützlich zu sein." Beides hat der Kronprinz als König fortan mit Hingabe getan, sich dem Staat gewidmet und, wo ihm die Zeit blieb, seinen literarischen und künstlerischen Neigungen gelebt.

Kat. Nr. I, 94

## 92 Der Tod Friedrich Wilhelms I.

a) Instruktion König Friedrich Wilhelms I. über das Verfahren bei seiner Bestattung

Potsdam, 1740 Mai 27

Zeitgenössische Abschrift. Folio, 4 beschriebene Seiten

GStA PK, BPH Rep. 46 Nr. 79

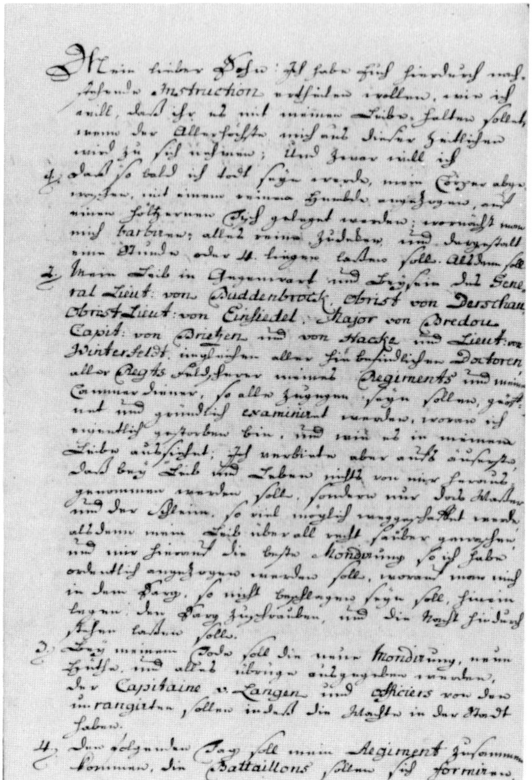

Kat. Nr. I, 92 a

b) „Vorstellung des Castri Doloris Sr. Königl. May. in Preußen u. Churfürstl. Durchl. zu Brandenb. Friderich Wilhelms, welcher geb. 1688 u. gestorb. 1740, den 31. May, auf dem Königl. Schlosse zu Potsdam mit violet Sammt geschmücket"

Kupferstich, 20 × 31 cm
Bez.: „J. G. Schmidt sculpsit"

SBPK Einblattdrucke YB 5596 m.

Am 27. Mai setzte der König, der sein Ende nahen fühlte, eine Instruktion für seinen Sohn auf, „wie ich will, daß Ihr es mit meinem Leibe halten sollet, wenn der Allerhöchste mich aus dieser zeitlichen [Welt] wird zu sich nehmen." Die Aufbahrung im Potsdamer Stadtschloß folgte am 1. Juni 1740; der Zeichner hat versucht, hiervon der Mitwelt eine bildliche Vorstellung zu vermitteln. Zwischen diesen beiden Daten lag der Abschied Friedrich Wilhelms vom Leben und von seinem Sohn, den er mit so vielen Kämpfen und harten Maßnahmen zur Aufgabe eines Regenten des Staates erzogen hatte. Die innere Aussöhnung hatte sich erst vor Jahresfrist vollendet, wirklich besiegelt wurde sie erst jetzt. Am 26. Mai rief der König seinen Sohn aus Rheinsberg herbei. Friedrich traf den Vater am 28. im Rollstuhl vor dem Potsdamer Schloß, beide umarmten sich in Rührung. Die eigentliche Begegnung fand aber dann im Schloß statt, wo der König im Beisein des Ministers von Podewils um 4 Uhr nachmittags dem Kronprinzen die Lage des Staates und die außenpolitischen Aufgaben erläuterte. Kern der Ausführungen waren die Warnungen vor Österreich und Hannover, die bestrebt seien, Preußen niederzuhalten, und vor Rußland, mit dem man Auseinandersetzungen meiden solle. Ein Krieg dürfe nur nach reiflicher Überlegung geführt werden; sei er aber beschlossen, so sei die ergriffene Partei fest zu behaupten. Seinen Sohn umarmend, rief der Sterbende später: „Mein Gott, ich sterbe zufrieden, da ich einen so würdigen Sohn und Nachfolger hinterlasse." Friedrich, den der Vorgang tief ergriff, hat dem Vater nach dessen am 31. Mai eingetretenem Tod das schönste Denkmal gesetzt: „Er starb mit der Festigkeit eines Philosophen und der Ergebung eines Christen. Er bewahrte eine bewundernswerte Geistesgegenwart bis zum letzten Augenblick seines Lebens, als Staatsmann seine Geschäfte ordnend, die Fortschritte seiner Krankheit verfolgend wie ein Arzt, und über den Tod triumphierend als ein Held." Der Sohn hatte jetzt voll die Größe auch des Vaters verstanden.

## 93 Instruktion König Friedrich Wilhelms I. für seinen Nachfolger

Eigenhändiges Testament Friedrich Wilhelms mit Unterschrift

Potsdam, 1722 Februar 17

52 beschriebene Seiten auf Papier

GStA PK, BPH Urk. III, 1 Nr. 19

Bereits 1722 hatte der König zur Zeit einer ernsten Erkrankung sein politisches Testament gemacht und seinem Nachfolger darin Unterweisungen für die Regierung des Staates erteilt. Das Land und seine Provinzen, ihre Bewohner, das Verhalten in kirchlichen, finanziellen und Verwaltungsfragen spielen darin eine Rolle, auch die wichtigsten Minister werden charakterisiert. Den breitesten Raum aber nehmen Armee und Außenpolitik ein. Hier decken sich die Ratschläge oft weitgehend mit denen, die der König seinem Sohn auf dem Sterbelager 1740 gab. Neben der Mahnung zu einem gottesfürchtigen Leben finden sich Sentenzen wie diese: „Dahero machet auch keine Schulden und gehbet nichts mehr aus als ihr einzunehmen habet . . .“ Oder: „Wo es nöthig ist und es fehle, bauet Kirchen und Schuhlen, das Gottes heilige Wohrdt unter Euere Regirung mehr und mehr ausgebreit werde.“ Oder: „Mein lieber Successor mus die Prediger in beyden Religionen nicht laßen sich in weldtliche Afferen mischen, den sie gerne in weldtliche Sachen sich mischen und müßen kurtz gehalten werden.“ Besonderes Augenmerk galt den Manufakturen: „Den ein Landt sonder Manifactuhren ist ein menschlicher Körper sonder Lehben, ergo ein totes Landt, das beständigst power (pauvre= arm) und elendig ist. . .“ Die wichtigste außenpolitische Richtlinie war diese: „Mein lieber Successor mus sein Dahge nicht seine schöne Armeé ceparriren und keine Truppen vor Geldt und Subsidieen an Keißer, Engelandt, Hollandt gehben, sonder müßet Ihr die Püssancen zur Antwordt gehben, so wie ich es gethan habe: Wollet ihr Trouppen haben, so will ich selber mit meine gantze Armeé marchieren, aber nicht vor Subsidien. Aber gehbet mir Landt und Leutte, was meine Conniventz ist, alsden marschiere, aber bevor nicht. Paing de Pais, Poing de Prussien (Kein Land, kein Preuße)“.

## 94 Kronprinz Friedrich um 1740

Antoine Pesne

Kronprinz Friedrich

Öl auf Lwd., 78 × 63 cm

SMPK, Gemäldegalerie

Mit diesem Bild stellt Pesne den zu seinem Herrscheramt herangereiften Kronprinzen vor, der schon den Purpurmantel trägt. Anders als die Haltung des Siebzehnjährigen ein Jahrzehnt zuvor (I 40), blickt uns jetzt ein männliches, entschlossenes Gesicht mit innerer Sammlung entgegen. Was erwartete die Umwelt von ihm? „Er wird die Künste und Wissenschaften, den Handel und Ackerbau begünstigen, einen zahlreichen, glänzenden Hof halten; aber dem Weisen und dem Vater des Vaterlandes wird er den Helden hinzufügen: der wahre Gegenstand seiner Wünsche ist der Ruhm, und zwar der Kriegsruhm; er brennt vor Begierde, in den Spuren seines Ahnherrn, des Kurfürsten Friedrich Wilhelm, einherzugehen,“ so sah der französische Geschäftsträger in Berlin die Zukunft voraus. Der jüngere Seckendorff verkündete 1737 in Wien: „Sein Grundsatz ist, mit einem großen Schlage zu beginnen“. Friedrich selbst aber hatte kurz vor seines Vaters Tode geschrieben: „Gott weiß, daß ich dem Könige ein langes Leben wünsche; wenn aber die Stunde unserer Ansprüche nun nicht mehr bei seinen Lebzeiten schlagen sollte, dann wird sich zeigen, daß man mich nicht soll anklagen können, meine Interessen fremden Mächten zu opfern. Ich fürchte vielmehr, daß man mir eher ein Übermaß von Verwegenheit und Lebhaftigkeit vorwerfen wird. Es scheint, daß der Himmel den König bestimmt hat, alle Vorkehrungen zu treffen, welche Weisheit und Vorsicht vor dem Eintritt in einen Krieg erheischen. Wer weiß, ob für die ruhmvolle Anwendung dieser Vorbereitungen die Vorsehung nicht mich vorbehält.“

## 95 Rückblick Friedrichs auf seine Erziehung

Friedrich II.: Testament Politique

1752 April—Juli

Faksimile aus:

GStA PK, BPH Urk. III, 1 Nr. 21

Zwölf Jahre nach seiner Thronbesteigung hat König Friedrich sich in seinem ersten Politischen Testament über die Erziehung eines Prinzen geäußert (gemeint war der preußische Thronfolger) und dabei rückblickend auch seine eigene Erziehung gestreift. Er lehnt es ab, einen Prinzen von Preußen durch Minister und Geistliche erziehen zu lassen, weil diese nur ihre eigensüchtigen Zwecke verfolgen würden, und fährt dann fort: zu den beiden genannten „treten die guten Absichten seiner Eltern, die ihn vollends verderben. Sie wollen, daß ihr

Sohn ein vollkommener Sterblicher wird. Diese guten Leute verstehen nicht, daß er ein Dummkopf wäre, wenn er keine Leidenschaften hätte; indessen gehen alle ihre Wünsche dahin, daß er keine hätte." „Um seine Sitten zu verbessern, unterdrücken sie seine geringsten Wünsche. Mit 15 Jahren verlangen sie, daß sein Geist ausgebildet sei und daß er die Reife des Urteils besitze, die die französische Nation noch nicht vor dem 40. erreicht. Man verlangt sogar, daß er sich in dem Augenblick verliebe, in dem es sein Vater wünscht, und auch in die Person, die sein Vater ihm ausgesucht hat, und daß er den übrigen Frauen gegenüber so kalt bleibe wie Priamos gegen die schöne Helena". — „Dieses habe ich während meines Lebens sich ereignen sehen", so schließt Friedrich den Rückblick und nennt alle Fürsten Europas, die eine solche Erziehung genossen haben, „berühmte Schwachköpfe" mit Ausnahme der Maria Theresia und des Königs von Sardinien, „bei denen das Genie über die schlechte Erziehung triumphiert hat". Die Folge für den Zögling sei, daß er ein ganz gewöhnlicher Mensch werde „und nach dem Tode seines Vaters ein Souverän, erdrückt von der Bürde der Regierung." Herber konnte er über sein eigenes Ergehen nicht sprechen, aber das Testament enthält auch ausführliche Weisungen, wie die Erziehung künftig besser einzurichten sei. Es ist bemerkenswert, daß er dort die Erziehung zum Soldaten, Wirtschafts- und Verwaltungspraktiker ausdrücklich gutheißt, auch die von ihm selbst erlernten Unterrichtsfächer übernimmt, nur die Methoden ändert.

# II. Baumeister einer Großmacht (1740–1745)

*Die Politik der Herrscher*
*zerfällt in zwei Teile.*
*Der eine betrifft*
*die innere Verwaltung;*
*er umfaßt die Interessen*
*des Staates und die*
*Erhaltung des Regierungssystems.*
*Der zweite Teil schließt*
*das ganze politische System Europas*
*in sich und verfolgt das Ziel,*
*die Sicherheit des Staates*
*zu befestigen und, soweit möglich*
*(auf gewohnten und erlaubten Wegen),*
*die Zahl der Besitzungen,*
*die Macht und das Ansehen*
*des Fürsten zu mehren.*

# Thronbesteigung, Aufklärung, Toleranz

## 1 Friedrich II. und Elisabeth Christine nach dem Regierungsantritt 1740

Gericke nach A. Pesne

Doppelbildnis des jungen Königs und seiner Gemahlin in reichen Rocailleumrahmungen. Darunter Kartusche mit der Ansicht Berlins.

Kupferstich, 15,2 × 19,1 cm (Platte)

Bez.: „Gericke sculp. nach A. Pesne" (Campe Nr. 31, Kat. 167)

SKH Dr. Louis Ferdinand Prinz von Preußen, Berlin

Der junge König eilte noch am Abend des 31. Mai 1740 nach dem Tode des Vaters nach Berlin; dort traf ihn seine aus Rheinsberg herbeigereiste Gemahlin. Das Volk der Hauptstadt begrüßte den neuen Regenten mit Jubel, man erhoffte sich eine neue, glückliche Zeit. Friedrich überhäufte Elisabeth Christine mit Aufmerksamkeiten und Freigebigkeit. Erst später, vor allem nach dem Zweiten Schlesischen Kriege, ist die Entfremdung zwischen beiden eingetreten, die schließlich zu einer weitgehenden Trennung führte.

## 2 Friedrich zur Zeit der Thronbesteigung

Georg Wenzeslaus von Knobelsdorff (?)

Friedrich II. als Kronprinz

Öl auf Lwd., 143 × 125 cm

1740

Privatbesitz

Zur Zeit seiner Thronbesteigung schenkte Friedrich dem Vater seines unvergessenen Freundes Hans Hermann von Katte, Hans Heinrich von Katte, sein Bild, das ihn als Kronprinz zeigt. Auch erhob er den Beschenkten in den Grafenstand und ernannte ihn zum Feldmarschall.

Das Bild zeigt den König so, wie ihn Zeitgenossen auch beschrieben haben, im Gesicht noch fast jünglinghaft, von leichtem, aber festem Gang, feingliedrigen Händen, im Gesicht voller als früher, das braune Haar gepudert und nach französischer Weise gelockt, im Nacken mit schwarzem Band zum Zopf gebunden. Die großen, ausdrucksvollen blauen Augen blieben allen unvergeßlich, die ihm einmal gegenübergestanden hatten, und sein Lächeln konnte gewinnend sein. Als „weich und anmutend" beschrieb ein französischer Diplomat seine Stimme, die eine gewisse Bescheidenheit verraten habe, „und das trägt nicht wenig dazu bei, ihm die Herzen zu gewinnen." Bei näherem Zusehen gewahrte der gleiche Beobachter aber auch „den spöttischen und verächtlichen Zug, den der Schleier der Milde und der Güte nur oberflächlich verhüllt." Feine boshafte Anspielungen auf Lächerlichkeiten konnte der König selten unterdrücken, bemerkte aber dazu: „Man muß nicht viel auf die kleinen Sticheleien achten, die mir entfahren, das ist so meine angeborene Ausdrucksweise." Sie ist es geblieben und hat ihm in der Folge Bewunderung und Feindschaft gleichermaßen eingetragen. Daß er auch leicht „aufbrausend und heftig" werden konnte, ist ebenfalls bezeugt. Die Regimentsuniform blieb seine tägliche Kleidung.

## 3 Schaumünze zum Regierungsantritt und großes Pavillonsiegel

a) Denkmünze in Silber zur Huldigung in Berlin. Legende: FRIDERICVS BORVSSORVM REX. Sein Kopf mit lockigem, im Nacken gebundenem Haar linkshin, am unteren Rand: L. H. Barbiez. Rückseite Legende: VERITATI ET IVSTITIAE. Im Abschnitt unter einer Leiste: HOMAG: BEROL. D. 3. AVG. MDCCXL. Durchmesser 3,9 cm

GStA PK, Neuerwerbung 1985

b) Großes Pavillonsiegel Friedrichs II., geändert nach dem Vorbild des Königs Friedrich Wilhelm I. durch die Graveure Barbiez 1740.

Abguß in rotem Wachs

GStA PK

Im Jahr seines Regierungsantritts ließ Friedrich eine Denkmünze prägen, die die Widmung: VERITATI ET IUSTITIAE (Für Wahrheit und Gerechtigkeit) trug.

Das Siegel war das ranghöchste preußische Staatssiegel zur Zeit Friedrichs des Großen. Es zeigt unter einer Krone und einem Pavillon royal das große Staatswappen mit den Wappen der Territorien des brandenburgisch-preußischen Staates, gehalten von zwei Schildhaltern. Auf der Konsole unten der königliche Wahlspruch: Gott mit uns.

## 4 Erlaß Friedrichs II. zum Thronwechsel

Worte des Königs zum Regierungsantritt
1740 Juni 28

Gedruckt in: Berlinische Privilegirte Zeitung Anno 1740 No. 77

Reproduktion aus GStA PK, Bibliothek 47,1

In einem Runderlaß vom 1. Juni 1740 gab der König Grundzüge seines Regierungsprogramms bekannt, in dem es unter anderem hieß: „Unsere gröste Sorge wird dahin gerichtet seyn, das Wohl des Landes zu befördern, und einen jeden unserer Unterthanen vergnügt und glücklich zu machen. Wir wollen nicht, daß ihr euch bestreben sollet, Uns mit Kränkung der Unterthanen zu bereichern, sondern vielmehr, daß ihr sowohl den Vortheil des Landes, als unser besonderes Interesse zu euerem Augenmerk nehmet, inmassen Wir zwischen beiden keinen Unterschied setzen." Damit waren Zeichen für seine Regierungsauffassung gesetzt. Allgemein verwunderte man sich auch, daß manche erwarteten Veränderungen gegenüber dem Regiment seines Vaters ausblieben. In der Staatsverwaltung änderte sich wenig Grundsätzliches. Der Grundsatz äußerster Sparsamkeit blieb bestehen.

## 5 Aufforderung des Königs an seinen Lehrer Duhan zur Rückkehr nach Preußen

Schreiben König Friedrichs an seinen früheren Lehrer Duhan mit Aufforderung zur Rückkehr

1740 Juni 3

Ausfertigung von Schreiberhand mit eigenhändigem Zusatz des Königs

GStA PK, BPH Rep. 47 Nr. 480

Nach Friedrichs Fluchtversuch war Duhan 1730 von Friedrich Wilhelm I. zunächst nach Memel verbannt worden, durfte aber später nach Braunschweig ausreisen. Von dort ruft ihn Friedrich am dritten Tag nach seinem Regierungsantritt zurück: „Mein Schicksal hat sich geändert, mein Lieber, ich erwarte Sie mit Ungeduld, lassen Sie mich nicht zu lange warten."

## 6 Die Rückberufung des Philosophen Christian Wolff

a) König Friedrich II. an den Konsistorialrat Reinbeck wegen der Rückberufung des von Friedrich Wilhelm I. abgesetzten hallischen Philosophen Christian Wolff in preußische Dienste

Charlottenburg, 1740 Juni 6

Faksimile nach: H. v. Petersdorff, Friedrich der Große, Berlin 1911

b) Valent. Dan. Preisler

Christian Wolff

Kupferstich, 45 x 33 cm

SMPK, Kunstbibliothek 1064, 26

Friedrich begann seine Regierung damit, daß er in den ersten Tagen schon den auf Befehl seines Vaters auf Betreiben von Pietisten amtsenthobenen Philosophen Wolff zurückberufen ließ. Am 6. Juni ließ er den Ruf durch den Konsistorialrat Reinbeck, einen Freund Wolffs, wiederholen. Er wünschte Wolff nicht nach Halle, sondern nach Berlin kommen zu sehen. Hier sollte er an die Spitze der neu belebten Akademie der Wissenschaften treten. Aber Wolff war nur für Halle zu haben, da er an seiner akademischen Lehrtätigkeit hing. Nach siebzehnjähriger Unterbrechung nahm er sein Amt dort wieder an und kehrte aus Marburg zurück.
Wolff (1679—1754) lehrte Mathematik, Philosophie, Natur- und Völkerrecht. Seine Philosophie, besonders durch klare Gedankenführung ausgezeichnet, war von der Scholastik, Descartes und vor allem Leibniz angeregt worden. Sie lehrte einen Dualismus von Körper- und Seelenwelt, in dem Vernunft und Offenbarung nicht im Gegensatz standen. Daher hielt er auch an Gottesbeweisen fest. Seine Staatslehre stand im Einklang mit dem aufgeklärten Absolutismus. Im Schreiben an Reinbeck glaubte der König, Reinbeck werde „eine Conquete im Lande der Warheit gemacht" haben, wenn er Wolff zur Rückkehr bewegen könne.

Ao. 1740. I.

WAHRHEIT. VND. FREYHEIT.

Donnerstag, den 30. Junii.

Berlinische Nachrichten
von
Staats- und gelehrten Sachen.

Ein weiser Fridrich will dies Blatt
Aus angestammter Gnade schützen:
Was Sein Befehl geordnet hat,
Soll dem gemeinen Wesen nützen.
Die Wirckung Seiner Mildigkeit,
Die mich gantz unverhoft erfreut,
Giebt meiner Demuth Lust und Kräfte.
Ich eile frölich zum Bemühn;
Der bange Zweifel muß entfliehn:
Die Huld erleichtert die Geschäfte.

Monarch! Dein Absehn soll allein
Die Richtschnur dieser Arbeit bleiben,
Und ein geheiligt Triebwerck seyn,
Bedachtsam und mit Fleiß zu schreiben.
Was Vortheil und Ergötzen bringt,
Nicht schläfrig noch verwegen klingt,
Ist Dein gegründetes Begehren.
Mein Eifer wird auch niemahls ruhn,
Den Pflichten möglichst gnug zu thun,
Und sich stets deutlich zu erklären.

Laß heute Deinen frohen Knecht
Auf Ehrfurchts volle Wünsche dencken;
Ein solcher Vorsatz ist gerecht:
Weil Treue, Danck und Lust mich lencken.
Du sorgst als Vater für Dein Land,
Und bist ein theures Hofnungs-Pfand,
Von dem wir mit Vergnügen sprechen
Ein Fridrich, dessen starcker Geist,
Uns Wachsthum, Heyl und Ruh verheist,
Die Zeit und Noth nicht unterbrechen.

Es müsse Seegen, Ruhm und Glück
Mit Deiner Weisheit sich verbinden,
Und durch das gnädige Geschick
Dein Reich des Guten Fülle finden.
Herr! den die Hand des Höchsten führt,
Bey dem man Huld und Großmuth spührt,
Wir flehn um Deines Lebens Länge
So bringt Dein sanftes Regiment
Wenn GOtt Dir viele Jahre gönnt
Des schönsten Wohlseyns beste Menge.

Kat. Nr. II, 7 b

## 7 Gründung neuer Zeitungen in Berlin

a) Journal de Berlin. Numero I Du Samedi 2. Juillet 1740
Faksimile der Titelseite der ersten Ausgabe, nach: Peter de Mendelssohn, Zeitungsstadt Berlin, Berlin 1959

GStA PK, Bibliothek 19ª 1494

b) Berlinische Nachrichten von Staats- und gelehrten Sachen. Anno 1740
I. Donnerstag, den 30. Junii
Titel- und zweite Seite der Erstausgabe

GStA PK, Bibliothek 47,2

c) Faksimile eines Schreibens des Ministers Podewils an seinen Amtskollegen Thulemeier, 1740 Juni 5

Nach der gleichen Vorlage wie a)

Zur Anregung neuen kulturellen Lebens in Berlin trug der König dem Mitglied der bisherigen Akademie, die unter seinem Vater so verkümmert war, J. H. Samuel Formey, die Aufgabe an, eine neue französische Zeitung zu gründen, das „Journal de Berlin", verlegt von dem Buchhändler Haude. Das Journal sollte sich mit Politik und Wissenschaft befassen, der König wollte selbst mitarbeiten. Noch bevor die Zeitung im Juli erschien, hatte Haude die Genehmigung, eine neue deutsche Zeitung herauszubringen, mit der ersten Nummer der „Berlinischen Nachrichten" genutzt. Eine Zensur sollte für die nichtpolitischen Teile nicht mehr ausgeübt werden, weil der König seinem Minister Podewils erläutert hatte, „daß Gazetten wenn sie intereßant seyn solten nicht geniret werden müsten".

## 8 Der Orden „Pour le mérite"

Orden Pour le mérite am schwarzen, mit Silberstreifen eingefaßten Band

SSG, Schloß Charlottenburg

Wenige Tage nach Regierungsantritt stiftete König Friedrich diesen neuen Orden, da der alte Pour la générosité durch häufige Verleihung auch für weniger bedeutende Leistungen an Ansehen verloren hatte. Der neue Orden ist auch an Zivilpersonen verliehen worden, war aber in erster Linie eine Auszeichnung für militärische Verdienste.

## 9 Abschaffung der Folter

„Kabinettsordre" (Dekretschreiben) König Friedrichs an den Etatsminister v. Cocceji, Charlottenburg, 1740 Juni 3

Druck nach der handschriftlichen Ausfertigung in: Acta Borussica, Behördenorganisation, Bd. 6, 2. Berlin 1901, S. 8

GStA PK, Bibliothek 14 A 8

Schon am 3. Juni verordnete der König, bei Vernehmungen und Untersuchungen in Kriminalsachen die Tortur völlig abzuschaffen, ausgenommen bei Landesverrat, beim Crimen laesae majestatis, bei großen Mordtaten, in denen viele Menschen umgebracht worden waren, oder bei der Notwendigkeit, die Verbindung vieler Missetäter untereinander herauszubekommen. 1755 sind auch diese Einschränkungen aufgehoben worden. Die Verordnung wurde nicht veröffentlicht, um Gesetzesübertreter nicht zu ermutigen. Der Philosoph Thomasius in Halle hatte das Übel der unnützen und grausamen Folter schon früher öffentlich bekämpft. So ging Preußen hier anderen Staaten mit gutem Beispiel voran.

### 10 „Jeder muß nach seiner Façon selig werden“

Eigenhändiges Marginal des Königs für den Generalfiskal Uhden am Rande des Berichts des Ministers von Brand und des Vizepräsidenten von Reichenbach wegen katholischer Proselytenmacherei
1740 Juni 22

Faksimile nach Vorlage aus Hohenzollern-Jahrbuch, 13. Jg. 1909

GStA PK, Bibliothek 14ª 10

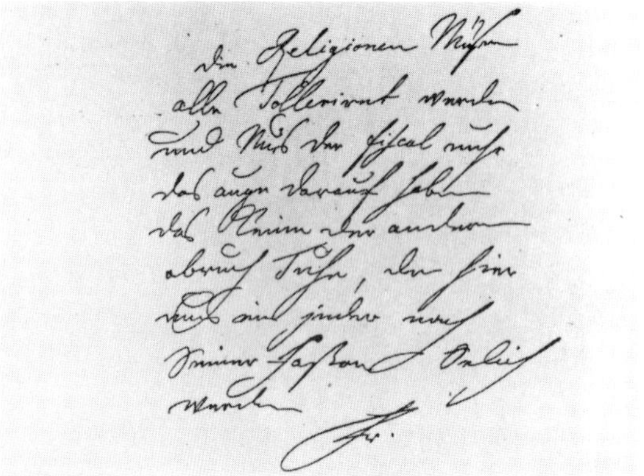

Kat. Nr. II, 10

Die Erhaltung der Rechte der Konfessionen hatten schon der Große Kurfürst und Friedrich Wilhelm I. ihren Nachfolgern empfohlen. Friedrich II., der selbst einem religiösen Deismus zugewandt war, verkündete bei erster Gelegenheit gleich nach seiner Thronbesteigung seinen Grundsatz religiöser Duldsamkeit: „Die Religionen müsen alle Tolleriret werden und Mus der fiscal das auge darauf haben, das Keine der andern abruch tuhe, den hier mus ein jeder nach Seiner Faßon Selich werden.“
Anlaß waren Reibereien im Bereich der katholischen Schulen; diese Streitigkeiten sollten nach der neuen Anweisung beigelegt werden. In dem überwiegend evangelischen Preußen lebten außer in den Westprovinzen zu dieser Zeit nur wenige katholische Einwohner; um so stärkere Bedeutung erlangte das Prinzip der Duldung schon bald nach der Besitzergreifung Schlesiens im folgenden Winter. Dort saß in Oberschlesien eine mehrheitlich katholische Bevölkerung.

### 11 „Moscheen und Kirchen“

Marginaldekret König Friedrichs auf der Eingabe eines Katholiken zur Erwerbung des Bürgerrechts in Frankfurt an der Oder
1740 Juni 15
Faksimile aus: Herman v. Petersdorff, Friedrich der Große, 1911, S. 81

GStA PK, Bibliothek 14ª 482

Klassischen Ausdruck einer Haltung, die das Staatswohl mit religiöser Duldung verband, gab Friedrich in den Tagen nach seiner Thronbesteigung seiner Entscheidung, als ein katholischer Bewerber in der (überwiegend evangelischen) Stadt Frankfurt an der Oder um das Bürgerrecht nachsuchte: „Alle Religionen Seindt gleich und Guht, wan nuhr die leüte, so sie profesiren Erliche leüte seindt, und wen Türken und Heiden Kähmen und Wolten das Landt Pöpliren, so wollen wier sie Mosqueen und Kirchen bauen.“

### 12 Verbot des Säckens bei Kindesmord

Rescript, daß die Kindesmörderinnen nicht mehr gesacket, sondern mit dem Schwerdt hingerichtet werden sollen

1740 August 7

Reproduktion aus: Christian Otto Mylius, Corporis Constitutionum Marchicarum Continuatio Prima, Berlin und Halle o. J.

GStA PK, Bibliothek 42a M 4

Neben der Abschaffung der Folter verfügte der König auch im Strafmaß und Strafvollzug Milderungen gegenüber dem bestehenden Gebrauch. So war bisher bei Kindesmord die Todesstrafe durch Ertränken der Mörderin in einem ledernen Sack vollzogen worden, den sie zuvor selbst nähen mußte. Die neue Verordnung wandelte die Art der Strafe in Hinrichtung durch das Schwert um.

## 13 Verbesserung der Behandlung beim Militär

a) Soldatenstrafe im 18. Jahrhundert

Schläge mit dem Stock für einen Soldaten. Um 1770

Foto nach einem Kupferstich von D. Chodowiecki

GStA PK nach Vorlage SMPK, Kupferstichkabinett

b) Soldatenstrafe im 18. Jahrhundert

„Fuchtel" mit dem Degen für einen Unteroffizier. Um 1770

Foto nach einem Kupferstich von D. Chodowiecki

GStA PK nach Vorlage SMPK, Kupferstichkabinett

c) Musketier vom Infanterie-Regiment Nr. 7

Reproduktion einer Original-Lithographie nach einer Zeichnung von Adolph Menzel

Aus: Heere der Vergangenheit, hrsg. von Jürgen Olmes, Krefeld
Privatbesitz

d) Offizier vom Infanterie-Regiment Nr. 28

Kolorierte Lithographie, 36,5 × 25,5 cm

Für A. Menzels „Armeewerk" Bd. 2, Berlin 1855

SMPK, Kunstbibliothek 976,3

e) „Instruction für den Oberst-Lieutenant vom Corps Cadets den von Oelsnitz"

1740 Juni 30

Œuvres Bd. XXX, S. 3

GStA PK, Bibliothek 14[a] 269

f) Reglement Vor Die Königl. Preußische Infanterie

Berlin 1743

GStA PK, Bibliothek 6 R 5

Um die Mitte des 18. Jahrhunderts herrschte in fast allen europäischen Armeen und Flotten eine strenge Zucht, wobei auch Stock und Prügel als Disziplinarmittel angewendet wurden. Diese Maßnahmen stammten noch aus der Zeit, als aus Rotten einer schwer zu zügelnden Landsknechtssoldateska disziplinierte Einheiten gebildet werden mußten. Ganz abgeschafft wurde die Prügelstrafe erst seit der Reformzeit um 1800 nach der Französischen Revolution, in manchen Armeen viel später. Friedrich machte im Sinn der Aufklärung einen Anfang, indem er das „Fuchteln" der jungen Offiziere (Schlagen mit dem Degen) durch ihre Vorgesetzten verbot. Ihm lag daran, „den Cadets eine vernünftige Ambition beizubringen . . ., eine gewisse Liebe und Hochachtung für den preußischen Dienst einzuprägen", so daß „die Idee, als ob kein besserer Dienst in der Welt sei wie der preussische, gleichsam mit ihnen aufwachse und ihnen fest imprimiret werde". Am 4. Juni 1740 verbot er bereits alle gewaltsame Werbung im Lande, und dieses Verbot ging 1743 auch in das neue Reglement für die Infanterie über. Gegen die Untergebenen und die Bevölkerung sollte eine größere Menschlichkeit geübt werden, ein Soldat sollte ebenso menschlich und vernünftig sein wie herzhaft und brav. Es waren Grundsätze, die Friedrich schon als Kronprinz in Ruppin bekundet hatte, als er in der Erziehung zu guten Soldaten auch eine menschliche Bildungsaufgabe sah.

## 14 König Friedrich an Voltaire über die Vermehrung der Armee

Schreiben Friedrichs an Voltaire

Charlottenburg, 1740 Juni 27

Ausfertigung auf Papier, eigenhändig, stark beschädigt. Das Stück kam in den Wirren bei Ende des Zweiten Weltkrieges abhanden und konnte 1977 in stark beschädigtem Zustand zurückgewonnen werden.

GStA PK, BPH Rep. 47 Nr. 377/1

In diesem inhaltreichen Brief beschreibt der König den Tod Friedrich Wilhelms I., der „den Stoizismus des Cato" gezeigt habe und mit „der Neugier eines Arztes für das, was im Augenblick seines Todes in ihm vorging", gestorben sei. Danach schildert Friedrich seine ersten Maßnahmen. Er hatte das Potsdamer Königsregiment der „Langen Kerls" auflösen lassen und war im Begriff, 16 neue Bataillone dafür aufzustellen, er hatte ein neues Kollegium für Handel und Manufakturen eingerichtet, Wolff und Maupertuis nach Preußen berufen, er nahm Maler und Bildhauer in seinen Dienst. Die Auflösung der langen Garde wurde von Voltaire und anderen übrigens beredt begrüßt; man glaubte sogar schon, Friedrich werde seine Armee von 80 000 auf 45 000 Mann verringern. In Wirklichkeit erlaubte ihm aber die Auflösung der kostspieligen Riesengarde finanziell, die Armee auf 90 000 Mann zu verstärken.

In dem Brief schildert der König auch seinen Tageslauf, der um vier Uhr früh begann, worauf er zunächst auf ärztliche Anweisung Pyrmonter Brunnen trank, von acht bis zehn Uhr seine Schreibarbeiten erledigte, darauf bis mittags die Truppen visitierte. Nachmittags kamen wieder die Schreib- und Verwaltungsarbeiten bis fünf Uhr. Abends entspannte er sich in guter Gesellschaft.

## 15 Königin Elisabeth Christine als Vermittlerin

Elisabeth Christine, Königin in Preußen, an ihren Bruder, Herzog Karl I. von Braunschweig-Wolfenbüttel wegen eines Regiments für Preußen

Berlin, 1740 Juli 19

Eigenhändige Ausfertigung auf Papier, 3 beschriebene Seiten

Niedersächsisches Staatsarchiv in Wolfenbüttel, 1 Alt 24 Nr. 228, Bl. 82—83

Im Zuge der Verstärkung der Armee nach dem Tode des Vaters richtete König Friedrich ein Ersuchen auch an seinen Schwager, ihm ein Regiment zu stellen. Als der Herzog angab, dies sei unmöglich, mußte die Königin ihn gewinnen — sie hat in dieser Zeit 48 Briefe an ihn geschrieben. Friedrich drohte gar mit Gewaltanwendung, wenn er das Verlangte nicht erhielte. Schließlich bekam er das Regiment, für das er Zahlung für den Unterhalt leistete. Die Königin schreibt an den Bruder beschwichtigend: „Bei dem König muß man mit Sanftmut und Vertrauen vorgehen; er hat ein gutes Herz, das ist die Stelle, an der man ihn nehmen muß." Sie fügt aber auch hinzu, sie zittre, ihn wiederzusehen, denn sie habe großen Kummer darum gehabt, „niemand weiß es außer mir und dem Prinzen Wilhelm".

## 16 Feierliche Erbhuldigung zu Berlin

„Solenne Erbhuldigung Sr. König. Maj. zu Berlin"

Berlin, 1740 August 3

Aus: Actions glorieuses de Frédéric le Grand, Roi de Prusse . . . (von) J. D. Schleuen.

Berlin o. J. (nach 1763)

GStA PK, Bibliothek 14ª 500 474

Foto

Nach fünf Wochen der ersten Regierungsgeschäfte brach der König zu seiner Reise durch die Provinzen auf. Anders als sein Großvater, der sein Gefolge in 200 Wagen mitführte, reiste Friedrich II. nur mit neun Kutschen. Im Wagen des Königs fuhren noch Keyserlingk, Algarotti und von Hacke. Nur durch das Polnische gab es einen Dragonertrupp als bewaffnete Begleitung. Von Berlin bis Königsberg hatte Friedrich I. 14 Tage benötigt, sein Enkel schaffte die Strecke in neun Tagen. Man fuhr mit Bauernpferden gegen Bezahlung, nur Friedrichs Wagen hatte Postpferde; an den Relaisstationen wurden die heißen Achsen mit Wasser aus Eimern gekühlt. Anstelle feierlicher Empfänge, die Friedrich sich verbeten hatte, traten Verhöre der Beamten und Suppliken des kleinen Mannes. Zu Mahlzeiten und zur Nacht wurde in Dörfern gerastet. Garnisonen wurden kritisch gemustert. In den Provinzhauptstädten wurde die Erbhuldigung der Stände entgegengenommen, zuerst in Königsberg, wo sein Vorgänger sich hatte feierlich krönen lassen. Die Krönung mied er wie sein Vater, die Salbung erschien ihm als Aberglaube. Am 2. August fand die Erbhuldigung im Berliner Schloß statt, wobei dem Eide Ansprachen des Etatsministers v. Arnim, eines Adelssprechers und des Berliner Bürgermeisters vorangingen. Auf dem Platz zur Breiten Straße und zur Domkirche brachte das Volk dem auf den Altan tretenden König Ovationen dar. Dabei erschien er „in tiefe Betrachtung verloren". Der Stich setzt die Huldigung zum 3. August. Unten ist die Öffnung der königlichen Kornmagazine angesichts der 1740 herrschenden Teuerung dargestellt.

FRIDERICUS BORUSSORUM REX
VERITATI ET IUSTITIÆ
HOMAG. BEROL: D. 3. AUG MDCCXL
Acte de l'hommage fait à sa Majesté par le bourgeois de Berlin. le 3. Août en 1740.
Solenne Erbhuldigung Sr. Königl. Majst. zu Berlin. d. 3. Aug. 1740.
Le Roi fait cêsser la disette du pâin, en ôuvrant ses magazins au Juin en 1740.
Durch Eröffnung der Königl: Magazine wird dem überhand nehmenden Brodmangel abgeholfen. im Jun 1740.

Kat. Nr. II, 16

## 17 Friedrichs Besuch in Straßburg am 23. August 1740

a) Notpaß für den Grafen Schaffgotsch (= Pseudonym des Prinzen August Wilhelm) zum Grenzübertritt bei Kehl nach Frankreich, unterschrieben von König Friedrich.

Faksimile aus: Hohenzollern-Jahrbuch, 5. Jg. 1901

GStA PK, Bibliothek 14ª 10

b) Freudenfeuer zur Begrüßung des Königs von Preußen in den Straßen der Stadt Straßburg. Nach einer Zeichnung von Adolph Menzel.

Holzstich in: F. Kugler, Geschichte Friedrichs des Großen, Leipzig 1840, S. 151

Foto: GStA PK

Nach den Huldigungen in den östlichen Provinzen und der Feier in der Hauptstadt reiste der König in den Westen, wählte aber den Umweg durch Süddeutschland über Ansbach, Heilbronn, Bruchsal, Rastatt und konnte der Versuchung nicht widerstehen, unerkannt den Rhein zu überqueren, um in Straßburg französische Truppen zu sehen und Franzosen im eigenen Lande zu erleben. An der Kehler Brücke erst, als er gemeinsam mit dem Prinzen August Wilhelm und Algarotti die Grenze überschreiten wollte, dachte er an die Pässe und stellte sie rasch aus, wodurch er sich verdächtig machte. Am 23. August abends traf Friedrich als Graf Dufour mit Gefolge (Graf Wartensleben) in Straßburg ein, die beiden anderen folgten aus Vorsicht erst am nächsten Tag. Im Gasthof „Zum Raben" lud er einige Offiziere des Regiments Piemont zu Gast. Seine Begleiter ließen sich am nächsten Tag, er selbst erst am dritten beim Gouverneur Marschall Broglie melden, als man schon die Zitadelle besichtigt und den Münsterturm bestiegen hatte. Inzwischen verriet ihn ein preußischer Deserteur, und Friedrich machte der für alle Beteiligten delikaten Situation durch seine Abreise ein Ende. Daß die Bevölkerung ihm noch abends durch den Ruf: „Vive le roi de Prusse!" eine Ovation dargebracht habe, wußte später eine Anekdote zu berichten, die Menzel auch zeichnerisch behandelt hat.

## 18 Friedrichs erste Begegnung mit Voltaire am 11. September 1740

a) François-Marie Arouet de Voltaire (1694—1778)

Porträt, Elfenbein, bemalt, rundes Miniaturbildnis, Frankreich (?) um 1750/60, in rotem Lederetui mit blauem Seidenfutter, Ø 8,2 cm

SMPK, Kunstgewerbemuseum F 2770

b) Schloß Moyland bei Kleve

Foto nach einem Kupferstich von H. Spilman, Zeichnung 1745 von Jan de Beyer

GStA PK, Bibliothek 14ª 500[347]

c) Schloß Moyland, Spaensches Zimmer

Foto nach O. Brües, Schloß Moyland, Duisburg o. J.

GStA PK, Bibliothek 14ª 500[347]

Von Wesel aus hatte Friedrich nach Antwerpen reisen wollen, um sich mit Voltaire zu treffen, mit dem er seit 1736 im Briefverkehr stand. Ein Wechselfieber veranlaßte ihn jedoch, Voltaire zu sich zu bitten, und so begegneten sich beide zum ersten Mal im Schloß Moyland bei Kleve, ohne daß dieses Treffen beiderseits völlige Zufriedenheit brachte. In erster Linie war daran ein neuer Fieberanfall des Königs schuld, der ihn sehr behinderte, aber auch Voltaire hatte nicht die beste Form, er war von der Reise abgespannt. Doch las er aus dem „Mahomet" vor und fand die Bewunderung seiner Zuhörer. So war die Begegnung im ganzen doch nicht enttäuschend und wurde der Auftakt zu der späteren Einladung nach Potsdam.

Das gezeigte Spaensche Zimmer gilt als Stätte der Begegnung zwischen Friedrich und Voltaire.

## 19 General-Patent zur Bestätigung aller Privilegien und Konzessionen

„General-Patent, wodurch die vorher ertheileten Privilegia und Concessiones confirmiret werden"

Berlin, 1740 September 24

GStA PK, II. HA VI Nr. 1133

Nach der Huldigung der Stände erging eine allgemeine Privilegienbestätigung für Magistrate, Städte, Kommunen, Innungen und Einzelpersonen in Preußen. Da sich in der Monarchie alle Rechte vom Herrscher und aus dessen Gottesgnadentum herleiteten, war dies bei Thronwechseln ein seit dem Mittelalter üblicher Vorgang. Die Privilegierten leisteten dafür Lehnseide oder Treuegelöbnisse.

Kat. Nr. II, 20

### 20 Heinrich Graf von Podewils (1695–1760)

Antoine Pesne

Heinrich von Podewils

Öl auf Lwd., 80,5 × 65,5 cm

Bez. auf der Rückseite: „Peint par Ant. Pesne en 1731"

SSG, Schloß Charlottenburg, GK I 30025

Podewils trat als Geheimer Kriegsrat 1720 in die preußische Verwaltung ein und hat zwei Königen vierzig Jahre lang mit Geschick und Umsicht gedient. Er war die richtige Natur, bescheiden, lauter, charakterfest und voll Hingabe, um in einem Staat zu dienen, der von einer überragenden Herrscherpersönlichkeit geleitet wurde. Schon 1722 hob Friedrich Wilhelm I. ihn in seinem Testament hervor, da er kenntnisreich sei und „ein verständiger Kerl ist". Früh wurde er auch Diplomat in München und Bonn, 1728 Gesandter in Kopenhagen, 1729 in Stockholm. 1730 wurde er als Nachfolger Knyphausens Minister des Departements der auswärtigen Angelegenheiten, neben General v. Borcke. Als Vertrauter Friedrich Wilhelms I. wurde er auch als einziger zu dessen letzter Unterredung und Ansprache an den Kronprinzen kurz vor des Königs Tode hinzugezogen. Vertrauter König Friedrichs wurde er erst nach dem Tode Kaiser Karls VI. Doch blieb er der auf friedlichen Ausgleich gerichtete Mahner und behielt stets eine Scheu vor durchgreifenden Entschlüssen und ungewöhnlichen Mitteln, gut, um dem König Gegenpositionen aufzuzeigen, aber nicht, um selbständig die Politik zu leiten. In Berlin nannte man ihn „den Fürsichtigen", ein französischer Diplomat hieß ihn „einen Zitterer von Natur". Dagegen muß festgehalten werden, daß es die Festigkeit und Kaltblütigkeit von Podewils war, die in den Verhandlungen vor dem Berliner Frieden von 1742 Oberschlesien den österreichischen Partnern abgerungen hat. – Der ihm 1741 verliehene Schwarze Adlerorden ist erst damals in das Bild hineingemalt worden.

## Staatsraison und Ruhmverlangen: Der Erste Schlesische Krieg

### 21 Kaiser Karl VI. und der Territorialbesitz des Hauses Habsburg um 1730

a) „Carolus VI. Rom. Imp(erator)"

Kupferstich, 36 × 24 cm

Bez.: „F. Stampart pinx. Bernigeroth sc. Lips."

SMPK, Kunstbibliothek 1024, 13

b) „Tabula Geographica Europae Austriacae Generalis sive Regionum Terrarumque Omnium ac Singularum Augustissimae Domui Austriacae Hereditariarum exacta Delineatio designata et edita a Ioh. Christophoro Homanno"

Nürnberg o. J.

Karte etwa 1 : 4 200 000. 48,8 × 56,3 cm

SBPK, Kart. 0 110

Karl VI. (1685—1740) waren männliche Erben versagt geblieben. Der gewaltige Territorialbesitz des Hauses Habsburg war kleiner als zur Zeit Karls V., als die Habsburger noch über Spanien und dessen großes Kolonialreich in Amerika und Afrika geboten. Aber er umfaßte zu Karls VI. Lebzeiten noch die österreichischen Erblande nebst Böhmen und Schlesien, die südlichen Niederlande (Belgien), die vorderösterreichischen Besitzungen in Süddeutschland, Ungarn, Mailand, Serbien und einen Teil der Walachei. Bis 1735 gehörte auch Unteritalien mit Sizilien und Sardinien dazu, das nach dem Polnischen Thronfolgekrieg ebenso verloren ging wie Parma 1737. Diese Verluste, die durch den Gewinn des Großherzogtums Toscana nicht aufgewogen wurden, sind schon Kennzeichen einer deutlichen Schwäche des Reiches, die auch für das alte Deutsche Reich, dessen Kaiser Karl war, den Verlust Lothringens mit sich brachte. Nach dem Tode des Prinzen Eugen, der durch die Eroberung Ungarns und die Siege im Spanischen Erbfolgekrieg die Erbansprüche der Habsburger auf die Niederlande, Ungarn und Neapel erst militärisch durchgesetzt hatte, ging 1739 auch der Gewinn Serbiens und der Walachei wieder an die Türken verloren; die Armee hatte an Schlagkraft eingebüßt, der Landbesitz bröckelte ab. Durch Sicherung der weiblichen Erbfolge und Anerkennung dieser Regelung durch die Großmächte suchte Karl seinem Haus das verbliebene Territorium zu erhalten.

## 22 Beisetzung Kaiser Karls VI.

Elias Bäck

„Das mit Wehmuth umhüllte Römische Reich ... Carl des Sechsten Epitaphium"

Kupferstich, 49 × 29,5 cm

Bez.: „Elias Bäck a H. S. W. H. K. invent. fecit et exc."

SBPK Einblattdrucke YB 5652 gr.

Am 20. Oktober 1740 starb unerwartet im Alter von 55 Jahren Kaiser Karl VI., der letzte Habsburger, auf seinem Schloß Favorita bei Wien. Am 26. Oktober gelangte die Nachricht zu König Friedrich, der dazu schrieb: „Es ist der Augenblick der völligen Umwandlung des alten politischen Systems; der Stein hat sich gelöst, den Nebukadnezar auf das Bild von vier Metallen rollen sah und der sie alle zerstörte. Ich werde meinem Fieber den Laufpaß geben, denn ich habe meine Maschine nötig." Zwei Tage später fügte er hinzu: „Alles war vorhergesehen, alles war vorherbedacht. Also handelt es sich nur um die Ausführung von Entwürfen, die ich seit langem in meinem Kopf bewegt habe." Was damals zu erwarten stand, war ein Eingreifen der Nachbarmächte, um an der habsburgischen Erbschaft teilzuhaben. Dies Verlangen war von Sachsen, Frankreich, Bayern und Preußen zu befürchten, das wußte man auch in Wien.

## 23 Bedeutung der Erbfolge in Jülich und Berg

a) „Vorstellung der Königlich Preußischen am Rhein liegenden Staaten, als der Hertzogthümer Cleve u. Geldern, u. der Grafschaft Marck, nebst den angräntzenden Ländern"

Kupferstich, koloriert, 36,8 × 40,6 cm

Aus: (J. F. Seifart), Geschichte des im 1756 und 1757ten Jahre in Teutschland geführten Krieges. 1758

GStA PK, Bibliothek 6 S 37

b) Rezeß des Allianztraktats zwischen dem Kaiser und dem König von Preußen (unter Wegfall der die Jülich-Bergische Succession betreffenden Artikel des Vertrags vom gleichen Tag)

Berlin, 1728 Dezember 23

GStA PK, VI. HA Österreich Nr. 51

Nach dem Tode des Herzogs von Jülich, Johann Wilhelm, im Jahre 1609 war einst sein großes niederrheinisches Territorium unter die Häuser Brandenburg und Pfalz-Neuburg kraft Erbanspruchs aufgeteilt worden. Um 1720 drohte auch dem Haus Pfalz-Neuburg das Erlöschen im Mannesstamm, und für diesen Fall erhob Preußen Erbansprüche auf die Herzogtümer Jülich und Berg, jene Hälfte des Jülichschen Besitzes, die nach 1609 zu Pfalz-Neuburg gekommen war. Die Sulzbacher Linie des pfälzischen Hauses machte dagegen die weibliche Erbfolge geltend und trat als Wettbewerber um Jülich-Berg auf. Friedrich Wilhelm I. hatte versucht, nacheinander die Westmächte und dann Österreich zur Unterstützung seiner Ansprüche zu gewinnen. Eine solche dynastische Erbschaftspolitik war damals ein allgemein gebräuchliches Mittel zur Vergrößerung des eigenen Staatsgebiets mit friedlichen Mitteln. Besonders das Haus Habsburg war seit dem 15. Jahrhundert darin erfolgreich gewesen.

Die Karte zeigt die territoriale Landschaft am Niederrhein. Besonders markiert sind die seit 1614 vorhandenen brandenburgischen Besitzungen und die von Preußen beanspruchten Territorien im Falle des Todes von Karl Theodor von Pfalz-Neuburg ohne männliche Nachkommen.

Preußen hätte damit seine Stellung am Niederrhein verstärkt. Dies wurde von Frankreich ungern gesehen, weil es selbst die Vormacht am Rhein sein wollte. Auch Österreich wünschte keine Verstärkung Preußens, weil es in ihm einen aufstrebenden Rivalen im Reich erblickte. Doch brauchte Karl VI. die brandenburgische Kurstimme und die preußische Unterstützung, um die Erbfolge seiner Tochter zu sichern. So kam es unter der Vermittlung des gewandten Seckendorff zunächst 1726 zum Vertrag von Wusterhausen und 1728 zum Berliner Vertrag: Österreich versprach eine Unterstützung der preußischen Nachfolge wenigstens in Berg und der Grafschaft Ravenstein, Preußen unterstützte die „Pragmatische Sanktion", die Anerkennung der weiblichen Erbfolge in den Habsburgischen Landen. Seckendorff hatte jedoch eine Hintertür offen gehalten. 1734 entzog Österreich Preußen seine Unterstützung in der Bergischen Frage; damit war der Vertrag von 1728 nicht eingehalten, König Friedrich Wilhelm schwer enttäuscht. Friedrich hatte diese Wendung nicht vergessen.

## 24 Die Begründung des preußischen Anspruchs auf Schlesien

a) Johann Peter von Ludewig

Kupferstich, 14,1 × 9 cm

Berlin Museum

b) (Johann Peter von Ludewig)

„Rechtsgegründetes Eigenthum des Königlichen Chur-Hauses, Preussen und Brandenburg, auf die Hertzogthümer und Fürstenthümer Jägerndorff, Liegnitz, Brieg, Wohlau und zugehörige Herrschafften in Schlesien. Im Jahr 1740"

GStA PK, Bibliothek 22 E 14

c) „Erb-Verbrüderung zwischen dem Churfürsten zu Brandenburg, Ioachimo, und dem Herzog von Liegnitz, Brieg und Wohlau, Friderich und seinen Söhnen Anno 1537"

In: Gesamlete Nachrichten und Documente den gegenwärtigen Zustand des Herzogthums Schlesiens betreffend. I. Band.

Frankfurt und Leipzig o. J. (1741)

GStA PK, Bibliothek 22 N 1

d) Entwurf des Großen Kurfürsten zur Erwerbung von Schlesien. Hrsg. v. Leopold von Ranke in: Zwölf Bücher Preußischer Geschichte. 2. Aufl.

Leipzig 1878, S. 518—522

GStA PK, Bibliothek 14 R 37

König Friedrichs Entschluß, nach dem Tode Karls VI. Ansprüche Preußens auf Schlesien zu stellen und durchzusetzen, kam nicht von ungefähr. Schon als Kronprinz hatte er diesen Gedanken ausgesprochen, und früh war ihm die Denkschrift des Großen Kurfürsten über den Erwerb Schlesiens bekannt geworden. Unmittelbar nach Karls VI. Tode kam auch von einem anderen preußischen Patrioten ein gedanklicher Anstoß. Johann Peter von Ludewig (1668—1743), Historiker, Jurist und Kanzler der Universität Halle, teilte seinem König nach Rheinsberg mit, daß er seit 40 Jahren Material über die alten preußischen Ansprüche auf Teile Schlesiens gesammelt habe. Ihn hatte der Minister von Ilgen angeregt, der bereits dem Großen Kurfürsten gedient und die Auffassung vertreten hatte, Preußen werde beim Erlöschen der männlichen Erbfolge der Habsburger diese Ansprüche geltend machen.

Die Politik der europäischen Mächte war damals durch den Gegensatz der beiden Großmächte Frankreich und England bestimmt: England trat, seiner traditionellen Politik getreu, die größte europäische Macht zu bekämpfen, gegen Frankreich auf. Frankreich war damals noch an einer Schwä-

chung Habsburgs interessiert. England hielt sich auf österreichischer Seite, um ein weiteres Erstarken Frankreichs zu verhindern. Für König Friedrich gab es, um Schlesien zu gewinnen, nach seiner Ansicht drei Wege: Mit Österreich und England gegen die Abtretung Schlesiens bei Verzicht der preußischen Ansprüche auf Jülich und Berg und Sicherung der brandenburgischen Wahlstimme für den Gemahl der Tochter Karls VI. bei der Kaiserwahl. Zweitens: Erwerb Schlesiens, falls Sachsen und Frankreich gegen Österreich vorgingen, durch Anschluß an diese Partei und Einsatz für die Wahl des bayerischen Kurfürsten zum römisch-deutschen Kaiser. Drittens kam die Eroberung Schlesiens als Faustpfand in Betracht, wobei sich der König dann in einer guten Verhandlungsposition befand und sich wahlweise nach Gunst der Lage der einen oder andern Seite anschließen konnte. Dies beriet er mit dem Minister Podewils und dem soeben zum Feldmarschall ernannten Grafen Schwerin.
Friedrich war sich bewußt, daß die volle Schlagkraft Preußens seine Hauptstärke war und zu jenem Zeitpunkt eine große Überlegenheit über die andern Mächte sicherte. Unterdessen kam ihm Bayern bereits Anfang November mit dem ersten Schritt zuvor, als Kurfürst Karl Albrecht seine Ansprüche auf die österreichische Erbschaft in Wien geltend machte, und nun meldete sich auch Sachsen, um nicht abseits zu stehen. Dies bestärkte Friedrich in seinem Entschluß zu handeln, zumal nun auch Rußland wegen des Todes der Zarin Anna mit inneren Angelegenheiten beschäftigt war und außenpolitisch nicht hervortrat. Ludewig wurde beauftragt, die Rechtsansprüche zu formulieren und tat dies in seiner damals berühmten „Deduktion". In einer Denkschrift bemerkte der König dazu: „Es ist gerecht, an seinen Rechten festzuhalten und die Gelegenheit des Ablebens des Kaisers zu ergreifen, um sich in Besitz der Rechte zu setzen." Diese Ansprüche richteten sich auf die Herzogtümer Liegnitz, Brieg und Wohlau, Ratibor, Oppeln, das Fürstentum Jägerndorf und den Kreis Schwiebus. Friedrich hat auch selbst einen Überblick seiner Ansprüche auf Schlesien entworfen. Deutlich wird darin auch, wie sehr das vertragswidrige Verhalten des Kaisers in der bergischen Frage Friedrich zu einem Gegner österreichischer Interessen gemacht hatte. Die Erbansprüche stammten aus Erbverträgen zwischen dem Haus Brandenburg und schlesischen Fürsten, die Einlösung dieser Verträge beim Erlöschen der Fürstenhäuser waren im 16. und 17. Jahrhundert aber regelmäßig von Wien aus unter Benutzung der Machtposition vertraglich verhindert worden. Insofern lag eher eine Vergeltung für die wiederholte schlaue Behandlung vor, die Preußen in der bergischen und Schwiebuser Frage durch Österreich erfahren hatte. Schon dem Großen Kurfürsten schwebte deshalb eine Eroberung Schlesiens vor, auch zur Unterstützung der evangelischen Bewohner, die durch ihre Landesherrschaft unterdrückt wurden.

## 25 Karte von Schlesien mit Eintragung der preußischen Erbansprüche von 1740 und der Grenzen nach dem Frieden von Berlin 1742

„Silesiae Ducatus in XVII suos Principatus et Dominia divisus. stylo Chr. Weigelii"

Nürnberg 1733

Kupferstich koloriert, 31,9 × 37,3 cm. Maßstab ungefähr 1 : 1,1 Mio. Mit aufgelegten Grenzeintragungen nach einem Entwurf von K. Degen, 1985.

GStA PK, XI. HA Nr. F 50 020

Die Karte stammt noch aus der Zeit der habsburgischen Herrschaft über Schlesien, das seit dem 12. Jahrhundert sich an das römisch-deutsche Reich angelehnt hatte und seit dem 14. Jahrhundert dessen Bestandteil geworden war. Die farbig gedeckten Flächen geben die Gebiete an, in denen Brandenburg sich früher einmal durch Erbverträge Rechtsansprüche erworben hatte. Die rote Linie zeigt Schlesiens Grenzen bis 1740, die blaue die Veränderung durch den Frieden von Berlin (Einbeziehung der böhmischen Grafschaft Glatz und Ausgliederung des verbleibenden „österreichischen Schlesien").

## 26 „Das Feuer der Leidenschaften"

a) Œuvres posthumes de Frédéric II, roi de Prusse, Tome VIII, Berlin 1788, S. 163

b) Ebd. Tome I, Berlin 1788, S. 128

GStA PK, Bibliothek 14ᵃ 270

Daß den König neben der Erkenntnis der günstigen Lage, seinen Staat zu Größe und Bedeutung zu führen, auch neben den historischen Rechtsansprüchen noch persönliche Motive leiteten, hat er selbst

Kat. Nr. II, 25

an einigen Stellen geäußert. „Meine Jugend, das Feuer der Leidenschaften, das Verlangen nach Ruhm", so schrieb er an seinen Freund Jordan, „ja, um Dir nichts zu verbergen, selbst die Neugierde, mit einem Wort, ein geheimer Instinkt, hat mich der Süßigkeit der Ruhe, die ich kostete, entrissen, und die Genugtuung, meinen Namen in den Zeitungen und dereinst in der Geschichte zu lesen, hat mich verführt." Und an seinem Lebensabend bekannte er, daß „das Verlangen, mir einen Namen zu machen", neben andern Gründen bei seinem Entschluß, den Rubikon zu überschreiten, eine Rolle gespielt habe. Friedrich ist für diese Ehrlichkeit oft gelobt und ebensooft getadelt worden. Bei aller Würdigung seiner persönlichen Motive dürfen seine sachlichen darüber doch nicht aus den Augen verloren werden, beide gehören zusammen.

## 27 Hans Karl von Winterfeldt (1707—1757)

Anton Friedrich König

Hans Karl von Winterfeldt

Miniatur, Wasserfarben auf Elfenbein
13,3 × 10,6 cm

SSG, Schloß Charlottenburg

Um zu verhindern, daß sich Rußland auf die Seite Österreichs stellte, sandte Friedrich den Major v. Winterfeldt nach Petersburg. Hans Karl v. Winterfeldt aus Vanselow in Vorpommern, großgewachsen und gewandt, stand schon bei Friedrich Wilhelm I. in Gunst. Er hatte eine Stieftochter des einflußreichen russischen Feldmarschalls Münnich geheiratet, als er 1732 im königlichen Auftrag in Petersburg weilte. Auf dem rheinischen Feldzug 1734 hatte er den Kronprinzen begleitet. Seither waren beide befreundet, und Friedrich hatte Winterfeldt 1740 zum Major und zu seinem Generaladjutanten ernannt. Die Mission in Petersburg hatte Erfolg, Winterfeldt brachte sogar ein kurzfristiges Bündnis zwischen Rußland und Preußen zustande. Kurz danach zeichnete er sich beim Sturm auf Glogau und bei Mollwitz aus. Der König betraute ihn auch später häufig mit militärischen und diplomatischen Sonderaufgaben. 1756 wurde er Generalleutnant, er nahm eine Stellung ein, die dem Chef eines Generalstabes gleichkam. Am 7. September 1757 ist er bei Moys im Kampf gefallen. Winterfeldt war befähigt, hatte aber auch viele Gegner, die ihm dies absprachen, besonders den Prinzen Heinrich und seinen Kreis.

Kat. Nr. II, 27

## 28 Voltaire als Kundschafter

„Voltaire“

32 Kopfstudien nach Jean Huber

Stich, 23,2 × 19,2 cm

GStA PK, I. HA Rep. 94 A Slg. Adam Nr. 46

Inmitten all seiner Vorbereitungen zu seinem Vorhaben in der großen Politik war der König im Herbst 1740 in Rheinsberg geblieben und empfing dort auch Gäste, die in munterster Laune zu begrüßen und abends zu bewirten er nach anstrengender Tagesarbeit doch jedesmal die Zeit fand. So traf zu dieser Zeit auch der sechsundvierzigjährige Voltaire zu einem Besuch in Rheinsberg ein. Der damals schon in Europa weithin bekannte und gefeierte Vorkämpfer der Aufklärung gegen Unduldsamkeit, religiösen Fanatismus und politische Mißstände hatte nicht nur äußerlich, wie die hier gezeigten Kopfstudien zeigen, mehrere Gesichter. Obwohl aus Frankreich wegen Verfolgung nach Lothringen geflüchtet, ließ er sich von dem leitenden französischen Minister, dem Kardinal Fleury, dazu verwenden, des preußischen Königs Geheimnisse auszuspähen, unter der Maske eines freundschaftlichen Gedankenaustausches und witziger Unterhaltung. Sein Ziel erreichte er nicht, Friedrich ließ sich auch von engsten Freunden nicht in die Karten schauen. Vielleicht rührt daher die Enttäuschung, mit der der Dichter nach seinem unphilosophischen Tun heimkehrte: Der König „wird, ich weiß nicht was für ein Abenteuer versuchen, und wenn er dann zu Fall kommt, wohlan, so wird er wieder Philosoph werden.“

## 29 Truppenbewegungen und scharfe Patronen

a) Berlinische Privilegirte Zeitung, Anno 1740 No. 148 von 1740 Dezember 10

GStA PK, Bibliothek 47,1

b) Kabinettsordre König Friedrichs an den Regimentskommandeur Generalmajor von Bredow zur Ausgabe scharfer Patronen an die Soldaten

Rheinsberg, 1740 November 20

Ausfertigung auf Papier

GStA PK, BPH Rep. 47 Nr. 138

Die in Gang gesetzten Truppenbewegungen ließen sich nicht verheimlichen. Offen berichtete darüber die Berliner Presse. So erwähnte die Berlinische

Privilegirte Zeitung vom 10. Dezember unter dem gleichen Datum den Ausmarsch der Husaren und des Kleistschen sowie den Durchzug des Grävenitzischen Regiments. Noch blieb offen, ob die Hauptmacht sich im Halleschen oder zur schlesischen Grenze hin konzentrieren würde.
Am 7. November waren bereits die Mobilmachungsmaßnahmen angeordnet worden. Durch die gezeigte Anordnung wird die normale Zahl von sechs scharfen Patronen, die jeder Infanterist bei sich trug, auf 36 erhöht.

## 30 Bericht des österreichischen Gesandten Botta d'Adorno nach Wien

a) Bericht des österreichischen Gesandten Marquis Botta d'Adorno aus Berlin an die Königin von Ungarn, Maria Theresia, in Wien, über die preußischen Vorbereitungen gegen Schlesien

1740 Dezember 2

Ausfertigung auf Papier, teilweise chiffriert und entschlüsselt

Österreichisches Staatsarchiv, Wien, Haus-, Hof- und Staatsarchiv, Preußen, Korrespondenz, Kart. 33, fol. 82–83

b) Marchese Antonio Botta d'Adorno

Kupferstich, 24,1 × 19,2 cm

Bez.: „F. Vangelisti fec. a Parigi l'Anno 1765"

Westfälisches Landesmuseum
Porträtarchiv Diepenbroick, Münster

Anton Otto Marchese Botta d'Adorno (1688 bis 1774), in Pavia geboren, war schon unter Prinz Eugen in österreichische Dienste getreten und dort in militärischen und diplomatischen Aufgaben als fähig hervorgetreten. Geistesgegenwärtig und gewandt, schien der im Rang eines Feldmarschalleutnants stehende Marchese in Wien in dieser gefährlichen Lage der geeignete Kopf zu sein, um Österreich in Berlin zu vertreten. Schon bei seiner Reise durch Schlesien verdichteten sich die Gerüchte über ein bevorstehendes Einrücken der Preußen, in Krossen sah er die preußischen Proviantkommissare Vorräte zusammenführen. Aus Berlin sandte er nach seinem Eintreffen Ende November alsbald Warnungen nach Wien wie den hier vorliegenden Bericht.
Am 9. Dezember früh empfing der König von Preußen den Gesandten zur Audienz und setzte ihn, als einzigen der fremden Gesandten, von seinen Absichten in Kenntnis, unter dem Versprechen, dies nur dem Großherzog Franz mitzuteilen. Er bot Österreich gegen die Abtretung Schlesiens die Unterstützung und dem Großherzog Franz die brandenburgische Kurstimme zur Kaiserwahl an. Vergebens suchte Botta den König von seinem Vorhaben abzubringen, das er als aussichtslos bezeichnete.

## 31 Friedrichs Begründung seines Schrittes an die Fürstenhöfe

Erklärung des Königs von Preußen an die deutschen Fürstenhöfe
1740 Dezember, lateinisch und deutsch

Foto nach dem Druck in: Gesamlete Nachrichten und Documente Den gegenwärtigen Zustand des Herzogthums Schlesiens betreffend, Bd. I, S. 6

GStA PK, Bibliothek 22 N 1

Nach dem Einmarsch in Schlesien am 16. Dezember gab der König in einem Patent eine öffentliche Verlautbarung unter dem Datum des 1. Dezember heraus, in der er sein Vorgehen begründete. Dies Patent war zur Beruhigung der Schlesier gedacht. An die Fürstenhöfe des Deutschen Reiches aber erging ein anderes Schreiben, in dem Friedrich seine Ansprüche auf die schlesischen Herzogtümer als Anlaß seines Vorgehens angab und erklärte, im übrigen dem Hause Österreich beistehen zu wollen.

## 32 Stellungnahme zum schlesischen Unternehmen Friedrichs aus Hessen

Antwort des Statthalters Landgraf Wilhelm (VII.) von Hessen auf die Anfrage König Friedrichs vom 13. Dezember 1740

Kassel, 1740 Dezember 21

Korrigierte Reinschrift ohne Unterschrift

Hessisches StA. Marburg, 4 f Preußen Nr. 603

Außer dem gedruckten Schreiben an die Fürstenhöfe hatte der König durch seine Diplomaten an den einzelnen Höfen jeweils der besonderen Beziehung und Lage angepaßte Schritte unternommen und Erklärungen abgeben lassen nach Friedrichs Leitsatz an Podewils: „An jedem Hofe muß man anders sprechen." Die Antwort Landgraf Wilhelms von Hessen knüpfte an die Hilfe an, die er selbst von Friedrich in seinen Angelegenheiten erfahren hatte, drückte seine Zustimmung aus und bekundete besondere Genugtuung darüber, daß der König entschlossen sei, die alten Rechte der Reichsstände zu schützen und „das geliebte Vatherland Teutscher Nation mit dero von Gott verliehenen Kräften vor allem feindlichen Anfall zu decken." Von anderen Höfen kamen weitere Zustimmungen. Die diplomatische Vorbereitung zeigte einige Erfolge, doch gab es auch ablehnende Stimmen.

## 33 Die Truppenstärken der europäischen Großmächte 1740 und 1756

Übersichtstafel

Entwurf: F. Benninghoven, Ermittlung der Daten: K. Degen, Graphische Gestaltung: R. K. Jürgensen

Unter den europäischen Mächten hatte Preußen sowohl 1740 als auch nach seiner Vergrößerung um Schlesien und Ostfriesland 1756 nur die viertstärkste Armee. Rechnet man, was notwendig ist, auch die Flotten hinzu, so kam der friderizianische Staat gar auf den fünften Platz. Niemand hat die Bescheidenheit seiner Machtmittel besser erkannt als König Friedrich selbst, der in seinem Staat eine wahre Großmacht nicht sehen wollte.

Die Truppenstärken und Zahlen der Linienschiffe, soweit zu ermitteln, verteilen sich wie folgt:

| Land | Truppen 1740 | Linienschiffe 1740 | Truppen 1756 | Linienschiffe 1756 |
|---|---|---|---|---|
| Frankreich | 199 000 | 45 | 213 000 | 66 |
| England* | 30 000 | 90 | 47 700 | ca. 100 |
| Hannover | 22 000 | — | 29 000 | — |
| Rußland** | 170 000 | ca. 20 | 172 000 | 20 |
| Österreich | 147 880 | — | 177 000 | — |
| Preußen | 99 500 | — | 154 000 | — |
| Schweden | 37 000 | ca. 24 | 48 000 | 24 |
| Reichsarmee | 40 000 | — | 30 000 | — |
| Holland | 30 000 | 12 | | |
| Sachsen | 27 800 | — | 21 000 | — |
| Bayern | 14 000 | — | 8 000 | — |

* ohne Streitkräfte in Übersee
England und Hannover standen in Personalunion

** ohne irreguläre Truppen

## 34 Territorialverschiebungen als Folgen von Kriegen 1699—1789

Karte nach Putzger: Historischer Schul-Atlas, Bielefeld u. Leipzig 1907

Überarbeitet: F. Benninghoven und K. Degen, Graphische Gestaltung: R. K. Jürgensen

Das 18. Jahrhundert ist auch vor der Französischen Revolution reich an politischen Grenzveränderungen gewesen. Provinzen und ganze Reiche wechselten den Besitzer als Folge der großen Kriege. So erwarb Österreich Ungarns größten Teil gegen die Türken, dazu Banat, Serbien und einen Teil der Walachei; Frankreich sicherte sich 1735/1766 Lothringen, Neapel mit Sizilien wechselte gleich zweimal den Besitzer. Livland und Estland gingen von Schweden an Rußland verloren, Bremen und Verden an Hannover. Die südlichen Niederlande kamen von der spanischen Krone an das österreichische Haus Habsburg. Besonders große und folgenreiche Veränderungen fanden in Übersee statt, wo Kanada und Neufundland von den Engländern den Franzosen abgerungen wurden, eine Vorstufe zur Entstehung der Vereinigten Staaten von Amerika, und wo in Indien ein großes britisches Kolonialreich entstand. In diesem Zusammenhang nehmen sich die preußischen Eroberungen Vorpommerns und Schlesiens nicht als besonders umfangreich oder herausragend aus. Die Übersichtskarte macht diese Verhältnisse deutlich.

## 35 Die Teilnahme der Großmächte an Kriegen 1700—1789

Übersichtstafel

Zusammenstellung der Angaben: K. Degen, Graphische Gestaltung: R. K. Jürgensen

Die Tafel zeigt die Dauer der Beteiligung der Großmächte an den Kriegen des 18. Jahrhunderts vor der Französischen Revolution. Es wird deutlich, daß Preußens Beteiligung keineswegs die der anderen Mächte überragt. Der friderizianische Staat hat sich auf diesem Gebiet weniger hervorgetan als manche andere europäische Macht der damaligen Zeit, aber Preußen nahm seiner Bedeutung entsprechend an den Auseinandersetzungen teil.

## 36 König Friedrichs Degen

Degen Friedrichs des Großen

SKH Dr. Louis Ferdinand Prinz von Preußen, Berlin

Friedrich hatte nun seine Lage überdacht, seine Vorbereitungen getroffen und war entschlossen, wie er es genannt hat, den Rubikon zu überschreiten. Zwölf Jahre später sollte er seinem Nachfolger in seinem ersten politischen Testament empfehlen:

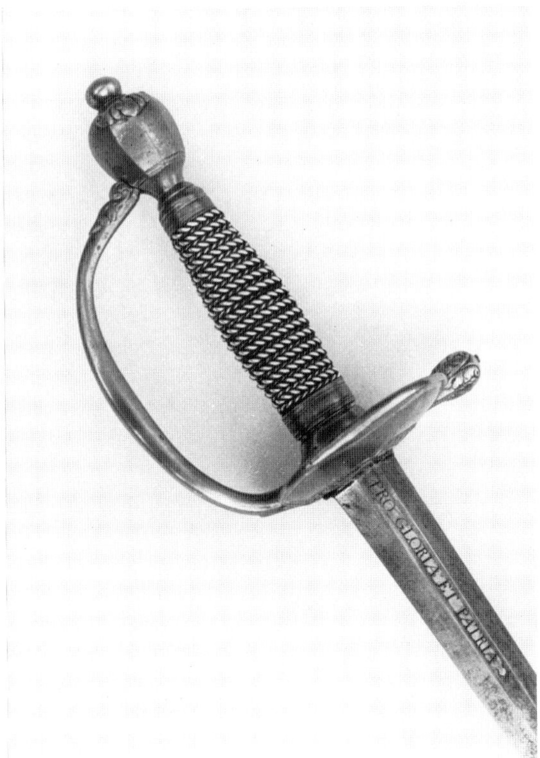


Kat. Nr. II, 36

„Gebt nichts auf euren eigenen Stolz und alles auf das Wohl des Staates; seid verschwiegen in euren Angelegenheiten, verbergt eure Absichten. Wenn aber die Ehre des Staates euch zwingt, den Degen zu ziehen, so falle auf eure Feinde gleichzeitig Donner und Blitz!"

## 37 Friedrich im Dominokostüm mit Maske

Miniatur auf Emaille unter Glas in Goldetui mit Diamanten und Smaragden, Bildnis König Friedrichs II. von Preußen im rosa Domino mit weiß-schwarzer Maske

Vorderseite: Figur blaue Hose, lilaroter Umhang; Innenseite: fliegende lilarote Bänder, gelbe Posaune; Rückseite: linke Figur lila Kleid, rechte Figur lilarosa Kleid

Durchmesser: 5,8 × 7,1 cm

Kurhessische Hausstiftung, Fulda

Bis zuletzt hatte der König sein eigentliches Ziel nicht öffentlich kundgetan. Am 12. Dezember nahm er an einem Maskenfest auf dem Schloß in den Gemächern der Königin teil. Bei dieser Gelegenheit unterhielt er sich lange mit dem englischen, aber auch mit dem französischen Gesandten. Die Franzosen drängte er zu einer engeren Verbindung mit Preußen. Nach Ende des Balles speiste er öffentlich mit den Prinzen und der ganzen Generalität. Morgens um 9 Uhr verabschiedete sich der König am Reisewagen von der Familie und einer zahlreichen Versammlung, nahm mit drei Adjutanten im Wagen Platz und fuhr nach Frankfurt an der Oder ab, wo er mit einer festlichen Illumination begrüßt wurde. Es war seine Abreise in den schlesischen Krieg.
Einer Vermutung nach ist die gezeigte Miniatur eine Anspielung auf diese Begebenheit. Das Porträt ist der Zeit der Thronbesteigung zuzuordnen. Das Etui ist jünger, es zeigt bereits das Opernhaus, eine Justitia und einen Seehafen. Daher wird es in die Mitte des 18. Jahrhunderts datiert.

## 38 Ansprache König Friedrichs an die führenden Offiziere seiner Armee vor dem Ausmarsch nach Schlesien, Dezember 1740

Holzstich nach einer Zeichnung von Adolph Menzel in: F. Kugler, Geschichte Friedrichs des Großen, Leipzig 1840, S. 161

Foto: GStA PK

Bevor die Truppen aus Berlin nach Schlesien aufbrachen, hielt König Friedrich ihren Offizieren eine Ansprache, die erste seiner später berühmt gewordenen kurzen militärischen Ansprachen. Er hat

sie selbst im Wortlaut aufgezeichnet: „Meine Herren, ich unternehme einen Krieg, für den ich keine anderen Bundesgenossen habe, als Ihre Tapferkeit, und keine andere Hilfsquelle als mein Glück. Erinnern Sie sich stets des unsterblichen Ruhms, den Ihre Vorfahren auf den Gefilden von Warschau und Fehrbellin erworben haben, und verleugnen Sie nie den Ruf der brandenburgischen Truppen. Leben Sie wohl, brechen Sie auf zum Rendez-vous des Ruhms, wohin ich Ihnen ungesäumt folgen werde."
Friedrich hat später einmal geäußert, von langen Ansprachen an die Armee hielte er nichts, kurze aber seien zur Hebung des Kampfgeistes von großem Nutzen.
Es war eine kleine Armee, die nun nach Schlesien vorrückte, 16 460 Mann Infanterie und 5000 Kavalleristen, dazu 34 Geschütze. Erst später wurden weitere Truppen nachgezogen, vor allem zur Belagerung der Festungen.

## 39 Der Einzug in Breslau am 2. Januar 1741

a) „Neutralitäts-Tractat zwischen Sr. Königl. Majestät in Preußen und der Stadt Breslau geschlossen"

1741 Januar 2

Mit dem Ratssiegel der Haupt- und Residenzstadt Breslau besiegelte Abschrift von 1857. 6 Bl. Folio, davon 4 beschrieben

GStA PK, VI. HA Stadt Breslau Nr. 1

b) Breslauisches Tagebuch von Johann Georg Steinberger. 1740—1742. Hg. v. Eugen Träger, Breslau 1891

GStA PK, Bibliothek 22 T 5

c) „Ichnographica VRBIS WRATISLAVIENSIS"

Nachdruck eines kolorierten Kupferstichs von Homanns Erben

Nürnberg 1752

35 × 40 cm

GStA PK, XI. HA F 52936

In strömendem Regen und auf morastigen Wegen marschierte die Armee bis zu neun Stunden täglich über Krossen nach Schlesien hinein. In Herrendorf empfing der König Vertreter der niederschlesischen Ritterschaft zu Besprechungen über die Versorgung der Truppe. Am 28. Dezember wurde Glogau eingeschlossen. Die evangelische Bevölkerung begrüßte die Preußen freundlich. Wenige Tage danach wurden Breslaus Vorstädte besetzt. Ein großer Teil der evangelischen Bürgerschaft war der österreichischen Herrschaft abgeneigt, Wortführer waren hier der Schuhmacher Döblin und andere Parteigänger der Preußen.
Breslau hatte sein eigenes Militär, österreichische Truppen hatte man nicht eingelassen, da die Stadt weitgehende Freiheiten genoß. So konnte die ehemalige Hansestadt mit dem Preußenkönig einen Neutralitätsvertrag schließen, der ihr auch jetzt noch ihre Autonomie beließ. Den Einzug Friedrichs in Breslau, wo er begeistert von den Evangelischen begrüßt wurde, schildert das Tagebuch des Breslauer Kaufmanns Johann Georg Steinberger, dessen Edition hier ausgestellt ist. Die preußischen Offiziere und Soldaten, „lauter extra schöne, wohl qualificirte, galant mundirte Leute", zogen aller Augen auf sich „und erweckten bei unserm schlesischen Frauenzimmer starken Liebreiz", „so daß manche lieber heut noch einen jungen Brandenburger gehabt hätte", schildert Steinberger den Empfang beim Einmarsch.

## 40 Kämpfende Soldaten

Soldaten eines Infanterieregiments im Einsatz

Holzstich nach einer Zeichnung von Adolph Menzel

Aus: Eduard Lange, Die Soldaten Friedrichs des Grossen, Leipzig 1853

GStA PK, Bibliothek 6 L 46
Foto

Der Gesandte Marquis Botta hatte am 9. Dezember 1740 König Friedrich warnend gesagt, die preußischen Truppen sähen zwar schöner aus als die österreichischen, diese aber hätten Pulver gerochen. Friedrich will darauf erwidert haben, seine Truppen würden beweisen, daß sie ebenso tapfer seien wie schön. Bei der ersten Begegnung mieden die Preußen vor Glogau noch den direkten Kampf, aus diplomatischen Gründen. Sie gaben sogar den ersten Gefangenen an den Kommandanten von Glogau zurück. Bald aber kam es doch zu kleinen Gefechten. Damit ging der Einmarsch in einen regelrechten Krieg der Waffen über, wie es auch zu erwarten gewesen war. Das Bild von Menzel zeigt eine Kampfszene.

## 41 Maria Theresia

„Maria Theresia Roman. Imperatrix, Hungariae et Behemiae etc. Regina Archidux Austriae“

Kupferstich, 26,3 × 19,4 cm

Bez.: „Mart. de Maytens pinx. F. L. Schmitner sc. Viennae“

SMPK, Kunstbibliothek 1046,4

Die dreiundzwanzigjährige Erzherzogin Maria Theresia — das gezeigte Bild ist mehrere Jahre nach ihrem Regierungsantritt entstanden — übernahm ein schweres Erbe. In den Regierungsgeschäften von ihrem Vater nicht unterwiesen, erzogen wie junge Fürstinnen damals allgemein, musisch begabt, schön und von natürlichem Temperament, brauchte sie gute Ratgeber, als nun die mit den Töchtern Josephs I., den Cousinen der Erzherzogin, vermählten Kurfürsten Karl Albrecht von Bayern und Friedrich August von Sachsen, Erbansprüche in Wien geltend machten. Der Bayer wurde in Österreich gegenüber dem lothringischen Gemahl Maria Theresias von der Volksstimmung begünstigt. Die Königin von Ungarn und Böhmen, dies war Maria Theresia nach Karls VI. Tod, ließ sich in Finanzfragen von ihrem Gemahl, in der Verwaltung und Regierungskunst von dem portugiesischen Grafen Emanuel de Silva-Tarouca und in der Außenpolitik von dem Ratgeber ihres Vaters, Johann Christoph Freiherrn von Bartenstein, beraten. Sehr bald zeigte sich aber, daß diese junge und in der Politik noch so unerfahrene Frau nach der Beratung durch andere tatkräftig und energisch selbst die Entscheidungen fällte. Sie wuchs in dieser schweren Zeit rasch zur wirklichen Regentin heran. Es war ihre Entscheidung, ihre Stellung in keinem Falle durch Gebietsabtretung zu festigen. Der Verzicht auf Schlesien, den manche Ratgeber erwogen, weil sie in Bayern den gefährlicheren Gegner sahen, kam für die Königin nicht in Betracht. Sie war entschlossen, den Kampf aufzunehmen und auch für ihren Staat die Ehre in Anspruch zu nehmen.

## 42 Franz Stephan, Herzog von Lothringen und Großherzog von Toscana (1708—1765)

„Franciscus de Iste Roomsch Keizer, Hertog van Lottharingen en Bar, en Groot Hertog van Toscaane“

Kupferstich, 27,3 × 18 cm

Bez.: „Mart. de Maytens pinx. P. Tanjé sculps. 1752“

Dr. Elmar Mauch, Bad Mergentheim

Der Gemahl Maria Theresias, der lothringische Herzog Franz Stephan, verband mit einer lebhaften, frischen Natur und hübschem Aussehen ein weiches und nachgiebiges Herz. Gleichwohl vermochte er die Liebe der Österreicher nicht zu erringen, zumal er in den militärischen Kommandos gegen die Türken glücklos geblieben war. Auch seine Sparsamkeit, als „Geiz“ ausgelegt, war in Wien am Hofe nicht am rechten Platz. In finanziellen Dingen war er der jungen Königin ein guter Berater, besonders angesichts des trostlosen Zustandes der österreichischen Staatsfinanzen. Maria Theresia ernannte nach ihrer Thronbesteigung Franz Stephan zu ihrem Mitregenten. König Friedrich von Preußen kannte den Lothringer von früheren Begegnungen. So war es nur natürlich, daß er sich mit seinem Anliegen, gegen die Preisgabe Schlesiens an Preußen die Königin mit seiner ganzen Macht zu unterstützen, zuerst an Franz Stephan wandte.

## 43 Der Überfall auf den König bei Baumgarten

a) Eigenhändige Skizze König Friedrichs zum Überfall bei Baumgarten

Faksimile aus: Großer Generalstab, Die Kriege Friedrichs des Großen, I. Theil, Der Erste Schlesische Krieg. Bd. 1, Berlin 1890

GStA PK, Bibliothek 6 K 19,1

b) Skizze zum Überfall bei Baumgarten am 27. Februar 1741

Aus: Großer Generalstab, Die Kriege Friedrichs des Großen, I. Theil, Der Erste Schlesische Krieg, Skizze 4, Berlin 1890

GStA PK, Bibliothek 6 K 19,1

Kat. Nr. II, 43 a

c) Preußischer Husar vom Husarenregiment Nr. 3, Hartwig Carl von Wartenburg 1745—1757 (als Beispiel für Husarenuniformen)

35,5 × 25,5 cm

SMPK, Kunstbibliothek 976,10

Friedrich war nach kurzem Aufenthalt in Berlin wieder an die schlesische Front zurückgeeilt, als er Ende Februar einem gefährlichen Anschlag entging, der den Krieg im Fall des Gelingens schlagartig hätte beenden können. Bei einem Erkundungsritt rückte er früh am 27. Februar aus Frankenstein, um in Silberberg und Wartha die preußischen Vorposten im Eulengebirge zu besichtigen. Auf dem Rückritt von Frankenberg nach Frankenstein, während Friedrich noch in Wartha ein Mittagsmahl einnehmen wollte, wurden die abgelösten Dragoner seiner ersten Begleitmannschaft bei Baumgarten von überlegenen österreichischen Husaren, die sich durch die Wälder herangeschlichen hatten, überfallen und in die Flucht geschlagen. Die Österreicher bedrohten darauf den König in Wartha selbst, dem die bei ihm befindlichen Husaren und Gendarmen den Weg freikämpfen mußten. Der Anfall war von dem in Glatz kommandierenden General Lentulus, dessen Sohn später im preußischen Heer diente, nach vorheriger Erkundung durch Spione sorgfältig vorbereitet worden. In der Kutsche, in der sie den König vermuteten, erschossen die Österreicher einen Landesdeputierten und seinen Landdragoner.

## 44 Die Eroberung von Glogau

„Surprise de Glogau, (bloquée depuis dix semaines) par le Prince Leopold d'Anhalt, ... le 8. Mars en 1741"

Kupferstich

Aus: Actions Glorieuses de Frédéric le Grand, Roi de Prusse . . . (von) J. D. Schleuen
Berlin o. J. (nach 1763)

GStA PK, Bibliothek $14^{a}$ $500^{474}$
Foto

Solange österreichische Feldtruppen sich nicht in nennenswerter Zahl in Schlesien befanden, war der preußische Vormarsch eine Art fröhlicher militärischer Spaziergang. Am 8. Januar 1741 nahmen die Preußen Ohlau, danach Namslau und Ottmachau.

Neiße, Brieg, Glatz und Glogau behaupteten sich. Feldmarschalleutnant Graf Browne zog sich mit den schwachen österreichischen Feldtruppen zurück, am 25. Januar gab es bei Grätz ein schwaches Nachhutgefecht, dann wurde der Jablunkapaß erreicht. Der Optimismus ging so weit, daß Schwerin schon einen Marsch auf Wien erwog. Aber mit den unbezwungenen Festungen im Rücken war die Lage ohnehin zu gefahrvoll. Friedrich befahl deshalb, vom Alten Dessauer gewarnt, dringend die Eroberung von Glogau. In der Nacht zum 9. März überwanden die Sturmtruppen von drei Seiten Palisaden und Gräben und erstiegen die vereisten glatten Wälle. Bis zum Eindringen in die Stadt wurde kein Schuß abgegeben. Mit dem Fall Glogaus war die Nachschublinie der Oder bis über Breslau hinaus nach Brieg gesichert.

## 45 Die Haltung der schlesischen Bevölkerung

Pater Franz Xaver Rodel

Bericht über seine Erlebnisse als Feldgeistlicher in Schlesien
Frühjahr 1741

Faksimile der Handschrift auf Papier

Graz, Steiermärkisches Landesarchiv, Seckau, Domstift 865/ in 5

Die Haltung der schlesischen Bevölkerung zum preußischen Einmarsch war unterschiedlich. In den Zeiten bis nach der Mitte des 18. Jahrhunderts spielte noch der konfessionelle Gegensatz eine große Rolle. Die evangelische Bewohnerschaft neigte mehr den Preußen zu, und so mancher schlesische protestantische Adlige hatte in der preußischen Armee schon vor 1740 Dienst getan. Die katholische Bevölkerung, also vorwiegend die Oberschlesier, stand dagegen überwiegend auf seiten des Hauses Habsburg. Der Religionseifer der bisherigen Landesherrschaft hatte diese Verhältnisse hervorgerufen oder gefördert. Einen Einblick in diese Probleme vermittelt der lebendige Bericht des steirischen Jesuitenpaters Franz Xaver Rodel, der als Feldgeistlicher der österreichischen Armee im Dragonerregiment Althan angehörte. Er machte die Schlacht von Mollwitz mit und schildert vorher unter anderem das Folgende: „Den 9. April, da ritt ich mit einem meiner Haubleith nach Mittag der Vestung Brieg zu; unterwegs begegnete uns eine alter Schlessier Bauer; wir dachten wenig, ob er Catholisch oder Lutherisch wäre, sondern begriesten ihne unsern löblichen Gebrauch nach mit diesen heiligen Worten: Gelobt sey Jesus Christus! Aber der alte Schelm beittlete den Kopf dazu und versicherte uns,daß dermallen in disen Land ein ander Gruß statt dessen gebräuchlich wäre, dieser nemblich: Gelobt seye der König in Preissen! Mein Herr Haubtmann, so der mit mir war, war so erbittert über dises, das er ihn an der Stell zu todt schiessen oder in Stücken zerhauen wolte, aber ich vermittlete diesen fürhabenden Willen, theils mit Worten, theils mit meinem Stock, den ich disem gottlosen Bauern so empfindlich umb den Kopf und Buggl herumbschmierte, daß ihm sobald die Lust nicht mer kommen wird, disen neuen Gruß in den Mund zu führen. Mit einem Wort, diß unser selbst eigenes Land zeugt sich in allweg gegen uns mer feindlich dann freindlich."

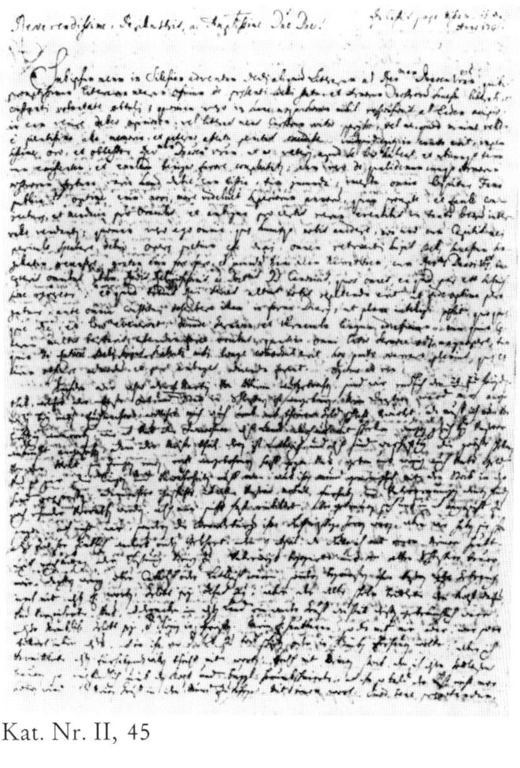

Kat. Nr. II, 45

## 46 Instruktion für die evangelischen Prediger

Instruktion des Generalleutnants Leopold von Anhalt zur Freiheit des evangelischen Gottesdienstes und zum Schutz der Katholiken

Rauschwitz, 1741 Januar 22

Reproduktion aus: Gesamlete Nachrichten und Documente den gegenwärtigen Zustand des Hertzogthums Schlesiens betreffend, Bd. I.

Frankfurt und Leipzig 1741

GStA PK, Bibliothek 22 N 1

Von Anbeginn zeigte der König deutlich, daß er zwar die Freiheiten der evangelischen Christen sichern, aber auch den katholischen Glauben schützen wollte. So erließ in seinem Namen der Befehlshaber der Belagerungstruppen vor Glogau diese Instruktion. Befürchtete Vergeltungsakte der Protestanten an den Katholiken nach dem preußischen Einmarsch blieben danach aus.

## 47 Truppenzusammenziehung vor der Schlacht von Mollwitz

Kabinettsordre König Friedrichs an den General Herzog v. Holstein

1741 April 9

Ausfertigung von Schreiberhand mit eigenhändiger Unterschrift

GStA PK, BPH Rep. 47 Nr. 120

Früher als erwartet griffen die Österreicher an, um Schlesien zurückzuerobern. Der König zog im März und April in aller Eile seine Truppen zusammen. Einen Tag vor der Schlacht von Mollwitz beorderte er auch die Truppen des Herzogs von Holstein zum Aufbruch, sie sollten aber über Nimptsch in Richtung Breslau ziehen, immer in Fühlung mit dem Gegner.

## 48 Die Schlacht von Mollwitz, 10. April 1741

a) Handskizze des Königs von der Schlacht von Mollwitz.

Faksimile

GStA PK, Bibliothek 14[a] 482

Das Original war als Anlage einem Brief des Königs an den Fürsten Leopold von Anhalt-Dessau beigefügt, vom 25. 4. 1741.

b) Plan der Schlacht bei Mollwitz, hg. v. Gr. Generalstab

Maßstab: 1 : 25 000

GStA PK, Bibliothek 6 K 19,1

c) Die Schlacht bei Mollwitz. Federzeichnung von Adolph Menzel, in: Franz Kugler, Geschichte Friedrichs des Großen

(Vergrößerung an der Stirnwand des Saales links)

d) Aus dem Bericht eines königlich ungarischen (österreichischen) Offiziers aus Neiße vom 14. 4. 1741 über die Schlacht von Mollwitz

Druck in: Sammlung ungedruckter Nachrichten, so die Geschichte der Feldzüge der Preußen von 1740 bis 1779 erläutern. T. I.

Dresden 1782

GStA PK, Bibliothek 6 S 2, S. 38—39

Noch waren Neiße und Brieg unbezwungen, das preußische Heer noch in Abteilungen über Schlesien zerstreut. Unterdessen begannen die Österreicher auf den Befehl Maria Theresias früher als Schwerin erwartet hatte, mit 9 000 Reitern, 8 000 Mann Infanterie und 16 Geschützen ihren Vormarsch aus Böhmen. Feldzeugmeister Graf Neipperg gelangte über Zuckmantel fast unbemerkt auf schlesischen Boden und erreichte am 5. April Neiße. Die preußischen Truppen südwestlich davon, die auf Drängen Friedrichs eilig zusammengezogen wurden, drohten abgeschnitten zu werden. Am 10. April trafen bei hoher Schneedecke 22 000 Preußen, davon aber nur rund 4 500 Mann Kavallerie, bei Mollwitz auf den Gegner. Beim Aufmarsch staute sich die preußische Infanterie durch Setzung falscher Marschrichtungspunkte links zusammen, so daß dieser Flügel zurückhing. Die an

Zahl und Kampftechnik überlegene österreichische Kavallerie griff die preußische Reiterei an und sprengte sie auseinander. Der König war mitten im Kampf und meinte, seine Kavallerie „wie ein Rudel Hirsche" aufhalten zu können. Währenddessen ging der rechte preußische Infanterieflügel vor, drohte sich aber zu verschießen, da je Mann nur 30 Patronen vorhanden waren. Vor 16 Uhr trat die Krise ein. Man gab die Schlacht verloren. Um das Staatsoberhaupt nicht der drohenden Kapitulation auszusetzen, riet Schwerin dem König zum Ritt nach Oppeln, um Verstärkungen zu holen. Nach seinem Wegritt kam die Wende. Mit dem Befehl: „Der Rückzug geht auf den Leib des Feindes", führte Schwerin den linken preußischen Flügel zum Angriff und entschied den Kampf. Ein österreichischer Offizier beschrieb diesen Augenblick: „Ich kann wohl sagen, mein Lebtage nichts schöneres gesehen zu haben. Sie marschirten mit der größten Contenance, und so schnurgleich, als wenn es auf dem Paradeplatz wäre. Das blanke Gewehr machte in der Sonne den schönsten Effekt, und ihr Feuer gieng nicht anders, als ein stetiges Donnerwetter. Unsere Armee ließ den Muth völlig sinken; die Infanterie war nicht mehr aufzuhalten, und die Reiterey wollte die Fronte nicht mehr gegen den Feind machen. Dahero, um die Armee nicht völlig zu sacrificiren, so nahm der Feldmarschall die Resolution, nachdem das Feuer unaufhörlich von 2 Uhr Nachmittags, bis auf 8 Uhr gedauert, sich hinter das Dorf Mollwitz, und alsdenn en Faveur der einbrechenden Nacht, sich bis Grotkau zu retiriren."

Jede Partei hatte mehr als 4 500 Mann verloren. Friedrich hat sein eigenes Verhalten kritisiert. Obwohl er sich mitten im Kampf befunden hatte, mangelten ihm doch Erfahrungen. Seine Entfernung vom Schlachtfeld lehrte ihn die Eitelkeit des Ruhmes, gab ihm aber auch den Entschluß ein, künftig die Leitung selbst zu übernehmen. Mit scharfem Blick erkannte er: „Unsere Infanterie seind lauter Cäsars und die Offiziers davon lauter Helden; aber die Kavallerie ist nicht wert, daß sie der Teufel holt." Künftig wurde die Patronenzahl verdoppelt, der Bajonettangriff bevorzugt. Die Artillerie wurde beweglicher gemacht. Das Zurückhängen des linken Flügels aber, unbeabsichtigt durch Fehler entstanden, gab dem König den Anlaß zu seiner Konzeption der berühmten „schiefen Schlachtordnung".

Im eigentlichen Sinn war der Sieger von Mollwitz Friedrich Wilhelm I. Es war die von ihm unermüdlich gedrillte und exerzierte Infanterie, die die Schlacht entschieden hatte.

## 49 Kurt Christoph Graf von Schwerin (1684—1757)

Kurt Christoph Graf von Schwerin

Folge: Aus König Friedrichs Zeit. Kriegs- und Friedenshelden, gez. v. Adolph Menzel, in Holz geschnitten von Eduard Kretzschmar. Hg. von Axel Duncker, Berlin, Xylographische Kunstdruckerei v. E. Kretzschmar 1854—1855

26,3 × 21,4 cm

Das vorliegende Exemplar auf Atlas gedruckt bei Fa. Wagner, Leipzig 1886

Dr. Günter Krüger, Berlin

Kurt Christoph von Schwerin, der Sieger von Mollwitz, stammte aus Löwitz in Pommern. Seit mehr als 36 Jahren stand er bereits in militärischen und diplomatischen Diensten, seit 1720 in preußischen. Hier brachte er es zum General, und Friedrich ernannte ihn einen Monat nach Regierungsantritt zum Feldmarschall. Er befehligte die am 16. Dezember 1740 in Schlesien einrückenden Truppen, nahm 1741 Breslau im Handstreich, unterzeichnete 1744 die Kapitulation der Österreicher von Prag und war dann erst wieder an den Beratungen vor Ausbruch des Siebenjährigen Krieges beteiligt. Das Bild zeigt ihn beim Angriff vor Prag 1757, bei dem er fiel.

## 50 König Friedrich an Voltaire nach der Schlacht von Mollwitz

Mit einem Gedicht beginnender Brief Friedrichs an Voltaire

Lager von Mollwitz, 1741 Mai 2

Eigenhändig, französisch, mit Unterschrift

GStA PK, BPH Rep. 47 Nr. 426

Im einleitenden Gedicht erwähnt der König den Ort der Schlacht, die „ruhmvollen und traurigen Gefilde, wo das heftige Toben der Soldaten die flüchtige Truppe unserer ohnmächtigen Feinde besiegt hat"; der Brief richtet sich dann aber an den friedlichen Ort, von dem Voltaire „das Universum unterrichtet". Der König hält den Krieg, in dem er sich befindet, für notwendig, beklagt aber: „Wenn ich den gehorsamen Sturm meiner Truppen lenke, geschieht dies immer auf Kosten meiner Menschlichkeit, die unter dem notwendigen Übel leidet, das anzurichten ich nicht vermeiden konnte." Die Spannung des Königs zwischen der Staatsnotwendigkeit und seiner philosophischen Neigung ist auch hier zu spüren.

## 51 Das neue Reglement für die preußische Kavallerie

„Reglement vor die Königl. Preußische Cavallerie-Regimenter"

Berlin 1743

Aufgeschlagen: S. 84/85

GStA PK, Bibliothek 6 R 4

Die schlechten Erfahrungen mit der preußischen Kavallerie bei Mollwitz veranlaßten den König zu einer Reorganisation dieser Waffengattung. An dem neuen Reglement wirkte er selbst mit. Besonders auf bessere Pferde, bessere Übung im Reiten und den Gebrauch des Degens statt der Pistole kam es ihm an. „Wann solche Leute zu Fuß vollkommen dressiret sind, so mus ihnen nachgehends das Reiten gelernet, und vornehmlich darauf gesehen werden, daß sie einen guten Schluß bekommen, und die Zügel so führen, wie befohlen, damit sie Meister von ihren Pferden sind", so beginnt die Reitanleitung. Und über den Waffengebrauch heißt es: „. . . und es muß ihnen gleich anfangs imprimiret werden, daß der gröste Vortheil vor die Cavallerie bestünde im Einhauen, und wann ein Reuter dabey im Sattel sich hebet und den Hieb von oben herunter vollführet, auch daß es noch einmahl so viel Nachdruck habe, als wann im Sitzen gehauen wird . . ."

## 52 Infanteriegewehre und Grenadiermützen aus friderizianischer Zeit

a) Preußisches Infanteriegewehr Modell 1740 mit Bajonett

Hergestellt in der Kgl. Preußischen Gewehrmanufaktur Potsdam

Auf dem Schloßblech: „Potzdam Magaz. D S E." Auf dem Daumenblech: FR mit Krone

L 1,44 m, mit Bajonett 1,80 m, Gewicht 5 kg, mit Bajonett 5,2 kg. Kaliber 19 mm

Bei Grenadieren und Musketieren bis zu den Befreiungskriegen in Gebrauch.

Privatbesitz

b) Preußisches Füsiliergewehr Modell 1740/1782 mit Bajonett. Hersteller wie a). Bez. auf dem Schloßblech wie a)

L 1,36 m, mit Bajonett 1,73 m, Gew. 4,1 kg, mit Bajonett 4,3 kg, Kaliber 19,5 mm

In dieser Form von 1782 bis in die Befreiungskriege gebraucht.

Privatbesitz

c) Preußisches Infanteriegewehr Modell 1740/1773 ohne Bajonett. Hergestellt in der Kgl. Gewehrfabrik Potsdam-Spandau. Rückseite der Schloßplatte Initialen „D R". Laufunterfläche: Preußischer Adler (Prüfstempel), Laufoberfläche: Pr. Adler (Prüfstempel). Laufschmiedemeistermarke „H" im quadrat. Feld. Schloßgegenplatte und Daumenplatte je ein „FI". Schaftunterseite Brandstempel „SP"
L 1,44 m, Bajonett L 45,9 cm, Klinge 34,3 cm

Braunschweigisches Landesmuseum

d) Grenadiermütze mit blauem Mützenbeutel mit weißem Kranz entspr. dem Inf. Rgt. Nr. 1, Stirnblech entspr. dem Inf. Rgt. Nr. 4

Privatbesitz

e) Grenadiermütze mit rotem Mützenbeutel und weißen Nähten, Mützenblech aus Tombak. Formen entspr. dem Rgt. Garde Nr. 15

Klaus Peter C. Groß

f) Patronentasche mit Bandelier vom Infanterie-Regiment Nr. 18. Nach 1787 vier Eckgranaten entfernt. Im Innern Besitzschildchen eines Soldaten vom 1. Garde-Regiment zu Fuß im 19. Jh.

Privatbesitz

g) Preußisches Offizierssponton

L 223 cm

Das Sponton war in den Heeren des 18. Jahrhunderts eine partisanenartige Stangenwaffe der Offiziere und Unteroffiziere, diente aber vorwiegend nur noch als Rangabzeichen und wurde 1806 abgeschafft.

Privatbesitz

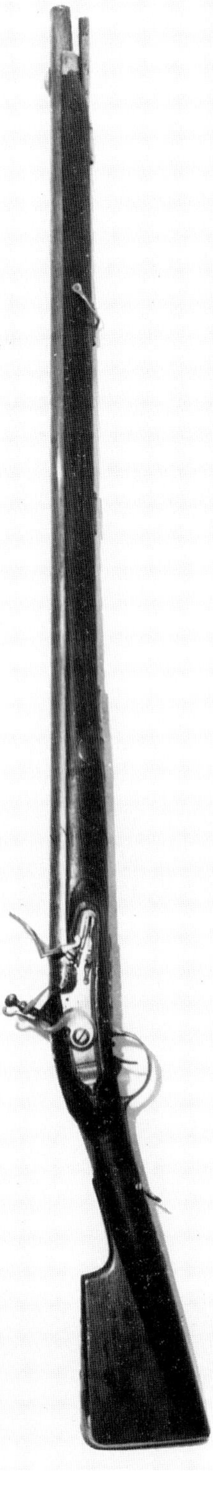

II, 52 c

h) Österreichisches Infanteriegewehr mit Bajonett Modell 1703

Hergestellt von der „Armatur-Gewerkschaft“ in Wiener Neustadt

L 1,46 m, mit Bajonett 1,78 m. In der oberen Lauffläche beim Pulversack die Jahreszahl „1703“, zwischen den Zahlen 7 und 0 das Zeichen der Armatur-Gewerkschaft, in einem vertieften Oval ein erhabenes gekröntes „L“ (Kaiser Leopold I.)

Heeresgeschichtliches Museum Wien, Inv. Nr. NI 35865

i) Österreichisches Infanteriegewehr mit Bajonett

L 1,46 m, mit Bajonett 1,77 m. Kennzeichen wie h), jedoch die Jahreszahl 1704

Heeresgeschichtliches Museum Wien, Inv. Nr. NI 35866

k) Österreichisches Infanteriegewehr mit Bajonett

L 146 cm, mit Bajonett 180 cm. Kennzeichen wie i)

Heeresgeschichtliches Museum Wien, Inv. Nr. NI 35867

Die Infanterie kämpfte damals in der zeitüblichen Lineartaktik. Diese sah die Gliederung eines Bataillons in Pelotons (in der Regel acht zu je drei Gliedern hintereinander) vor. Die Pelotons feuerten Salven in der Regel von links nach rechts in der Reihenfolge 1, 3, 5, 7, 2, 4, 6, 8. Dabei schoß das vordere der drei Glieder kniend, das zweite im Stehen, darauf nach Niederknien des zweiten das dritte Glied. Im Anschluß an die Salven rückte der geschlossene Truppenkörper vor. Das Vorrücken geschah unter Trommelschlag und klingendem Spiel. Bei den Preußen verstummte das Spiel auf das Feuerkommando, das Peloton machte drei große Schritte nach vorn, während die Nachbareinheiten der Linie ruhig weitermarschierten. Nach dem dritten Schritt fiel das erste Glied auf die Knie nieder, und alle drei Glieder feuerten geschlossen, das dritte durch die Lücken des zweiten. Danach wurde rascher Anschluß an die Linie gesucht und im Marschieren geladen. Die Preußen hatten anfangs auch durch ihre eisernen Ladestöcke, eingeführt durch den Alten Dessauer, und die Feuergeschwindigkeit Vorteile, die der Gegner im Lauf der

Jahre ausglich. Hauptwaffe der Infanterie war das Gewehr, das mit aufgesetztem Bajonett im Nahkampf auch als Stichwaffe diente. Grenadiermützen wie die hier gezeigten wurden nur von den Grenadieren (Infanteristen mit Handgranaten) getragen und waren beim Werfen nicht hinderlich. Die Mützen der verschiedenen Einheiten unterschieden sich durch Form der Bleche und die Farben. Offiziere und Musketiere trugen den Dreispitz.

## 53 Die Einnahme von Breslau

Einnahme der Stadt Breslau am 10. August 1741

Aus: Actions glorieuses de Frédéric le Grand, Roi de Prusse ... (Von) J. D. Schleuen. Berlin o. J. (nach 1763)

Kupferstich, 15 × 8 cm

SBPK Einblattdrucke YB 5760 kl.

Nach Mollwitz folgte vier Wochen später die Kapitulation von Brieg. Neiße hielt sich, gedeckt durch die Reste der Neippergschen Armee, die wiederum Anlehnung an die Festung fand. Friedrich beschloß die Defensive, bezog das Lager von Strehlen und exerzierte die Kavallerie, die bei Mollwitz versagt hatte. In Breslau beobachtete der König mit Sorge, wie unter dem Schutz des Neutralitätsvertrages eine österreichisch gesinnte Partei vor allem in den Klöstern, aber auch im Adel und Stadtrat, Verbindung zu Neipperg anknüpfte. Am Laurentiustag, dem 10. August 1741, machte er daher kurzen Prozeß, ließ die Stadt im Handstreich überrumpeln und besetzen. Die autonome Stellung Breslaus wurde an diesem „krummen Lorenz" beendet, die Bürger mußten gemeinsam mit dem Rat den Huldigungseid schwören. Aus der Breslauer Stadtgarnison, die nun dem preußischen Heer einverleibt wurde, bildete der König eine neue Heereseinheit.

## 54 Maria Theresia vor den ungarischen Magnaten zu Preßburg

Maria Theresia nach der Krönung zur Königin von Ungarn vor dem ungarischen Reichstag

Preßburg, 1741 September

Holzstich nach einer Zeichnung von Adolph Menzel, aus: F. Kugler, Geschichte Friedrichs des Großen, Leipzig 1840, S. 186

Foto: GStA PK

Um die Zeit, als die französische Armee sich in Bewegung setzte, um donauabwärts gegen Wien vorzurücken, bot die Königin von Ungarn die Kräfte dieses Reiches auf, um die große Not des Zweifrontenkrieges zu bestehen. In Preßburg machte sie in Vorverhandlungen dem ungarischen Adel kleinere Zugeständnisse und erhielt danach, als sie mit dem vor kurzem erst geborenen Thronfolger Joseph auf dem Arm vor den versammelten Abgeordneten erschien und unter Tränen ihre Lage darlegte, die volle Zustimmung zur Hilfe durch die ungarische Adelsnation. Die Legende hat daraus später die rührende Szene gemacht, in der allein die Hilflosigkeit der schönen jungen Frau mit ihrem Kind auf dem Arm die Ungarn zur Hilfsbereitschaft entflammt habe, und diese Szene hat Adolph Menzel in seiner Zeichnung bildlich dargestellt.

## 55 König Friedrich II. als Heerführer

I. F. Rein

„Der Allerdurchl. u. Großmächt. Fürst u. Herr Friderich von Gottes Gnaden König in Preusen, Margg. zu Brandenburg, des H.R. Reichs Erz-Cämmerer u. Churfürst"

Kupferstich, koloriert, 29,3 × 19,3 cm

Bez.: „I.F. Rein sculp. et exud. Aug. Vind."

SMPK, Kunstbibliothek 976,6

Der Kupferstich, der in dieser frühen Zeit nach der Thronbesteigung entstanden ist, zeigt den König in Feldherrnhaltung zu Roß, und zu Pferde hat er sicherlich damals oft gesessen. Aber das Alltagsbild unterschied sich doch wesentlich von der Repräsentationshaltung des paradierenden Reiters. Den französischen Gästen, die den Marschall Belle-Isle ins preußische Hauptquartier begleiteten, fiel das einfache Leben und die schlichte Erscheinung des Königs auf. Nach ihren Berichten war der König gestiefelt vom Aufstehen bis zur abendlichen Ruhe, er trug den einfachen blauen Uniformrock und war nur durch Schulterstücke und Ordensstern kenntlich, und so angezogen gingen auch Prinz Heinrich und die Generale. Als Speise kam nur ein Gericht aus gekochtem Fleisch, Braten und Gemüse auf den Tisch, getrunken wurde Champagner. Den Kaffee nahm Friedrich selbst mit seinen Gästen im Stehen ein. Die Befehle erteilte er bis in die kleinsten Einzelheiten hinein. Selbst Deserteure und Spione wurden von ihm persönlich vernommen. Friedrich erhob sich um vier Uhr früh und besuchte zu Pferde alle Posten des Lagers.

## 56 Karikatur auf die Koalition zwischen Frankreich, Bayern und Preußen gegen Österreich

Jan T'Lam, Amsterdam, nach J. Cooper, London

„La rareté de Prague"

Kupferstich, 35 × 23 cm

SBPK Einblattdrucke YB 5827 gr.

Nach Mollwitz hatte Neipperg nur noch 11 000 Mann seiner Truppen, eine zweite Schlacht war für ihn aussichtslos. In Breslau aber strömten die Diplomaten zusammen, Frankreich bewarb sich, wie schon seit langem, um ein Bündnis mit Preußen. Während Kardinal Fleury, der Leiter der französischen Politik, Bayern volle Unterstützung in Aussicht stellte, versprach er noch gleichzeitig an die Wiener Adresse, er werde seine Verpflichtungen Österreich gegenüber getreu erfüllen. Auch Bayern stützte seine Erbansprüche außer auf die Ehe des Kurfürsten mit der Tochter Josephs I. auf alte Rechte aus dem 16. Jahrhundert. Ziel der Franzosen war aber vor allem, Österreich von der Kaiserwürde auszuschließen, nicht so sehr, es gebietsmäßig zu verkleinern. Das Zerwürfnis zwischen den beiden führenden deutschen Mächten galt für Frankreich als Vorteil. Nach geschehener Kaiserwahl sollte Preußen dann niedergehalten werden. Doch hielt Friedrich die Franzosen auch unter Einschaltung eines englischen Vermittlungsversuchs in Wien so lange hin, bis sie auch die geforderte Truppenhilfe endlich zusagten. Am 4. Juni 1741 wurde der Vertrag auf 15 Jahre geschlossen. Der in der Folge in Böhmen von Bayern, Franzosen und Preußen gegen Maria Theresia geführte Krieg, der die vorübergehende Einnahme von Prag durch Franzosen und Bayern zur Folgte hatte, hat die hier gezeigte Karikatur veranlaßt. Sie ist in London und Amsterdam gestochen worden, kam also aus dem politischen Lager der Seemächte, die damals gegen Frankreich als stärkster Kontinentalmacht standen und deshalb mit Österreich sympathisierten. Im Siebenjährigen Kriege, als die Engländer wiederum gegen die Franzosen auf preußischer Seite standen, wurden auch die Bilder preußenfreundlich.

## 57 Charles Louis Auguste Graf Belle-Isle, französischer Marschall

„Le Maréchal de Belle-Isle"

Kupferstich, 26,5 × 18,6 cm

Bez.: „de la Tour, Mellini sculp."

Dr. Elmar Mauch, Bad Mergentheim

Marschall Belle-Isle, der Führer der französischen Kriegspartei, war zu der Zeit, als er den Oberbefehl über die nach Deutschland zu entsendende Armee erhielt, 56 Jahre alt, noch voller Schwung und Tatkraft, persönlich tapfer. Schon im Rheinfeldzug von 1734 hatte er eine hohe Kommandostelle inne. Er gehörte schließlich mit dem Marquis Valory zu den Unterhändlern, die den Vertrag mit Preußen herbeiführten und eine Armee von 140 000 Mann zu entsenden versprachen, von denen 40 000 mit den Bayern, 60 000 gegen Holland vorrücken und 40 000 gegen Hannover bereitstehen sollten. Kardinal Fleury hingegen, der Preußen und Bayern nicht zu mächtig werden lassen wollte und neben ihnen auch eine sächsische und österreichische mittelstarke Macht in Deutschland zu erhalten wünschte, entsandte im September schließlich nur 40 000 Mann nach Bayern, weitere 30 000 blieben am Rhein stehen. Belle-Isles Feldzugsplan ging infolge der geheimen französischen Pläne nicht auf Wien, wie Friedrich zur Niederwerfung Österreichs wollte, sondern gegen Prag.

## 58 Der Vertrag von Klein Schnellendorf

Konvention von Klein Schnellendorf zwischen Österreich und Preußen
1741 Oktober 9

Ausfertigung auf Papier

Österreichisches Staatsarchiv Wien, Haus- Hof- und Staatsarchiv, AUR

Am 12. September überschritt die französisch-bayerische Armee, formell unter des Kurfürsten Karl Albrecht Oberbefehl, die österreichische Grenze und hatte am 15. schon Linz genommen. Statt aber sofort bis Wien vorzudringen, blieb sie auf französisches Hemmen bei Krems stehen und verharrte drei Wochen. Das nur schwach verteidigte Wien (7500 gegen 42 000 Mann) war gerettet, vollends, als die Armee auf Belle-Isles Befehl am 20. Oktober nordwärts abschwenkte und gegen Prag rückte. Anderseits stand den Österreichern nun auch das bourbonische Spanien gegenüber, das die österreichischen Besitzungen in Italien angriff. Mit militärischen Mitteln hatte sich Preußen der Festung Neiße nicht zu bemächtigen vermocht. So griff der König, um vor dem Winter hier eine Entscheidung zu erlangen, nun zu diplomatischen Mitteln. Unter englischer Vermittlung kam er am 9. Oktober mit Neipperg im Schloß Klein Schnellendorf zusammen und unterzeichnete ein Abkommen. Vereinbart wurde der Abzug Neippergs, so daß die Königin ihr einziges verfügbares Heer freibekam und in Böhmen verwenden konnte. Dagegen sollte Neiße nach 14tägiger Scheinbelagerung kapitulieren, was auch geschah. Schließlich versprachen die Österreicher, in einem zum Dezember in Aussicht genommenen Frieden Niederschlesien an Preußen abzutreten. König Friedrich wurde zu diesem Schritt durch den Argwohn gegen Frankreich veranlaßt, dessen Ziel, in Deutschland ein Gleichgewicht nur noch kleiner Mächte zu dulden, ihm gefährlich erschien. Obwohl strenge Geheimhaltung ausbedungen war, sickerte das Geheimnis doch bald von Wien nach Bayern und Frankreich durch. Friedrich ließ sich nun von den niederschlesischen Ständen zu Breslau huldigen, aber langfristig war die Konvention von Klein Schnellendorf für Preußen ein Fehler, da die Aussicht der Niederwerfung Österreichs nun für dauernd schwand und dem König Vertragsbruch und Unglaubwürdigkeit vorgeworfen werden konnten, dies alles um eines Augenblicksvorteils willen.

## 59 Die Wahl des bayerischen Kurfürsten zum Kaiser

Albrecht Schmid, Augsburg

„Der nach langersehnter Zeit durch Göttliche Vorsehung und beglückte Wahl auf den Kayserl. Reichs-Thron geführte neu erwählte Römische Kayser Carolus VII"

Kupferstich, 42,2 × 34,6 cm

SBPK Einblattdrucke YB 5850 m.

Unter dem Druck Preußens und Frankreichs und mit Hilfe von Gebiets- und Geldzusagen gelang es, ausgenommen die böhmische und kurtrierische Stimme, alle anderen sieben Kurstimmen zur Wahl des bayerischen Kurfürsten Karl Albrecht zu vereinigen, der als Karl VII. die Kaiserwürde erhielt. Die kölnische, Pfälzer und bayerische Stimme sowie die brandenburgische waren sicher, Sachsen wurde durch Zusage des Gewinns von Oberschlesien, Mähren und eines Teils von Niederösterreich gewonnen, Bayern sollte Böhmen erhalten, dem Kurfürsten von Hannover und englischen König wurde mit dem Einmarsch von 65 000 Franzosen und Preußen gedroht, und Kurmainz sah eine französische Armee an der Mosel vor seinen Toren.

Karl VII. wurde im Januar in Frankfurt gewählt und hatte zuvor die Genugtuung, daß seine Truppen mit den Franzosen Prag am 26. November 1741 eroberten und die böhmischen Stände ihm dort huldigten. Inzwischen hatten sich aber auch die österreichischen Streitkräfte ständig verstärkt, und es half wenig, daß nun auch 19 000 Sachsen zur Unterstützung Karls in Böhmen erschienen. Im Grunde war das Mißtrauen der vier Verbündeten untereinander zu stark.

## 60 Kaiser Karl VII. (1697—1745)

F. R. J. Winter

Porträt Karls VII.

Öl auf Lwd., oval, 130 × 100 cm

Um 1739

Bayerisches Armeemuseum, Ingolstadt

Karl Albrecht, Kurfürst von Bayern, der einen großen Teil seiner Jugend in österreichischer Gefangenschaft zugebracht hatte, wünschte Bayern zur Großmacht zu erheben. Seines 1742 errungenen Kaisertums ist er jedoch nicht froh geworden. Am gleichen Tage, als er zum Kaiser gekrönt wurde, rückten die österreichischen Truppen, die seit Januar 1742 zur Offensive übergehen konnten, in München ein (14. Februar). Der persönlich liebenswürdige und elegante Kaiser, ein typischer Rokokofürst, der seine Möglichkeiten so sehr überschätzte, hatte auch später nicht Fortunas Gunst auf seiner Seite. Noch zweimal konnte er in der Folge wieder in München einziehen (1743 und 1744), doch wurde er von den österreichischen Waffen wiederum aus der Hauptstadt vertrieben. Als er am 20. Januar 1745 starb, schloß sein Sohn zu Füssen Frieden, zur Bedingung des Status von 1740.

## 61 König Friedrich II. an Kaiser Karl VII.

Schreiben Friedrichs an den Kaiser Karl VII.

Olmütz, 1742 Februar 4

Eigenhändig, französisch, mit Unterschrift

GStA PK, BPH Rep. 47 Nr. 91

Der Koalitionskrieg gegen Österreich zeigte die typischen Mängel vieler Koalitionen, Uneinigkeit, gegenseitiges Mißtrauen und daraus herrührendes Zögern der Operationen. So herrschte auch zwischen Sachsen und Bayern nicht das beste Einvernehmen, während Frankreich nicht daran interessiert war, Österreich zu sehr zu schwächen und Preußen zu sehr erstarken zu lassen. In dem vorliegenden Brief gratuliert Friedrich, dem an einem Sieg des Bayern durchaus gelegen war, Kaiser Karl zu seiner Wahl. Er beklagt sich aber über die Untätigkeit der Sachsen, so daß er mit seinen zu schwachen Kräften sich des überlegenen Feindes nicht recht erwehren kann. Friedrichs Ziel, mit vereinten Kräften Österreichs Macht durch einen raschen Vorstoß auf Wien zu brechen, scheiterte an den geschilderten Schwierigkeiten.

## 62 Die Schlacht bei Czaslau und Chotusitz am 17. Mai 1742

Georg Paul Busch

„Abbildung der Heldenmüthigen Bataille und des glorieusen und herrlichen Sieges, welchen Sr. Königl. Majestaet von Preussen über die Oesterreichische Armée in Böhmen, zwischen Czaslau und Chotusitz, den 17. May 1742, erfochten“

Kupferstich, 30 × 21 cm

Berlin, um 1750

Mit einer kurzen Beschreibung und kleinem Übersichtsplan

SBPK Einblattdrucke YB 5884 m.

(Eine Vergrößerung einer Zeichnung A. Menzels zeigt den König bei Chotusitz an der Stirnseite des Saales)

Im Feldzug von 1742 blieb ein Vordringen Friedrichs mit einer preußisch-sächsischen Armee bis an die Grenzen Niederösterreichs vergeblich. Die Versorgung war schwierig, auch wurden die Sachsen bald zur Verstärkung der Franzosen bei Prag abgerufen. Die mangelhafte französische Kriegführung und ungenügende Zusammenarbeit brachte Friedrich auf den Gedanken, sich mit Österreich zu vergleichen. Fühler zu einem Sonderfrieden führten jedoch noch zu keinem Erfolg. Nun sollte eine Schlacht den Gegner friedenswilliger stimmen. Am 17. Mai 1742 entwickelten sich bei Chotusitz die beiden Heere, das österreichische unter Prinz Karl von Lothringen, dem Schwager Maria Theresias, und das preußische unter Friedrichs Befehl, zur Schlachtordnung. Nach Reiterkämpfen, wobei die preußische Kavallerie schwere Verluste erlitt, und dem Verlust des Dorfes Chotusitz im Zentrum und auf dem linken preußischen Flügel wendete der König mit dem rechten, unversehrten preußischen Flügel das Schlachtglück und zwang den Gegner zur Aufgabe. Zum ersten Mal hatte Friedrich selbst eine Schlacht entschieden. „Wer hätte gesagt, daß die Vorsehung sich einen Poeten erwählen würde, um das europäische System umzustürzen . . .?“ so schrieb er an Jordan.

## 63 König Friedrich an Kardinal Fleury über die Lage

Schreiben König Friedrichs an Kardinal Fleury, den leitenden französischen Minister

Kuttenberg, 1742 Juni 13

3 beschriebene Seiten, französisch, mit Unterschrift und eigenhändiger Nachschrift

GStA PK, BPH Rep. 47 Nr. 396

In dem Schreiben schildert Friedrich dem Leiter der französischen Politik, über deren Ziele er sich innerlich im klaren war, ausführlich die militärischen Schwierigkeiten in Böhmen, die durch die mangelnde sächsische Unterstützung und die ungenügende Koordination der Bewegungen der französischen Truppen entstanden waren. Er zieht endlich den Schluß, daß man einen Frieden zu den besten erreichbaren Bedingungen zu schließen genötigt sein könnte, da er keinen Ausweg sehe. Zu einem Sonderfrieden war der König damals bereits entschlossen und hatte ihn eingeleitet. So ist der Brief mehr dazu bestimmt, dem Verbündeten diese Absicht verhüllt anzukündigen und ihn darauf vorzubereiten.

## 64 Feuerwerk zur Feier des Friedens von Berlin in der Pfälzerkolonie zu Magdeburg am 19. Juli 1742

„Repraesentation der Illumination und des Lust-Feuers, welches die Pfältzer-Colonie zu Magdeburg den 19. Julii 1742 angestellet . . .“

Kupferstich, 33 × 45 cm

Bez.: „G. P. Busch exc.“

SBPK Einblattdrucke YB 5926 gr.

Am 12. Juni 1742 wurden in Breslau die Ergebnisse des Vorfriedens unterzeichnet. Die weiteren Verhandlungen, die sich sehr schwierig gestalteten, wurden später nach Berlin verlegt. Preußen erhielt Nieder- und Oberschlesien, willigte aber ein, sämtliche Schulden zu übernehmen, die auf dem Lande lagen, und der Königin Maria Theresia Jägerndorf mit dem Teil von Schlesien zu belassen, der sich am Südhang der oberschlesischen Gebirgskette hinzog und bis zwischen Oberschlesien und die Grafschaft Glatz hineinschob. Die Grafschaft Glatz hingegen, ursprünglich Teil Böhmens, verblieb dem König. In den großen Städten fanden Freudenfeiern statt, als die Nachricht bekannt wurde; so auch hier in Magdeburg, am 19. Juli, noch vor dem Definitivfrieden zu Berlin am 28. Juli 1742.

## 65 Kardinal André Hercule de Fleury (1653—1743)

Andreas Hercules de Fleury

Kupferstich, 34 × 24,8 cm

Bez.: „Hyac. Rigaud pinx., Gaspar. Massi sculp.“

Dr. Elmar Mauch, Bad Mergentheim

Der Leiter der französischen Politik, Kardinal Fleury, wurde zugleich von der Nachricht einer französischen militärischen Niederlage in Böhmen

Kat. Nr. II, 65

wie von Friedrichs Brief vom 13. Juni mit Hinweis auf einen schleunigen Friedensschluß überrascht. Am 21. Juni ordnete er daher an, Belle-Isle solle einen Frieden um jeden Preis mit Österreich herbeiführen. Dabei sollte er aber für die Sachsen alles Erdenkliche tun. Doch die Österreicher hielten ihn nun hin. Der neunundachtzigjährige Staatsmann mußte kurz vor seinem Ende sein Werk zerbrechen sehen, und alle Vorwürfe Frankreichs richteten sich gegen den Preußenkönig, mit Spott, mit Ausfällen gegen seinen Anti-Machiavell, mit Streitschriften. Aber Fleury hatte in seinen Versuchen, bei Österreich zum Ziele zu kommen, in einem Brief, der in Wien veröffentlicht wurde, offen ausgesprochen, daß er die Allianz mit Preußen nur widerwillig geschlossen hatte. „Darf man mich anklagen und war es denn ein so großes Unrecht, daß ich mich aus einer Allianz zurückzog, von welcher der Leiter Frankreichs eingesteht, daß er sie mit Bedauern geschlossen habe?“ So schrieb Friedrich im September dem Kardinal aus Aachen, im Bewußtsein, daß dieses Argument sitzen mußte wie ein unwiderleglicher Hieb.

# Die Atempause

## 66 Jordan an König Friedrich über den Friedensschluß

Brief von Charles Etienne Jordan an König Friedrich II.

Berlin, 1742 Juli 3
Vier beschriebene Seiten

Faksimile nach der Urschrift aus: Hohenzollern-Jahrbuch 12. Jahrgang, 1908

In dem Brief schildert Jordan die Freude der Bevölkerung über den abgeschlossenen Frieden, den er auch für gerechtfertigt hält. Französischen Einwendungen werde man begegnen. Er bezweifelt, daß Frankreich sich öffentlich über den Sonderfrieden beklagen wird.

## 67 König Friedrich an Voltaire über den Krieg

Schreiben des Königs nach Abschluß des Vorfriedens von Breslau an Voltaire
Lager bei Kuttenberg, 1742 Juni 18

Drei beschriebene Seiten, eigenhändig mit Unterschrift

GStA PK, BPH Rep. 47 Nr. 218

„Die Friedenspalmen lassen die Alarme weichen", so beginnt mit einem Gedicht zum Lobe des Friedens der König seinen Brief. Aber er nimmt auch zu dem Vorwurf des Blutvergießens im Kriege Stellung, den Voltaire ihm machte, und schreibt dazu: „Jeder Mensch, der sich einen Zahn ziehen läßt, weil dieser angefault ist, wird eine Schlacht liefern, wenn er einen Krieg beenden will. In solcher Lage Blut zu vergießen, heißt wahrlich es zu sparen; es ist eigentlich ein Aderlaß, den man seinem Feind im Delirium verabfolgt, um ihm seinen gesunden Verstand wiederzugeben."

## 68 Friedrich an Voltaire über seine Kur und die Ärzte

Schreiben des Königs an Voltaire

Aachen, 1742 September 2

Zwei beschriebene Seiten, französisch, eigenhändig mit Unterschrift

GStA PK, BPH Rep. 47 Nr. 185

In Aachen suchte Friedrich im Herbst 1742 Heilung seiner gesundheitlichen Beschwerden. Der König beklagt sich scherzhaft über die Ärzte und den Kurbetrieb. Er bittet Voltaire, ihm etwas zu lesen zu schicken, denn: „Dies ist hier wohl das törichtste Land, das ich kenne, und wo die Ärzte wünschen, um die Fremden in die Eintönigkeit der Bürger zu versetzen, daß sie nicht denken; so wollen sie, daß man keinen gesunden Menschenverstand hat und die Beschäftigung mit der Gesundheit den Platz aller anderen Dinge einnimmt. Herr Chapel und Herr Catzwiler wünschen absolut nicht, daß man Verse macht, sie sagen, daß das eine Fakultätsbeleidigung sei ..." „Gott weiß, wie ich mich dafür entschädigen werde, wenn ich zu mir heimgekehrt bin."

## 69 Königliche Preußische Armée nach dem Rang ihrer Chefs und Commandeurs Anno 1744

Schematische Zeichnung, koloriert, zeitgenössisch, 36 × 52 cm

Mit Eintragung aller Einheiten und der Namen der Kommandeure

Auf der Rückseite Tabelle der Personalstärken

GStA PK, XX. HA Rep. 200, E 325

Nach der Vergrößerung des Staates konnte der König daran denken, auch seine Machtmittel zur Verteidigung zu vermehren. So wurde die Armee nun von 99 000 Mann auf 134 000 vermehrt. Dies schien dem König um so nötiger, als er trotz des Friedensschlusses von Anfang an damit rechnete, daß dies nur ein Friede auf Zeit war, daß er Schlesien nochmals werde verteidigen müssen. Auch ging der Krieg zwischen Frankreich, Spanien, Bayern und Österreich weiter, in den 1743 auch England und Holland auf der Seite Maria Theresias eingetreten waren.

### 70 Blick in einen Rüstungsbetrieb: Geschützguß

Zehn zeitgenössische Darstellungen aus einem Gießhaus zum Geschützguß

Aus: E. Egg, J. Jobé, H. Lachouque, Ph. E. Cleator, D. Reichel: Kanonen. Illustrierte Geschichte der Artillerie. Herrsching 1975, S. 90—93

Foto: GStA PK

Die zehn Bilder gestatten einen Blick in die Fertigungsstätte für Artilleriewaffen. Alle Stadien der Herstellung eines Geschützrohres werden vorgeführt. In Preußen bestanden Gießhäuser in Berlin und Breslau; sie hatten in den vergangenen zwei Jahren bis zum Sommer 1744 große Massen neuer Feld- und Belagerungsgeschütze hergestellt. 468 Proviantkarren für die Verpflegung der Truppe waren bereitgestellt. Der Staatsschatz war trotz aller Ausgaben wieder von drei auf sechs Millionen Taler aufgefüllt, die Ausgaben des Ersten Schlesischen Krieges waren ergänzt worden.

### 71 Edikt gegen den Ungehorsam

„Edict und Declaration, wie es in Zukunft in dem souveränen Herzogthum Schlesien und der Grafschaft Glatz mit Erlassung der Unterthänigkeit zu halten, das Austreten der Unterthanen aus dem Lande zu verhüten, und die Recrutirung der Regimenter, nach Innhalt des Werbungs-Reglements vom 16. Aug. 1743, vorgenommen werden soll.
Berlin den 1. Mart. 1744"

Aus: Schlesische Ediktensammlung, Bd. 1, S. 17

GStA PK, Bibliothek 22 S 1

Nach dem Berliner Frieden wurde auch in Schlesien das preußische Kantons-System eingeführt. Bei den nun neu zu „enrollierenden" Rekruten stieß der ungewohnte Dienst nicht immer auf freudige Bereitschaft. Es kam häufig vor, daß wehrtaugliche Leute heimlich über die Grenzen entwichen, zuweilen von ihren Grundherren durch Entlassung aus der Untertänigkeit begünstigt. Die neue preußische Herrschaft hatte auch nicht sogleich und überall eine glückliche Hand bei der Eingliederung und den ersten Verwaltungsmaßnahmen. Durch das vorliegende Edikt suchte der König, den Mißständen abzuhelfen. So manches schlesische Regiment hat die ersten Feuerproben noch nicht ohne Desertionen bestanden, besonders wenn die Lage für die Preußen unglücklich aussah. Später standen diese Truppen den anderen an Tüchtigkeit nicht nach und zeichneten sich auch aus.

### 72 Kur in Pyrmont

Otto Seutter

„Prospectus Principalis Waldeccensis Arcis et Novae Urbis Pyrmontii"

Kupferstich, koloriert, 53 x 62 cm

1838

Stadt Bad Pyrmont

Nach Abschluß aller Vorbereitungen zum zweiten Waffengang nahm der König sich die Ruhe, Ende Mai eine Kur in Pyrmont anzutreten. Für die zu erwartenden körperlichen Belastungen brauchte er dringend Erholung. In diese Zeit fiel der Tod des Grafen Karl Edzard von Ostfriesland, mit dem der Mannesstamm des Hauses Cirksena erlosch. Durch rasche Maßnahmen konnte der König eine schnelle und reibungslose Besitznahme des Landes durch Preußen bewirken, seinen Erbanspruch durchsetzen, ohne daß es zu Auseinandersetzungen mit Hannover kam.

## Gleichgewicht der Mächte: der Zweite Schlesische Krieg

### 73 Preußens Wiedereintritt in den Österreichischen Erbfolgekrieg: Bündnisvertrag Preußens mit Bayern, der Pfalz und Hessen

Preußische Ratifikation des Bündnisvertrages zwischen Bayern, Preußen, der Pfalz und der Landgrafschaft Hessen-Kassel (1744 Mai 22) vom 30. Mai 1744 für Hessen mit der Unterschrift König Friedrichs II.

Hessisches Staatsarchiv Marburg, Bestand Urkunden — Hessen, Verträge mit Preußen, 1744 Mai 30

Wenn der König von Preußen sich veranlaßt sah, in den seit 1742 ununterbrochen fortdauernden österreichischen Erfolgskrieg wieder einzutreten, so wurde er dabei von mehreren Beobachtungen geleitet. In Worms hatten die verbündeten Engländer, Österreicher und der Hof von Turin am 13. September 1743 einen Vertrag geschlossen, dessen Artikel durchsickerten. Sie sahen eine Entlastung Österreichs in Italien zur Verstärkung seiner Truppen in Deutschland vor. Außerdem verbürgten sich die Mächte die Gebiete, die sie 1739 besessen hatten.
Obwohl objektiv gesehen für Preußen noch keine akute Gefahr bestand, glaubte der König doch an eine Bedrohung durch Österreich auf lange Sicht. Da auch in Frankreich König Ludwig auf ein Bündnis zielte und den Krieg gegen England nun energischer betrieb, kam es am 5. Juni 1744 zum Abschluß eines preußisch-französischen Bündnisses. Ziel Friedrichs war eine Wiederaufrichtung des geschlagenen Kaisers Karl VII. und eine Schwächung Österreichs, zusätzlichen Gebietserwerb beabsichtigte er nicht. So ging notwendig das Bündnis Preußens mit Karl und den Höfen in Mannheim und Kassel dem französischen voran. Am 22. Mai wurde es in Frankfurt unterzeichnet.

## 74 Anzeige der Ursachen

„Anzeige der Ursachen, welche Se. Königl. Majest. in Preussen bewogen haben, des Röm. Kaysers Maj. Hülfs-Völcker zuzusenden“

Zeitgenössischer Druck

GStA PK, Bibliothek 14 A 62

Während im Frühjahr 1744 die französischen Waffen in den Niederlanden siegreich waren, drang Karl von Lothringen in Süddeutschland vor und setzte mit 70 000 Mann vom 30. Juni bis zum 3. Juli über den Rhein, um ins Elsaß einzudringen. Nun mußte Friedrich, wenn er seinen Besorgnissen folgte, handeln. Publizistisch wurde der Eingriff in den österreichischen Erbfolgekrieg mit der „Anzeige der Ursachen“ vorbereitet, die gleichzeitig mit dem Vormarsch erschien. Das Handeln des Königs wurde mit der Wiederherstellung von Ordnung und Frieden im „Teutschen Vaterland“ begründet. Es gehe dem König von Preußen um den Schutz der deutschen Freiheiten (der Territorialfürsten und des Kaisers Karl) gegen die fremden Kriegsvölker der Königin von Ungarn. Wie so oft, wurden in dieser propagandistischen Schrift Teilwahrheiten in den Vordergrund geschoben. Die Gegenseite verfuhr ebenso.

## 75 Großherzog Franz, der Gemahl Maria Theresias, an seinen Bruder Prinz Karl von Lothringen über den König von Preußen

Schreiben des Großherzogs Franz Stephan an seinen Bruder, Prinz Karl von Lothringen, wegen der bevorstehenden Operationen

Wien, 1744 August 22

Ausfertigung auf Papier

Österreichisches Staatsarchiv Wien, Kriegsarchiv, Alte Feldakten 1744/Böhmen—Rhein/8/50

Als das erfolgreiche österreichische Heer im August 1744 aus dem Elsaß zurückbeordert werden mußte, fehlte es in Wien nicht an Entschlossenheit, nun alle Kräfte auf den König von Preußen zu werfen, um ihn zu vernichten. In diesem Sinne äußert sich Franz Stephan zu seinem Bruder, dem diese große Aufgabe zugedacht war. Doch fürchtete man nach den vergangenen Erfahrungen auch des Gegners Kraft und Geschicklichkeit, einen Mann, dem der Großherzog Treue, Ehre und Religion absprach. „Großes wäre geleistet“, so heißt es in dem Schreiben, „wenn man diesen Teufel mit einem Schlage zermalmen und ihn so weit zurückbringen könnte, daß man ihn nie mehr zu fürchten brauchte. Und das hoffe ich von der göttlichen Vorsehung. Es scheint, daß Gott alles so fügt, daß der einmal gründlich bestraft wird, der die Ursache so vielen Unheils ist.“

## 76 Der Feldzug in Böhmen 1744

a) Plan zur Einschließung und Belagerung von Prag vom 2ten bis 18ten September 1744

Gedruckter farbiger Plan aus dem Generalstabswerk, T. II.
41,4 × 48,4 cm

GStA PK, Bibliothek 6 K 19,3

b) Graf Otto Ferdinand von Traun gibt einem nicht genannten Empfänger seine Ankunft in Wien bekannt, wo auch Prinz Karl von Lothringen eingetroffen ist

o. D. (1744/1745)

Eigenhändig, französisch

GStA PK, I. HA Rep. 94 A Slg. Adam Nr. 46

Im August 1744 setzten sich die Preußen in drei Marschsäulen in Bewegung, über Dresden, durch die Lausitz und aus Schlesien über Braunau, insgesamt 80 000 Mann, mit dem Ziel Prag, wo die Belagerung am 2. September eröffnet wurde. Ein Mandat Karls VII. hatte den freien Durchzug durch Sachsen geöffnet, dessen Kurfürst im stillen schon mit den Österreichern paktierte. 22 000 Mann weitere preußische Truppen deckten Oberschlesien. Die von nur 14 000 Mann verteidigte Festung Prag ergab sich nach 14 Tagen, worauf die Preußen südwärts durch Böhmen moldauaufwärts in Richtung Budweis vorstießen. Böhmen schien in der Hand des Königs, 1745 wollte er donauabwärts gegen Wien vorrücken. Doch nun setzten die Schwierigkeiten ein. Auf Befehl der Königin wandte sich Karl von Lothringen aus dem Elsaß zurück nach Böhmen, ohne daß Franzosen und Bayern energisch nachstießen. Karl von Lothringen drang in der rechten Flanke der Preußen, unterstützt durch die Sachsen, in Böhmen ein, ließ sich aber nicht zur Schlacht stellen, sondern manövrierte auf den Rat des Feldmarschalls Traun durch Flankenbewegungen, Verharren in unangreifbaren Stellungen und Wegnahme von Magazinen, den König aus Böhmen hinaus. Friedrich erlitt gewaltige Materialverluste, ohne eine Schlacht zu schlagen. Traun hatte ihm eine tief nachwirkende militärische Lehre erteilt. Ruhr und Typhus wüteten im Heer, die Zahl der Deserteure stieg auf mehrere Tausend. Die preußische Infanterie war um 15 000 Mann, ein Viertel ihres Bestandes, gebracht. Prag mußte geräumt werden.

## 77 Friedrichs Entschluß, in seinem Unglück eher kämpfend unterzugehen als seinen guten Namen zu verlieren

Brief König Friedrichs an den Minister Podewils

Pombsdorf, 1745 April 27

Erste Seite, Faksimile nach: H. v. Petersdorff, Friedrich der Große, Berlin 1911

GStA PK, Bibliothek 14ª 482

Den Winter über rüstete der König seine Armee neu aus, stärkte die Disziplin und die Zuversicht unter Offizieren und Mannschaften, die besonders unter den Schlesiern gelitten hatte. Bedrohliche Nachrichten färbten die Lage noch schwärzer. Marschall Belle-Isle war gefangengenommen worden; am 8. Januar 1745 verbanden sich England, Holland, Österreich und Sachsen-Polen zur Quadrupel-Allianz; endlich drohte auch Rußland mit der Annäherung an Österreich. Bayern wurde wieder von österreichischen Truppen erobert, am 20. Januar starb auch Karl VII. Alle Macht konnte Österreich jetzt gegen Preußen konzentrieren. In dieser düsteren Lage riet Podewils dem König zur Verständigung. Jetzt zeigte sich, daß Friedrich schon damals der unbeugsame, starke Charakter war. Er legte dem besorgten Minister die Möglichkeiten dar, vertraute auf die Festigkeit seiner Stellung in Schlesien und die von England angekündigte Vermittlung. Er schloß: „Wenn aber alle meine Hilfsquellen, alle meine Unterhandlungen versagen, kurz alles sich gegen mich erklärt, will ich lieber mit Ehren untergehen, als für mein ganzes Leben Ruhm und guten Namen verlieren. Ich habe es zu meiner Ehrenpflicht gemacht, mehr als irgendein anderer zur Vergrößerung meines Hauses beizutragen, ich habe unter den gekrönten Häuptern Europas eine hervorragende Rolle gespielt, ich habe also auch persönliche Verpflichtungen auf mich genommen, denen nachzukommen ich unter Einsetzung meines Glücks und meines Lebens fest entschlossen bin. Sie denken wie ein ehrenwerter Mann, und wenn ich Podewils wäre, so würde ich ebenso denken, aber ich habe den Rubikon überschritten, und ich will entweder meine Stellung behaupten oder ich will, daß alles zugrunde gehe und der preußische Name mit mir begraben werde."

## 78 Das Zisterzienserkloster Kamenz als Hauptquartier des Königs vor der Schlacht von Hohenfriedberg

F. B. Werner

Kloster Kamenz

Kolorierte Federzeichnung

Kat. Nr. II, 79 a

In: Topographia Silesiae, Vol. III: Münsterberg, Frankenstein, Oels, Schweidnitz, Trachenberg

Manuskript Mitte 18. Jahrhundert

GStA PK, XVII. HA Nr. 526 Bd. III (Foto)

Seit dem 29. April 1745 hatte der König längere Zeit sein Hauptquartier im Zisterzienserkloster Kamenz, dessen Abt Tobias Stusche mit ihm auch später in guten Beziehungen stand. Die Tafel wurde im Klostergarten gedeckt, der Abt sorgte oft für gute Musik. Die Verbindung zum König führte dazu, daß die Sage sie später ausspann und zu dem Überfall von Baumgarten in Beziehung setzte. Der König, so hieß es, sei damals vor den nachsetzenden Feinden ins Kloster geflüchtet, vom Abt in ein geistliches Gewand gesteckt worden und habe, als die Kroaten erschienen, unerkannt in der Kirche an der Meßfeier teilgenommen.

## 79 Die Schlacht von Hohenfriedberg am 4. Juni 1745

a) J. G. Schmidt

„Abbildung des volkommenest u. Glorieusesten Siges, den Se. Königl. Majestät in Preussen den 4. Jun. 1745 über die vereinigte Österreich u. Sächsische Armee ... bei Hohen Friedeberg ... erfochten haben"

Kupferstich, 29 x 29 cm, mit kurzer Beschreibung der Schlacht

SBPK Einblattdrucke YB 6090 gr.

b) König Friedrich an seine Mutter

Bericht über den Sieg von Hohenfriedberg. Unterschriften: Féderic, Guillaume, Henri.

1745 Juni 6

GStA PK, BPH Rep. 47 Nr. 309

c) Eine vergrößerte Zeichnung des Reiterangriffs von A. Menzel an der Stirnseite des Saales rechts

In seiner Lage ohne jede fremde Hilfe erwartete Friedrich im Frühjahr 1745 sein ganzes Heil von dem „großen Schlage", einer siegreichen Schlacht gegen den Prinzen Karl. Unermüdlich stärkte er den Kampfgeist seiner Offiziere und Mannschaften. So schrieb er einmal an den Generalmajor Hautcharmoi: „Ich will keine timiden Offiziers haben; wer nicht dreist und herzhaft ist, meritiert nicht in der preußischen Armee zu dienen. Saget solches allen Euren Offiziers und Subalternes." Der König zog nach dem 20. Mai die Truppen im Lager von Frankenstein zusammen und schob sie bald in die Nähe von Schweidnitz vor. Ziel war, die Österreicher und Sachsen über das Gebirge nach Schlesien hereinkommen zu lassen und sie dann sofort anzugreifen. Mit annähernd 60 000 Mann Kampftruppen überschritt Prinz Karl die Berge und erschien in acht Heersäulen bei Hohenfriedberg. In der Nacht zum 4. Juni sahen die Österreicher fern bei Striegau die Wachtfeuer im preußischen Lager brennen. Sie wußten nicht, daß die Zelte bereits leer standen. In großer Stille und unter Rauchverbot rückten seit acht Uhr abends die preußischen Kolonnen, 58 000 Mann, in ihre Angriffsstellungen vor. Frühmorgens um zwei Uhr begann der Angriff; die überraschten Sachsen wurden von dem rechten preußischen Flügel geschlagen, dann warf auch der linke, später aufmarschierte preußische Flügel in harten Kämpfen die sich tapfer wehrenden Österreicher, die letzte Entscheidung brachte der Angriff der Bayreuther Dragoner unter General Geßler. Österreicher und Sachsen hatten 13 660 Mann an Toten, Verwundeten und Gefangenen verloren, die Preußen 4737. Die Sieger erbeuteten 63 Geschütze, 77 Fahnen und Standarten. Von diesem Tage an war, wie Friedrich schrieb, „meine Kavallerie das geworden ..., was sie werden sollte und jetzt ist". Zu seinen Offizieren sagte der König, den seit dieser Zeit sein Volk und das westliche Ausland den Großen zu nennen begannen: „Ich danke Gott für den mir geschenkten Sieg von Herzen, macht ihr es ebenso."

## 80 Karl Alexander Prinz von Lothringen (1712—1780)

„Charles Alexandre de Lorraine"

Kupferstich, 28 x 18,1 cm

Bez.: „Peint à Vienne par Martin de Maytens. Gravé par J. Daullé grav. du Roy"

Dr. Elmar Mauch, Bad Mergentheim

Karl Alexander war der jüngere Bruder des Gemahls der Maria Theresia. Persönlich tapfer, pflichttreu und von vorsichtiger Überlegung, war er gegen die Franzosen durchaus erfolgreich, hatte auch, von fähigen Unterführern unterstützt, den Rheinübergang ins Elsaß 1744 glänzend ausgeführt. Aber gegenüber dem König von Preußen blieb er glücklos. Bei Chotusitz und Hohenfriedberg geschlagen, erntete er noch weniger Ruhm bei Soor, Prag und Leuthen, so daß er 1757 vom Oberbefehl abberufen wurde.

## 81 Die Schlacht bei Soor am 30. September 1745

Dismar Degen (?)

Öl auf Lwd., 63,5 x 109 cm

SSG, Schloß Charlottenburg

Den Sieg von Hohenfriedberg hatten die Preußen nur sehr ungenügend zur Verfolgung ausgenutzt,

Kat. Nr. II, 81

doch mangelte es infolge der Verluste an Fuhrwerken 1744 auch an geeigneten Versorgungsmitteln für die Truppe. Nur zögernd drang Friedrich in Böhmen bis Königgrätz vor, wo er drei Monate stand und sein Heer durch Abgaben von Truppen noch schwächte. Zwei Gründe waren dafür maßgebend: Der Hauptschlag sollte im Norden gegen Sachsen geführt werden, das, offiziell neutral, der Kaiserin seine Truppen zur Verfügung gestellt hatte. Außerdem wurden unter englischer Vermittlung Friedensverhandlungen geführt, nachdem die Österreicher in Bayern erfolgreich waren und die Franzosen sich auf den Rhein zurückgezogen hatten. Nachdem indessen mit sieben Kurstimmen die Kandidatur von Großherzog Franz zum Kaiser in Frankfurt durchgesetzt worden war, hatte die Kaiserin befohlen, dieses glückliche Ereignis durch einen vernichtenden Schlag gegen das preußische Heer und die Rückeroberung Schlesiens abrunden zu lassen.

Prinz Karl von Lothringen, ihr Schwager, erhielt den ehrenvollen Auftrag. Da der Verlierer von Hohenfriedberg aber unerfahren war und nach der von ihm betriebenen Entfernung des kundigen Traun meist nur über ungeeignete ranghohe Offiziere verfügte, hatte das österreichische Heer keineswegs die beste Führungsspitze. Gleichwohl gelang es dem Prinzen, das bei Soor lagernde preußische Heer unbemerkt von überhöhenden Bergen her zu umstellen. Am 30. September früh marschierten 42 000 Österreicher und Sachsen im Schutz des Nebels auf, um über die 22 000 Preußen herzufallen. Im österreichischen Heer erzählte man nachher, Fürst Lobkowitz habe dem Prinzen Karl am Vorabend gesagt, „daß morgen früh in Zeit von einer Stunde solches Tröppel Menschen wie in einem Schnupftuch genommen sein müßte". Brauchbare Rückzugslinien für die Preußen gab es nicht. Als der König die Gefahr erkannte, handelte er blitzschnell. In größter Eile bildete die Armee aus dem Lager heraus ihre Linien und griff auf ihrem rechten Flügel die beherrschenden Höhen an. Der Angriff, bei dem die Infanterie 25 v. H. Verluste hatte, gelang trotz ausweglos erscheinender Lage. Der preußische Sieg festigte den Ruhm des Königs, da er nächst der Tapferkeit der Soldaten in erster Linie seiner Entschlußkraft und seinem persönlichen Einsatz zu danken war. Er führte ihn aber auch zu der irrigen Ansicht, nun ein unbesiegliches Heer zu haben; und Friedrich selbst hat kritisch bemerkt, daß die Schlacht keine strategischen Folgen hatte und bei besserer Umsicht hätte vermieden werden können.

Der Maler des Bildes ist vermutlich der 1731 von

Friedrich Wilhelm I. aus Pommersfelden nach Preußen berufene Dismar Degen, der bis 1751 in Berlin nachweisbar ist. Von Friedrich dem Großen ist nicht bekannt, daß er Darstellungen seiner Schlachten hat malen lassen.

## 82 Der Alte Dessauer bei Kesselsdorf

Leopold von Anhalt-Dessau vor der Front der Armee zu Beginn der Schlacht bei Kesselsdorf am 15. Dezember 1745

Holzstich nach einer Federzeichnung von Adolph Menzel in: F. Kugler, Geschichte Friedrichs des Großen, Leipzig 1840, S. 238

Foto: GStA PK

Während Friedrich noch in Böhmen weilte, trieb die Lage in Sachsen der Entscheidung zu. Den Sachsen war bei ihrem Bündnis mit Österreich als Kriegsbeute ein Teil brandenburgischen Landes versprochen worden, ihre territoriale Verbindung zu Polen sollte hergestellt werden. Die Pläne wurden in Dresden unbedacht ausgeplaudert und gelangten von dort über die schwedischen Gesandten nach Berlin bis zu den preußischen Ministern. Hinter Sachsen stand Rußland, das in Kurland Truppen zusammenzog, freilich auch dem sächsischen Angriffsplan seine Richtung nach Norden nahm. Nachdem die Österreicher im November in die sächsische Lausitz eingerückt waren, rückte der König am 23. November dorthin nach und vertrieb sie nach Böhmen. Immer heftiger mahnte er nun den alten Fürsten Leopold von Anhalt, den Alten Dessauer, den er an die Spitze seines zweiten Heeres gestellt hatte, die Schlacht gegen die Sachsen zu schlagen. Erst am 15. Dezember griff Leopold bei Kesselsdorf unweit Dresden an und warf mit 32 000 Mann den 31 000 Mann starken Feind, Sachsen und Österreicher, in die Flucht. Nach zwei Uhr hatte er mit dem Befehl: „Im Namen Jesu, Marsch!“ den Angriffsbefehl gegeben, worauf unter den Klängen des Dessauer Marsches die Schlacht begann. Die Szene ist später anekdotisch ausgeschmückt worden, und Menzel hat sie in dieser Zeichnung festgehalten. Die Schlacht von Kesselsdorf entschied über den Ausgang des Krieges.

## 83 Der Friede von Dresden, 25. Dezember 1745

a) Österreichische Ratifikation des Friedensvertrages

1745 Dezember 30

Bruchstück der Ausfertigung auf Pergament mit den Artikeln 4 bis 6 und den Unterschriften Maria Theresias, des Grafen v. Ulfeld und des Sekretärs Bartenstein. Doppelblatt. Der erste Teil mit Art. 1 bis 3, Schnur und Besiegelung fehlen, Verbleib seit Ende des Zweiten Weltkrieges unbekannt.

GStA PK, VI. HA Österreich Nr. 68

b) J. D. Schleuen

„Zum Gedächtnis des zwischen Sr. Kön. Maj. v. Preussen an einem, und der Römisch. Kayserin Königin v. Ungarn, u. dem König v. Pohlen, Churfürsten zu Sachsen, andern Teils, glücklich geschlossenen Friedens. 1745“
Kupferstich, 48,5 x 38,2 cm

SMPK, Kunstbibliothek 1953, 42

Durch den Frieden von Dresden schied Preußen zum zweiten Mal aus dem österreichischen Erbfolgekrieg aus, der noch bis 1748 fortdauerte. Der Gebietsstand blieb unverändert, Schlesien war behauptet worden. Die sächsischen Ansprüche waren abgewiesen, der Krieg verlagerte sich nun an den Rhein. Allerdings mußte Sachsen eine Kriegsentschädigung von einer Million Talern erlegen, die prompt gezahlt wurde. Preußens Preis war die Anerkennung Franz Stephans als römisch-deutscher Kaiser. Österreichs Vorherrschaft im Reich wurde anerkannt, ein Triumph für das Haus Habsburg-Lothringen, zumal Wien nun auch als Vorkämpfer gegen die Franzosen freudige Anerkennung der Reichspatrioten fand. Aber auch Bayerns Selbständigkeit war behauptet. Damit war der 1740 bis 1742 entstandene Dualismus zweier deutscher Großmächte befestigt, Preußen und Österreich, von denen keine übermächtig war. Friedrich hatte Österreich nicht zertrümmern können, wie er 1740 geplant hatte, aber auch Österreich mußte sich jetzt mit dem Dasein der nördlichen deutschen Großmacht zunächst abfinden. Am Willen Maria Theresias, dies doch zu ändern, lag es, daß noch ein dritter Waffengang stattfinden sollte.

## 84 Festliche Illumination in Berlin aus Anlaß des Friedens von Dresden

a) J. G. Schmidt

„Abbildung der Illumination, welche des Printzen in Preussen und Marggraffen zu Brandenburg Carls Königl. Hoheit, den 28ten December 1745 als des Königs Friedrich in Preussen Maj. mit Sieg und Frieden aus Sachsen in hiesiger Residenz Stadt glorreich eintraffen vor Dero und des Ritterl. St. Johanniter Ordens Palais vorstellen lassen"

Kupferstich, 26 × 58 cm

Bez.: „Gez. u. gest. J. G. Schmidt, Berlin"

SBPK Einblattdrucke YB 6230 gr.

b) „Abbildung des Friedens Tempel, welcher in Berlin d. 12 Jan 1746 gegen den Opern Hause über ist Presentiret worden"

Kupferstich 16 × 25 cm

Bez.: „Schmidt excudit"

SBPK Einblattdrucke YB 6250 kl.

Der König und der siegreiche Friede wurden in Berlin mit Illumination, Feuerwerk und Festlichkeiten gefeiert. In der allgemeinen Hochstimmung schwangen die Hoffnungen auf eine ruhige Zeit und einen neuen Aufschwung mit. Für die Dauer eines Jahrzehnts sollten sich diese Wünsche erfüllen. Preußen hatte Frieden, drei Jahre früher als der Westen und Süden des Reiches.

## 85 Ode auf den Tod Jordans

Brief König Friedrichs an seinen ehemaligen Lehrer Duhan

Neisse, 1745 April 12 [Datum falsch]

Drei beschriebene Seiten, eigenhändig, französisch, mit Unterschrift

GStA PK, BPH Rep. 47 Nr. 481

Das Jahr 1745, das dem König so viele Sorgen, Bedrohungen und blutige Schlachten gebracht, in dem er aber auch alle Lagen gemeistert und schließlich den Krieg siegreich beendet hatte, raubte ihm auch einige seiner besten Freunde. Am 24. Mai starb Etienne Jordan, am 13. August der beste Freund, Dietrich von Keyserlingk, sein Cäsarion. Die alte Rheinsberger Tafelrunde erfuhr damit bedeutende Verluste. Der König widmete beiden Nachrufe, und es zeugt von seiner Menschlichkeit, daß er sich unter dem Eindruck der Todesnachrichten ganz dem Schmerz hingab. In der Ode, die er in einem Brief an Duhan auf den Tod Jordans verfaßte, heißt es:

„Gott, welche ewigen Schmerzen
Läßt mein Blut bei dieser erdrückenden Nachricht
In meinen Adern gefrieren!
Der Tod mit seinen dunklen Fittichen
Kommt mit seiner Finsternis
Meinen zärtlichen Freund, meinen lieben Jordan zu bedecken."

Und die Schlußverse lauten:

„So, unglückliche Taube,
Werde ich in dem Schmerz, in dem ich umkomme,
Und in dem Übermaß meines Schmerzes
Diese Zeichen auslöschen
Und in dem dunklen Grab
Meine Laute zerbrechen und mich nie mehr daran erfreuen."

Wenige Monate später starb auch Duhan.

## 86 Preußens Gebietsstand nach den Friedensschlüssen von Berlin und Dresden

„General-Carte der gesammten Königlichen Preussischen Länder zu finden bei F. D. Schleuen Kupferstecher in Berlin"

In Kupfer gestochene Karte, koloriert

60,5 × 72 cm

um 1750

SBPK, Kartenabteilung, Kart. N 221

Die Karte zeigt den preußischen Gebietsstand nach der Eingliederung Schlesiens. Die drei großen „Hauptstädte" Berlin, Breslau und Königsberg sind als Veduten eingefügt. In der Mitte oben hält zwischen Berlin und Breslau der preußische Adler die Kartenlegende. Über der Stadt Königsberg am unteren Kartenrand ist ein Medaillon mit dem Bild des jungen Königs zu sehen, in der rechten unteren Ecke der Karte unter der Krone das große Wappen.

Kat. Nr. II, 86

# III. Die unbeschwerten Jahre: Sans Souci (1745–1756)

*Eine gut geleitete Staatsregierung*
*muß ein ebenso fest gefügtes System haben*
*wie ein philosophisches Lehrgebäude.*
*Alle Maßnahmen müssen*
*gut durchdacht sein,*
*Finanzen, Politik und Heerwesen*
*auf ein gemeinsames Ziel steuern:*
*nämlich die Stärkung des Staates*
*und das Wachstum seiner Macht.*

# Rechtsreform und Verwaltungspraxis

## 1 Samuel von Cocceji (1679—1755)

Adam und Sigisbert Michel

Samuel von Cocceji
Marmorbüste, 1765

Inschrift: „Vindex legum et justitiae"

Kammergericht, Berlin

Die Bemühungen um eine Reformierung des preußischen Justizwesens sind eng mit dem Namen Samuel von Cocceji verknüpft. Er hatte seine akademische Laufbahn in Frankfurt an der Oder aufgegeben, um 1723 Präsident des Kammergerichts und 1738 Chef der preußischen Justiz zu werden. Hier setzte er sich bereits für eine Rechtsreform ein, die sich jedoch nur langsam und mit Behutsamkeit herbeiführen ließ. Edikte Friedrich Wilhelms I. gegen die Advokaten bezogen sich vor allem auf den schleppenden Verlauf von Prozessen, aber ein greifbares Ergebnis erreichte der König auf diesem Gebiet ebensowenig wie die Einführung einer verbesserten Prozeßordnung in allen Teilen der Monarchie.

Die erste größere Aufgabe, die Cocceji nach dem Regierungsantritt Friedrichs II. erhielt, war seit Herbst 1741 die Neuordnung der Rechtsverhältnisse im eroberten Schlesien. 1746 folgten weitere Vollmachten, die auf eine Wiederaufnahme der Reform abzielten. In mehrjähriger Bereisung der preußischen Provinzen revidierte und reformierte Cocceji das Justizwesen, wobei er in der Organisation der Kollegien eine Vereinheitlichung für die Gesamtmonarchie anstrebte, und erreichte in verhältnismäßig kurzer Zeit die Erledigung der meisten seit langem laufenden Prozesse. 1747 erhielt er den Schwarzen Adlerorden unter gleichzeitiger Ernennung zum Großkanzler. Das „Projekt des Codex Fridericianus" von 1748 war eine für alle Provinzen verbindliche Prozeßordnung, der das „Corpus juris Fridericianum" als allgemeines Landrecht ein Jahr später folgte.

Kat. Nr. III, 1

## 2 Georg Dietlof von Arnim (1679—1753)

Georg Dietlof von Arnim

Kupferstich, 51,1 x 37 cm
Bez.: „Pesne effig. pinx. 1742, G. F. Schmidt Sculp. Reg.
Sculps. Berolini Gest. d. 20. Octobr. 1756"

Berlin Museum

Arnim stand seit 1703 in preußischen Diensten; er wurde 1712 Geheimer Justizrat und 1738 Präsident des Tribunals und des Ravensbergischen Appellationsgerichts in Berlin. Als Nachfolger Coccejis war er seit 1743 Leiter des Justizdepartements für Schlesien. Das Verhältnis Arnims zu Cocceji war durch sachliche Differenzen, jedoch auch durch persönliche Spannungen belastet. Arnim brachte wenig Verständnis für die Notwendigkeit einer Justizreform auf und stieß sich an Coccejis Härte und Strenge im Auftreten. Er sah in ihm einen Emporkömmling, da der Adelstitel erst Coccejis Vater verliehen worden war. Als Arnim offen und verdeckt Cocceji Schwierigkeiten in den Weg zu legen versuchte, brachte er sich in die Gefahr, die Gunst Friedrichs zu verlieren. Sein Rücktritt aus dem Justizdienst 1748 erleichterte Cocceji die Weiterarbeit. Als Generalpostmeister verblieb Arnim jedoch im Staatsdienst. 1749 wurde ihm der Schwarze Adlerorden verliehen.

## 3 Das „Corpus juris Fridericianum"

„Project des Corporis Juris Fridericiani, das ist, Sr. Königl. Majestät in Preussen in der Vernunft und Landes-Verfassungen gegründetes Land-Recht..."
2. Aufl., 2 Teile. Halle 1750—1751

GStA PK, Bibliothek 42 a C 21

Auf Vorarbeiten in einem „Novum Systema justitiae naturalis et romanae" von 1739 zurückgreifend, verfaßte Samuel von Cocceji seit 1746 ein Allgemeines Landrecht (Zivilrecht), das „auf alle Staaten, die die natürliche Vernunft zur Regel ihrer Gesetze machen" angewendet werden sollte. Es wurde auf Wunsch Friedrichs II. in deutscher Sprache aufgesetzt, um allen Betroffenen die Nachprüfbarkeit der Entscheidungen zu ermöglichen. Unter Androhung von Strafen verbot der König die Anfertigung von Kommentaren zu diesem Rechtsbuch, um den Professoren keine Gelegenheit zu geben, das Landrecht „durch eine eigenmächtige Interpretation zu corrumpieren." Aus der Vorrede wird deutlich, daß Friedrich sein Bemühen um eine Rechtsreform nicht als Beseitigung des Römischen Rechts verstanden wissen wollte, sondern als Korrektur der Unordnung, die durch die Kompilatoren hineingebracht worden sei. Das Römische Recht sollte vielmehr weiterhin an den Universitäten gelehrt und gelesen werden, aber bei der Rechtsfindung stand den Professoren und Fakultäten keine Autorität mehr zu. Friedrich ließ Cocceji bei der Ausarbeitung des Corpus juris Fridericianum freie Hand. In der Vorlesung über die allgemeinen Aufgaben der Gesetzgebung, die der König vor der Akademie der Wissenschaften hielt, zeigte er, welche Bedeutung er einer geordneten Rechtspflege beimaß.

## 4 Abhandlung über die Gründe, Gesetze einzuführen oder abzuschaffen

Friedrich II.

„Dissertation sur les raisons d'etablir ou d'abroger les lois"

a) Eigenhändige Niederschrift Friedrichs II.

GStA PK, BPH 47 Nr. 342

b) Druck

SBPK an: Ti 8285

Der historisch-politische Abriß Friedrichs über die allgemeinen Aufgaben der Gesetzgebung wurde am 22. Januar 1750 in der Akademie der Wissenschaften verlesen. In einzelnen Gedanken auf Montesquieus „Vom Geist der Gesetze" fußend oder sich mit diesem Werk auseinandersetzend, fand Friedrich doch eigene Schlußfolgerungen. In einem historischen Rückblick ging er auf die Rezeption des Römischen Rechts ein, um Überlegungen zum gegenwärtigen Rechtszustand vorzubringen, die Abschaffung der Tortur theoretisch zu begründen und für einen milden Strafvollzug einzutreten.
Cocceji nannte den König im Vorwort zum zweiten Teil des „Corpus juris Fridericianum" einen zweiten Salomon, der „ein neues Landrecht aus der Asche des in vielen Stücken nicht unvernünftigen Rechts" verfertigen ließ.
Daß nach den Kriegsjahren Coccejis „Entwürfe" nicht in Vergessenheit gerieten, sondern durch Carmer und Svarez aufgenommen und fortgeführt wurden, ging nicht zum wenigsten auf ausdrückliches Betreiben Friedrichs zurück.

## 5 „Vom Geist der Gesetze"

Charles de Secondat Baron de la Brède et de Montesquieu

„L'esprit des lois"

Amsterdam, Leipzig 1764. (Oeuvres de Monsieur de Montesquieu. Nouv. Ed. Tome Premier.)

Im Auftrag der Stiftung Preußischer Kulturbesitz verwahrt: SSG, Schloß Charlottenburg (Exemplar aus der Bibliothek Friedrichs des Großen im Neuen Palais)

Das 1748 in erster Auflage erschienene Hauptwerk Montesquieus über die Unabhängigkeit des Rechts wirkte auf die Entscheidungen Friedrichs bei der Durchführung der Justizreform ein. Das galt besonders für die Eingriffe des Königs in schwebende Verfahren. Schon im Politischen Testament von 1752 schrieb der König: „In den Gerichtshöfen müssen die Gesetze sprechen und der Souverän schweigen."

## 6 Vorbereitung einer neuen Prozeßordnung

„Constitution wie die Prozesse in Pommern, nach Sr. Königl. Majest. in Preußen vorgeschriebenem Plan, in einem Jahr in allen Instanzen, zum Ende gebracht werden sollen"
Berlin 1747

GStA PK, XX. HA EM 59a Nr. 66

Mit der „Constitution" erhielt Samuel von Cocceji die notwendige Handhabe für seine Reisen durch die preußischen Provinzen. Er sollte an Ort und Stelle feststellen, wie es mit der Praxis der Prozeßführung bestellt war, um zur Entwirrung und Vereinfachung des Instanzenzuges beizutragen. Die erste Fahrt führte ihn im Januar 1747 nach Pommern; er wurde begleitet von Vertretern der Obergerichte in Berlin, Magdeburg, Halberstadt, Minden und Kleve, die praktische Erfahrungen für ihre Heimatprovinzen sammeln sollten. Im Sommer und Herbst 1749 war Cocceji in Kleve und Aurich, im Sommer 1750 in Schlesien und im Frühjahr 1751 in der Provinz Preußen. Philipp Joseph Pandin de Jariges, Mitarbeiter und späterer Nachfolger Coccejis im Amt des Großkanzlers, soll die antreibende Eile zur Beendigung der Verfahren einmal so charakterisiert haben: „Marsch, marsch, was fällt, das fällt."

## 7 Entwurf zu einer neuen Prozeßordnung

„Project des Codicis Fridericiani Marchici, oder eine, nach Sr. Königl. Majestät von Preußen selbst vorgeschriebenem Plan entworffene Cammer-Gerichts-Ordnung..."
Berlin 1748

GStA PK, Bibliothek 42ª C 7

Der Entwurf hatte das Ziel, alle Prozesse innerhalb eines Jahres auf einem geregelten Instanzenweg zu einem Ende zu bringen. Er war aus den Beobachtungen in der Kurmark erwachsen, sollte aber allen Provinzen künftig als Modell dienen, da Cocceji nach den Erfahrungen auf seinen Reisen überall dieselben Verbesserungen für notwendig hielt: Abkürzung der Fristen der Prozeßführung, Verbot der Aktenversendung an Juristenfakultäten als letzte Instanzen, Ausdehnung des mündlichen Verfahrens und Regelung über die fallweise Hinzuziehung außergerichtlicher Kommissionen. Appellationsinstanzen waren das Tribunal in Königsberg und das Tribunal in Berlin, wobei das Berliner Gericht infolge des „Privilegium de non appellando" 1750 den Charakter eines Obertribunals bekam. Voraussetzung für den Erfolg aller Bemühungen war jedoch die fachliche Ausbildung des Richter- und Advokatenstandes, der in seinem Ansehen aufgewertet wurde und, von den königlichen Machtsprüchen unabhängig, Rechtsentscheidungen fällte.

## 8 Das Generaldirektorium

Entwurf nach Walther Hubatsch: Friedrich der Große und die preußische Verwaltung (1973)

Das Generaldirektorium („General-Ober-Finanz-Krieges- und Domänen-Direktorium") als zentrale Verwaltungsbehörde war eine Schöpfung König Friedrich Wilhelms I. Es war 1723 an die Stelle des General-Kriegs-Kommissariats (seit 1712 zuständig für die Heeres- und Steuerverwaltung) und des General-Finanz-Direktoriums (seit 1713 oberste Domänenbehörde) getreten und bedeutete eine Vereinfachung und Vereinheitlichung der Inneren und Finanzverwaltung. Das Generaldirektorium setzte sich aus vier Provinzialdepartements zusammen, an deren Spitze jeweils ein Minister stand. Jedes dieser Departements hatte daneben eine Reihe von Spezialaufgaben für den Gesamtstaat zu besorgen, so daß sie fest miteinander verklammert waren.
Alle anstehenden Probleme wurden im Plenum erörtert. Der König war zwar der Präsident des Generaldirektoriums, wohnte aber keiner der Sitzungen persönlich bei. Die Amtsräume befanden sich im Berliner Schloß. Das Justizdepartement und das Auswärtige Departement bildeten eigene Behörden. Auch für das Oberbaudepartement, die Kirchen- und Schulverwaltung und die Oberrechenkammer galten besondere Regelungen.

Friedrich II. hat an der Verwaltungsstruktur zunächst kaum etwas geändert, sieht man von der Gründung des V. (1740) und VI. (1746) Departements im Generaldirektorium einmal ab. Er vermied auch Personalveränderungen, obwohl nicht alle Minister die Gunst des Königs besaßen. Im Laufe der Zeit nahm er allerdings Umbesetzungen vor und stimmte die Ressorts neu miteinander ab. Die Einrichtung des V. und VI. Departements deutet den Beginn von Fachministerien an, da sie nur für Kommerzien bzw. Militärsachen zuständig waren und regional nicht mehr verankert wurden. Die Einrichtung des VII. und VIII. Departements nach dem Siebenjährigen Krieg stellte einen weiteren Schritt auf dem Wege zur Zentralisierung der Verwaltung dar.
Schlesien behielt stets eine Sonderstellung; der Provinzialminister für Schlesien unterstand dem König direkt und war nicht in den Aufbau des Generaldirektoriums einbezogen.
1722 hatte Friedrich Wilhelm I. dem Generaldirektorium eine genaue Arbeitsanleitung an die Hand gegeben. Friedrich II. erließ am 20. Mai 1748 eine neue Dienstvorschrift, der eine sorgfältige Durcharbeitung der Instruktion seines Vaters vorangegangen war. Geschäftsbetrieb, Arbeitsdisziplin, Ordnung und Pünktlichkeit der Räte wurden ebenso berücksichtigt wie der Aufbau des gesamten Staatswesens bis in seine feinsten Verästelungen. Insgesamt nahm Friedrich an 84 Stellen Veränderungen an der Instruktion Friedrich Wilhelms I. vor, die auf Beobachtungen während seiner inzwischen achtjährigen Regierungszeit beruhten: „Und gleichwie es von je her Sr. K. M. unveränderliches Prinzipium gewesen ist, auch beständig bleiben wird, den Wohlstand des Landes in Dero eigenem Interesse niemalen zu separieren, indem es in der Tat einerlei und ebendasselbe ist, also haben sie auch bei allen Punkten, bei welchen sich dazu Gelegenheit gefunden, diesen Grundsatz dergestalt wiederholet und eingeschärfet, daß das General-Direktorium daraus Dero Willensmeinung hoffentlich vollkommen erkennen und fassen wird", (Acta Borussica. Abt. 1, VII, S. 573).

## 9 Das Generaldirektorium unter Friedrich Wilhelm I.

„Notifications-Patent, Wegen des neu-etablirten General-Ober-Finantz-Krieges- und Domainen-Directorii"
Berlin, 1723 Januar 24

GStA PK, XII. HA VI (unverz.)

Die Ende 1722 erfolgte Einrichtung des Generaldirektoriums; die gleichzeitige Aufhebung des General-Kriegs-Kommissariats und des General-Finanz-Direktoriums gab Friedrich Wilhelm I. im Januar 1723 bekannt, „daß Unsere und Unserer sämbtlichen getreuen Unterthanen Wohlfahrt und Bestes in Unserm Königreich und sämbtlichen Landen rechtmäßig befordert ... werden möge."

## 10 Zusatz Friedrichs II. zur Instruktion für das Generaldirektorium von 1722

Faksimile nach Hermann von Petersdorff

„Friedrich der Große. Ein Bild seines Lebens und seiner Zeit." 3. Aufl. Berlin 1911, Beilage 12 zu Seite 208.

GStA PK, Bibliothek 14ª 482

Friedrich benutzte ein Exemplar der Instruktion seines Vaters für das Generaldirektorium von 1722, um seine Bemerkungen und Veränderungen als Marginalien einzutragen. Auf die ersten leergelassenen Seiten schrieb er einige grundlegende Gedanken, die sein Verhältnis zu den Bauern verdeutlichen:
„1. Neüer artiquel.
Dahr ich bedacht bin das landt in allen Stüken zu soulagiren und aufzuhelfen, So weis ich das eins der Dinge So zu hart seint die grausamen Dinste so Sie thun Müsen, wohrbei nichts als ihr verderb heraus kömt; also Sol in jede provintz und jeden Creis So Wohl ambts, Stäte als adliche Dörfer dahin gesehen werden, ob man es nicht So einrichten könte, das der bauer die Woche 3 tage, högstens 4, dinte. Dießes wirdt was geschrei geben, alleine vohr den gemeinen Man ist es fast nicht auszuStehen, wan er 6 tage oder 5 die woche dinen Sol; und in Meine Ämter befehle ich, das Sich die Kamern Sollen an-

Kat. Nr. III, 11

gelegen Seindt laßen die Wüsten huwen zu besetzen, theils mit das die Neuen bauren ihre dinste den Alten mit zum besten kommen, und Sol denen alten sovohrt durch eine Erliche repartition was nachgelaßen werden."

## 11 Westliche Außenfront des Berliner Schlosses

Reproduktion nach Siegmar Graf Dohna

„Kurfürstliche Schlösser in der Mark Brandenburg". Teil III. Berlin o. J. (um 1900).

SMPK, Kunstbibliothek D 160[f]

Rechts vom Mühlenportal des Berliner Schlosses an der Schloßfreiheit befanden sich während der Regierungszeit Friedrichs des Großen das Archiv, darüber im 1. Stock die Diensträume des Generaldirektoriums und im 2. und 3. Stock die Registratur dieser Verwaltungsbehörde.

## 12 Diensträume des Generaldirektoriums

(Carl von) Neander

„Anschauliche Tabellen von der gesamten Residenz-Stadt Berlin, worin alle Straßen, Gassen und Plätze in ihrer natürlichen Lage vorgestellt, und in denenselben alle Gebäude oder Häuser wie auch der Name und die Geschäfte eines jeden Eigenthümers aufgezeichnet stehen".
Berlin 1799

GStA PK, Bibliothek 44,36

Das Generaldirektorium hatte seine Diensträume im 1. Stock des Berliner Schlosses rechts vom Mühlenportal an der Schloßfreiheit über dem Landesarchiv. Die Registratur war im 2. und 3. Stock untergebracht. 1740 setzte sich die Behörde aus vier Departements zusammen, denen teils regionale, teils Sachaufgaben für den Gesamtstaat zufielen. Im Laufe seiner Regierungszeit nahm Friedrich Umgliederungen und Neuordnungen vor. Er verdoppelte die Zahl der Departements und beschränkte ihre Zuständigkeit zum Teil auf zentrale Sachaufgaben ohne regionale Zuständigkeiten.

## 13 Minister Friedrich von Görne (1670–1745)

„Frederic de Görne. Premier Ministre d'Etat, Dirigent du Grand Directoire, Maitre General des Postes de S. M. le roi de Prusse et Chevalier de l'ordre de l'Aigle noir de Prusse, né le 24 Juillet 1670, mort le 24 Juin 1745"

Kupferstich, 39 × 27 cm
Bez.: „Fait par G. F. Schmidt Graveur du Roy a Berlin"

GStA PK, IX. HA I 4

Friedrich von Görne gehörte dem Generaldirektorium seit 1723 an. Er leitete seit 1739 das I. Departement, das für Finanzfragen, Grenz-, Rodungs- und Räumungssachen zuständig war und den Provinzen Pommern, Neumark, Preußen und Litthauen vorstand. Er galt als Fachmann für das Domänenwesen und war beim Regierungsantritt Friedrichs II. der einzige Minister, der die Entwicklung des Generaldirektoriums von seinen ersten Anfängen an miterlebt hatte. Sein Nachfolger wurde 1745 Adam Ludwig von Blumenthal, der Präsident der Litthauischen Kriegs- und Domänenkammer in Gumbinnen gewesen war.

Kat. Nr. III, 13

## 14 Minister Franz Wilhelm von Happe (1687–1760)

„Franz Wilhelm v. Happe. Sr. Königl. Maj. in Preussen wirkl. Geheimer Etats- und dirig. Minister b. d. Gener. Ober Finantz- Kriegs und Domainendirectorio..."

Kupferstich, 17 × 11,7 cm
Bez.: „Liszewsky Pinx. et T. Kauke Sculpsit"

Westfälisches Landesmuseum Porträtarchiv Diepenbroick, Münster

Happe war als Gesandter König Friedrich Wilhelms I. tätig gewesen, bevor er 1722 Direktor der Kriegs- und Domänenkammer in Berlin und 1727 deren Präsident wurde. Seit 1731 gehörte er dem Generaldirektorium an und leitete das II. Departement bis 1747. Friedrich II. war jedoch mit seinen Leistungen wenig zufrieden, veränderte Happes Aufgabenbereich und übergab ihm 1747 das kleinere IV. Departement. Hier war er für die Gebiete Halberstadt und Hohnstein, Minden, Ravensberg, Tecklenburg und Lingen sowie für das Münzwesen zuständig. Er stand diesem Departement bis zu seinem Tode 1760 vor.

## 15 Forderungen an die Bediensteten

„Mémoire".

Bruchstück mit Marginal des Königs

o. O. o. D. (um 1782)

GStA PK, BPH Rep. 47 Nr. 372

Hingabe an den Dienst und Zuverlässigkeit waren Eigenschaften, die der König von seinen Beamten erwartete. Dabei machte er im Laufe seiner Regierung die Erfahrung, daß die Zahl der geeigneten Persönlichkeiten nicht groß war, daß er Fehlgriffe bei der Besetzung der Stellen getan hatte und Enttäuschungen hinnehmen mußte. In seinem Politischen Testament von 1768 äußerte er sich: „Es ist sehr schwierig, geschickte Finanzbeamte zu finden; es ist unmöglich, daß alle Kriegsräte begabt sind. Der Souverän muß sich damit begnügen, in den Kammern gute Präsidenten einzusetzen und ihnen die nötige Autorität zu geben, damit sie Untergebene im Zaume halten oder ungeeignete Leute oder die, die durch Eigeninteresse und Habgier schaden, entfernen. Das gleiche gilt für die Minister des Generaldirektoriums..." — Zu den Beamten, die den Erwartungen Friedrichs nicht entsprachen, gehörte Friedrich Christoph von Görne, der Sohn des bewährten Ministers Friedrich von Görne. Christoph Friedrich, der seit 1774 das IV. und V. Departement im Generaldirektorium leitete, wurde wegen Unterschlagung 1782 abgesetzt und zu Festungshaft verurteilt. Im „Mémoire" wird Görnes Versetzung nach Pommern vorgeschlagen, doch Friedrichs Randbemerkung ist eine entschiedene Ablehnung dieses Ansinnens: Leute, die er wegen ihrer Nachlässigkeit aus dem Dienst gejagt habe, sollten keine Verwendung mehr finden, zumal sich „hundert fähigere Leute als er" finden ließen.

## Landgewinn im Frieden

### 16 Besiedlung des Oderbruchs am neuen Oderkanal

„Gärten, Wiesen, Hütungen und Fischereien, auch Versandungen auf beiden Seiten des neuen Oderkanals bei Niederwutzen"

Kolor. Handzeichnung, 1:5000, 46 × 66 cm
1785

GStA PK, XI. HA F 508

Friedrich war mit den Problemen des Oderbruchs, der ständig wiederkehrenden Gefahr von Überschwemmungen, bereits als Kronprinz während seiner Küstriner Zeit in Berührung gekommen. Nach der Übernahme der Regierung führte er die von seinem Vater eingeleiteten Arbeiten fort oder ergriff Maßnahmen, um die Schäden für immer zu beseitigen. In dem Oberdeichinspektor Simon Leonhard von Haerlem (1701—1775) gewann er einen Mitarbeiter, der nicht nur als bester Kenner des Wasserbaues gelten konnte, sondern die besonderen Verhältnisse des Oderbruchs aus jahrelanger Beobachtung beurteilte. Eine vom König eingesetzte Kommission erarbeitete das Projekt des Oderkanals. Der berühmte Mathematiker Leonhard Euler, Mitglied der preußischen Akademie der Wissenschaften, gab sein Gutachten hierzu ab. Die durch den Kanal bewirkte Verkürzung des Oderlaufs verringerte infolge des größeren Gefälles die Überschwemmungsgefahr. Nach Abschluß der Grabungs- und Bewallungsarbeiten stand neues Land zur Besiedlung zur Verfügung. Die ersten Stellen wurden bereits 1756 vergeben; so wurden in Nieder-Wutzow vier Familien mit je acht Morgen ausgestattet.
Insgesamt erhielten zwischen Küstrin und Wriezen etwa 2000 Familien Siedlerstellen.

Kat. Nr. III, 17

## 17 Leonhard Euler (1707—1783)

Leonhard Euler

Kupferstich, 12 × 17 cm
Bez.: „Darbes pinx. C. Durchow sculp. Berolini 1782"

Dr. Elmar Mauch, Bad Mergentheim

Der gebürtige Schweizer Leonhard Euler hatte seine akademische Ausbildung an der Universität Basel erhalten, wo er neben Mathematik auch Theologie, Medizin und orientalische Sprachen studierte. Seit 1727 lehrte er in St. Petersburg Physik und Mathematik und unterhielt Beziehungen zur dortigen Akademie der Wissenschaften. 1741 rief ihn Friedrich II. an die Berliner Akademie; 1744 wurde er dort zum Direktor der Mathematischen Klasse ernannt. Während seines Aufenthalts in Preußen wurden auch praktische Aufgaben an Euler herangetragen. So gehörte er zu der vom König einberufenen Kommission zur Überprüfung des Kanalprojekts an der Oder und nahm zusammen mit dem Kriegs- und Domänenrat von Haerlem und dem Kammerdirektor von Schmettau an einer Bereisung der für die Regulierungsarbeiten vorgesehenen Gebiete teil.

## 18 Arbeiten im Oderbruch

a) „Karte vom Oderbruch gezeichnet im Jahr 1795 durch Hentschel"

54 × 125,5 cm, 1:50 000

GStA PK, XI. HA C 50 386

b) Friedrich an die Kurmärkische Kammer

Potsdam, 1766 Oktober

GStA PK, Pr. Br. Rep. 2A Sammelstelle 146

Mit den Vorbereitungen zur Besiedlung des neuen Landes im Oderbruch war Oberstleutnant Wolf Friedrich von Retzow beauftragt worden, obwohl die Arbeiten am Kanal und an den Dämmen nicht in der Schnelligkeit abgeschlossen wurden, die der König erwartet hatte. Mitverursacht war diese Verzögerung durch den Mangel an Arbeitskräften, obwohl auch die Regimenter Mannschaften abkommandierten. Die Arbeiten waren anstrengend und ungesund, die Unterbringungen vielfach unzureichend.

Die Verbindung zum König hielt der Ingenieur-Offizier Isaak Jakob Petri.
Auch nach Fertigstellung des Kanals waren nach sechs Jahren noch wichtige Aufgaben im Oderbruch zu erledigen, so an den Deichen des alten Oderlaufs, am Faulen See und beim Ausbau des Entwässerungssystems durch kleine Gräben. Der Siebenjährige Krieg und der Einfall der Russen hinderten den Fortgang des Werkes, das erst nach dem Hubertusburger Frieden zum Abschluß gebracht werden konnte.
Als besonderes Problem erwies sich die Einpassung des Gewonnenen in die Obhut der Verwaltung, wozu die Erstellung von Deich- und Uferordnungen ebenso gehörte wie die Mitbeteiligung der neuen Siedler an der Aufsicht und Pflege der neuen Einrichtungen. Zudem waren 1766 noch Endabrechnungen vorzulegen, eine Aufgabe, die den Praktikern von Haerlem und Petri wenig lag. In dem Schreiben an die Kurmärkische Kammer vom Oktober 1766 ordnete der König die Bildung einer Kommission an, die anhand der im Oderbruch geleisteten Arbeiten Petris Rechnungen überprüfen sollte.

## 19 Ansiedlungen

„Erneuertes Edict von den vermehrten Wohlthaten und Vortheilen vor die Auswärtigen, die sich in den Königlichen Preußischen Landen niederlassen"
Berlin, 1747 September 1

GStA PK, XII. HA VI 347

Daß den nach Preußen zuziehenden auswärtigen Familien Vergünstigungen zugestanden wurden, gehörte zu den Grundsätzen der Kolonisationspolitik seit dem Großen Kurfürsten. Friedrich begrüßte wie seine Vorgänger die Einwanderung von „Fremden mit gutem Vermögen". Das Edikt vom 1. September 1747 sagt diesen Kolonisten die Freiheit von gewaltsamer Werbung und Enrollierung zu. Für zwei Jahre wurden sie von allen bürgerlichen Lasten befreit und erhielten Vergütungen für bereits gezahlte Verbrauchssteuern. Für die mitgeführten Habseligkeiten, sofern sie dem eigenen Bedarf dienten, war kein Zoll zu zahlen. Besondere Erleichterungen erhielten die Einwanderer, die in der Kurmark, in Pommern, Magdeburg oder Halberstadt bleiben wollten.

Kat. Nr. III, 18 a

Kat. Nr. III, 21 a

## 20 Kolonisten in der Kurmark

a) Friedrich an die Kurmärkische Kriegs- und Domänenkammer.

Berlin, 1750 Juli 22

GStA PK, Pr. Br. Rep. 2A Nr. 12

b) Friedrich an den Obristen von Bredow.

Potsdam, 1753 April 12

GStA PK, BPH Rep. 47 Nr. 139

Über die Fortschritte der staatlich geförderten Kolonisationstätigkeit erwartete der König von den Kriegs- und Domänenkammern regelmäßige Berichte, aus denen die Zahl der neu angelegten Dörfer und der Siedlerfamilien hervorgehen mußte. Die Unterstützung der Siedlungspolitik durch den Adel erfolgte nicht in dem vom König erhofften Umfang. So hatten sich die Grundherren in der Prignitz die Auswahl der Kolonisten selbst ausbedungen und die Dorfgründungen mit verschiedenen Forderungen an den König verknüpft. Der ungehaltene Brief Friedrichs an den ehemaligen Obristen von Bredow enthält die Aufforderung, ohne weitere Verzögerungen zehn ausländische Familien anzusetzen.

## 21 Das Kolonistendorf Gosen

a) „Plan vom Colonistendorfe Gosen"

Kolor. Federzeichnung, 49 × 69,4 cm, 1 : 5000

GStA PK, XI. HA E 1003

b) Modell

hergestellt von Burkhard Lüdtke, Berlin, 1986
166 × 176 cm, ca. 1 : 500

GStA PK

Die Bevölkerungsvermehrung in friderizianischer Zeit wurde durch Einwanderung erreicht, wobei der größte Zustrom nicht mehr aus ausländischen Glaubensflüchtlingen bestand, sondern aus Deutschen, die vielfach aus wirtschaftlichen Gründen ihre Heimat verlassen hatten. Neben den Bauern für die Besetzung der Stellen im Oder-, Netze- und Warthebruch wurden Handwerker und Arbeiter nach Preußen geholt, die für die sich entwickelnde Industrie tätig waren und in neugegründeten Dörfern angesiedelt wurden. In der unmittelbaren Nähe Berlins kam es zur Gründung einer Reihe von Spinnerkolonien, wo die Menschen in Heimarbeit für die Seidenmanufakturen in Köpenick arbeiteten. Gosen, dessen kreuzförmige Anlage trotz starker Eingriffe in den Baubestand noch heute erkennbar ist, wurde 1754/55 als Spinnerdorf gegründet. Schon während der ersten Planungen waren Kirche, Friedhof und Schule vorgesehen.

# Fabriken für Samt und Seide

## 22 Anlage von Maulbeerplantagen

a) „Edict wegen Anlegung der Plantagen von Maulbeer-Bäumen“
Berlin, 1742 November 12

GStA PK, XX. HA EM 54a Nr. 34

b) „Edict, daß niemand sich unterstehen soll, die Maulbeer-Bäume zu beschädigen“
Berlin, 1746 Dezember 15

GStA PK, XII. HA VI Nr. 345

c) „Reglement für Prediger, Küster und Schulmeister der Chur-Marck Brandenburg wegen Pflanzung der Maulbeerbäume“
Berlin, 1752 September 7

GStA PK, XX. HA EM 54a Nr. 34

d) „Advertissement die Perfectionir— auch gehörige Unterhaltung der Maulbeer-Baum-Plantagen betreffend“
Berlin, 1763 Juni 20

GStA PK, XII. HA VI Nr. 417

e) „Publicandum, Daß demjenigen, welcher einen Uebertreter der Edicte, wider Beschädigung und Ruin derer bey denen Städten und Dörfern auch öffentlichen Land-Straßen gepflanzten Maulbeer-, Obst- und andern Bäumen anzeiget, ein Prämium von Fünf Rthlr. gereichet werden solle“
Berlin, 1765 September 21

GStA PK, XII. HA VI Nr. 443

f) „Reglement wegen der Maulbeerbaum-Kultur und des Seidenbaus bei den Predigern, Kirchen und Schulbedienten, Kirchen und milden Stiftungen des Königreichs Preußen“
Königsberg, 1768 November 4

GStA PK, XX. HA EM 54a Nr. 41

g) „Reglement wegen der Maulbeer-Baum-Cultur und des Seidenbaues bey denen Prediger, Kirchen- und Schulbedienten, Kirchen und milden Stiftungen in Westpreußen“
Marienwerder, 1777 Mai 20

h) „Berichts-Tabelle wegen der Maulbeer-Bäume und des Seiden-Baues aus der Inspection ...aufs Jahr...“

i) „Designation der in der Inspection ... gewonnenen Cocons, und davon gehaspelten Seide, Floret-Seide und gezogenen Seiden-Graines Pro Anno 17...“

GStA PK, XX. HA EM 54a Nr. 44

Die Bemühungen Friedrich Wilhelms I., in Preußen die Grundlage für eine eigene Seidenmanufaktur zu entwickeln, hatten zu keinen großen Erfolgen geführt. Die Wälle um Berlin und Spandau und die Kirchhöfe waren mit Maulbeerbäumen bepflanzt worden, aber das Klima war den Anlagen wenig günstig, und so gab es immer wieder Rückschläge. Friedrich II. nahm den Gedanken seines Vaters wieder auf, sich bei der Seidenproduktion von auswärtigen Lieferanten unabhängig zu machen und wie Hamburg, Kursachsen und Süddeutschland den Bedarf im eigenen Lande zu decken. Dabei kam es zunächst darauf an, die durch Frost geschädigten Maulbeerbäume zu ersetzen und durch Anlage von Plantagen die Pflanzungen zu vergrößern. Anordnungen zur Zucht von Maulbeerbäumen ergingen an die Kriegs- und Domänenkammern, die die Einwohner ihrer Bereiche gleichfalls dazu anhalten sollten; Superintendenten, Prediger, Schul-

meister und Küster wurden aufgefordert, Kirchhöfe mit Maulbeerbäumen zu umgeben.
In der langen Regierungszeit des Königs mußten die Verlautbarungen mehrfach wiederholt werden, zumal durch die Kriegsjahre eine Unterbrechung der Entwicklung eingetreten war. 1751 erschien bei Haude & Spener in Berlin ein Lehrbuch aus der Feder des Predigers Hecker, der den künftigen Landschullehrern praktische Anleitungen für den Seidenbau gab. Friedrich schrieb in seinem Politischen Testament 1752: Zur Ermutigung „ließ ich die Seide unseres eigenen Bodens ebenso teuer bezahlen wie die aus Italien: ich gebe den Dorfpfarrern, die die meiste Seide erzeugt haben, Prämien und Vergünstigungen an die, die Maulbeerbäume pflanzen."

REGLEMENT

wegen der

Maulbeer-Baum-Cultur

und des

Seidenbaues

bey denen

Predigern, Kirchen- und Schulbedienten, Kirchen und milden Stiftungen in West-Preussen.

De Dato Marienwerder den 20ten May 1777.

Marienwerder,

gedruckt in der Königl. West-Preuß. Hofbuchdruckerey bey Joh. Jac. Kanter.

Kat. Nr. III, 22g

## 23 Plan zur Anlage einer Maulbeerplantage

„Plan zur Anlegung einer Maulbeer-Plantage ohnweit Oranienburg"

Kolor. Federzeichnung von C. F. Milow, 1750
1:2000, 64 × 95 cm.
Nebenkarte: „Entwurf von zwey Quarrées der großen Plantage und wie zwischen zwey Hauptbäumen noch 7 Stück und in allen 42000 Stück kleine Maulbeerbäume zur Zuzucht gesetzet werden können"

GStA PK, XI. HA E 627

Neben der Bepflanzung der Kirchhöfe, auf denen jeweils nur eine geringe Anzahl von Maulbeerbäumen unterzubringen war, versuchte man, durch die Anlage ganzer Plantagen die Grundlage für die Seidenraupenzucht zu verbessern. Die geplante Maulbeerplantage bei Oranienburg sollte 6000 Bäume umfassen. Bei allem staatlichen Nachdruck und aller Förderung blieb der Erfolg nicht aus, war aber verglichen mit den Anstrengungen gering. Schon wenige Jahre nach dem Tod des Königs wurden alle diese Bemühungen als „unökonomisch befunden, daher alle Zwangsmittel und Verbindlichkeiten zum Maulbeerbaumpflanzen und zum Seidenbau aufgehoben und die Sache ihrem natürlichen Gang überlassen" (wurden). Heinrich Weber, Verfasser des „Vaterländischen Erwerbsfreund" (1819), meinte, die „Verkrüppelung und Kleinheit" der Maulbeerbäume beweise, daß die Zucht für dieses Land nicht passe (T. 1, S. 131f.).

## 24 Seidenbau beim Potsdamer Waisenhaus

Friedrich an den Obersten von Retzow
Potsdam, 1752 April 26

GStA PK, BPH Rep. 47 Nr. 178

Die zum Potsdamer Militärwaisenhaus gehörende Maulbeerplantage trug um 1785 „1003 Stücke schöner und großer Bäumchen, ohne die vielen Hecken" (Nicolai). Eine zweite, erst 1763 angelegte Pflanzung bestand 1785 aus 1588 Bäumen. Von den Einkünften aus dem Seidenbau, jedoch auch aus einer Anzahl anderer Manufakturen und Fabriken mußte sich das Waisenhaus, das dem VI. Departement im Generaldirektorium unterstand,

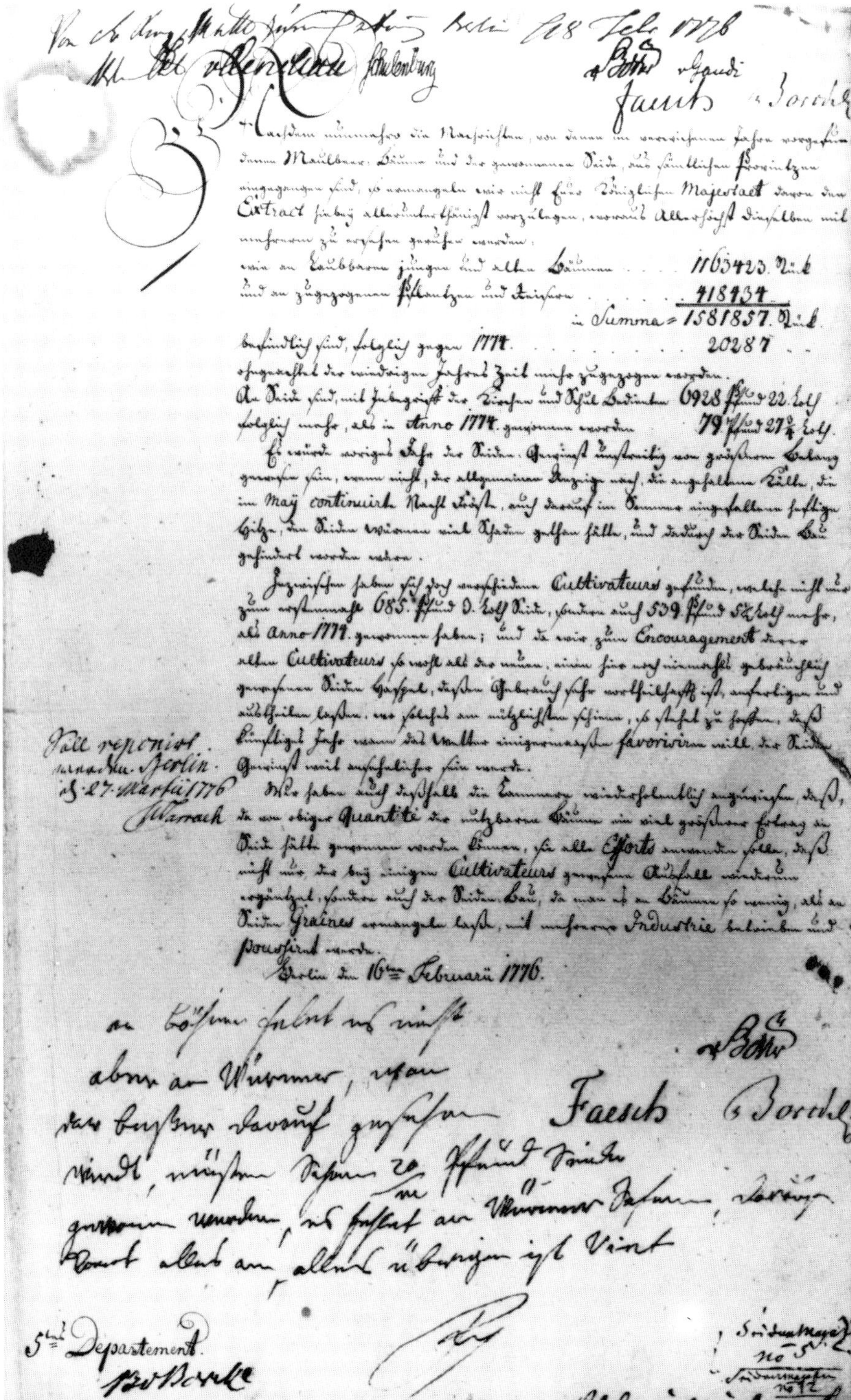

Kat. Nr. III, 26

erhalten. Die Besetzung der verantwortlichen Stellen im Waisenhaus war eine Angelegenheit, über die der König selbst entschied. So erging an den Obersten von Retzow Friedrichs Befehl, ihm über die Umstände im Potsdamer Waisenhaus Bericht zu erstatten, vor allem wegen der Wiederbesetzung der Stelle des verstorbenen Aufsehers und Appreteurs beim Seidenbau, dessen Witwe sich um die Nachfolge beworben hatte.

## 25 Maulbeerbäume und Seidenproduktion

a) „Beschreibung, wie mit ein Loth Maulbeer-Saamen zu verfahren, um vierzig bis funfzig gute Stand-Bäume zu ziehen". 1768.

GStA PK, XX. HA EM 59a Nr. 40

b) Johann Georg Krünitz's Ökonomisch-technologische Encyklopädie ... 152. Teil. Berlin 1830. Stichwort „Seide und Seidenbau".

GStA PK, Bibliothek 43 F 35

Das sichtbare Interesse des Königs an der Entwicklung einer preußischen Seidenindustrie hatte die theoretische Auseinandersetzung mit den Möglichkeiten der Seidenraupenzucht unter den klimatischen Bedingungen der Mark Brandenburg zur Folge. Der Beschreibung von „Seide und Seidenbau" im Lexikon von Krünitz, das seit 1782 in Berlin erschien, sind 305 Seiten gewidmet. Die beigefügte Tafel zeigt neben den verschiedenen Erscheinunsformen der Seidenraupe Abbildungen von Spinnhütten, die „als Behältnisse, in welche die Raupen sich begeben und sich einspinnen" empfohlen wurden. Der auf dem Titelkupfer dargestellte Direktor des Militärwaisenhauses in Potsdam, von Türck, hatte in seiner Seidenbau-Anstalt in Klein-Glienicke bei Potsdam wissenschaftliche Untersuchungen angestellt, die in seiner Zeit zur Nachahmung und praktischen Umsetzung anregten.

## 26 Behinderungen der Maulbeerbaumzucht

Bericht des Departements für Kommerzien und Fabriken an den König (mit eigenhändiger Randbemerkung Friedrichs)
Berlin, 1776 Februar 16

GStA PK, I. HA Rep. 94A Slg. Adam Nr. 47

Den geringen Erfolg bei der Maulbeerbaum-Zucht begründete das V. Departement: „ Es würde voriges Jahr der Seiden-Gewinst unstreitig von größerem Belang gewesen sein, wenn nicht der allgemeinen Anzeige nach die angehaltene Kälte, die im May continuirte Nacht Fröste, auch darauf im Sommer eingefallene heftige Hitze, den Seiden Würmern viel Schaden gethan hätte und dadurch der Seiden Bau gehindert worden wäre..." Hierzu bemerkte der König: „An Böhmen (= Bäumen) felet es nicht aber an Würmer, wan dar beßer darauf gesehen wirdt, müsten Schon 20/m Pfund Seide gewonnen werden, es fehlet an Würmer Sahmen, darauf komt alles an, alles übrige ist Vint..."

Kat. Nr. III, 27

Kat. Nr. III, 28 a

## 27 Leistungen der Seidenindustrie

Denkmünze in Silber, Durchmesser 3,7 cm, 1783
Vorn: Brustbild Friedrichs als antiker Herrscher mit Lorbeerkranz, Profil nach links. Umschrift: FRIDERICUS INSTAURATOR.
Rückseite: Darstellung einer Spinnerin unter einem Maulbeerbaum.
Umschrift: INDUSTRIAE SERICAE PRUSS.
Unten: BR. MDCCLXXXIII

GStA PK, Neuerwerbung 1985

Denkmünzen (Medaillen) oder Geld wurden als Prämien an die Seidenbauern verliehen, die besonders gute Ergebnisse im Rahmen der Seidenproduktion aufweisen konnten. Hier folgte man in Preußen dem französischen Vorbild, wo die besten Pflanzungen von Maulbeerbäumen belohnt wurden. Die erste Denkmünze ließ 1783 der Minister Hertzberg anfertigen; eine zweite Prägung folgte 1796.

## 28 Samtfabrikation

a) „Christian Friedrich Blume, geb. d. 18. Mart. 1693, gest. d. 19. Nov. 1746"

Kupferstich, 41,5 x 25,5 cm
Bez.: „Falbe Effig. pinx., G. F. Schmidt Sculpt. Reg. Sculps. Berolini 1748"

Dr. Elmar Mauch, Bad Mergentheim

b) „Declaration des dem hiesigen HofLivranten Blume unter dem 14. Juli dieses Jahres ertheilten Privilegii, über die alhier in Berlin angelegte Sammet-Fabrique, vermöge deßen nach seinem Ableben sothanes Privilegium auch seinen Kindern zu statten kommen und selbige dabey geschützet und mainteniret werden sollen"
Berlin, 1746 November 18

GStA PK, X. HA Rep. 16 A Gotzkowski Kasten 3 Nr. 3

Neben der Einrichtung von Seidenfabriken galt der Herstellung von Samtstoffen die besondere Förderung des Königs. Die erste Samtfabrik war in Potsdam 1730 durch den Schutzjuden David Hirsch gegründet worden. Eine zweite Fabrik in Berlin verdankte ihre Entstehung um 1745 Christian Friedrich Blume, dem Schwiegervater des wirtschaftspolitischen Beraters Friedrichs, Johann Ernst Gotzkowsky. Nach dem Tode Blumes 1746 mußten auch seine Erben sich verpflichten, dem Entrepreneur der Potsdamer Samtfabrik, David Hirsch, keinen Abbruch zu tun, etwa durch Abwerbung seiner Gesellen oder durch Beeinflussung der Auftraggeber. Dem Hof und der Armee sollte es frei stehen, in Potsdam oder Berlin zu kaufen; ausschlaggebend sollte die Qualität der Stoffe sein. Die Begünstigung der Blumeschen Fabrik bestand in einem vierprozentigen Rabatt von der Akzise und der Verschonung von Einquartierung.

Kat. Nr. III, 29

## 29 Friedrich besucht eine Fabrik

Bez.: „Menzel Berl. 1856 A. v. G. u. R. H. Müller sc.“
Druck einer Zeichnung, 11,3 × 9,3 cm

Aus: Die deutsche Geschichte in Bildern nach Originalzeichnungen deutscher Künstler. Dresden 1856

Dr. Elmar Mauch, Bad Mergentheim

Menzel stellt den Besuch des Königs in einer Weberei dar, in der kostbare Stoffe hergestellt werden. Während der Unterhaltung Friedrichs mit einer Arbeiterin hält der Unternehmer einen Stoffballen bereit, um ihn seinem Gast vorzuführen. Möglicherweise dachte Menzel an die Blumesche Fabrik, da diese das Privileg hatte, gemusterte Samtstoffe herzustellen.

## 30 Apotheke

Gemälde eines unbekannten Meisters
Öl auf Leinwand, 57 × 70,5 cm
nach 1752

Berlin Museum

Nach einer Mitteilung von Anton Friedrich Büsching gab es 1778 in Berlin 22 Apotheker, 50 Apothekengesellen und 36 Jungen. Der Aufgabenbereich einer Apotheke war noch nicht einheitlich festgelegt, aber das Reglement Friedrichs II. von 1752 für die Hofapotheke und dessen Erneuerung nach dem Siebenjährigen Krieg schränkte doch die Zuständigkeit auf die Ausgabe von Medikamenten im Zusammenhang mit der Verschreibungspflicht

der Ärzte und der Gültigkeit von Rezepten ein. Der Ausschank von Branntwein und Likör, der Verkauf von wohlriechenden Wässern, Pomaden und Zukkerwerk waren von diesem Zeitpunkt an in der Hofapotheke untersagt. Ihre Privilegierung hat sich mit Sicherheit auf die anderen Berliner Apotheken ausgewirkt.
Die Darstellung der Berliner Apotheke ist eines der wenigen Genrebilder aus friderizianischer Zeit. Hier treffen sich Bürger und Soldaten: Berlin ist Garnisonstadt. Der seine Medizin in Empfang nehmende Musketier gehört dem in der Friedrichstadt stationierten Infanterieregiment Nr. 19 (Markgraf Karl) an, der Unteroffizier dem Regiment 13 (Itzenplitz), das auf dem Friedrichswerder lag. Die Stadt war in Regimentsbezirke eingeteilt, in denen sich die Soldaten auch vorzugsweise aufhielten. So könnte diese Apotheke zwischen der Friedrichstadt und dem Friedrichswerder gelegen haben.

# Toleranz für Schlesien

## 31 Grundsteinlegung der St. Hedwigskathedrale

Jean LeGeay

„Cérémonie de la Position de la Premiere Pierre"

Kupferstich, 30,5 × 64 cm
(1747)
Bez.: „Chez Fromery a Berlin"

SBPK Einblattdrucke YB 6350 gr.

Der Kupferstich stellt die für die Grundsteinlegung der St. Hedwigskathedrale am 13. Juli 1747 eigens hergestellten Dekorationen dar. Entwurf und Ausführung hatte Jean LeGeay übernommen. Die „Berlinischen Nachrichten von Staats- und Gelehrten Sachen" berichteten ausführlich über dieses Ereignis, das morgens um 9 Uhr begann. Der Propst des Benediktinerordens, Baron von Brackel, zelebrierte in der katholischen Kapelle ein Hochamt unter Anwesenheit der ausländischen Minister der katholischen Mächte und des katholischen Adels. Anschließend begab man sich zum Bauplatz, wo unter einem Baldachin ein Altar aufgebaut war, dem zur Seite die königliche Kapelle und Pauken und Trompeten Platz hatten. Im Namen des Königs legte der Hofjägermeister Graf von Haacke unter musikalischen Klängen den Grundstein. Die ausländischen Minister gaben mit Hammerschlägen auf den Grundstein dem kirchlichen Bau ihre Wünsche kund. Der apostolische Pronotar von Schnellern stimmte nach einer kurzen Rede das Te Deum an, das von der königlichen Kapelle musikalisch aufgenommen wurde. Zur Erinnerung an die Grundsteinlegung wurde eine Medaille geprägt, von der ein Exemplar zusammen mit den königlichen Patenten in den Grundstein eingelassen wurde.

## 32 Die St. Hedwigskathedrale in Berlin

„L'église catholique qui se bastit à Berlin sur les dess. du roi. J. Legeay layé et fecit". 1747

Kupferstiche, 47 × 65 cm

GStA PK, IX. HA I 1358/1—2

Nach der Eroberung Schlesiens veränderte sich das zahlenmäßige Verhältnis zwischen Protestanten und Katholiken in Preußen grundlegend. Hatten bisher die Katholiken nur in einigen Teilen der westlichen Provinzen mehr als die Hälfte der Bewohnerschaft ausgemacht (in Lingen sogar über 90 v. H.), stellten sie in den anderen Gebieten weniger als ein Zehntel der Bevölkerung, so daß sich im Durchschnitt mehr als 90 v. H. der Einwohner in Preußen zur lutherischen oder reformierten Glaubensrichtung bekannten. Die überwiegend katholische Bevölkerung in Schlesien erforderte vom König eine Klärung seines Verhältnisses zu dieser Konfession, nicht zuletzt im Hinblick auf seinen Anspruch, die preußische Souveränität in Schlesien durchzusetzen. Friedrichs Haltung wurde von der Überlegung bestimmt, die Schlesier in den preußischen Staat einzubinden, und durch eine Anerkennung ihres Bekenntnisses erleichterte er die Lösung dieses Problems. Es gelang ihm, ein gutes Einvernehmen mit dem Bischof von Breslau, Kardinal Sinzendorff, herzustellen und einen gewissen Einfluß auf die kirchliche Verwaltung auszuüben. Aufsehen in der katholischen Welt erregte der Bau der Hedwigskirche in Berlin. Am 22. November 1746 hatte der König auf eine Vorstellung der „Römisch-Katholischen Religions-Verwandten in Unseren Sambtlichen Provintzien und Landen", vor allem in Berlin, die Erlaubnis zum Bau einer Kirche erteilt, „so groß, als sie solche immer haben wollen oder können, mit einem oder mehreren Thürmen, groß und kleinen Glocken" und den Bauplatz hierfür zur Verfügung gestellt. Der Grundstein wurde am 13. Juli 1747 gelegt. Der Entwurf des runden Kuppelbaues stammte von den Baumeistern Johann Gottfried Büring und Jean LeGeay und lehnte sich an das Pantheon in Rom an. 1755 mußten die Arbeiten aus Geldmangel eingestellt werden. Nach dem Siebenjährigen Krieg wurden sie durch den Architekten Boumann d. Ä. zum Abschluß gebracht. Am 1. November 1773 weihte der Bischof von Ermland, Fürst Krasicki, die neue Kathedrale feierlich ein. Ihre Patronin war die Heilige Hedwig, die Schutzherrin Schlesiens.

## 33 Einweihung der St. Hedwigskathedrale

Denkmünze in Silber, Durchmesser 4,1 cm

Vorn: Das Gebäude der Hedwigskirche, darüber in den Wolken die Schutzheilige. Im Vordergrund rechts drei Jungfrauen mit dem Porträt eines Mannes. Beschriftung unten: RELIGIO PROMOVET ARTES.
Rückseite: B. GALLIARI. QUI SUO. AERE. OPIFICIO. CATHOLICUM. S. HEDWIG. TEMP. BEROLINI. DECORAVIT. ET PERFECIT. A. MDCCLXXIII.

GStA PK, Neuerwerbung 1985

Die Vollendung der Hedwigskathedrale verzögerte sich bis 1773, da die erhofften Kollekten nicht ausreichten. Die Denkmünze erinnert an den Italiener Bernardin Gagliari, der 1771 einem Ruf des Königs nach Berlin folgte und auf eigene Kosten die Kuppel der neuen Kirche ausmalte.

## 34 Der Breslauer Bischof von Sinzendorff

„Philipp Ludwig Cardinal von Sinzendorf, Bischof zu Breslau und Fürst, des Heil. Röm. Reichs Erb-Schatzmeister und Graf, Burggraf in Rheinegg"

Kupferstich, 30,5 × 19 cm

Dr. Elmar Mauch, Bad Mergentheim

Kardinal Sinzendorff, eine nachgiebige, wohl auch eitle und die Ziele der preußischen Kirchenpolitik in Schlesien kaum ermessende Persönlichkeit, besaß die Gunst Friedrichs und stimmte auch dessen Wünschen zu, in Breslau die Stelle des Bischöflichen Koadjutors mit dem jungen Domherrn Graf Philipp von Schafgotsch zu besetzen. In seinem Briefwechsel ging Sinzendorff gern auf den leichten ironischen Stil des Königs ein („Der Heilige Geist und ich haben miteinander beschlossen..." —

Kat. Nr. III, 31

Kat. Nr. III, 34

„Das große Einvernehmen zwischen dem Heiligen Geist und Eurer Majestät ist etwas vollständig Neues für mich...“), ließ sich zum Anwalt seiner Wünsche in Rom machen und setzte sich in einem offenen Brief für die Abstellung der Religionsstreitigkeiten zwischen Katholiken und Protestanten ein. Allerdings war der preußische König seinerseits bemüht, die Bestimmungen des Breslauer Friedens über die Erhaltung der katholischen Religion in dem bestehenden Zustand genau zu beachten, nicht immer zur vollen Zufriedenheit der Protestanten, die eine größere Unterstützung ihrer Belange erwartet hatten.

## 35 Die evangelische Kirche in Schlesien

a) „Evangelisch-Lutherische Inspections- und Presbyterial-Ordnung Vor das Hertzogthum Schlesien“
Breslau, 1742 September 13

SBPK Dr 17 125

b) „Schmiedeberg. Die evangelische Kirche mit Schule und Pfarrhaus“
Abb. aus: Richard Kowiarz: Alt Schlesien. Stuttgart (1913), S. 138

Zur Regulierung des evangelischen Kirchenwesens in Schlesien erließ der König 1742 eine Ordnung, die für die Gebiete, in denen bereits früher evangelisches Gemeindeleben stattgefunden hatte, ebenso verbindlich war wie für jene Bereiche, in denen nunmehr evangelische Gottesdienste wieder erlaubt wurden. Diese Ordnung entsprach in ihren Grundzügen den in den evangelischen Landeskirchen seit der Reformation eingeführten Regelungen. Die Aufsicht über die Pastoren stand den Superintendenten oder Inspektoren zu; ihnen übergeordnet war das Oberkonsistorium in Breslau, von dem aus an das Königliche Konsistorium in Berlin berichtet werden mußte. Auch die Schulen und ihre Aufsicht sind Teil dieser Presbyterialordnung: regelmäßige Visitationen von Kirchen und Schulen waren vorgeschrieben, und in der Berichterstattung sollte auf die beobachteten Mängel hingewiesen werden. Obwohl Friedrich den Protestanten in Schlesien keine Sonderstellung zubilligte, wurden in seiner Regierungszeit doch eine Reihe von Bethäusern neu errichtet, unter denen Hermsdorf, Prausnitz, Warmbrunn und Schmiedeberg hervorzuheben sind.

## 36 Einrichtung des Justizwesens in Schlesien

„Notifications-Patent, betreffend die Einrichtung bey den weltlichen und geistlichen Justiz-Wesen im Herzogthum Nieder-Schlesien“
Berlin, 1742 Januar 15

In: Sammlung aller ... pubicirten Ordnungen, Edicta, Mandaten, Rescripte etc. de Anno 1742. Breslau o. J.

GStA PK, Bibliothek 22 S 1 Bd. 1

Bei der Lösung der anstehenden kirchenpolitischen Probleme in Schlesien trat der preußische Justizminister Samuel von Cocceji hervor, da der König den konfessionellen Besonderheiten der neuen Provinz persönlich kein großes Interesse entgegenbrachte. Coccejis erste Maßnahmen riefen vielfach berechtigte Empfindlichkeiten hervor, denn sie verkannten die Bedeutung der Hierarchie in der Katholischen Kirche und ließen die Verklammerung der schlesischen Institutionen mit denen der Nachbarländer über die politischen Grenzen hinweg vielfach außer Acht. Dabei waren die Bemühungen um eine allgemeine Vereinfachung des Justizwesens in Schlesien durchaus berechtigt. Wichtig war die Einrichtung von zwei Oberamtsregierungen in Breslau und in Glogau, deren Appellationsinstanz das Tribunal in Berlin wurde. Die bischöfliche Verfassung blieb unangetastet; Streitigkeiten über „Causas vere ecclesiasticas" wurden weiterhin von kirchlichen Instanzen geschlichtet und waren von einer Verweisung an die weltlichen Justizeinrichtungen nicht betroffen. Das „Notifikationspatent" sieht in § 29 die Einrichtung evangelischer Schulen vor; katholische Obrigkeiten mit evangelischen Untertanen werden zur Anstellung evangelischer Lehrer verpflichtet.

## 37 Schlesische Kontributionsverfassung

„Königlich-Preußisches Patent wegen der künftigen Contributions-Verfassung Im Erb-Hertzogthum Schlesien Und demselben incorporirten Grafschaft Glatz"
Potsdam, 1743 April 23

GStA PK, Bibliothek 42[a]E 4[a] (Neue Ediktensammlung)

Um das schlesische Steuerwesen dem in den übrigen preußischen Provinzen anzunähern und auf die Dauer gleichzustellen, war es vor allem für die Festsetzung der Kontribution notwendig, durch genaue Vermessung einen vollständigen Kataster des platten Landes anzufertigen. Die Aufnahme erfolgte seit Frühjahr 1742 und sollte im Laufe eines Jahres abgeschlossen sein. Der König hielt es für erforderlich, durch Patent die Untertanen seiner neuen Provinz auf die steuerlichen Regelungen hinzuweisen, nach denen in Zukunft neben der städtischen Akzise vom platten Lande die Kontribution eingezogen werde: „...Wir hätten zwar wohl bey diesem gantzen Wercke Landes-Väterlich gewünschet, daß Wir bey Antritt Unserer Regierung Unseren getreuen Ständen, Vasallen und Unterthanen noch durch ein geringeres Quantum an Steuern zu Hülffe kommen, um Sie dadurch Unserer Huld und Gnade noch mehr versichern zu können..." Er versichert jedoch in diesem Patent, daß er den geistlichen und weltlichen Ständen Schlesiens „kein mehreres und höheres Steuer-Quantum, als durch itziges Steuer-Catastrum festgesetzt worden, abfordert", und sie durch „Extraordinarien" nicht beschwert werden sollen.

## 38 Lockerung der Erbuntertänigkeit

„Edict wegen Loslassung der Unterthanen in Unserm Erb-Hertzogthum Schlesien und der Grafschaft Glatz, Daß die Grund-Herrschafften ohne erhebliche Ursachen denen Unterthanen die Loslassungen der Unterthänigkeit nicht versagen, Diese aber auch ohne gegründete Ursachen zum Nachtheil derer Cantons und ihrer Grund-Herrschaften nicht von einem Ort zum andern ziehen sollen"
Berlin, 1748 Dezember 10

GStA PK, I. HA Rep. 94a Slg. Adam Nr. 34

In zweimaligem Versuch bemühte sich der König um eine Beseitigung oder wenigstens Lockerung der Erbuntertänigkeit der Landbevölkerung Schlesiens, vermochte aber nur auf den wenigen Staatsgütern von Anfang an Erleichterungen durchzuführen. Das vorsichtig formulierte Edikt von 1748 erläutert die Möglichkeiten, Vor— und Nachteile der „Loslassung der Untertanen" und damit der Lockerung der Abhängigkeit, des „der Sklaverei so nahekommenden Unheils". Gründe des Für und Wider werden einander gegenübergestellt. Der Flucht der Untertanen aus der Abhängigkeit und der Gefahr der Landstreicherei sollte ebenso entgegengetreten werden wie den willkürlichen Forderungen der Grundherren auf Zahlung eines Loslassungsgeldes und der Übertretung der vormals festgesetzten landesherrlichen Bedingungen.

### 39 Belebung des schlesischen Handels

„Königlich-Preußisches Einladungs-Avertissement an die Aus- und Einländischen Meß-Fieranten, wegen Besuchung der nächstbevorstehenden Breßlauischen Laetare-Messe"
Breslau, 1746 Januar 26

GStA PK, XII. HA VI Nr. 343

Zur Förderung von Handel und Gewerbe in Preußen und zur Belebung der Beziehung Schlesiens zu den übrigen Provinzen der Monarchie hatte der König seiner „getreuen Hauptstadt Breslau" 1742 die Veranstaltung von jährlich zwei Messen zugestanden. Er erhoffte sich hierdurch auch einen verbesserten Warenaustausch nach Polen, Ungarn, Siebenbürgen, Böhmen und Mähren und gestand den Besuchern der Messe eine Reihe an Erleichterungen zu, die auch in dem Einladungsschreiben zur Frühjahrsmesse 1746 ausdrücklich genannt werden.

## Kanäle und Seehandel

### 40 Das handelspolitische Programm des Königs

„Idée Generale Du Commerce de ce pais ici"
Potsdam, 1749 Oktober 1

Faksimile nach Hohenzollern-Jb. 5. Jg. 1901, nach S. 270

GStA PK, Bibliothek 14ª10

Erste Anregungen zur Beschäftigung mit Handel und Gewerbe hatte Friedrich als Kronprinz in Küstrin von dem dortigen Kammerdirektor Christoph Werner Hille empfangen. Nach der Thronbesteigung 1740 gehörte die Gründung des V. Departements im Generaldirektorium zu den ersten Maßnahmen des Königs. Es sollte sich der Neugründung von Fabriken und des Ausbaues der bestehenden Manufakturen annehmen und sachkundige Arbeiter für Preußen gewinnen. Der Bedeutung des Handels schenkte Friedrich zu diesem Zeitpunkt noch keine sonderliche Beachtung. Gedanken zur Handelspolitik enthält zuerst die 1748 erlassene neue Geschäftsordnung für das Generaldirektorium, in der von der Bedeutung des Absatzes eigener Erzeugnisse, vom Durchgangshandel und vom Austausch einheimischer Waren gegen unentbehrliche aus dem Ausland die Rede ist. Als der Leiter des Departements für Kommerzien und Fabriken (V. Dep.), Minister Samuel von Marschall, sein Amt aus gesundheitlichen Gründen niederlegte, behielt sich Friedrich die Leitung selbst vor und ernannte den aus der Schweiz stammenden Kaufmann Johann Rudolf Emanuel Fäsch nur zum Direktor, nicht zum Minister. In seinem handelspolitischen Programm legte der König die Richtlinien für die kommenden Jahre fest: „Wir haben Häfen, Flüsse und Fahrzeuge; was uns fehlt, ist nur ein wenig mehr Betriebsamkeit und einige Großhändler, die hinlänglich reich sind, um die neuen Unternehmungen zu betreiben; die Zeit und unablässige Hingebung werden das übrige tun."

### 41 Kanalbauten

„Plan des Anno 1743 angelegten Finow-Canals nach dem gegenwärtigen Zustande verjüngt zusammengetragen von D. F. Sotzmann... Kopiert im Jahre 1810 durch Wetzel"

48 x 65,5 cm, 1:75000

GStA PK, XI. HA E 52 572

Die ersten Planungen für den Bau des Finow-Kanals als Verbindung zwischen Havel und Oder waren bereits im 16. Jahrhundert erfolgt. Sie wurden jedoch erst unter den Kurfürsten Joachim Friedrich, Johann Sigismund und Georg Wilhelm von Brandenburg zwischen 1605 und 1620 verwirklicht. Nach der Erwerbung Vorpommerns und Stettins durch Friedrich Wilhelm I. und der Eroberung Schlesiens durch seinen Sohn mußte eine Lösung des Problems der Wasserverbindung endgültig gefunden werden. Friedrich knüpfte an die Leistungen seiner Vorfahren an: Der Plauer Kanal zwischen Elbe und Havel verkürzte den Wasserweg zwischen Magdeburg und Berlin; der fast gleichzeitig zwischen 1744 und 1746 erfolgte Neu- und Ausbau des seit dem Dreißigjährigen Krieg verfallenen Finow-Kanals ermöglichte die Transporte bis nach Schlesien auf dem Wasserweg. Zwischen Havel und Oder mußten wegen des Gefälles 15 Schleusen gebaut werden, für deren Bedienung der

König 1747 das „Reglement wie es wegen des Wassers bey den Königl. Wercken und Mühlen auf dem Finow-Kanal zu halten" erließ. Die wachsende Bedeutung der preußischen Wasserstraßen förderte auch den Hafen von Stettin und den neu geschaffenen Hafen Swinemünde.

## 42 Swinemünde

Jakob Philipp Hackert

„Ansicht Raede zu Schwienemunde" (1762/63)

Aquarell, 21,4 × 35 cm

Stiftung Pommern, Kiel

Bis zum Regierungsantritt Friedrichs hatte Stettin als Handelsplatz seine alte Bedeutung noch nicht wieder zurückgewinnen können. Die Wiederaufnahme des Projekts eines Kanalbaues zwischen Elbe und Havel war der erste Schritt zur Verbesserung des Wasserstraßennetzes. 1742 erging an das Generaldirektorium der Befehl, den Plauer Kanal zum Abschluß zu bringen. Gleichzeitig begannen die Wiederherstellungsarbeiten am Finow-Kanal, der die Verbindung zwischen Havel und Oder schuf. Im Zusammenhang mit diesen Vorhaben stand der Ausbau von Swinemünde, obwohl die Tiefe der Zufahrt zur See durch die Swine noch nicht ausreichte, um schwere Schiffe passieren zu lassen. Immerhin nahm die Swine zu Lasten des Verkehrs auf der Peene ab 1747 an Bedeutung zu, begünstigt durch eine Reihe von Zollerleichterungen. Zögernder verlief noch der Ausbau des Hafens Swinemünde, der während des Siebenjährigen Krieges unterbrochen werden mußte. Doch das Wachstum des Stettiner Handels zeigte, daß die Gleichsetzung der Elb- und Oderzölle seit 1752 eine handelspolitisch richtige Entscheidung gewesen war.

## 43 Handel und Landwirtschaft in Pommern

Friedrich an den Präsidenten der Pommerschen Kriegs- und Domänenkammer, von Aschersleben
Potsdam, 1749 September 12

GStA PK, BPH Rep. 47 Nr. 1

Mit dem Ausbau der Swine und der zunehmenden Bedeutung von Swinemünde für den preußischen Handel in Stettin schwand im Bereich der pommerschen Küste die handelspolitische Abhängigkeit von Schweden. Auf einen Monatsbericht des Kammerpräsidenten von Aschersleben antwortete der König unter Hinweis auf die zunehmenden Erfolge: „... Daß nach solchen die Zölle und Licenten sich verbeßert haben und daß die Schiffarth von denen Magdeburgern, Schlesiern und Berlinern sich mehr als vorhin über Stettin ziehet, habe Ich mit Vergnügen vernommen und zweiffele Ich nicht, daß der gute Erfolg davon sich weit stärker sehen laßen werde, wann nur denen Commercianten darunter so viel möglich die Hand gebothen wird und selbige dergestalt begert werden, daß in gebuhrenden Dingen ihnen wohl und gut begegnet wird, um ihnen den Handel über Stettin mehr und mehr angenehm zu machen, damit im Verfolg der Zeit einmahl auf rechtschaffene kaufmannsche Arth über Stettin commerciret werden kann..." Der Tadel des Königs galt der „faulen und nachlässigen Wirtschaft des dortigen Landsmanns", der durch die Kammer ein besonderes Augenmerk zugewandt werden sollte.

## 44 Förderung des Stettiner Handels

Friedrich an die Kurmärkische Kriegs- und Domänenkammer
Berlin, 1751 Dezember 15

GStA PK, Pr. Br. Rep. 2A Nr. 106

Der „Beförderung des Oder-Commercii und der Handlung über Stettin" dienten verschiedene Konferenzen, an denen der für Schlesien zuständige Etatsminister Graf von Münchow und die Präsidenten der Kriegs- und Domänenkammern der Kurmark, der Neumark, Pommerns und Magdeburgs teilnahmen. Die Konferenzbeschlüsse wurden den Kriegs- und Domänenkammern mit dem Befehl weitergeleitet, sie in den Handelsstädten und bei der Kaufmannschaft bekanntzumachen, „damit selbige ihre Mesures darnach nehmen und ihren Handel darauf einrichten können". Mit der Verfügung „citissime" gab die Kurmärkische Kammer das Schreiben des Königs sofort sämtlichen Steuerräten und „dem hiesigen Magistrat" (Berlin) bekannt.

## 45 Erwerbung Ostfrieslands

a) Vorläufige Huldigung der Ritterschaft Emden, 1744 Juni 1

Nds. StA Aurich Rep. 5. Nr. 1

b) Blankett des Besitzergreifungspatents Berlin, o. D. (vor 23. Juni 1744)

Nds. StA Aurich Rep. 5 Nr. 1

c) Porzellanteller „Preußisch-Asiatische Kompanie"

SSG, Schloß Charlottenburg

Nach seinem Regierungsantritt hatte sich Friedrich die seit langem bestehende preußische Erbanwartschaft auf Ostfriesland bestätigen lassen. Am 26. Mai 1744 starb das ostfriesische Fürstenhaus der Cirksena aus, und die Nachfolge des Königs von Preußen wurde in allen Ämtern bekanntgegeben. Schon am 1. Juni 1744 erfolgte die vorläufige Huldigung der Ritterschaft in Emden, die auf einem Landtag am 23. Juni 1744 durch Cocceji im Namen des Königs noch einmal offiziell entgegengenommen wurde. Dem diplomatischen Geschick des preußischen Kammerdirektors Daniel Lenz war es in der Folgezeit zu verdanken, daß die Streitigkeiten innerhalb der ostfriesischen Stände, in deren

Kat. Nr. III, 46

Mittelpunkt die Stadt Emden stand, beigelegt werden konnten. Neben der landwirtschaftlichen Bedeutung Ostfrieslands war die Erwerbung vor allem durch den Hafen von Emden für Preußens Handel ein erheblicher Gewinn. 1750 wurde unter Beteiligung preußischer, Hamburger, Frankfurter, holländischer und Antwerpener Aktionäre die Asiatische Handelskompanie gegründet. Verwaltungsmittelpunkt blieb Aurich, wo im Schloß die Kriegs- und Domänenkammer eingerichtet wurde.

## 46 Fregatte „König von Preußen"

Modell: Höhe 118 cm, Länge 130 cm, Breite 48 cm
Hergestellt im Berliner Kunstgewerbemuseum in den Jahren vor dem Ersten Weltkrieg.

Wilhelmshaven KM

Das in England um 1750 erbaute Handelsschiff „König von Preußen" mit 120 Matrosen Besatzung, 12 Schiffssoldaten und 36 Kanonen lief 1752 als erstes von vier Schiffen im Auftrag der neugegründeten Preußisch-Asiatischen Handelskompanie aus dem Hafen Emden nach China aus, um Tee, Porzellan und Seide zurückzubringen. Der Gewinn übertraf die Erwartungen; er kam nicht zuletzt Emden und Ostfriesland zugute. Weiterreichende Pläne verfolgte der König nicht. Es gab Versuche, weitere Handelsgesellschaften zu gründen, die aber zu keinem durchgreifenden Ergebnis führten. Friedrich schrieb 1752 seine Vorstellungen über die Aufgabe Emdens in seinem Politischen Testament nieder: „Indem wir den Handel von Emden mit dem von Stettin verbinden, werden die Unternehmungen unserer Kaufleute weitaus beträchtlicher, und Stettin könnte einen Teil des Hamburger Handels nach Polen, Böhmen und Mähren übernehmen." Mit dem Ausbruch des Siebenjährigen Krieges verlor die Asiatische Handelskompnie ihre Bedeutung.

## 47 Verherrlichung der Preußisch-Asiatischen Handelskompanie

Just Friedrich Wilhelm Zachariae

„Tageszeiten. Ein Gedicht in vier Büchern mit Kupfern"

Rostock, Leipzig 1756, S. 50

SBPK 305033 R

Der in Braunschweig lebende Literat und Buchhändler, Just Friedrich Wilhelm Zachariae (1726—1777), Mitglied der Bremer Beiträger und Verehrer Klopstocks, besang in seinem Epos „Die Tageszeiten" literarische, künstlerische, politische und wirtschaftliche Ereignisse. Im zweiten Buch dieses in Hexametern abgefaßten Gedichts bezieht er zur Rolle der Deutschen in der europäischen Handelspolitik Stellung und hebt die Bedeutung der Preußisch-Asiatischen Handelskompanie hervor:

„Auf der Börse drängt sich die Welt zusammen. Der Kaufmann
Aus den weitesten Indien, von den Bengalischen Ufern,
Aus dem pelzreichen Norden, der Caffeereichen Levante,
Jeder bringt seinen Reichthum hieher; und stolz sieht der Britte,
Wie der Bataver, alles in seinen Ocean fließen.
Und wird immer der Deutsche, von Vorurtheilen geblendet,
An bequemen Küsten des Weltmeers sorgenlos schlummern?
Für zu klein es halten, dem Meere Gesetze zu geben,
Und aus eignen Magazinen die Wahren zu nehmen,
Die wir vom Holländer borgen, den unser Silber bereichert?
Aber sieh! durch ferne Meere ziehn Preussische Flaggen;
Kehren beladen zurück mit allen Schätzen der Handlung, Und wehn zu der Ehre der Deutschen in jauchzenden Häfen..."

### 48 Neuordnung des preußischen Münzwesens

a) „Königl. Preußisches Müntz-Edict".
Berlin, 1750 Juli 14

GStA PK, XII. HA VI Nr. 287

b) Friderizianische Münzen
Taler 1741, Berlin; Dukat 1744 W, Breslau; 1/12 Taler 1741, Berlin; Friedrich d'or 1750 A, Berlin; Taler 1751 A, Berlin; 8 Groschen 1753 A, Berlin; 1/24 Taler 1753 G, Stettin; 3 Pfennige 1752 A, Berlin; 18 Gröscher 1753 E, Königsberg; 4 Mariengroschen 1756 D, Aurich.

Deutsche Bundesbank Frankfurt a. M., Geldmuseum

Seit Jahren klagten die deutschen Reichsfürsten über die allgemeine Münzverschlechterung, der sie durch die Ausprägung minderwertigen Geldes selbst Vorschub geleistet hatten. Aus dem Ausland waren fremde Gold— und Silbermünzen in die deutschen Lande eingedrungen und hatten auf die einheimischen Währungssysteme weitere nachteilige Wirkungen ausgeübt. Nach dem Ende des Zweiten Schlesischen Krieges begann Friedrich zunächst durch einzelne Edikte gegen die im Umlauf befindlichen minderwertigen, teils auch beschnittenen Sorten vorzugehen, strebte jedoch eine grundlegende Reform des preußischen Münzwesens an. Im Januar 1750 berief er aus Braunschweig den Münzsachverständigen Johann Philipp Graumann nach Preußen und machte ihn zum Generalmünzdirektor. Unter seiner Mitwirkung ließ er am 14. Juli 1750 das Münz-Edikt ausgehen, das die neuen Sorten mit ihrem Gold- und Silbergehalt festlegte. Das neue System beruhte auf dem Friedrichsdor (Gold) und dem Taler (Silber). Die Münzstätten befanden sich in Aurich, Berlin, Breslau, Cleve, Königsberg, Magdeburg und Stettin. Bis zum Ausbruch des Siebenjährigen Krieges konnte sich die preußische Münzreform jedoch nicht auswirken; in den sechziger Jahren mußte erneut eine Lösung des Problems versucht werden.

# Die Juden

### 49 Juden in Breslau

„Sr. Kön. Majestät in Preußen Allergnädigste Declaration, Welchergestalt das bisher in Dero Haupt-Stadt Breßlau überhand genommene Unnützes Juden-Volck à Dato publicationis Binnen zwey Monathen gedachte Stadt räumen, einige zum Müntz-Wesen nöthige, wohlberüchtigte Jüdische Familien aber geduldet Und Denenselben mit einigen wenigen Speciebus von Waaren der Handel al grosso, keinesweges aber mit offenen Laden, verstattet werden soll"
Berlin, 1744 Mai 6

GStA PK, XII. HA VI Nr. 1155

Den Breslauer Kaufleuten war — so der Wortlaut — durch Zunahme der Geschäfte jüdischer Händler „mannigfaltige Beeinträchtigung erwachsen", die sich auch auf die königlichen Kassen auswirkte. Der König konnte sich bei der angestrebten Einschränkung der in Geldgeschäften tätigen Juden auf ein österreichisches Edikt von 1738 berufen. Mit Ausnahme der zwölf privilegierten jüdischen Familien und polnischer jüdischer Geschäftsleute hatten alle anderen innerhalb von zwei Monaten die Stadt Breslau zu verlassen. In Zukunft durften sie sich nur zur Abwicklung ihrer Geschäfte oder während der Messen, und zwar nicht länger als drei Tage und nur nach Erwerb einer besonderen Zulassung, in Breslau aufhalten. Es wurde vorausgesetzt, daß sie ehrlichen Handel mit guten Münzsorten betrieben und die tarifmäßigen Akzise— und Zollbestimmungen beachteten.

### 50 Schutzjuden

„Edict, Daß künfftig die Schutz-Juden, welche einen Banquerout machen und nicht im Stande seyn werden, ihre Creditores befriedigen zu können, vor sich und die Ihrigen des Schutzes verlustig gehen" und ihr Schutz-Brief dergestalt erlöschen solle, daß auch solcher nicht mit einer neuen Juden-Famille besetzet werden dürffe"
Berlin, 1747 Dezember 25

GStA PK, XII. HA VI Nr. 350

Friedrichs Stellung zu den Juden ist aus dem Wortlaut seiner Politischen Testamente deutlich abzulesen. 1752 hieß es: „Die Katholiken, die Lutheraner, die Reformierten, die Juden und eine Anzahl anderer christlicher Sekten wohnen in diesem Staat und leben dort in Frieden... Die Juden sind von allen diesen Sekten die gefährlichsten, weil sie den Handel der Christen schädigen und weil sie für den Staat unbrauchbar sind. Wir haben dieses Volk nötig, um bestimmten Handel mit Polen zu treiben, aber man muß verhindern, daß ihre Zahl wächst und sie nicht auf eine bestimmte Zahl von Familien, sondern auf eine bestimmte Zahl von Köpfen festlegen, ihren Handel beschränken und sie hindern, Unternehmungen im großen zu machen; denn sie sollen nur Kleinhändler sein..." Dem Bestreben einer Einschränkung des jüdischen Einflusses diente auch das drei Jahre vor dem General-Juden-Reglement erlassene Edikt von 1747, das durch vergleichbare Bestimmungen des Reglements 1750 ersetzt wurde.

### 51 Das General-Juden-Reglement

„Revidiertes General-Privilegium und Reglement vor die Judenschaft im Königreiche Preußen, der Chur- und Mark Brandenburg, den Herzogthümern Magdeburg, Cleve, Hinter-Pommern, Croßen, Halberstadt, Minden, Camin und Moers, imgleichen den Graf- und Herschaften Marck, Ravensberg, Hohenstein, Tecklenburg, Lingen, Lauenburg und Bütow"
Berlin, 1750 April 17

GStA PK, XII. HA VI Nr. 366

Das General-Juden-Reglement legte das Verhältnis des friderizianischen Preußen zu seinen jüdischen Einwohnern durch seine bis in Einzelheiten gehenden Bestimmungen genau fest. Es enthielt neben Zugeständnissen, die ihren Grund in staatlichen Wirtschafts— und vor allem Handelsinteressen hatten, einschränkende Maßnahmen, die ein Überhandnehmen des jüdischen Einflusses verhindern sollten. Der König hatte 1742 eine Liste der jüdischen Einwohner Preußens erstellen lassen und sich einen Überblick über ihre Anzahl und den Umfang ihrer Privilegien verschafft. So ließen sich auch die mit einem Schutzbrief versehenen Juden und deren engste Angehörige ermitteln, auf die eine solche Vergünstigung zutraf, wobei jedoch beabsichtigt war, die Anzahl der Schutzjuden möglichst zu beschränken. Das General-Juden-Reglement geht von 203 ordentlichen Schutzjuden aus; bei ihnen besaß ein Kind das Erbrecht auf dieses Privileg. 63 außerordentliche Schutzjuden wurden nur auf Lebenszeit geduldet. Die Juden konnten insbesondere im Bankwesen und beim Ausbau nicht an Zünfte gebundener Fabriken ihre Wirksamkeit entfalten.

## Musik bei Hofe

### 52 Entwurf eines Opernhauses

a) Georg Wenzeslaus von Knobelsdorff

„Plans de la Maison de L'Opera construite à Berlin L'An 1743"

Aufrißzeichnungen für das Königliche Opernhaus Unter den Linden

SSG, Schloß Charlottenburg

b) Antoine Pesne
Georg Wenzeslaus von Knobelsdorff
Öl auf Lwd., 98 x 82 cm
1738

Stichting Huis Doorn, aus dem Besitz SM Kaiser Wilhelms II.

Bald nach Antritt seiner Regierung beschäftigte sich Friedrich mit dem Bau eines Opernhauses, dessen Planung und Ausführung er dem 1740 zum Oberintendanten der Königlichen Schlösser und Gärten in Berlin ernannten Georg Wenzeslaus von Knobelsdorff übertrug. Daß der König an den ersten Entwürfen entscheidenden Anteil hatte, geht aus der Widmung Knobelsdorffs hervor, die den in einem Band zusammengefaßten Bauzeichnungen vorangestellt ist. Die Grundsteinlegung fand am 5. September 1741 statt, die Eröffnung mit Grauns „Cäsar und Cleopatra" bereits am 7. Dezember 1742. Friedrich pries später die Oper als „wunderreiches magisches Gebäude", „wo sich Musik und Tanz und Schaugepränge/der Freude hundertfält'ge Menge/vermählt im Strahle einer einz'gen Freude".

Kat. Nr. III, 52 b

## 53 Die Königliche Oper Unter den Linden

Johann Georg Rosenberg

Das Opernhaus

Kolorierter Kupferstich, 31,4 × 42,0 cm
1773

SKH Dr. Louis Ferdinand Prinz von Preußen, Berlin

Das Opernhaus lag Unter den Linden vor dem Neuen Tor nahe dem alten, teilweise bereits zugeschütteten Festungsgraben, der damals noch den Friedrichswerder von der Friedrich- und Dorotheenstadt trennte. Die Oper war das erste vollendete Gebäude auf dem von Knobelsdorff geplanten Forum Fridericianum. Friedrich widmete sie Apoll und den Musen. Die zeitgenössische Beschreibung Nicolais vermerkt: „Vor der Hauptansicht ist eine zweiseitige Freitreppe. Vermittelst derselben steiget man zu einer Säulenlaube von sechs freistehenden gereifelten korinthischen Säulen mit ihrem ganzen Gebälke, welche einen Giebel tragen... Innerhalb der Säulenlaube sind oben an der Mauer vier Basreliefe, die Geschichte des Apollo vorstellend. Unter denselben stehen in Blenden die vier Statuen des Sophokles, Aristophanes, Menander und Euripides..."

In den Logen des Theaters fanden etwa 1500 Personen Platz, im Parterre gab es etwa 1800 Stehplätze. Die Besucher rühmten nicht nur das „in einem sehr edlen Geschmack errichtete Gebäude", sondern betonten die Leistungsfähigkeit der Theatermaschinen und die Sehenswürdigkeit der Dekorationen.

## 54 Das Opernhaus

Modell, hergestellt von Rüttiger Modellbau, Berlin 1953
Maßstab 1:125

SSG, Schloß Charlottenburg

Obwohl in seinen letzten Lebensjahren das Verhältnis Knobelsdorffs zu seinem königlichen Bauherrn nicht mehr die Harmonie der Rheinsberger Zeit aufgewiesen hatte, fand Friedrich in seiner Gedächtnisrede vom 24. Januar 1754 Worte, die die Leistung des Baumeisters uneingeschränkt anerkennen: „Nach seiner Heimkehr (aus Italien) übertrug ihm der König den Bau des Opernhauses, eines der schönsten und stilgerechtesten Gebäude, die die Hauptstadt zieren. Die Fassade ist der des Pantheon frei nachgebildet. Das Innere ist durch das glückliche Verhältnis der Maße bei aller Größe von guter Akustik... Die Königliche Akademie der Wissenschaften ließ sich ein so vielseitiges Talent bei ihrer Erneuerung nicht entgehen und ernannte Knobelsdorff zu ihrem Ehrenmitgliede. Man wundre sich nicht, einen Maler und großen Architekten unter Astronomen, Mathematikern, Physikern und Dichtern sitzen zu sehen. Künste und Wissenschaften sind Zwillingsgeschwister. Ihre gemeinsame Mutter ist das Genie..."

Kat. Nr. III, 53

## 55 Die Barbarina

Antoine Pesne

Die Barbarina

Öl auf Lwd., 80,5 × 67 cm

SSG, Schloß Charlottenburg, GK I 4187

Die 1721 in Parma geborene Tänzerin Barbara Campanini, genannt Barbarina, wurde nach ihrem erfolgreichen Auftreten in Venedig 1744 für die Italienische Oper in Berlin engagiert. Als ein Star mit mancherlei Capricen erregte sie hier beträchtliches Aufsehen. Sie erhielt ein ungewöhnlich hohes Gehalt von 12000 Talern jährlich (das Zehnfache des Gehalts von Antoine Pesne), und der König hat sie offensichtlich sehr bewundert; denn 1745 malte Pesne ein ganzfiguriges Porträt der Tänzerin (Schloß Charlottenburg), das als einziges Bild das Schreibzimmer des Königs im Berliner Schloß schmückte. Das 1744 gemalte Brustbild stammt aus dem Potsdamer Stadtschloß und bildete im Teezimmer den Mittelpunkt einer Dekoration mit Gemälden, die Gesellschaften im Freien darstellen und teils von Lancret, teils von Pesne stammen oder Kopien nach Watteau sind. Die Barbarina personifizierte in diesem Ambiente geradezu die kultivierte Lebenslust, deren Verherrlichung Friedrich in den Bildern Watteaus und seines Kreises schätzte.

## 56 Musiker im Dienste des Königs

„Hoffstaat und Fourage wie auch Capell-Etat“

o. O. 1752/53

GStA PK, II. HA Generaldirektorium Abt. 4 Nr. 18

Bei diesem Finanztaschenbuch handelt es sich wahrscheinlich um das Handexemplar eines königlichen Kammerherrn. Unter den genannten Musikern und Sängern befinden sich Carl Philipp Emanuel Bach (300 Taler), Joseph Benda, Geiger und Komponist (400 Taler), Johann Gottlieb Graun, Konzertmeister (1200 Taler), Carl Heinrich Graun (2000 Taler) und Johann Joachim Quantz, der Flötenlehrer Friedrichs (2000 Taler).

## 57 Carl Philipp Emanuel Bach (1714—1788)

„Carl Philipp Emanuel Bach"

Kupferstich, 15,5 × 9,8 cm
Bez.: „.C. Krüger sc."

Berlin Museum

Nach musikalischer Ausbildung bei seinem Vater Johann Sebastian Bach in Leipzig und Studium der Rechtswissenschaft in Frankfurt an der Oder gehörte Carl Philipp Emanuel Bach dem Hofstaat Friedrichs schon in Rheinsberg an. 1740/41 entstanden die „Preußischen Sonaten" für Cembalo solo, die er dem König widmete. Als Komponist von Klavierstücken, Kammermusiken und Symphonien hat ihm die deutsche Musikforschung einen beachtlichen Rang zuerkannt. In seinem „Versuch über die wahre Art das Clavier zu spielen" lieferte er eine der wichtigsten theoretischen Abhandlungen seiner Zeit über sein Instrument. Während des Siebenjährigen Krieges bot sich Bach keine zufriedenstellende Entfaltungsmöglichkeit in Preußen, so daß er sich mehrfach um andere Stellen bewarb. Als er 1767 um seinen Abschied einkam, um Nachfolger Telemanns in Hamburg zu werden, ließ Friedrich ihn nur ungern ziehen. Auf Menzels „Flötenkonzert" ist Carl Philipp Emanuel Bach als Hofcembalist dargestellt.

Kat. Nr. III, 55

## 58 Johann Joachim Quantz (1697—1773)

Johann David Schleuen

„Johann Joachim Quantz"

Kupferstich, 15,4 × 9,2 cm
Bez.: „Schleuen sc."

Berlin Museum

Quantz war nach einem wechselhaften beruflichen Werdegang und Wanderjahren in Italien, Frankreich und England seit 1728 Flötist an der Hofkapelle in Dresden. Er begleitete August den Starken bei seinem Berlin-Besuch und fand hier bei der Königin und ihren musikalischen Kindern Wilhelmine und Friedrich begeisterte Aufnahme. Auf ihren Wunsch erhielt er vom sächsischen Kurfürsten die Erlaubnis, zweimal im Jahr nach Berlin zu kommen, um Friedrich Flötenunterricht zu erteilen. 1740 kündigte Quantz seinen Dienst in Dresden und wurde 1741 auf Lebenszeit mit einem Jahresgehalt von 2000 Talern in Preußen angestellt. Seine Aufgabe bestand im Flötenunterricht des Königs, in der Mitwirkung an den musikalischen Abendveranstaltungen und in der Sammlung und Vorlage von Flötenkompositionen. Daneben befaßte er sich theoretisch mit seinem Instrument, dessen Handhabung und klangliche Verbesserung er untersuchte. Mit dem „Versuch einer Anweisung die Flöte traversière zu spielen" schuf er 1752 die erste Flötenschule.

## 59 Die Brüder Graun und Benda

a) Carl Heinrich Graun (1704—1759)

Kupferstich, 19,5 × 13 cm
Bez.: „Möller pinx., Wachsmann sc. Zwickau b. d. Gebr. Schumann"

GStA PK, IX. HA I 1346

Kat. Nr. III, 57

Kat. Nr. III, 59 a

b) Georg Benda (1722—1795)

Kupferstich, 15 × 8,5 cm
Bez.: „Mechau del Geyser sc"

Dr. Elmar Mauch, Bad Mergentheim

Carl Heinrich Graun, in Sachsen geboren, trat 1735 als Kapellmeister in die Dienste des Kronprinzen Friedrich, dessen Hofstaat sein um ein Jahr älterer Bruder Johann Gottlieb Graun bereits angehörte. Beide Brüder hatten ihre musikalische Ausbildung in Dresden erhalten. Carl Heinrich Graun komponierte 1740 die Trauermusik auf den Tod König Friedrich Wilhelms I. von Preußen. Mit seinem Werk „Cesare e Cleopatra" wurde 1742 die Königliche Oper Unter den Linden eröffnet. Für Grauns Oper „Montezuma" verfaßte der König das Textbuch. Das bekannteste Werk Grauns in seiner Zeit war jedoch die Passionskantate „Der Tod Jesu". Georg Benda hatte wie Graun einen dem Hofstaat des Kronprinzen angehörenden Bruder, den Komponisten und Violinisten Franz Benda. Ihm folgte er 1740 nach Berlin. Er komponierte vor allem Singspiele und Melodramen, von denen „Ariadne auf Naxos" zu einem viel gespielten Werk wurde.

## 60 Das Musikalische Opfer

„Musikalisches Opfer Sr. Königlichen Majestät in Preußen etc. allerunterthänigst gewidmet von Johann Sebastian Bach"
Faksimile des Erstdrucks von 1747
Leipzig: Edition Peters 1977

SBPK N Mus. O 2749 x

Johann Sebastian Bach hielt sich in Begleitung seines Sohnes Wilhelm Friedemann am 7. und 8. Mai 1747 in Potsdam auf. Die Begegnung mit dem König fand im Potsdamer Stadtschloß statt, wo Bach auf Friedrichs Wunsch die dort stehenden Hammerklaviere aus der Werkstatt des Freiberger Orgelbauers Gottfried Silbermann erproben sollte und zu musikalischen Improvisationen aufgefordert wurde. Wie es zur Entstehung des „Musikalischen Opfers" kam, beschreibt Bach in seiner Einleitung, die er wenige Wochen nach der Begegnung verfaßte:

„Ew. Majestät weyhe hiermit in tiefster Unterthänigkeit ein Musicalisches Opfer, dessen edelster Theil von Deroselben hoher Hand selbst herrühret. Mit einem ehrfurchtsvollen Vergnügen erinnere ich mich annoch der ganz besondern Königlichen Gnade, da vor einiger Zeit, bey meiner Anwesenheit in Potsdam, Ew. Majestät selbst, ein *Thema* zu einer ***Fuge*** auf dem Clavier mir vorzuspielen geruheten, und zugleich allergnädigst auferlegten, solches alsobald in Deroselben höchsten Gegenwart auszuführen. Ew. Majestät Befehl zu gehorsamen, war meine unterthänigste Schuldigkeit. Ich bemerkte aber gar bald, daß wegen Mangels nöthiger Vorbereitung, die Ausführung nicht also gerathen wollte, als es ein so treffliches *Thema* erforderte. Ich fassete demnach den Entschluß, und machte mich sogleich anheischig, dieses recht Königliche *Thema* vollkommener auszuarbeiten, und sodann der Welt bekannt zu machen. Dieser Vorsatz ist nunmehro nach Vermögen bewerkstelliget worden, und er hat keine andere als nur diese untadelhafte

Kat. Nr. III, 59b

Kat. Nr. III, 58

Absicht, den Ruhm eines Monarchen, ob gleich nur in einem kleinen Puncte, zu verherrlichen, dessen Größe und Stärke, gleich wie in allen Kriegs- und Friedens-Wissenschaften, also auch besonders in der Musik, jedermann bewundern und verehren muß. Ich erkühne mich dieses unterthänigste Bitten hinzuzufügen: Ew. Majestät geruhen gegenwärtige wenige Arbeit mit einer gnädigen Aufnahme zu würdigen, und Deroselben allerhöchste Königliche Gnade noch fernerweit zu gönnen."
Die sechsstimmige Fuge, ein Ricercare, widmete Bach dem König: „Regis Iussu Cantio Et Reliqua Canonica Arte Resoluta" (Der auf Befehl des Königs ausgearbeitete Satz und das übrige nach Kanonkunst gelöst).

### 61 Flöte des Königs

a) Querflöte im alten Köcheretui aus Ziegenleder
Deutschland, Mitte 18. Jahrhundert
(nach Überlieferung aus dem Besitz Friedrichs des Großen)

Staatliches Institut für Musikforschung Preußischer Kulturbesitz Kat. Nr. 4229

b) Handschriftliche Grifftabelle von Johann Joachim Quantz. Faksimile nach dem Original im Staatlichen Institut für Musikforschung

Über das Flötenspiel Friedrichs schrieb Johann Friedrich Reichardt 1791 im „Musikalischen Kunstmagazin": „Der König war gewohnt, vier bis fünf Mal die Flöte zu blasen. Gleich nach dem Aufstehen war das erste, daß er nach der Flöte griff. Nach dem Vortrag der Kabinettsräte übte er wieder Flöte. Gleich nach der Tafel wieder, und gegen Abend pflegte er die sechs Konzerte, oder in den letzten 10 — 15 Jahren die 3 — 4 Konzerte, die er den Abend mit seinen Kammermusikern blasen wollte, vorher zu üben." Die Grifftabelle Quantz' für seinen königlichen Schüler ist ein Zeugnis des Musikpädagogen, der auch in seinen Kompositionen der Flöte jene Bedeutung verschaffte, die sie von nun an in der Musik behielt. Seine 296 Flötenkonzerte waren nicht für eine Veröffentlichung gedacht, sondern sollten den Musikabenden bei Hofe vorbehalten sein.

### 62 Friedrich als Komponist

„Solo per il Fiauto"
Sonate für Flöte und Cembalo B-Dur

SBPK N Mus. ms 305 x

Im kompositorischen Schaffen Friedrichs nehmen die Flötensonaten und -konzerte die erste Stelle ein. Spürbar sind Vorbild und Einfluß seines Lehrers Johann Joachim Quantz. Von den vielen Friedrich zugeschriebenen Armeemärschen ist nur die Echtheit der Märsche Es-Dur, des „Mollwitzer Marsches" und des in Lobositz entstandenen Marsches einigermaßen gesichert, nicht jedoch die des „Hohenfriedberger Marsches".

## Um die Akademie der Wissenschaften

### 63 Die Akademie der Wissenschaften

Johann Friedrich Schleuen

„Prospect des vor einigen Jahren abgebranten, und nunmehro gantz neu aufgeführten Fördergebäudes des großen Königl. Stalls auf der Dorotheen-Stadt zu Berlin ... welches für die Königl. Academie der Wissenschaften ... und mechanischen Wissenschaften bestimmt ist"

Kupferstich, 24,5 x 36,5
Bez.: „Schleuen exc. Berlin"

Berlin Museum

Die Wiederbegründung der Akademie der Wissenschaften nach einer Zeit nur geringer Beachtung oder auch großer Verachtung sah Friedrich als eine vorrangige Aufgabe an. Die Akademie, deren erste Sitzung am 23. Januar 1744 stattfand, besaß zunächst kein eigenes Gebäude, da ihre Räume 1742 durch einen Brand zerstört worden waren. Der Wiederaufbau des Akademiegebäudes durch den Architekten Boumann d. Ä. Unter den Linden beendete die provisorische Unterkunft im Schloß. Der Neubau erstreckte sich von der Straße Unter den Linden bis zur Letzten Straße (der späteren Dorotheenstraße) und beherbergte auch die Sternwarte, eine Manufaktur, einen medizinischen Hörsaal und die Stallungen des Regiments Gens d'Armes.

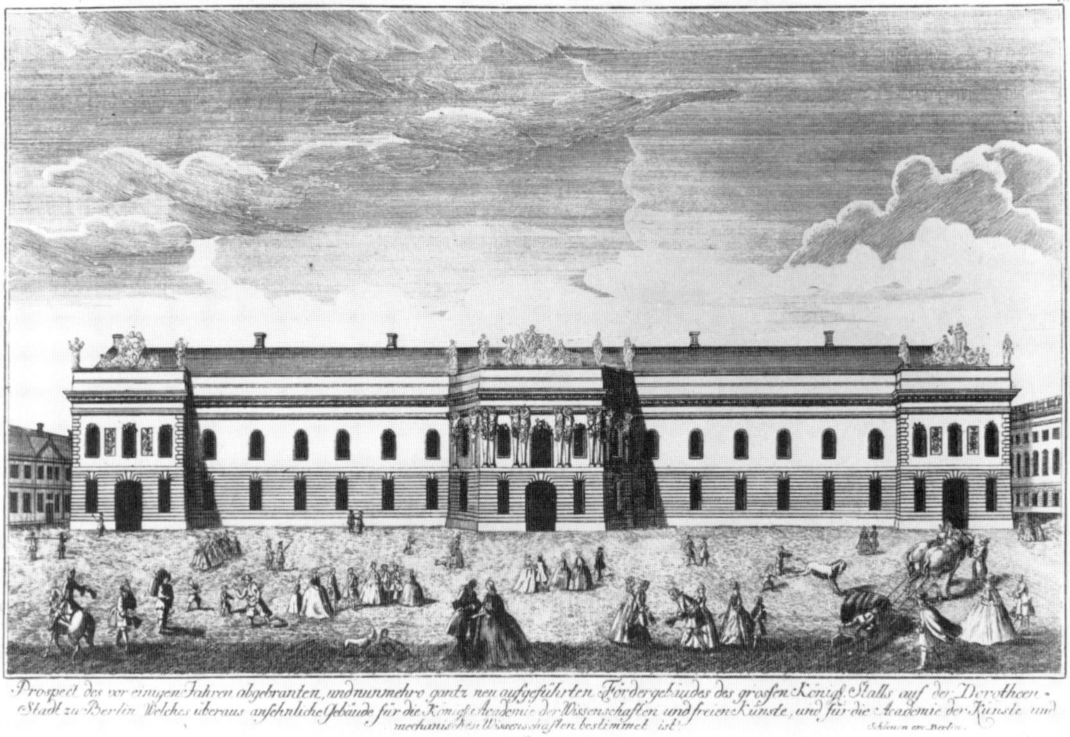


Kat. Nr. III, 63

## 64 Geschichte der Akademie der Wissenschaften

a) [Johann Heinrich Samuel Formey]

„Histoire de l'Académie Royale des Sciences et des Belles-Lettres depuis son origine jusqu'à présent avec les pièces originales"
Berlin 1750

Im Auftrag der Stiftung Preußischer Kulturbesitz verwahrt: SSG, Schloß Charlottenburg (Exemplar aus der Bibliothek Friedrichs des Großen im Neuen Palais Potsdam)

b) Denkmünze in Silber, Durchmesser 2,9 cm, 1751

Vorn: Porträt Friedrichs, Profil nach rechts.
Umschrift: FEDERICUS[!]REX ACADEMIAE PROTECTOR. MDCCLI.
Rückseite: Auffliegender Adler. Umschrift: COGNATA AD SIDERA TENDIT.

GStA PK, Neuerwerbung 1985

c) Johann Heinrich Samuel Formey

Schabkunstblatt, 31,7 × 19,9 cm
Bez.: „David Matthieu pinx."

Dr. Elmar Mauch, Bad Mergentheim

Formey (1711—1797), von den Zeitgenossen als fleißiger, ein wenig trockener und nicht eben genialer Gelehrter angesehen, war schon Mitglied der Akademie vor ihrer Wiederbegründung durch Friedrich II. 1748 wurde er ihr Sekretär und Historiograph. Seine „Histoire de l'Académie", ein wichtiges Dokument zur Entwicklung und Arbeitsweise der Sozietät, ergänzte er 1761 durch die „Choix des mémoires et abrégé de l'histoire de l'Académie de Berlin".

Kat. Nr. III, 64 c

## 65 Pierre Louis Moreau de Maupertuis (1698—1759)

Robert Tournières

Maupertuis

Öl auf Lwd., 51 × 35 cm
1740

SKH Dr. Louis Ferdinand Prinz von Preußen, Berlin

Maupertuis, Physiker, Mathematiker und seit 1731 Miglied der Akademie der Wissenschaften in Paris, wurde von Friedrich schon 1740 an die Akademie der Wissenschaften Berlin berufen, deren Präsidentenamt er nach seiner endgültigen Übersiedlung 1746 übernahm. Er war durch eine Lapplandexpedition berühmt geworden, auf der er die Abplattung der Erde längs der Achse festgestellt und damit Newtons These bestätigt hatte. Als Präsident der Berliner Akademie versicherte sich Maupertuis bei seinen Entscheidungen der Zustimmung des Königs und übte sein Amt nicht selten mit großer Strenge aus. Er gehörte zur Tafelrunde von Sanssouci und wurde zum Gegenstand der Eifersucht Voltaires, der den Gelehrtenstreit zwischen Maupertuis und Samuel König in Den Haag um das Gesetz der kleinsten Aktion zu persönlichen Angriffen ausnutzte. 1756 gab Maupertuis sein Amt als Akademiepräsident auf.

## 66 Friedrichs Einladung an Maupertuis

Friedrich an Maupertuis
Schweidnitz, 1741 März 17 oder 18

GStA PK, I. HA Rep. 94a Slg. Adam Nr. 85

Nach einer ersten Begegnung zwischen Friedrich und dem französichen Gelehrten Pierre Louis Moreau de Maupertuis in Wesel im Spätsommer 1740

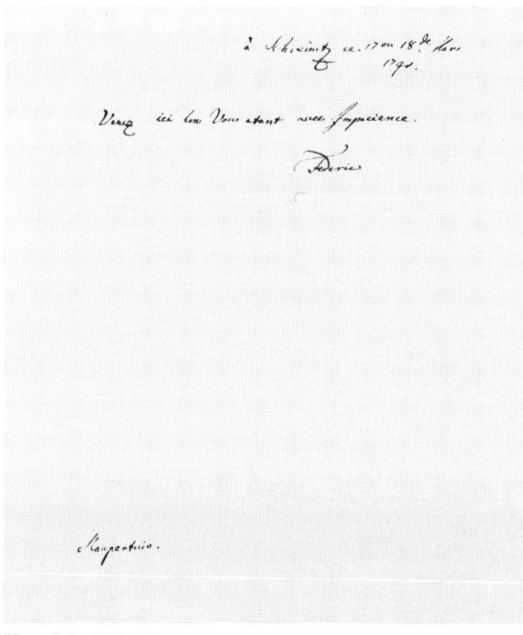

à Schweinitz ce 17 ou 18e Mars 1741.

Venez ici l'on Vous atant avec Impacience.

Federic

Maupertuis.

Kat. Nr. III, 66

erhielt Maupertuis aus Schlesien im März 1741 ein im Telegrammstil abgefaßtes Schreiben: „Kommen Sie hierher, man erwartet Sie mit Ungeduld!" Maupertuis folgte dieser Aufforderung zunächst noch nicht, weil wichtige Aufgaben in der Akademie seine Anwesenheit in Paris notwendig machten. So nahm er auch nicht an der Festsitzung zur Wiederbegründung der Berliner Akademie der Wissenschaften teil; dann aber folgte er dem Ruf des Königs und übernahm 1746 das Präsidentenamt der Berliner Sozietät. Friedrich zog Maupertuis in seinen Freundeskreis. Er schätzte ihn als geistreichen Gesellschafter und duldete die Eigenheiten des Gelehrten, der sich seiner Bedeutung durchaus bewußt war. Er ehrte Maupertuis in mehreren Oden, die das Verhältnis des Weltenlenkers zu den Einzeldingen, die Bedeutung der Vorsehung, das Werden und die Vergänglichkeit, den Vergleich von Dichtkunst und Wissenschaft zum Gegenstand haben.

Kat. Nr. III, 65

## 67 Voltaire und Maupertuis

Friedrich an Maupertuis

o. O., 1752 November 29

GStA PK, I. HA Rep. 94 A Slg. Adam Nr. 85

Über das Prinzip der kleinsten Aktion in der Natur war es zu einer Auseinandersetzung zwischen dem Leibniz-Anhänger Samuel König in Den Haag und dem Präsidenten der Berliner Akademie der Wissenschaften, Maupertuis, gekommen. Maupertuis glaubte als erster beobachtet zu haben, daß sich die Natur für ihre Bewegung mit dem geringsten Kraftaufwand begnügt und schloß daraus Folgerungen für das Dasein Gottes. Samuel König dagegen behauptete, daß schon Leibniz dieses Prinzip entdeckt habe, konnte jedoch den Beweis hierfür nicht überzeugend erbringen. Schließlich legte er seinen Sitz in der Berliner Akademie der Wissenschaften nieder. Voltaire nahm diesen Gelehrtenstreit zum Anlaß, seine Abneigung gegen Maupertuis in öffentlichen Verunglimpfungen zum Ausdruck zu bringen. 1752 erschien seine Schrift „Diatribe du docteur Akakia, médecin du Pape", in der Maupertuis scharf angegriffen wurde. Friedrich, der Rückwirkungen auf das Ansehen seiner Akademie befürchten mußte, griff zugunsten Maupertuis in den Streit ein. „Ich habe dem Verfasser (Voltaire) angezeigt, daß er auf der Stelle mein Haus verlassen oder auf das niederträchtige Handwerk, Schmähschriften zu verfassen, verzichten muß", schrieb er am 29. November 1752 an Maupertuis.

## 68 Verbrennung der Schmähschrift Voltaires

Daniel Chodowiecki

„Sire! dieses sind die Überbleibsel eines unseligen Buches" — Sire! ce sont les restes d'un malheureux livre"

Kupferstich, 11 × 8 cm

SBPK Einblattdruck YB 6008 kl. (Reproduktion)

Mit der Anordnung, die Schmähschrift Voltaires gegen Maupertuis, „Akakia", öffentlich zu verbrennen, gab der König zu Weihnachten 1752 seinem Ärger über die Vorkommnisse an der Akademie

Kat. Nr. III, 68

der Wissenschaften und in der Öffentlichkeit unmißverständlich Ausdruck. Durch den Stecher Daniel Chodowiecki wurde das Geschehen illustriert und in seiner vom Ereignis selbst völlig abweichenden Interpretation allgemein bekannt gemacht. Im Frühjahr 1753 nahm Voltaire seinen Abschied.

# Sanssouci

## 69 Schloß Charlottenburg

a) Johann Friedrich Schleuen

„Prospect des Königl. Lust-Schlosses zu Charlottenburg, von forne anzusehen"

Kupferstich, 26,5 × 43 cm

b) „Antoine Pesne. Premier Peintre du Roy de Prusse et Ancien Professeur de l'Académie Royale de Peinture et Sculpture de Paris. Peint par lui même et gravé par son Ami Schmidt, membre de la même Académie en 1752"

Kupferstich, 39 × 27,8 cm

Berlin Museum

Nach seinem Regierungsantritt 1740 verlegte Friedrich seinen Wohnsitz von Rheinsberg nach Charlottenburg. Die Baumaßnahmen, die er auch hier Georg Wenzeslaus von Knobelsdorff übertrug, erfolgten gleichzeitig mit der Neugestaltung des Tiergartens, den Erweiterungen des Schlosses Monbijou und der Errichtung des Opernhauses Unter den Linden in Berlin. Durch den Anbau des zweigeschossigen Ostflügels an das Charlottenburger Schloß als Gegengewicht zu der sich in westliche Richtung erstreckenden Orangerie wurde die Ausgewogenheit der gesamten Anlage erreicht. 1746 war auch die Innenausstattung des Neuen Flügels mit der Goldenen Galerie und dem Weißen Saal vollendet. Wie in Rheinsberg, so erfolgte auch in Charlottenburg die Ausgestaltung im Zusammenwirken Knobelsdorffs mit Antoine Pesne, der die Deckengemälde schuf. In Sanssouci sollte wenige Jahre später die gemeinsame Arbeit ihre Fortsetzung finden.

## 70 Friedrichs Entwürfe für Sanssouci

„Facsimile de l'ébauche autographe de Fréderic le Grand du château et du jardin de Sans-Souci. L'original se trouve en possession de Sa Majesté le Roi de Prusse.—
D'après le premier plan du Palais Sans-Souci Fréderic le Grand n'avait projeté que trois terrasses, cependant le 10 Août 1744 il ordonna l'exécution des six qui s' y trouvent actuellement"

Doppelseite, je 25 × 22 cm

Widmung: „Dedié à Son Altesse Royale Monseigneur le Prince Royale de Prusse par son très-humble et très-obeissant serviteur Jean Cabanis, fabriquant en papiers peints." o. J.

SSG, Schloß Charlottenburg

Der Gedanke, auf dem „wüsten Berg" nahe Potsdam ein Refugium für sich zu schaffen, kam dem König nach einem „Frühstück im Freien" am 24. August 1743 auf der Erhebung der Bornstedter Feldmark und dem Erlebnis der weiten Aussicht in das Havelland. Nach der Erwerbung des Grundstücks vom Potsdamer Militärwaisenhaus begann die Planung für die Anlage eines Terrassengartens, für den Friedrich bereits im Herbst 1743 aus Frankreich Weinstöcke und Feigenbäume hatte bestellen lassen. Für „Sans Souci" erhielt der Architekt Georg Wenzeslaus von Knobelsdorff Hinweise durch zwei eigenhändige Skizzen Friedrichs, von denen die eine die Gartenanlage, die Fontänen, die Gewächshäuser und das Schloß mit den Kolonnaden zeigt, während die zweite die innere Aufgliederung des Schlosses verdeutlicht. Am 13. Januar 1745 erging der Befehl zum Baubeginn. Verantwortlich für die Ausführung war der Königliche Baudirektor Friedrich Wilhelm Dieterichs.

Kat. Nr. III, 69 a

## 71 Königliche Finanzplanungen

Eigenhändige Niederschrift Friedrichs über Ausgaben für Bauten und Kunstsachen. 1745

Faksimile nach: Hohenzollern-Jahrbuch. 1911, vor Seite 233

GStA PK, Bibliothek 14a10

Friedrich nahm durch seine Skizzen Einfluß auf die Entwürfe der Architekten. Er überprüfte aber auch die Finanzpläne und Abrechnungen. Der Finanzplan für das Jahr 1745 enthält u. a. Ausgaben für Sanssouci (hier noch „la maison du jardin“ genannt), und für Bauarbeiten am Potsdamer Stadtschloß sowie Zahlungen für Dresdner Porzellan. Die Rechenhaftigkeit des Königs war bekannt; nicht selten bezweifelte er die von den Baumeistern vorgelegten Anschläge, die er für überhöht ansah, und achtete auf die Einhaltung der gesetzten Fristen und einen sorgsamen Umgang mit den bewilligten Geldmitteln.

## 72 Schloß Sanssouci

a) Johann Friedrich Schleuen

„Prospect der fordern Seite des Königl. Schlosses Sans Souci bei Potsdam“

Kupferstich, 18,3 x 30,8 cm
um 1750

b) Johann Friedrich Schleuen

„Prospect der hintern Seite des Königl. Lust-Schlosses Sans Souci bei Potsdam“

Kupferstich, 18,6 x 31 cm
um 1750

Berlin Museum

Die Hauptfassade des Schlosses ist den Terrassen zugekehrt und setzt in ihrem dekorativen Schmuck das Thema des Weines fort. Der Bildhauer Friedrich Christian Glume schuf steinerne Bacchanten, Göttinnen, Reben und Blumenkörbe; mit der Anbringung der Inschrift „Sans Souci“ im Dezember 1746 waren die Außenarbeiten vollendet. Die hintere, nach Norden ausgerichtete Seite des Schlosses mit den Auffahrten erhielt ihr Gepräge durch die bereits in der Skizze Friedrichs vorgesehenen halbkreisförmig angeordneten Doppelkolonnaden, die einen Ehrenhof umschließen, wie ihn Knobelsdorff bereits in Rheinsberg geschaffen hatte.
Der Innenausbau des Ost- und Westflügels war im Mai 1747 abgeschlossen, der Marmorsaal im Juli 1748. Alle Räume der Vorderfront erhielten auf Wunsch des Königs Fenstertüren, um Schloß und Park zu einer Einheit werden zu lassen.

## 73 Friedrich als Bauherr von Sanssouci

Unbekannter Künstler nach Christian Daniel Rauch

Friedrich der Große als Bauherr von Sanssouci

Rotes Wachs auf Schiefer, 14,8 x 17,5 cm

SSG, Schloß Charlottenburg

In dem Relief ist eine der acht Darstellungen mit den Versinnbildlichungen von Lebensstadien und Leistungen des Königs kopiert, die den Sockel des 1851 enthüllten Reiterdenkmals Friedrichs des Großen Unter den Linden schmücken (vgl. VIII 10 h). Der König steht mit zwei Windspielen unter einem Lorbeerbaum als Zeichen seines Ruhmes im Gespräch mit Knobelsdorff. Dieser weist auf die antike Statue des Betenden Knaben, die der König 1747 erworben hatte und beim Schloß Sanssouci in einem Gitterpavillon aufstellen ließ. Die noch unvollendete, hier klassizistisch gezügelte Südfassade des Schlosses erscheint im Hintergrund. Rechts hält ein Bauhandwerker ein Brett, das über zwei Steinblöcken einen provisorischen Sockel für die Statue bildet, damit der König sie beurteilen kann. Weiter rechts schließt eine Homerherme als Hinweis auf Friedrichs Verehrung der antiken Autoren die Komposition ab. Es ist bezeichnend, daß der klassizistische Bildhauer Rauch in der Kunstpflege des Königs vor allem die Beschäftigung mit der antiken Skulptur hervorhebt. Die anderen Reliefs stellen die Geburt Friedrichs, seine Unterrichtung in den Wissenschaften, seine Ausbildung zum Soldaten, seine Pflege der Musik, die Förderung der Industrie, Friedrichs Standhaftigkeit bei Schicksalsschlägen (nach der Schlacht bei Kolin) und seine Apotheose als Sieger dar.

Kat. Nr. III, 73

## 74 Innenräume des Schlosses Sanssouci

a) Adolf Rettelbusch

Runder Speisesaal

Aquarell, 40,3 × 32 cm
1885

b) Adolf Rettelbusch

Konzertsaal

Aquarell, 36,2 × 28,2 cm
1885

c) Adolf Rettelbusch

Bibliothek

Aquarell, 36,5 × 29 cm
1885

SSG, Schloß Charlottenburg

Der Ausbau der Innenräume des Schlosses Sanssouci erfolgte zwischen 1747 und 1748. Beteiligt waren die Architekten Johann August Nahl, die Gebrüder Hoppenhaupt und Georg Wenzeslaus von Knobelsdorff. Der ovale Marmorsaal ist die Schöpfung Georg Wenzeslaus von Knobelsdorffs. Von einer offenen Kuppel überwölbt, bildet er die Mitte des Schlosses. Die Wände sind durch marmorne Säulenpaare gegliedert; die nach Süden gerichteten Fenstertüren geben über die Weinterrassen den Blick auf die Ausläufer von Potsdam frei.

Kat. Nr. III, 74 c

Weinranken und Reben im Marmorfußboden nehmen das Motiv der vorderen Front des Schlosses wieder auf. Menzel ließ seine „Tafelrunde" in diesem Saal spielen, ebenso wie sein „Flötenkonzert" im Musikzimmer von Sanssouci stattfindet. Den Ostflügel des Schlosses hatte sich der König für seine persönlichen Räume vorbehalten. Hier befand sich auch die Bibliothek, die — eine Erinnerung an die Bibliothek in Rheinsberg — zu den „kostbarsten erhaltenen Raumschöpfungen des friderizianischen Rokoko" zählt. Ihre Gestalt erhielt sie durch Johann August Nahl, der zunächst auch im Konzertzimmer mitgewirkt hatte. Die aus Zedernholz gefertigten Bücherschränke beherbergten eine der Handbibliotheken des Königs, die im Laufe der Jahre auf 2288 Bände anwuchs. Während auf Konsolen über den Bücherschränken die Büsten von Homer, Apollo, Sokrates und Aischylos aufgestellt waren, konnte der König von seinem Schreibtisch aus den „Betenden Knaben", die nach griechischem Vorbild geschaffene römische Bronzefigur, sehen.

## 75 Die Bildergalerie

Johann Friedrich Schleuen

„Prospect der Bilder-Gallerie im Königlichen Garten Sans-Soucy bei Potsdam"

Kupferstich, 18,6 × 31,1 cm
um 1768

Berlin Museum

Die Bildergalerie wurde zwischen 1755 und 1763 von Johann Gottfried Büring erbaut. An ihrer Stelle hatte sich seit 1747 ein Treibhaus befunden, dem in gärtnerischer Abstimmung mit dem benachbarten Gelände vor dem Schloß ein Terrassengarten vorgelagert war. Diese Anlage, zum Ziergarten umgestaltet, blieb auch nach Errichtung der Bildergalerie bestehen. Die Bildergalerie setzte die Bebauung der oberen Terrasse unter Bezugnahme auf Schloß Sanssouci nach Osten fort. Ihre großen Fenster öffnen sich nach Süden und geben den Blick auf Garten und Landschaft frei, und die Mitte ist durch einen gerundeten Vorsprung mit Kuppel betont. In ihren Innnenräumen, einem langen Saal und einem kleinen Kabinett, brachte Friedrich einen Teil seiner Bildersammlung unter, vorwiegend Werke italienischer, französischer und flämischer Meister.

## 76 Der Park von Sanssouci

F. Z. Saltzmann

„Plan des Palais de Sanssouci levé et dessiné sous l'approbation de Sa Majesté ... par F. Z. Saltzmann, Jardinier du Roi gravé par Schleuen"

Kupferstich, 68 × 98 cm
1772

Berlin Museum

Die Gestaltung der Parkanlage mit der langen, auf das Neue Palais zuführenden Hauptallee zog sich über viele Jahre hin und war beim Tode Friedrichs des Großen 1786 noch nicht in allen Teilen vollendet. Neben Knobelsdorff, auf den die Pläne der um Schloß Sanssouci herum angelegten Gärten zurückgehen, waren die Baumeister Johann Gottfried Büring, Georg Christian Unger und Karl Philipp von Gontard an der gärtnerischen Planung beteiligt, wie für den bildnerischen Schmuck Friedrich Christian Glume, Georg Franz Ebenhech, Johann Peter Benckert und Johann Gottlieb Heymüller. Der „Plan des Palais de Sanssouci" des Potsdamer Gärtners Friedrich Zacharias Saltzmann wird schon von Friedrich Nicolai in seiner „Beschreibung der Königlichen Residenzstädte Berlin und Potsdam" rühmend erwähnt: Saltzmann „hat einen schönen und sehr richtigen, von ihm selbst aufgenommenen und gezeichneten Plan vom ganzen Garten in Sanssouci in Kupfer stechen lassen, welcher von St. Julien in Paris, ohne den wahren Verfasser zu nennen, nachgestochen worden."

## 77 Im Park von Sanssouci

a) Andreas Ludwig Krüger

„Japanisches Haus im Königl. Garten Sans Souci bei Potsdam"

Radierung, 24,3 × 42,6 cm

b) Andreas Ludwig Krüger

„Tempel der Freundschaft bey den Königl. Neuen Schloß"

Radierung, 24,5 × 42,7 cm
1780

c) Andreas Ludwig Krüger

„Der Antikentempel beym Königl. Neuen Schloß"

Radierung, 24,8 × 43,4 cm

Berlin Museum

d) Marmorkolonnaden im Rehgarten

Modell, hergestellt von Rüttiger Modellbau, Berlin 1953
Maßstab 1:60

SSG, Schloß Charlottenburg

Der Reh- oder Fasanengarten wurde 1746 in die gärtnerische Planung der Parkanlagen von Sanssouci einbezogen. Auf der vom Lustgarten nach Westen weitergeführten Hauptallee bildeten die von Knobelsdorff zwischen 1751 und 1753 geschaffenen, in zwei Halbkreisen angeordneten Marmorkolonnaden eine Unterbrechung. Die geplanten Wasserspiele wurden jedoch nicht verwirklicht, da die Versuche, die Wasserversorgung des Parks über das Becken auf dem Ruinenberg zu ermöglichen, fehlschlugen. Mit der Errichtung des Japanischen (oder Chinesischen) Teehäuschens huldigte der König der China-Mode seiner Zeit. „Das Haus ist rund und hat zwölf Säulen in Gestalt von Palmenbäumen; an dem Fuß von sechs derselben sind bei jeder drei chinesische Figuren, welche Tee usw. trinken, und noch zwölf umherstehende, musizierende Figuren, alles von Sandstein und vergoldet ... Das ganze Gebäude ist aus- und inwendig vergoldet, so auch das Dach. Auf der kupfernen Kuppel desselben sitzt ein sechs Fuß hoher Chineser mit einem Sonnenschirm von vergoldetem Kupfer...", beschrieb Nicolai diese Sehenswürdigkeit.
Der Freundschaftstempel und der Antikentempel entstanden nach dem Siebenjährigen Krieg in zeitlicher Nähe zur Errichtung des Neuen Palais. Den Freundschaftstempel, einen offenen Rundbau auf zehn Marmorsäulen, hatte Friedrich dem Andenken seiner 1758 verstorbenen Schwester Wilhel-

Kat. Nr. III, 77 a

mine gewidmet. Die lebensgroße sitzende Figur der Markgräfin von Bayreuth im Tempel wurde 1772 geschaffen. Medaillons an den Säulen zeigen berühmte Freundespaare der Antike. Der Antikentempel, als Gegenstück zum Freundschaftstempel gedacht, beherbergte Skulpturen, Vasen, Gemmen und Münzen, die Friedrich aus verschiedenen Sammlungen erworben hatte. Der von einer Kuppel bekrönte Rundbau ist nach hinten durch einen kabinettartigen Raum verlängert, in dem die Gemmen und Münzen aufbewahrt wurden.

## 78 Die Neptungrotte

Andreas Ludwig Krüger

„Grotte in den Königl. Garten Sans-Souci"

Radierung, 24,2 × 42,4
1782

Berlin Museum

Die Neptungrotte im östlichen Bereich des Lustgartens gehört zu den letzten Entwürfen Knobelsdorffs, der ihre Vollendung 1757 nicht mehr erlebte. Der Figurenschmuck stammt von Johann Peter Benckert und Georg Franz Ebenhech. Zur bekrönenden Figur des Neptun schrieb Nicolai: „Das sehr große Stück Marmor zu dieser Statue getrauete sich kein Schiffer in Livorno an Bord zu nehmen, aus Furcht, es möchte dem Boden des Schiffs Schaden tun; deshalb von Potsdam aus ein Bildhauer nach Livorno gesandt wurde, um die Figur dort aus dem Groben zu hauen und die Schwere des Steins dadurch zu vermindern."

Kat. Nr. III, 77b

## 79 Der Ruinenberg

a) Johann Friedrich Schleuen

„Prospect des Bassins und der Ruinen, welche auf einem Berge, Sans-Souci gegenüber, befindlich"

Kupferstich, 20,6 × 31,7
(um 1760)

b) Andreas Ludwig Krüger

„Der Ruinenberg bei Sanssouci"

Radierung, 28 × 45,8 cm
1780

Berlin Museum

Nicolai, Zeitgenosse Friedrichs, beschrieb die Situation: „In der Hinterseite (des Schlosses Sanssouci), nach der Kolonnade heraus, hat man eine Aussicht auf einen Berg, der Hühnen- oder Heinkenberg, worauf ein großes Bassin angelegt und um dasselbe mancherlei Ruinen erbauet sind; er heißt auch davon Ruinenberg." Das Bassin war vorgesehen, um von hier aus die Fontänen und Wasserspiele im Park von Sanssouci zu versorgen — ein Plan, der sich trotz mehrfacher Überarbeitung und wiederholter Versuche nicht verwirklichen ließ.
Die zwanzig Jahre nach dem Stich von Schleuen entstandene Radierung Krügers zeigt den Ruinenberg aus westlicher Richtung. Die Gebäude im Vordergrund gehören zum Amtsdorf Bornstedt; im Hintergrund rechts sind zwei Windmühlen zu erkennen, deren eine die „historische Mühle" von Sanssouci ist. Mit ihr verbindet sich die Anekdote von Friedrich als dem gerechten Richter, der sich seinen Gesetzen unterordnete.

## 80 Freunde in Sanssouci

a) Gustav Adolf von Gotter (1692—1762)

Kupferstich, 36,3 × 25 cm
Bez.: „Andreas u. Josef Schmuzer sc. Viennae Austriae"

b) Jakob Friedrich Freiherr von Bielfeld (1717—1770)

„Le Baron de Bielfeld"

Kupferstich, 15 × 9,3 cm
Bez.: „Stein pinx."

Kat. Nr. III, 80 a

c) Friedrich Rudolph Graf von Rothenburg (1711—1751)

„Friedrich Rudolph Graf von Rothenburg, Königl. Preuss. General-Leutenant, Ritter von Schwartz: Adler-Orden"

Kupferstich, 14,2 × 8 cm

Dr. Elmar Mauch, Bad Mergentheim

Das berühmte Gemälde Adolph von Menzels „Die Tafelrunde von Sanssouci" ging im Krieg 1945 verloren. Es zeigte den König im Gespräch mit Voltaire, Oberst Christoph Ludwig von Stille, Lord George Keith, Marquis d'Argens, Jules Offray de La Mettrie, Friedrich Rudolph Graf Rothenburg, Franz Graf Algarotti und James Keith. Die Tafelrunde wechselte oft. Zu ihr gehörte zeitweilig auch Gustav Adolf von Gotter, der aus Thüringen stammte und vielfach in diplomatischen Missionen

Kat. Nr. III, 80b

Kat. Nr. III, 80c

Friedrichs Verwendung fand. 1740 war er in den Reichsgrafenstand erhoben worden; 1753 wurde er preußischer Staatsminister und Generalpostmeister. Er war ein Meister geistreicher Gespräche und entsprach der Vorstellung, die Jakob Friedrich von Bielfeld in seinen „Lettres familières et autres" 1763 der Öffentlichkeit über die Tafelrunde mitteilte: „Ich zweifle, ob in Europa eine witzigere, angenehmere, lehrreichere und lebhaftere Gesellschaft anzutreffen ist als an dieser Tafel." Der Graf von Rothenburg, war ein ebenso tüchtiger Offizier wie kluger Gesprächspartner und ergebener Freund Friedrichs, den dieser aufrichtig betrauerte, als er die Nachricht von seinem Tode erhielt.

## 81 François Marie Arouet de Voltaire (1694—1778)

Nach Jean-Antoine Houdon

Gips, bemalt

SSG, Schloß Charlottenburg

1750 traf Voltaire zu seinem zweiten Besuch in Berlin ein. Der Aufenthalt in Preußen dauerte bis 1753 und endete mit den Auseinandersetzungen zwischen Voltaire und Maupertuis, dem Päsidenten der Berliner Akademie der Wissenschaften. Friedrich genoß die geistig anspruchsvollen Gespräche,

Kat. Nr. III, 81

erkannte jedoch auch die persönlichen Schwächen Voltaires. Voltaire erfuhr Bewunderung und Neid seiner Umgebung und erlebte die Grenzen seines Einflusses auf den König. Überdies verstrickte er sich in Intrigen bei Hofe, hatte 1751 einen Prozeß gegen den jüdischen Makler Abraham Hirschel auszufechten und mußte sich bereitfinden, wegen der entstandenen Unruhen Friedrich um Verzeihung zu bitten. Diese Ereignisse überschatteten mehr und mehr das Verhältnis. Der Streit mit Maupertuis, der im März 1753 zu Voltaires Abreise führte, bildete nur ein Glied in der Kette. Die Durchsuchung von Voltaires Gepäck in Frankfurt am Main, sein Fluchtversuch und seine Verhaftung waren das unerfreuliche Nachspiel dieser Reise, deren Höhepunkte sicher die Begegnungen in der Tafelrunde von Sanssouci bildeten. Für eine Reihe von Jahren erkalteten die Beziehungen zwischen Friedrich und Voltaire. Nach Vermittlungsversuchen Wilhelmines 1757 lebte der Briefwechsel wieder auf und endete — gelegentlich unterbrochen — erst mit dem Tode Voltaires 1778.

## 82 „Œuvres du Philosophe de Sanssouci"

a) Ausgabe „Au Donjon du Chateau. Avec Privilege d'Apollon." 1750

Im Auftrag der Stiftung Preußischer Kulturbesitz aufbewahrt: SSG, Schloß Charlottenburg (Aus der Bibliothek Friedrichs des Großen im Potsdamer Stadtschloß)

b) „Le Paladion. Poème Grave"

o. O., 1749 Januar 30

GStA PK, BPH Rep. 47 Nr. 227

1750 ließ Friedrich eine Auswahl seiner Werke in einer dreibändigen Ausgabe im Berliner Stadtschloß drucken. Der erste Band umfaßt das Heldengedicht „Le Paladion", die „Ausgeburt einer Karnevalslaune", wie Friedrich das Epos nannte. Band 2 enthält Oden und Episteln an die Freunde der Tafelrunde von Sanssouci, und in Band 3 sind Poesie- und Prosastücke vereinigt, darunter die Akademierede Friedrichs „Über die Gründe, Gesetze einzuführen oder abzuschaffen." Die Dichtungen sind in französischer Sprache abgefaßt. Der König dichtete zu seinem Vergnügen und setzte vielen seiner Freunde hierdurch ein Denkmal. Nach dem Urteil Voltaires schrieb er jedoch zu viel und zu schnell. Als Selbstzeugnisse und gelegentlich als Spiegel der Gespräche in der Tafelrunde von Sanssouci besitzen die Dichtungen ihr Eigengewicht.
Im Mittelpunkt des „Paladion" steht Marquis Veit Heinrich Ludwig Valory, der französische Gesandte in Berlin, der in diesem Epos die Gabe besitzt, durch seine Gegenwart das preußische Heer unbesiegbar zu machen. An seiner Stelle wird sein Sekretär Claude Etienne Darget von den Panduren gefangengenommen, jedoch mit Hilfe überirdischer Mächte wieder befreit. Die Geschichte der Gefangennahme Dargets beruhte auf einer wahren Begebenheit im Jahre 1745.
Friedrich machte Darget 1746 zu seinem Privatsekretär und nannte ihn „de mes productions laborieux copiste". In der „Epistel an Darget" geht der König humorvoll auf ihr gegenseitiges Verhältnis ein: „Nein, nein, Du hast's schwer!
Ein ärgerlich Amt ist's, der Sekretär
Eines Herrn zu sein, der ein Dichter gern wär,
Der als Schöngeist sich fühlt,
Der bis in die Nacht
Liest, schreibt und Gedichte macht..."

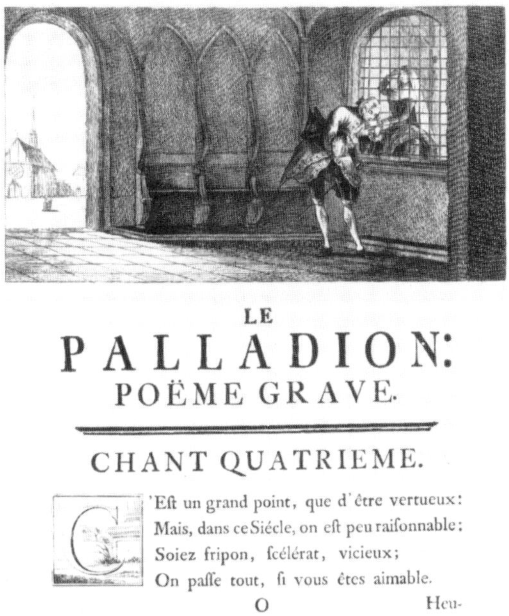
LE

PALLADION:

POËME GRAVE.

CHANT QUATRIEME.

C'Eſt un grand point, que d'être vertueux:
Mais, dans ce Siécle, on eſt peu raiſonnable:
Soiez fripon, ſcélérat, vicieux;
On paſſe tout, ſi vous êtes aimable.

O Heu-

Kat. Nr. III, 82 a

## 83 Der König

Antoine Pesne, Werkstatt

Friedrich der Große

Öl auf Lwd., 81 × 65,5 cm

SSG, Schloß Charlottenburg

Das Brustbild in reich bestickter Uniform mit Dreispitz und Schwarzem Adlerorden gehört zu einem sehr weit verbreiteten Typus, der das eigenhändige Bildnis von 1739/40 in der Gemäldegalerie der Staatlichen Museen ohne Hut voraussetzt. Es dürfte um 1750 zu datieren sein.

# Diplomatie und Kriegsgefahr

## 84 Kaiserin Maria Theresia (1717–1780)

Unbekannter Maler

Maria Theresia

Öl auf Lwd., 93 × 74,5 cm

Heeresgeschichtliches Museum, Wien

Noch während des Zweiten Schlesischen Krieges war es Maria Theresia, gestützt auf die Erfolge ihrer Waffen im Reich und die Stimmen der meisten Kurfürsten, nach dem Tode des unglücklichen Karl VII. gelungen, die Kaiserwahl und -krönung ihres Gemahls Franz durchzusetzen. Obwohl selbst nicht gekrönt, nannte sie sich doch und war dies auch, römisch-deutsche Kaiserin. Verfassungsrechtlich war sie damit auch Kaiserin über die zum Reich gehörenden Territorien des Kurfürsten von Brandenburg, König Friedrichs, den man seit der Hohenfriedberger Schlacht den Großen zu nennen begonnen hat. Das Kaisertum umfaßte somit auch nach altem Lehnsrecht die Oberhoheit über Brandenburg, Pommern, Schlesien und die westlichen Provinzen Preußens. Nur hatte die Kaiserherrlichkeit seit dem Westfälischen Frieden über das eigene Hausmachtterritorium, die Erblande, hinaus ihren realen Machtgehalt verloren. Das Vorhandensein eines Reichsstandes, der die kaiserliche Autorität jederzeit in Zweifel ziehen konnte, verletzte das kaiserliche Selbstgefühl fast ebenso wie der Verlust von Schlesien, der der Kaiserin die Tränen in die Augen treiben konnte, wenn sie einen Schlesier erblickte. Auf die Beseitigung der preußischen Machtstellung war daher ihr Bestreben gerichtet, sobald der Krieg im Westen 1748 zu Aachen beendet war.

## 85 Wenzel Anton Graf von Kaunitz-Rietberg (1711–1794)

a) Pazzi

„Wenceslaus Antonius Princeps a Kaunitz Comes a Rittberg“

Kupferstich

GStA PK, Bibliothek 14 a 268

Foto

Kat. Nr. III, 84

b) Denkschrift von Kaunitz über den „Fünften Weg"

Ausfertigung auf Papier

Österreichisches Staatsarchiv, Haus-, Hof- und Staatsarchiv, Wien, StK Vorträge Kart. 27, fol. 147—150, 168—172

Maria Theresias Wünsche zum Rückgewinn Schlesiens fanden bereitwilligste Aufnahme und Förderung bei ihrem Minister Graf Kaunitz. Der sorgfältig ausgebildete Staatsmann hatte in seiner Jugend in Leipzig mit glänzendem Abschluß das Reichsrecht studiert und durch eine ausgedehnte Reise über Berlin, die Niederlande, Rom, Neapel, Norditalien und Paris Kenntnisse und Blick erweitert. Seit 1742 im diplomatischen Dienst Österreichs, hatte er sich während des Erbfolgekriegs durch Erfolge in Italien und sein geschicktes Auftreten auf der Aachener Friedenskonferenz Verdienste erworben. 1753 trat er an die Spitze der von Maria Theresia geschaffenen Staatskanzlei. Ihn leitete die Erkenntnis, daß an der Seite Englands Schlesien mangels Unterstützung nicht zu erobern sei. Da Österreich aber hierzu Verbündete brauchte, konnte angesichts des bestimmenden englisch-französischen Gegensatzes nur Frankreich der Alliierte sein. Noch versagten sich die Franzosen den Habsburgern, die sie seit 200 Jahren bekämpft hatten. Schon 1749 trat Kaunitz in Wien mit seinem Plan hervor. Als 1754 die ersten Feindseligkeiten in Nordamerika den englisch-französischen Krieg ankündigten, unternahm er den zweiten Versuch. In einer Denkschrift vom 28. August 1755, Protokoll eines Vortrages bei Kaiser Franz und der Kaiserin, legte er seinen „Fünften Weg" dar. Die Niederschrift des „Fünften Weges" beginnt mit dem Grundsatz: „Richtig ist, daß Preußen muß übern Hauffen geworffen werden, wann das Durchlauchtigste Ertzhauß aufrecht stehen soll." Die von Kaunitz verworfenen anderen vier Wege in dem englisch-französischen Krieg waren: Eingreifen auf englischer Seite, Neutralität, Bekräftigung des Aachener Friedens und abwartendes Stillverhalten ohne Entscheidung. Vor allem müsse Frankreich die preußische Allianz verlassen. Dazu sollte es durch Aussichten auf Gebietszuwachs in den österreichischen Niederlanden gewonnen werden, ferner durch Einfluß auf die polnische Thronfolge. Kaunitz bekundet die Absicht, „dem König in Preußen nicht nur gantz Schlesien und das Glatzische wieder zu entziehen, sondern ihn unter französcher ... Mitwürckung dergestalt in enge Gräntzen einzuschließen, daß er in den Stand, in welchem Er sich vor dem 30jährigen Krieg befunden, gesetzet, und ihm die Krafft benommen werde, vor das Künfftige einige Rache auszuüben." Schweden sollte Stettin mit Vorpommern erhalten, Sachsen Magdeburg, Kurpfalz Kleve und Mark, Hannover Halberstadt.

Kat. Nr. III, 85 a

## 86 Zarin Elisabeth I. von Rußland (1709—1762)

„Elisabeth I. Rvssorum Imperatrix"

Kupferstich, 22 × 15,6 cm
Bez.: „Fait par I.E.Nilson"

Dr. Elmar Mauch, Bad Mergentheim

Elisabeth I., die Tochter Peters des Großen, hatte im Alter von 32 Jahren durch eine Palastrevolution mit Hilfe der Garde 1741 ihren Erbanspruch auf den russischen Zarenthron durchgesetzt. In den ersten Jahren ihrer Regierung gelang es König Friedrich, sie durch aufmerksames Eingehen auf ihre Empfindlichkeit und Entgegenkommen in politischen Fragen unter Vermittlung des preußischen Gesandten Mardefeld Preußen geneigt zu erhalten. Unter dem Einfluß des Kanzlers Bestužev betrieb die Kaiserin aber seit 1745 eine immer feindlichere Politik gegen Preußen und schloß sich 1746 eng mit Österreich zusammen. Der von ihr zum Thronfolger ernannte Peter von Holstein-Gottorp, noch unter Friedrichs Vermittlung mit Sophie-Auguste von Anhalt-Zerbst, der späteren Katharina II., vermählt, war hingegen ein begeisterter Anhänger des preußischen Königs. Elisabeth war, als der von ihr mit herbeigeführte Siebenjährige Krieg ausbrach, bereits unheilbar krank und ihr Tod in baldiger Aussicht. Das lähmte später die russische Kriegführung, weil die Heerführer auch auf die Neigungen des Thronfolgers Rücksicht nahmen.

Kat. Nr. III, 87

## 87 Aleksej Petrovič Graf Bestužev-Rjumin (1693—1766)

Arthemius Burkowski nach Pietro Rotari

Aleksej Petrovič Graf Bestužev-Rjumin

Öl auf Lwd., 59 × 47,5 cm
Auf der Rückseite signiert und 1763 datiert

SSG, Schloß Charlottenburg

Der in Moskau geborene Bestužev war seit 1741 Leiter der russischen Außenpolitik und seit 1744 russischer Reichskanzler. Anfänglich den preußischen Interessen nicht feindlich, schwenkte er in der Mitte der vierziger Jahre um und vermochte durch intrigante und zuweilen recht anfechtbare Methoden auch die beeinflußbare, mißtrauische Zarin Elisabeth gegen Friedrich einzunehmen. Als er den Grafen Keyserling, den russischen Gesandten in Berlin, veranlassen wollte, seine Berichte wahrheitswidrig so zu färben, daß bei der Zarin Preußen in ungünstigem Licht erscheinen mußte, lehnte dieser entrüstet ab. Bestuževs Ziel war die Eroberung Ostpreußens, um es im Tausch gegen Kurland an Polen zu geben. 1746 kam auf seine Anregung und österreichisches Werben eine russisch-österreichische Defensivallianz zustande, die ihre Spitze bereits gegen Preußen richtete. Das Bildnis ist die Kopie eines Originals wahrscheinlich aus den Jahren 1756 bis 1758, da Rotari 1756 von der Zarin nach Petersburg berufen worden war und Bestužev 1758 verbannt wurde. Als der ehemalige Kanzler 1762 rehabilitiert wurde, war Rotari gerade gestorben.

## 88 Heinrich Graf von Brühl (1700—1763)

Heinrich Graf von Brühl

Kupferstich, 14,3 × 9 cm
Bez.: „Gravé par Sysang"

Dr. Elmar Mauch, Bad Mergentheim

Heinrich Graf von Brühl war trotz mangelnder Bildung in schnellem Aufstieg 1746 unter dem sächsischen Kurfürsten Friedrich August II. Premierminister geworden. Er tat viel für die Dresdener Kunstsammlung, seine Politik wurde jedoch für das Land verhängnisvoll. Da er alle wichtigen Staatsämter selbst bekleidete, flossen ihm reichliche Gelder zu, mit denen er verschwenderisch umging, während die Finanzen Sachsens in Unordnung kamen. Der König geriet ganz unter seinen Einfluß. Brühl war die treibende Kraft bei dem Unternehmen, Sachsen auf Kosten Preußens zu vergrößern und zu diesem Zweck Glied einer großen Koalition mit Österreich und Rußland zu werden. Diplomatisch gingen die Sachsen so unvorsichtig zu Werke, daß Friedrich bald hellhörig wurde. Durch einen bestochenen Kanzlisten in Dresden erhielt er Abschriften aller geheimen Schriftstücke des sich gegen ihn vorbereitenden Bündnisses.

## 89 Georg II., Kurfürst von Hannover und König von England (1683—1760)

„Georgius II Rex Magnae Britanniae"

Kupferstich, 33,9 × 21 cm
Bez.: „Mentzel sc. Lips."

Dr. Elmar Mauch, Bad Mergentheim

Wie sein Vater Georg I. stand auch Georg II. im Interessenkonflikt zwischen seinem hannoverschen Stammland und dem englischen Königreich. Beide neigten mehr zur Wahrung hannoverscher Interessen und erregten damit in England viel Widerstand. Oft arbeiteten die Ministerien Hannovers und der britischen Inseln gegeneinander. Wegen der welfischen Interessen in Norddeutschland war Georg II. auch zeitlebens eher zur kritischen Haltung gegenüber Preußen geneigt, das mit seiner territorialen Vergrößerung in Minden, Lingen, Tecklenburg und Ostfriesland die welfischen Ausdehnungsansprüche überall hemmte. So war die britische Politik mit ihrem Gegensatz gegen Frankreich auch weniger eine königliche Politik als eine Politik des Parlaments und der Minister. 1743 schlug Georg an der Spitze einer Armee aus Engländern, Österreichern und Reichstruppen die Franzosen bei Dettingen unweit Frankfurt. Nach Plänen Georgs zur Bekämpfung Preußens in den vierziger Jahren wurde er, halb gegen seinen Willen, 1756 in die Allianz mit Preußen gezogen.

## 90 Gesundheitliche Beschwerden des Königs

Schreiben des Königs an seinen Kammerdiener Fredersdorff mit ausführlichem Bericht über seine Krankheit

1747 März 9

Ausfertigung auf Papier in einem Sammelband mit 50 Briefen

GStA PK, BPH Rep. 47 Nr. 225, 1

In Pyrmont, wo er 1746 erneut weilte, befiel den vierunddreißigjährigen Friedrich zum ersten Mal die Gicht. „Das ist nicht angenehm, das ist vorzeitig, kurz, das ist alles, was Ihr wollt, aber es ist wahr", so schrieb der Kranke am 4. Juni an seinen Bruder August Wilhelm. Am 13. Februar 1747 erlitt er abends einen Ohnmachtsanfall mit Lähmungen im rechten Arm und Fuß. Wochenlang lag er darnieder. Gicht, Hämorrhoiden und Steinbeschwerden blieben auch weiterhin seine Plagegeister.
In den Briefen, die der König seinem Kammerdiener Fredersdorff schrieb, haben sich so manche Äußerungen über seine beginnenden gesundheitlichen Beschwerden erhalten. „. . . die linke seite unter den Riben hinterwertz zu", so schreibt er am 9. März 1747, „Macht mihr das meiste zu tuhn, die Nihren Seindt viel Schuldt, und dan unt wan dan Schwilt die Miltz auf, dan tuth mihr der linke arm so weh, als wan ich einen Flus daran hätte, und dan so kömtz mihr dan unt wan als wen ich Sticken Wolte, und des Nachts Eben so."

## 91 Englische Garantie des preußischen Besitzstandes

Urkunde der Annahme der englischen Garantie für den preußischen Besitzstand einschließlich Schlesiens und der Grafschaft Glatz durch Friedrich II.
August 1746

Ausfertigung auf Papier mit papiergedecktem Siegel an schwarz-weißer Schnur

GStA PK, VI. HA I Nr. 14

1746 gelang Friedrich, der die russischen Pläne gegen Preußen durchschaute, ein den Frieden festigender Schritt, die Anerkennung des preußischen Besitzstandes einschließlich Schlesiens durch Großbritannien, allerdings mit Ausnahme des zwischen

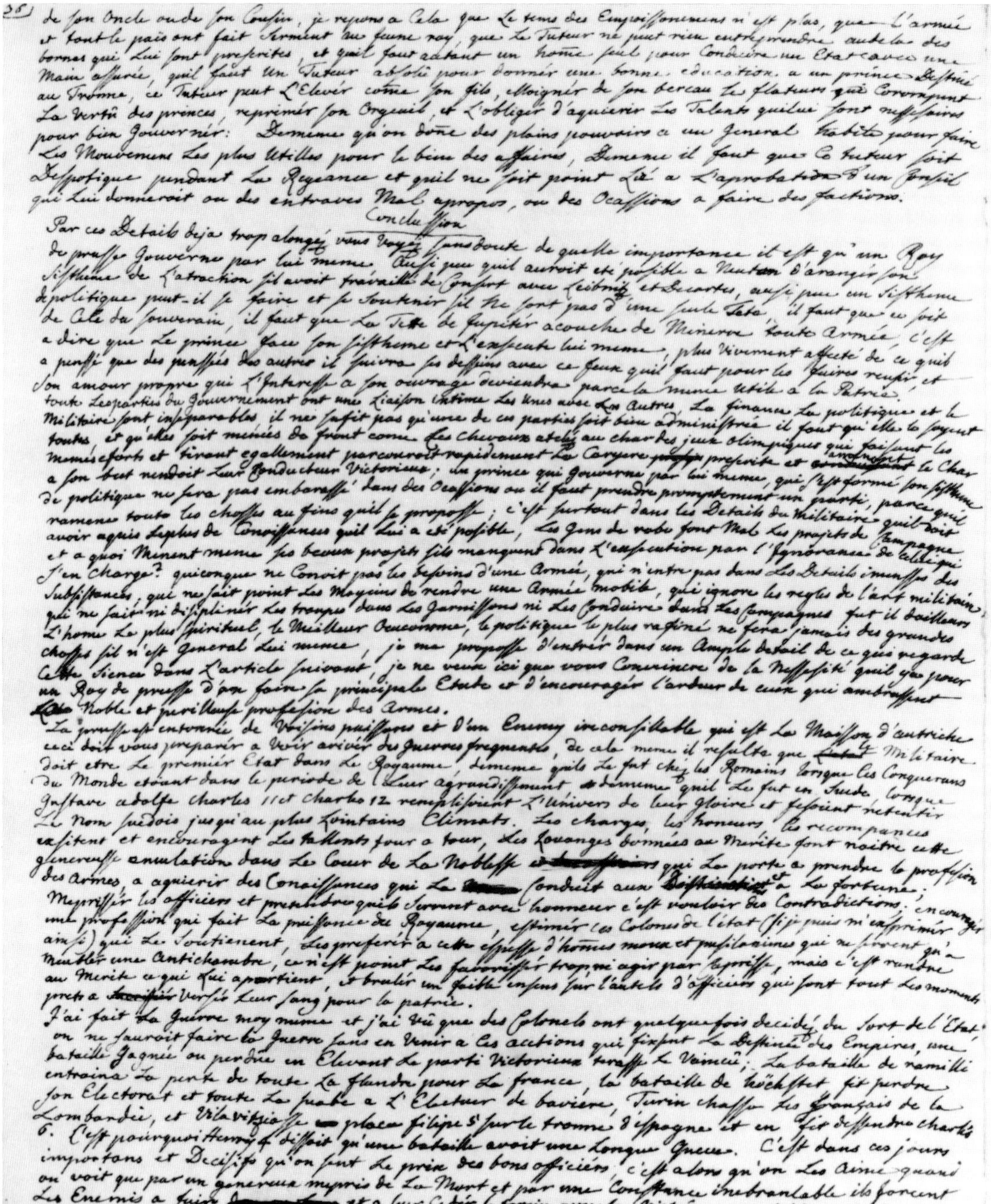
35) de son Oncle ou de son Cousin, je reponds a Cela que Le tems des Empoissonemens n'est plus, que L'armée
et tout le pais ont fait Serment au jeune roy, que Le Tuteur ne peut rien entreprendre au dela des
bornes qui Lui sont prescrites, et quil faut autant un home seul pour Conduire un Etat avec une
Main assurée, quil faut Un Tuteur absolu pour donner une bonne education a un prince Destiné
au Trone, ce Tuteur peut L'Elever come son fils, eloignér de son bercau les flateurs qui Corrompent
La Vertu des princes, reprimér son Orgueil, et L'obliger d'aquierir Les Talents quilui sont nessessaires
pour bien Gouvernér: Dememe qu'on done des plains pouvoirs a un General habile pour faire
Les Mouvemens Les plus Utilles pour le bien des affaires, Dememe il faut que Ce tuteur soit
Despotique pendant La Regeance et quil ne soit point Lié a L'aprobation d'un Consil
qui Lui donneroit ou des entraves Mal apropos, ou des Ocassions a faire des factions.

Conclussion

Par ces Details deja trop alongé vous voyez sans doute de quelle importance il est qu'un Roy
de prusse Gouverne par lui meme. Aussi peu quil auroit eté possible a Neuton d'aranger son
sisthème de L'atraction sil avoit travaillé de Consert avec Leibnitz et Decartes, aussi peu un sisthème
de politique peut-il se faire et se soutenir sil ne sort pas d'une seule Teta, il faut que ce soit
de Cele du souverain, il faut que La Tete de Jupiter acouche de Minerve toute Armée, c'est
a dire que Le prince face son sisthème et L'execute lui meme, plus vivement affecté de ce quil
a pensé que des pensées des autres il suivra ses dessins avec ce feux quil faut pour les faires reussir, et
son amour propre qui L'Interesse a son ouvrage deviendra parcela meme utile a la Patrie.
toute Les parties du Gouvernement ont une Liaison intime Les Unes avec Les Autres. La finance, La politique et le
Militaire sont inseparables, il ne sufit pas qu'une de ces parties soit bien administrée il faut qu'elle le soyent
toutes, et qu'elles soit menées de front come Les Chevaux atelé au char des jeux olimpiques qui faisant les
memes efforts et tirant egallement parcouroit rapidement La Carriere [illegible] prescrite et amenoient le Char
a son but rendoit Leur Conducteur Victorieux; un prince qui Gouverne par lui meme, qui s'est formé son sisthème
de politique ne sera pas embarassé dans des Ocassions ou il faut prendre promptement un parti, parce quil
ramene toutes les choses aux fins quil se propose; c'est surtout dans les Details du Militaire quil doit
avoir aquis Leplus de Conoissances quil Lui a eté possible, Les Gens de robe font Mal Les projets de Campagne
et a quoi Minent meme ses beaux projets sils manquent dans L'execution par l'Ignorance de celui qui
s'en charge? quiconque ne Conoit pas les besoins d'une Armée, qui n'entre pas dans Les Details immenses des
Subsistances, qui ne sait point Les Moyens de rendre une Armée mobile, qui ignore les regles de l'art militaire,
qui ne sait ni disciplinér Les troupes dans Les Garnissons ni Les Conduire dans Les Campagnes fut il d'ailleurs
L'home Le plus spirituel, le Meilleur Oeconome, le politique le plus rafiné ne fera jamais des grandes
choses sil n'est General Lui meme, je me propose d'entrér dans un Ample detail de ce qui regarde
cette Sience dans L'article suivant, je ne veux ici que vous Convaincre de la Nessessité quil y a pour
un Roy de prusse d'en faire sa principale Etude et d'encouragér l'ardeur de ceux qui ambrassent
La Noble et perilleuse profession des Armes.
La prusse est entourée de Voisins puissans et d'un Enemy inconsiliable qui est La Maisson d'autriche
ceci doit vous preparér a Voir arivér des Guerres frequentes, de cela meme il resulte que L'Etat Militaire
doit etre Le premiér Etat dans Le Royaume, dememe quils Le fut chez les Romains lorsque les Conquerans
du Monde etoient dans le periode de Leur agrandissement, et dememe quil Le fut en Suede, lorsque
Gustave adolfe charles 11 et charles 12 remplissoient L'Univers de leur Gloire et fesoient retentir
Le Nom suedois jusqu'au plus Lointains Climats. Les charges, les honeurs, les recompances
exsitent et encouragent Les talents tour a tour, Les Louanges données au Merite font naitre cette
genereuse emulation dans Le Coeur de La Noblesse [illegible] qui La porte a prendre la profession
des armes, a aquierir des Conoissances qui La [illegible] conduit aux [illegible] a La fortune;
Meprissér les officiers et pretendre quils servent avec honneur c'est vouloir des Contradictions: encouragér
une professioin qui fait La puissance du Royaume, estimér les Colones de l'etat (si je puis m'exprimér
ainsi) qui Le soutienent, Les preferér a cette espesse d'homes mous et pusilanimes qui ne sevent qu'a
meublér une Antichambre, ce n'est point Les favorissér trop, ni agir par caprisse, mais c'est rendre
au Merite ce qui Lui apartient, et bruler un faible incens sur l'autels d'officiers qui sont tout Les moments
prets a [illegible] versér Leur sang pour la patrie.
J'ai fait La Guerre moy meme et j'ai vû que des Colonels ont quelquefois decidé du sort de l'Etat,
on ne sauroit faire la Guerre sans en Venir a Ces actions qui fixent La Destinée des Empires, une
bataille Gagnée ou perdue en Elevant Le parti Victorieux terasse Le Vaincu; La bataille de ramillie
entraina La perte de toute La flandre pour La france, la bataille de höchstet fit perdre
son Electorat et toute La suabe a L'Electeur de baviere, Turin chassa les françois de la
Lombardie, et Vilavitsiosse [illegible] placa filipe 5 sur le trone d'espagne et en fit descendre charles
6. C'est pourquoi Henry 4 dissoit qu'une bataille avoit une Longue Queue. C'est dans ces jours
importans et Decisifs qu'on sent Le prix des bons officiers, c'est alors qu'on Les aime quand
on voit que par un genereux mepris de La Mort et par une Constance inebranlable ils forcent
Les Enemis a fuir [illegible] et a leur Cedér le terain avec la Victoire, mais il ne sufit pas

Kat. Nr. III, 92

Hannover und Preußen strittigen Ostfriesland. Frankreich hatte damals einen großen Teil der österreichischen Niederlande mit Brüssel erobert und die Schlacht von Rocoux gewonnen. England tat alles, um Preußen in dieser für die Insel unangenehmen Lage ruhig zu halten und ihm freundlich entgegenzukommen. Da gleichzeitig ein Einfluß Englands auf Rußland vorhanden war, so blieb das von Österreich schon erwogene Eingreifen Englands und Rußlands zugunsten einer großen Allianz gegen Preußen aus.

## 92 Friedrich über sein Regierungssystem

Testament Politique
1752

Eigenhändige Niederschrift auf Papier, aufgeschlagen S. 36

GStA PK, BPH Urk. III 1 Nr. 21

König Friedrich regierte aus dem Kabinett, das heißt, die Entscheidungen zu allen wichtigen Fragen ergingen von ihm; seine Minister und leitenden Beamten oder Offiziere hatten die Entscheidungsprozesse nur vorzubereiten. Als „roi philosophe“ fühlte er sich zu einem solchen Verfahren nicht nur als Fürst berechtigt, sondern auch nach Stand und geistiger Fähigkeit berufen. „Ebensowenig wie es Newton möglich gewesen wäre“, sagt Friedrich in seinem Politischen Testament von 1752, „sein System von der Anziehungskraft zu entdecken, wenn er es zusammen mit Leibniz und Descartes erarbeitet hätte, ebensowenig kann ein politisches System errichtet werden und sich behaupten, wenn es nicht einem einzigen Kopf entspringt. Dies muß der des Souveräns sein; der Kopf Jupiters muß die völlig bewaffnete Minerva zur Welt bringen; das heißt, daß der Fürst sein System aufstellen und selbst ausführen muß. Lebhafter von dem beeindruckt, was er denkt, als von den Gedanken der anderen, wird er seine Pläne mit dem Feuer betreiben, das nötig ist, um sie zum Erfolg zu bringen, und seine Eigenliebe, die ihn an sein Werk fesselt, wird dadurch dem Vaterlande nützlich.“ Alle Bereiche der Regierung, Finanzen, Politik und Militär, hängen untereinander eng zusammen, sie müssen „wie die Pferde vor dem Wagen bei den Olympischen Spielen“ von e i n e r Hand gelenkt werden, um den Wagen ans Ziel zu bringen und den Lenker zum Sieg. Der selbst regierende Fürst wird in entscheidenden Augenblicken nicht verwirrt sein, sondern kurz entschlossen, „weil er alles zu dem Ende führt, das er sich vorgenommen hat.“ So holte der König sich tägliche Berichte über die wichtigen Angelegenheiten ein, in denen der Gegenstand bis zur Entscheidungsreife abgewogen war. Friedrich selbst entschied. Das galt nicht für die Rechtsprechung, bei der er auf unabhängige Richter in der Regel Wert legte.

## 93 Nachrichtendienst und Feindaufklärung

a) Schreiben König Friedrichs an seinen Kammerdiener Fredersdorf wegen 3000 Talern für einen Agenten
(1747 April 3)

Eine Seite eigenhändig mit Unterschrift

GStA PK, BPH Rep. 47 Nr. 225, 5

b) Liste de dislocation des trouppes de l'Armée de Russie pour leur quartiers d'hiver
1752 August 23 / September 3

GStA PK, I. HA Rep. 92 Winterfeldt K. 2, 32–36

Der preußische Nachrichtendienst war anfangs noch sehr ungenügend, sowohl auf politischer als auch auf militärischer Ebene. Erst als in Berlin ein russischer Spion entlarvt wurde, baute der König auch sein eigenes Erkundungssystem stärker aus und griff dazu zu Geldmitteln. Ein Beispiel für die Anwerbung eines preußischen Spions wird hier gezeigt. Der Ungenannte hatte sich angeboten, Nachrichten aus Österreich zu beschaffen, wurde zunächst gewissenhaft überprüft und sollte dann mit einem fürstlichen Sold belohnt werden, wie aus dem weiteren Briefwechsel ermittelt werden konnte. Wichtige Aufschlüsse vermittelten auch die geheimen Gesandtenberichte. Auch zur Entzifferung des diplomatischen Schriftverkehrs von und nach Berlin ging Preußen über und folgte damit dem Beispiel der anderen Mächte. Darüber hinaus sammelte man auch militärische Nachrichten, nicht nur aus der Presse, die zuweilen offen berichtete, sondern auch durch inkognito reisende Offiziere und durch Deserteure und Überläufer der anderen Seite. So gab es in Berlin bald einen guten, zum Teil sogar sehr guten Überblick über die Truppenstärken und Quartiere der sächsischen, österreichischen, russischen und hannoverschen Truppen. Ein Beispiel dieser Art ist die Aufstellung über die

Standortverteilung der russischen Truppen im Frieden 1752.
Der bedeutendste Erfolg Preußens an der Front der Geheimdienste gelang aber durch die Bestechung eines Dresdener Kanzlisten, der abschriftlich die Geheimakten der preußenfeindlichen Koalition an den preußischen König lieferte. Friedrich war auf diese Weise über die wichtigsten Geheimbeschlüsse in Petersburg und Wien in der Folge bis zum Kriegsausbruch unterrichtet.

## 94 Nachricht über das österreichisch-russische Geheimabkommen von 1746

„Recueil des Traités et Conventions conclus par la Russie avec les Puissances étrangères"
T. 1, hg. v. F. Martens
St. Petersbourg 1874, S. 174—175

GStA PK, Bibliothek 35 M 5

Noch vor dem 1. Februar 1753 hatte König Friedrich über seinen Dresdener Kanal Kenntnis vom Text des österreichisch-russischen Geheimabkommens von 1746 erhalten. Die Spitze dieser Defensivallianz war gegen Preußen gerichtet. Nach der Kennzeichnung durch den englischen Botschafter in Petersburg, Lord Hyndford, war es der Zweck dieses Bündnisses, Preußen den Gewinn Schlesiens wieder wegzunehmen und dem gefährlichen König von Preußen in Zukunft Schranken zu setzen.

## 95 Das Invalidenhaus in Berlin

J. F. Schleuen

„Prospect des Königlichen Invaliden Hauses zu Berlin"

Kupferstich, 27,9 × 41,1 cm

Berlin Museum

Gleich nach dem Ende des Zweiten Schlesischen Krieges wurde auf Anweisung des Königs in Berlin der Bau des Invalidenhauses zur Aufnahme durch Verwundung dienstuntauglicher Soldaten und ihrer Familien begonnen. Der 1748 fertige Bau konnte 300 Invaliden Unterkunft geben und verfügte über gärtnerische und landwirtschaftliche Betriebe. Je eine lütherische-reformierte und katholische Kirche sowie eine evangelische und eine katholische Schule waren in dem Gebäude vorhanden.
Als das Invalidenbataillon einzog — mit drei Kompanien war es kein vollständiges Bataillon — widmete König Friedrich ihm die Worte: es möge das einzige von der ganzen Armee sein, „über welches ich mich freuen werde, wenn es niemalen wird komplett werden können". Über der Pforte ließ er den Satz einmeißeln: „Laeso et invicti militi" (Dem wunden und unüberwundenen Soldaten). Noch hatte dieser Spruch seine Geltung, denn das Heer hatte alle seine Schlachten gewonnen.

## 96 Das Kadettenhaus in Berlin

E. W. v. Werner

Kadettenhaus in Berlin
Bez.: „Berlin, den 26ten April 1837 gezeichnet von E. W. Werner"

Aquarell mit Deckweiß gehöht

Berlin Museum

Unablässig war der König bemüht, Bildung und Haltung seines Offizierskorps zu heben, weil er wußte, wieviel darauf ankam. Freilich war es allgemein mit der Vorbildung der Offiziere nicht zum besten bestellt, wenn auch der Anteil derjenigen, die gute Schulen oder gar die Universität besucht hatten, in Preußen etwas höher lag als in den anderen Heeren der Zeit. Auch erlaubten die Mittel nur eine schrittweise Besserung. Erst 1765 hat der König in Berlin die Ritterakademie oder Kadettenanstalt eingerichtet, in der die jungen Offiziere auf Kosten des Königs von Professoren und Lehrern in Religion, Mathematik, Ingenieurkunst, Philosophie, Moral, Naturrecht, Anfangsgründen des bürgerlichen Rechts, Geschichte, Sprachen und anderen Wissenschaften, auch im Fechten, Reiten und Tanzen unterrichtet wurden. In Stolp gab es seit 1769 eine Voranstalt, in Kulm in Westpreußen nach dessen Eingliederung in den preußischen Staat eine weitere Kadettenanstalt. Der König verlangte von seinen Offizieren, daß sie ihm „mit Leib und Seele" dienten. Jeder sollte mehr leisten, als seinem Dienstgrad entsprach. Nur dann wurde er befördert. Tat einer nur das Nötigste, so zählte er bei Friedrich zu den „indolenten Leuten", ihm konnte der spärliche Urlaub ganz verweigert, er konnte in eine dem Rang nach geringere Truppe versetzt oder auch dienstentlassen werden.

## 97 Preußisches Feldlager zu Lauenburg in Pommern

„Vue du Camp de l'Armé Prussienne dessiné sur le naturel dans la plaine de Louwenborg en Pomeranie"

Kupferstich, koloriert, 28,5 × 43,4 cm
Bez.: „Par le Sieur Vale Ingenieur, à Paris chez Mondhare, rue St. Jacques à l'hôtel de Saumur"
Dr. Elmar Mauch, Bad Mergentheim

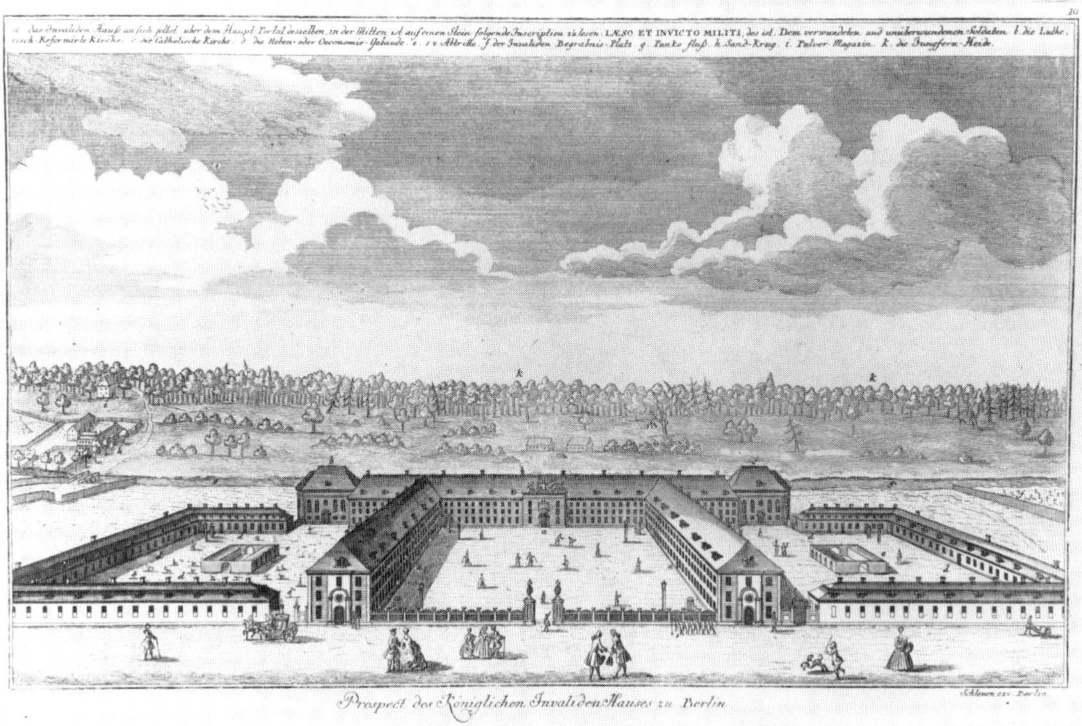


Kat. Nr. III, 95

Angesichts der drohenden Gefahren, die auf den preußischen Staat zukamen, achtete Friedrich besonders auf ein ständiges und sorgfältiges Einüben der Truppen. Schon in einem Tagesbefehl von 1746 spricht der König neben dem Lob für das Geleistete auch die Erwartung aus, daß die Offiziere nichts verabsäumen, „um die gute Ordnung und Disziplin, durch welche meine Armee bis dato unüberwindlich gewesen, auf alle Art und Weise wieder völlig einzuführen". Der Exerzierplatz mit dem einförmigen und doch notwendigen Drill wurde zum Manöverfeld. Provinzweise wurden von nun an die Truppen zu den Revuen in Feldlagern vereinigt wie dem hier gezeigten. Es wurden zum ersten Mal kriegsmäßige Manöver aus den Revuen, seit 1746 eine ständige Einrichtung. Der König zeigte sich dabei ganz wie im wirklichen Gefecht. Ständig besorgte seine Umgebung, er werde sich überanstrengen. Widerwillig bewunderte Voltaire 1752, daß Friedrich, anstatt wehklagend den „Philoktet zu spielen", den gichtgeschwollenen Fuß in den Stiefel zwängte und „Neoptolems Truppen kommandierte".

## 98 Die „Generalprinzipien vom Krieg“

a) „Les Principes Generaux de la Guerre appliqué à la Tactique et à la Discipline des Trouppes Prussiennes“

Reinschrift von 134 Seiten mit 12 farbig gezeichneten Plänen
Handexemplar mit eigenhändigen Korrekturen des Königs
um 1748
Aufgeschlagen: Plan A

Stiftung Preußischer Kulturbesitz, verwaltet durch SGG, Schloß Charlottenburg, S 16

b) „Die General-Principia vom Kriege applicirет auf die Tactique und auf die Disciplin, derer Preußischen Trouppen“
1753

GStA PK, Bibliothek 6 F 11, S. 155

Seine Erfahrungen aus den beiden ersten Schlesischen Kriegen und seine daraus erwachsenden theoretischen Überlegungen hat Friedrich zur Verbesserung der Reglements für die Truppe verwendet, vor allem aber in den 1748 abgeschlossenen „Generalprinzipien vom Krieg“ niedergeschrieben. Das Manuskript war in französischer Sprache verfaßt, wurde aber für die vielen Offiziere, die dieser Sprache nicht mächtig waren, 1753 auch auf deutsch gedruckt, jedoch als strenges Dienstgeheimnis gehütet. Die „Generalprinzipien“ behandeln alle Seiten des Kriegslebens, Quartiere, Verpflegung, Nachrichtendienst, Gefechtsformationen u. a. Unter anderem ist auch schon der Vorteil der „Schiefen Schlachtordnung“ beschrieben. Die Handschrift zeigt den durch Infanterie gedeckten Rückmarsch durch zwei Engpässe im Gebirge.

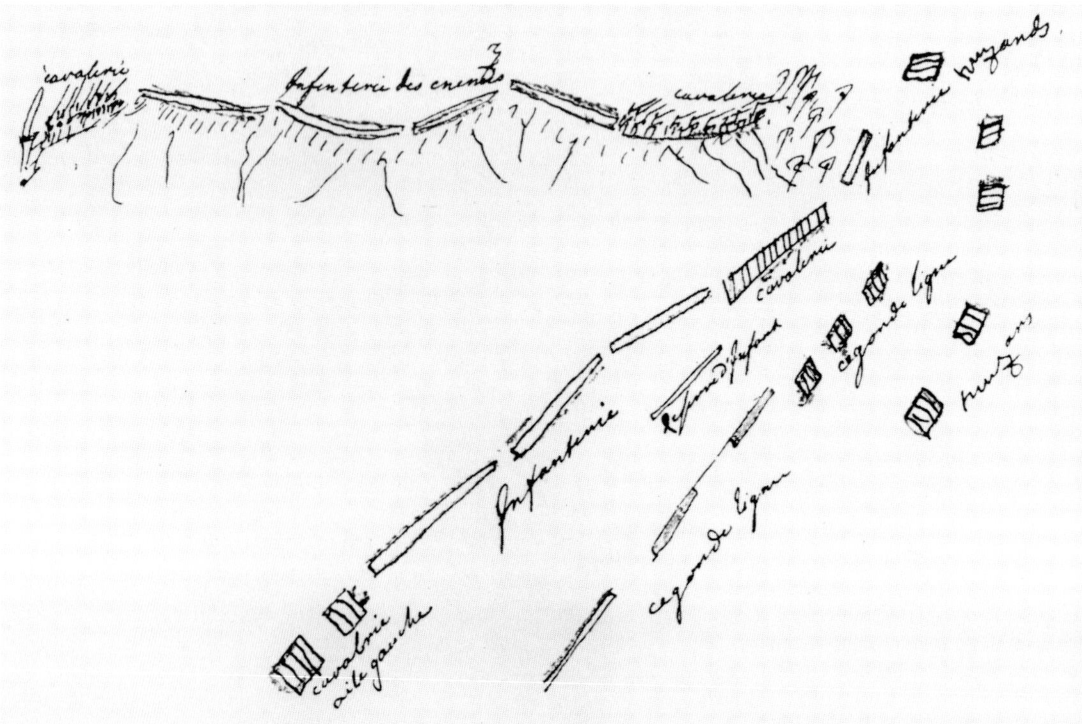


Kat. Nr. III, 99

## 99 Friedrichs Plan seiner „Schiefen Schlachtordnung“

Eigenhändige Skizze Friedrichs des Großen für die Anlage seiner Schlachtordnung in der „Instruction pour les généraux“ von 1746

Faksimile aus: Hohenzollern-Jahrbuch 15. Jg. 1911

GStA PK, Bibliothek 14a 10

Aus Beobachtungen der Schlacht von Mollwitz, wo durch einen Fehler der Aufstellung der linke Flügel zurückgeblieben war, aber später die Schlacht entschieden hatte, schöpfte der König die Anregung, die herkömmliche Lineartaktik mit paralleler Aufstellung der Gegner abzuwandeln. Nur ein Flügel sollte künftig angreifen und dazu vorgezogen werden. Mit dem anderen konnte man nachstoßen, wenn der erste erfolgreich war, oder den Rückzug decken, falls der Erfolg ausblieb. Dies Verfahren empfahl sich, so meinte Friedrich, besonders auch für den zahlenmäßig schwächeren Teil der kämpfenden Parteien. Schon bei Hohenfriedberg hat der rechte preußische Flügel zuerst angegriffen, aber noch ohne in der schiefen Ordnung zu stehen; hier war es vielmehr aus dem späteren Aufmarsch des andern Flügels zu diesem Ergebnis gekommen. Seine taktische Erfindung hielt der König in einer Handskizze fest und unterwies auch seine Generale in der Planung und Ausführung.

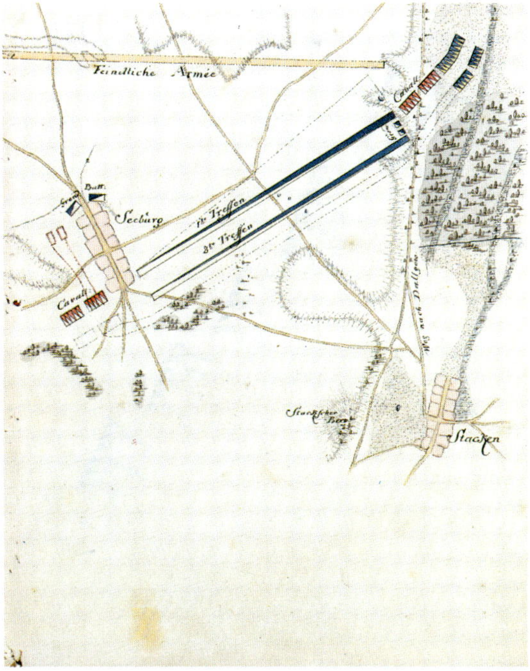

Kat. Nr. III, 100

## 100 Das Exerzieren der „Schiefen Schlachtordnung“ im Manöver bei Seeburg

Zwei Handskizzen mit Text vom Einüben der Schiefen Schlachtordnung im Manöver bei Seeburg-Staaken unweit Spandau
1753 September 5

Kolorierte Handzeichnungen mit Text

GStA PK, I. HA Rep. 92 Winterfeldt 2, 130—133, 141—143

Im September 1753 hat Friedrich, wie auch zu anderen Gelegenheiten, seine neue Schlachtordnung auf dem Manöverfeld bei Dallgow und Döberitz mit insgesamt 44 000 Mann eingeübt. Am Morgen des 5. September rückte die hier gezeigte Armee um 6 Uhr aus und marschierte gestaffelt in Richtung auf den linken Flügel eines gegenüber aufgestellten zahlenmäßig überlegenen Manövergegners zu. Bei Erreichen der Ausgangsposition wurden zwei Kavallerieeinheiten im Trab schnell auf den rechten, den Angriffsflügel gezogen, alle Einheiten schwenkten in sich rechts ab und bildeten zwei Treffen, die schwere Artillerie ging beim rechten Infanterieflügel in Stellung, und aus dem Schwenken heraus begann der Angriff des rechten Flügels auf den feindlichen linken unter Versagen des in Seeburg eisern festgehaltenen linken eigenen Flügels. Die Idee der Schlacht von Leuthen war geboren.

## 101 Friedrich inkognito auf der Reise nach Amsterdam

Holzstich nach einer Zeichnung von Adolph Menzel
in: F. Kugler, Geschichte Friedrichs des Großen, Leipzig 1840, S. 284

Foto: GStA PK

Während bereits seit 1754 die Siedler der englischen Kolonien in Amerika in den Wäldern den Franzosen die ersten Salven lieferten, während am 7. Juni 1755 vor Louisbourg in Amerika ein englisches Geschwader zwei französische Fregatten angriff und besiegte, unternahm Friedrich auf einer Rheinreise, ganz wie 1740, einen Abstecher ins

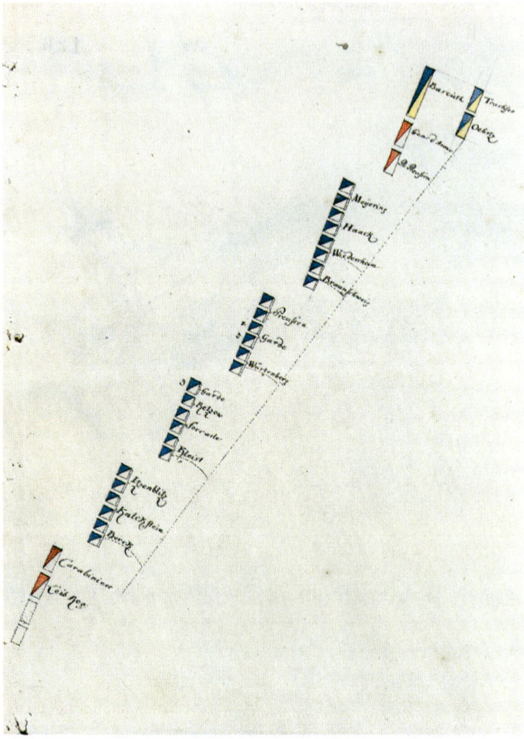

Kat. Nr. III, 100

Ausland, nach Amsterdam. An Bord einer Treckschute befuhr er in einem zimtfarbenen Kleide und schwarzer Perücke als angeblicher Kapellmeister des Königs von Polen die Wasserwege zwischen Utrecht und Amsterdam. Auf dieser Fahrt lernte er den Schweizer Henri de Catt kennen und schätzen, den er nicht lange danach als Vorleser und Vertrauten in seinen Dienst zog. Dieser abenteuerliche Zug im Wesen des Königs unterschied ihn sehr von den anderen gekrönten Häuptern seines Jahrhunderts, ausgenommen vielleicht Peter den Großen.

## 102 Die Nachrichten über die geheimen Beschlüsse des russischen Staatsrats

Kabinettssekretär Eichel im Auftrag des Königs an Etatsminister Graf Podewils über die russischen Staatsratsbeschlüsse
Berlin, 1755 Dezember 20

Druck nach der Urschrift in: Politische Correspondenz Friedrichs des Großen, Band 11, Berlin 1883, S. 439—441

Dem Minister Graf Podewils, der noch an eine rein defensive Allianz zwischen Petersburg und Wien glaubte, teilte der König durch Eichel am 20. Dezember 1755 den Inhalt einiger Geheimpapiere mit, die er über seinen Dresdener Mittelsmann erhalten hatte. Danach hatte der russische Staatsrat in Gegenwart der Zarin Elisabeth schon am 15. Mai 1753 in Moskau einen von allen Ratsmitgliedern unterschriebenen Beschluß gefaßt, wonach es Grundsatz der russischen Politik sein sollte, sich von nun an jeder Vergrößerung Preußens zu widersetzen. Dieses Ergebnis hatte Bestužev erneut am 7. Oktober 1755 in Petersburg vor der Kaiserin und dem dazu verpflichteten Thronfolger vorgebracht. In diesem Rat sei man übereingekommen, den König von Preußen bei der ersten besten Gelegenheit ohne Vorbereitung und Diskussion anzugreifen, gleich, ob ein Verbündeter Rußlands von Preußen angegriffen sei oder dieser Verbündete Preußen angriffe! Hierzu sollten in Liv- und Estland Heeresmagazine für 100 000 Mann Truppen unterhalten werden. Für diese sowie Heer und Flotte habe der Senat vier Millionen Rubel bereitgestellt. Ziel war der Angriff auf Preußen. Am 19. Oktober 1755 war ein neuerlicher Rat in Petersburg über die Maßnahmen im nun bevorstehenden Krieg gegen Frankreich abgehalten worden. Dessen von Bestužev geschickt durchgebrachter Beschluß war von der Kaiserin noch nicht bestätigt worden. Aus allem erhellte, daß die Vorteile, die Rußland aus den englischen Hilfsgeldern ziehen wollte, nicht als „unschuldig“ und „defensiv“ anzusehen waren.

## 103 Die Konvention von Westminster

Konvention zu Westminster über die Neutralität für Deutschland
1756 Januar 16

Text in der Vorakte für das Kurfürstentum Hannover

Niedersächsisches Hauptstaatsarchiv Hannover, Hannover 92 LXXII, Nr. 3 Bl. 7—9

Die am 16. Januar 1756 von Preußen und Großbritannien unterzeichnete Konvention von Westminster sollte kein Kriegsbündnis herstellen, sondern bezweckte im Grunde, in dem drohenden Kriege Nordwestdeutschland neutral zu erhalten. Die beiden Mächte gelobten sich Frieden und Freundschaft und sicherten einander zu, sich nicht gegenseitig anzugreifen, sondern vielmehr auch ihre jeweiligen Verbündeten vom Angriff auf den Vertragspartner zurückzuhalten. England suchte damit Hannover vor französischen Angriffen im schon ausgebrochenen überseeischen Krieg sicherzustellen, Preußen hoffte auf Ruhe an seiner Westflanke, vor allem aber auch auf ein mäßigendes Einwirken Englands auf Rußland, um die Ostmacht von einem Angriff auf Preußen abzuhalten. So glaubte Friedrich, einen Krieg auch mit Österreich zu vermeiden. Besonderes Gewicht erhielt aber der Artikel, in dem sich beide Mächte zur gemeinsamen bewaffneten Abwehr eines Angriffs verpflichteten, falls eine fremde Macht in Deutschland einrücken würde. Als Ziel wurde genannt: „. . . um die Ruhe in Deutschland aufrecht zu erhalten, dem Gegenstand dieses Vertrages gemäß." Die Konvention hat letztlich ihr Ziel verfehlt. Weder Rußland noch Frankreich ließen sich dadurch abschrecken. Frankreich, über seinen alten Verbündeten Preußen verstimmt, warf sich in Österreichs Arme, Rußland hielt an seinen Offensivplänen gegen Preußen fest. So wurde auf der anderen Seite notwendig Preußen in das englische Lager geführt.

## 104 Versicherung der Zarin, 1756 gegen Preußen Krieg zu führen

Bericht des österreichischen Botschafters Graf Esterhazy aus St. Petersburg über den Inhalt seiner Audienz bei der russischen Zarin
St. Petersburg, 1756 April 6

Chiffrierte Ausfertigung auf Papier, entziffert

Österreichisches Staatsarchiv, Haus-, Hof- und Staatsarchiv, Wien, StA Rußland II, Kart. 37, fol. 11—12

Der Bericht spricht von der „vergnüglichen Nachricht", die Esterhazy auf Verlangen Bestuževs mit Stafette abgesandt hat, daß zusammen mit der Zarin der „hiesige Hof zu Eroberung Schlesiens und Glaz an dem Krieg gegen Preußen Theil nehmen, und mit 80 000 Mann auch noch in diesem Jahr, wann es Unseren Seits geschieht, zu operiren anfangen wolle". Diesem Bericht vom 5. April trägt Esterhazy nach, daß er gestern abend der Kaiserin alles erläutert habe. Diese hat versichert, alles ihr Mögliche zu tun, auch in diesem Jahr gegen Preußen „werckthätig zu operiren". Diesen Bericht kannte König Friedrich noch nicht, beobachtete aber sorgfältig die russischen Truppenbewegungen und zog daraus den Schluß, daß er sich verteidigen müsse. Im Juni sickerte die wahre Lage an den Höfen zu ihm durch, über Dresden und Den Haag; gleichzeitig liefen die Nachrichten über russische und österreichische Truppenansammlungen in Livland und Böhmen ein. Der König begann seine Rüstungen. Am 22. Juni hielt er den Krieg für unausweichlich. „Wir haben einen Fuß im Steigbügel", so schrieb er seiner Schwester Wilhelmine. Am 16. Juli kam die Kunde, daß die ungarischen Regimenter nach Böhmen marschierten. Nun machte Preußen mobil.

## 105 Das preußische Ultimatum in Wien

Preußische Forderung einer Erklärung, ob Preußen einen österreichischen Angriff zu gewärtigen habe
Wien, 1756 August 18

Ausfertigung auf Papier, französisch

Österreichisches Staatsarchiv Wien, Kriegsarchiv, Alte Feldakten 1756 Kabinettsakten 8/1

Unterdessen hatte am 1. Mai 1756 auch das sich durch die Westminsterkonvention verletzt fühlende Frankreich sich von Preußen abgewandt und mit Österreich ein Verteidigungsbündnis geschlossen. Und unter der sich nun auch anbahnenden Verbindung zwischen Rußland und Frankreich geriet auch das von beiden Mächten abhängige Schweden in den preußenfeindlichen Sog. Die Koalition gegen Preußen, von Sachsen längst begünstigt, war fertig

ausgebildet. Friedrich, der die Rüstungen und Aufmärsche sah und den Kriegsplan der Gegner kannte, hatte die Wahl, den allseitigen Angriff der Übermacht abzuwarten, 80 000 Russen, 80 000 Österreicher, 20 000 Sachsen, 20 000 Schweden und mindestens 80 000 Franzosen der ersten Angriffswelle, alles in allem schon 280 000 Mann gegen im Höchstmaß 150 000 Preußen, oder dem Gegner durch einen Präventivschlag zuvorzukommen. Im zweiten Fall konnte er noch hoffen, einige Gegner aus dem Feld zu werfen, ehe die anderen kamen, stand dann aber in der öffentlichen Meinung als der Aggressor da. Nach reiflicher Beratung mit Schwerin und Podewils sah er doch keine andere Wahl. Am 26. Juli erhielt der preußische Gesandte Klinggräffen Audienz bei Maria Theresia. Er forderte eine Erklärung, ob Preußen im laufenden oder folgenden Jahre einen feindlichen Angriff von seiten Österreichs zu gewärtigen habe oder nicht. Die Kaiserin beschied schriftlich: „Die bedenklichen Umstände der allgemeinen Angelegenheiten haben mich die Maßregeln für notwendig ansehen lassen, die ich zu meiner Sicherheit und zur Verteidigung meiner Verbündeten ergreife, und welche überdies nicht bezwecken, irgend jemandem zum Schaden zu gereichen." Kaunitz hat dazu bemerkt, man habe damit alle weiteren Verhandlungen abschneiden wollen.
Friedrich befahl nun am 2. August die Mobilmachung im eigentlichen Sinn. Doch noch einmal wurde Klinggräffen zur Kaiserin entsandt. Er wiederholte seine Frage vom 26. Juli mit dem Hinweis, sein König wisse, daß der Angriff auf ihn für dieses Jahr ausgesetzt, aber nur auf das folgende verschoben sei. Maria Theresia verschanzte sich lediglich hinter dem formellen — und so zutreffenden — Einwand, eine Offensivallianz zwischen ihr und Rußland gebe es nicht. Diese war allerdings schriftlich noch nicht unterzeichnet, aber mündlich fest vereinbart.

## 106 „Rechtfertigung meines politischen Verhaltens", Juli 1757

Deutsche Übersetzung nach der Urschrift auf französisch
in: Die Werke Friedrichs des Großen, hg. v. G. B. Volz, Bd. 3, Berlin 1913

GStA PK, Bibliothek 14 a 268

Als der Krieg schon ausgebrochen und in die erste kritische Phase getreten war, hat der König schriftlich zur Vorgeschichte dieses weltweiten Konflikts Stellung genommen, um sein Vorgehen zu begründen. Nach einleitenden Worten über die Ursache in Übersee, wo es „um den Stockfischfang und um einige unbebaute Gebiete in Kanada" gegangen sei, folgt ein sarkastischer Seitenhieb: „Dank der Staatskunst unseres Jahrhunderts gibt es aber gegenwärtig keinen Streit in der Welt, so klein er auch sei, der nicht in kurzer Frist die gesamte Christenheit zu ergreifen und zu entzweien vermöchte." Dann hält er sich an Tatsachen: „Die Königin von Ungarn hatte nichts im Sinne als die Wiedergewinnung Schlesiens, auf das sie in zwei formellen Verträgen verzichtet hatte. Sie setzte ganz Europa gegen uns in Bewegung." Schritt für Schritt beschreibt der König dann die Zuspitzung der Lage und seine Bemühungen, den Frieden zu erhalten, bis endlich die feindlichen Rüstungen und Angriffspläne ihn zum Handeln zwangen. „Es galt, das Prävenire zu spielen, damit man uns nicht zuvor kam."

## 107 Uniformen der österreichischen, russischen und französischen Armeen

a) Österreichische und ungarische Uniformen des 18. Jahrhunderts: Husaren, Kroaten, Panduren

Kupferstich, 20,4 × 31,8 cm
Bez.: „So zu haben bey Ferdinand Bichler in A. delin. et sc."

SMPK, Kunstbibliothek 981, 49

b) Andreas Comes Hadik

Kupferstich, 26 × 19 cm
Bez.: „Jacob Adam fecit, Vienna 1789"

SMPK, Kunstbibliothek 981, 50

c) Fünf österreichische Uniformen aus der Mitte des 18. Jahrhunderts

Kolorierter Stich, 15 × 23,5 cm

SMPK, Kunstbibliothek 981, 48

d) „Accurate Vorstellung der saemtlichen Kayserlich Koeniglichen Armeen"
Raspische Buchhandlung 1762

Kupferstiche, koloriert, gebunden, 124 Tafeln, 24 x 19 cm
Aufgeschlagene Seite: No. 25: Infanterie-Regiment Botta, Inner Österreich

SMPK, Kunstbibliothek Qe 4 kl

e) Entwurf einer Vorstellung der russischen kaiserlichen Armee
18. Jahrhundert, um 1760

Kupferstiche, koloriert, 4 Blätter

SMPK, Kunstbibliothek 994, 41

f) Entwurf einer Vorstellung der russischen kaiserlichen Armee
um 1760

Kupferstiche, koloriert, gebunden

SMPK, Kunstbibliothek Lipp. Qo 1

g) „Recueil de toutes les troupes qui forment les Armées françoises"
Bez.: „Dessiné et illuminé d'apres nature à Nuremberg chez Gabriel Nicol. Raspe, 1762"
Aufgeschlagen: Regiment d'Infanterie Condé, Bl. 51, 19,5 x 27,5 cm

SMPK, Kunstbibliothek Qk 9

h) „Nouveau recueil des troupes qui forment la garde et maison du roi avec la date de leur creation, le nombre l'honneur dont chaque corps est composé, leur uniform et leur armes"
Bez.: „Dessiné d'apres la nature par Eisen. Dedié et présenté au roi. Paris: La veuve de F. Chereau 1756"
Aufgeschlagen: Mousquetaire de la première Compagnie, 40 x 53 cm

SMPK, Kunstbibliothek Qk 7

## 108 Uniformen der friderizianischen Armee

a) „Accurate Vorstellung der sämtlichen Koeniglich Preussischen Armee"
Herausgegeben und gezeichnet von J.C.H. v. S(chmalen)
Nürnberg, Raspische Buchhandlung 1759
S. 68 links: Fahnenträger; S. 69 rechts: Ingenieur-Corps
19 x 26 cm

SMPK, Kunstbibliothek Lipp. Qdb 3 kl

b) Wie a) Neu vermehrte und verbesserte Auflage, 1770
Tafel 58: Kürassier-Regiment v. Waldow, Garnison Ohlau

SMPK, Kunstbibliothek Lipp. Qdb 4 kl

c) Kurzgefaßte Geschichte der Königlich Preussischen Armée nebst Vorstellung der Uniform eines jeden Regiments"
Berlin 1786
S. 67: 6. Grenadier-Bataillon in Neiße
24 x 17 cm

SMPK, Kunstbibliothek Lipp. Qdb 10 kl

d) Wie a) Neue vermehrte und verbesserte Auflage, 1787
Aufgeschlagen: Koenigliche Guarde Erstes Bataillon, Garnison Potsdam
24 x 19 cm

SMPK, Kunstbibliothek Lipp. Qdb 7

e) „Friedrichs II. König von Preußen Armee-Montirung, sauber gemahlt, wie selbige unter dessen Regierung waren"
Vierte Sammlung von 22 Blätter
Potsdam, bey Carl Christian Horvath 1789

Tafel 12: No. 12. Bat. von Cou(r)biere, in Embden, Garnison-Rgt. Nr. XII
28 x 21 cm

SMPK, Kunstbibliothek Lipp. Qdb 13 kl

f) Zeichnerisches Aufnahmeblatt mit Uniformen der ehemaligen Militaria-Sammlung im Zeughaus von Berlin
30 x 24 cm
Bleistiftzeichnungen mit Aquarell- und Deckfarben
Links oben: Rock und Mütze des Tambours vom Infanterie-Regiment Nr. 21
Rechts oben: Uniformstücke des Infanterie-Regiments Nr. 15 II/III
Dolman, Pelz und Säbel eines Gemeinen vom Husaren-Regiment Nr. H 3

SMPK, Kunstbibliothek HZL 117, 20

g) Leibkürassier-Regiment von Schmettau und Markgraf Friedrich von Schwedt
O. J. Zeichnung von L. Elsholtz. Lith. v. Bormann. Lith. Anstalt von L. Sachse u. Co. Berlin
25,3 x 16,5 cm

SMPK, Kunstbibliothek 976, 25

h) Uniform des Husaren-Regiments von Zieten
Um 1750
Kolorierte Lithographie, 35,5 × 26 cm

SMPK, Kunstbibliothek 976, 20

i) Standartenträger der Garde du Corps (K 13)
Um 1762
In: Die Armee Friedrichs des Großen in ihrer Uniformierung, gez. und erläutert von Adolph Menzel. Bd. 1: Die Cavallerie, 1851

SMPK, Kunstbibliothek Lipp Qdb 51 mtl

k) Invaliden vom Invaliden-Corps
In: Die Armee Friedrichs des Großen in ihrer Uniformierung, gez. und erläutert von Adolph Menzel. Bd. 3.
Kolor. lithogr. Tafel 157

SMPK, Kunstbibliothek Kat. Lipp. 1965, S. 549 Qdb 51 mtl.

l) Preußische Uniformen
Erster Schlesischer Krieg 1740—1742 und um 1760
Farblithographien von Knötel d. J.,
je 16,5 × 23,8 cm

SMPK, Kunstbibliothek 976, 29

m) Mineurs/Pontoniers und Grüne Kroaten/ Ungarische Infanterie des Korps Kleist
Aus: Das altpreußische Heer, hg. v. H. Bleckwenn, T. III: Die Uniformen der preußischen technischen Truppen, rückwärtigen Dienste und Kriegsformationen 1753—1786

Osnabrück 1984

Zu 107 und 108: Die Uniformen der Heere sind hier in zeitgenössischen und späteren Darstellungen dargeboten worden. In Stil und Wiedergabe zeigt sich eine künstlerische Entwicklung, auch die Wirklichkeitstreue ist unterschiedlich. Die älteren Darstellungen arbeiteten nach Augenschein und Mitteilungen, Menzel hat sorgfältige Quellenstudien betrieben. Gleichwohl ist die uniformgeschichtliche Forschung kein abgeschlossenes Gebiet, sondern hat sich zu einer kleinen Hilfswissenschaft der Geschichtsforschung herangebildet. Viele Detailfragen sind bis heute ungeklärt, beispielsweise das genaue Aussehen der russischen Uniformen etwa in der Schlacht von Zorndorf. Diese Einzelfragen kann die Ausstellung nur andeuten. Das Vorhandensein ungarischer leichter Truppen in der preußischen Armee seit 1761 z. B. ist dem interessierten Nichtfachmann meist unbekannt.

## 109 Friedrich der Große vor dem Siebenjährigen Krieg

Johann Gottlieb Glume

Friedrich der Große

Öl auf Lwd., 69 × 57,5 cm
Bez. auf der Rückseite der Leinwand: „J. G. Glume . . . 17 . . .“

SKH Dr. Louis Ferdinand Prinz von Preußen, Berlin

„Die Antwort ist gekommen und ist nichts wert“, so schrieb Friedrich nach Empfang der ausweichenden Nachricht aus Wien am 26. August an den Herzog Ferdinand von Braunschweig in seinem Befehl zum Angriff auf Sachsen. Gleichwohl bot er in Wien noch einmal an, seine Truppen umkehren zu lassen, wenn er die gewünschte Erklärung erhielte. Eigenhändig schrieb er dazu an seinen Botschafter: „Da ich keine Sicherheit mehr habe, weder für die Gegenwart noch für die Zukunft, so bleibt mir nur der Weg der Waffen übrig, um die Anschläge meiner Feinde zu vereiteln. Ich marschiere und gedenke binnen kurzem die, welche sich durch ihren Stolz und Hochmut blenden lassen, anderen Sinnes zu machen; aber ich habe Selbstbeherrschung und Mäßigung genug, um Ausgleichsvorschläge anzuhören, sobald man sie mir machen will; denn ich habe keinen ehrgeizigen Plan noch begehrliche Wünsche; meine Schritte bezwecken nur gerechtfertigte Vorkehrungen für meine Sicherheit und meine Unabhängigkeit.“
Das Bildnis zeigt Friedrich um diese Zeit; es ist aus einem von Pesne geschaffenen Porträttypus herzuleiten, von dem sich ein gutes, um 1750 datiertes Exemplar in Schloß Brühl befindet. Es unterscheidet sich von diesem Bildnis jedoch durch eine prägnante Umrißwirkung, für die der in der Verkürzung nicht ganz überzeugende rechte Arm mit dem Kommandostab und der lange Zopf bestimmend sind. Im Ausdruck mit den großen Augen liegt etwas Angespanntes.

Kat. Nr. III, 109

## 110 Theater kriegender Potentaten

Johann Michael Probst

„Theater kriegender Potentaten"

Kupferstich, 24,8 × 40,8 cm
Bez.: „Johann Michael Probst excud. Aug(sburg)"

SBPK Einblattdrucke YB 6690 kl.

Das Blatt, schon aus dem Siebenjährigen Krieg stammend, zeigt die kriegführenden Häupter Europas, oben von links Kaiser Franz und Kaiserin Maria Theresia für das römisch-deutsche Reich, Kaiserin Elisabeth von Rußland, König Ludwig XV. von Frankreich; unten von links König Friedrich August von Polen, König Adolf Friedrich von Schweden, König Georg II. von England und ganz rechts im untersten Winkel König Friedrich von Preußen. In Augsburg stach man für beide kämpfenden Parteien. Das vorliegende Blatt ist offensichtlich für Anhänger der kaiserlichen Partei gedacht. Begleitet wurde die Auseinandersetzung von Anbeginn, wie Kriege stets, von der Friedenssehnsucht, wie das Gebet links unter dem Bild zeigt.

Kat. Nr. III, 110

# IV. Um Sein oder Nichtsein: Der Siebenjährige Krieg (1756–1763)

*Wenn die Vorsehung*
*auf die menschlichen Armseligkeiten*
*herabblickt, so gebe der Himmel,*
*daß Preußen unveränderlich*
*blühe und in Zukunft*
*vor dem Jammer und Elend*
*bewahrt bleibe, die das Land*
*in diesen Zeiten des Umsturzes*
*und der Verwirrung*
*heimgesucht haben.*
*Mögen seine Herrscher*
*niemals gezwungen werden,*
*zu den gewaltsamen und*
*verhängnisvollen Mitteln zu schreiten,*
*die der König zur Verteidigung*
*des Staates gegen den Haß*
*und den Ehrgeiz*
*der europäischen Fürsten*
*ergreifen mußte, als sie*
*das Haus Brandenburg*
*vernichten und*
*den preußischen Namen*
*für immer austilgen wollten!*

# Wettlauf um Zeitgewinn

## 1 Zeittafel des Siebenjährigen Krieges in Übersee und Europa

„Geschichtskarte des siebenjährigen Krieges Sr. Majestät Dem Könige Friedrich Wilhelm Dem zweiten von Preußen allerunterthänigst zugeeignet von Dr. J. M. F. Schulze. In Berlin bey Christian Friedrich Himburg"

Zwischen 1787 und 1797

Kupferstich, 37,5 × 48 cm

GStA PK, IV. HA B 432

Die kolorierte Zusammenschau zeigt nacheinander in Parallelspalten den Seekrieg und die Kämpfe in Übersee (Amerika, Afrika, Indien), danach im Rhein-Main-Weser-Gebiet, Portugal und Spanien, erst drittens den Kriegsschauplatz von Thüringen bis Schlesien und endlich den nordöstlichen Kriegsschauplatz von Ostpreußen bis zur östlichen Mark Brandenburg. Der Betrachter läßt den Blick nicht nur geographisch von West nach Ost wandern, sondern es kommt auch zuerst der englisch-französische Krieg ins Blickfeld, weil er am Schluß die größten und einzigen Besitzverschiebungen brachte, die Eroberung Kanadas und indischer Besitzungen durch die Engländer; dieser Schauplatz war auch geographisch viel ausgedehnter. Man hatte also in Preußen damals keineswegs den engen Standpunkt, nur auf das mitteleuropäische Geschehen zu blicken.

## 2 Öffentliche Bekanntmachung der Ursachen des preußischen Einmarsches in Sachsen

„Ursachen, welche Se. Königl. Majest. in Preussen bewogen, sich wider die Absichten des Wienerischen Hofes zu setzen, und deren Ausführung vorzukommen"
Berlin, 1756

GStA PK, Bibliothek 14ª 359

Nachdem auch die dritte Anfrage in Wien abgewiesen worden war, veröffentlichte der König die Darlegung der Kriegsursachen aus seiner Sicht. Die Druckschrift unterschied klar zwischen dem wahren und dem äußeren Angreifer, sie macht deutlich, daß Preußen einer Verschwörung von Gegnern zuvorgekommen war. Hierbei enthüllte der König sein geheimes Wissen um die feindlichen Pläne.

## 3 Die Kapitulation von Pirna am 15. Oktober 1756

„Blocus de l'armée Saxonne dans son camp de Pirna . . . en 1756"
In Kupfer gestochene Karte, 41,3 × 49,5 cm
Bez.: „J. V. Schley direx. L. W. F. von Oebschelwitz delin."

GStA PK, XI. HA F 52 841

Getreu seinem Grundsatz, daß in einem Krieg mit Österreich zuerst Sachsen besetzt werden müsse, rückte der preußische König am 29. August mit drei Kolonnen in Sachsen ein, auch, weil er um die Gegnerschaft Brühls wußte und das den Österreichern verbündete sächsische Heer nicht in seinem Rücken lassen durfte wie 1744. Die schon vorher gewarnten Sachsen unter Rutowski rückten bereits in das feste Lager auf dem Bergplateau bei Pirna, um dort im Lande den Angriff abzuwehren, bis österreichische Hilfe kam, oder gestützt auf diese, nach Böhmen auszuweichen. Schon am 4. September erschienen die ersten preußischen Husaren an der Elbe; kurz danach wurden die Sachsen bei Pirna eingeschlossen, aber zur Vermeidung unnötigen Blutvergießens nicht angegriffen. Sie kapitulierten nach dem Scheitern der Entsatzhoffnungen am 15. Oktober 1756. Die sächsischen Regimenter wurden in preußischen Eid genommen, was bei kleineren Zahlen von Kriegsgefangenen auch früher und auch in andern Armeen vorgekommen, in der Größenordnung von 20 000 Mann jedoch neu war. Friedrich hatte keine Wahl, entweder mußte er eine unzuverlässige Armee in seinem Rücken lassen oder so viele Gefangene versorgen. Für ihn war der gewählte Weg das geringste Übel. Doch zeigte sich nach seinem ersten Unglück, daß die Treue der Sachsen zu ihrem eigenen König größer blieb als zu ihm.

## 4 Das Aufgebot des Römischen Reiches gegen Preußen

„Kayserlich-Allergnädigstes Hof-Decret an eine Hochlöblich-Allgemeine Reichs-Versammlung zu Regensburg de dato 14. Septembr. 1756, den gewaltsamen Einfall in die Chur-Sächsische Lande von denen Chur-Brandenburgischen Völkern betreffend"
1756 September 14

GStA PK, XII. HA VI Nr. 1160

Weniger als drei Wochen nach dem preußischen Präventivangriff traten einander die gegnerischen Parteien vor dem Forum des Regensburger Reichstages gegenüber. Kaiser Franz hatte am 14. September sein erstes Hofdekret gegen den König von Preußen ergehen lassen. In ihm wurde von dem Angriff als Störung der Ordnung des Reiches gesprochen, ein „Verbrechen", gegen das nun die militärischen Kräfte der Reichsstände mobil gemacht werden sollten, die schwerfällige Rüstung der Reichskreise nach der alten Ordnung des Kaisers Maximilian. Es folgte eine Menge von Mandaten des Kaisers, Aufforderungen an die Offiziere, die preußischen Fahnen zu verlassen, Ermahnungen an Friedrich, Aufforderungen an die Reichsstände, keine preußischen Werbungen mehr zuzulassen und anderes mehr. Kurbrandenburg ersuchte dagegen die Stände um Friedensvermittlung und Garantie seiner Sicherheit, es bezwecke keine Eroberungen, nur Sicherheit. Bei der Abstimmung stand Hannover im Kurfürstenkollegium allein, im Fürstenrat stimmten nur 26 evangelische Stände für Brandenburg, 60 für die kaiserliche Sache, darunter auch Mecklenburg-Schwerin, Pfalz-Zweibrücken, Hessen-Darmstadt, Holstein-Gottorp, Schwarzburg und Ansbach, der eigene Schwager des Königs. Die Reichsarmee wurde gegen Preußen aufgeboten. Ruhm war ihr nicht beschieden.

Kayserlich-
Allergnädigstes
Hof-
DECRET,
an eine
Hochlöblich-Allgemeine
Reichs-Versammlung
zu Regenspurg,
de dato 14. Septembr. 1756,
den gewaltsamen Einfall
in die
Chur-Sächsische Lande
von denen
Chur-Brandenburgischen Völkern
betreffend.
Nebst Beylagen von Nro. 1. bis 3.

Von der Römisch-Kayserl. Majestät FRANCISCI Unsers allergnädigsten Herrns wegen, denen bey gegenwärtig-allgemeiner Reichs-Versammlung anwesenden des Heil. Röm. Reichs Churfürsten, Fürsten und Ständen fürtrefflichen Räthen, Bothschafften und Gesandten in Gnaden anzufügen:

Es seye Reichs-kundig, was maßen des Königs von Preussen Majestät, Churfürst zu Brandenburg, aus Dero Chur-Brandenburgischen in die Chur-Sächsische Lande mit einer gegen 60000 Mann starcken Kriegs-Rüstung gewalthätig eingefallen, dieser zum grösten Theil sich bemächtiget, und wider die dasige Lande sowohl, als auch wider die Unterthanen zu denen härtesten Vergewaltigungen vorgeschritten seye, also zwar, daß sogleich bey der erstern Uberziehung deren Chur-Sächsischen Landen, der Anfang mit Erforderung deren Portionen und Rationen in einer die Kräffte des Landes weit übersteigender Menge eigenmächtig gemachet, denen Unterthanen das Rind-Vieh, Pferd und Knechte weggenommen, Leipzig gleich anderen Städten sich bemächtiget, die Landes-Herrliche Cassen spoliret, auch denen Landes-Beamten und Unterthanen bey Lebens-Strafe verbothen worden seye, an des Königs von Pohlen Majestät, Churfürsten zu Sach-
A 2 sen,

Kat. Nr. IV, 4

## 5 Fahnen preußischer Regimenter

a) Fahne des Infanterie-Regiments Nr. 7 (Prinz August Wilhelm von Braunschweig-Bevern)

155 x 159 cm (Nachbildung der Bonner Fahnenfabrik)

GStA PK, I. HA Rep. 400 Nr. 10

b) Fahne des Infanterie-Regiments Nr. 30 (von Pritz)

155 x 159 cm (Nachbildung wie a)

GStA PK, I. HA Rep. 400 Nr. 11

c) Fahne des Infanterie-Regiments Nr. 31 (von Lestwitz)

139 x 120 cm (Nachbildung von H. Giesebrecht und L. Bagusch)

Stiftung Preußischer Kulturbesitz

d) Fahne des Infanterie-Regiments Nr. 48 (von Salmuth)

139 x 120 cm (Nachbildung von H. Giesebrecht und L. Bagusch)

Stiftung Preußischer Kulturbesitz

e) Fahne der 9. Kompanie des Infanterie-Regiments Nr. 43 (von Kalsow)

140 x 120 cm

Originalfahne, erbeutet von bayerischen Truppen wahrscheinlich bei Breslau im November 1757

Bayerisches Armeemuseum, Ingolstadt, Sign. B 170

Das Infanterie-Regiment Nr. 7 machte bereits bei Mollwitz den Angriff unter Schwerin mit und bewährte sich auch in anderen Schlachten der beiden ersten Schlesischen Kriege. Im Siebenjährigen Krieg kämpfte es bei Lobositz, Kolin, Kay, Zorndorf, Kunersdorf und Torgau. Sein Versagen bei Zorndorf verzieh ihm der König viele Jahre nicht. Das Regiment rekrutierte sich aus Pommern und hatte seine Garnison in Stettin.
Das Infanterie-Regiment Nr. 30 rekrutierte sich ebenfalls aus Pommern. Es wurde 1728 errichtet und kämpfte in sieben großen Schlachten des Siebenjährigen Krieges, darunter bei Leuthen, wo es im ersten Treffen des rechten Flügels angriff. Es gehörte zur Spitzengruppe der preußischen Regimenter.
Das Regiment v. Lestwitz war ein niederschlesisches Regiment. 1757 versagte es nach der Niederlage von Breslau, bewährte sich aber bei Kunersdorf, Liegnitz und Torgau.
Zu den Truppenteilen, die nicht in größeren Schlachten eingesetzt waren, aber an zahlreichen kleineren Gefechten, am Positionskrieg und Belagerungen teilnahmen, gehörte das Infanterie-Regiment Nr. 48, das 1756 in Minden aufgestellt und nach Wesel verlegt wurde. Es wurde zunächst mit der hannoverschen Armee verwendet, danach meist im Raum Sachsen. Am Einfall in Franken 1758 nahm es teil.
Aus den Breslauer Stadtsoldaten von 1740 ließ der König ein Garnisonsregiment bilden, aus dem 1744 das Regiment Nr. 43 hervorging, das sich aus Niederschlesien rekrutierte. Es bewährte sich 1757 beim Rückmarsch aus Böhmen und bei der Verteidigung Breslaus nicht, stand aber bei Kunersdorf im Brennpunkt der Schlacht, wo es mit andern den Mühlberg erstürmte und zahlreiche feindliche Kanonen erbeutete. Hierdurch erlangte es beim König ein hohes Ansehen, wurde auch bei seiner heftigen Kritik der schlesischen Regimenter 1784 geschont. Das Regiment gehörte auch zu den Verteidigern des großen Lagers Bunzelwitz.

## 6 Die Schlacht bei Lobositz

Die Schlacht bei Lobositz, 1756 Oktober 1

Karte aus dem Werk: Die Kriege Friedrichs des Großen, hrsg. v. Großen Generalstab

GStA PK, Bibliothek 6 K 19

Während die sächsische Armee noch eingeschlossen und ein preußisches Korps unter Keith zur Deckung über die böhmische Grenze vorgeschoben worden war, versuchte eine österreichische Armee unter Feldmarschall Browne, die Sachsen zu entsetzen. Diese Armee war seit dem Juli mobilisiert worden. Ende September rückte Friedrich selbst dem Feind entgegen. Am 1. Oktober kam es bei Lobositz zur Schlacht, 28 000 Preußen traten gegen 35 000 Österreicher zum Angriff an. Nach dreistündigem Geschützfeuer in dichtem Nebel scheiterten zwei preußische Kavallerieangriffe. Warnungen vor den Stückkugeln, die in seiner Nähe einschlugen, beantwortete der König mit den Worten: „Ich bin nicht hier, um sie zu vermeiden." Vorübergehende Bedrängnis, die zu Rückzugsabsichten der

Preußen führte, konnte durch die Infanterie des linken preußischen Flügels gemeistert werden, im Bajonettangriff warf sie den vorgerückten Gegner in letzter Stunde, im Fortgang wurde Lobositz erobert und der Tag entschieden. Trotzdem war die Schlacht nur ein begrenzter taktischer Erfolg; Friedrich mußte sich aus Böhmen zurückziehen, wenn auch Pirna kapitulierte. Die abschreckende Wirkung auf die feindliche Koalition war ausgeblieben, ein Friede nicht in Sicht.

## 7 Ulrich Bräkers Schilderung seiner Fahnenflucht in der Schlacht bei Lobositz am 1. Oktober 1756

„Lebensgeschichte und natürliche Abentheuer des Armen Mannes im Tockenburg"

Hrsg. v. H. H. Füßli, Zürich 1789

Niedersächsische Staats- und Universitätsbibliothek Göttingen, H. Helv. III 8566

Der Schweizer Ulrich Bräker war in Süddeutschland durch zwielichtige Werbepraktiken hinterhältig ins preußische Heer gelockt worden. Deshalb sann er darauf, aus dem Dienst zu fliehen. Als Angehöriger des Regiments Itzenplitz war er bei Lobositz gegen die Panduren in den Weinbergen eingesetzt, und in diesem unübersichtlichen Gelände gelang es ihm, sich von der Truppe zu entfernen. Doch zeigt ein unbefangener Blick in seinen Bericht, daß die Mehrzahl der Preußen, namentlich die geborenen Brandenburger oder Pommern, eine andere Haltung zeigten: „Viktoria, Bruder!" Leute wie Bräker blieben eine Randerscheinung in der preußischen Armee, auch die meisten Geworbenen kamen zur Fahne, um sich mit Hingabe einzusetzen. Bräker hat übrigens eine meist unbekannt gebliebene Wandlung durchgemacht und sich später daheim seiner Zugehörigkeit zum preußischen Heer gerühmt. Da galt ihm dann König Friedrich als „der ohnstreitig grosse König" und der „unnachahmliche Held" (H. Eckert in: Schaffhauser Beiträge zur Geschichte 53, 1976).

## 8 Der Siebenjährige Krieg in Deutschland und in Übersee

Graphische Darstellung auf zwei Tafeln mit Landkarten und farbigen Leuchtsignalen

Die grünen Signale geben eine für Preußen oder seine Verbündeten siegreiche Schlacht oder Belagerung an, die roten Signale entsprechende Niederlagen. Die Koalition gegen Preußen und seine Verbündeten ist durch senkrechte Schraffierung, Preußen und seine Verbündeten durch waagerechte angegeben.
Die Karten zeigen die Hauptkampfplätze in Deutschland, Amerika, Indien und auf See.

## 9 Waffen und Ausrüstungsgegenstände

a) Preußische Trommel mit Kessel aus Messingblech, Schlagfell und Saitenfell aus Kalbspergament und hölzernen Spann- und Wickelreifen

Höhe: 42 cm, Durchmesser: 41 cm

Zwei Trommelschlegel aus Mahagoni
Länge: 40,5 cm

Heimatmuseum Lippstadt

b) Preußisches Offiziersspont on

Heeresgeschichtliches Museum, Wien, EB 1.702

c) Preußisches Unteroffiziers-Kurzgewehr

Heeresgeschichtliches Museum, Wien, EB 1.701

d) Preußisches Offiziersspont on für Füsiliere

Länge: 207 cm

Privatbesitz

e)Preußisches Unteroffiziersspont on

Länge: 223 cm

Privatbesitz

f) Preußischer Degen für Infanterieoffiziere
In der vorliegenden Form getragen von den Offizieren der Grenadiere, Musketiere und Füsiliere 1740 bis 1808

Privatbesitz

g) Preußischer Infanteriesäbel für Mannschaften. Modell 1715
Getragen bis zum Beginn des 19. Jahrhunderts, seit 1744 gekürzt wie das hier gezeigte Stück

Privatbesitz

h) Preußisches Koppel mit Seitengewehrtasche für Infanteriesäbel

Privatbesitz

i) Preußischer Husaren-Offizierssäbel mit besonderem Korbgefäß
In der vorliegenden Form als Sonderanfertigung oder Geschenkwaffe für einen Husarenoffizier von 1740 bis 1786 getragen

Privatbesitz

k) Russischer Infanterie-Säbel aus Tula 1732
Das Stück ist durch zwei Stempel mit Doppeladler und einen in kyrillischer Schrift als russisches Fabrikat ausgewiesen. In Tula war unter preußischer Hilfe eine Fertigungsstätte eingerichtet worden. Der Säbel ist an das preußische Modell 1730 in der Form angelehnt

Privatbesitz

l) Preußischer Husaren-Offizierssäbel Modell 1721
In vielen Varianten getragen von Offizieren der Husarenregimenter Nr. 26 bis 34 bis zum Jahre 1808

Privatbesitz

m) Preußische Husarenpistole Modell 1742
Für die am Ende des Ersten Schlesischen Krieges neu eingerichteten Husarenregimenter

Länge: 57 cm, Lauf: 39 cm, Kaliber: 17 mm

Privatbesitz

n) Preußischer Kartuschkasten für Grenadiere um 1750
Leder mit Messingbeschlägen, Höhe: 24,5 cm, Breite: 29—32,5 cm, Tiefe: 9 cm

Bestimmt zur Aufnahme von Gewehrkartuschen, Feuersteinen, Krätzern, Schraubenziehern und 2 bis 3 Handgranaten. Die Kartuschen enthielten die Treibladung aus Schwarzpulver und waren aus Papier gefaltet.

Privatbesitz

o) Preußisches Grenadiermützenblech des Infanterie-Regiments Nr. 19
Mit gespiegelter Chiffre PC, auf der Randbordüre Johanniterkreuze (der Inhaber des Regiments Markgraf Karl war Herrenmeister dieses Ordens)

Privatbesitz

p) Preußisches Grenadiermützenblech des Garnison-Regiments Nr. VII
Die Königs-Chiffre FR ist später von hinten her zur sächsischen FA ausgeschlagen. Da in dieses Regiment viele sächsische Zwangsrekrutierte von 1756 eingereiht wurden, kann es sich um einen „Racheakt" eines sächsischen Deserteurs handeln

Privatbesitz

q) Preußisches Patronentaschenblech der Riesengarde Nr. 6
Kupferlegierung (Tombak)
Das Blech wurde in dieser Form vor 1740 und noch bis 1806 geführt

Privatbesitz

r) Preußische Artilleriekartusche mit Bandelier
Ursprünglich am Koppel getragen. Am Bandelier Räumnadeln mit Kettchen verloren

Privatbesitz

## 10 Geheime Instruktion König Friedrichs an den Minister v. Finckenstein

„Instruction sécrète pour le Comte de Finc"
Berlin, 1757 Januar 10

Faksimile nach der eigenhändigen Urschrift, Hohenzollern-Jb., 17. Jg. 1913

GStA PK, Bibliothek 14[a] 10

Friedrich wußte zu Beginn des Jahres 1757, in welchen ernsten Kampf er ziehen mußte. Gelang der zweite Anlauf gegen Böhmen nicht, so standen ihm verzweifelte Jahre bevor. In diesem Augenblick verfaßte er eine Anweisung an seinen Minister Finckenstein, die vorschrieb, was in der äußersten Notlage geschehen sollte. Die Charakterfestigkeit der Gesinnung, die in dieser Instruktion zum Ausdruck kommt, ist die eigentliche Grundlage für seinen Beinamen „der Große" geworden.
Nachdem er verfügt hat, daß bei einer Niederlage im Westen die königliche Familie, die Behörden und der Staatsschatz nach Küstrin, bei einer Niederlage im Osten nach Magdeburg zu flüchten haben, und daß der äußerste Zufluchtsort Stettin sein soll, bestimmt er, daß dann das königliche Gold und Silber in die Münze zu wandern habe. Dann schreibt der König: „Geschähe es, daß ich getötet

würde, so müssen die Geschäfte ohne die geringste Veränderung ihren Gang gehen, ohne daß man merkt, daß sie in anderen Händen sind; und in diesem Falle muß man Eide und Huldigungen beschleunigen, so wie hier, auch in Preußen und vor allem in Schlesien. Wenn ich das Verhängnis habe, vom Feinde gefangen genommen zu werden, so verbiete ich, daß man die geringste Rücksicht auf meine Person nimmt oder im geringsten berücksichtigt, was ich aus meiner Haft schreiben könnte. Geschähe mir solches Unglück, so will ich mich für den Staat opfern, und man muß dann meinem Bruder gehorchen, der ebenso wie alle meine Minister und Generale mir mit dem Kopf dafür verantwortlich sein soll, daß man weder eine Provinz noch Lösegeld für mich anbietet, und daß man den Krieg fortsetzen und seine Vorteile verfolgen wird, ganz als wäre ich niemals auf der Welt gewesen."

## 11 Hoffnungen auf den Tod der Zarin

Kabinettsordre König Friedrichs an den Generalleutnant v. Winterfeldt
1757 März 7

Ausfertigung auf Papier mit eigenhändiger Nachschrift

GStA PK, I. HA Rep. 92 Nachlaß Winterfeldt 6, 103

Während der König sich zum Feldzug des Jahres 1757 rüstete, hoffte er auch auf Änderungen der politischen Lage, die ihm allein fühlbare Entlastung hätten bringen können. Eine seiner Hoffnungen, die ihn auch in der kommenden Zeit begleiteten, war das Ableben der unheilbar kranken Zarin Elisabeth. Er hatte den Krieg mit Rußland nicht gesucht und stellte an diese Macht keinerlei Ansprüche, mußte aber wohl oder übel mit ihrer Feindschaft leben. In dem vorliegenden Schreiben findet sich so am Ende der Hoffnungsruf: „Levalt Schreibet die Rusische Canaille wehre Thot, wohr es wahr ist So Krigen wiehr aufwaßer." Bis es dazu kam, sollten noch fünf harte Jahre vergehen.

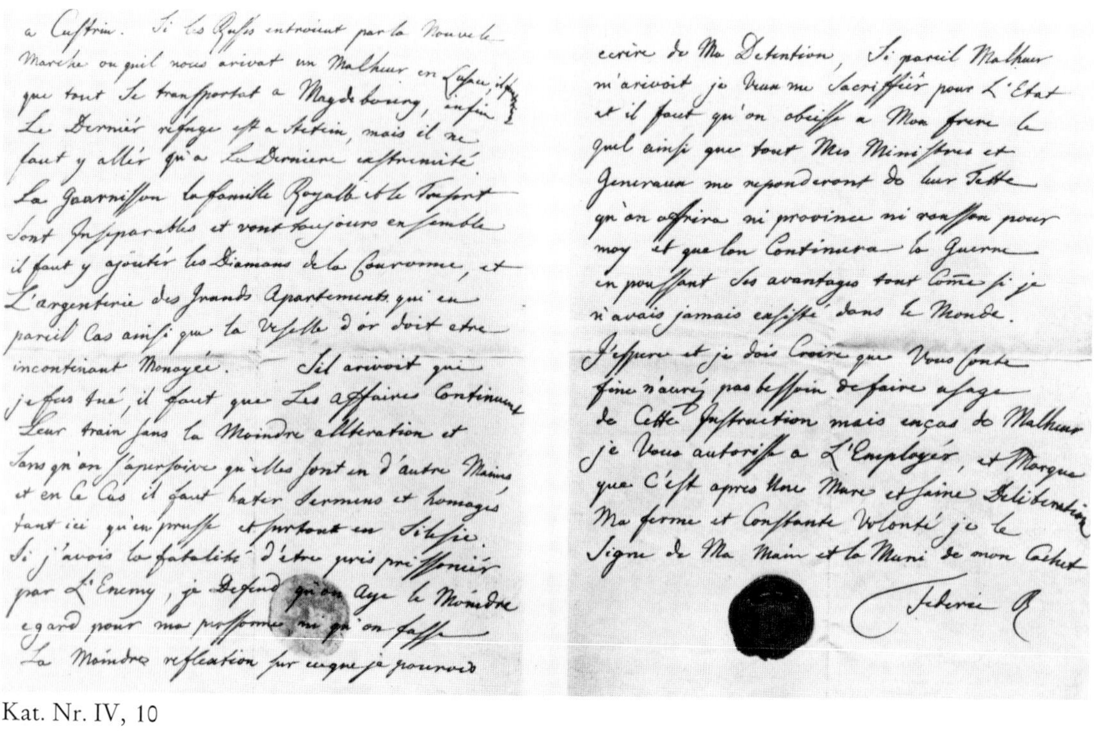

a Custrin. Si les Russes entroient par la Nouvelle
Marche ou quil nous arivat un Malheur en Saxe, il faut
que tout Se transportat a Magdebourg, enfin
Le Dernier refuge est a Stetin, mais il ne
faut y aller qu'a la Derniere extremité.
La Garnisson la famille Royalle et le Tresort
Sont Inseparables et vont toujours ensemble
il faut y ajouter les Diamans de la Couronne, et
L'argenterie des Grands Apartements qui en
pareil Cas ainsi que la Vesselle d'or doit etre
incontinant Monoyée. Sil arivoit que
je fus tué, il faut que Les affaires Continuent
Leur train sans la Moindre alteration et
Sans qu'on s'apersoive qu'elles sont en d'autre Mains
et en le Cas il faut hater Sermens et homagés
tant ici qu'en prusse et surtout en Silesie.
Si j'avois la fatalité d'etre pris prissonier
par L'Enemy, je Defend qu'on Aye le Moindre
egard pour ma personne, ni qu'on fasse
La Moindre reflextion sur ceque je pourois

ecrire de Ma Detention, Si pareil Malheur
m'arivoit je veux me Sacrifiér pour L'Etat
et il faut qu'on obeisse a Mon frere le
quel ainsi que tout Mes Ministres et
Generaux me repondront de leur Tette
qu'on n'offrira ni province ni ranson pour
moy et que lon Continuera la Guerre
en poussant ses avantages tout Come si je
n'avais jamais existé dans le Monde.
J'espere et je dois Croire que Vous Comte
fine n'aurez pas bessoin de faire usage
de Cette Instruction mais encas de Malheur
je Vous autorise a L'Employér, et Marque
que C'est apres Une Mure et Saine Deliberation
Ma ferme et Constante Volonté je le
Signe de Ma Main et la Muni de mon Cachet
Federic R

Kat. Nr. IV, 10

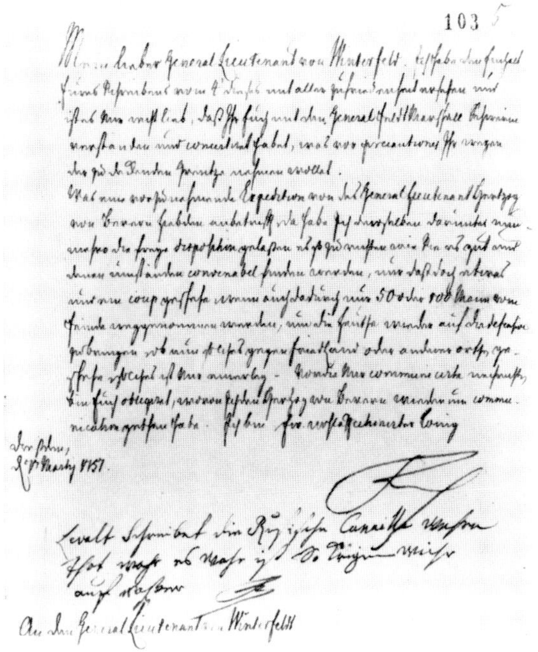

Kat. Nr. IV, 11

## 12 Die Schlacht bei Prag

a) „Plan der Bataille bey Prag den 6ten May 1757"

Kolorierte Handzeichnung mit Erläuterungen, 42,2 × 60,2 cm
Aus: Tagebuch vor das Grenadier-Bataillon . . . v. Wedell . . . 1756—1763

GStA PK, IV. HA

b) Daniel Berger nach Johann Christoph Frisch

„Schwerins Tod in der Schlacht bey Prag den 6ten May 1757"
Kupferstich, 40,4 × 59,2 cm
Bez.: „gestochen von D. Berger. Berlin 1790 gemahlt von J. C. Frisch 1787"

SSG, Schloß Charlottenburg

Am 1. Mai 1757 wurde in Versailles das zweite, das Offensivbündnis, zwischen Österreich und Frankreich unterzeichnet. Ziel war ein gemeinsames Operieren ins Herz der preußischen Staaten, gegen Magdeburg. Über 100 000 Franzosen sollten marschieren. Auf den Rat Winterfeldts und anderer Offiziere hatte der König nicht abgewartet, sondern war erneut in Böhmen eingerückt. Die Stärke des preußischen Heeres war mit aller Kraftanstrengung auf 200 000 Mann gebracht worden, im Felde standen 150 000. Große Desertionen der Sachsen verhinderten weitere Verstärkungen. In vier Kolonnen drangen die Preußen von Schlesien, der Lausitz, der Elbe und über das Gebirge bei Komotau konzentrisch gegen Prag vor, wobei der Gegner mehrfach ausmanövriert und stärker ermattet wurde als die Truppen des Königs. Friedrich ließ Keith von Westen her Prag einschließen, mit 63 000 Mann griff er dann am 6. Mai früh die annähernd gleichstarken Österreicher unter dem Prinzen Karl von Lothringen an. Der preußische Reiterangriff wurde nach mehreren Wechselfällen erst nach Stunden von Zieten zum Sieg geführt. Unterdessen war die Infanterie des linken preußischen Angriffsflügels nach beschwerlichen Märschen durch Wasser und Sümpfe von Schwerin zu früh mit den Worten „Frische Eier, gute Eier!" zum Angriff getrieben worden und drohte zu wanken. Beim Versuch, sie mit der Fahne in der Hand zum neuen Angriff vorzureißen, fiel Schwerin, von fünf Kartätschenkugeln getroffen. Das Feldzeichen wurde sein Leichentuch. Der begonnene Angriff ging indessen weiter und führte zum Sieg. Die Verluste auch der Preußen waren schwer. Prag kapitulierte trotz angespannter Versorgungslage für ein so großes Heer nicht; die Österreicher sprachen dem preußischen Parlamentär die Hoffnung aus, „durch gute Verteidigung sich die Achtung des Königs von Preußen zu verdienen".
Die Darstellung von Frisch, dessen Gemälde seit 1788 nicht mehr nachweisbar ist, wurde oft kopiert. Sie lehnt sich in der Komposition an Benjamin Wests berühmtestes Bild „Tod des Generals Wolfe in der Schlacht bei Quebec" von 1765 an.

## 13 Meuterei württembergischer Truppen

a) Anonyme ulmische Hauschronik, aufgeschlagen S. 482

Stadtarchiv Ulm, G 1/ 1768/ 1 — 1 Bd.

b) J. Oberländer nach Jacob Frueholz

„Prospect des Städtchens Geisslingen von Abend anzusehen"
Kolorierte Radierung, um 1800
14,5 × 7,8 cm

Stadtarchiv Ulm, Ans. 785 a

Kat. Nr. IV, 12b

Die Schlacht von Prag war die bis dahin verlustreichste. Übertreibende Berichte, die gerüchtweise die Kunde durch Deutschland trugen, vervielfachten noch die Truppen-, Verlust- und Beutezahlen. Prag blieb so die volkstümliche Schlacht des Siebenjährigen Krieges, um die sich Balladen und Volkslieder rankten. In Oberdeutschland war die Wirkung auch in greifbaren Folgen zu spüren. Der bayerische Kurfürst erklärte sich zunächst neutral. Von der Bevölkerung von Stuttgart aufgereizt, meuterten die württembergischen Regimenter. Hierüber berichtet die „Ulmische Hauschronik“: „Der Herzog von Würtenberg zog sein Contingent weg, nachdeme vorher, nemblich den 22sten Juni ihme bey 2 000 Mann in Stuttgard desertirt, welche nicht wider Preußen marschiren und agiren wolten, u. weil sie ein französischer Commissarius übernehmen wolte. Diesem Exempel folgeten ander auch nach, und als den 17ten Juli bemeldte 3 Compagnien bey Canstatt aufbrechen und nach Nördlingen marschiren solten, sind Hr. Wegeles Leute, als die Lindauer, wie auch Hr. Reischachs Compagnie bis auf 20 Mann, die noch bliben, durchgangen und meistens alle hieherkommen. . .“ Nach erneuter Sammlung und dem zweiten Abmarsch mit 6 000 Mann am 11. August 1757, desertierten bei Geislingen wieder 16 Württemberger. Sie wurden gestellt, eröffneten aber das Feuer auf ihre Offiziere. Den Truppen war beim Abmarsch die Munition abgenommen worden, die 16 ergriffenen Deserteure wurden darauf nach Kriegsrecht erschossen. Auf dem weiteren Marsch kam es zu weiteren Erschießungen, und 36 Helfer jener 16 mußten durch Spießruten laufen. Diese Strafe wurde auch über zahlreiche andere Deserteure verhängt. Es waren vornehmlich die evangelischen Reichsstände, bei denen es, wie z. B. auch in Nürnberg gegen den Rat, zu Unruhen kam. Behördliche Maueranschläge gegen den Preußenkönig wurden von der Bevölkerung nachts heimlich entfernt.

## 14 Die Schlacht bei Kolin am 18. Juni 1757

a) August Querfurt

Die Schlacht bei Kolin in Böhmen

Öl auf Lwd., 118 × 187 cm
2. Hälfte d. 18. Jhdts.

Heeresgeschichtliches Museum, Wien

b) Denkmünze auf die Schlacht bei Kolin

Vorderseite: Brustbild des Kaiserpaares linkshin. FRANCISCUS ET THERESIA AUGG: Am Unterrand: A: MOLL c. Rückseite: Sitzende Minerva und unter einem Blitz zerbrechender Obelisk. FRANGIT DEUS OMNE SUPERBUM. Unter der Basislinie: RESTAURATA FELICITATE PUBLICA MDCCLVII. XVIII JUN.

Durchmesser: 4,9 cm

GStA PK, Neuerwerbung 1985

Nach dem Sieg von Prag gelang es dem von Friedrich entsandten Herzog von Braunschweig-Bevern zunächst, die Österreicher unter Daun, die Entsatz bringen wollten, unter Wegnahme mehrerer Magazine nach Süden abzudrängen. Doch mußte sich der König gegen seinen ursprünglichen Plan entschließen, eine Schlacht gegen Daun zu schlagen, da dieser sich verstärken konnte und zum erneuten Vormarsch überging. Am 18. Juni kam es bei Kolin zwischen 54 000 Österreichern und 34 000 Preußen zur Schlacht. Der König hatte verfügt, seine Schlachtordnung mit dem Angriff nur eines Flügels anzuwenden und mit der schiefen Schlachtordnung der Überzahl Herr zu werden. Der Plan mißlang, weil Daun seinen bedrohten rechten Flügel rechtzeitig verstärken konnte und weil der preußische Vormarsch in Verwirrung geriet. Gegen das Verbot traten Mitte und rechter preußischer Flügel durch ein Mißverständnis zu früh in den Kampf ein. In der Mitte zerriß der Zusammenhalt. Auf dem Gemälde ist die kritische Situation in ihrem

Kat. Nr. IV, 14 a

Beginn zu erkennen. Nach einer Krise auch auf Dauns Seite, als der Ausgang nochmals ungewiß war, wurde der preußische Angriff gebrochen. Noch einmal führte Friedrich selbst einen Kavallerieangriff vor, der aber unter Artilleriebeschuß zusammenbrach. Sein Versuch, mit 40 Mann die andern wieder mitzureißen, blieb vergebens. Der Zuruf des Majors Grant: „Sire, wollen Sie die Batterie allein erobern?" bezeichnet die Wende zum allgemeinen Rückzug. — Diese erste Niederlage des Königs — man sprach in seinem Heer von einem Poltawa — erschütterte ihn nicht durch den für ihn ungewöhnlichen Ausgang, auch nicht durch den Verlust von mehr als 13 000 Mann. Vielmehr trat nun die Wende des Krieges ein. Die Hoffnung, mit Österreich fertig zu sein, ehe Franzosen und Russen kamen, war zerstört. Mehr noch, die Belagerung von Prag und die Aussicht, das dortige Hauptheer gefangen zu nehmen, mußten aufgegeben werden. Nun war der Verlust Böhmens nicht aufzuhalten, der Kampf gegen eine mehr als doppelte Übermacht an drei Fronten begann. Die Kaiserin ließ auf den Sieg eine Medaille schlagen. Auf ihr erscheint auf der einen Seite das Kaiserpaar, auf der anderen die Göttin Minerva. Die Aufschrift besagt: Gott zerbricht alles Hochmütige. Zehn Tage nach der Schlacht starb Sophie Dorothea. Der Tod seiner Mutter, an der der König mit großer Kindesliebe gehangen hatte, traf ihn fast noch schmerzlicher als die Wende des Krieges. Zum politisch-militärischen trat der persönlich-familiäre Verlust.

### 15 Leopold Joseph Graf von Daun, österreichischer Feldmarschall (1705—1766)

Johann Philipp Haid

„Leopoldus Sac(ri) Rom(ani) Imp(erii) Comes a Daun etc."

Kupferstich, 36,8 × 25,6 cm
Bez.: „Iohann Christian Leopold excudit Aug. Vind. Iohann Philipp Haid sculpsit"

SMPK, Kunstbibliothek 981,45

Leopold Graf v. Daun, der Sieger von Kolin, stammte aus einer ursprünglich rheinländischen Familie mit Stammsitz in der Eifel. Der in Wien geborene Offizier hatte bereits 1734/1735 am rheinischen Feldzug in dem gleichen Heer wie sein späterer preußischer Gegner teilgenommen. Im österreichischen Erbfolgekrieg nahm er an den Schlachten von Mollwitz, Chotusitz, Hohenfriedberg und Soor teil und lernte hier die Methoden der preußischen Kriegführung kennen, woraus er als befähigter Organisator nach diesem Kriege bei der Neugestaltung der österreichischen Armee Nutzen zog. In Süddeutschland errang er erste Siege gegen die Franzosen bei Ludwigsburg, Braunau und Landau. Im Zuge der Reorganisation der österreichischen Armee führte er den eisernen Ladestock ein, gründete die Kadettenanstalt und spätere Militärakademie in Wiener Neustadt, vermehrte die Artillerie und schuf ein einheitliches Dienstreglement. Schon 1745 war er zum Feldzeugmeister (Feldmarschall) ernannt worden. Seinen dauernden Einfluß bei Maria Theresia verdankte er seiner Ehe mit der Gräfin Marie Josepha von Fuchs, Witwe des Grafen v. Nostitz, die Vertraute der Kaiserin war, und seinem Organisationstalent. Im Felde war er siegreich auch bei Hochkirch und Maxen, glücklos bei Leuthen und Torgau. Man warf ihm vor, daß er zu methodisch operierte, allzu vorsichtig sei und seine Siege nicht ausnutze. Zum Teil lag das aber auch an der österreichischen Führungsorganisation, die die Generalität von Entscheidungen des in Wien sitzenden Hofkriegsrats allzusehr abhängig machte. Daun selbst war jedoch auch mehr auf Erhaltung des Heeres und Sicherheit bedacht als auf Wagnisse.

## Niederlagen und Feldherrnkunst

### 16 Prinz August Wilhelm (1714—1758)

Antoine Pesne

Prinz August Wilhelm von Preußen

Öl auf Lwd., 95 × 81 cm

SKH Dr. Louis Ferdinand Prinz von Preußen, Berlin

Nach der verlorenen Schlacht von Kolin mußte die Belagerung von Prag aufgehoben werden. Während die Österreicher nun 100 000 Mann unter dem Prinzen von Lothringen vereinigten, zogen sich die Preußen in Stärke von noch 70 000 Mann in zwei getrennten Heeren nordwärts zurück. Das eine hatte der König seinem Bruder August Wilhelm anvertraut. Der Thronfolger, Lieblingssohn Friedrich

Kat. Nr. IV, 16

Wilhelms I., war ein liebenswürdiger und wohlwollender Mann, nur zum Armeebefehlshaber war er nicht befähigt. Friedrich hatte ihm daher erfahrene Generale als Berater beigegeben. Dennoch führte August Wilhelm einen derartig ungeschickten und ängstlich-fehlerhaften Rückzug aus, daß mehrere Magazine, ein großer Teil des Trosses und einige Garnisonen verloren gingen; die Moral der Truppe war tief gesunken, viele desertierten. In Bautzen traf der König seinen Bruder und zog ihn in härtester Weise zur Rechenschaft. August Wilhelm verließ die Armee, erkrankte und starb ein Jahr später. Seine Brüder standen auf seiner Seite, der König stand allein. Die Zerwürfnisse sind geblieben.

## 17 Prinz Heinrich (1726–1802)

Anton Graff

Prinz Heinrich von Preußen

Öl auf Lwd., 78 × 53 cm

SSG, Schloß Charlottenburg

Von den Brüdern Friedrichs des Großen war Heinrich unzweifelhaft der begabteste und fähigste. Friedrich und Heinrich glichen einander in vielen Zügen ihrer Persönlichkeit. Schon früh ließ Heinrich eine hohe militärische Begabung erkennen, und als Diplomat hat er für Preußen bei der Erwerbung Westpreußens und anderen Gelegenheiten Hervorragendes geleistet. Heinrich war aber kühler und überlegter als Friedrich, in der Kriegführung mehr der Methode der Zeit aufgeschlossen und daher der Schlacht abgeneigt, ein Mann des Positionskrieges und hierin außerordentlich geschickt. Andererseits hat er die Notwendigkeit, die Friedrich oft zwang, dem Gegner eine Schlacht zu liefern, nicht erkannt und hätte an erster Stelle den Siebenjährigen Krieg seinem Temperament und Naturell nach wohl kaum so durchgestanden. Der König verließ sich in kritischen Lagen aber auf seinen Bruder, und er konnte dies tun, denn bei aller Anlage zur Kritik an Friedrich, die oft fast gehässige Züge annehmen konnte, hat Heinrich seine Dienste immer zum Wohl des Staates geleistet und sich untergeordnet. Friedrich blieb ihm gegenüber auch bei Zerwürfnissen im ganzen großzügig und bei gelegentlicher Einzelkritik wie 1778 doch großmütig. Ihm galt Heinrich als „fehlerloser Feldherr". Nach Kolin vertraute er Heinrich Planung und Durchführung des Rückzugs von Prag an.

## 18 Der Verlust Ostpreußens

a) Die Schlacht von Groß Jägersdorf

Kupferstich, 27,5 × 33 cm

GStA PK, XX. HA EM 139 k 25

b) „Russischen Cosacken u. Calmücken Muthwill und Tyranney in dem Preuss. Lithauen 1757"

Kupferstich, 28 × 16 cm

SBPK Einblattdrucke YB 7204 kl.

c) Letzte Kabinettsordre Friedrichs des Großen an den Etatsminister v. Lesgewang vor dem Verlust der Provinz im Krieg

Breslau, 1758 Januar 29
Ausfertigung auf Papier

GStA PK, XX. HA EM 52,2 kk 10 VII

Mehrfach hatte Friedrich schon im Frieden bekundet, daß Ostpreußen in einem Mehrfrontenkrieg für Preußen militärisch nicht zu halten sei. Es fehlte eine Festung an der Weichsel als Basis. Trotzdem gab er dem kleinen Korps unter Feldmarschall Lehwaldt, das dort stand, den Befehl, den Kampf zu wagen, falls die Russen einrückten. Friedrich hatte mit Rußland keinen Krieg gewünscht, er fürchtete vor allem die Vernichtungskraft der irregulären leichten Truppen, die nach seiner Ansicht innerhalb von acht Tagen eine ganze Provinz zu verwüsten und zu veröden imstande seien. Im Juni überschritt die russische Armee unter Apraxin die Grenze. Am 30. August griff sie der zweieinhalbmal unterlegene Lehwaldt bei Groß Jägersdorf westlich von Insterburg an. Nach Anfangserfolgen mußte er, von überlegenen russischen Kräften in der Flanke angefallen, den Kampf abbrechen. Trotzdem wich Apraxin, den Tod der Zarin erwartend, wieder nach Rußland zurück. Er bezahlte es mit der Verbannung nach Sibirien. Doch hatten die Kosaken in dem östlichen Teil der Provinz abschreckend gehaust, wovon die Kunde auch in den Westen gelangte. Hier und da rotteten sich die Bauern in den Wäldern zusammen und begannen eine Art Partisanenkrieg gegen die Eindringlinge. Im folgenden Januar, als Friedrich Lehwaldt nach Pommern zurückberufen hatte, rückten die Russen erneut in das unverteidigte Land ein und ergriffen davon Besitz. Der Adel mußte der Zarin huldigen, die eine neue russische Provinz aus Ost-

Kat. Nr. IV, 17

preußen machen wollte. Die Bevölkerung wurde nicht vertrieben, Ostpreußen hatte ein glimpfliches Schicksal und blieb von weiteren Verheerungen verschont. Nur Kriegskontributionen und Naturallieferungen an die russische Armee wurden den Bewohnern auferlegt. Gegen die milde Besatzung regte sich wenig Widerstand. Der König hat Ostpreußen die schnelle Huldigung nicht verziehen. Nach dem Kriege sorgte er für die Provinz, aber er hat sie nie wieder betreten.

## 19 Die Konvention von Kloster Zeven

Text der Konvention von Kloster Zeven

1757 September 8

Ausfertigung

Niedersächsisches Hauptstaatsarchiv, Hannover, Hann. 10 Frankreich Nr. 2

Auf dem westlichen Kriegsschauplatz hatte England sich bereit gefunden, eine Armee aus hannoverschen, braunschweigischen und hessischen Truppen aufzustellen, die unter den Befehl des Herzogs von Cumberland trat. Bei Hastenbeck unweit Hameln wurde Cumberland am 26. Juli 1757 von den Franzosen unter d'Estrées geschlagen und mußte nordwärts ausweichen. Am 8. September schloß er bei Zeven unweit der Niederelbe ein Abkommen mit den Franzosen, das einer Kapitulation gleichkam. Die Hessen und Braunschweiger wurden nach Hause geschickt, die Hannoveraner mußten Quartiere bei Stade beziehen, das Kurfürstentum wurde von den Franzosen besetzt, denen nun der Weg nach Magdeburg offen stand, unverweilt rückten sie ins Halberstädtische ein. Eine zweite französische Armee mit Reichstruppen, an 60 000 Mann, stieß vom Main auf Thüringen vor. Friedrich war nur noch Herr von Brandenburg, Pommern, wo aber am 13. September 20 000 Schweden die preußische Grenze überschritten, Sachsen und einem Teil von Schlesien. Ostpreußen wurde im Januar 1758 endgültig von den Russen besetzt. 170 000 Preußen sahen sich 310 000 Gegnern auf dem engen Raum zwischen Elbe, Oder und Kolberg gegenüber. Lehwaldt mußte aus Ostpreußen mit seinem kleinen Kontingent nach Pommern rükken, in den bedrohten Provinzen wurde die Landmiliz aufgeboten und mit wenigen regulären Truppen verstärkt. Die Lage war verzweifelt, und dies bereits ein gutes Jahr nach Ausbruch des Krieges.

## 20 „Für sein Vaterland kämpfen und fallen“

Schreiben Friedrichs des Großen an Voltaire
1757 September 9
(Richtiges Datum von Koser nachgewiesen)

Faksimile nach der Urschrift, Hohenzollern-Jb., 3. Jg. 1899

GStA PK, Bibliothek 14ª 10

Der Brief ist zur Zeit der Kapitulation von Zeven geschrieben und gibt von der Verzweiflung des Königs ebenso Kunde wie von seiner unbeugsamen Beharrlichkeit. „Man muß für sein Vaterland kämpfen und für sein Vaterland fallen, wenn man es retten kann, und wenn man das nicht kann, ist es schimpflich, es zu überleben“, so liest man in dem Schreiben, und: „Den Härten des Schicksals setze ich meine Beständigkeit entgegen.“ Weiter heißt es: „Wenn mir das Glück den Rücken zukehrt, und man mich nach dem heißen Wunsch der heutigen Staatsmänner vernichtet, wird Ihnen mein Sturz nicht nur einen schönen Stoff zu einem Trauerspiel bieten; dieses unheilvolle Ereignis wird nur das Verzeichnis der Bosheiten und der Treulosigkeiten dieser Klasse von Männern oder Weibern vergrößern, die die gebildeten Völker Europas in einem Jahrhundert regieren, wo ein kleiner Privatmann lebendig gerädert worden wäre, der auch nur den hundertsten Teil des Bösen getan hätte, das diese Herren der Erde ungestraft tun ... Leben Sie wohl, Sie werden bald von mir gute oder schlechte Nachrichten erhalten.“

Und als Voltaire in einem langen Brief Einwände erhob, auch der Große Kurfürst sei nicht getadelt worden, als er einige Eroberungen zurückgegeben habe, erhielt er die berühmte Antwort in Versen, die übersetzt lauten:

„Glaubt mir, wenn ich Voltaire wär', ein Menschenkind wie andre mehr, Säh ich, mit kargem Los zufrieden, Vom flücht'gen Glück mich gern geschieden, Wollt es verlachen ganz wie er!. . .Doch andrer Stand hat andre Pflicht!. . .Voltaire in seiner stillen Klause, Im Land, wo alte Treue noch zu Hause, Mag friedsam um den Ruhm des Weisen werben, nach Platos Muster und Gebot. Ich aber, dem der Schiffbruch droht, Muß, mutig trotzend dem Verderben, Als König denken, leben, sterben!“

## 21 Winterfeldts Tod

Kabinettsordre des Königs an General v. Winterfeldt mit eigenhändiger Nachschrift
Erfurt, 1757 September 14

Ausfertigung auf Papier

GStA PK, I. HA Rep. 92 Nachlaß Winterfeldt 5, 242

Mitte September hatte den König „eine verflogene Zeitung aus der Laußnitz" erreicht, die vom Tode Winterfeldts wissen wollte. So schrieb Friedrich an den von ihm so geschätzten Offizier in großer Sorge. Es war sein letzter Brief an Winterfeldt. Das Gerücht bestätigte sich. Am 7. September war es bei Moys zu einem Gefecht mit Nadasdy gekommen, in dessen Verlauf Winterfeldt tödlich verwundet wurde. Der König, der Winterfeldt beim Abschied die Instruktion erteilt hatte: „Nur diese weiß ich für Ihn, erhalte Er sich mir", brach bei der Todesnachricht in Tränen aus: „Nie werde ich wieder einen Winterfeldt finden". Das Maß der Prüfungen in diesem Herbst war für den König jedoch noch nicht voll.

Kat. Nr. IV, 18 a

## 22 Der österreichische Handstreich auf Berlin

„Plan de l'attaque de Berlin le 16. Octobre 1757"

Kolorierte Handzeichnung

Österreichisches Staatsarchiv, Wien, Kriegsarchiv, Kartensammlung H III e 1387–1

Hinter dem Rücken des nach Westen marschierten Preußenkönigs rückten die Österreicher mit einem Korps in Sachsen vor. Von Bautzen aus, wo sie stehen blieben, unternahm General Hadik mit 3 400 Mann einen schnellen und kurzen Überraschungsstoß gegen Berlin, drang über die Köpenicker Vorstadt ein, eilte aber nach Erlegung von 215 000 Talern Brandschatzung wieder zurück, ohne die preußische Rüstungsindustrie an ihrer Hauptstelle zu treffen. Minister v. Finckenstein sprach von einer unbegreiflichen „Verblendung" der Österreicher, da die Hauptstadt von Truppen entblößt war und nun, zum Glück für Preußen, das Zeughaus, das Gießhaus, die Tuch- und Gewehrmanufakturen sowie die Pulvermagazine unversehrt blieben. Im Morgengrauen des 17. Oktober verließ Hadik Berlin, abends rückte Seydlitz mit Kürassieren und grünen Husaren in die Stadt ein. Die Karte zeigt die Operationen Hadiks zur Wegnahme des Schlesischen und des Kottbusser Tores.

Kat. Nr. IV, 23 a

## 23 Roßbach

a) Johann Christoph Frisch

Seydlitz in der Schlacht bei Roßbach, 5. November 1757

Öl auf Pappe, 44,5 × 62 cm

SKH Dr. Louis Ferdinand Prinz von Preußen, Berlin

b) Tabaksdose mit der Darstellung der Schlacht von Roßbach, den Bildnissen Friedrichs des Großen und des Prinzen Heinrich

Messing, Länge: 17,5 cm

Iserlohn, um 1757

SMPK, Museum für Deutsche Volkskunde 7 H 94

Angesichts der von Osten, Norden, Süden und Westen heranrückenden übermächtigen feindlichen Armeen gab es für Friedrich keine Möglichkeit des Abwartens, sondern nur die schnelle Aktion, um sich Luft zu verschaffen. So begann jenes rastlose Marschieren im Dreieck zwischen Sachsen, der Neumark und Schlesien, das ihn und die Kräfte der Armee aufs äußerste anspannte und fast aufrieb. Über Pegau und Kösen rückte er gegen die Franzosen und die Reichsarmee vor, von der Bevölkerung, die unter Drangsalen hatte leiden müssen, begeistert begrüßt. Sonderfriedensverhandlungen mit den Franzosen zerschlugen sich. Doch versagten sich die Franzosen lange einer Schlacht, bis es endlich am 5. November 1757 unter dem Drängen des österreichischen und des Reiches Feldmarschalls, des Prinzen von Sachsen-Hildburghausen, zum Treffen kam. 22 000 Preußen stießen auf 41 000 Mann der Reichsarmee und der Franzosen, die drei Viertel des großen Heeres stellten. Unter der Führung des jungen Generalmajors Seydlitz entschied die preußische Reiterei, die in stürmischem Anprall die österreichische, pfälzische und württembergische Kavallerie überrollte, den Tag von Roßbach. Die Infanterie des preußischen Angriffsflügels traf in schräger Staffel auf die noch im Aufmarsch befindlichen Franzosen und warf sie ebenso zügig. Friedrich, der vor dem Regiment Alt-Braunschweig ritt, wurde von den Musketieren mit den Worten begrüßt: „Vater, aus dem Wege, daß wir schießen können!" Die Flucht der Franzosen, voran ihres Führers Soubise, war rasch allgemein. „Unser größtes Glück war", schrieb Hildburghausen an Kaiser Franz, „Allergnädigster Herr, daß es Nacht geworden ist, sonsten wäre, bei Gott, nichts davongekommen." An den Wachtfeuern erklangen in schneidender Kälte die Choräle der Sieger. Bald spottete der Volksmund: „Und kommt der große Friederich und klopft nur auf die Hosen, so läuft die ganze Reichsarmee, Panduren und Franzosen."

## 24 Plotho und Aprill

J. Penzel nach D. Chodowiecki

„Abfertigung des Doctor April, als derselbe dem K. Preuss. Gesandten zu Regensburg, Freyherrn von Plotho, die Kayserliche Reichs-Acht notificirte"

Kupferstich, 10,2 × 6,5 cm

Dr. Elmar Mauch, Bad Mergentheim

Mehr noch als nach dem Erfolg von Prag zeigten sich nach Roßbach in den Reichsterritorien, die gezwungenermaßen gegen Preußen im Krieg standen, heimliche und offene Sympathien für die Sache König Friedrichs. Schrieb schon der elsässische Sekretär des Prinzen Georg von Hessen, Mollinger, nach der Schlacht nach Darmstadt: „Ich wollte dem heiligen Römischen Reich untertänigst ohnmaßgeblichst anraten, daß es sich ja so bald nicht wieder mit dem bösen Fritze in ein Handgemeng einlasse, da er uns so kräftiglich erwiesen hat, daß er das Kriegshandwerk gar viel besser als wir verstehe", so war das Gelächter der Preußenfreunde noch größer bei der Behandlung der nun ausgesprochenen kaiserlichen Reichsacht gegen König Friedrich. Es machte bald die Runde, daß der brandenburgische Reichstagsgesandte v. Plotho die Vorladungsschrift an den König mit der darin enthaltenen Schlußformel: „Darnach weiß er, Kurfürst, sich zu richten", recht unsanft behandelt hatte. Notar Aprill, der die „fiscalische Citation" am 14. Oktober zu „insinuiren" hatte, erhielt von Plotho zur Antwort: „Was, Du Flegel insinuiren?" Und, so schildert Aprill, „fallete mich er Freiherr von Plotho mit allem Grimme an, ergriffe mich bei denen vorderen Theilen meines Mantels. . . .stoßete und schube er sothane Citation vorwärts zwischen meinen Rock mit aller Gewalt hinein, und da er mich annoch bei den Mantel haltend zum Zimmer hinausgedrucket, rufete er zu denen zweien vorhanden gewesenen Bedienten: „Werfet ihn über den Gang hinunter!" Es ist diese Zeit, von der Goethe bemerkt, man sei damals bei ihm zu Hause in Frankfurt „fritzisch" gesinnt gewesen.

## 25 Der Verlust von Breslau

„Plan der Bataille bey Bresslau am 22ten Novembris A°. 1757“
Bez.: „Fait par un officier. Breslau zu finden in Ioh. Iacob Korns Buchhandlung“

GStA PK, XI. HA F 52 674

Während Friedrich in Thüringen weilen und die Franzosen vertreiben mußte, kapitulierte Ende Oktober nach nur 14tägiger Belagerung die starke Festung Schweidnitz vor den Österreichern. Noch ehe der König wieder Schlesien erreichen konnte, hatte die Armee des Herzogs von Braunschweig-Bevern sich auf Breslau zurückgezogen, war dort am 22. November geschlagen worden, die Festung hatte gegen freien Abzug der Besatzung kapituliert, die darauf desertierte. Trotz aller dieser neuen Hiobsbotschaften äußerte Friedrich nach Roßbach keine Klage mehr, sondern strahlte eine gefaßte, feste Zuversicht aus, die sich auch dem Heere mitteilte. So rückte er über Bautzen nach Schlesien, dem anderen Gegner entgegen.

## 26 Ansprache König Friedrichs an seine Generale und Stabsoffiziere Parchwitz, am 3. Dezember 1757

F. A. von Retzow

Charakteristik der wichtigsten Ereignisse des siebenjährigen Krieges, Erster Theil.
Berlin 1804, S. 240—242

GStA PK, Bibliothek 6 R 17

Am 3. Dezember 1757 bereitete Friedrich der Große seine Generale und Stabsoffiziere auf die Entscheidungsschlacht in Schlesien zur Wiedereroberung dieser Provinz vor. Während seiner Abwesenheit im November waren die beherrschenden Festungen Breslau und Schweidnitz verloren gegangen. Die Ansprache ist von mindestens sechs Zeugen überliefert, doch im Wortlaut nur teilweise wörtlich, sonst sinngemäß. Es ist auch sicher, daß die Inhalte zutreffend überliefert sind. Der König hat 1760 selbst berichtet, daß er nicht die Armee, sondern die Generale angeredet habe, und zwar auf deutsch. Dies war auch nicht gut anders möglich, da nicht alle seine Generale des Französischen mächtig waren. In der Ausstellung wird der vollständigste der drei frühen Drucke gezeigt, obgleich der Wortlaut, übrigens aus der Feder eines Teilnehmers, erst spät als Kompilation der wichtigsten Quellen und eigener Erinnerung niedergeschrieben wurde. Einzelne Elemente dieser Rede soll der König schon am 23. November in einer Ansprache an seine Generale und Stabsoffiziere in Görlitz verwendet haben. Es ist auch überliefert, daß solche Ansprachen im Winter in größeren Innenräumen abgehalten wurden. Parchwitz als Ort und das Datum des 3. Dezember sind gut belegt. Da diese Kleinstadt an Burg und Renaissanceschloß angelehnt war, ist nicht auszuschließen, daß der König sein Hauptquartier, in dem die Ansprache stattfand, dorthin gelegt hatte. Die angeredete Personengruppe war umfangreicher als 100 Personen. Sie ließ sich nur in einem großen Raum unterbringen; bei Menzel ist sie zu gering an Zahl dargestellt. Auch in Lissa zwei Tage später richtete der König sein Dankwort an die Generale übrigens in einem Raum des Schlosses.

Die Parchwitzer Ansprache war in der vorliegenden Form von fünfminütiger Dauer, also kurz, und so hat sie Friedrich gegenüber de Catt auch bezeichnet. In der uns vorliegenden umfangreichsten Form lautet sie:

„Ihnen, meine Herren, ist es bekannt, daß es dem Prinzen Karl von Lothringen gelungen ist, Schweidnitz zu erobern, den Herzog von Bevern zu schlagen und sich Meister von Breslau zu machen, während ich gezwungen war, den Fortschritten der Franzosen und Reichsvölker Einhalt zu tun. Ein Teil von Schlesien, meine Hauptstadt und alle meine darin befindlich gewesenen Kriegsbedürfnisse sind dadurch verloren gegangen, und meine Widerwärtigkeiten würden aufs höchste gestiegen sein, setzte ich nicht ein unbegrenztes Vertrauen in Ihren Mut, Ihre Standhaftigkeit und Ihre Vaterlandsliebe, die Sie bei so vielen Gelegenheiten mir bewiesen haben. Ich erkenne diese dem Vaterlande und mir geleisteten Dienste mit der innigsten Rührung meines Herzens. Es ist fast keiner unter Ihnen, der sich nicht durch eine große, ehrenvolle Handlung ausgezeichnet hätte, und ich schmeichle mir daher, Sie werden bei vorfallender Gelegenheit nichts an dem mangeln lassen, was der Staat von Ihrer Tapferkeit zu fordern berechtigt ist. Dieser Zeitpunkt rückt heran; ich würde glauben, nichts getan zu haben, ließe ich die Österreicher in dem Besitz von Schlesien. Lassen Sie es sich also gesagt sein: ich werde gegen alle Regeln der Kunst die beinahe dreimal stärkere Armee des Prinzen Karl angreifen, wo ich sie finde. Es ist hier nicht die

Frage von der Anzahl der Feinde, noch von der Wichtigkeit ihres gewählten Postens; alles dieses, hoffe ich, wird die Herzhaftigkeit meiner Truppen, und die richtige Befolgung meiner Dispositionen zu überwinden suchen. Ich muß diesen Schritt wagen, oder es ist alles verloren; wir müssen den Feind schlagen oder uns alle vor seinen Batterien begraben lassen. So denke ich — so werde ich handeln. Machen Sie diesen meinen Entschluß allen Offizieren der Armee bekannt; bereiten Sie den gemeinen Mann zu den Auftritten vor, die bald folgen werden, und kündigen Sie ihm an, daß ich mich berechtigt halte, unbedingten Gehorsam von ihm zu fordern. Wenn Sie übrigens bedenken, daß Sie Preußen sind, so werden Sie gewiß sich dieses Vorzuges nicht unwürdig machen; ist aber einer oder der andere unter Ihnen, der sich fürchtet, alle Gefahren mit mir zu teilen, der kann noch heute seinen Abschied erhalten, ohne von mir den geringsten Vorwurf zu leiden. — Schon im voraus hielt ich mich überzeugt, daß keiner von Ihnen mich verlassen würde; ich rechne also ganz auf Ihre treue Hilfe und auf den gewissen Sieg. Sollte ich bleiben, und Sie für Ihre mir geleisteten Dienste nicht belohnen können, so muß es das Vaterland tun. Gehen Sie nun ins Lager, und wiederholen Ihren Regimentern, was Sie jetzt von mir gehört haben.
Das Regiment Kavallerie, welches nicht gleich, wenn es befohlen wird, sich unaufhaltsam in den Feind stürzt, lasse ich gleich nach der Schlacht absitzen und mache es zu einem Garnison-Regimente. Das Bataillon Infanterie, das, es treffe worauf es wolle, nur zu stocken anfängt, verliert die Fahnen und die Säbel, und ich lasse ihm die Borten von der Montierung abschneiden. Nun leben Sie wohl, meine Herren; in kurzem haben wir den Feind geschlagen, oder wir sehen uns nie wieder."

## 27 Die Schlacht bei Leuthen am 5. Dezember 1757

a) „Schlacht bey Leuthen in Schlesien, welche den 5ten December 1757 von dem König von Preußen wieder die Kayserliche Armee, unter Anführung des Printzen Carls von Lothringen, gewonnen worden"
Maßstab 1 : 25 000

Kupferstich, koloriert, 35 × 51 cm
Nordseite rechts

SBPK Kart. V 18354

b) „Abbildung des sehr hitzigen Treffens ... bei Borne und Leuthen ... den 5ten December 1757"
Kupferstich, 41 × 33 cm

Bez.: „Gestochen von J. Schleuen"

SBPK Einblattdrucke YB 75 48 gr.

c) Unbekannter Maler

Schlacht bei Leuthen

Wasserfarben auf Elfenbein, 7,8 × 5,6 cm oval

SSG, Schloß Charlottenburg

d) Erstürmung des Friedhofs von Leuthen

Foto nach einem Gemälde von Carl Röchling (1855—1920)

GStA PK

e) Der Choral von Leuthen

Foto nach einem Gemälde von Wilhelm Camphausen (1818—1885)

GStA PK

f) Patronentaschenblech des Infanterie-Regiments Nr. 26, das bei Leuthen den äußersten rechten Flügel bildete (s. Kommentar)

Privatbesitz

g) Silberne Denkmünze auf die Schlacht bei Leuthen. Vorderseite: Brustbild des Königs linkshin mit Harnisch und Mantel. Im Ärmelabschnitt die Signatur des Stempelschneiders Nils Georgi.
Legende: FRIDERICVS BORVSSORVM REX.
Rückseite: Sitzende Minerva, mit der rechten Hand auf einen vom Blitz getroffenen Obelisken weisend. Legende: FRANGIT DEUS OMNE SUPERBUM. Unter der Basislinie: RESTAURATA FELICITATE PUBLICA. LISSAE V. DECEMBRIS MDCCLVII.
Durchmesser: 5,4 cm

GStA PK, Neuerwerbung 1985

„Ich hoffe, noch alles wieder gutzumachen", schrieb Friedrich am 3. Dezember an Ferdinand von Braunschweig im Bewußtsein, „die schwierigste und gewagteste Unternehmung" vor sich zu haben, aber auch im Vertrauen auf Gott. Über Neumarkt, wo ein gegnerisches Brotlager erbeutet wurde, rückte die preußische Armee ostwärts. Ihre Stimmung war zuversichtlich. Dem König wurde versichert, der Gegner habe ja „keine Pommern" und: „Du weißt ja wohl, was die können!" Der pietistische Geist, in dem Friedrich Wilhelm I. diese Armee erzogen hatte, gab sich in geistlichen Liedern kund, mit denen sich die Soldaten auf ihre harte Aufgabe rüsteten: „Gib, daß ich tu' mit Fleiß, was mir zu tun gebühret, wozu mich mein Beruf in meinem Stande führet. Gib, daß ich's tue bald, zu der Zeit, da ich soll, und wann ich's tu', so gib, daß es gerate wohl." Über diese „Potsdamer Wachtparade" zu spotten, wie es im österreichischen Lager angesichts des Zahlenverhältnisses von 65 000 Österreichern zu 35 000 Preußen geschah, war voreilig. Prinz Karl von Lothringen, der österreichische Oberbefehlshaber, war denn auch skeptischer. Da er aber ein Festsetzen der Preußen in Schlesien wegen der Winterquartiere nicht hinnehmen durfte, kam es nun zur Begegnungsschlacht. In einer 10 km langen Nord-Süd-Stellung, im Zentrum das Dorf Leuthen, erwarteten die Österreicher den Feind. Der König hatte mit solcher Übermacht nicht gerechnet. Er entschloß sich zum Angriff unter Umgehung mit dem rechten Flügel und Versagen des linken. Die Marschrichtungspunkte des Angriffs setzte der König selbst bei der Truppe fest, so beim Fahnenjunker v. Barsewisch vom 26. Infanterie-Regiment: „Junker von der Leibkompanie, sieht Er wohl, auf den Verhack soll er zumarschieren. . ." Gestaffelt stand jedes Bataillon der Linie hinter dem vorigen zurück, so daß der Rückstand des äußersten linken hinter dem äußersten rechten Bataillon 1 000 Schritte betrug. So mußte der Fehler von Kolin vermieden werden, wo der zurückgehaltene Flügel zu früh eingegriffen hatte. Bei Leuthen kam denn auch die „schiefe

Kat. Nr. IV, 14b

Kat. Nr. IV, 27g

Schlachtordnung“ so, wie sie einst im Seeburger Manöver geübt worden war, zur reinsten Anwendung. Die sächsische Kavallerie (Siegerin von Kolin) vor der österreichischen Front wurde von den Preußen sehr schnell zersprengt, so daß der Aufmarsch voll gelang. Planmäßig drückte ab 1 Uhr mittags der preußische Angriff bei Sagschütz die linke Flanke der Österreicher, Bayern und Württemberger ein. Unter Truppenstauungen versuchte Prinz Karl, den rechten eigenen Flügel nach Süden zu drehen. So bildete sich mit dem Kern Leuthen eine west-östlich laufende neue kürzere Front. Der Sturm auf Leuthen und den befestigten Kirchhof, Zietens Kavallerieangriff gegen die österreichische Kavallerie auf dem westlichen Flügel entschieden den Tag. Als die preußische Garde um 4 Uhr Leuthen erobert hatte, flutete der geschlagene Gegner über die Weistritzbrücken zurück. 12 000 Gefangene blieben in preußischer Hand. Nur die Hälfte der österreichischen Armee erreichte die böhmische Grenze. 131 Geschütze und 4 000 Wagen wurden erbeutet. Die preußischen Verluste betrugen nahezu 6 400 Mann, darunter über 1 100 Tote. Die preußische Armee übernachtete auf dem Schlachtfeld; in der Dunkelheit erscholl, von Trupp zu Trupp aufgenommen und anschwellend, der Choral „Nun danket alle Gott“. Generaladjutant Wobersnow schrieb nachts aus Lissa: „Der König ist beständig im größesten Feuer gewesen; es war nicht möglich, ihn zurückzuhalten, ob ich mich zwar alle ersinnliche Mühe gegeben.“ Die Karte zeigt alle Phasen der Schlacht übersichtlich.

Eine Medaille, die Friedrich nach der Schlacht prägen ließ, sollte eine gezielte Antwort auf die österreichische Medaille von Kolin sein. Man erkennt dies daran, daß die gleichen Motive der Darstellung erscheinen, aber das Stück hat einen um 5 mm größeren Durchmesser als das österreichische Vorbild.

Kat. Nr. IV, 14b — Kat. Nr. IV, 27g

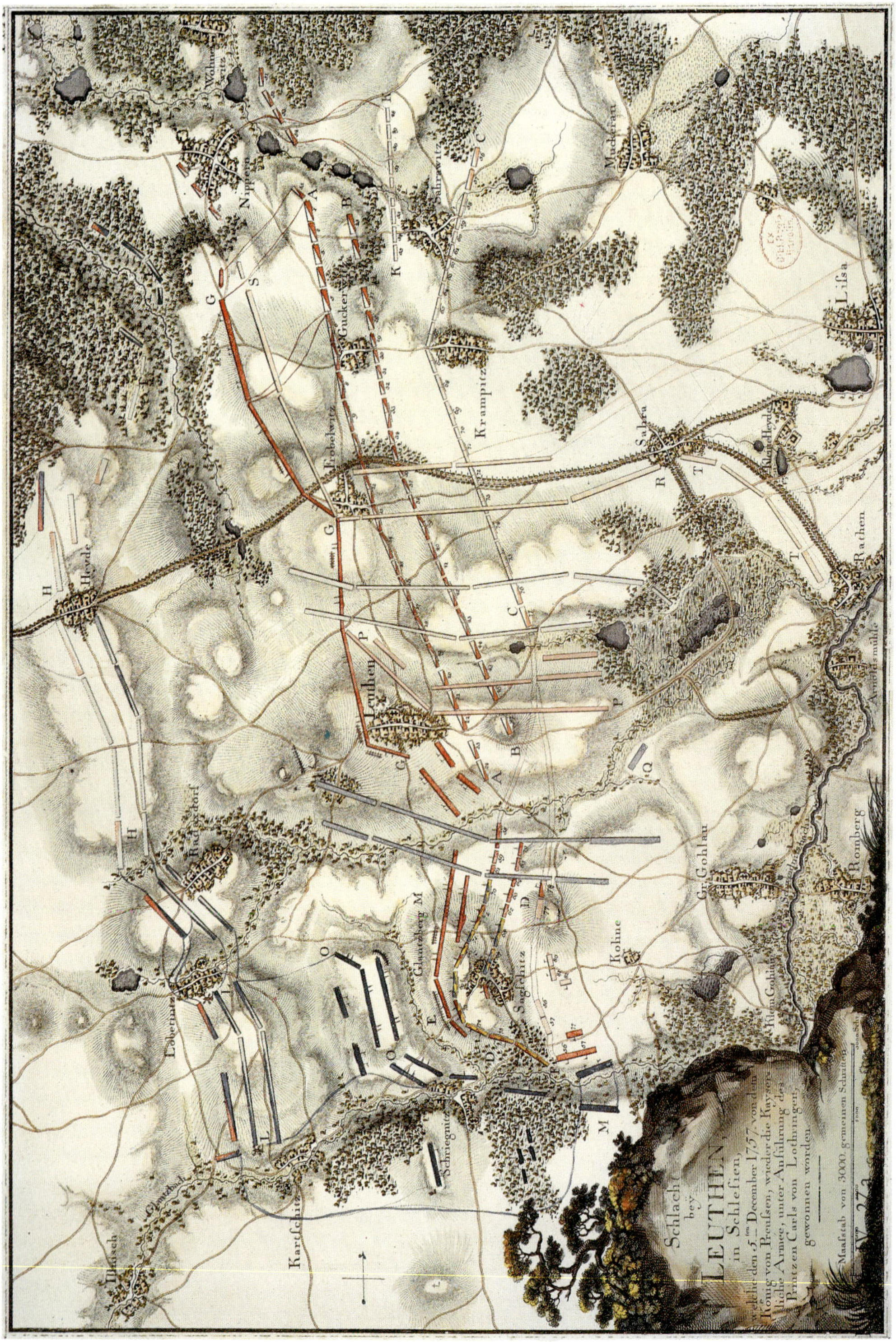

Kat. Nr. IV, 27 a

## 28 Der Zug nach Lissa
**1757 Dezember 5**

Tagebuch vor das Grenadier Bataillon ... v. Wedell ... 1756–1763

Foliant auf Papier, in Leder gebunden

GStA PK, IV. HA. Aufgeschlagen die Seiten 52 und 53

Am Abend nach der Schlacht bei Leuthen beschloß der König, das diesseits der Weistritz liegende Dorf Lissa mit den Brücken wegzunehmen, um den Aufbau einer neuen österreichischen Linie hinter der Weistritz zu verhindern. Diese Begebenheit schildert das Tagebuch des beteiligten Bataillons v. Wedell mit folgenden Worten: „Die Sonne war schon untergegangen, als sich die Linie formirte und haltmachte, und um 1 Uhr geschahe die erste Attaque. Der König kam die Linie herauf geritten und sagte, es möchten ihm noch einige Bataillons, so Lust hätten, bis Lissa folgen; das Bataillon Manteufell, Weedell und Bornstedt rückten noch diesen Abendt in Lissa ein. Und der König war schon auf dem Schlosse, als wir einmarchirten und noch aus allen Häusern von den verstochnen Oesterreichschen Blessirten Feuer bekamen; es wurde aber Ordre gegeben, daß wir Grenadirs in die Häuser schicken und alles niedermachen laßen solten, die Brücken auf der Breslauschen Seite wurden mit 2 Canonen und einer starcken Wacht besetzt und über dem Schweidnitzschen Wasser hielte ein Piquet von Husaren.

Da der König mit denen Generals, so gegenwärtig waren, abgespeiset hatte, kam er mit einer vergnügten Miene in das Zimmer getreten, wo die Parole ausgegeben werden solte. Die Stabsofficirs und übrige Officirs gingen an Ihm heran, um Ihn zu gratuliren. Seine erste Antwort war, nach so einer gethanen Arbeit kann man wohl etwas ruhig sein. Er bedanckte sich in den gnädigsten Ausdrücken gegen alle Generals, Stabsofficirs und sämtlichen Officirs für den Eifer, den sie am heutigen Tage abermals bewiesen hätten. Welches sowohl Ihm, als einen jeden unter uns einen unsterblichen Ruhm machen würde. Er seinestheils würde es nie vergeßen, und einen jeden nach Möglichkeit recompansiren. Auch erkundigte er sich beyläuffig, was die Regimenter verlohren haben möchten, und befahl, daß vor die Blessirten alle mögliche Sorge getragen werden solte." Aus diesem Bericht geht hervor, daß er mit den preußischen Generalen gespeist hatte. Die Szene mit im Schloß überraschten österreichischen Offizieren ist also eine Legende. Dies geht auch aus dem Brief des Schloßherrn v. Mudrach hervor, der aber die Paroleausgabe nicht erwähnt, also unvollständig ist. Einige verwundete Österreicher, die nicht mehr gehen konnten, mögen gleichwohl in andern Räumen des Schlosses, ihres vormaligen Hauptquartiers, zurückgeblieben sein. Nach Mudrachs Bericht füllte sich das Schloß aber am 7. Dezember, als Friedrich schon auf Breslau zu abgerückt war, mit Gefangenen und Verwundeten.

## 29 Dem Feind auf den Fersen

Eigenhändige Nachschrift König Friedrichs zu einem Brief an Zieten
1757 Dezember 9

Faksimile nach der Urschrift, in: H. v. Petersdorff, Friedrich der Große, Berlin 1911

GStA PK, Bibliothek 14ᵃ 482, Abb. S. 222

Durch die Verfolgung der geschlagenen Österreicher nach der Schlacht von Leuthen wurde die Zahl der Gefangenen noch stark erhöht. Diese Ausnutzung des Sieges hatte Friedrich befohlen. Ein Ansporn Zietens ist in dieser Nachschrift zu erkennen: „Ein tag fatigue in dießen umbständen Mein lieber Ziten bringet uns in der Folge 100 Ruhtage nuhr immer den feindt in die hessen geseßen."

## 30 Rückeroberung von Breslau

„Der Ausmarsch der zu Kriegesgefangenen gemachten Oesterreichischen Besatzung aus Bresslau, den 21ten Dec. 1757"

Kupferstich, 21 × 38 cm
Bez.: „v. Schleuen in Berlin gest."

SBPK Einblattdrucke YB 7590 m.

Am 20. Dezember kapitulierte nach achttägigem Beschuß auch Breslau vor dem König. 17 635 Mann unter Feldmarschalleutnant Sprecher von Bernegg gingen in Gefangenschaft. Der König nahm den Vorbeimarsch des riesigen Zuges ab. Liegnitz kapitulierte ebenfalls, Schweidnitz wurde blockiert und fiel erst 1758 in preußische Hand. Österreich hatte die halbe Armee in Schlesien eingebüßt. Die Lage war wiederhergestellt. Friedrich, körperlich sehr mitgenommen und krank, benötigte eine Zeit der Ruhe.

## 31 Aus Gleims Grenadierliedern

„Lied an die Kayserin-Königin nach Wiedereroberung der Stadt Breslau am 19ten December 1757“

In: Preußische Kriegslieder in den Feldzügen 1756 und 1757 von einem Grenadier
Berlin o. J. (1758, von Johann Wilhelm Ludwig Gleim)

SBPK Yk 7646

Der Widerhall der preußischen Siege in der öffentlichen Meinung Deutschlands, aber auch Frankreichs und Englands war groß.

„Heldin, den bezwingst Du nicht:
Gott kann Wunder thun!
Schenk ihm Freundesangesicht,
Bitte Frieden nun!“

Kat. Nr. IV, 27 c

So ließ Johann Wilhelm Ludwig Gleim (1719 – 1803) einen preußischen Grenadier nach der Rückeroberung Breslaus im Lied die Kaiserin Maria Theresia anreden. Lessing hat in seiner Ausgabe aus dem „Bitte“ ein „Biete“ werden lassen. Dazu fühlte sich Österreich trotz seiner hohen Verluste noch längst nicht genötigt. Noch stand Preußen einer zahlenmäßigen Übermacht gegenüber. Der Kampf mußte fortgesetzt werden.

## 32 François-Joachim de Pierre de Bernis (1715—1794)

Delpech

Cardinal de Bernis

Lithographie, 48,2 × 29,4 cm
Bez.: „Lith. de Delpech à Paris. Tiré de l'Institut Royal de France“

Dr. Elmar Mauch, Bad Mergentheim

Der Abt und spätere Kardinal Graf Bernis war Leiter der französischen Außenpolitik und leitender Minister Frankreichs, durch die Gunst der Maitresse Ludwigs XV., der Marquise von Pompadour, in sein Amt gelangt. Der Hauptbefürworter des Bündnisses mit Österreich wurde bereits nach Roßbach und Leuthen, auch angesichts des russischen Vordringens, zurückhaltender und war zum Einlenken gegenüber Preußen geneigt. In Paris war nach Leuthen die Stimmung im Volk ganz zugunsten König Friedrichs umgeschlagen, und Voltaire schrieb über den König in widerwilliger Anerkennung: „Der Kern seines Heeres ist seit länger als 40 Jahren geschult; nun ermeßt, wie diese gleichmäßigen, kraftvollen, kriegsgewohnten Maschinen kämpfen mögen, die ihren König alle Tage sehen, die von ihm gekannt werden, und die er, Hut in der Hand, ermahnt, ihre Pflicht zu tun.“ Zu dieser Zeit äußerte nun auch Bernis nachdenklich zu seinem Gesandten in Wien: „Ein Krieg gegen den König von Preußen, der ohne Widerrede der größte Kapitän unseres Jahrhunderts, das tatkräftigste und unternehmendste Genie ist, der mit der Begabung für den Krieg die Grundsätze einer ausgezeichneten Verwaltung, einer scharfen Zucht und einer nie einzuschläfernden Wachsamkeit verbindet, der die besten Truppen von Europa hat und dazu die sicherste und fertigste Methode, sie zu ergänzen und auszubilden, — ein derartiger Krieg verdient fürwahr die Leitung durch gute Generale und einen aus den erleuchtetsten und erfahrensten Kriegsleuten zusammengesetzten Beirat. Weder der Wiener Hof noch Frankreich haben einen General, den man dem König von Preußen entgegenstellen könnte." Bernis stimmte daher für den Frieden. Seine Bedenken führten Ende 1758 zu seinem Sturz. „Seine unklugen Handlungen," so sagte Friedrich, als er davon erfuhr, „hatten ihn erhöht, seine verständigen Absichten stürzten ihn."

## 33 Rupert Scipio Lentulus

Alexander Trippel

Robert Scipio Lentulus

Terrakotta auf marmoriertem Holzsockel, Höhe: 77 cm

SSG, Schloß Charlottenburg

Kat. Nr. IV, 33

Einer der glänzendsten Truppenführer Friedrichs des Großen war Robert (Rupert) Scipio von Lentulus, aus einem ursprünglich römischen, dann Berner Geschlecht. Lentulus war in Wien 1714 geboren, wo sein Vater Cäsar Joseph in österreichischen Kriegsdiensten stand, derselbe Lentulus, der versucht hatte, Friedrich 1741 bei Baumgarten gefangen zu nehmen. Die Bekanntschaft des Königs machte Rupert nach der Kapitulation von Prag 1744, als er sich weigerte, die Urkunde zu unterschreiben und vor den preußischen Truppen seinen Degen mit den Worten zerbrach, er sei nach Prag kommandiert worden, um zu kämpfen, nicht um die Waffen zu strecken. Friedrich zog ihn an seine Tafel, aber erst nach dem Friedensschluß trat Lentulus in die preußische Armee ein. Als Reiterführer zeichnete er sich durch erfolgreiche Einsätze bei Roßbach, Leuthen und Zorndorf aus und wurde 1773 zur Besitzergreifung in die neue Provinz Westpreußen entsandt. Nach dem Bayerischen Erbfolgekrieg trat er in den Ruhestand, leitete später das Berner Militärwesen und starb zu Lausanne. Nach dem Siebenjährigen Krieg weilte er oft in der Umgebung des Königs, der ihn wegen seiner Bildung und seines Geistes schätzte. Durch seine Heirat war er mit dem preußischen Adel verbunden.
Die Büste wurde von Trippel vermutlich bei einem Aufenthalt in der Schweiz um 1775 geschaffen. Der in Kopenhagen und Paris ausgebildete Künstler hat um 1765 vergeblich versucht, in Berlin Arbeit zu finden.

## 34 William Pitt, Earl of Chatham (1708–1778)

J. E. Nilson nach W. Hoare

„The Right Honourable William Pitt Esq. One of His Majesty's Principal Secretarys of State And One of His Majestys Most Hon[ble] Privy Councils"

Kupferstich, 23,8 × 17,6 cm

Dr. Elmar Mauch, Bad Mergentheim

Am 15. November 1756 kam in England William Pitt (der Ältere) als neuer Leiter der Politik ans Ruder, der Mann, der von sich sagte; „Ich weiß, daß ich vermag, dies Land zu retten, und daß kein anderer es vermag." Pitt machte Ernst mit dem Kampf auch auf dem europäischen Kontinent; er war fortan die Seele der englischen Kriegführung auf all ihren Schauplätzen. Da die Erfolge später nicht ausblieben, wurde Pitt der eigentliche Baumeister der englischen Weltmacht und ihres großen Kolonialreiches. Nach Zeven und Leuthen wirkte er energisch für die Wiederaufnahme des Kampfes in Nordwestdeutschland. König Friedrich hatte in ihm einen tatkräftigen und ehrenhaften Bundesgenossen, wußte dies und hat es immer wieder betont.

Kat. Nr. IV, 34

## 35 Herzog Ferdinand von Braunschweig (1721–1792)

Anna Rosina de Gasc

Ferdinand Herzog von Braunschweig-Lüneburg

Öl auf Lwd., 89,5 × 73,5 cm
Bez. auf der Rückseite: „peint par R: de Gasc née Lisiewska Berlin 1763"

SSG,Schloß Charlottenburg

Ferdinand von Braunschweig, Bruder der Königin Elisabeth Christine, war mit 19 Jahren in den preußischen Dienst getreten und hatte sich in mehreren Schlachten ausgezeichnet. 1742 erhielt er den Schwarzen Adlerorden, 1758 auf Bitten des englischen Königs das Kommando über die hannoversche Armee bei Stade, die seit der Konvention von Zeven an Kampfgeist stark eingebüßt hatte und von innerer Auflösung nicht weit entfernt war. Es gelang dem Herzog, durch Fürsorge für die Truppe, Zuspruch und erste glückliche Operationen, aus dieser Armee wieder ein diszipliniertes und schlagkräftiges Instrument zu machen, mit dem er die Franzosen angriff und im Februar und März aus Norddeutschland vertrieb. Er folgte ihnen sogar über den Rhein und schlug sie bei Krefeld. Die Westflanke war frei, Magdeburg aus der Gefahr gerettet. Dem Herzog unterstanden hannoversche, braunschweigische, hessische und schließlich auch 8 000 Mann englische Truppen sowie ein kleines preußisches Kontingent. Diese bunte Vielfalt zum einheitlichen Handeln und zielgerichteten Kampfgeist zu bringen, erforderte ein hohes organisatorisches Geschick und die Kunst der Menschenbehandlung. Der Herzog war einer der tüchtigsten Heerführer des Siebenjährigen Krieges.

## 36 „Ein preußischer Husar"

Gedicht „Ein preußischer Husar"

Zeitgenössische Handschrift auf Papier
um 1758

GStA PK, XX. HA EM 52,2 kk

Unter dem Eindruck von Roßbach und Leuthen und der Siege Ferdinands von Braunschweig über den französischen Heerführer Graf Ludwig von Clermont, Prinzen von Bourbon-Condé, wurde das preußische Heer in weiten Teilen Deutschlands sehr volkstümlich. Flugschriften und Gedichte geben davon Zeugnis, die damals eine ähnliche Rolle als Ventil der Volksmeinung spielten, wie in späteren Jahrhunderten der politische Witz. Das ausgestellte Gedicht machte damals die Runde und gelangte auch in das soeben von den Russen besetzte Ostpreußen, wo es in amtliche Akten Eingang gefunden hat:
„Ein preußischer Husar fiel in französche Hände. Printz Clermont sah ihn kaum, so frug er ihn behende: Sag an mein Freund! Wie starck ist deines

Kat. Nr. IV, 35

Königs Macht? Wie Stahl und Eisen, sprach der Preuß hier mit Bedacht. Ey, du verstehst mich nicht! versetzte Clermont wieder: Ich meyne nur die Zahl, die Menge deiner Brüder. Hier lachte der Husar und sahe in die Höh Und sprach: Soviel ich Stern am Firmamente seh. Der Printz ward gantz bestürtzt, was dieser Preuße sagte, Da er am Ende ihn mit diesen Worten fragte: Freund! Hat dein König mehr dergleichen Leut wie du? Ja wohl! sprach dieser Preuß, und beßer noch dazu: Ich bin der schlechteste von seinen Truppen allen, Sonst wär ich dir gewiß nicht in die Händ gefallen. Hir reichete der Printz ihm einen Louis blanc, Den nahm er zwar, und ging, doch draußen auf dem gang Erblickt er ohngefehr die Schildwacht die gantz mager, Und im Gesichte fast wie die Medusa hager. Derselben gab er gleich den großen Thaler hin, Und sprach: Mein guter Freund! So wahr ich ehrlich bin, Du hast ihn nöthiger als ich und meine Brüder, Drum geb ich dir das Geld von deinem Printzen wieder."

# Im Netz der Übermacht

## 37 Hilfsgelder aus London

Subsidienvertrag zwischen England und Preußen
1758 April 11

Abschrift für Hannover

Niedersächsisches Hauptstaatsarchiv Hannover, Hann. 92 LXXII Nr. 3 Bl. 17—20

Am Ende des Feldzuges von 1757 mußte Friedrich sich eingestehen, daß die Preußen trotz allen Ruhms nur „Bettelhelden" waren. Sein Grundsatz, der eigenen Bevölkerung im Kriege keine Sondersteuern aufzuerlegen, sondern die Kriegführung aus dem zuvor aufgesparten Schatz von 20 Millionen Talern zu bestreiten, drohte hinfällig zu werden. Der Schatz, der für vier Feldzüge reichen sollte, war bereits jetzt erschöpft, da er schon bei Kriegsausbruch nur 13,5 Millionen betragen hatte. Durch Anleihen und eine in Sachsen erhobene Kontribution sowie durch direkte Steuerzuflüsse an die Feldkriegskassen konnte das Notwendigste beschafft werden. Getreu dem Grundsatz seines Vaters, hatte Friedrich auch nie preußische Truppen für Subsidiengeld verkauft. Jetzt mußte er in Verhandlungen um Hilfsgelder mit England eintreten. Trotz eines eigenen Erfolges in Indien, wo England die Franzosen bei Plassey geschlagen hatte, waren es besonders die Siege von Roßbach und Leuthen, die zu dieser Zeit die Begeisterung des englischen Volkes für König Friedrich in die Höhe trieben. Einstimmig bewilligte das Parlament Hilfsgelder für Preußen auf Antrag des neuen Premierministers William Pitt. Am 11. April wurde in London der Vertrag unterzeichnet: England zahlte jährlich 670 000 Pfund Sterling, Preußen verpflichtete sich, dafür die Streitkräfte zum Besten der gemeinsamen Sache zu unterhalten und zu vermehren. 55 000 Mann wollte England außerdem auf eigene und hannoversche Kosten in Deutschland unterhalten und keinen Sonderfrieden schließen.

## 38 Kriegsfinanzierung durch Münzverschlechterung

a) Kriegsgeld: 8 Gute Groschen 1759 A, Berlin

b) Kriegsgeld: 8 Groschen 1757—1762, (August III. König von Polen), Leipzig

c) Kriegsgeld: 1/24 Taler 1760 L, Leipzig

a)—c) Deutsche Bundesbank, Frankfurt a. M. Geldmuseum

Nach der Abberufung Graumanns als Generalmünzdirektor 1754 verpachtete Friedrich seine Münzstätten einer jüdischen Handelsgesellschaft, an deren Spitze zunächst Herz Moses Gumperts stand. Eine Verschlechterung trat in geringerem Maße schon vor dem Kriege ein, wurde aber erst seit 1758 zunehmend stärker, als wegen des hohen Geldbedarfs des Staates immer mehr minderwertiges Geld mit schlechtem Gold- und Silbergehalt auf den Markt kam. Nach Ausbruch des Krieges durfte laut Vertrag mit dem König die Firma Ephraim und Söhne in den Münzstätten Leipzig und Dresden sächsische Dritteltaler nach dem Fuß von 19¾ Taler auf die feine Mark Silber prägen, ferner Augustdor zu 54½ statt bis dahin 38⅔ auf die feine Mark Gold. Seit 1. März 1759 wurden dem Konsortium Ephraim Söhne, Moses Isaac und Daniel Itzig auch die brandenburgisch-preußischen Münzstätten verpachtet. Auch hier kamen die „Ephraimiten" auf den Markt, von denen der lose Volkswitz spottete:

„Von außen schön, von innen schlimm
Von außen Friederich, von innen Ephraim."

Die reichlichen Prägungen waren auch dazu bestimmt, jenseits der Grenze für die Finanzierung der Kriegsaufwendung durch Preußen zu sorgen, vor allem in Sachsen und in Polen. Dieses schonte der König umso weniger, als das Land den russischen Truppen freizügig den Durchmarsch nach Preußen geöffnet hatte. Ein Fünftel bis ein Viertel der Kriegskosten sind durch Ephraims Münzprägung dem König zugeführt worden. Er sah die Nothilfe nicht gern, zu der er greifen mußte, aber er sah sich dazu gezwungen, um den Staat zu retten.

## 39 Überraschungsangriff auf Bamberg

„Bamberga spoliata Ao. 1758 d. 31. May."

Kupferstich, 16 × 21 cm
Bez.: „I. A. Stockmann Pict. Cath. exc. A. V."

SBPK Einblattdrucke YB 77 42 kl.

Im Auftrag des in Sachsen kommandierenden Prinzen Heinrich unternahm, wie es General Hadik 1757 gegen Berlin getan hatte, Generalleutnant von Driesen mit einem kleinen Korps von 3 500 Mann einen Einfall ins Hochstift Bamberg, dessen Bischof das Reichsaufgebot gegen Preußen unterstützt hatte. Kassen, Vorräte und Schatzgegenstände sowie Waffen wurden weggeführt, dazu einige Beamte und Würdenträger als Geiseln. Der Adjutant des beteiligten Freibataillons Mayr ist später berühmt geworden. Er hieß Friedrich Wilhelm von Steuben. Das gezeigte Bild hat auch Züge des politischen Witzes. Der Bamberger Geistliche links fragt fassungslos: „Quo jure?" (Mit welchem Recht?) „Canon(ico)" (nach kanonischem), antwortet lächelnd der preußische Offizier und klopft mit den Fingern erläuternd auf seine Kanone.

## 40 Der Überfall von Domstadtl

„Défaite du convoi Prussien près d'Olmutz"

Kupferstich, 37,4 × 49 cm
Bez.: „August Querfurt, à Paris chez Beauvalet excud."

SBPK Einblattdrucke YB 7772 gr.

Von der Gunst der Lage getragen — Österreicher und Franzosen waren geschwächt, die Russen noch in Ostpreußen — begann König Friedrich seinen letzten Offensivfeldzug in diesem Krieg im April 1758. Am 4. Mai stand er vor Olmütz; die Festung wurde eingeschlossen und belagert. Geplant war weiter als „Keulenschlag" die Wegnahme von Prag. Kleinere Neuaufstellungen waren bereits unvollkommen ausgerüstet, und wo Uniformteile fehlten, hatte der König empfohlen, „die Mode vom Dreißigjährigen Kriege zu erneuern". Aber am 30. Juni ging durch österreichischen Angriff bei Domstadtl ein durch 12 000 Preußen gedeckter Troßzug von annähernd 4 000 Wagen mit Vorräten und Munition durch österreichischen Angriff verloren, nur der Geldtransport wurde gerettet. Die Belagerung mußte abgebrochen werden; der Rückzug nach Schlesien wurde unvermeidlich. Unterdessen drangen Ende Juni endlich die Russen gegen Pommern, die Neumark und Schlesien vor. Der König mußte ihnen im Norden entgegentreten.

## 41 Karikatur auf den Übermut preußischer Truppen in Böhmen

„Es lebe der König von Preußen! etc."

Kupferstich, 11,4 × 14,7 cm
Bez.: „P. B. del. a Martenfeld, 1758. I. Vogel sc. A. V." (Augsburg) Links oben: „F. C. Geyser sc."

GStA PK, IX. HA III 1656

Die Bevölkerung Böhmens zeigte sich den preußischen Truppen jedesmal sehr feindlich, zuweilen fanatisch gegnerisch. Anderseits kam es auch zu preußischen Gegenmaßregeln und gereizter Stimmung. Die Karikatur zeigt preußische Soldaten, die katholische Mönche zwingen, Wein auf das Wohl des preußischen Königs zu trinken. Ein Jahr zuvor hatten norddeutsche Blätter ähnlich über die Übergriffe der Franzosen gegen evangelische Geistliche und Kirchen berichtet. Ein Stück Konfessionshader steckte, hundert Jahre nach dem Dreißigjährigen Kriege, auch noch in dieser sonst rein dynastisch-machtpolitischen Auseinandersetzung.

## 42 Der Untergang Küstrins

„Plan der Stadt und Vestung Cüstrin nebst der Kayserl. Russi(schen) Attaque ... den 22ten Aug. 1758"

Nürnberg, in der Raspischen Buchhandlung

GStA PK, XI. HA G 51 862

In der Nacht auf den 11. August 1758 brach Friedrich von Schlesien nach Norden auf. Am 16. erhielt er unweit Grünberg die Nachricht, daß die Russen unter Fermor vor Küstrin gerückt waren und durch eine Beschießung die Stadt, das Zeughaus sowie die Magazine völlig eingeäschert hatten. Trotzdem hielt die Besatzung auf den Wällen dem Angriff stand; eine Kapitulation gab es nicht. Sechs Tage später vereinigte sich das Heer des Königs mit dem Dohnaschen Korps bei Gorgast. „Ihre Leute", so soll Friedrich zu Graf Dohna gesagt haben, „haben sich außerordentlich geputzt; die ich mitbringe, sehen aus wie die Grasteufel, aber sie beißen."

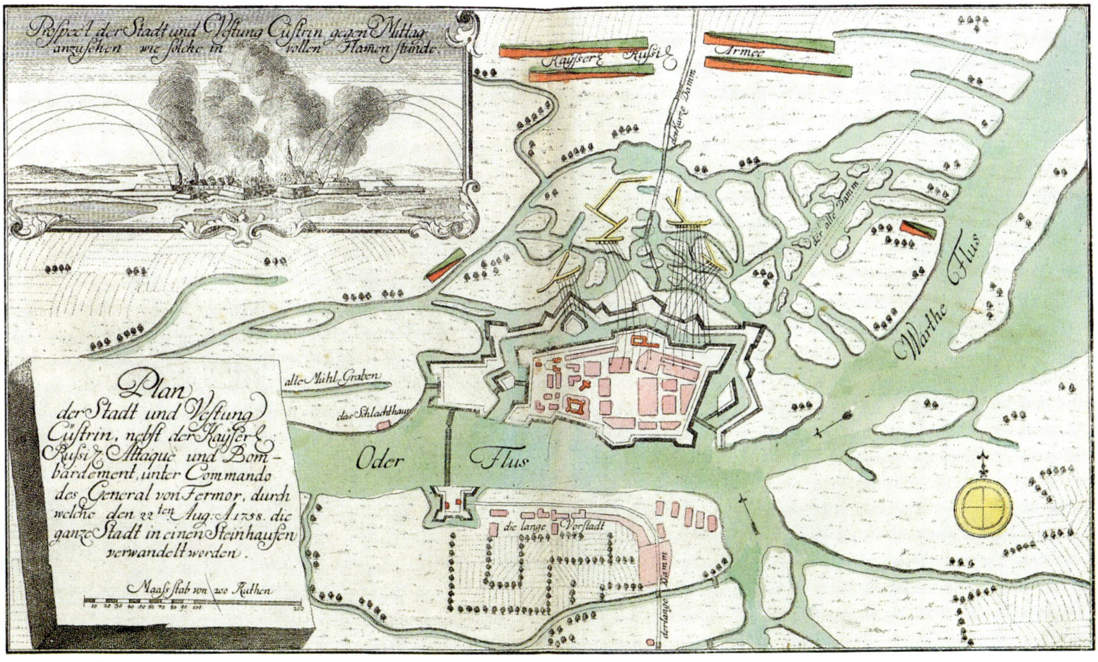


Kat. Nr. IV, 42

## 43 Die Schlacht bei Zorndorf

a) Plan der Schlacht bei Zorndorf am 25. August 1758

Der Anmarsch des Königs, die Stellung der Russen von 8 Uhr vormittags ab, die Kämpfe bis 2 Uhr nachmittags
Aus: Großer Generalstab, Die Kriege Friedrichs des Großen, III. Teil: Der Siebenjährige Krieg, Bd. 8 Plan 17 B

GStA PK, Bibliothek 6 K 19,3

b) Daniel Chodowiecki

Die russischen Gefangenen

Radierung, 17,5 × 25 cm

1758

SMPK, Kunstbibliothek 52,25

Zwischen Schwedt und Küstrin überschritt das preußische Heer ungehindert die Oder, bedrohte Fermor zunächst von Norden, umging ihn aber in der Nacht zum 25. August 1758 ostwärts und stand am Morgen angriffsbereit südlich der russischen Stellung bei Zorndorf, das Kosaken in Brand gesteckt hatten. Aus fast 200 Geschützen ließ der König um 9 Uhr früh zwei Stunden lang feuern, wobei die Geschosse in der dicht gedrängt aufgestellten russischen Masse schwere Verheerungen anrichteten. Der linke preußische Angriffsflügel, zu weit rechts geraten, wurde von der russischen Mitte und der Kavallerie geworfen, aber Seydlitz entschied hier den Kampf mit seiner Reiterei und zersprengte den russischen rechten Flügel völlig. Hier kam es vor, daß die sonst als sehr tapfer geschilderten russischen Soldaten sich teilweise betranken und ihre eigenen Offiziere umbrachten. Der Angriff des rechten preußischen Flügels vermochte die gegenüberstehenden Russen in ihrer verkürzten Stellung nicht voll zu überwältigen. Bei Einbruch der Dunkelheit standen beide Heere einander erschöpft gegenüber, wie um eine Achse gedreht, die Russen jetzt mehr südlich und des größeren Teils ihrer Geschütze beraubt. In einem Lager südlich vom Schlachtfeld bei Klein Cammin verharrte Fermor noch bis zum 31. August, die Preußen nördlich Zorndorf. Beide Seiten hatten Viktoria schießen lassen. Aber es war doch deutlich: Die Russen zogen am 31. August nach Landsberg ab, die Schlacht war ein blutig bezahlter preußischer Erfolg. Danach ging auch Friedrich nach Sachsen, ein Korps unter Dohna in Pommern belassend. Zorndorf hatte in dem König einen mit Grauen gemischten Respekt vor der russischen Kraft im Ausharren zurückgelassen. Das zweimalige Zurückweichen seiner Infanterie zeigte ihm auch die Grenzen, an denen das durch so viele Kämpfe dezimierte und wieder frisch aufgefüllte Heer jetzt angelangt war. Die Truppe hing noch an ihm und schlug sich für ihn, aber ihre Leistungsfähigkeit war nicht mehr voll die alte.

## 44 Friedrich Wilhelm von Seydlitz (1721–1773)

Nach Jean Pierre Antoine Tassaert

General Seydlitz

Statuette in Silber, Höhe: 53 cm
Berlin, 19. Jahrhundert

SSG, Schloß Charlottenburg

Seydlitz, dem schon der Sieg von Roßbach in erster Linie zu danken war, ist durch seinen zweimaligen Reiterangriff auch der eigentliche Held von Zorndorf gewesen. Geboren zu Kalkar, aufgewachsen in Ostpreußen und Freienwalde, hatte er einige Schulbildung erworben. Das Französische beherrschte er, zog ihm aber die Muttersprache vor. Früh begeisterte er sich für die Reiterei und wurde mit 19 Jahren preußischer Kornett. Durch Tüchtigkeit, sicheren Blick, Urteilskraft und gewinnendes persönliches Wesen stieg er rasch auf und bewährte sich in mehreren Einsätzen. Bei Kunersdorf verwundete eine Kartätschenkugel 1759 seine rechte Hand schwer. Da er an einer unheilbaren Krankheit litt, heilten auch seine Wunden schwer. Seydlitz hat noch 1757 Berlin befreit, an dessen Verteidigung er auch 1760 mitwirkte. 1762 entschied er bei Freiberg unter Prinz Heinrich die letzte Schlacht des Krieges. Als Generalinspekteur der schlesischen Kavallerie widmete er sich nach 1763 der Ausbildung und Einübung dieser Waffengattung, mit dem besten Erfolg. Sein privates Leben verlief unglücklich. Die Statuette ist die Nachbildung des 1781 vollendeten Marmordenkmals, das 1794 an der Ostseite des Wilhelmplatzes aufgestellt wurde und sich heute im Depot der Staatlichen Museen in Berlin (Ost) befindet.

## 45 Zur Schlacht bei Zorndorf: Waffen der Kavallerie

a) Preußischer Küraß

Mitte des 18. Jahrhunderts, aus Eisenblech

Heeresgeschichtliches Museum, Wien, NI 13.201

b) Preußischer Offiziers-Küraß aus Eisenblech, für die Regimenter 1 bis 12
Auf der Brustseite Emblem mit Krone und Initialen FR

Privatbesitz

c) Kürassier-Mannschaftspallasch Modell 1732
Länge: 106 cm
Getragen von den Kürassierregimentern 1 bis 13

Privatbesitz

d) Pistole für Kürassiere und Dragoner Modell 1731
Auf dem Schloßblech „Potzdam Magaz. S et D." Auf dem Daumenblech „FR" mit Krone

Länge: 57 cm, Gewicht: 1 kg, Kaliber: 16 mm

Privatbesitz

e) Dragoner-Mannschaftsdegen Modell 1733 mit Scheide

Länge: 111 cm

Privatbesitz

f) Kavalleriepistole

Preußische Herkunft, Länge: ursprünglich 57 cm, später zweimal gekürzt

Privatbesitz

g) Patronentasche vom Dragoner-Regiment Bayreuth Nr. V
Flacher und kleiner als die Taschen der Infanterie, nur für etwa 24 Patronen statt 60 und mehr

Privatbesitz

h) Kandare der Seydlitz-Kürassiere, Kürassierregiment Nr. 8

Privatbesitz

i) Säbeltasche für die Garde du Corps

Museumsanfertigung

Privatbesitz

k) Kartuschentasche für die Garde du Corps

Museumsanfertigung

Privatbesitz

## 46 Die Schlacht bei Hochkirch am 14. Oktober 1758

a) Franz Paul Findenigg

Die Schlacht bei Hochkirch

Öl auf Lwd., 69 × 111 cm
1758

Heeresgeschichtliches Museum, Wien (Leihgabe der Gemäldegalerie des Kunsthistorischen Museums)

b) „Bataille de Hohenkirch, Schlacht bei Hohenkirch"

Kolorierter Plan in Stein graviert
München 1811

GStA PK, XI. HA, Atlas 177

Die blauen und gelben Signaturen zeigen die Stellungen vor der Schlacht, die grünen und violetten am Schluß des Kampfes

c) Adolph Menzel

Friedrich und die Seinen bei Hochkirch
1856

Hier: Foto nach Reproduktion des Ölgemäldes in: Max Jordan, Das Werk Adolph Menzels, München 1895, nach S. 22

GStA PK, Bibliothek 5 M 197

d) Hut des Feldmarschalls James Keith

Privatbesitz

Während der Operation von Zorndorf war Daun mit der österreichischen Armee nach Sachsen vorgerückt, um in Verbindung mit der Reichsarmee das an Zahl viermal unterlegene Korps des Prinzen Heinrich zu schlagen. Seine ständige Abhängigkeit von den Weisungen des Wiener Hofs und seine Vorsicht hemmten jedoch die Schnelligkeit der Bewegungen. Friedrich rückte ihm über Dresden entgegen, gewillt, ihn zu schlagen, „vorausgesetzt, daß die dicke Exzellenz von Kolin den Kragen herhält". Seine Zuversicht wurde enttäuscht. Als er in der Absicht, dem Gegner die beabsichtigte Bewegung

Kat. Nr. IV, 46 a

gegen Schlesien nicht zu früh zu verraten, das preußische Heer trotz Warnungen erfahrener Offiziere in der ungünstigen Stellung des Lagers von Hochkirch beließ, die von den Österreichern aus ihrer beherrschenden Bergstellung ringsum eingesehen werden konnte, griffen die Österreicher in nächtlichem Überfall am 14. Oktober auf den fünften Glockenschlag der Dorfkirche umfassend an. In heftigen Nahkämpfen bei Dunkelheit und Nebel wurden die Preußen geschlagen; sie verloren von 40 000 Mann 9 000 Tote, Verwundete und Gefangene und 102 Geschütze. Die Österreicher hatten von 75 000 Mann 7 500 verloren.
Friedrich hatte sich in der Schlacht, wie stets, persönlich sehr dem Feuer ausgesetzt. Adolph Menzel hat diese Szene mit vorzüglicher Einfühlungsgabe festgehalten. Auf seinem Gemälde lassen die Gesichter der Soldaten im Vordergrund deutlich die Mischung vom Fieber des Kampfes und dem gespenstischen Grauen der nächtlichen, durch Brände beleuchteten Szene erkennen, während der König sorgenvoll und entschlossen seine Truppen durch seine Gegenwart anspornt.
Auf österreichischer Seite ist der Sieg in mehreren zeitgenössischen Gemälden festgehalten worden. Eins davon ist das hier gezeigte von Franz Paul Findenigg. Es zeigt den Morgen am Ende der Schlacht, in der Mitte das brennende Hochkirch.

## 47 James Keith, Preußischer Feldmarschall (1696–1758)

Allan Ramsay

James Keith

Öl auf Lwd., 80 × 66 cm

Privatbesitz

James Keith stammte aus altem schottischen Adel. Er hatte als Anhänger der Stuarts seine Heimat verlassen müssen und trat zunächst in russische Dienste, wo er sich gegen die Türken und Schweden auszeichnete, verwundet und zum General befördert wurde. Von den Intrigen des russischen Kanzlers Bestužev abgestoßen, ging er 1747 über Kopenhagen nach Hamburg und bot von hier dem Preußenkönig seine Dienste an. Friedrich nahm den hochverdienten und sehr gebildeten Offizier gern auf und ernannte ihn zum Feldmarschall. Keith wurde Mitglied der Akademie der Wissenschaften und enger Vertrauter des Königs. Seine militärischen Aufgaben bei Lobositz und bei der Einschließung von Prag löste er ebenso hervorragend wie die beiden Rückzüge von Prag und Olmütz. Er hatte wesentlichen Anteil am Sieg der Preußen bei Roßbach und an der Belagerung von Olmütz, die er leitete. Vor Hochkirch war er der bedeutendste Warner, der von dem Verbleiben in dem gefährdeten Lager abriet. Er soll dem König gesagt haben: „Lassen sie (die Österreicher) uns hier in Ruhe, so verdienen sie, gehängt zu werden," aber zur Antwort erhalten haben: „Wir müssen hoffen, daß sie sich mehr vor uns als vor dem Galgen fürchten." Bei dem nächtlichen Überfall am 14. Oktober 1758 wurde Keith zunächst verwundet, später am Eingang des Dorfes durch eine Stückkugel vom Pferde gerissen und getötet. Den König schmerzte dieser Verlust bitter, eine Elegie gibt davon Zeugnis. Nach dem Kriege ließ Friedrich dem gefallenen Freund ein Denkmal errichten.

Kat. Nr. IV, 47

## 48 Ernst Gideon Freiherr von Laudon (1717–1790)

Carl Caspar

Feldmarschall Ernst Gideon Freiherr von Laudon

Öl auf Lwd., 77 × 56 cm

Heeresgeschichtliches Museum, Wien, BI 19.750

Die eigentlich treibende Kraft des Angriffs von Hochkirch war nicht Daun, sondern der aus deutschbaltischem Geschlecht stammende Generalfeldwachtmeister Laudon, der aus russischen Diensten kommend, im preußischen Heer 1742 keine Aufnahme hatte finden können. Laudon, der im österreichischen Erbfolgekrieg im Trenckschen Pandurenkorps gedient hatte und im Siebenjährigen Krieg zunächst in Kleinkriegsunternehmen verwendet worden war, zeichnete sich 1758 durch Wegnahme eines preußischen Nachschubkonvois von 4 000 Wagen bei Domstadtl aus, was zum Abbruch von Friedrichs Belagerung von Olmütz führte. Bei Hochkirch drängte er, wie stets auch später, auf offensive Kampfführung und führte den angreifenden linken österreichischen Flügel zum Siege. Er erhielt dafür das Großkreuz des Maria-Theresia-Ordens. Im weiteren Verlauf des Krieges entschied er dann Friedrichs vernichtende Niederlage bei Kunersdorf 1759 (Nr. 52) und nahm nach siegreicher Schlacht 1760 das Korps Fouqué bei Landeshut gefangen. Im gleichen Jahr mußte er, von Daun und Lacy unzureichend unterstützt, die Niederlage von Liegnitz hinnehmen. 1761 eroberte er im Handstreich Schweidnitz. Er blieb bis zum Friedensschluß der fähigste, tatkräftigste und erfolgreichste Gegner des Preußenkönigs, konnte sich aber gegen seine Rivalen Daun und Lacy im Wiener Hofkriegsrat nicht durchsetzen, wozu wohl beitrug, daß dem zur Schwermut neigenden Heerführer nur wenig diplomatisches Geschick zur Verfügung stand. Bei der Armee und im Volk der österreichischen Monarchie war er der angesehenste und beliebteste der österreichischen Heerführer.

## 49 Der Tod der Markgräfin Wilhelmine von Bayreuth

a) Anton Friedrich König

Markgräfin Wilhelmine von Bayreuth

Wasserfarben auf Elfenbein, 12,4 × 9,2 cm

SSG, Schloß Charlottenburg

Kat. Nr. IV, 48

b) Schreiben Friedrichs an seine Schwester Wilhelmine

1758 August 30

Eigenhändige Ausfertigung, französisch

GStA PK, BPH Rep. 47 Nr. 269

Wie nach der Schlacht von Kolin den König durch den Tod seiner Mutter auch ein persönlicher Verlust tief getroffen hatte, so war ihm auch nach der Niederlage von Hochkirch ein persönlicher Schmerz beschieden. Am Tage der Schlacht, dem 14. Oktober 1758, war in Bayreuth des Königs Lieblingsschwester Wilhelmine gestorben. Besorgt hatte er sich kurz zuvor nach ihrem gesundheitlichen Befinden erkundigt: „Meine liebe Schwester, was ich gegenwärtig in Ihren Briefen suche, ist der Zustand Ihrer Gesundheit, und nun sprechen Sie zu mir darüber so unbestimmt, daß ich, als ich sie erhielt, wenig Trost darin gefunden habe. . ."
Wenn auch die Freundschaft zwischen beiden Geschwistern zwischenzeitlich Trübungen erfahren hatte, so war das alte Verhältnis doch nach den ersten Schicksalsschlägen des Siebenjährigen Krieges schnell wiederhergestellt, die Schwester hatte die Haltung Friedrichs bewundert und ihn auch diplomatisch unterstützt. Friedrich bekundete einen solchen Schmerz, daß sein Sekretär Eichel an Finckenstein schrieb, „dieser Todesfall embarassiere ihn wegen des Königs mehr als alle Kriegsoperationes".

# Das Katastrophenjahr

## 50 Von Bergen bis Minden

a) „Wahrer Entwurff der hochbeträchtlichen Battaille, so den 13. April 1759 bey bergen negst Franckfurth vorbey gegangen"

Kupferstich, 26 × 14 cm
Bez.: „I. E. Belling. Cath. Sc. exc. A. V."

SBPK Einblattdrucke YB 8043 kl.

b) „Vorstellung der blutigen Bataille so unweit Preussisch Minden . . . den 1. August 1759. vorgegangen"

Kupferstich, 30 × 17 cm

SBPK Einblattdrucke 8080 kl.

Nach seinem Sieg bei Krefeld konnte Herzog Ferdinand von Braunschweig seinen Plan, nunmehr nach Frankreich vorzudringen, nicht ausführen, da eine zweite französische Armee ihn von Süden bedrohte. Diese trieb er bis vor Frankfurt zurück, wurde aber bei Bergen am 13. April 1759 geschlagen und mußte das befreite Hessen wieder räumen. In dem siegreichen Treffen bei Minden am 1. August stellte er das Gleichgewicht wieder her, behauptete das für die Wirtschaft im Kriege wichtige Westfalen und setzte nun den wechselvollen Kampf im Westen gegen die beiden französischen Armeen fort, die ihm an Zahl um das Anderthalbfache bis Doppelte überlegen waren. Es kennzeichnet das Geschick dieses begabten Feldherrn, daß er über vier Jahre mit dieser Übermacht fertig wurde und beim Waffenstillstand auch Kassel wieder vom Feind befreit hatte. Diese Rückendeckung im Verein mit dem englischen Seesieg bei Quiberon und den Siegen in Übersee sicherten dem König von Preußen die Möglichkeit, im Osten und Süden ungehindert von den Franzosen seine Kämpfe auszufechten.

## 51 Gedanken eines preußischen Grenadiers

Brief des Wiblingwerder Bauernsohnes Johann Hermann Dresel an seinen Vater
Neuen bei Grüssau, 1759 Mai 15

Ausfertigung auf Papier, 1 Doppelblatt

Altena, Archiv des Märkischen Kreises Altena, Archiv des Hofes Grennigloh Nr. 2

Der vorliegende Brief ist in Schlesien in der Nähe des Klosters Grüssau geschrieben worden. Dresel gibt in schlichten und schmucklosen Worten die Stimmung wieder, in der er sich befand, und die Nachrichten, die er gerade bekommen hatte. Er schildert seine Unterbringung und die Lage, wie er sie übersehen konnte: die Österreicher an der schlesischen Grenze, die Russen von Osten im Anmarsch durch Polen auf Schlesien. Prinz Heinrich hat in Böhmen feindliche Vorräte weggenommen. Dresel fürchtet, daß die Franzosen wieder nach Wiblingwerde kommen könnten. Ob er gegen Österreicher oder Russen marschieren wird, weiß er noch nicht. Und aus dieser Lage schreibt er seine Hoffnung nieder: „Wir müssen uns also zu Gott halten und ihn bitten, daß er unserm Könige und uns wolle gnädig sein, daß wir unsere Feinde mögen glücklich überwinden und den Sieg erhalten.

Und ich hoffe, daß uns der Liebe Gott bald den Frieden bescheren wird, daß wir anstatt der Briefe mündlich zusamhen sprechen können, welches ich von Hertzen wünsche, daß uns Gott die Gnade verleihen wolle." Weitere Sätze bezeugen auch seine Bibelkenntnis und die Festigkeit seiner christlichen Überzeugung. Dies ist ein anderes Zeugnis als das des Ulrich Bräker, aber es war für die preußische Armee jener Jahre typischer.

## 52 Die Schlacht bei Kunersdorf

a) Plan der Schlacht bei Kunersdorf am 12. August 1759
Aus: Die Kriege Friedrichs des Großen, Der Siebenjährige Krieg. Hrsg. v. Großen Generalstab, Plan 26 D

Der Plan zeigt die Endphase der Schlacht

GStA PK, Bibliothek 6 K 19,3

b) „Accurate Vorstellung der scharpffen und blutigen Bataille so den 12. August 1759 vorgegangen"

Kupferstich, 18 × 30 cm
Bez.: „Ioh. Martin Will excudit Aug. V."

SBPK Einblattdrucke YB 8130 kl.

c) „Petrus Simeonides Saltikovius Summus Cesarei Rossiaci Exercitus Praefectus"

Kupferstich, 48 × 35,3 cm
Bez.: „Comes Rotari pinx. D. Gerassimoff sculps."

Dr. Elmar Mauch, Bad Mergentheim

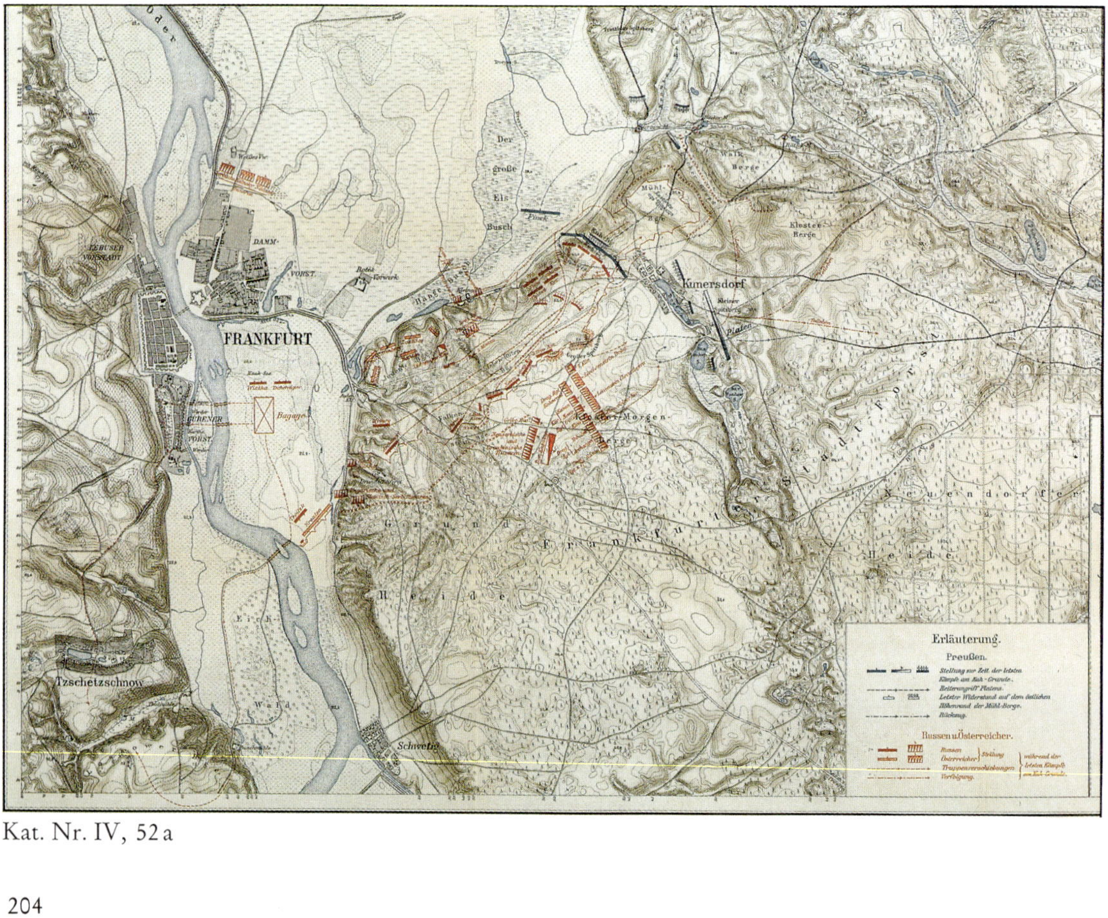


Kat. Nr. IV, 52a

d) „Register wie viel in der Bataillie vom 1(2)ten August 1759 Feindliche Cörper begraben, gefangen worden und desertiert“

Handschriftliches Register auf Papier, mit eigenhändiger Unterschrift „Loudon“

Österreichisches Staatsarchiv, Wien, Kriegsarchiv Alte Feldakten 1759/Korps Laudon/8/34

e) Uniformrock Friedrichs des Großen aus der Schlacht von Kunersdorf, durchschossen von einer Gewehrkugel

SKH Dr. Louis Ferdinand Prinz von Preußen, Berlin

f) Tabaksdose Friedrichs des Großen aus der Schlacht von Kunersdorf, getroffen von einer feindlichen Gewehrkugel

SKH Dr. Louis Ferdinand Prinz von Preußen, Berlin

Kat. Nr. IV, 52 e

Im Jahre 1759 war die Bewegungsfreiheit des Königs schon sehr eingeengt. In der Defensive mußte er vor allem verhindern, daß Russen und Österreicher sich vereinigten. Schweden und Reichsarmee waren hingegen schwerfälliger in der Kriegführung und daher auch weniger gefährlich. Gegen sie genügten kleine Beobachtungskorps. Anfangs lag der König bei Landeshut in Schlesien der Armee Dauns gegenüber. Aber das gegen die Russen zur Offensive entsandte Korps unter v. Wedell erlitt am 23. Juli gegen die aus Posen vormarschierende russische Armee unter Verlust von 8 000 Mann eine Niederlage bei Kay. Nun brach der König selbst nach Norden auf.
Preußen konnte 1759 nur noch 110 000 Mann Feldtruppen aufstellen, von diesen vereinigte Friedrich jetzt ostwärts Frankfurt an der Oder knapp 50 000 Mann, die Blüte der Armee. Ihm gegenüber standen auf den Höhen bei Kunersdorf mit einer gewaltigen Artillerie verschanzt 50 000 Russen unter Saltykov, denen noch 20 000 Österreicher unter Laudon zu Hilfe geeilt waren, in verdrahteten Bergstellungen mit der Front nach Südosten. Der König griff in schiefer Schlachtordnung mit seinem rechten Flügel an; in zähen, blutigen Kämpfen wurde der linke Flügel der Russen geschlagen, die Höhen, vor allem der mit schweren Batterien gespickte Mühlberg, genommen. Im Grunde war der Feind zu einem Drittel geschlagen, die Generale rieten dem König, es damit genug sein zu lassen. Aber Friedrich wollte die Vernichtung des Gegners, er befahl den Angriff auf die nächste Höhe, über den tiefen Einschnitt des Kuhgrundes hinweg. Der Grund wurde überwunden, aber Saltykov hatte Verstärkung durch frische, darunter österreichische Truppen gegen die preußische Linie bekommen, die wie ein Hammer auf der russischen Flanke lag, sich dabei aber immer mehr auf fast nur noch einen Kilometer Breite zusammengeschoben hatte. Als der König nun links die Kavallerie einsetzte, sah Laudon seinen Augenblick gekommen. Mit der österreichischen Reiterei fiel er den Preußen in die Flanke und entschied den Tag. Vergebens versuchte Friedrich auf einer Anhöhe noch einmal Truppen zu sammeln, die Flucht war bald allgemein. Friedrich waren schon zu Beginn der Schlacht zwei Pferde unter dem Leibe erschossen worden, Flintenkugeln trafen auch ihn, eine davon schlug durch den Uniformrock in seine Tabaksdose ein; nie hat er sich mehr als an jenem Tage, das

Schicksal des Staates ganz mit dem seinen in eins setzend, dem Feuer zum Ziel dargeboten. Zuletzt schien es, als suche er in Verzweiflung den Tod in der Schlacht. Die Auflösung war vollkommen. Nach wilder Flucht in der Abenddämmerung hatte er, durch den Rittmeister v. Prittwitz mit einer Handvoll Zietenhusaren vor russischen Kosaken gedeckt, nur noch etwa 3 000 Mann zusammen und gab den Staat verloren. Eine Reservearmee gab es nicht mehr. Berlin schien dem Feinde preisgegeben. Wie sich später ergab, hatte die preußische Armee fast 19 000 Mann verloren, davon 1 356 Vermißte. Die Österreicher gaben die preußischen „Deserteure" wohl etwas überhöht mit 2 000 Mann an. Auf russischer und österreichischer Seite betrugen die Verluste über 16 000 Mann. So ist Kunersdorf die beiderseits verlustreichste und für Preußen die verheerendste Schlacht des Siebenjährigen Krieges geworden. Graf Saltykov (1698—1772), der hier erstmals in Erscheinung tretende russische Heerführer, wurde nach der Schlacht von der Zarin zum Generalfeldmarschall ernannt.

Kat. Nr. IV, 52f

## 53 Aus dem Tagebuch des Musketiers Johann Jacob Dominicus

Tagebuch des Johann Jacob Dominicus

Handschrift auf Papier, gebunden,

Universitätsbibliothek Würzburg, Sign. M. ch. o. 98

Johann Jacob Dominicus (1731—1775) stammte aus Harhausen nördlich von Gummersbach. In einer kaufmännischen Lehre stehend, wurde er als Neunzehnjähriger in die Kantonsliste eingetragen und machte in jungen Jahren den Siebenjährigen Krieg von der ersten Mobilmachung bis zum Friedensschluß mit. Seine Erlebnisse hat er in einer nüchternen, prosaischen Art ohne Ausschmückungen aufgezeichnet, Aufzeichnungen von hohem Wert, weil sie das Leben aus dem Mannschaftsstand und mit dessen Sehweise schildern. Zum Tage von Kunersdorf heißt es über den König: „Der König war des Morgens keine 2 Stunden vor der Battalie noch bey uns; wie wir vorbeymarschirten, sagte zu uns ingesamt: ‚Guten Morgen Kinder! Wie gehts?' Und darauf plattdeutsch: ‚Wolt ihr bald grote Bohnen eßen?' Wir antworteten: ‚Ja!' Er sagte: ‚Ja, habt noch ein wenig Geduld,' und war wohlgemuth dabey." Und an anderer Stelle heißt es: „Der König ist allzeit vornn gewesen, und gesagt: ‚Kinder, verlast mich nicht!' Dem Könige sind zwey Pferde unterm Leibe erschoßen, und hat noch zuletzt eine Fahne von Printz Henrichs Regiment genommen und gesagt: ‚Wer ein braver Soldat ist, der folge mir!' Wer nur noch Patronen hatte, ging getrost. Zuletzt soll er selber ‚Rechts um!' commandirt haben und gesagt: ‚Ziehet euch zurück Kinder!'"

## 54 Die Verzweiflung des Königs

a) Schreiben des Königs an den Minister Graf Finckenstein
1759 August 12

Faksimile nach der Urschrift aus: H. v. Petersdorff, Friedrich der Große, Berlin 1911

b) Karl Wilhelm Graf Finck von Finckenstein, Geheimer Staats-, Kabinetts- und Kriegsminister (1714—1800)

Kupferstich, 68 × 56 cm

Privatbesitz

ce 12 praes: d. 15ten Aug: 1759.

J'ai attaqué ce matin a 11 heures L'Enemy
nous les avons poussé jusqu'au Cimetiere des
Juifs aupres de francfort, toute mes troupes
ont doné et ont fait des prodiges, mais ce Cimetiere
nous a fait perdre un prodigieux monde nos gens
se sont mis en Confusion je les ai ralié trois
fois a la fin j'ai pensé etre pris moy meme
et j'ai eté obligé de Ceder le Champ de bataille
mon habit est Criblé de coups, j'ai deux chevaux
de Tué, mon malheur est de vivre encore
Notre perte est tres Considerable d'une
armée de 48 m hommes je n'en ai pas 3 m dans
Le moment que je parle tout fuit, et je ne
suis plus Maitre de mes Gens, on fera bien
a berlin de penser a sa sureté C'est un
Cruel revers, je n'y survivrai pas, les suites
de l'affaire seront pires que l'affaire meme
je n'ai plus de resource, et a ne point mentir
je Crois tout perdu, je ne survivrai point
a La perte de ma patrie, adieu pour jamais

Federic

Kat. Nr. IV, 54 a

Am Abend nach der verlorenen Schlacht schrieb der König an Finckenstein, seinen Jugendfreund aus der Kinderzeit, der nun sein Minister geworden war: „Ich habe heute morgen um 11 Uhr den Feind angegriffen. Wir haben sie bis zum Judenkirchhof bei Frankfurt getrieben. Alle meine Truppen sind ins Gefecht gekommen und haben Wunderdinge verrichtet. Aber dieser Kirchhof hat uns eine Unmenge von unseren Leuten gekostet. Sie sind in Verwirrung geraten. Ich habe sie dreimal gesammelt. Zum Schluß dachte ich selbst gefangen zu werden und war das Schlachtfeld zu räumen gezwungen. Mein Rock ist total durchlöchert, zwei Pferde sind mir getötet worden, mein Unglück ist es noch zu leben. Unser Verlust ist sehr bedeutend. Von einem Heer von 48 000 Mann habe ich nicht mehr 3 000. In dem Augenblick, da ich dies sage, flieht alles, und ich bin nicht mehr Herr meiner Leute. Man wird in Berlin gut tun, an seine Sicherheit zu denken. Das ist ein grausamer Umschlag. Ich werde ihn nicht überleben. Die Folgen der Schlacht werden schlimmer sein als die Schlacht selbst. Ich habe keine Hilfsquellen mehr, und, um nicht zu lügen, ich glaube alles verloren. Ich werde den Untergang meines Vaterlandes nicht überleben. Adieu für immer! Friedrich."

Kat. Nr. IV, 55

## 55 Ewald von Kleist (1715–1759)

Anton Graff

Ewald von Kleist

Öl auf Lwd., 56,5 × 47 cm

Privatbesitz

In der Schlacht von Kunersdorf wurde der Dichter Ewald von Kleist schwer verwundet. Kleist hatte seit 1740 in der preußischen Armee als Offizier gedient. Der gebürtige Pommer hatte die Schulen in Deutsch Krone und Danzig und die Universität in Königsberg besucht. Eins seiner bekannteren Werke ist das Gedicht „Der Frühling" geblieben. Der in der Schlacht Verwundete wurde zunächst von Kosaken ausgeplündert, später von den Russen forttransportiert. Als er in Frankfurt nach 12 Tagen in der Wohnung des Philosophieprofessors Gottlieb Nicolai gestorben war, begleiteten neben Universitätsangehörigen auch russische Offiziere den Trauerzug. Lessing hat ihm in der Figur des Tellheim in „Minna von Barnhelm" ein literarisches Denkmal gesetzt. Major von Stackelberg, der ihn als russischer Offizier betreut hatte, war Deutschbalte. Er legte seinen eigenen Degen auf den Sarg des Toten.

Das beseelte Bildnis, das Graffs Fähigkeiten als Porträtist der Geisteswelt beweist, ist posthum etwa in den siebziger Jahren entstanden. Die Verbindung von Liebenswürdigkeit und Empfindsamkeit, die Kleist als Dichter bewies, und soldatischem Heldenmut gewann ihm eine lebhafte Sympathie. Kleist wurde zum Vorbild des gebildeten, sensiblen Offiziers und konnte so der Vorstellung von der Rohheit des Soldatenhandwerks entgegengestellt werden. Dieses Ideal war vor allem in der Zeit der Befreiungskriege wirksam. Wie Kleist wurde dann Theodor Körner als der Dichter von „Leier und Schwert" verehrt. Das Bildnis ist unveröffentlicht.

## 56 Das Mirakel des Hauses Brandenburg

Schreiben des Königs an seinen Bruder Heinrich und dessen Kommentar dazu
1759 Dezember 14

Faksimile nach der Urschrift aus: H. v. Petersdorff, Friedrich der Große, Berlin 1911

Nach der Niederlage von Kunersdorf sammelten die Versprengten sich nachts in ungeordneten Haufen an der Schiffbrücke über die Oder. Am 13. August früh waren sie notdürftig geordnet; immer in Sorge vor feindlichem Angriff zogen sie über den Fluß. Mit annähernd 30 000 Mann stand der König drei Tage später zur Deckung etwa 40 km vor Berlin. Er hatte Anweisung gegeben, dem Thronfolger zu huldigen, General Finck erhielt den Befehl über die Armee, Prinz Heinrich als Generalissimus über alle Truppen. Erst allmählich wich die Verzweiflung. Staunend sah man, daß die Russen nach Süden abbogen, daß Laudon nicht auf Berlin vorstieß, daß der Feind sich nach Schlesien wandte, das Maria Theresia in Besitz nehmen wollte, und sich bald nach Ost und West trennte. Daun ging nach Sachsen. Das war das „Mirakel des Hauses Brandenburg", wie es der König später nannte. Zeit und damit alles war gewonnen. Am Jahresende stand

Kat. Nr. IV, 54b

Friedrich mit Heinrich in Sachsen den Österreichern gegenüber. In dem vorliegenden Brief kommt der Gegensatz zum Ausdruck. Der König schreibt unter anderem: „Hier ist Schnee in solchen Massen gefallen, daß er unübersteigbare Barrieren gegen das Fortwüten dieses grausamen Krieges aufrichtet. . . . .Die Notwendigkeit, die stärker ist als der Hofkriegsrat zu Wien, wird ihn zwingen die Position aufzugeben. . .und so bleibt nichts weiter übrig, als sich in Geduld zu fassen. Ich erwarte Ihre Antwort auf meinen Brief von heute morgen und bin in größter Zuneigung, mein lieber Bruder, Ihr getreuer Bruder und Diener Friedrich." Prinz Heinrich setzt unter anderem hinzu, nachdem er einen beiliegenden chiffrierten Brief erwähnt hat: „Ich traue diesen Nachrichten in keiner Weise; sie sind immer widerspruchsvoll und ungewiß wie sein Charakter. Er hat uns in diesen grausamen Krieg geworfen, die Tapferkeit unserer Generale und Soldaten kann uns da allein heraus ziehen. Seit dem Tage, an dem er zu meinem Heere gestoßen ist, hat er Unordnung und Unglück verbreitet; alle meine Mühen in diesem Feldzuge, und das Glück, welches mir beigestanden hat, alles ist verloren durch Friedrich." Schärfer kann der Gegensatz zwischen den Brüdern kaum zum Ausdruck kommen. Und dennoch traten beide weiter für die gemeinsame Sache voll ein. Auch dies war ein Teil des „Mirakels des Hauses Brandenburg".

## 57 Der Finkenfang von Maxen

Franz Paul Findenigg

Das Gefecht bei Maxen
Öl auf Lwd., 69 × 111 cm

Heeresgeschichtliches Museum, Wien, KHM 8321

Noch vor dem Winter 1759 hatte den König ein letzter verheerender Schlag getroffen: Am 21. November 1759 kapitulierte General Finck mit 15 000 Mann, 70 Geschützen, 96 Fahnen und 24 Standarten vor Marschall Daun mit nur 25 000 Österreichern und Reichsarmeetruppen. Der sonst fähige General hatte hier in unglaublicher Sorglosigkeit versagt, als er vorgesandt worden war, um einen Schlag gegen Daun einzuleiten, den das Haupttheer führen wollte. Der König schrieb an den gefangenen Finck: „Es ist bis dato ein ganz unerhörtes Exempel, daß ein preußisches Korps das Gewehr vor seinem Feind niedergeleget, von dergleichen Vorfall man vorhin gar keine Idee gehabt. Von der Sache selbst muß Ich annoch Mein Judicium suspendieren, weil Ich die eigentlichen Umstände, so dabei vorgegangen, noch gar nicht weiß." Finck kam nach dem Kriege vor ein Kriegsgericht und wurde zur Kassation und zu einjähriger Festungshaft verurteilt. Friedrich aber verwand unbeugsam auch diesen Schlag und räumte Sachsen nicht, wie seine Gegner gehofft hatten.

## 58 Das Elend des Krieges

„Der Lufft sein Last kaum tragen kan . . ."

Kupferstich auf die Leiden des Krieges
Bez.: „Cum P. S. Caes. M. G. B. Göz inv. et exc. A. V."

SBPK Einblattdrucke YB 6759 m.

Nach der Schlacht von Kunersdorf erreichten die Leiden, die der Krieg auch der Bevölkerung auferlegte, ihren Höhepunkt. Der Stich zeigt in einer Muschelwerk-Umrahmung im Hintergrund eine in Brand geschossene Stadt, davor die Trostlosigkeit von Bürgern und Bauern. In der Mitte ein Galgen mit hingerichteten Delinquenten. Der Vers lautet:

„Der Lufft sein Last kaum tragen kan,
Mit Weh! und Ach! gefült wird an,
Von Burgeren und Bauren;
Da Aeolus diß überlegt,
Sehr große Seuffzer er erweckt,
Diß unglück thut bedauren."

Zwar war das Unheil nicht so groß wie im Dreißigjährigen Kriege, aber Requirierungen, Zerstörungen, Landflucht und Gewalttaten kamen vor. Beide Parteien waren beteiligt, wobei Panduren und Kosaken gefürchteter waren als die übrigen Truppen, bei denen die bessere Manneszucht wilderen Ausschreitungen entgegenstand.

## 59 Die Seeschlacht bei Quiberon am 20./21. November 1759

Foto nach einem zeitgenössischen Gemälde von Richard Paton
Aus: Oliver Warner, Great Sea Battles, London 1963

SBPK

Während Friedrich der Große Mühe hatte, sich 1759 in Pommern, der Mark Brandenburg und Schlesien zu behaupten, ging das weltweite Ringen auch auf See und in Übersee weiter. Hier errangen die Engländer am 20. und 21. November 1759 den entscheidenden Seesieg bei Quiberon, unweit der Loiremündung. Frankreich hatte die Landung in England mit Heeresmacht vorbereitet. Im August schon zerstörte Admiral Rodney bei Le Havre eine

Kat. Nr. IV, 59

Ansammlung flachgehender Landungsboote. Am 20. November stellte Admiral Hawke mit 23 Linienschiffen bei stürmischem und böigem Wetter die 21 Linienschiffe zählende französische Flotte in von Riffen und Sandbänken durchsetztem Küstengewässer zum Kampf. Die Engländer büßten durch Strandung zwei Schiffe ein, die Franzosen verloren 7 Linienschiffe, ein Drittel ihrer Flotte mit 2 500 Mann, und mußten den Invasionsplan begraben. Die zur Einschiffung bestimmten Truppen mußten die Niederlage ihrer Flotte mitansehen. Der Bildausschnitt zeigt den Untergang der französischen „Thésée" mit 74 Geschützen durch eine Bö, wobei etwa 600 Seeleute ertranken.

### 60 Die Eroberung von Quebec am 13. September 1759

Foto nach einem kolorierten Stich eines unbekannten Stechers und Zeichners
um 1790
Aus: Donald Creighton, The Heroic Beginnings, Toronto 1974

SBPK HB 7 Rc 706

Noch bevor die englische Flotte den wichtigsten Seesieg des Siebenjährigen Krieges bei Quiberon errungen hatte, eroberten englische Truppen unter General Wolfe, der dabei tödlich verwundet wurde, die Hauptstadt von Französisch Kanada, Quebec. Schon 1756 hatten die Engländer in Ostindien Madras zurückerobert, im Januar 1757 Kalkutta wiedergewonnen und die Franzosen am 23. 6. 1757 bei Plassey besiegt. Hilfe nach Übersee konnte Frankreich seinen Truppen nach den entscheidenden Niederlagen zur See nur noch ungenügend bringen. 1758 erlitt es auch in Afrika eine Niederlage, im gleichen Jahr war in Kanada Louisbourg verloren gegangen. 1760 besetzten die Engländer Montreal und das restliche Kanada. Die Siege der Briten in Übersee und die Erfolge Ferdinands von Braunschweig in Nordwestdeutschland sicherten in der unglücklichen Zeit von Kunersdorf dem in Ostdeutschland (Schlesien, Pommern, Neumark) kämpfenden Friedrich wenigstens die Rückendekkung.

## Am Rande des Untergangs

### 61 Die Belagerung von Dresden

Die Beschießung von Dresden

Kupferstich, 9 × 16 cm

SBPK Einblattdrucke YB 7677 kl.

Daun hatte sich 1759 Dresdens bemächtigt und in Sachsen seine Winterquartiere nehmen können, so daß auch diese Einnahmequelle dem preußischen König zur Hälfte verloren war. Am 23. Juni schlug Laudon das Fouquésche Korps von 10 000 Mann vernichtend bei Landeshut in Schlesien. Der König brach dorthin auf und berannte vom 13. bis zum 28. Juli 1760 vergebens Dresden, das dabei durch Brände und den Einsturz des Turms der Kreuzkirche schwere Schäden erlitt. Währenddessen konnte sich Laudon am 26. Juli der Festung Glatz nach nur fünftägiger Belagerung bemächtigen. Gleich nach diesen beiden Siegen rückte er vor Breslau, um in Schlesien endgültig die Oberhand zu gewinnen. Zum Glück für Preußen blieben die österreichische und die russische Heerführung uneins und getrennt. Auf höhere Anweisung aus Petersburg operierte Saltykov nur bis zur Oder.

### 62 Unerfüllte Hoffnungen auf die Türken

Verschlüsseltes Schreiben König Friedrichs an den Etatsminister von Schlabrendorff in Breslau
Gruna bei Dresden, 1760 Juli 29

Kabinettsordre in Ziffern von Schreiberhand, mit eigenhändiger Unterschrift

GStA PK, BPH Rep. 47 Nr. 17 I u. II

Während der König Dresden belagerte, wurde die Lage in Schlesien immer bedrohlicher. Die Post nach Breslau wurde, da sie auf ungewissen Wegen transportiert werden mußte, in wichtigen Fällen chiffriert, so auch der vorliegende Brief. In ihm schreibt Friedrich unter anderem an den Minister: „Daß die offenen Städte und das platte Land in Schlesien jetzo von dem Feinde so cruel und barbarisch mitgenommen wird, solches rühret und betrübet Mich gar sehr." Der König geht weiter auf die Ungewißheit der Lage ein, „da ich zu viel Feinde um mich habe und also meine Plans nur aus dem Steigbügel machen muss". Friedrich setzte einige Hoffnungen darauf, die Türken zu einem Bündnis gewinnen zu können, was sich aber schließlich als leerer Wunsch erweisen sollte: „Ich bin daher ohnendlich ohngeduldig, einmal wieder Briefe aus Konstantinopel zu haben, deren Aussenbleiben ich nicht begreifen kann, sie möchten auch enthalten, was sie wollten, denn die Ohngewissheit in solchen Fällen schlimmer ist, als eine übele Nachricht sein kann. . ."

### 63 Friedrich Bogislaw von Tauentzien (1710–1791)

Unbekannter Stecher

Bogislav Friedrich von Tauentzien

Kupferstich, 13,8 × 8,4 cm

Dr. Elmar Mauch, Bad Mergentheim

Nach der Einnahme von Glatz und der Vernichtung des Fouquéschen Korps erschien Laudon in seinem Siegeslauf vor Breslau und eröffnete am 1. August 1760 das Bombardement. Er traf auf einen harten Gegner. General Tauentzien war nicht so leicht wie die Kommandanten von Glatz zu erschrecken. Er ließ die Vorstädte niederbrennen, damit der Feind nicht in ihrem Schutz zum Sturm gelangen konnte, und verteidigte Breslau so hartnäkkig auch unter schwierigsten Umständen, daß Lessing, der wenige Monate danach bis 1765 als Sekretär in seinen Dienst trat, bewundernd sagte: „Wäre der König von Preußen so unglücklich geworden, seine Armee unter einem Baume versammeln zu können, General Tauentzien hätte gewiß unter diesem Baume gestanden." Fühlte sich Lessing unter dem Zwang des Amtes im preußischen Dienst auch nie ganz wohl, so hat er hier doch Erfahrungen gesammelt, die er später in der Gestalt des Majors Tellheim literarisch eingesetzt hat. Tauentzien war unter den Breslauer Bürgern nicht eben beliebt, weil er stets die militärischen Belange den bürgerlichen Interessen voranstellte. Bei der napoleonischen Armee stand dagegen die Erinnerung an diesen tapferen Soldaten in solchen Ehren, daß Jerôme Bonaparte bei der Schleifung der Wälle von Breslau 1807 vor dem Schweidnitzer Tor um Tauentziens Denkmal einen großen Platz anlegen ließ, dem er selbst den Namen Tauentzienplatz gab. Tauentzien war einer der ersten Träger des Ordens Pour le mérite.

## 64 Die Schlacht bei Liegnitz

Plan der Schlacht bei Liegnitz am 15. August 1760
Lage gegen 5 Uhr morgens
Maßstab 1:25 000
Aus: Großer Generalstab, Die Kriege Friedrichs des Großen, III. Teil, Bd. 12, Plan 35 B

GStA PK, Bibliothek 6 K 19,3

In der ersten Augusthälfte 1760 war der König zum Entsatz von Breslau nach Schlesien geeilt. Daun und Lacy begleiteten ihn in der Flanke mit zwei Armeen, die dritte unter Laudon stand noch in Niederschlesien. Die Österreicher waren allein 90 000 Mann stark, Friedrich hatte 30 000. Auf der rechten Oderseite bei Auras standen die dem Prinzen Heinrich gefolgten Russen und warteten darauf, daß die Österreicher ihnen die Hand reichen sollten. Maria Theresia drängte den zaudernden Daun zur Schlacht. Am 14. August lagen die drei österreichischen Abteilungen südlich und südöstlich von Liegnitz dem König gegenüber. In der Nacht holte Laudon zur Umgehung aus. Die Preußen durchquerten Liegnitz und griffen den noch in der Vereinzelung im Morgengrauen über die Katzbach vorrückenden Laudon an. In wenigen Stunden war er, noch ehe Daun zur Hilfe kommen konnte, unter Verlust von fast 9 000 Mann geschlagen, die Preußen verloren etwas mehr als 3 000 Mann. Der nun heranrückende andere Flügel des österreichischen Heeres wurde mühelos von Zieten abgewiesen. Seit Kunersdorf zeigte es sich, daß der König begann, in einer Schlacht mit mehreren, voneinander getrennten Abteilungen zu operieren. Die strenge Lineartaktik lockerte sich weiter auf, erreichte aber noch nicht das losgelöste Operieren getrennter Korps wie in der napoleonischen Zeit. Dazu reichten das schwerfällige Versorgungssystem und die Organisation der Truppenkörper mit der taktisch gebundenen Kampfweise noch nicht aus. „Niemals haben wir größere Gefahren bestanden, niemals ärgere Strapazen gehabt", schrieb der König an d'Argens. Und wenn er auch hinzufügte: „Gott ist in den Schwachen mächtig", so hatte sein Vorsehungsglaube doch gelitten, und er sprach nun gern von „Seiner Majestät dem Zufall."

## 65 Die Russen in Berlin

a) Tabaksdose mit einem Emaillebildnis der Einnahme von Berlin 1760

SKH Dr. Louis Ferdinand Prinz von Preußen, Berlin

b) „Die Plünderung des Schlosses Charlottenburg"

Holzstich nach einer Zeichnung von Adolph Menzel
Aus: Franz Kugler, Geschichte Friedrichs des Großen, Leipzig 1840, S. 462

Foto: GStA PK

c) Die Plünderung des Schlosses Hubertusburg

Holzstich nach einer Zeichnung von Adolph Menzel
Herkunft wie b), S. 475

Foto: GStA PK

Kat. Nr. IV, 65 a

Die aus Niederschlesien in Richtung Krossen zurückgehenden Russen, bei denen sich auch Österreicher unter Lacy befanden, entsandten ein Streifkorps unter Tottleben zur Besetzung Berlins, das die Hauptstadt vom 9. bis zum 13. Oktober besetzte. Auf der Karte Berlins mit Südweisung, wie sie auf der Dose abgebildet ist, erkennt man die Beschießung von Süden (am Oberrand). Dort war Tottleben am 3. Oktober erschienen. Der Sturm der Russen vom Halleschen und Kottbusser Tor wurde von Seydlitz und Lehwaldt mit drei schwachen Grenadierbataillonen und 40 Husaren abgeschlagen. Staatsbehörden und Hof waren nach Magdeburg ausgewichen. Bald wurden 16 000 Preußen zur Verteidigung versammelt. Aber die Belagerer verstärkten sich auf 40 000 Mann. Dazu waren aus der Uckermark die Schweden im Anmarsch, die Reichsarmee erschien bei Treuenbrietzen, die russische Hauptarmee zusätzlich bei Landsberg an der Warthe. Gute Befestigungen fehlten, Prinz Friedrich Eugen von Württemberg und General Hülsen wichen daher nach Spandau zurück. Der Kommandant übergab Berlin an General Tottleben, die Bürgerschaft zahlte 2 Millionen Taler Kontribution, die Friedrich später ersetzte. In der Stadt hielten die Sieger leidliche Manneszucht. Anders draußen, wo die Schlösser Charlottenburg und Niederschönhausen wüst geplündert und die Inneneinrichtungen zertrümmert wurden. Dem fielen auch Bilder von Watteau und Lancret und die Antikensammlung zum Opfer. Die Offiziere sahen ihren Kosaken und Husaren zu. Friedrich ließ, da Proteste nichts fruchteten, zur Vergeltung das Schloß Hubertusburg ebenfalls plündern.

## 66 Die Schlacht bei Torgau

a) Schlacht bei Torgau 3. November 1760

26,2 × 25,7 cm

Lehrmann 1847

GStA PK, XI. HA Atlas 15 T. IV

b) „Accurate Vorstellung der blutigen Bataille In Saxen bey Torgau . . . den 3. Nov. 1760“

Kupferstich, 18 × 33 cm

SBPK Einblattdrucke YB 85 68 m.

Nach dem Abzug der Russen im Herbst bis hinter die Weichsel, da die von ihnen verödete Neumark und Pommern keine Versorgungsmöglichkeiten mehr boten, vertrieb der König die Reichsarmee von Wittenberg bis Leipzig und griff danach Marschall Daun auf den Süptitzer Höhen westlich Torgau an. 44 000 Preußen standen gegen etwas mehr als 50 000 Österreicher. Noch deutlicher als bei Liegnitz arbeitete der König mit zwei getrennten Truppenkorps. Zieten sollte von Süden angreifen, er selbst umging Daun in weitem Bogen und griff von Norden an. Es war die äußerste Auflockerung einer Armee, die das alte Linearsystem erlaubte. Gegen 2 Uhr nachmittags begann der blutige Kampf, der den Preußen 13 000 Mann, dem Gegner 15 000 Mann Verluste bringen sollte. Gegen 5.30 Uhr nachmittags war der Angriff des Königs zurückgeschlagen, der verwundete Daun hatte selbst das Schlachtfeld verlassen, als Zieten gegen 6 Uhr von Süden in der Dunkelheit nochmals angriff. Nunmehr in die Zange genommen, wurden die Österreicher geschlagen. Beide Armeen überwinterten in Sachsen, Laudon ging nach Böhmen zurück. In dem aufreibenden Feldzug von 1760 hatte der König noch einmal das Schlimmste abgewendet. Schon ein Jahr zuvor hatte er an den Marquis d'Argens geschrieben: „Kurz, lieber Marquis, ich bin alt, grau und grämlich; hin und wieder leuchtet meine alte gute Laune auf; aber das sind Funken, die verglimmen, weil die nährende Glut fehlt. . . .; sähen Sie mich, Sie erkennten keine Spuren dessen mehr, der ich früher war. Sie sähen einen ergrauenden Greis, der Hälfte seiner Zähne beraubt, ohne Heiterkeit, ohne Feuer, ohne Einbildungskraft, der weniger darstellt als die Spuren von Tusculum, von dem die Architekten so viel phantastische Pläne gemacht haben. . . .Das, mein Lieber, ist weniger das Werk der Jahre als des Kummers. Das sind die traurigen Zeichen der Hinfälligkeit,

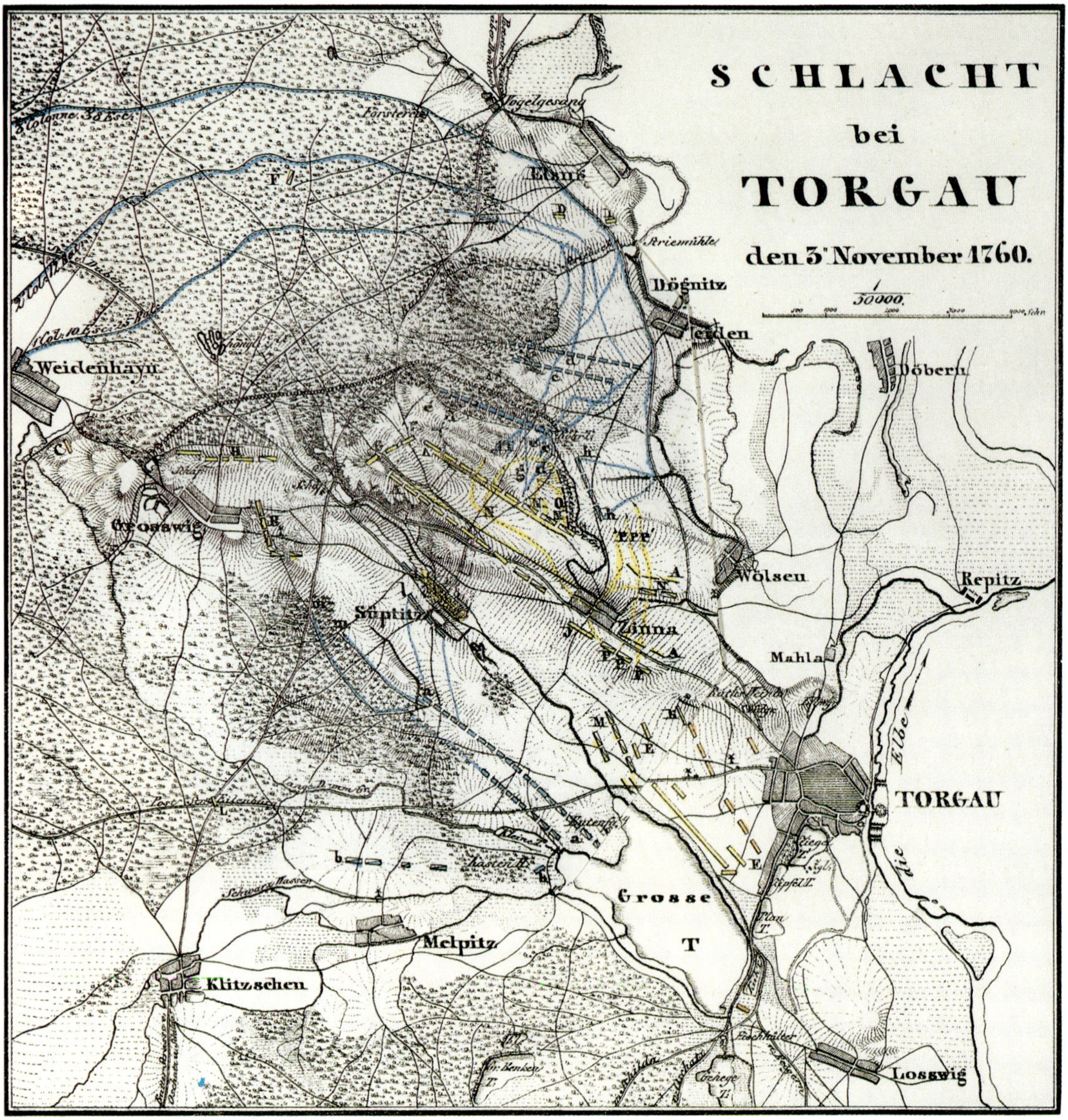
SCHLACHT
bei
TORGAU
den 3. November 1760.
1/30000
Weidenhayn
Grosswig
Süptitz
Zinna
Wölsen
Döbern
Dögnitz
Elsnig
Vogelgesang
Repitz
Mahla
TORGAU
Grosse T
Melpitz
Klitzschen
Loßwig
Elbe
die

Kat. Nr. IV, 66 a

Kat. Nr. IV, 67

die der Herbst unseres Lebens unweigerlich mit sich bringt.“ Schicksalsschläge hatten den König vor der Zeit altern lassen. Er war damals achtundvierzig Jahre alt.

## 67 Hans Joachim von Zieten (1699—1786)

Nach Johann Gottfried Schadow

General Zieten

Statuette in Silber, Höhe: 53 cm
Berlin, 19 Jahrhundert

SSG, Schloß Charlottenburg

Schon den jungen Fähnrich Zieten lobte Schwerin als tadellos, nur daß er „gar klein von Gestalt und von schwacher Stimme für das Commandiren“ sei. Dies war auch der tiefere Grund seiner ersten Entlassung. Auch beim zweiten Eintritt in den Dienst hatte er wenig Glück, er wurde zu Festungshaft und Kassation verurteilt. Mehr Glück hatte er bei einem dritten Start, obwohl ihn seine empfindliche und reizbare Gemütsart oft in Mißhelligkeiten brachte. Sein Aufstieg fiel zusammen mit dem seiner Truppe, der in den schlesischen Kriegen vermehrten und zu einer besonderen Art der Kriegführung verwendeten Husaren. 1744 zum Generalmajor ernannt, war er mit seinen Husaren bald volkstümlich und von Legenden umgeben. Im Siebenjährigen Krieg stand er an vielen Brennpunkten im Einsatz, oft entscheidend, so bei Prag, Kolin, Leuthen, Domstadtl, Hochkirch und Liegnitz. Bei Torgau fiel ihm die schwerste Aufgabe seines Lebens zu, fast das halbe Heer in selbständigem Einsatz nach eigenem Ermessen und Risiko in die Schlacht zu führen. Dort hat er den Sieg entschieden. Ein selbständiges Kommando gegen die Russen und im Lager von Bunzelwitz folgten. Am Kriege von 1778 hat der damals schon hochbetagte Zieten nicht mehr teilgenommen.
Die Statuette ist die Nachbildung des 1792—1794 von J. G. Schadow geschaffenen Marmorstandbildes, das zusammen mit den Denkmalen der Generale Keith, Schwerin, Winterfeldt und Seydlitz früher auf dem Wilhelmplatz stand und jetzt in den Magazinen der Staatlichen Museen in Berlin (Ost) zu finden ist. Die Denkmale von Schwerin und Winterfeldt hatte Friedrich der Große noch im Siebenjährigen Krieg in Auftrag gegeben, um die beiden Gefallenen zu ehren. Dies waren die ersten öffentlichen Denkmale in Berlin nach dem Reiterstandbild des Großen Kurfürsten.

## 68 Rohr eines preußischen Zwölfpfünder-Feldgeschützes

Erste Hälfte des 18. Jahrhunderts

Kaliber 12 cm

Heeresgeschichtliches Museum, Wien, 332.263

Geschütze wie das hier gezeigte gehörten zur schweren Feldartillerie, während die Belagerungsgeschütze schwerere Geschoßgewichte von 24 Pfund und darüber aufwiesen. Auch auf den Linienschiffen der Marinen waren Geschütze von 36 Pfund und mehr Gewicht der Geschosse im Einsatz. Das hier ausgestellte Rohr gilt als Beutestück der Österreicher im Siebenjährigen Krieg.

## 69 Betrachtungen des Königs über das beginnende Jahr 1761

Schreiben Friedrichs des Großen an seine Schwester Amalie

Meißen, 1761 April 15

Eigenhändiger Brief mit Unterschrift, französisch

GStA PK, BPH Rep. 47 Nr. 114

Zu Beginn des Jahres teilt der König seiner Schwester seine Beurteilung der Lage mit. Die im Gange befindlichen Friedensverhandlungen (sie waren seit 1758 wiederholt ergebnislos geführt worden) werden nur von England und Frankreich ernsthaft betrieben, nicht von Wien. Der König erwartet in diesem Jahr zwei Schlachten, aber „ich wage nicht zu behaupten, daß wir eine davon gewinnen werden". Friedrich beklagt „unsere große Unterlegenheit an Zahl und die schlechte Zusammensetzung der Truppen". So wird es ein doppeltes Wagnis und Glücksspiel geben. „Niemals haben wir größeren Wagnissen und größeren Zufällen entgegenzugehen gehabt als in diesem Feldzug". „Da haben Sie," schreibt der König, „das wahre Bild unserer Lage, meine liebe Schwester, es ist nicht von Watteau, sondern von Espagnolet, der die schwarze Farbe liebte und nur finstere Gegenstände malte."

## 70 In der letzten Bastion: Bunzelwitz

a) „Plan der Aufstellung des Königs im Lager bei Bunzelwitz und der davor vereinigten österreichischen und russischen Armeen vom 20sten August bis 25sten September 1761"

Gez. Hoffmann, 1:50 000

GStA PK, XI. HA Atlas 15 Abt. V T. 1 und 2

b) „Friedrich der Große bei seinem Lager"

Kupferstich, 21 × 28 cm
Bez.: „Gravé par J. M. Probst, se vende chez Jean et Michelle Probst à Augsbourg, à Berolin. Peint par Chodowiecki"

SBPK Einblattdrucke YB 8612 m.

Das Frühjahr 1761 sah trotz aller Anstrengungen ein weiter zusammengeschmolzenes Heer von 100 000 Preußen marschfertig. Gefangene, Überläufer und frische Rekruten wurden eingereiht. Die „Ausländer" machten nun zwei Drittel des Heeres aus. Im Winter hatte Friedrich fleißig exerzieren lassen, „damit die Kerls auf das Frühjahr nicht so Bauers sind". Gegen das Nachlassen der Disziplin mußten Maßnahmen getroffen werden. Unter den Offizieren sah man 14jährige Kadetten, und zu dem Kadetten Archenholtz sagte der König schon 1758: „Er ist noch sehr jung, sind Seine Ohren schon trocken?" Das „Contenancehalten" stand zu oberst im Ehrenkodex. „Meine Herren, nehmen Sie eine Prise Contenance," hatte schon bei Hochkirch der Leutnant v. Hertzberg gesagt, indem er den Kameraden vom Regiment v. Wedell eine Tabaksdose reichte, ehe ihm eine Musketenkugel in den Kopf schlug.
Mit diesem Heer versuchte nun Friedrich, während Prinz Heinrich in Sachsen die Reichsarmee beschäftigte, die Vereinigung der Russen und Österreicher in Schlesien durch Manövrieren und Flankenmärsche zu verhindern. Auf solche Enge der Bewegung war der König von Preußen herabgekommen. Im August glückte den Feinden das Zusammentreffen unweit Schweidnitz; 150 000 Österreicher und Russen unter Laudon und Buturlin standen 55 000 Preußen gegenüber. Friedrich bezog nun in äußerster Not ein festes Lager mit Verschanzungen und Redouten nordwestlich Schweidnitz bei Bunzelwitz, in dem er vom August bis zum September annähernd einen Monat aushielt. Die geschickte Einbeziehung der Festung Schweidnitz verstärkte und verlängerte die Stellung. Laudon

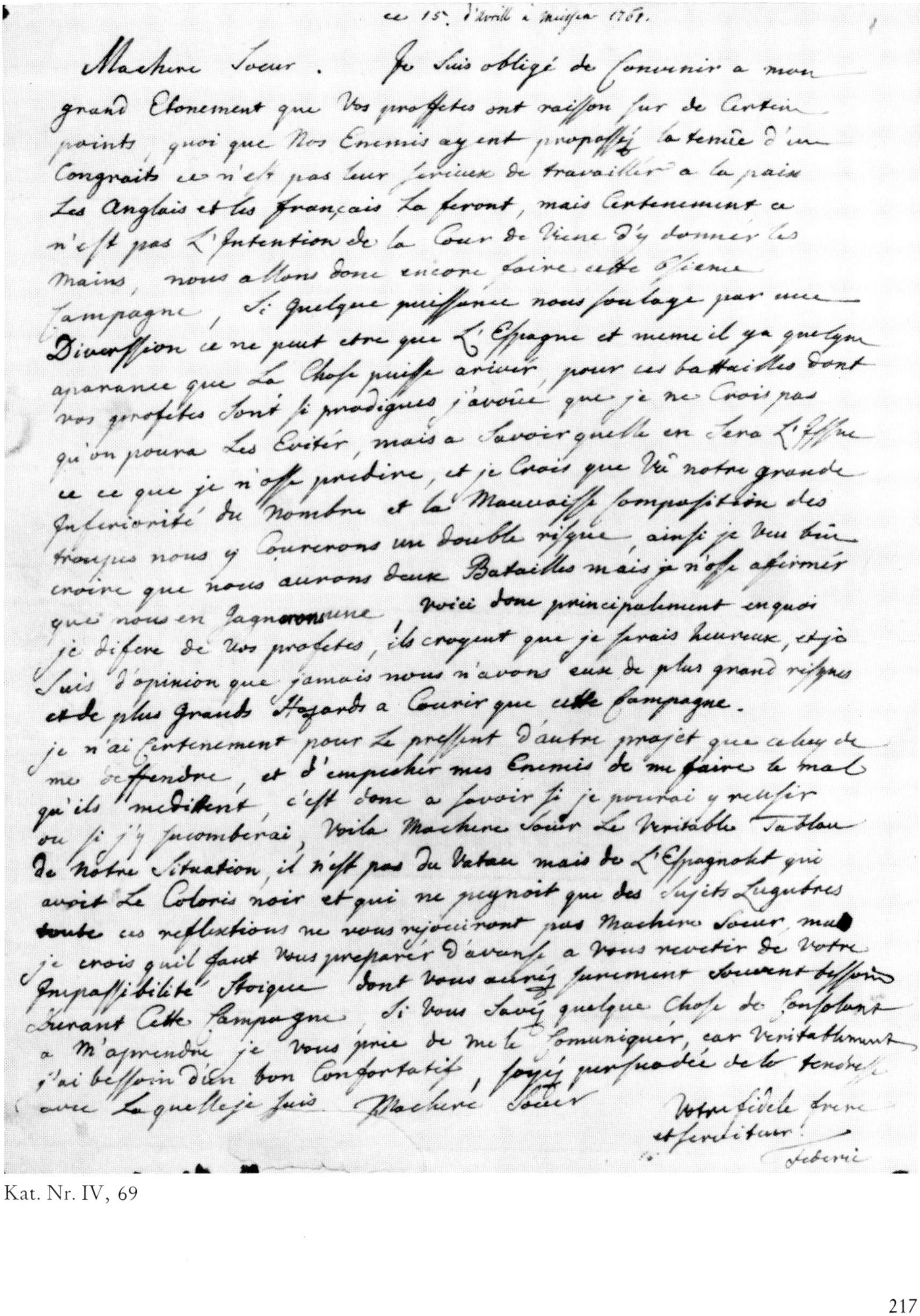

ce 15. d'Avrill a Meissen 1761.

Machere Soeur. Je Suis obligé de Convenir a mon grand Etonement que Vos profetes ont raisson sur de Certein points, quoi que Nos Enemis ayent propossé la tenüe d'un Congrais ce n'est pas leur serieux de travailler a la paix Les Anglais et les françois La feront, mais Certenement ce n'est pas L'Intention de la Cour de Viene d'y donner les mains, nous allons donc encore faire cette Sixieme Campagne, Si quelque puissance nous soulage par une Diverssion ce ne peut etre que L'Espagne et meme il ya quelque aparance que La Chose puisse arivér, pour ces battailles dont vos profetes sont si prodigues j'avoüe que je ne Crois pas qu'on poura Les Evitér, mais a Savoir quelle en Sera L'Issue ce ce que je n'osse predire, et je Crois que Vu notre grande Inferiorité du Nombre et la Mauvaisse Composition des troupes nous y Courerons un double risque, ainsi je veu bien croire que nous aurons deux Batailles mais je n'osse afirmér que nous en Gagnerons une, voici donc principalement enquoi je difere de Vos profetes, ils croyent que je serais heureux, et je Suis d'opinion que jamais nous n'avons eux de plus grand risques et de plus grands Hazards a Courir que cette Campagne.

je n'ai Certenement pour Le pressent d'autre projet que celuy de me deffendre, et d'empecher mes Enemis de me faire le mal qu'ils meditent, c'est donc a savoir si je pourai y reussir ou si j'y sucomberai, Voila Machere Soeur Le Veritable Tablau de Notre Situation, il n'est pas du Vatau mais de L'Espagnolet qui avoit Le Coloris noir et qui ne peygnoit que des Sujets Lugubres toute ces reflexions ne vous rejouiront pas Machere Soeur, mais je crois quil faut vous preparér d'avanse a vous revetir de votre Impassibilité Stoique dont vous aurés surement souvent bessoin durant Cette Campagne, Si Vous Savés quelque Chose de Consolant a m'aprendre je vous prie de me le Comuniquér, car Veritablement j'ai bessoin d'un bon Confortatif, soyés persuadée de la tendresse avec Laquelle je suis Machere Soeur

Votre fidele frere
et serviteur
Federic

Kat. Nr. IV, 69

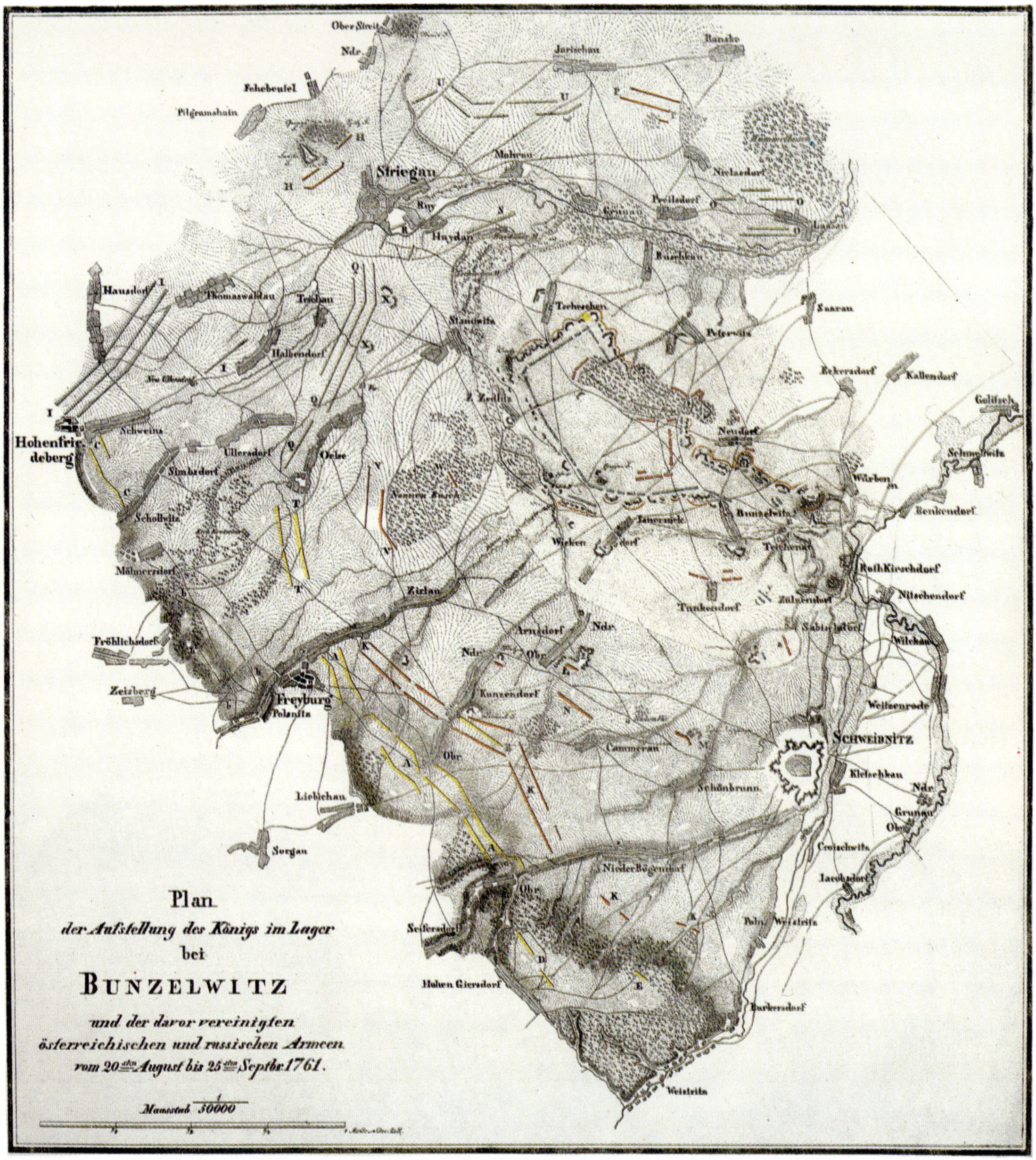
Plan
der Aufstellung des Königs im Lager
bei
BUNZELWITZ
und der davor vereinigten
österreichischen und russischen Armeen
vom 20sten August bis 25sten Septbr. 1761.
Maasstab 1/30000
Striegau
Hohenfriedeberg
Freyburg
Schweidnitz
Bunzelwitz
Jauernick
Teichenau
Tunkendorf
Zirlau
Cammerau
Schönbrunn
Kunzendorf
Arnsdorf
Neudorf
Saaran
Peterwitz
Tschechen
Stanowitz
Teichau
Thomaswaldau
Hausdorf
Halbendorf
Ullersdorf
Simbsdorf
Schollwitz
Möhnersdorf
Fröhlichsdorf
Zeisberg
Polsnitz
Liebichau
Sorgau
Seifersdorf
Hohen Giersdorf
Burkersdorf
Weistritz
Jacobsdorf
Kletschkau
Weitzenrode
Wilckau
Nitschendorf
Roth Kirschdorf
Würben
Benkendorf
Kallendorf
Eckersdorf
Buschkau
Grunau
Preilsdorf
Niclasdorf
Laasan
Haydau
Mohnau
Jarischau
Pilgramshain
Fehebeutel
Ober Streit
Niederbögendorf
Schweinz
Zülzendorf
Sabischdorf
Croischwitz

Kat. Nr. IV, 70 a

war für den Angriff, um ein Ende zu machen, Buturlin schien die preußische Stellung zu stark. Versorgungsschwierigkeiten für das Riesenheer führten endlich zum Rückzug der Russen. Das Zerwürfnis zwischen Friedrich und Heinrich komplizierte die Lage noch weiter. Der König zählte jetzt schon genau die Tage bis zum Einbruch des Winters.

### 71 Am Rande des Abgrundes

a) „Angriff und Ersteigung der Festung Schweidnitz den 1ten October 1761"

Druck nach einer Zeichnung von Christmann

Mitte 19. Jh.

GStA PK, XI. HA Atlas 15 T. V 1. u. 2. Abt.

b) Unbekannter Stecher

„Prise de Colbert (Kolberg) par l'Armée Russe aux ordres du Général Roumazow"

Kupferstich koloriert, 29,8 × 47 cm
18. Jh.
Sehr phantasievolle, unrealistische Darstellung

GStA PK, IX. HA I 682

Das Jahr 1761 ging nicht zu Ende, ohne daß zwei weitere harte Schläge den König und seinen Staat trafen. Kaum hatte er sein Heer zu einem Umgehungsmarsch aufbrechen lassen, um Laudon durch Bedrohung seiner Flanke zum Rückzug aus Schlesien zu veranlassen, da erschien der Gefürchtete überraschend vor Schweidnitz und nahm die Festung in der Nacht zum 1. Oktober durch Handstreich. Nun hatte er einen festen Stützpunkt in Schlesien, und Friedrich mußte, statt nach Sachsen ziehen zu können, den Winter über ebenfalls Quartier in Schlesien nehmen, wo die Bevölkerung in Oberschlesien sich bei der Rekrutierung schon recht aufsässig zeigte. Der zweite Schlag traf im Norden. Seit September belagerten die Russen und Schweden zum drittenmal Kolberg, das sie auch mit der Flotte blockierten. Am 16. Dezember mußte die Festung sich wegen der erschöpften Vorräte ergeben. Hinterpommern war nun ganz verloren, der König verfügte nur noch über die Mittelmark mit Magdeburg und der Altmark, Teile Schlesiens und Sachsens und das besetzte Mecklenburg sowie das südliche Vorpommern mit Stettin. Das Jahr 1762 mußte letztgültig die Entscheidung bringen. Die Zukunft sah düster aus.

## Die Koalitionen zerbrechen

### 72 Tod der Zarin und Friede mit Rußland und Schweden

a) Zarin Elisabeth auf dem Totenbett
1762 Januar 5

Holzstich nach einer Zeichnung von Adolph Menzel. Aus: Franz Kugler, Geschichte Friedrichs des Großen, Leipzig 1840, S. 496

Foto: GStA PK

b) „Da Preußen Rußland Schweden sich vereinen, läßt Gott die Friedens Sonne wieder scheinen"

Kupferstich, koloriert, 24 × 19 cm
1762
Bez.: „Halle zu finden im Liebischen Verlag 1762"

SBPK Einblattdrucke YB 8778 kl.

c) Bekanntmachung der Lossprechung der Einwohner Ostpreußens vom der Zarin geleisteten Huldigungseid und Übergabe der Provinz an den König von Preußen

Königsberg, 1762 Juli 26/August 6

Druck

GStA PK, XX. HA EM 52,2 kk

Am ersten Tage des russischen Weihnachtsfestes erlag die Zarin Elisabeth von Rußland den Folgen eines Blutsturzes. Das lange von vielen erwartete Ereignis war eingetreten und veränderte die politische Lage in Europa. Friedrich der Große hat es anfangs sehr zurückhaltend aufgenommen. „Ein großes Ereignis," schrieb er an Finckenstein, „das vielleicht auf geringe Wirkung hinauskommen wird." Erst als aus Petersburg die ersten Fühler des neuen Zaren Peter III. spürbar wurden und es zu Verhandlungen kam, als die russischen Generale Befehl erhielten, die Feindseligkeiten gegen Preußen einzustellen, wurde Friedrich zuversichtlicher. Am 5. Mai wurde die Friedensurkunde unterzeichnet, durch die dem König von Preußen Hinterpommern und Ostpreußen zurückgegeben wurden. Auch das von Rußland abhängige Schweden lenkte nun ein und nahm am 22. Mai den Frieden unter

Wahrung des Besitzstandes von 1756 an. Am 19. Juni schloß Rußland mit Preußen sogar ein Bündnis. Unter Anteil der Zarin Katharina II. wurde dann allerdings Zar Peter am 9. Juli durch eine Verschwörung entthront, ohne das Zutun der Zarin am 17. Juli ermordet. Der Verehrer Friedrichs war tot, in Ostpreußen wurde der russische Lehnseid erneuert. Sollten die früheren Kriegszustände wiederkehren? Der von Peter noch geschlossene Bündnisvertrag mit Preußen wurde allerdings hinfällig, aber noch im Juli bestätigte Katharina den Frieden. Ostpreußen wurde zurückgegeben. König Friedrich war endgültig von der schweren Last des gleichzeitigen Kampfes gegen Russen und Österreicher befreit. Nun rückte der Frieden näher.

## 73 Lord Bute und Englands Rückzug vom Bündnis

John Stuart, Earl of Bute (1713—1792), im Hintergrund William Pitt

Holzstich nach einer Zeichnung von Adolph Menzel
Aus: F. Kugler, Geschichte Friedrichs des Großen, Leipzig 1840, S. 493

Foto: GStA PK

Während auf dem östlichen Schauplatz der Umschwung eintrat, bereitete sich im Westen Englands Abfall von Preußen vor. Schon Ende 1760 sahen Engländer in Übersee ihre Gewinne eingebracht und die Zeit für einen Frieden gekommen. Die Seeherrschaft war errungen, Kanada in britischer Hand, dazu weitere Faustpfänder. Durch Reden und Flugschriften wurde daher jetzt immer mehr der Wechsel vorbereitet, insbesondere, nachdem der Minister Pitt im Herbst 1761 gestürzt und durch Lord Bute ersetzt werden konnte. Bute mutete König Friedrich zu, den Subsidienvertrag von 1758 nur verlängern zu können, wenn Preußen in Gebietsabtretungen einwillige. Vergebens waren die Appelle Pitts im Parlament, der nicht müde wurde, daran zu erinnern, daß England seine Erfolge in Amerika nur dem Umstand verdankt habe, daß Frankreichs Macht durch Preußen gebunden sei. Auf Butes Ansinnen verzichtete Friedrich auf das englische Geld, zumal er die Kosten für 1762 schon selbst finanziert hatte, und gewann so, statt sich entwürdigend behandeln lassen zu müssen, seine Unabhängigkeit zurück. Wie auf der einen Seite die russische, so war jetzt auf der anderen auch die englische Allianz brüchig geworden. Bute mußte übrigens wegen seiner Unbeliebtheit schon im April 1763 wieder zurücktreten.

## 74 Kehraus in Schlesien: Burkersdorf und Schweidnitz

a) „Gefecht bei Burkersdorf und Leutmannsdorf am 21sten Iuli 1762"

66 × 56,1 cm
Mitte des 19. Jhs.

GStA PK, XI. HA Atlas 15 T. VI

b) „Accurate Vorstellung der Belagerung Schweidnitz . . . 1762"

Kupferstich, 19 × 35 cm

SBPK Einblattdrucke YB 8820 kl.

Durch den Frieden mit Rußland hatte der König 1762 die Hände frei, um gegen Daun vorzugehen. Es kam jetzt alles darauf an, den Gegner aus Schweidnitz zu vertreiben, dem letzten Stützpunkt, den er auf preußischem Boden hatte. Noch stand Daun in einer festen Stellung, um die Festung zu decken. Auf diese richtete sich der Angriff der Preußen bei Burkersdorf und Leutmannsdorf, um die österreichischen Vorposten zu vertreiben und die Verbindung Dauns zu Schweidnitz zu unterbrechen. General Černyšev, der nach dem Bündnisvertrag vom 19. Juni mit 20 000 Mann bei Friedrich erschienen war, sollte den Angriff unterstützen. Da aber im Juli das Bündnis von Katharina widerrufen wurde, erhielt Černyšev aus Petersburg den Befehl, die Preußen zu verlassen. Auf Bitte des Königs ließ er jedoch am Tage des Angriffs sein Korps noch in seiner Stellung, so daß Daun diese Truppe noch als Gegner einkalkulieren mußte. So konnten die Preußen mit verhältnismäßig schwachen Kräften am 21. Juli 1762 die österreichischen Stellungen bei Burkersdorf und Leutmannsdorf mit dem Verlust von 760 Toten und Vermißten stürmen, 850 waren verwundet. Die Österreicher verloren 2—3 000 Mann, darunter 550 Gefangene und 700 Überläufer. In der Dämmerung des 22. Juli verließ Černyšev das Lager, vom König mit einem goldenen, mit Diamanten besetzten Degen beschenkt, angeblich auch mit 15 000 Dukaten. Nun konnte Schweidnitz ganz umschlossen und belagert werden. Die Festung wurde nach tapferer Gegenwehr am 9. Oktober eingenommen, nachdem im Vorfeld noch ein letzter Entsatzversuch am 16. August fehlgeschlagen war, das letzte Gefecht, an dem König Friedrich in diesem Kriege teilnahm.

## 75 Die letzte Schlacht: Freiberg

„Plan der Bataille welche d. 29 Oct. 1762 von der combinirten Österreichischen und Reichs-Armée und der Königl. Preussischen Armée bey Freyberg geliefert worden"

Kupferstich, 15,3 × 26,5 cm
18. Jahrhundert

GStA PK, XI. HA AKs G 51 880

Auch in Sachsen war der Erfolg nun wieder auf seiten Preußens. Im Mai eröffnete Prinz Heinrich mit seinem Korps den Feldzug an der Mulde. Zwar konnte der Prinz mit 30 000 Mann nicht die mit Österreichern zusammen 60 000 Mann starke Reichsarmee aus Sachsen ganz verdrängen. Auch mußten einige Schlappen in Böhmen hingenommen werden. Aber am 29. Oktober entschloß sich Heinrich bei Freiberg in Sachsen zu seiner ersten und in diesem Krieg einzigen Feldschlacht, die zu einer vollen Niederlage des Gegners führte. Es war der militärische Ausklang eines siebenjährigen Kampfes, der in Übersee den Engländern den gewaltigen Besitz Kanadas gebracht, in Europa Preußen knapp am Untergang vorbeigeführt hatte. Erschöpfung breitete sich aus. Alle Beteiligten waren jetzt kriegsmüde.

## 76 Truppenstärken und Verluste in den Schlachten Friedrichs des Großen

Übersichtstafel
Ermittlung der Zahlen: K. Degen
Graphische Gestaltung: R. K. Jürgensen

Quellen: Die Kriege Friedrichs des Großen, hrsg. v. Großen Generalstab, Kriegsgeschichtliche Abteilung, 13 Bände, Berlin 1890—1904. — Der österreichische Erbfolgekrieg von 1740—1748, bearb. von der Kriegsgeschichtlichen Abteilung des k. u. k. Kriegsarchivs, Wien 1896. — v. Alten, Handbuch für Heer und Flotte. — Koser, R.: Geschichte Friedrichs des Großen, Berlin 1912

Nimmt man die beiden ersten schlesischen Kriege zusammen, so gab es in ihren Schlachten auf preußischer Seite rund 6 500 Tote. In den Schlachten des Siebenjährigen Krieges fielen auf preußischer Seite mehr als 42 000 Mann. Das lag nicht nur an der längeren Kriegsdauer und an der Vermehrung der Heeresstärken, sondern vor allem an der gesteigerten Wirkung der Artillerie. Auf seiten der Gegner Preußens lagen die Verluste etwas höher. Da dieser Krieg zugleich ein Weltkrieg war, sind auch die Verluste in Übersee bei Engländern und Franzosen zu berücksichtigen. Alle drei Kriege waren keine rein preußische Angelegenheit, wie in den einzelnen Kommentaren gezeigt worden ist, aber Preußen war einer der Hauptbeteiligten. Gemessen an der preußischen Gesamtbevölkerung hat das Land etwa 1,5 v. H. Gefallene zu beklagen gehabt, darunter die Hälfte von auswärts Geworbene. Die Zahl der Ziviltoten war kleiner, läßt sich aber nicht mehr genau ermitteln. Gemessen an Verhältnissen des 20. Jahrhunderts sind diese Ziffern daher absolut und relativ wegen der geringeren Zerstörungskraft der damaligen Waffen erheblich geringer gewesen.

## 77 Der Friede zu Hubertusburg

a) Preußische Ratifikation des Friedens von Hubertusburg
1763 Februar 15

Ausfertigung mit Unterschrift König Friedrichs und Siegel

Österreichisches Staatsarchiv, Haus-, Hof- und Staatsarchiv, Wien, AUR

b) Österreichische Ratifikation des Separatartikels über die Einbeziehung der beiderseitigen Verbündeten in den Frieden von Hubertusburg

Ausfertigung mit den Unterschriften der Kaiserin Königin Maria Theresia und des Grafen Kaunitz und dem kaiserlichen Majestätssiegel in rotem Wachs in Goldkapsel (Deckel Kriegsverlust)

GStA PK, VI. HA Österreich Nr. 73

c) „Der Friede ... zu Hubertusburg d. 15. Febr. 1763"

Aus: Actions glorieuses ... (von) Johann David Schleuen

Kupferstich, 23,3 × 16,3 cm

SBPK Einblattdrucke YB 8944 kl.

Am 3. November 1762 war in Fontainebleau ein Vorfriede zwischen England und Frankreich unterzeichnet worden. In Hessen und Westfalen hörten die Kampfhandlungen auf. Frankreich, dessen Flotte fast vernichtet war, mußte Kanada und das Ohiobecken aufgeben, erhielt aber in Indien, Afrika und Westindien wertvolle Teile seiner verlorenen Kolonien zurück. Spanien, das noch seit 1761 gegen England in den Kampf eingetreten war, erhielt Kuba und die Philippinen zurück, mußte aber Florida abtreten. Lord Bute wurde in London vom Pöbel dafür mit Steinen beworfen, und Pitt zürnte im Parlament, der König von Preußen sei „hinterlistig, trugvoll, gemein und verräterisch" aus diesem Frieden ausgeschlossen worden. Und doch habe man Amerika in Deutschland erobert. Die niederrheinischen Besitzungen Preußens wurden geräumt, die Franzosen taten dies aber so, daß Österreicher an ihre Stelle treten konnten. Nur der Verzicht Maria Theresias, diese Übernahme zu vollziehen, hat sie verhindert. Die Kaiserin wünschte jetzt selbst den Frieden. Die Verbündeten hatten sich verabschiedet, die Kassen waren leer. So kam es zu vorsichtigen Sondierungen, wobei Kaunitz die Rücksicht auf Sachsen geschickt in den Vordergrund schob. Am 15. Februar 1763 wurden zu Hubertusburg die Friedensurkunden unterzeichnet. In Europa änderte sich am Gebietsstand gegenüber der Vorkriegszeit nichts. „Wert, Würde und Starrsinn der Preußen", wie Goethe es nannte, hatten die Selbstbehauptung durchgesetzt. Als zweite Großmacht in Deutschland hatte sich dieser Staat gefestigt, damit freilich auch den deutschen Dualismus fester begründet. Nach Napoleons Urteil war dies das Werk nicht des preußischen Heeres, sondern allein des Königs.

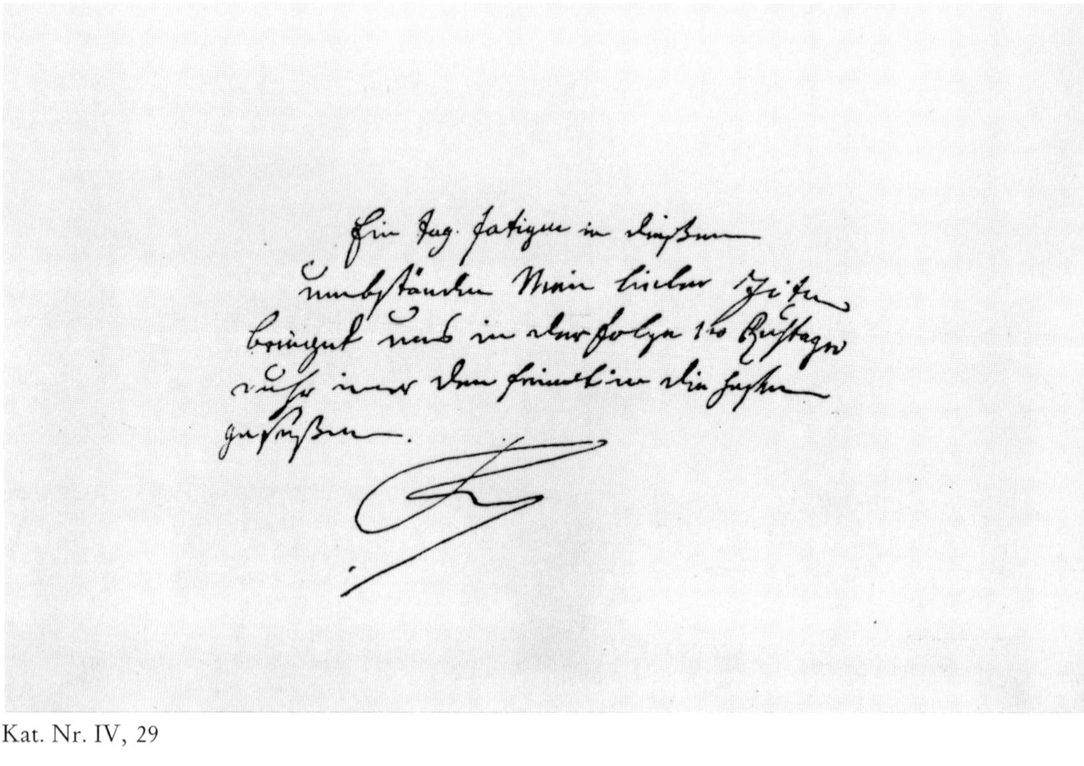

Kat. Nr. IV, 29

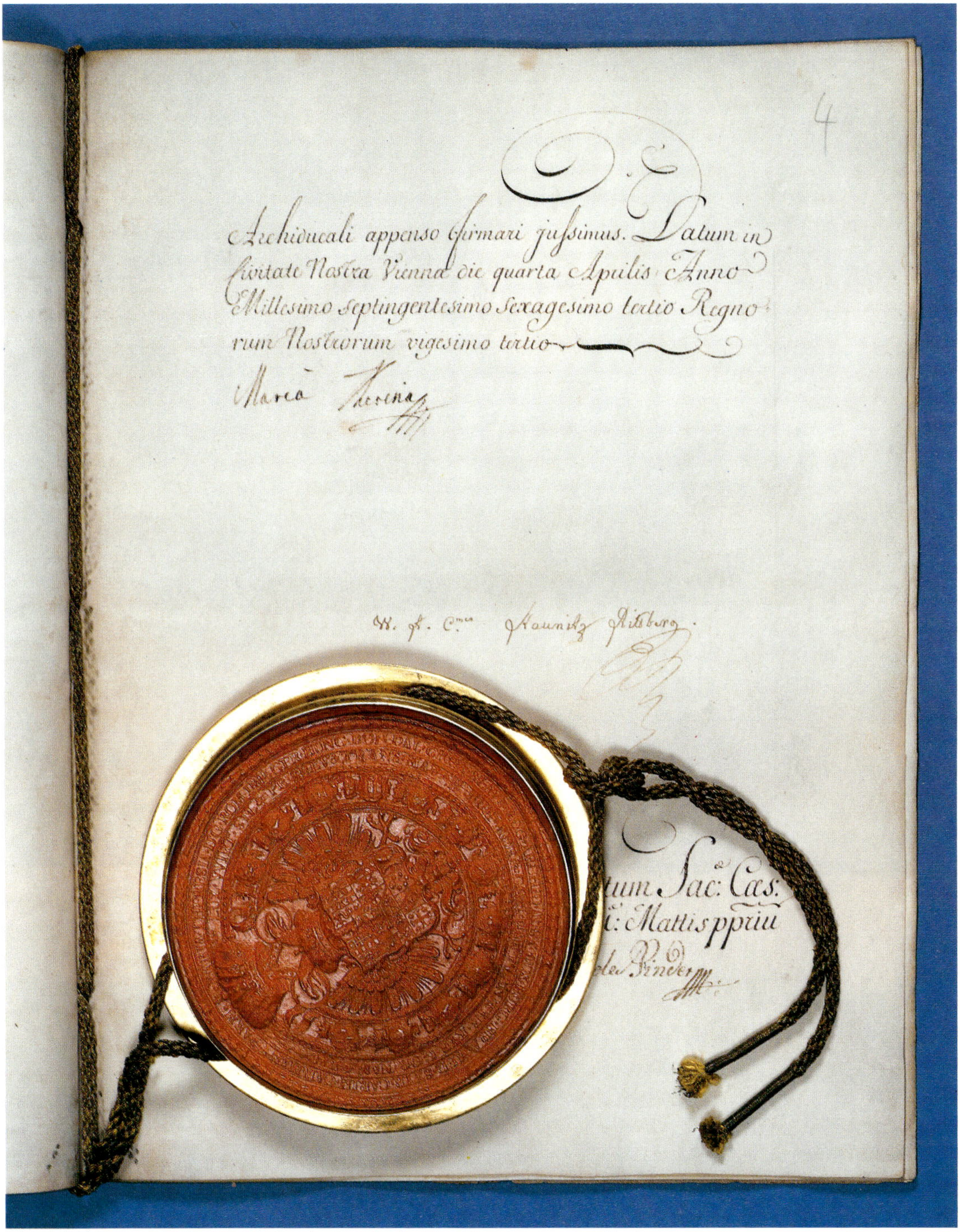
4

Archiducali appenso firmari jussimus. Datum in Civitate Nostra Vienna die quarta Aprilis Anno Millesimo septingentesimo sexagesimo tertio Regnorum Nostrorum vigesimo tertio.

Maria Theresia

W. A. C.te Kaunitz Rittberg

tum Sac. Cæs.
: Mattis ppriu
de Binder

Kat. Nr. IV, 77 b

## 78 Friedrich der Große

Johann Georg Ziesenis
Friedrich der Große
Öl auf Lwd., 47,2 × 37,2 cm
Kurpfälzisches Museum der Stadt Heidelberg

Nach dem Krieg galt Preußen als erste Militärmacht in Europa. Nicht nur der endlich und ruhmvoll bestandene Kampf gegen eine Übermacht bewirkte dieses Ansehen, sondern auch die Tatsache, daß die preußischen Kassen im Augenblick des Friedensschlusses nicht leer waren wie die der anderen, z. T. verschuldeten Großmächte. Friedrich hatte trotz Münzverschlechterung und Kriegsschäden gut gewirtschaftet, und so hatte er auch sofort Mittel zur Heilung der spürbarsten Schäden. Ein langer Aufbau des Zerschlagenen lag trotzdem noch vor ihm. 1768 konnte der König Rußland schon wieder mit den vertraglichen Subsidien im Krieg gegen die Türkei unterstützen.

Als man den König zum Friedensschluß beglückwünschte und meinte, dieser Tag werde der schönste seines Lebens sein, gab er zur Antwort: „Der schönste Tag im Leben ist der, an dem man es verläßt.“ Seinen gelegentlich nach so vielen Entbehrungen und Schicksalsschlägen erwogenen Plan, nach dem Friedensschluß die Regierung niederzulegen und sich einem ruhigen Leben der Muße auf dem Lande hinzugeben, verwirklichte er dennoch nicht. Die Herrschernatur in ihm gewann alsbald die Oberhand, doch wohl auch in dem Wissen, daß an seine Stelle nicht ebensogroße Regentenkunst treten würde (er glaubte seinen Neffen zu kennen), und auch aus der Verpflichtung zum Dienst am Lande, die er weiterhin spürte. Allenthalben warteten die Aufgaben: für den Wiederaufbau, für die Bildung, für die Bauern, für fehlende Manufakturen, für den Wohlstand mußte gesorgt werden. Unermüdlich ging der König an die neue Arbeit.

Das Bild von Ziesenis ist im Juni 1763 bei einem Besuch in Salzdahlum gemalt worden. Nach Angaben des Malers hat Friedrich ihm dazu gesessen, was er sonst seit 1740 nicht tat. Es zeigt nicht eigentlich den vom Kriege gealterten und abgemagerten ergrauten Mann, als den Friedrich sich damals geschildert hat. Mag er in einer Erholung auch einige körperliche Frische zurückgewonnen haben, so ist das vollere Gesicht doch sicherlich etwas geschönt.

# V. Bauen, Verwalten und Gestalten (1763–1778)

*Der Herrscher repräsentiert den Staat;*
*er und sein Volk*
*bilden bloß einen einzigen Körper,*
*der nur insoweit glücklich sein kann,*
*als Eintracht*
*die einzelnen Glieder zusammenhält.*
*Der Fürst ist für den Staat,*
*den er regiert,*
*dasselbe, was das Haupt*
*für den Körper ist:*
*er muß für die Allgemeinheit*
*sehen, denken und handeln,*
*um ihr jeglichen wünschenswerten*
*Vorteil zu verschaffen.*

# Der persönliche Kreis des Königs

## 1 Friedrich der Große nach dem Siebenjährigen Krieg

a) Johann Heinrich Christoph Franke

Friedrich der Große

Öl auf Lwd., 126 × 94,3 cm

SSG, Schloß Charlottenburg

b) Drei Tabaksdosen mit Darstellungen aus dem Siebenjährigen Kriege: Große Kampfszene; Zwei kämpfende Husaren; Kämpfende Reiter

SKH Dr. Louis Ferdinand Prinz von Preußen, Berlin

So erlebte die Bevölkerung Friedrich den Großen, wenn er durch Berlin und Potsdam ritt, den Hut wiederholt zog und allseits grüßte. Die Geste des Grußes geht schon bis in die Zeit bald nach der Thronbesteigung zurück. So tat er es beim Einzug in Breslau im Januar 1741, so bei der Truppe, wie es Voltaire 1757 erwähnt.
So ist das Frankesche Bildnis geradezu die Umkehrung eines barocken höfischen Repräsentationsporträts: der König zeigt sich als „erster Diener seines Staates". Nach dem Siebenjährigen Krieg beauftragte Friedrich den mäßig begabten Porträtmaler Franke (1738—1792), einen Schüler von Anna Rosina de Gasc, ein Bildnis von ihm zu malen, das in einer unübersehbaren Zahl von Repliken, Varianten und Kopien verbreitet ist und die volkstümliche Vorstellung vom „Alten Fritz" wesentlich mitbestimmt hat. Für Geschenkzwecke standen dem König je nach Rang des Empfängers bessere oder schlechtere, größere oder kleinere Ausführungen zur Verfügung. Der König hat durch diese Bildnisse Frankes offensichtlich betonen wollen, wie wenig Wert er auf eine repräsentative Erscheinung seiner Person im Porträt legte.
Zu den Geschenken, die der König für besondere Verdienste verteilte, gehörten neben Auszeichnungen, Geldgeschenken und Porzellanen auch emaillierte Tabaksdosen, deren Sammeln auch zu seinen eigenen Liebhabereien seit der Kronprinzenzeit zählte. Beliebt waren nach 1763 Dosen mit Darstellungen aus dem großen Krieg, von denen einige hier vorgestellt werden.

## 2 Friedrich der Große und Prinz Heinrich beim Besuch der Paradeplätze

Joh. Michael Probst

„Ihro Königl. Majest. in Preussen, wie solche im Sommer in begleitung S. Hoheit des Prinzen Heinrich, in dero Phaeton mit 8 Pferden bespannt, die 5 Parade Pläz in Berlin besuchen"

Kupferstich, 50,4 × 65 cm

SMPK, Kunstbibliothek Übergr. 5,7

Das in Augsburg in Süddeutschland gestochene Bild, das wohl auch das Auftreten eines siegreichen Königs nach gewonnenem Kriege und in der Fülle seiner Macht zum Grundgedanken haben könnte, ist alles andere als repräsentativ für den wirklichen Einzug Friedrichs bei der Heimkehr aus dem Siebenjährigen Krieg. Sein erster Besuch galt der nun behaupteten und vom Krieg so mitgenommenen Provinz Schlesien. Jede Stadt, durch die sein Weg führte, hatte sich geschmückt und bot Festlichkeiten, die der König mehr geduldig über sich ergehen ließ, weil er die Zuneigung der Bürger nicht zurückweisen wollte. Im ganzen war diese Huldigungsfahrt eher eine Dienstreise im echten Sinn des Wortes. In Löwenberg begrüßten ihn zum Einzug Kinder in römischer und Schäferinnentracht, denen er, als er sie bei der Abreise erneut erblickte, scherzhaft zurief: „Kinder, seid ihr schon wieder da?" Überall ließ er sich die ersten Berichte über die Schäden vorlegen und traf erste finanzielle Maßnahmen zur Linderung und Abhilfe. Am 30. März wollte er noch einmal das Schlachtfeld von Kunersdorf sehen, bezeichnend für seine Stimmung auf dieser Reise. Am gleichen Tag abends traf er in Berlin ein, zwischen 8 und 9 Uhr. Stundenlang hatten Bewohner und Magistrat ihn erwartet, am Frankfurter Tor sagten sie ihm ihre Glückwünsche. Den Prunkwagen bestieg er nicht.
Mit seiner Reisekutsche bog er durch einsame Straßen ab zum Schloß, wo Königin und Hofstaat ihn empfingen. Dort fanden dann auch am nächsten Morgen die Glückwunschszenen mit Abordnungen aus der Bürgerschaft statt, ein großer Empfang, dem der Umzug in dem Prunkwagen durch die Reihen der begeistert jubelnden Berliner folgte.
„Ich befinde mich in einer Stadt", schrieb Friedrich seiner Schwester Ulrike, „wo ich die Mauern kenne, aber wo ich die Personen, die der Gegenstand meiner Ehrfurcht oder meiner Freundschaft waren, nicht wiederfinde."

## 3 Der Leibarzt des Königs, Christian Andreas Cothenius (1708—1789)

a) Anna Dorothea Therbusch (1721—1782)

Christian Andreas Cothenius

Öl auf Lwd., 130 × 99 cm
Bez. an der Seitenkante des Stuhls: „A. D. Therbouche née de Liszewska, peintre du Roi, 1777"

Berlin Museum, Inv. Nr. GEM 84/3

b) Cothenius an König Friedrich über den Gesundheitszustand der Königin

Berlin, 1776 August 11

GStA PK, BPH Rep. 47 Nr. 482

Kat. Nr. V, 3 a

Nach dem Krieg zog der König sich allmählich immer mehr von allen Festlichkeiten und Repräsentationsveranstaltungen zurück, auch im Winter, wenn er aus seiner Sommerresidenz Sanssouci ins Berliner oder Potsdamer Schloß übersiedelte. Er nannte das „in seinem Loch" den Frühling abwarten. „Wir Greise leben erst im Frühling wieder auf und sind lebendig erst im Sommer; der Winter ist gut nur für die heiße, stürmische Jugend, die sich mit Schlittenfahrten und Schneebällen abkühlt." „Im übrigen verhindern mich meine Gebresten," schrieb der 53jährige im Juli 1765 zum Vermählungsfest des Thronfolgers, „an allen Gelagen teilzunehmen. Ich finde mich zu den großen Solennitäten ein und versuche, in den Pausen etwas Erholung zu finden. Der alte Baron verhöhnt meine verkrüppelten Beine, er ist mit dem Prinzen Friedrich um die Wette gelaufen; ich, der ich mich als Hinkebein hinschleppe, ungefähr wie eine Schildkröte, betrachte ihren ungestümen Lauf wie ein Gelähmter, der sich ein Ballett ansieht."
Cothenius (1708—1789) behandelte den König seit 1748 und wurde 1751 sein Leibarzt. Der in Halle Ausgebildete genoß weithin Ansehen und wurde in leitende Stellungen medizinischer Kollegien und der Armee berufen. Er war Mitglied mehrerer Akademien und nach dem Krieg einer der führenden Köpfe in der preußischen Gesundheitspolitik. Cothenius wurde vom König nach 1763 häufiger in Anspruch genommen als vor dem Kriege. Er behandelte auch die Königin, zu der Friedrich auch jetzt kein anderes Verhalten zeigte als Hochachtung und eine respektvolle, distanzierte Fürsorge. So ließ er sich auch von Cothenius über den Gesundheitszustand Elisabeth Christines berichten.

Die Königin klagte über verschiedene Beschwerden, und der Befund lautete auf Anzeichen einer beginnenden Wassersucht.

Das Kniestück des Leibarztes Friedrichs des Großen ist von der Künstlerin gemeinsam mit ihrem Bruder, C. F. R. Lisiewski, hergestellt worden; auf beide geht auch eine weniger qualitätvolle Replik im Bode-Museum zurück. Cothenius wurde vom König als „vrai fils d'Esculape" geschätzt, worauf durch die Verzierung des Tintenfasses und einen Folianten mit Galeni Werken hingewiesen wird.

D. Bartmann

## 4 Prinz Ferdinand von Preußen (1730—1813)

Charles Amédée Philippe Vanloo

Prinz August Ferdinand von Preußen

Öl auf Lwd., 50,5 × 38 cm

SSG, Schloß Charlottenburg

In der Familie Friedrichs trat durch den Tod seiner Schwester Sophie, der Markgräfin von Schwedt, 1765 ein weiterer Verlust ein. Auch die mütterliche Freundin, die nun über achtzigjährige Gräfin Camas verlor der König zu seinem Schmerz durch den Tod. Die Geschwister lebten entweder in Stockholm, Ansbach und Wolfenbüttel weit entfernt oder, wie Amalie und Heinrich, in innerlicher Entfernung. Der vierte Bruder, Ferdinand, der wegen seiner schwachen Körperbeschaffenheit nur an den drei ersten Feldzügen des Siebenjährigen Krieges teilgenommen hatte, wurde 1756 zum Generalmajor, 1757 zum Generalleutnant befördert und hat mit dem König in freundschaftlichen Beziehungen gelebt, die nicht durch Konflikte gestört wurden. Der jüngste Sohn Friedrich Wilhelms I. erlebte noch als Zeitgenosse hochbetagt das Unglück von Jena und den Aufruf „An mein Volk“ von 1813.

Kat. Nr. V, 4

Die kleine Ausführung des Paradeporträts, dessen bestes Exemplar sich 1902 im Besitz des Fürsten Radziwill in Berlin befand, zeigt den Prinzen in der Johanniter-Ordenstracht. 1763 war er zum Herrenmeister des Johanniterordens zu Sonnenburg ernannt worden. Das Porträt von der Hand des Hofmalers Friedrichs des Großen dürfte kurz danach entstanden sein. 1769 kehrte Vanloo nach Paris zurück.

## 5 Jean Le Rond d'Alembert (1717—1783)

J. E. Haid

D'Alembert

Kupferstich, 30,4 × 21,7 cm

Augsburg 1783

Berlin Museum

Nach dem Siebenjährigen Krieg war die alte Tafelrunde von Sanssouci nicht wieder herzustellen. Maupertuis und andere waren gestorben, die geistige Atmosphäre anders geworden. Der König suchte sich einen neuen Kreis aufzubauen und gedachte hierzu wieder einen geistig überragenden Franzosen zu gewinnen, den führenden Enzyklopädisten, der auch Präsident der Akademie werden sollte. D'Alembert begleitete den König auf seiner Heimreise von den westlichen Provinzen. Der Gelehrte wurde von Friedrich mit Hochachtung und Auszeichnung behandelt und herzlich willkommen geheißen. Auch d'Alembert schätzte seinen königlichen Gastgeber hoch ein, bewunderte seine Kenntnis der französischen Literatur, wie er einer Freundin schrieb, seine unterhaltsame, heitere und lehrreiche Art, in der er sich auch über Malerei und Politik zu äußern wußte. In dem ausgeplünderten Schloß Charlottenburg fühlte sich der französische Gast weniger behaglich, auch fand er die dortigen Tischgenossen, Minister und Generale, steif und langweilig wie Angehörige des Trappistenordens, weil sie meist schweigsam waren oder sich darauf beschränkten, zu Bemerkungen pflichtgemäß zu lachen. In der Schloßkapelle wohnte er mit dem König der Aufführung des Tedeums von Graun bei, das der König also nicht, wie die Legende will, gleich nach der Heimkehr aus dem Kriege und allein gehört hat, allerdings doch 1763, aber in Begleitung. Auch einer Sitzung der Akademie wohnte d'Alembert bei. Aber zum Bleiben konnte er sich nicht entschließen. Freiheitssinn und Heimweh waren die Triebfedern der Ablehnung; er fürchtete, seine Lebensgewohnheiten zu vielen Störungen anpassen zu müssen, und Preußen galt ihm als ein Land, „wo die Gesellschaft weder gut noch schlecht ist, weil es überhaupt keine gibt." Ihm fehlte die echte französische Konversation. Der Abschied kam in gedrückter Stimmung. Aber es schloß sich ein jahrelanger freundschaftlicher und lebhafter Briefwechsel mit dem König an; wenigstens schriftlich ist der geistige Austausch fruchtbar geworden.

Kat. Nr. V, 5

## 6 Männer aus der Umgebung des Königs: Prittwitz und Krockow

a) Unbekannter Stecher

Joachim Bernhard de Prittwitz

Kupferstich, 10 × 5,9 cm

b) Anton von Krockow

Kupferstich, 10,7 × 6,5 cm
Bez.: „P. Haas fecit"

a) und b) Westfälisches Landesmuseum Porträtsammlung Diepenbroick, Münster

c) „Lentulus, den jungen Offizieren Abenteuer erzählend"

Karikatur vom Hof Friedrichs des Großen
Reproduktion aus: Hohenzollern-Jahrbuch 5. Jg. 1901

Foto: GStA PK

Auch Algarotti konnte der Einladung Friedrichs nach Potsdam nicht mehr folgen; er erlag 1764 seinem Lungenleiden. Der König hat ihm in Pisa ein Denkmal setzen lassen. So beschränkte sich der Kreis in Sanssouci nun vorwiegend auf die alten Kampfgefährten. Nach 1763 gehörte dazu der Schweizer Lentulus (s. oben IV Nr. 33). Es kam aus Schottland zurück und blieb dem König 14 Jahre lang noch treu ergeben der Lord Marschall George Keith, dem Friedrich unweit Sanssouci ein Haus einrichten ließ, um ihn besuchen zu können, als Keith gebrechlich geworden war. Daneben saß an der Tafel der Pommer Anton von Krockow, vor dem Feind mehrfach ausgezeichnet, jetzt durch seinen Witz willkommen, ein „angenehmer Parleur", der bei manchen aber auch als böse Zunge verdächtig war. Dies galt nicht von dem Lebensretter Friedrichs bei Kunersdorf, dem schlesischen Oberstleutnant v. Prittwitz, der ebenfalls ein beliebter Gesellschafter war. Von der alten Rheinsberger Tafelrunde war auch Fouqué noch am Leben und ein gern gesehener Gast in Sanssouci.
So setzte sich die Runde um den König im sechsten Jahrzehnt seines Lebens zusammen, als er an seinen früheren Sekretär Darget schrieb: „Das Leben, mein lieber Darget, ist eine hundsföttische Sache, wenn man alt wird. Entweder muß man sich entschließen, auf der Stelle umzukommen, oder sich Stück für Stück dahinsterben zu sehen. Aber bei alledem gibt es eine Art, glücklich zu sein; man muß sich ideell verjüngen, von seinem Körper absehen und sich bis zum Ende des Stücks eine innere Heiterkeit erhalten und die letzten Schritte des Pfades mit Blumen bestreuen."

Kat. Nr. V, 6b

## 7 Jean Baptiste de Boyer, Marquis d'Argens (1704–1771)

Jean Baptiste de Boyer, Marquis d'Argens

Kupferstich, 14,7 × 9,5 cm
Bez.: „Theod. van Pee pinxit G. v. Schley sculp. 1740"

Dr. Elmar Mauch, Bad Mergentheim

Der Marquis d'Argens war französischer Schriftsteller und Freigeist. Er war schon als Vierzigjähriger nach Potsdam gekommen, lebte aber während des Siebenjährigen Krieges außerhalb Preußens. Sein Aufenthalt in der Trennung vom König hat zu dem Briefwechsel geführt, in dem der König oft seine Sorgen und innersten Gedanken offenbarte, und der daher ein so wertvolles Zeugnis für die Persönlichkeit Friedrichs des Großen geblieben ist. Nach der Absage d'Alemberts, in Berlin zu bleiben, verschwanden die Franzosen allmählich aus der Umgebung des Königs. Er hatte manche von ihnen auch von ihren allzu menschlichen Seiten kennengelernt, und in der französischen Kolonie in Berlin wollte man abfällige Äußerungen Friedrichs bemerkt haben. So blieb d'Argens der letzte Vertreter der alten französischen Zeit in des Königs Leben, aber auch dieses alte vertraute Verhältnis blieb nicht ungetrübt, da d'Argens verletzt reagierte, wenn der König über seine eingebildeten Krankheiten spottete.

Kat. Nr. V, 6a

### 8 Friedrich der Große

Thomas Huber

Friedrich der Große

Öl auf Lwd., 140 × 130 cm
1763

Bonn, Johanniterorden

Auch dieses Bild ist 1763 nach der Heimkehr aus dem Siebenjährigen Krieg gemalt und gehört so in den hier behandelten Zeitabschnitt. Im Gegensatz zu dem Gemälde von Franke ist hier noch einmal die Haltung des Herrschers mit allen Zeichen der Repräsentation hervorgehoben, mit bestickter Uniform mit Ordensband, Befehlsstab und der Figur des Mohren. Im Hintergrund erkennt man schwach eine Schlachtszene. Das Bild ist eins der letzten in der Reihe dieser Art von Gemäldedarstellungen Friedrichs. Es ist die Darstellung, wie der König sie von sich nicht wünschte. Huber (1700—1779) lebte in Berlin und war Hofmaler schon bei Friedrich Wilhelm I. Er stand im Umkreis von Antoine Pesne.

### 9 „Sein blauer Uniformrock begann fadenscheinig zu werden"

Christian August Fürst von Waldeck

„Ebauches de portraits. Frédéric le grand"

Handschrift auf Papier, gebunden

GStA PK, I. HA. Rep. 94 Nr. 1472

Christian von Waldeck (1744—1798) war General der Kavallerie in österreichischen Diensten. Nach einem Besuch 1771 bei Friedrich dem Großen verfaßte er eine Beschreibung aus der Erinnerung, in der es unter anderem heißt: „Sein blauer Uniformrock, der begann, fadenscheinig zu werden, war von einer so abgenutzten Schärpe umgürtet, daß der ärmste seiner Offiziere sich geschämt haben würde, sie zu tragen. Der Hut, mit vorzeiten weißen Federn, sah aus, als stamme er aus dem Siebenjährigen Krieg. Seine Stiefel schienen endlich sechs Monate lang die Bürste nicht gespürt zu haben. Diese Ausstaffierung erinnerte mich, ich gestehe dies Wort, an einen Spartaner im abgerissenen Mantel des Diogenes." Als Kontrast und „Zynismus" erschienen dem wenig wohlwollenden fürstlichen Betrachter aus Wien die beiden Diamanten, die an Friedrichs Fingern erglänzten, ebenso wie eine große Tabaksdose, aus der er unmäßig Gebrauch von spanischem Tabak machte.

## Heilung der Schäden und neues Steuersystem

### 10 Das Neue Palais

Johann David Schleuen d. J.

„Prospect der sämtlichen Gebäude des neuen Königlichen Palais bei Potsdam, so wie sich selbige ausserhalb des Canals gerade von der Brücke, präsentieren"

Kupferstich (Doppelblatt), 21,3 × 64,6 cm
um 1770

Berlin Museum

Daß Friedrich unmittelbar nach Kriegsende 1763 mit dem Bau eines neuen Schlosses in Potsdam begann, erregte bei den Zeitgenossen, die sich über den finanziellen Aufwand Gedanken machten, Verwunderung. Die ersten Entwürfe der Baumeister Manger und Büring hatten schon vor 1756 vorgelegen, doch begannen die Arbeiten unter Karl Philipp von Gontards Leitung erst im Mai 1763. Friedrich begründete sein Vorhaben mit dem Hinweis, daß er Arbeit und Aufträge vermittele und den heimischen Fabriken nach Jahren des Stillstands auf diese Weise Unterstützung zuteil werden lasse. Es ging ihm um die Darstellung der ungebrochenen Kräfte des preußischen Staates. Gegenüber dem Neuen Palais mit seiner hohen Kuppel und den ebenfalls von Kuppeln bekrönten Seitenflügeln liegen die Communs, zwei durch Kolonnaden verbundene Wirtschaftsgebäude, deren repräsentatives Äußeres kaum etwas von ihrer zweckmäßigen Bestimmung, Küche, Keller und Konditorei zu beherbergen, verrät. Diese Flügel gehen auf LeGeay, den Baumeister der Berliner Hedwigskirche, zurück.

### 11 Tilgung der Kriegsschulden

„Nachweise derer auf die Städte der Grafschaft Marck haftenden neuen Krieges Schulden, was darauf bis. . .1769 abgeleget und wieviel dieselbe pro 1769/70 noch betragen"

Nordrhein-Westfälisches StA Münster, Kriegs- und Domänenkammer Hamm, Nr. 154 fol. 127

Kat. Nr. V, 1

Prospect des neuen Königl: Palais bey Potsdam, wie selbiges von der grossen Allée von Sansouci her anzusehen
Die Garten-Façade.


Kat. Nr. V, 10

Bald nach Beendigung des Siebenjährigen Krieges verlangte der König genaue Übersichten über die wirtschaftliche Situation seiner Provinzen, das Ausmaß der Zerstörungen und den Grad der Verschuldung in Stadt und Land. Während auf der einen Seite besonders für die östlichen Gebiete materielle und finanzielle Entschädigungen aus dem Staatshaushalt gezahlt wurden, mußten auf der anderen Seite viele Städte für die Tilgung ihrer Schulden selbst aufkommen. So blieb die Erinnerung an die feindliche Invasion und Brandschatzung noch längere Zeit wach, obwohl sich das Land von den Nachwehen des Krieges erstaunlich schnell erholte. Zur wirtschaftlichen Gesundung des adligen Grundbesitzes trug die Gründung von Kreditinstituten bei. Hierfür gab Schlesien 1770 das Beispiel.

## 12 Münzreform 1764

a) „Edict, wornach von Trinitatis 1763 an alle Zahlungen in neuem Brandenburgischen Gelde, mit einem, nach Verschiedenheit der Münz-Sorten bestimmten Agio geschehen sollen"
Berlin, 1763 April 21

GStA PK, I. HA Rep. 94 A Slg. Adam Nr. 36

b) „Edict, wornach vom 1ten Junii 1763 an alle Zahlungen, sowohl zu denen Königlichen Cassen, als im gemeinen Handel und Wandel nach Verschiedenheit derer Müntz-Sorten, mit dem bestimmten Agio geschehen sollen"
Berlin, 1763 Mai 18

GStA PK, I. HA Rep. 94 A Slg. Adam Nr. 36

c) „Edict, wornach vom 1ten Junii 1764 an alle Zahlungen, sowohl zu den Königl. Cassen, als im geheimen Handel und Wandel nach dem jetzt wieder hergestellten Münz-Fuß geschehen sollen"
Berlin, 1764 März 29

GStA PK, I. HA Rep. 94 A Slg. Adam Nr. 36

d) „Avertissement der Königl. Preuß. Chur-Märckischen Krieges- und Domainen-Cammer"
Berlin, 1764 Mai 13

GStA PK, XII. HA VI Nr. 425

e) Friderizianische Münzen

Doppelter Friedrich d'or 175 A, Berlin; Reichstaler 1764 A, Berlin; ⅓ Taler 1771 B, Breslau; ⅙ Taler 1764 F, Magdeburg; 1/24 Taler 1783 A, Berlin; 6 Gröscher 1776 E, Königsberg; 3 Gröscher 1783 A, Berlin; 1 Pfennig 1774 A, Berlin

Deutsche Bundesbank Frankfurt/Main, Geldmuseum

Kat. Nr. V, 14 a

Der Siebenjährige Krieg hatte die mit dem Münzedikt von 1750 beabsichtigte Regulierung und Gesundung des preußischen Finanzwesens unterbrochen, so daß ein erneuter Versuch unternommen werden mußte. Die Währung war schlecht, die unterschiedlichsten Münzsorten kursierten, und für ihre gegenseitige Verrechnung gab es keine verbindlichen Anhaltspunkte. Vor allem war es notwendig, die schlechten Münzen mit ihrem hohen Kupfergehalt aus dem Verkehr zu ziehen und das von Graumann 1750 eingeführte System wieder allgemein verbindlich zu machen. Mit dem Edikt vom 29. März 1764 wurden die Sorten festgelegt, die von nun an die Grundlage der preußischen Währung bilden sollten: in Gold der doppelte, einfache und halbe Friedrichsd'or, in Silber ganze, halbe, viertel Reichstaler, 8-, 4- und 2-Groschenstücke, Preußische Achtzehner oder Timpfe. Auf dieser Grundlage wurde auch der Wechselkurs auswärtiger Währungen berechnet.

## 13 Edikt gegen das Hausieren und gegen Wechselgeschäfte

a) „Renovirtes und geschärftes Edict, wider das Hausiren überhaupt und insbesondere, wider das Geld-Verwechseln der Juden, auf dem platten Lande"
Berlin, 1763 November 17

GStA PK, XX. HA EM 20 a Nr. 7

b) F. A. Calau

Wanderjude

Lavierte Federzeichnung, 19 × 14 cm
um 1800

SMPK Kupferstichkabinett

c) Daniel Chodowiecki

Marcus Levin

Öl auf Eichenholz, 22 × 17,5 cm
Bez.: „Chodowiecki pinx."

SMPK Gemäldegalerie
(hier Reproduktion)

Die Herausgabe des ersten Münzedikts von 1763 nahm der König zum Anlaß, sich erneut und verschärft gegen die von Juden insbesondere auf dem Lande getätigten Geldwechselgeschäfte zu wenden, die seiner Aufsicht entgingen. Zugleich ging es mit dieser Bestimmung darum, die Zahl der Juden in Preußen wieder einzuschränken, indem an die offiziell zugelassenen Schutzjuden erinnert wurde und an die Regelungen, denen sich die handeltreibenden Juden zu unterwerfen hatten.

Zu den privilegierten Juden in Berlin gehörte der Kaufmann Marcus Levin (1723—1790), Vater der Rahel Varnhagen. Er war der Sohn eines Kleiderhändlers, wurde Bankier und Juwelenhändler, der einen Salon führte und gesellschaftliche Gewandtheit mit dem kühlen Verstand des Kaufmanns zu verbinden wußte.

## 14 Gründung der Giro- und Lehnbank 1765

a) Banco-Taler 1765

Vorderseite: Brustbild Friedrichs, Profil nach rechts.
Umschrift: FRIDERICUS BORUSSORUM REX.
Rückseite: Gekrönter preußischer Adler über sieben Fahnen.
Umschrift: EIN BANCO TALER.
Unten: 17 A 65

GStA PK, Neuerwerbung 1985

b) „Revidirtes und Erweitertes Edict und Reglement der Königlichen Giro- und Lehnbanquen zu Berlin und Breslau“
Berlin, 1766 Oktober 29

SBPK 77 in: 2° An 8630-1

c) „Königliche Landesherrliche Special-Guarantie für die Sicherheit derer, bey der Banque zinsbar zu belegenden Depositen- und Pupillen-Gelder“
Berlin, 1768 Juli 18

GStA PK, XII. HA VI Nr. 456

Durch die Gründung einer Bank glaubte der König der Wirtschaftskrise des Jahres 1763, in deren Verlauf Geldinstitute und Firmen im In- und Ausland ihre Zahlungen vielfach hatten einstellen müssen und durch die auch das Unternehmen von Gotzkowsky in Berlin zugrunde gegangen war, in Preußen Einhalt gebieten zu können. Die erste Verordnung erfolgte am 17. Juni 1765; die Gründung fand am 20. Juli desselben Jahres statt. Das Kapital in Höhe von 8 Millionen Talern streckte der König vor. Es fehlte nicht an Rückschlägen, und die Zahl der privaten Geldgeber blieb klein; denn Vorbehalte und Mißtrauen gegenüber dieser bis dahin unbekannten Einrichtung konnten nicht schnell überwunden werden. Wesentlich zum Wachstum der Bank trug die Verordnung des Königs bei, daß die Gerichte Mündelgelder und Deposita zinsbar bei der Bank anzulegen hätten. Auch milde Stiftungen und öffentliche Anstalten hatten so zu verfahren. Die ersten Banco-Taler wurden 1765 geprägt; seit 1766 wurden Banknoten in Umlauf gebracht. Sie waren durchnumeriert und auf besonders gefertigtes Papier „in Kupfer gestochen mit verschlungenen Zierrathen und einem besonderen Stempel“, um Fälschungen vorzubeugen. Das Bankgebäude befand sich in Berlin zwischen der Alten Friedrichstraße und der Oberwallstraße. Nach Berliner Vorbild wurden auch in anderen preußischen Städten Bankkontore gegründet. Als erste Stadt folgte Breslau.

## 15 Kassenabschlüsse

a) Friedrich an den Minister Graf von der Schulenburg
Potsdam, 1779 November 8

GStA PK, BPH Rep. 47 Nr. 134

b) „GeneralDomainen- und Krieges Cassen-Etats von Trinitatis 1786 bis Trinitatis 1787“ (Faksimile)

Dr. Werner Schochow, Berlin

Die Minister waren verpflichtet, über die ihrer Obhut unterstehenden Kassen regelmäßig Bericht zu erstatten und die Abschlüsse termingerecht vorzulegen. Erinnerungsschreiben, wie die Mahnung an den Grafen von der Schulenburg von 1779, sind jedoch nicht selten. Seit Friedrich Wilhelm I. bestand der Staatshaushalt aus zwei Etats, dem Militäretat (Generalkriegskasse) und dem Ziviletat (Generaldomänenkasse). Die Oberkriegs- und Domänen-Rechenkammer unterstand dem Generaldirektorium. Spätestens seit Beendigung des Siebenjährigen Krieges ließ der König die Einnahmen und Ausgaben eines Jahres „pro anno“ in ein handliches Finanztaschenbuch eintragen. Das letzte Finanztaschenbuch 1786/87 zeigt den finanziellen Zustand Preußens beim Tode Friedrichs des Großen. Für

Kat. Nr. V, 16b

die Kurmark Brandenburg sind neben den „beständigen" und „unbeständigen Gefällen" Einnahmen aus Bergwerken, Zöllen, aus der Forstwirtschaft und aus Schleusengebühren nachgewiesen. Besondere Ausgaben kamen durch Besoldungen, Pensionen, Bauten und Reparaturen, Unterhaltung von Brücken und Deichen und kolonisatorische Aufgaben zustande.

## 16 Kontributionen

a) Carl Gottfried von Thile

„Nachricht von der Churmärkischen Contributions- und Schoß-Einrichtung oder Land-Steuer-Verfassung des Ritterschafts-Corporis"
Neue u. verbesserte Auflage.
1768, S. 356—357

GStA PK, Bibliothek 19 T 15²

b) „Carl Gottf. von Thile"

Kupferstich, 17,5 × 11 cm
Bez.: „D. Chodowiecki del. et sculps. Berl. 1773"

Dr. Elmar Mauch, Bad Mergentheim

c) „General- und Special-Tax-Principia zur Abschätzung der Güther in der Chur- und Neumark, nach ihrem wahren Ertrage, in welchen die zur Verpachtung der König. Aemter bey denen Krieges- und Domainen-Cammern angenommene Principia zum Grunde gelegt worden"
Berlin, 1777 August 19

SBPK 17 in: 2° An 8630-4

Die regelmäßigen Steuereinkünfte in Preußen erfolgten aus der ländlichen Kontribution, die als Grundsteuer von Bauern und Kossäten und als Kopf- und Gewerbesteuer von den nicht grundbesitzenden Landbewohnern eingezogen wurde. Durch eine noch unter Friedrich Wilhelm I. vorgenommene Regulierung der Besteuerung durch Neuvermessung der landwirtschaftlichen Fläche und Mitberücksichtigung der Bodengüte waren die schweren Lasten verhältnismäßig gerecht verteilt worden. Friedrich II. hatte dieses Steuersystem übernommen. Er sah es als brauchbar an, äußerte jedoch im Politischen Testament von 1768 Bedenken, „weil es sehr schwierig ist, daß ein so kompliziertes Verfahren mit aller Genauigkeit, die es erfordert, durchgeführt wird". Der Geheime Kriegsrat von Thile hatte das schlesische Steuerwesen im Auftrag des Königs seit 1741 überprüft und die Sätze in Anlehnung an die preußischen Regeln festgelegt. Thile nannte sein schlesisches Kataster „basis et fundamentum" für die anderen preußischen Provinzen. Er galt als Steuerexperte, nachdem er 1739 die Steuerverfassung der Kurmark Brandenburg zum ersten Mal beschrieben und im Druck herausgebracht hatte. Die Neuauflage von 1768 enthält einen historischen Rückblick, Zahlenvergleiche und Auflistungen der steuerlichen Veranlagung für die einzelnen Kreise.

## 17 Tarifsätze der Akzise

a) „Tarif des Accises pour la principauté d'Halberstadt et de Comté Hohenstein ..."
Berlin, 1770 Mai 25

GStA PK, Bibliothek 42ⁱF 26

b) Das alte Brandenburger Tor in Berlin

Kupferstich (Reproduktion)

SMPK, Kupferstichkabinett

Die nach holländischem Vorbild durch Friedrich Wilhelm I. in Brandenburg-Preußen eingeführte Akzise wurde als indirekte Steuer in den Städten für alle dort eingehenden oder hergestellten Waren erhoben. Im Gegensatz zu der auf dem platten Lande zu leistenden Kontribution nahm die Bedeutung der Akzise in dem Maße zu, wie Handel und Gewerbe blühten. Die Akzise war, wie Friedrich in seinem Politischen Testament von 1768 schrieb, von allen Steuern, mit denen man das Volk belastet, die leichteste und am wenigsten spürbare, „weil jeder, der Waren oder andere Sachen kauft, sich dem Staat gegenüber frei macht, ohne daß er es merkt. In der Regel soll diese Steuer den Luxus belasten und die Armut erleichtern. Das ergibt sich, indem man die Einführungsgebühren auf fremde Weine, Stoffe aus Frankreich, Samt, Tuche, die wir ebenso gut machen wie im Ausland, zahlt. Für die Rohstoffe, die wir verarbeiten, wie Seide, Baumwolle etc. werden keine Einfuhrzölle bezahlt, und für alles, was im Lande hergestellt wird, wird kein Ausfuhrzoll bezahlt, um die Industrie zu fördern ..." Seit Einführung der „Regie" in Preußen (1766) waren verfeinerte Methoden üblich geworden, um den Staatskassen die tariflich vorgeschriebenen Akzisesätze zuzuführen. Über die Kontrolle an den Berliner Stadttoren schreibt Nicolai 1786: „Alle ankommende Reisende und Fremde werden, wenn sie es verlangen, an den Thoren visitirt, an deren jedem ein Einnehmer, Kontrolleur und Visitator bestellet sind. Haben sie aber viele Sachen und besonders accisbare Waaren, bey sich, oder sind ihre Koffer plombirt, so werden solche mit einer Wache nach dem Packhofe zur Visitation begleitet. . ."

## 18 Einführung der „Regie"

a) Friedrich an M. d. Gaudi (?) und Marc Antoine de la Haye de Launay
Potsdam, 1766 März 6

GStA PK, BPH Rep. 47 Nr. 224

b) Daniel Chodowiecki

„Die Einwanderung der Franzosen zur Errichtung der Regie"

Kupferstich, 4,5 × 15 cm
1771

SMPK, Kupferstichkabinett

Das unübersichtliche System der Einziehung indirekter Steuern (Akzise) und die Beobachtung, daß in den Jahren nach der Beendigung des Siebenjährigen Krieges diese Einkünfte rückläufig waren, bewogen den König, durch Edikt vom 9. April 1766 die „Administration générale des accises et des péages" (kurz „Regie" genannt) nach französischem Vorbild ins Leben zu rufen. Die Organisation der Steuerreform übertrug er Marc Antoine de la Haye de Launay, den er als Sachverständigen aus Frankreich berief und zunächst für sechs Jahre vertraglich band. Mit ihm kamen französische Beamte nach Preußen, die gegen Gehalt und Gewinnbeteiligung die Steuern in Zukunft eintreiben sollten. Nominell war die „Regie" dem Generaldirektorium unterstellt, doch überging der König von Anfang an den zuständigen Minister Frhr. Julius August Friedrich von der Horst, indem er finanztechnische Fragen unmittelbar mit de Launay beriet. Nach Ablauf der sechs Vertragsjahre wurde de Launay auch formell an die Spitze der Regie berufen. Schon vor dem Edikt vom April 1766 führte der König mit de Launay einen Briefwechsel. Im Schreiben vom 6. März 1766 drängt er auf Beschleunigung der Vorhaben, die wohl mit der bevorstehenden Ankunft der Sachverständigen in Preußen zu tun haben.

## 19 Akzise- und Zollsachen

„Reglement für die in Accise und Zoll-Sachen bestellte besondere Richter, und wie darin kurz, schleunig, ohne Ansehen der Person, mit Schärfe, und nach den Gesetzen nicht willkührlich zu verfahren"
Berlin, 1772 Juni 11

GStA PK, XII. HA VI Nr. 494

Ein Versuch des Jahres 1766, Rechtsfragen im Zusammenhang mit Akzise und Zoll den Kriegs- und Domänenkammern abzunehmen und bestallten Richtern zu übertragen, war zwar in die Wege geleitet, jedoch nicht abgeschlossen worden. Mit dem Reglement von 1772 wurde nun in Berlin ein Ober-Akzise- und Zollgericht unter dem Minister von Zedlitz gegründet, dem vier weitere Geheime Akzise-Gerichts-Räte angehören sollten. In 1. Instanz hatten in jeder Provinz Akzise- und Zoll-Richter zu entscheiden, deren Zuständigkeiten genau festgelegt waren. Diese Regelung erfolgte im Zusammenhang mit der durch Edikt vom 9. April 1766 eingeführten „Regie", einer — zunächst befristeten — Neuordnung der Steuerverwaltung in Preußen nach französischem Vorbild.

### 20 Zölle im Hafen von Swinemünde

Friedrich an den „Conseiller privé des finances", de la Haye de Launay
Potsdam, 1786 März

GStA PK, II. HA Nr. 25

Der regelmäßige Schriftwechsel zwischen dem König und seinem Steuerexperten in der „Regie" brach erst mit dem Tode Friedrichs ab. Im März 1786 billigte der König noch die Vorschläge für Zölle im Hafen von Swinemünde.
In der Öffentlichkeit war die „Regie" wenig beliebt. Sie hatte zwar auf die Höhe der Zölle keinen Einfluß, aber die Art ihrer Eintreibung machte sie unbeliebt. In der preußischen Verwaltung wurden Beschwerden über Kompetenzüberschreitungen der Regiebeamten geführt; zudem waren die Verwaltungskosten beträchtlich. So konnte die „Regie" ihren Wirkungsbereich nicht überall uneingeschränkt beibehalten. Der König aber hatte sich durchgesetzt, indem er Genußmittel sehr hoch besteuern ließ und notwendige Nahrungsmittel (z. B. Mehl) von der Besteuerung ausnahm, so daß sich die Steuererträge zugleich verlagerten.

### 21 Die Kaffee-Regie

„Déclaration du Roi portant Diminution des Droits du Caffé et Réduction du Prix de la vente du Caffé brûlé.—
Allerhöchste Declaration die Erniedrigung der Abgaben vom Caffee überhaupt und die Herabsetzung des Verkauf-Preises vom gebrannten Caffee betreffend"
Berlin, 1784 Mai 20

GStA PK, I. HA Rep. 109 Nr. 3801

Das Kaffeetrinken, das sich in allen Ständen zunehmender Beliebtheit erfreute, war nach Meinung des Königs ein Luxus, der eingeschränkt werden sollte, um den Import der Bohnen zu drosseln. So wurde der Kaffee sehr hoch besteuert, und als die sichtbaren Ergebnisse ausblieben, wiesen die Edikte auf die Schädlichkeit des Getränks hin. Die Gründung der staatlichen Kaffee-Regie 1781 bildete einen gewissen Abschluß aller Maßnahmen. Danach wurden die Einfuhr der Bohnen, ihr Verkauf und das Brennen unter staatliche Aufsicht gestellt und die Preise so hoch angesetzt, daß der Kaffee für geringere Einkommen nicht mehr erschwinglich war. Nun ging der Verbrauch der Kaffebohnen so sehr zurück, daß die „Regie" die erhebliche Minderung ihrer Einnahmen bald feststellte. Die Folge war die Königliche Deklaration von 1784, durch die die Kaffeepreise wieder etwas herabgesetzt wurden.
Mit der Überwachung des Bohnen-Imports und der Kontrolle der Preisvorschriften im Sinne der „Regie" war die Preußische Seehandlung beauftragt worden.

## Aufschwung der Warenerzeugung

### 22 Die Gründung der Preußischen Seehandlung

„Lettres patentes en Forme d'Edit portant Etablissement d'une Association de Commerce maritime.—
Patent wegen Errichtung einer See-Handlungs-Gesellschaft"
Potsdam, 1772 Oktober 14

SBPK 25 in: 2° An 8630-3

Durch die Gründung der Preußischen Seehandlungsgesellschaft, deren Unterstützung und Förderung der König durch den Kauf von Aktien in dem Edikt von 1772 empfahl, sollte der unmittelbare Handel über See mit eigenen oder gecharterten

Schiffen unter preußischer Flagge belebt und nicht mehr allein der privaten Unternehmerschaft vorbehalten werden. Die Einfuhr von Salz und der Aufkauf und die Ausfuhr von Wachs sollten in Zukunft ausschließlich über die Seehandlung erfolgen, deren Generaldirektion sich in Berlin befand. Im Zusammenhang mit der geplanten Erweiterung des Seehandels wurden Anlage und Ausbau von Werften und Liegeplätzen verfügt; Stettin und Memel, Bromberg, Fordon, Neu-Danzig oder Neu-Fahrwasser waren dafür vorgesehen. 1775 ging die „Compagnie de Prusse", die für den Absatz des importierten Salzes eingerichtet worden war, in der Seehandlung auf.

Kat. Nr. V, 23

## 23 Carl August Struensee (1735—1804)

„Carl Aug. v. Struensee. Königl. Preuss. Staatsminister"

Kupferstich, 13,4 × 9 cm
Bez.: „Lauer pincit 1799 Meno Haas Sc."

GStA PK, IX. HA III 13

1782 ernannte Friedrich Carl August Struensee zum Geheimen Finanzrat und Direktor der 1772 gegründeten Seehandlungsgesellschaft, die dem König unmittelbar unterstand. Die ressortmäßig verantwortlichen Minister von der Horst und Görne hatten mit ihrer Amtsführung den König nicht zufriedengestellt. Dagegen erwies sich Struensee als fachlich und organisatorisch befähigt, die Gesellschaft zu leiten, obwohl sich die ihr ursprünglich gestellte Aufgabe, den Warenaustausch in Übersee unter preußischer Flagge zu lenken, in dieser Form nicht verwirklichen ließ.

## 24 Salinen

Friedrich an den Präsidenten der Kriegs- und Domänenkammer in Minden, von Massow
Potsdam, 1753 April 16

GStA PK, BPH Rep. 47 Nr. 61

„Die Salinen machen einen beträchtlichen Zweig der Einnahmen der Zollverwaltung aus", schrieb Friedrich in seinem Politischen Testament von 1768, „Ich habe solche in Schönebeck eingerichtet vorgefunden. Durch den Absatz in Schlesien habe ich sie nahezu verdoppelt. Neue habe ich in Minden und Unna gebaut . . ."
Bei der Anlage neuer Salinen stellte der König die erforderlichen Geldmittel bereit, da er hoffte, den preußischen Salzbedarf aus der eigenen Produktion decken zu können. Fachleute auf dem Gebiet der Salzgewinnung waren der westfälische Kriegsrat Rappard und Baron von Torck, die für die mitteldeutschen Salinen Verbesserungsvorschläge ausgearbeitet hatten und auch in Minden für den König tätig waren. Im Schreiben vom 16. April 1753 sagt Friedrich einen noch fehlenden Geldbetrag für Rappard und Torck in Höhe von 8 Talern zu „zu völliger Herstellung des neuen Saltzwerkes im Mindenschen".

## 25 Dampfmaschine zur Salzgewinnung in Westfalen

Modell der „Feuermaschine“ (Dampfmaschine) auf dem Hauptbrunnen der Saline Königsborn

Höhe: 112 cm, Breite: 113 cm, Tiefe: 80 cm

Hellweg-Museum Unna

1733 führte die preußische Regierung in der Grafschaft Mark das staatliche Salzhandelsmonopol ein und begann mit dem Ausbau des Salzwerks in Unna, das den Namen Königsborn erhielt. Die staatlichen Investitionen betrugen zwischen 1734 und 1776 etwa 150 000 Taler. 1799 wurde hier die erste Dampfmaschine in Betrieb genommen, die 1782 von Friedrich dem Großen genehmigt worden war. Erst 1867 wurde die „Feuermaschine“ durch eine modernere Konstruktion ersetzt.

## 26 Aufgaben der Salzinspektoren

„Reglement und Instruction, wornach die Saltz-Inspectores und Saltz-Factores wegen ihrer Functionen, auch sonst jedermänniglich sich zu achten haben“
Berlin, 1765 Dezember 17

GStA PK, XII. HA VI Nr. 445

Nach dem Siebenjährigen Krieg wurde das 1725 erlassene Reglement für die Salz-Inspektoren erneuert. Jeder Salz-Inspektor hatte einen Kreis zu betreuen und für jeden Haushalt ein Buch einzurichten, in dem die für die Menschen und das Vieh errechnete Salzmenge eingetragen und der Verbrauch kontrolliert wurde. Jeder Haushalt war zum Kauf einer bestimmten Salzmenge verpflichtet, und die Inspektoren hatten ihr Augenmerk darauf zu richten, ob dies auch geschah. Während die Einfuhr fremden Salzes lange Zeit eingeschränkt war, wurde sie nach der Gründung der Emdener Heringskompanie notwendig, um die Konservierung der guten Fangergebnisse sicherzustellen.

## 27 Gründung einer Heringskompanie in Emden

„Octroy für eine in Emden zu errichtende Compagnie zum Herings-Fang“
Berlin, 1769 August 4

SBPK 17 in: 2° An 8630-2

Mit der Gründung der Heringskompanie nahm Preußen den Wettbewerb mit den schwedischen, dänischen und holländischen Fangflotten auf. Sie begann mit 6 Schiffen und ließ 1782 schon 32 ausfahren, so daß auch hier die Versorgung des Landes mit heimischen Waren die ausländische Einfuhr zurückdrängte.
Die Kompanie wurde zunächst für 15 Jahre gegründet, wobei die Stadt Emden hinsichtlich Zoll und Akzise beträchtliche Erleichterungen erhielt, um für den Ausbau der Fangflotte die notwendigen Voraussetzungen zu schaffen. Durch eine starke Besteuerung der Heringseinfuhr war der Emdener Absatz gesichert. Es war sogar beabsichtigt, die Einfuhr ausländischer Heringe ganz zu verbieten, sobald die Fänge aus Emden ausreichten, um alle preußischen Provinzen zu versorgen. Zum Konservieren diente das Salz, das aus dem Ausland beschafft werden mußte, da die einheimische Salzgewinnung diesen großen Bedarf nicht decken konnte.

## 28 Samtfabrikation

„Die Kunst baumwollenen Sammet zu verfertigen“
Abb. aus: Die Baumwollen-Sammetfabrik oder die Verfertigung des Manchestersammets, was die Verfertigung, Färberey und Druckerey desselben betrifft. Aus den Denkschriften der Parisischen Akademie von Herrn Roland de la Platiere übersetzt von Johann Samuel Halle ... zu Berlin. Berlin 1789. (Schauplatz der Künste und Handwerke. 17.)

SMPK, Kunstbibliothek U 32 kl.

Zu den Erzeugnissen, deren Einfuhr verringert werden sollte, gehörten die Samt-Stoffe, als deren Hauptlieferant Frankreich in enger Konkurrenz mit England auftrat. 1765 errichteten die Kaufleute Johann Christian Daniel Lautensack und Thomas Hotho auf eigene Kosten in Potsdam eine Fabrik zur Herstellung des sogenannten Manchestersamts. Schon ein Jahr später genehmigte der König drei französischen Kaufleuten die Anlage einer Fabrik in Berlin, doch ging das Unternehmen nach großen Verlusten ein. Mit Unterstützung der Preußischen Seehandlung gelang Thomas Hotho in Berlin der Versuch, ein Werk zur Herstellung von Baumwollsamt zu gründen. 1782 verband er sich mit Karl

Friedrich Welper. Die Berliner Fabrik befand sich in der Köpenicker Straße und gelangte durch einen Zuschuß des Königs für den Kauf von leistungsfähigen Maschinen bald zu großem Ansehen. Schon 1785 arbeiteten 64 Stühle bei Hotho & Welper. Nach England und Frankreich besaß damit Preußen die einzige Fabrik, in der Manchestersamt angefertigt wurde. Durch Färben und Bedrucken gewannen alle Waren „das Gepräge und die Schönheiten der neuesten Modereize", wußte ein Zeitgenosse zu berichten.

## 29 Tuchfabrikation

Abb. aus: Roland de la Platiere: Kunst des Wollzeugfabrikanten... In das Teutsche übersetzt von J. C. Harrepeter. Nürnberg, Leipzig 1782. (Schauplatz der Künste und Handwerke. 15.)

SMPK, Kunstbibliothek U 32 kl.

„Das mitten in den Sandhügeln der Mark liegende Berlin ist zugleich auch der Mittelpunkt der schönsten Wolle in ganz Deutschland. Diese gute Beschaffenheit ist auch noch, wie wohl schon etwas verändert und vermindert, in denen von mir angezeigten Gegenden merkbar. Kommt man aber über Potsdam gegen Brandenburg zu, ein wenig unter Stettin, und näher gegen die Lausitz zu, so hat sie nicht mehr den nämlichen Grad der Feinheit und Gelindigkeit ... Obschon die Ausfuhr dieser Wolle äußerst verboten ist, so versehen uns doch die Holländer vermittelst der Elbe über Hamburg immer auch mit derselben ...", berichtet Roland de la Platiere in seiner „Kunst des Wollzeugfabrikanten" (S. 19). Daß die Ursache für die wachsende industrielle Bedeutung Berlins in seiner Aufnahmebereitschaft für Zuwanderer aus dem Ausland lag, betont auch de la Platiere: „Diese zu Berlin gleich übliche Methode (des Spinnens) ist doch nicht die einzige, die daselbst beobachtet wird. Diese so berühmte Stadt, die der Zufluchtsort so erstaunlich vieler Künstler, die durch traurige Schicksale anderswo vertrieben worden, gewesen. . .hat dadurch den gerechtesten Anspruch an alle Arten von Talenten, daß sie alle Gattungen von Fremden liebreich aufnimmt. Die Unmöglichkeit aber, daselbst ohne etwas zu arbeiten, leben zu können, erweckt die Industrie ..." (S. 51).
Die 1767 auf königlichen Befehl eingerichtete Manufaktur- und Fabrikenkommission im V. Departement des Generaldirektoriums verdeutlichte den Wunsch Friedrichs, Manufakturen und Fabriken zu entwickeln und technisch zu vervollkommnen. Nicolai gibt in seiner Beschreibung der Residenzstädte Berlin und Potsdam nach dem Stand von 1784 allein für Berlin 160 Zeugfabrikanten für Wolle an, für die mehr als 2000 Weber arbeiteten. „Diese Unternehmer machen außer den ansehnlichen Geschäften in den K. Ländern noch weit größere nach Frankreich, der Schweiz, Italien und Holland." Sie waren auf den Messen in Frankfurt am Main vertreten und unterhielten dort ein ständiges Warenlager auch für die Zeiträume, in denen keine Messen stattfanden.
Die Abbildung zeigt einen Stuhl, auf dem Kamelot, geschorenes Wolltuch aus Ziegenhaar, gewebt wird. Berlin bildete sich bald zum Zentrum für halbseidene Kamelote aus, die die französische Produktion — so de la Platiere — an Qualität übertrafen.

Kat. Nr. V, 30c

## 30 Zuckersiedereien

a) Abb. aus: Die Kunst des Zuckersiedens, durch Herrn Duhamel du Monceau. Leipzig, Königsberg, Mitau 1765. (Schauplatz der Künste und Handwerke. 4.)

SMPK, Kunstbibliothek U 32 kl.

b) „Einrichtung einer Zuckersiederei zu Minden durch die Entrepreneurs Harten und Gebr. Möller"
1763 ff. (Preisliste von 1771)

Nordrhein-Westfälisches StA Münster, Kriegs- und Domänenkammer Minden, Br. V. 222, Bd. 1, fol. 263

c) „David Splittgerber gebohren den 18 8br. 1683 gestorben den 23 Febr. 1764"

Kupferstich, 54,5 × 41 cm
Bez.: „J. M. Falbe pinx. 1758, G. F. Schmidt Sculp. Reg.Sculps.Berolini 1766"

Berlin Museum

Obwohl der Chemiker Marggraf 1747 vor der Berliner Akademie bereits auf den Zuckergehalt der Runkelrübe hingewiesen hatte, wurden praktische Folgerungen aus dieser Entdeckung nicht gezogen. Die preußischen Zuckersiedereien verarbeiteten den aus Frankreich, Dänemark und Holland über Hamburg und Stettin eingeführten rohen Zucker für den Bedarf im eigenen Lande. Drei Zuckersiedereien, von David Splitgerber errichtet, befanden sich in Berlin, nicht weit vom Stralauer Tor entfernt. 1774 wurde eine Zuckersiederei in Bromberg errichtet; 1785 ging das in Minden an der Weser befindliche Werk ebenfalls in die Hände Splitgerbers über.
„Die Schönheit des rafinirten und in Hüte verwandelten Zuckers bestehet in der Weiße und in der Feinheit der Körner, die die Oberfläche des Hutes glatt machen müssen. Der Zucker muß auch trocken, lautklingend, hart und wenig durchsichtig seyn...", heißt es in der deutschen Übersetzung des von Duhamel du Monceau verfaßten Beitrags über den Zucker in der Serie „Schauplatz der Künste und Handwerke", die der Buchdrucker und Verleger Kanter der Königsberger Kriegs- und Domänenkammer widmete. Auf den beigefügten Kupfern wurde für den Leser die Gewinnung des Zuckers vom Auspressen des Zuckerrohrs bis zur Verpackung der fertigen Zuckerhüte veranschaulicht, wobei sich der Betrachter auch eine Vorstellung von den notwendigen Gerätschaften machen sollte.

Kat. Nr. V, 32

## 31 Porzellanherstellung

„Die Kunst Porcellaen zu machen"

Abb. aus: Die Kunst, das ächte Porcellän zu verfertigen. Von dem Herrn Grafen von Milly. Königsberg, Leipzig 1775.
(Schauplatz der Künste und Handwerke. 13.)

SMPK, Kunstbibliothek U 32 kl.

Die Versuche, hinter das Geheimnis der Porzellanherstellung zu gelangen, hatten in Preußen bald eingesetzt, nachdem die Sachsen ihre Entdeckung auszuwerten begannen. Der preußische König ließ die Experimente durch den Berliner Chemiker Johann Heinrich Pott fortsetzen, doch erwiesen sich seine Ergebnisse nicht als echtes Porzellan, und das in Freienwalde beheimatete Unternehmen wurde

1746 wieder aufgegeben. 1751 bewarb sich Wilhelm Caspar Wegely um die Einrichtung einer Porzellanmanufaktur auf eigene Kosten. Er gehörte der Familie eines aus der Schweiz eingewanderten Unternehmers an, der eine Wollzeugmanufaktur in Berlin aufgebaut hatte. Da Wilhelm Caspar Wegely durch diese Fabrik finanziell abgesichert war, erhielt er das Privileg des Königs und errichtete seine Manufaktur in der Neuen Friedrichstraße in Berlin. Durch Geschäftsbeziehungen und persönliche Verbindungen hatte er die zur Porzellanherstellung notwendigen Kenntnisse zusammengetragen, und im Zusammenwirken mit Fachkräften aus Meißen, die nach Berlin abgeworben worden waren, begann 1752 die Produktion. Allerdings ging das Werk aus wirtschaftlichen Gründen 1757 wieder ein. 1761 eröffnete Johann Ernst Gotzkowsky in der Leipziger Straße eine neue Fabrik, die Friedrich der Große 1763 übernahm und erweitern ließ. 1784 waren (nach Nicolais Beschreibung) 148 Arbeiter als Porzellan- und Fayencemacher und 49 Porzellanmaler in Berlin beschäftigt. Die nunmehrige Königliche Porzellanmanufaktur besaß das Monopol der Porzellanherstellung in Brandenburg-Preußen. Sie war von Zöllen, Akzisen und anderen Abgaben frei. Warenlager bestanden in Berlin, Königsberg, Marienwerder, Elbing, Breslau, Magdeburg, Halberstadt, Stettin und Küstrin.

Kat. Nr. V, 31

## 32 Johann Ernst Gotzkowsky (1710–1775)

Frederic Christian Carstens

„Johann Ernst Gotzkowsky“

Kupferstich, 7 × 4,8 cm

Dr. Elmar Mauch, Bad Mergentheim

Johann Ernst Gotzkowsky, der zunächst in der Firma seines Bruders in Berlin als Galanteriewarenhändler tätig war, hatte schon Verbindungen zum kronprinzlichen Hof in Rheinsberg. Nach der Thronbesteigung Friedrichs wuchs er in die Rolle eines Beraters in Fragen von Handel und Gewerbe hinein. Sein Schwiegervater war der Hoflieferant Christian Friedrich Blume, dem der König 1746 die Genehmigung zur Errichtung einer Samtfabrik gegeben hatte. Johann Ernst Gotzkowsky legte 1749 den Grund für eine Seidenfabrik, mit der er diesen Gewerbezweig in Berlin neu belebte. Bis 1753 entstanden drei weitere Fabriken in Berlin, doch blieben sie in ihrer Leistungsfähigkeit hinter den Krefelder Ergebnissen zurück. 1761 eröffnete Gotzkowsky in der Leipziger Straße eine Porzellanmanufaktur, die 1763 in königlichen Besitz überging und als Königliche Porzellanmanufaktur fortbestand. Auch für die preußische Politik erlangte Gotzkowsky Bedeutung: Während der russischen Besetzung Berlins gelang es ihm, die geforderten Kontributionen zu ermäßigen und damit erfüllbar zu machen. Die Wirtschaftskrise nach dem Siebenjährigen Krieg wirkte sich auch auf das Unternehmen Gotzkowskys aus. Bald war er zum Verkauf seiner Fabriken gezwungen. Verarmt starb er 1775 in Berlin.

## 33 Berliner Porzellan

a) Teile vom Service mit indianischen Blumen

Manufaktur Wegely

b) Putten-Serie

Manufaktur Wegely, um 1755

c) Teile vom Service mit mythologischen Historien für das Charlottenburger Schloß

Königliche Porzellan-Manufaktur, 1783

SSG, Schloß Charlottenburg

Kat. Nr. V, 33d

d) Deckelvase
Modell: Friedrich Elias Meyer (?)
Manufaktur Gotzkowsky (?)

Berlin Museum

Die Puttenserie, die sicher 40, möglicherweise auch 50 Modelle umfaßte, geht teilweise auf Meißener Vorbilder zurück, hat aber in der Regel als eigene Erfindung Wegelys zu gelten, der mit ihrer Herstellung einer zeittypischen Vorliebe nachkam. Dargestellt werden Handel- und Gewerbetreibende, Soldaten und Musikanten, auch Gelehrte und Geistliche. Nicht immer sind die als Vorlagen dienenden Graphiken eindeutig festzustellen. Auch das Gebrauchsporzellan aus der Manufaktur Wegelys zeigt die Verbindung zu Meißen, da es gelang, den Rohstoff zur Herstellung des Weiß aus dem sächsischen Aue zu beziehen.
Während der kurzen Zeit der Gotzkowskyschen Produktion war mit dem Modellmeister Friedrich Elias Meyer ein bedeutender Künstler von Sachsen nach Berlin abgeworben worden, der in wenigen Jahren der Berliner Manufaktur bedeutendes Ansehen verschaffte. Auf die Leistungen der Königlichen Porzellanmanufaktur nahm der König selbst großen Einfluß, sowohl was ihre Formen, als auch was die Auswahl der Motive für die Bemalung betraf.

## 34 Silbertablett

Silber vergoldet
Augsburg, um 1725

Eugenie Mannkopff, Göttingen

Das vermutlich aus dem Besitz Friedrichs des Großen stammende Tablett trägt auf der unteren Seite die Inschrift:
„Seine Majestaet Friderich des 2ten Königs von Preussen Coffe-Teller zum Gebrauch von 1738 bis ans Ende 1786den 17. August Morgens 20 Minuten auf 3 Uhr, in Potzdam, wo Aller-Höchst-Dieselben in Gott ent-Schlaffen".

## 35 Einfuhrverbot für sächsisches Porzellan

„Königlich Preußisches Edict wegen verbothener Einfuhre, Erhandlung und Debitirung aller innenbenanten Chur-Sächsischen und denenselben incorporirten Landen verfertigten Manufactur- und Fabriquen-Waaren, besonders auch alles Sächsischen sowohl ächten als unächten Porcelains zur innerlichen Consumtion oder dererselben Ausschnitt, einzeln Verkauf und Gebrauch, in diesseitigen Königlichen Staaten, Provintzien und Landen"
Berlin, 1765 Mai 7

GStA PK, XII. HA VI Nr. 437

Das preußische Einfuhrverbot einer Reihe von Erzeugnissen aus Sachsen war einmal die Antwort auf ein sächisches Edikt vom 27. März 1765, das den Vertrieb in Preußen hergestellter Waren untersagte, bedeutete jedoch auf der anderen Seite nur eine ergänzende Maßnahme zu anderen königlichen Verlautbarungen, die die Einfuhr von Luxusartikeln einschränkten. Seitdem der König Besitzer der Porzellanmanufaktur geworden war und sich bemühte, der KPM eine Monopolstellung zu verschaffen, mußte die Konkurrenz aus Sachsen abgewehrt werden. Alles sächsische „ächte und unächte Porcelain" durfte „zur Conservation Unserer Landes-Manufacturen und Fabriquen, auch Aufrechterhaltung derselben Wohl und Bestes" nicht mehr eingeführt werden. Ausgenommen von der Bestimmung waren der große Handel mit sächsischen Waren auf der Messe in Frankfurt an der Oder, der Zwischenhandel und der Verkauf an Auswärtige.

## 36 Ausfuhrverbot für Wolle

„Erneuertes und geschärftes Edict, daß bei Confiscation der Wolle, Pferde und Wagen, auch überdem bey schwerer Geld- oder dem Befinden nach bey Leib- und Lebens-Strafe, keine Einländische Wolle, bewollete und unbewollete Felle, außer Landes geführet werden sollen"
Berlin, 1774 April 3

GStA PK, XII. HA VI Nr. 390

Regionale und allgemein verbindliche Ausfuhrverbote für Wolle waren schon unter Friedrich Wilhelm I. wiederholt erlassen und mit der Androhung von Strafen begleitet worden. Das erneuerte und verschärfte Edikt verbot nicht nur die Ausfuhr, sondern setzte den Aufkauf der erzeugten Wolle durch beauftragte Verleger fest und verwies auf die Einrichtung der Wollmärkte, die für die Abwicklung des Handels eingerichtet wurden. Die Kriegs-

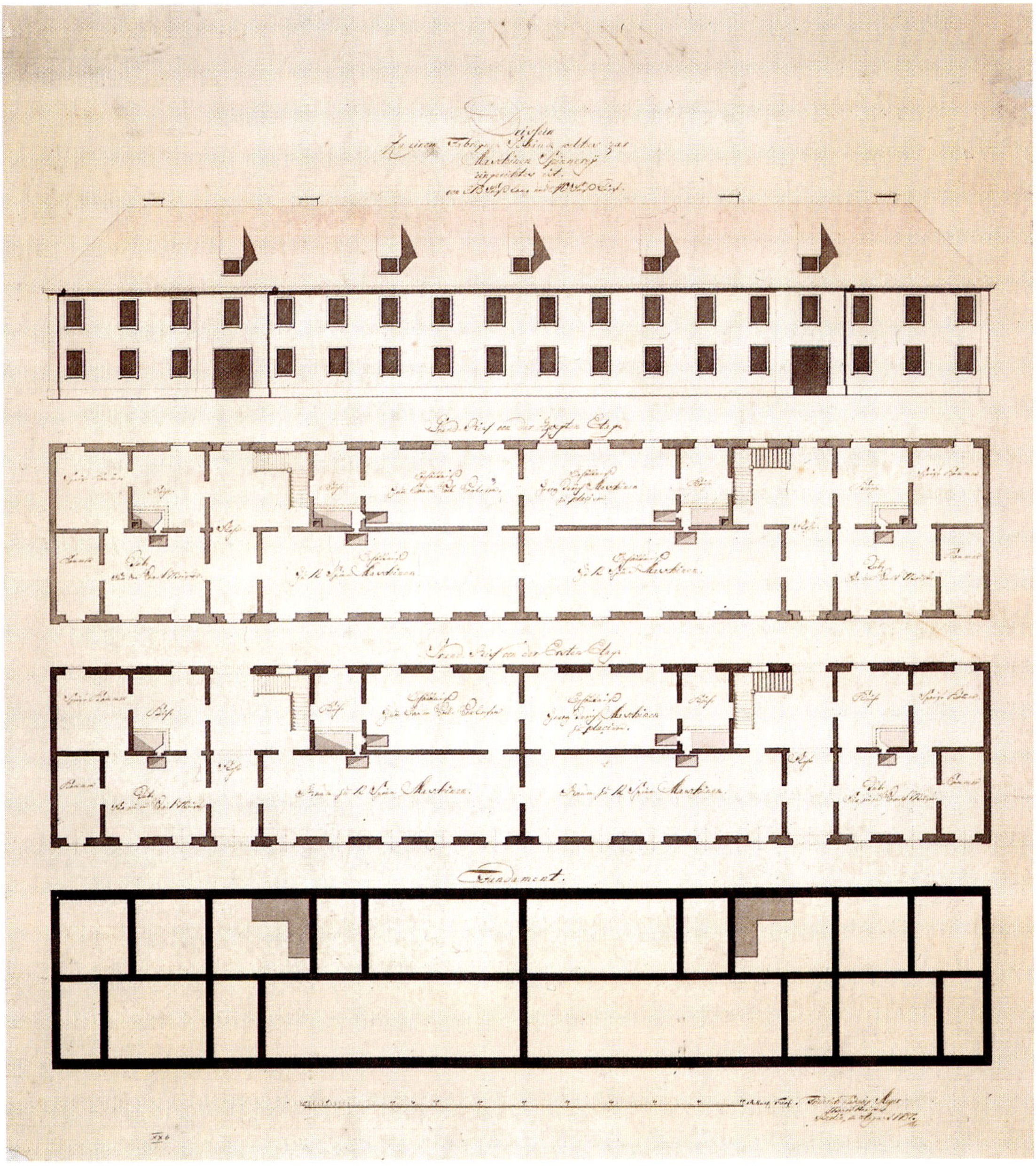


Kat. Nr. V, 38

und Domänenkammer, die Land- und Steuerräte und nicht zuletzt die Akzise- und Zoll-Administration waren zur Aufsicht über die Befolgung des Edikts verpflichtet.

### 37 Der Dramburger Wollmarkt

„Avertissement der Königl. Preuß. Neumärck. Krieges- und Domänen-Cammer"
Küstrin, 1772 Juli 31

GStA PK, XII. HA VI Nr. 478

Zur Belebung des inländischen Handels, der Erleichterung des Verkehrs zwischen den Erzeugern der Wolle und den abnehmenden Manufakturen wurde in Dramburg ein Wollmarkt eingerichtet, der zweimal jährlich stattfand. Der Aufschwung der preußischen Produktion bewirkte, daß aus dem Ausland, insbesondere aus Spanien, Wolle importiert werden mußte, da die eigenen Rohstoffe nicht ausreichten. Aus diesem Grunde wurden Ausfuhrverbote für preußische Wolle erlassen, um den Bedarf so weit wie möglich aus dem Inland zu decken.

### 38 Spinnereien

Friedrich Ludwig Meyer

„Entwurf zu einem Fabrikgebäude, welches zur Maschinenspinnerei eingerichtet ist"
Berlin 1787

64 × 71 cm

GStA PK, XI. HA E 866

In den letzten Regierungsjahren Friedrichs führten nach längeren Erprobungen die Versuche Berliner Mechaniker zum Erfolg, das manuelle Spinnen mit seinen gelegentlich unbefriedigenden Ergebnissen durch Maschinen zu ersetzen und zugleich die Produktion zu erhöhen. Mit dem Übergang der vielfach noch als Heimarbeit betriebenen Spinnerei auf die Maschine folgte dieser Zweig der Tuchherstellung den bereits gut organisierten Webereien nach, für die der König 1783 in Berlin ein großes Weberhaus gegründet hatte, in dem in 48 Stuben auf 84 Stühlen gearbeitet wurde.
Der Entwurf für eine Maschinenspinnerei sieht ein zweistöckiges Gebäude vor; in jeder Etage sind vier große Räume für die Maschinen und das Material geplant. In den seitlichen Flügeln sollten die Wohnungen für die vier Werkmeister eingerichtet werden.

## Kohle und Eisen

### 39 Industrie und Bergbau

a) Abbildung aus: Abhandlung von den Eisenhammern und hohen Oefen. Abschnitt 4. Von Johann Christian Graf zu Solms-Baruth und Johann Heinrich Gottlob von Justi ... Berlin, Stettin, Leipzig 1764. (Schauplatz der Künste und Handwerke. Bd. 3.)

SMPK, Kunstbibliothek U 32 kl.

b) I. H. Merner

„Königliche Allergnadigste Verordnung und Befehl de dato Berlin den 21 May 1768 von Ausfertigung einer Carte und Delineation der Berge Vermessung in denen Districten einer Distence von einer Stunde um Altena worinnen das Holtz verkohlen verbotten worden zur Consecration und Besten dieser Importanten Drath Fabrique geschehen ..."

Aquarellierte Tuschzeichnung über Graphit auf Papier

119,5 × 143 cm

Märkischer Kreis, Museum der Grafschaft Mark, Burg Altena

Mit der Eroberung Schlesiens erlangten Bergbau und Hüttenwesen für Preußen zunehmend Bedeutung. 12 Hochöfen und 27 Eisenhämmer waren bei der Übernahme der Provinz in Betrieb. Ihre Zahl vergrößerte sich bis zum Ausbruch des Siebenjährigen Krieges, ging aber infolge der Kriegsereignisse wieder zurück und konnte auch in den folgenden Friedensjahren die einmal erlangte Höhe so schnell nicht wieder erreichen. Die Gründung des VII. Departements im Generaldirektorium für Bergwerks- und Hüttenwesen 1768 verdeutlicht das Gewicht, das der König diesen Wirtschaftszweigen beimaß. Bald folgte die Einrichtung eines Oberbergamts im schlesischen Reichenstein, das 1779 nach Breslau verlegt wurde. Es unterstand dem Grafen von Reden, während im Generaldirektorium nach schnellem Wechsel mehrerer Amtsinhaber Friedrich Anton von Heinitz Leiter des VII. Departements wurde. Beide gestalteten das schlesische Berg- werks- und Hüttenwesen nach modernsten Erkenntnissen um. Zu den Neugründungen gehörten Gleiwitz, Königshütte und Malapane.

Kat. Nr. V, 40

## 40 Friedrich Wilhelm von der Schulenburg-Kehnert (1742—1815)

„Friderich Wilhelm Graff von der Schulenburg-Kehnert"

Kupferstich, 26 × 35 cm
Bez.: „Kehrer gemald nach dem Leben 1791 in Berlin, Hofmahler des Fürst von Anhalt-Bernburg, vom Sinzenich gestochen juni den 15ten 1793 in Berlin, Chur Pfälzischer Hof Kupferstecher Ordentliches Mitglied der Königlichen Kunstakademie in Berlin und zu Mannheim"

GStA PK, IX. HA I 6

Schulenburg-Kehnert hatte im Alter von 25 Jahren seine Laufbahn als Landrat des Kreises Salzwedel begonnen. 1770 wurde er zum Leiter des 1768 gegründeten Departements für das Bergwerks- und Hüttenwesen ernannt, das er gleichzeitig mit dem 1770 neu eingerichteten Forst-Departement verwaltete. 1771 übernahm er auch das umfangreiche III. Departement, dem die westlichen Provinzen sowie Magdeburg und Mansfeld unterstanden. Von 1782—1786 war er als Minister des III. Departements zugleich Leiter der Seehandlung. 1774 hatte er jedoch das Bergwerks-Departement abgeben können, das mit Friedrich Anton von Heinitz 1777 einen äußerst befähigten Leiter erhielt.

## 41 Friedrich Anton Freiherr von Heinitz (1725—1802) und Reichsfreiherr Karl vom Stein (1757—1831)

a) „Fried.Ant. Frhr. v. Heinitz. Königl. Preuß. geheimer Staats- Kriegs- und wirkl. dirigirender Minister, Chef des Bergwerks- und Hütten-Departement"

Kupferstich, 22,5 × 17 cm
Bez.: „Daniel Berger Sculpsit Berolini 1783"

Westfälisches Landesmuseum Porträtarchiv Diepenbroick, Münster

b) Bestallungsurkunde des Freiherrn vom Stein als preußischer Kammerherr mit Kabinettsordre. 1780

Privatbesitz

Heinitz (Heynitz), Begründer der Bergakademie Freiberg in Sachsen, war ab 1777 Chef des seit 1768 bestehenden (VII.) Departements für Bergwerks- und Hüttenwesen im Generaldirektorium, das er kenntnisreich und selbständig verwaltete. Hauptstätte seines Wirkens wurde Schlesien, dessen reiche Erzlager zusammen mit den Harzer Vorkommen ausreichten und auch qualitativ so beschaffen waren, daß auf die schwedische Einfuhr weitgehend verzichtet werden konnte. Das „Kgl. Publicandum wegen des gänzlichen Verbots des schwedischen Eisens" vom 4. November 1779 geht auf Heinitz zurück. In „Königshuld" an der Malapane wurden seit 1785 die ersten Proben einer eigenen Stahlproduktion unternommen. Aus Verehrung für Friedrich den Großen trat der aus Nassau

Kat. Nr. V, 41 a

stammende Reichsfreiherr Karl vom und zum Stein 1780 in preußische Dienste. Er wurde Heinitz' Mitarbeiter im Bergwerksdepartement und lernte die friderizianischen Verwaltungsgrundsätze kennen, die er später als Kammerpräsident, Oberpräsident und Minister nutzbar machte.

## 42 Einfuhrverbot für schwedisches Eisen

„Publicandum wegen des gänzlichen Verbots des Schwedischen Eisens zur innern Consumtion in den sämtlichen Königl. Staaten disseits der Weser, exclusive Ost- und West-Preußen"
Berlin, 1779 November 4

GStA PK, XII. HA VI Nr. 514

Im Politischen Testament von 1768 hatte der König das Eisen zu den für Preußen notwendigen Importgütern gezählt: „Leder bekommen wir aus Polen und Rußland, Baumwolle aus der Levante, Wolle für feine Tuche aus Spanien. Alle Farbstoffe für Färber und Drogen für Apotheker sind notwendige Einfuhrartikel. Wir haben zwar einige Eisenhütten. Das hindert uns aber nicht, im Jahre durchschnittlich für 20 000 Taler Eisen und für größere Summen Kupfer aus Schweden einzuführen."
Zehn Jahre später konnte für den größten Teil des Landes der Bedarf an Eisen bereits aus eigenen Hütten gedeckt werden, was ein Einfuhrverbot für schwedisches Eisen zur Folge hatte. Ausgenommen waren Ost- und Westpreußen; die Ausnahmen unterstanden der Kontrolle des Bergwerks- und Hüttendepartements im Generaldirektorium.

Revidirte
Berg-Ordnung
vor das
Souveraine
Hertzogthum Schlesien
und vor die
Grafschaft Glatz.

De Dato Berlin, den 5. Junii 1769.

Gedruckt bey George Jacob Decker, Königl. Preuß. Hofbuchdrucker.

Kat. Nr. V, 43 a

### 43 Schlesische Bergordnung

a) „Revidirte Berg-Ordnung vor das Souveraine Hertzogthum Schlesien und vor die Grafschaft Glatz"
Berlin, 1769 Juni 5

GStA PK, XII. HA VI Nr. 465

b) Grubenanlage des Kohlebergwerks Buchholtz bei Ibbenbüren
18. Jhdt.

59 x 59 cm

Nordrhein-Westfälisches StA Münster, Kartensammlung A Nr. 1347

Unter Bezugnahme auf frühere Bergordnungen der schlesischen Fürstentümer aus dem 16. und 17. Jahrhundert wurde 1769 die „Revidierte" Bergordnung herausgegeben, die in 88 Kapiteln den schlesischen Bergbau und die Pflichten und Rechte der Knappschaften behandelte. Zu den Privilegien der Bergleute gehörten ihre Freiheit vom Militärdienst und von der Einquartierung sowie von anderen Lasten. Die Knappschaften besaßen in gewissem Umfang eine Selbstverwaltung, die sich in Versorgungsfragen bei Unfällen, Krankheit und Tod auswirkte. Die schlesische Bergordnung wurde zum Vorbild für die Bergordnung des Herzogtums Magdeburg, des Fürstentums Halberstadt und der Grafschaften Mansfeld, Hohnstein und Reinstein.

### 44 Das Alaunwerk in Freienwalde an der Oder

a) Johann Friedrich Nagel

Das Alaunwerk von Freienwalde an der Oder

Lavierte Zeichnung o. J.

SMPK, Kupferstichkabinett (Reproduktion)

b) „Policey-Ordnung für das Königl. Allaun-Bergwerk bey Freyenwalde an der Oder"
Berlin 1786

SBPK 118 in: 2° An 8630-6

Neben Neustadt-Eberswalde, wo sich die metallverarbeitende Industrie entwickelte, erfuhr Freienwalde mit seinem Alaunerz-Bergwerk den besonderen Schutz des Königs. Die Förderung dort hatte 1717 begonnen, war jedoch erst nach Anwerbung sächsischer Fachleute zu einer lohnenden Ausbeute gelangt. Seit 1750 arbeitete man unter Tage. 1782 gehörten zum Werk Freienwalde 177 Bergleute, zuzüglich die 69 auswärts wohnenden Arbeiter.
Das Werk bestand aus 30 Gebäuden: der Alaunhütte, der Vitriolhütte, dem Eisenhammer, 7 Erzschuppen, 4 Magazinen, je 1 Schmiede und Böttcherei, 9 Wohnhäusern und 5 Stallgebäuden. Die „Polizey-Ordnung" für das Alaunwerk, die von Minister von Heinitz mitunterzeichnet ist, verdeutlicht die bevorzugte Stellung, die man den Arbeitern zuerkannte: Sie erhielten ihre Lebensmittel zu Niedrigpreisen, wurden vor Übervorteilung und Mängeln geschützt, waren mit Wohnraum zufriedenstellend versorgt und hatten eine eigene Schule im Revier. Sicherheitsvorkehrungen und eine Löschordnung im Falle einer Feuersbrunst sind in dieser „Polizey-Ordnung" enthalten, die den Bergleuten jedoch auch Einschränkungen auferlegte, die ihr persönliches Leben, den Verkehr mit fremden Personen und ihre Haushaltungen betrafen.

## Polnische Teilung und Erwerbung Westpreußens

### 45 Bündnis mit der „für Europa gefährlichsten Macht"

Friedrich der Große
Testament Politique, 1768

Eigenhändige Niederschrift auf Papier, französisch, aufgeschlagen S. 59

GStA PK, BPH Urk. III, 1 Nr. 20

„Rußland besitzt gegenwärtig nur 9 Millionen Seelen. Diese Zahl muß anwachsen, und das wird für Europa die gefährlichste Macht heranbilden, wenn sie einmal dazu gelangt sein wird, einen Teil des unbebauten Landes zu kultivieren, das sie besitzt". Dies schrieb der preußische König 1768. Als erfahrener Staatsmann sah er diese Gefahr voraus. Die wahre Einwohnerzahl Rußlands lag damals schon bei 23 Millionen. Gefährlich erschien dem König damals schon die militärische Macht, nicht so sehr die Infanterie, von der er meinte, daß sie nicht verstehe anzugreifen, nicht die schlechte Kavallerie,

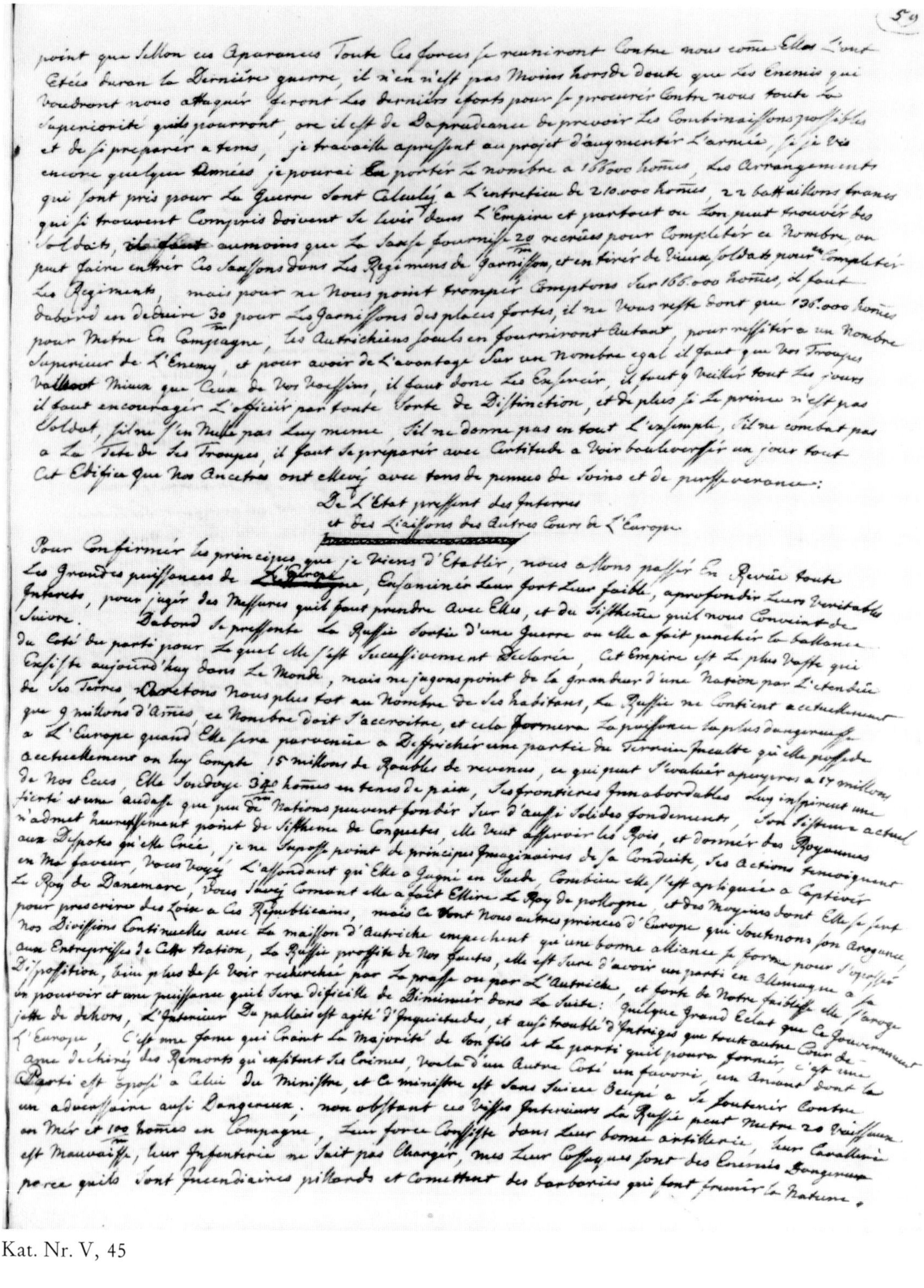

59

point que sellon ces Aparances Toute Les forces se reuniront Contre nous come Elles L'ont
Etées duran la Derniére guerre, il n'en n'est pas Moins horsde doute que Les Enemis qui
voudront nous attaquér feront Les derniérs efforts pour se procurér Contre nous toute La
Superiorité quils pourront, ore il est de La prudeance de prevoir Les Combinaissons possibles
et de se preparér a tems, je travaille apresent au projet d'augmentér L'armée, si je vis
encore quelques Années je pourai porter Le nombre a 180000 homes, Les Arrangements
qui sont pris pour La Guerre sont Calculéz a L'entretien de 210.000 homes, 22 battaillons francs
qui se trouvent Compris doivent se levir dans L'Empire et partout ou Lon peut trouvér des
Soldats, aumoins que La Saxe fournisse 20m recrües pour Completér ce Nombre, on
peut faire entrér Ces Saxsons dans Les Regimens de garnisson, et en tirér de vieux soldats pour en Completér
Les Regiments, mais pour ne Nous point trompér Comptons sur 166.000 homes, il faut
dabord en deduire 30m pour Les garnissons des places fortes, il ne vous reste dont que 136.000 homes
pour Metre En Campagne, les Autrichiens seuls en fourniront Autant, pour ressistér a un Nombre
Superieur de L'Enemy, et pour avoir de L'avantage sur un Nombre egal il faut que Vos Troupes
vallent Mieux que Ceux de Vos Voissins, il faut donc Les Exersér, il faut y veillér tout Les jours
il faut encouragér L'officiér par toute Sorte de Distinction, et de plus si Le prince n'est pas
Soldat, silne sen Melle pas Luy meme, sil ne donne pas en tout L'exemple, sil ne combat pas
a La Tete de ses Troupes, il faut se preparér avec Certitude a voir boulevérsér un jour tout
Cet Edifice que Nos Ancetres ont elevéz avec tant de peines de soins et de perseverance:

De L'Etat pressent des Interres
et des Liaisons des Autres Cours de L'Europe

Pour Confirmér les principes que je viens d'Etablir, nous allons passér En Revüe toute
Les Grandes puissances de L'Europe, Examinér Leur fort Leur faible, aprofondir Leurs veritables
Interets, pour jugér des Messures quil faut prendre avec Elles, et du Sisthéme quil nous Convient de
Suivre. Dabord se pressente La Russie sortie d'une guerre ou elle a fait panchér la ballance
du Coté du parti pour Le quel elle s'est Successivement Declarée, Cet Empire est Le plus vaste qui
Exsiste aujourd'huy dans Le Monde, mais ne jugons point de la grandeur d'une Nation par L'etendüe
de ses Terres, Arretons Nous plus tot au Nombre de ses habitans, La Russie ne Contient actuellement
que 9 millons d'Ames, ce Nombre doit s'accroitre, et cela formera La puissance la plus dangereusse
a L'Europe quand Elle sera parvenüe a Deffrichér une partie du Terrain inculte qu'elle possede
actuellement on luy Compte 15 millons de Roubles de revenus, ce qui peut s'evaluér apeupres a 17 millons
de Nos Ecus, Elle Soudoye 340m homes en tems de paix, Ses frontieres Innabordables Luy inspirent une
fierté et une audasse que peu de Nations peuvent fondér sur d'aussi Solides fondements, Son sisteme actuel
n'admet heureussement point de sistheme de Conquetes, elle veut asservir les Rois, et donnér des Royaumes
aux Despotes qu'elle Crée, je ne Supposse point de principes Imaginaires de sa Conduite, ses Actions temoignent
en Ma faveur, vous voyéz L'affondant qu'Elle a gagni en Suede, Combien elle s'est apliquée a Captivér
Le Roy de Danemarc, vous Savéz Comment elle a fait Ellire Le Roy de pollogne, et des Moyens dont Elle se sert
pour prescrire des Loix a Ces Republicains, mais Ce sont Nous autres princes d'Europe qui soutenons son Arogance
nos Divissions Continuelles avec La maisson d'Autriche empechent qu'une bonne alliance se forme pour s'opossér
aux Entreprisses de Cette Nation, La Russie proffite de Nos fautes, elle est sure d'avoir un parti en Allemagne a sa
Disposition, bien plus de se voir recherchée par La prusse ou par L'Autriche, et forte de Notre faiblesse elle s'aroge
un pouvoir et une puissance quil sera dificille de Diminuér dans La suite: Quelque grand Eclat que Ce gouvernement
jette de dehors, L'Interieur Du pallais est agité d'Inquietudes, et aussi troublé d'Intrigues que toute autre Cour de
L'Europe, C'est une fame qui Craint La Majorité de son fils et Le parti quil poura formér, c'est une
ame dechiréz des Remords qui exsistent ses Crimes, voila d'un Autre Coté un favori, un Amant dont le
Parti est oposé a Celui du Ministre, et Ce ministre est sans Suicee occupé a se soutenir Contre
un adverssaire aussi Dangereux, non obstant ces vices Interieurs La Russie peut Metre 20 vaissaux
en Mér et 100m homes en Campagne, Leur force Consiste dans Leur bonne artillerie, Leur Cavallerie
est Mauvaisse, Leur Infanterie ne sait pas Chargér, mes Leur Cossaques sont des Enemis Dangereux
parce quils sont Incendiaires pillards et Comettent des barbaries qui font fremir la Nature.

Kat. Nr. V, 45

wohl aber die grausamen Kosaken, weil sie in kurzer Zeit Provinzen verwüsten konnten. Und mit dieser Macht strebte er nun ein Bündnis an. Die Lage in Europa hatte sich geändert. Fest stand das französisch-österreichische Bündnis, und vor Österreichs unversöhnlicher Gegnerschaft hatte Friedrich Sorge. Unzuverlässig schien ihm der englische Bundesgenosse von einst trotz des fortbestehenden englisch-französischen Gegensatzes. Da er nun ein Gegengewicht gegen Österreich nötig zu haben glaubte, wandte Friedrich sich Rußland zu, obwohl die Zarin 1762 das Bündnis des Zaren Peter III. mit Preußen für ungültig erklärt hatte. Noch im Jahre 1762 streckte Katharina II. durch den Gesandten Keyserling erneut Fühler nach Berlin aus, um wegen eines späteren Bündnisses zu sondieren und dabei auch die polnische Frage zu regeln. Dort gedachte Katharina einen Mann der russischen Partei, der „Familie" der Czartoryski, den Grafen Stanislaus Poniatowski, auf den Thron zu bringen und sondierte deshalb auch in Paris und Wien, wo man sie aber zurückwies. So kam es 1764 zum russisch-preußischen Bündnis, nicht zuletzt unter dem Eindruck des Todes des polnischen Königs, so daß die Frage der Thronfolge akut wurde und der französisch-österreichische Gegensatz gegen die Pläne der Zarin deutlicher hervortrat. Rußland garantierte seinem Partner, ebenso wie umgekehrt Preußen der Zarin, den Gebietsstand. Darin war Schlesien einbegriffen. Beide unterstützten Poniatowski, notfalls mit Truppenhilfe. Ein zeitweilig in Petersburg erwogener Plan, Polnisch Livland, Vitebsk und Polock zu annektieren, wurde auf eine günstigere Gelegenheit vertagt. Poniatowskis Wahl gelang, nachdem bei den die Wahl vorbereitenden Palatinatsversammlungen diesmal zur allgemeinen Überaschung nur insgesamt zehn Edelleute totgeschlagen worden waren, und nachdem der Gegenkandidat Branicki von den Russen bei Slonim militärisch geschlagen worden war.

## 46 Um den Plan des Grafen Lynar

Weisung König Friedrichs an den Grafen Solms in Petersburg
Potsdam, 1769 Februar 2

Faksimile der Urschrift aus: Hohenzollern-Jahrbuch 13. Jg., 1909

Reproduktion: GStA PK

Kat. Nr. V, 48

Polen, eigentlich das polnisch-litauische Doppelreich, hatte seit der frühen Neuzeit eine außerordentlich schwache Verfassung ausgebildet. Das Land war nie zu der bei den Nachbarn herrschenden absolutistischen Regierungsform gelangt, sondern war eine Adelsrepublik mit monarchischer Spitze, ein schwaches Wahlreich ohne ständige auswärtige Gesandte, ohne eigentliche Zentralgewalt, mit einem Reichstag, der an Einstimmigkeitsbeschlüsse gebunden war, was ihn lahmlegte. Das Heer war durch Reichstagsbeschluß von 1717 auf eine Höchststärke von 24 000 Mann begrenzt worden. Durch diese Verhältnisse mußte das Land durch eigenes Verschulden des Adels zur leichten Beute der Nachbarn werden, sobald eine Gelegenheit zum Eingreifen vorhanden war. Seit dem Nordischen Krieg wuchs nach 1709 der ständige russische Einfluß in Polen-Litauen. Die Nachbarstaaten sahen das mit Sorge. König Friedrich war deshalb daran interessiert, zur Sicherung seiner preußischen Provinz die Landbrücke, das westliche Preußen mit Danzig und Thorn, in den Besitz Preußens zu bringen, ein Gebiet, das erst seit 1466 zur polnischen Krone gehörte und vorher Gebiet des Deutschen Ordens gewesen war. Ein Festsetzen Rußlands in diesem Gebiet wie im Siebenjährigen Krieg bedeutete für den friderizianischen Staat eine tödliche Bedrohung. Als daher Katharina II. die Frage einer Gleichstellung der griechisch-orthodoxen Bevölkerungsteile in Polen-Litauen mit den Katholiken zu lösen suchte und es darüber 1768 in Polen zum Bürgerkrieg kam, Rußland aber gleichzeitig von der Türkei in einen Krieg verwickelt wurde, schien Friedrich der Augenblick günstig, in Petersburg das sogenannte Projekt des Grafen Lynar vorzulegen, wozu er seinen Gesandten Graf Solms beauftragte. Rußland sollte Österreich für die Hilfe gegen die Türken Lemberg und die Zips (also Galizien) und Preußen das westliche Preußen, Ermland und das Schutzrecht über Danzig anbieten. In Wien hatte Kaunitz schon 1768 den Plan vorgebracht, das westliche Preußen und Kurland im Tausch gegen Schlesien an Preußen zu geben. So begannen Teilungspläne, die man in Frankreich schon früher hatte kommen sehen. Seitens Österreichs und Preußens stand dahinter auch der Wunsch, Rußlands immer stärker werdende Macht in Europa in Grenzen zu halten. Polen selbst bildete gegen diese Macht keine Schranke mehr.

## 47 Entwurf zum Neutralitätsabkommen von Neiße

Entwurf zum Abkommen von Neiße von Kaiser Joseph II., mit eigenhändigen Änderungen Friedrichs des Großen
Neiße, 1769 August 25

Faksimile des Originalkonzepts in: Hohenzollern-Jahrbuch 10. Jg., 1906

Reproduktion: GStA PK

Der „Lynarsche Plan“ wurde in Petersburg mit einigen diplomatischen Bemerkungen zur Seite geschoben. Man war gerade erfolgreich gegen die Türken und brauchte fremde Hilfe nicht. Stattdessen kam es nun zu einer schon 1766 von Kaunitz zum erstenmal beabsichtigten, damals aber gescheiterten Begegnung König Friedrichs mit dem Sohn Maria Theresias, dem 1765 zum deutschen Kaiser gewählten Joseph II., in Neiße. Am 25. August 1769 trafen sich beide Monarchen zu dreitägigen Besprechungen. In ihnen ging Friedrich den Verhandlungspunkten aus dem Wege, die Kaunitz für die preußische Erbfolge und anderes vorgesehen hatte, und deutete vielmehr etwas an, was er das „deutsch-patriotische System“ nannte, ein Zusammengehen zwischen Preußen und Österreich, das vielleicht in zwanzig Jahren notwendig werden könne, um die Herrschaftswünsche Rußlands in Schranken zu halten. Ergebnis war ein preußisch-österreichisches Neutralitätsabkommen, das Friedrich schloß, ohne sich jedoch in der Türkenfrage und einem österreichisch-russischen Konflikt dort die Hände zu binden. Rußland beeilte sich danach, Preußen in der Ansbach-Bayreuther Erbfolge zu unterstützen und verlängerte das bestehende Bündnis bis 1780. Es war aber auch ein erster Schritt in Richtung auf eine Aussöhnung der beiden deutschen Großmächte getan.

Am 3. September 1770 stattete Friedrich dem Kaiser einen Gegenbesuch ab; zum erstenmal betrat er Mähren im Frieden. In Mährisch-Neustadt hatte Friedrich sich einen weißen österreichischen Uniformrock angezogen, der bald Spuren des vom König gern gebrauchten Schnupftabaks zu zeigen begann. Bekannt ist Friedrichs Bonmot dazu: „Ich bin nicht reinlich genug, um Ihre Farbe zu tragen.“ Und General Laudon bat er, neben ihm Platz zu nehmen, da es ihm lieber sei, einen solchen Mann an seiner Seite als sich gegenüber zu haben. In den Neustädter Gesprächen kam der österreichische Wunsch nach Konsultation in bedeutenderen Fragen und der preußische nach Beendigung des Türkenkrieges zum Ausdruck. Friedrich durfte sich als Vermittler zwischen Österreich, Rußland und der Türkei einschalten, die inzwischen zu Wasser und zu Lande geschlagen worden war. Dabei brachte er auch die polnischen Wirren in Petersburg wieder zur Sprache.

## 48 Katharina II., die Große (1729—1796)

Catharina II.

Kupferstich, 17,9 × 11,7 cm (Platte)
Bez.: „Rauch sc. Zwickau bei Gebr. Schumann“

GStA PK, IX. HA III 472

Die Zarin aus dem Hause Anhalt-Zerbst, die im Sinne eines aufgeklärten Absolutismus regierte und durch Reformen und die Verbreitung der Ideen der

Aufklärung dazu beitrug, Rußland zu einem moderneren Staat werden zu lassen, war im Türkenkrieg 1768—1774 siegreich. Ihre Truppen schlugen auch den polnischen Aufstand der Konföderation von Bar gegen Stanislaus Poniatowski 1768 nieder. Ihre Pläne, die darauf zielten, in Polen die ungeschmälerte russische Vorherrschaft zu erhalten und der Türkei das Nordufer des Schwarzen Meeres, Bessarabien, die Moldau und die Walachei abzunehmen, stießen jedoch auf den österreichischen und preußischen Widerstand.
Die Annäherung zwischen Joseph II. und Friedrich wurde in Petersburg mit Argwohn betrachtet, und so wünschte man dort Preußen stärker an Rußland heranzuführen; daher arrangierte Katharina einen ebenso herzlichen Empfang für den 1770 auf ihre Veranlassung entsandten Prinzen Heinrich. Heinrich sah, anfangs im Gegensatz zu dem zögernden Friedrich, jetzt die Gelegenheit gekommen, die Frage der Landbrücke nach Ostpreußen zu lösen. Der Beginn und erfolgreiche Abschluß der Verhandlungen mit Katharina ist auf preußischer Seite vor allem seine Leistung gewesen. Die Zarin steckte schließlich in der Türkei ihre Ziele zurück und räumte in Polen eine Übereinkunft der drei Großmächte ein.

## 49 Preußische Ansprüche auf das westliche Preußen

Eigenhändige Weisung König Friedrichs an die Kabinettskanzlei zur Ausfertigung und Absendung des chiffrierten Schreibens an den Prinzen Heinrich in Petersburg
Potsdam, 1771 Januar 31

Faksimile aus: Hohenzollern-Jahrbuch 13. Jg. 1909

Reproduktion: GStA PK

Den Auftakt zur Abteilung polnischer Gebiete hatte nicht der Kontakt zwischen Preußen und Rußland gegeben, sondern ein einseitiges Vorgehen Maria Theresias, die auf Ersuchen des polnischen Königs Teile des Bezirks der Zips im slowakischen Gebirge mit Truppen besetzt hatte, um dort den Aufständischen den Boden zu entziehen. Das geschah im Sommer 1769. Das Gebiet war mehr als 300 Jahre zuvor durch Verpfändung an Polen gekommen. Nun machte Österreich diese alten Rechte geltend und schlug dort seine Adlerwappen an. Im Juli 1770 erweiterten die Österreicher die besetzte Zone. Polnische Beschwerden führten zu nichts. Der Anlaß für Rußland war da; die Zarin äußerte am 8. Januar 1771 zum Prinzen Heinrich scherzhaft: „Aber warum sollte alle Welt nicht auch zugreifen?“ Die Russen boten Preußen jetzt offen ein Stück Landes an, das Ermland. Friedrich fürchtete kriegerische Verwicklungen, in die er hineingezogen würde; auch erschien ihm der Zugewinn zu klein für das Risiko, und in diesem Sinne lautet der vorliegende Brief. Das „Polnische Preußen“ ohne Danzig sollte der Preis sein, um den er sich beteiligen wollte. Aber auch hierfür wollte Friedrich nicht von der Neutralität abgehen, nur Geld sollte eingesetzt werden, und dieses reichlich.

## 50 Die Teilung Polens von 1772

a) „Etat actuel de la Pologne et de la Lithuanie ou l'on a observé le Démembrement qui vient d'y être fait Par l'Empereur, la Rußie, et le Roi de Pruße“

Kolorierter Kupferstich, 49 × 61 cm
Bez.: „A Paris chez le Sr. Desnos, Libraire du roi de Dannemark“ 1773

Im Auftrag der Stiftung Preußischer Kulturbesitz verwahrt: SSG, Schloß Charlottenburg, S 657
(Exemplar Friedrichs des Großen aus dem Neuen Palais in Potsdam)

b) Karte der ersten polnischen Teilung 1772
Vorlage: Putzgers Historischer Schul-Atlas, 1907

Graphische Gestaltung: R. K. Jürgensen

Schon seit 1770 zog auch Preußen einen militärischen Grenzkordon durch das vorgelagerte polnische Grenzgebiet. Der Kordon verlief von Oberschlesien entlang der Grenze durch das Posener Land bis nach Ostpreußen hinauf. Äußerlich diente er der Abwehr der aus Südostpolen drohenden Pest. Aber natürlich war damit im stillen auch die Sorge um die Sicherheit der eigenen Grenzen gegenüber den polnischen Wirren und einer allzu starken russischen Machtausweitung maßgebend, da die Russen schon fast zwei Drittel Polen-Litauens besetzt hielten. So standen alle drei Nachbarmächte Polens bereits auf dessen Gebiet, als die türkische Frage zur Lösung drängte: Friedrich wollte seinem Land ersparen, abermals in einen eu-

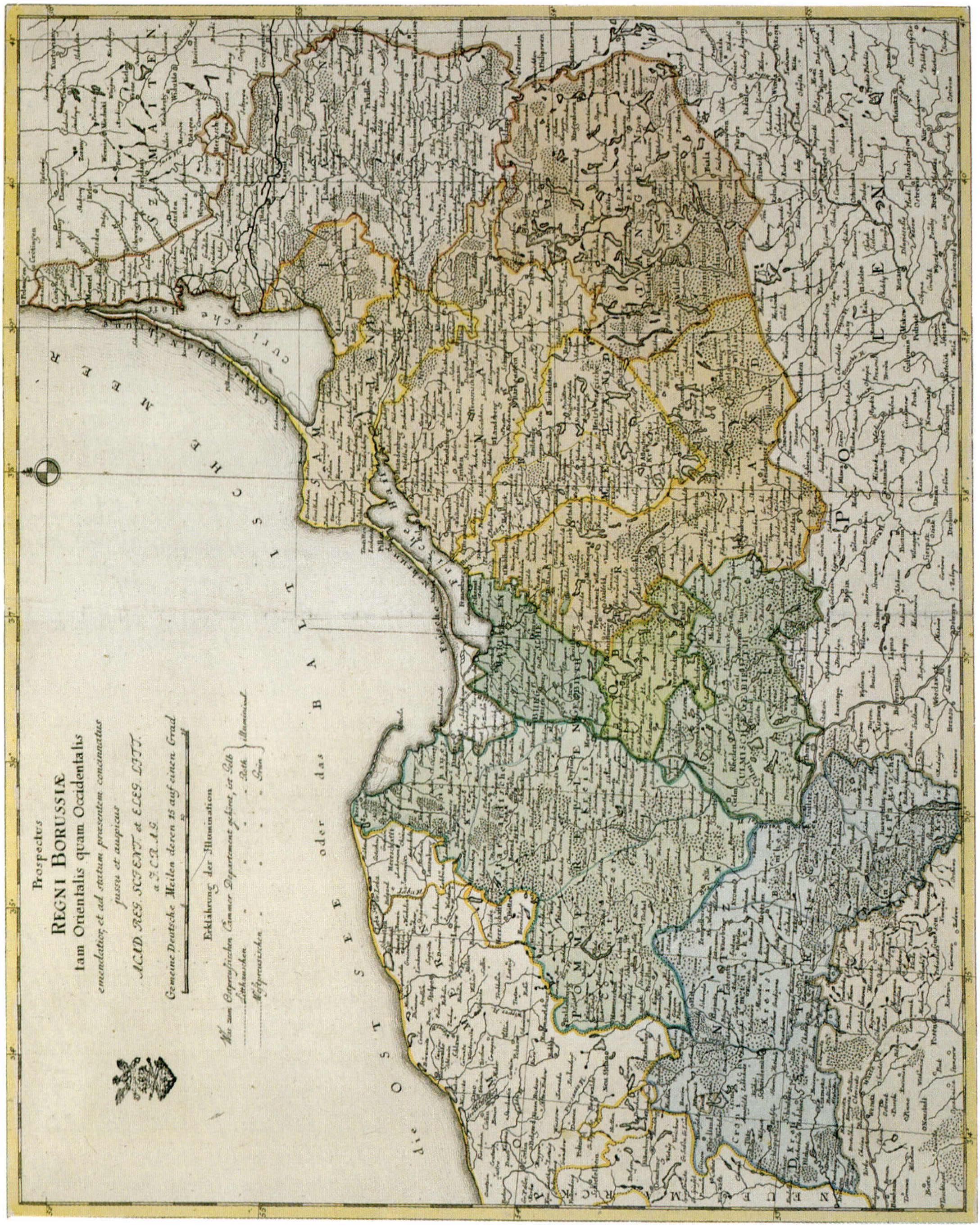
Prospectus
REGNI BORUSSIÆ
tam Orientalis quam Occidentalis

Kat. Nr. V, 53

ropäischen Krieg verwickelt zu werden, was durch das russische Bündnis geschehen konnte, wenn Österreich zugunsten der Türken Rußland angriff. Katharina waren an der Türkenfront die Kräfte gebunden. In dieser Lage bot sich als Ausweg die Befriedigung aller Ansprüche in Polen an. Rußland gab einen Teil der Eroberungen an die Türken zurück, um die österreichische Sorge zu beruhigen. Es erhielt Polnisch Livland und die Dünagebiete mit Vitebsk und Polock. Preußen bekam als Kompensation das westliche Preußen mit Ermland ohne Danzig und ohne Thorn und zur Abrundung den Netzedistrikt. Österreich erhielt Galizien mit Lemberg und den Salzbergwerken von Wieliczka. Ein Krieg um die Orientfrage war vermieden. Die untereinander hadernden Westmächte griffen nicht ein. Diese „Dismembration" oder Entgliederung, wie die Zeitgenossen auch sagten, nahm Polen im übrigen Gebiete, die überwiegend von Nichtpolen bewohnt waren. In Galizien machten die Polen insgesamt nicht ganz die Hälfte der Bevölkerung neben Ukrainern und Juden sowie einigen Deutschen aus. In dem von Rußland gewonnenen Gebiet wohnten vorwiegend Weißrussen und Letten neben einer polnischen schwachen Minderheit. Der preußische Landgewinn war fast zu zwei Dritteln deutsch besiedelt, nur zu etwa einem Drittel polnisch oder kaschubisch.

Rußland erhielt 92 000 qkm Land mit 1,3 Millionen Menschen (12,3 v. H. des Gebietes, 11,3 v. H. der Bewohner) des polnisch-litauischen Reiches. 83 000 qkm Land mit 2,1 Millionen Einwohnern kamen zu Österreich, das waren 11 v. H. des Gebietes und 18,3 v. H. der Bevölkerung Polen-Litauens. Auf Preußen entfielen 36 000 qkm mit 600 000 Einwohnern (4,8 v. H. des Gebiets und 5,2 v. H. der Bevölkerung). Das preußische Gebiet war also bei weitem der kleinste Teilungsanteil.

Die Karte (a) ist ein von König Friedrich benutztes Exemplar. Sie stammt nicht nur aus seiner Bibliothek im Neuen Palais, sondern weist auch auf der Rückseite eine hier nicht sichtbare Zeichnung eines Truppenaufmarsches auf, die für sich eine unbedeutende Kritzelei darstellt, aber belegt, daß er das Blatt benutzt hat.

Im polnischen Volk und in der Bevölkerung der abgeteilten Gebiete, soweit sie nicht sogar die Veränderung begrüßte, erhob sich 1772 kaum Widerstand gegen die neuen Verhältnisse. Schon deshalb blieb auch ein Echo in Europa aus. Dem Teilungsvertrag zwischen den drei Großmächten vom 5. August folgte die Anerkennung durch den polnischen Sejm. War die Machtlage auch für diesen hoffnungslos, so konnte er doch passiven Widerstand leisten. Aber ein System von Überredung, Gewaltdrohung und Bestechung ließ es nicht dazu kommen. Die drei Gesandten der Großmächte in Warschau verwalteten für die Bestechungsgelder eine gemeinsame Kasse. Aus ihr erhielten Senatoren und Landboten ihre Handsalben. Der frühere russische Botschafter Saldern hatte schon geraten: „Versorgen Sie sich nur gut mit Kassa, allhier muß jeder vier bis sechs Freunde unter den Personen von Gewicht und eine Anzahl Schreier haben; es genügt nicht, Geld unter diese Leute auszuteilen, man muß mit ihnen leben, sie bewirten und trunken machen, in vino veritas!" Fürst Czartoryski einigte sich mit der Zarin, der Reichstagsmarschall Graf Poninski wurde zum Wortführer der drei Mächte. Es kam nach erregten Sitzungen zu einstimmigen Reichstagsbeschlüssen. Nur 15 000 Dukaten hatte jede der drei Mächte aufwenden müssen. Ein polnischer Fürst hatte seine Stimme für 30 Dukaten verkauft, auch einige Tonnen Salz kamen vor. Der mit den Polen sympathisierende sächsische Gesandte Essen beklagte das schmachvolle Verhalten, mit dem die Ausschußmitglieder abends am Pharaotisch die erhaltenen Gelder verspielten. Und der päpstliche Nuntius beklagte, daß die geistlichen Herren es nicht besser trieben als der Landadel.

## 51 Kaiserin Maria Theresia zur Frage der Teilung Polens

„Opinion de S. M. l'Imperatrice Reine. . . .concernant les offres d'un partage de la Pologne"
1772 Februar 17

Österreichisches Staatsarchiv, Haus-, Hof- und Staatsarchiv, Wien, StA Polen III, Kart. 16, fol. 26—27

Kaiserin Maria Theresia hatte nur widerstrebend den Teilungswünschen nachgegeben. Man muß ihr glauben, daß es ihr mit ihren Gewissenskonflikten ernst war, als sie schrieb: „Trau und Glauben ist für allezeit Verlohren, so doch das gröste Kleinod und die wahre Stärcke eines Monarchen gegen die andern ist". Auch fürchtete sie ein weiteres Erstarken Preußens. Aber sie konnte sich auch den Zugzwang nicht verhehlen, daß andererseits ein großer Krieg gegen die Russen drohte, den weder sie noch der preußische König wollten, und daß sie mit der Besitzergreifung der Zips den Anfang gemacht hatte.

So resignierte sie: „Ich bin nicht starck genug, allein die affaires zu führen; mithin lasse, jedoch nicht ohne Meinen grösten Gram, selbe ihren Weeg gehen."

## 52 Karikatur auf die polnische Dismembration

„La Situation de La Pologne en MDCCLXXIII"

Kupferstich, 28,8 × 19,3
Bez.: „E. Nilson fec. et. excud. A. V."

GStA PK, IX. HA II 579

Die Stimmung der öffentlichen Meinung in Europa war zur polnischen ersten Teilung oder Dismembration, wie die Zeitgenossen auch sagten, geteilt. Kritisch äußerte sich begreiflicherweise die katholische Geistlichkeit, schon wegen der Dissidentenfrage. Die Aufklärer werteten das Ereignis überwiegend positiv, weil Polen in der Meinung der damaligen „fortschrittlichen" Kräfte wegen der Unterdrückung der Dissidenten und des Nachklangs des Thorner Blutgerichts von 1724 ein negatives Ansehen hatte. Voltaire hat in einem Brief den König zu der Teilung beglückwünscht. Von den aufgeklärten Monarchen erhoffte man bessere Zustände in den abgeteilten Landstrichen als unter der Adelsanarchie. Erst nach der Französischen Revolution und unter der dann 1793 bis 1795 vorgenommenen wirklichen Aufteilung des polnisch-litauischen Reiches unter die drei Großmächte des Ostens hat sich die Stimmung gewandelt. Die Liberalen sahen nun darin ein Unrecht, und verurteilten die Teilungen moralisch. Das färbte dann auch rückwärts auf die erste Teilung ab, die aber eigentlich mehr unter den Beurteilungsmaßstäben der vorrevolutionären Kabinettspolitik der europäischen Mächte zu sehen ist, wie sie für das Zeitalter seit Ludwig XIV. galt. Das vorliegende kritische Blatt ist zeitgenössisch und in Augsburg gedruckt. Nationale Gesichtspunkte, wie sie gleichfalls erst nach 1789 in der Vordergrund rückten, waren damals weder bei dem Stecher noch bei den Mächten maßgebend.

## 53 Die Rückgewinnung des westlichen Preußen

„Prospectus Regni Borussiae quam Orientalis quam Occidentalis emendatur et ad statum praesentem concinnatus iussu et auspiciis ACAD. REG. SCIENT. ET ELEG. LITT. a. J. C. R. A. G."

Kupferstich, koloriert, 34,2 × 41,7 cm
Bez.: „Berger senior sculpsit Preussen"

GStA PK, XI. HA D 199

Die neugewonnene Provinz erhielt den Namen Westpreußen. Den Preußennamen hatte sie auch in den 300 Jahren der Zugehörigkeit zur polnischen Krone als „Preußen königlich polnischen Anteils" getragen. Das Land, ohne den ebenfalls dazu getretenen Netzedistrikt, hatte seit 1454/1466, als es durch den Aufstand der Stände und das Eingreifen Polens dem Deutschen Orden gewaltsam genommen wurde, sein eigenes Wappen mit dem schwarzen Adler Preußens geführt, es hatte eigene Ständetage mit noch lange Zeit deutscher Amtssprache gehabt, es huldigte jedem neuen polnischen König gesondert. Erst seit der Lubliner Union 1569 war es zwangsweise Polen inkorporiert worden, nur Danzig, Elbing und Thorn hatten sich auch dann ihre alte Autonomie bewahrt, die bei Danzig bis zur Wehrhoheit und zu eigenen ausländischen Gesandtschaften ging, die nicht einmal der polnische König besaß. Als Rechtstitel gebrauchte König Friedrich jedoch nicht die Anknüpfung an den Deutschen Orden. Er konnte dies nicht tun, weil der Orden in Deutschland noch bestand und soeben in einer Klage, die freilich macht- und fruchtlos war, seine Ansprüche auf Preußen wieder hervorholte. Das waren nur Nadelstiche. Friedrich knüpfte daher an die alte Zugehörigkeit des Landes Pommerellen zu Pommern (Klein Pommern) im Mittelalter an, askanische Rechte und seine eigene Herrschaft über Pommern. So konnte er, ohne den Deutschen Orden zu nennen, gleichwohl die Redintegratio (Wiedervereinigung) betonen. Bevölkerungsvertreibungen fanden in allen drei Teilungsgebieten nicht statt. Die lange erwünschte Landbrücke war, zur Vermeidung eines österreichisch-russischen Krieges, gleichsam wie eine Belohnung für den Makler, hergestellt worden.

### 54 Aus Friedrichs Erinnerungen zur Teilung Polens

„Mémoires depuis la paix de Hubersbourg 1763 jusqu' a la fin du partage de la Pologne 1775"

Eigenhändige Niederschrift König Friedrichs auf Papier, französisch

GStA PK, BPH Rep. 47 Nr. 294

In den vorliegenden Erinnerungen beschrieb der König aus seiner Sicht die erste Teilung Polens. Aufgeschlagen ist die Seite mit seinen Äußerungen über das sogenannte Lynarsche Projekt. In diesem Manuskript fand sich auch die Stelle, in der er schrieb, Österreich habe durch die an die Zips angrenzenden Starosteien die Teilung „verursacht". In der Fassung von 1778 milderte er dies Urteil in den Wortlaut, Österreich habe der Teilung damit „am meisten die Wege geöffnet". Er war also um Gerechtigkeit der Beurteilung bemüht.

### 55 Karikatur auf Friedrich den Großen

Unbekannter Zeichner

Karikatur Friedrichs des Großen

Nach einer Bleistiftzeichnung
Aus: Hohenzollern-Jahrbuch 5. Jg., 1901

Foto: GStA PK

In den siebziger Jahren des 18. Jahrhunderts entstanden einige Karikaturen von Persönlichkeiten des preußischen Hofes, darunter auch dieses Blatt, das den König zeigt, einen Dreispitz unter dem Arm.

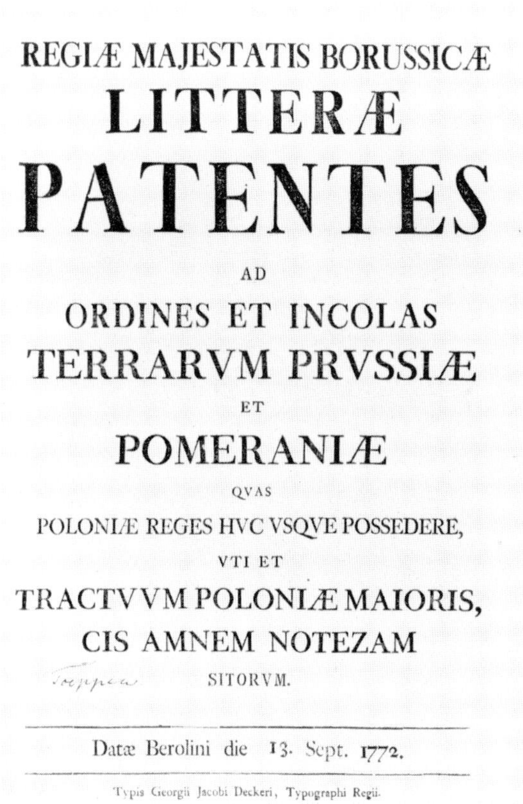
REGIÆ MAJESTATIS BORUSSICÆ
LITTERÆ
PATENTES
AD
ORDINES ET INCOLAS
TERRARVM PRVSSIÆ
ET
POMERANIÆ
QVAS
POLONIÆ REGES HVC VSQVE POSSEDERE,
VTI ET
TRACTVVM POLONIÆ MAIORIS,
CIS AMNEM NOTEZAM
SITORVM.

Datæ Berolini die 13. Sept. 1772.

Typis Georgii Jacobi Deckeri, Typographi Regii.

Kat. Nr. V, 56 a

## Die Brücke nach Preußen

### 56 Inbesitznahme Westpreußens

a) „Regia Majestatis Borussicae litterae patentes ad ordines et incolas terrarum Prussiae et Pomeraniae quas Poloniae Reges huc usque possedere uti et tractatum Poloniae majoris cis amnem Notezam sitorum"
Berlin, 1772 September 13

GStA PK, XII. HA VI Nr. 479

b) Denkmünze in Silber, Durchmesser 5,3 cm 1772

Vorn: Brustbild Friedrichs als antiker Herrscher mit Lorbeerkranz, Profil nach rechts. Umschrift: FRIDERICUS BORUSSORUM REX. Rückseite: Darstellung der Entgegennahme einer Landkarte des westlichen Preußen durch den König. Umschrift: REGNO REDINTEGRATO. Unten Bezeichnung: FIDES.PRAESTITA.MARIEBURGI.MDCCLXXII.

GStA PK, Neuerwerbung 1985

FRIDERICUS BORUSSORUM REX

REGNO REDINTEGRATO
FIDES
PRÆSTITA·MARIEBURGI·
MDCCLXXII

Kat. Nr. V, 56b

## 57 Johann Friedrich von Domhardt (1712–1781)

„Johann Friedrich von Domhardt"
Kupferstich, 38 × 29 cm
Bez.: „Becker pinx., Bause sculp."

Dr. Elmar Mauch, Bad Mergentheim

Johann Friedrich Domhardt, der aus dem braunschweigischen Harzvorland stammte, hatte seine praktische Ausbildung in der Landwirtschaft bei seinem Vater erhalten. Dieser war seit 1724 Administrator und später Domänenpächter in Althof-Ragnit (Ostpreußen). 1746 berief der König Domhardt als Kriegs- und Domänenrat an die Königsberger Kammer. Nach seiner Versetzung nach Gumbinnen galt Domhardts besondere Aufmerksamkeit der Reorganisation des Trakehner Gestüts. Als Präsident der Litauischen Kriegs- und Domänenkammer erlebte er die russische Besetzung Ostpreußens; es gelang ihm jedoch, größeren Schaden zu verhüten und Gelder heimlich in das unbesetzte Preußen zu schaffen. Er wurde 1762 auch zum Präsidenten der Königsberger Kriegs- und Domänenkammer ernannt, und nach der Besitzergreifung Westpreußens 1772 wirkte er als Oberpräsident sämtlicher ost- und westpreußischen Kammern. In dieser Funktion hatte er in Marienwerder die neue Kammer einzurichten und Justiz, Verwaltung und Wirtschaft sowie die Kolonisationsarbeiten zu organisieren. Durch Verleihung des Adelsprädikats und des Wappens mit einer goldenen Garbe und einem silbernen Pferd bezeugte ihm der König 1771 seine besondere Gunst. Wenn die sich nur zögernd einstellenden Erfolge in Westpreußen den hochgespannten Erwartungen Friedrichs nicht immer entsprachen, so mußte er doch eingestehen, daß hier kein Versagen des unermüdlichen Domhardt vorliegen konnte.
Am 13. September 1772 erfolgte die offizielle Besetzung des Gebietes, das Friedrich dem Großen nach dem Vertrag von St. Petersburg zugesprochen worden war. Das Patent über die Inbesitznahme wurde auch in lateinischer und polnischer Sprache veröffentlicht. Der Wortlaut verwies auf die historische Entwicklung und begründete die Erwerbung, die der König schon in seinem Politischen Testament von 1752 erwogen, jedoch mit Waffengewalt niemals angestrebt hatte. Recht und Eigentum wurden den Bewohnern zugesichert. Für die Huldigung auf der Marienburg setzte der König den 27. September 1772 fest.

## 58 Einrichtung des Justizwesens in Westpreußen

a) „Notifications-Patent, betreffend die Einrichtung des geistlichen und weltlichen Justiz-Wesens, in den bishero von der Crone Pohlen besessenen, und nunmehro von Seiner Königlichen Majestät von Preussen in Besitz genommenen Landen, Preussen und Pommern, wie auch den bishero zu Groß-Pohlen gerechneten Districten diesseits der Netze"
Berlin, 1772 September 28

GStA PK, XII. HA VI Nr. 481

b) „Reglement für die Magisträte der Königlichen West-Preußischen Städte außer Elbing"
Berlin, 1773 September 13

GStA PK, XII. HA VI Nr. 488

Nach Entgegennahme der Huldigung am 27. September 1772, bei der der Minister von Rohd und der General von Stutterheim als Beauftragte des Königs auf der Marienburg zugegen waren, wurden mit Patent vom 28. September 1772 die einverleibten Gebiete den für die übrigen preußischen Landesteile geltenden Rechtsgewohnheiten und -organisationen unterstellt. Alle bisherigen Gesetze und Verordnungen wurden außer Kraft gesetzt. Das Ober-Hof- und Landesgericht in Marienwerder wurde die für alle geistlichen und weltlichen Justizangelegenheiten zuständige Behörde mit Ausnahme der von den katholischen geistlichen Gerichten zu entscheidenden Sachen. Der Gebrauch der deutschen Sprache im amtlichen Verkehr wurde ausdrücklich angeordnet, die Heranziehung von Dolmetschern jedoch vorausgesetzt. Die mit diesem Patent verkündete Aufhebung von Sklaverei und Leibeigenschaft der Domänenbauern brachte die Angleichung an die Verhältnisse im östlichen Preußen.
Eine Verbesserung der Rechtsstellung der Bauern auf den adligen Gütern erfolgte mit Verordnung vom 8. November 1773. 1773 wurden die westpreußischen Städte mit ihren juristischen Kompetenzen, dem zukünftigen Ablauf der Verwaltung und mit wichtigen Vorschriften und Formularen bekanntgemacht. Die Bürgermeister und anderen städtischen Bediensteten hatten durch ihre Unterschrift die Befolgung der Anordnungen zu versichern.

## 59 Justizverwaltung in Westpreußen

„Instruction für die West-Preußische Regierung"
Berlin, 1773 September 21

GStA PK, Bibliothek 42ª E 4ª (Neue Ediktensammlung)

Die mit Kabinettsordre vom 31. Januar 1773 als „Westpreußen" bezeichnete Erwerbung aus der Polnischen Teilung wurde der neu eingerichteten Kriegs- und Domänenkammer in Marienwerder unterstellt. Zugleich mit dieser Maßnahme erfolgte ein Gebietsausgleich oder -tausch mit dem der Königsberger Kammer unterstehenden Bereich: Das Ermland wurde zur Königsberger Kammer geschlagen, während von dort die Ämter Marienwerder, Riesenburg, Schönberg und Deutsch Eylau an die Kammer in Marienwerder abgegeben wurden. Der Netzedistrikt blieb unter Brenckenhoffs Leitung vorerst selbständig. Mit der Instruktion vom 21. September 1773 erhielt die Justizverwaltung der neuen Provinz die Bezeichnung „West-Preußische Regierung". Ihre Zuständigkeiten wurden denen der anderen preußischen Regierungen angeglichen.

## 60 Der Wiederaufbau von Kulm

a) Situationsplan der Stadt Kulm, April 1773

40 × 51 cm, 1:1500

GStA PK, XI. HA F 51012

b) Friedrich an Voltaire

Potsdam, 1773 Dezember 10

GStA PK, BPH Rep. 47 Nr. 379/65

Im Juni 1772 bereiste Friedrich Westpreußen zum ersten Mal, noch vor der eigentlichen Besitzergreifung der Provinz. Obwohl er wußte, wie vorteilhaft die Erwerbung zur Abrundung Preußens, zur Belebung von Wirtschaft und Handel werden konnte, erkannte er, welcher Anstrengungen es bedurfte, um zu ersten befriedigenden Ergebnissen zu gelangen. Über Kulm äußerte er sich: „Keine Ordnung, alles außer Rand und Band. Kulm z. B. sollte 800 Häuser haben, nicht 100 stehen, und ihre Bewohner sind", so tadelte der König, „Juden und Mönche, noch dazu der elendesten Art."

An Voltaire schrieb er am 10. Dezember 1773: „Es war nur gerecht, daß ein Land, das einen Copernicus hervorgebracht hat, nicht länger in jeglicher Art von Barberei verfaulte, in welche es die Tyrannei der Gewalthaber gestürzt hatte . . ."
Der Situationsplan der Stadt Kulm wurde gemäß Hoher Verordnung vom 14. November 1772 angefertigt. Die schwarz markierten Flächen bezeichnen die wüsten Plätze und zerstörten Gebäude.

## 61 Vermessungen in Westpreußen

„Contributions-Kataster von den Dorfschaften des Amtes Schlochau"
Marienwerder, 1773 Mai 4

GStA PK, XIV. HA Rep. 181 Nr. 13099

Neben Domhardt, der die westpreußische Verwaltung aufbaute, und Brenckenhoff, der sein umfassendes Tätigkeitsfeld in Pommern und in der Neumark nun um die Wasserbauarbeiten in Westpreußen vergrößert sah, wurde der Geheime Finanzrat Johann Rembert Roden mit einer wichtigen Aufgabe betraut: Er sollte nach dem Vorbild der Vermessung und Veranlagung Ostpreußens („Generalhufenschoß") auch für Westpreußen ein Kataster anlegen, um durch die Klassifikation des Grund und Bodens die Voraussetzung für eine gerechte Besteuerung (Kontribution) zu schaffen. Das gelang vorerst allerdings nicht in dem erwarteten Maße, da die Rechtsverhältnisse vielfach undurchsichtig waren und die lokalen Gegebenheiten so vernachlässigt vorgefunden wurden, daß andere, grundlegende Maßnahmen vorauszugehen hatten. Das Kontributionskataster Rodens weist die Namen der Dörfer und Vorwerke, ihre Größe, die Zahl der freien Bauern und die Höhe der jährlichen Abgaben aus.

## 62 Dorfordnung für Westpreußen

„Dorf-Ordnung für West-Preussen und die dazu gehörige Aemter.—
Porządek Wieyski dla Pruss Zachodnich y Ekonomii Krolewskich tam zostających"
Berlin, 1780 Oktober 3

GStA PK, XIV. HA Rep. 180 Reg. Danzig Abt. III Bd. 1 Domänen Nr. 10115

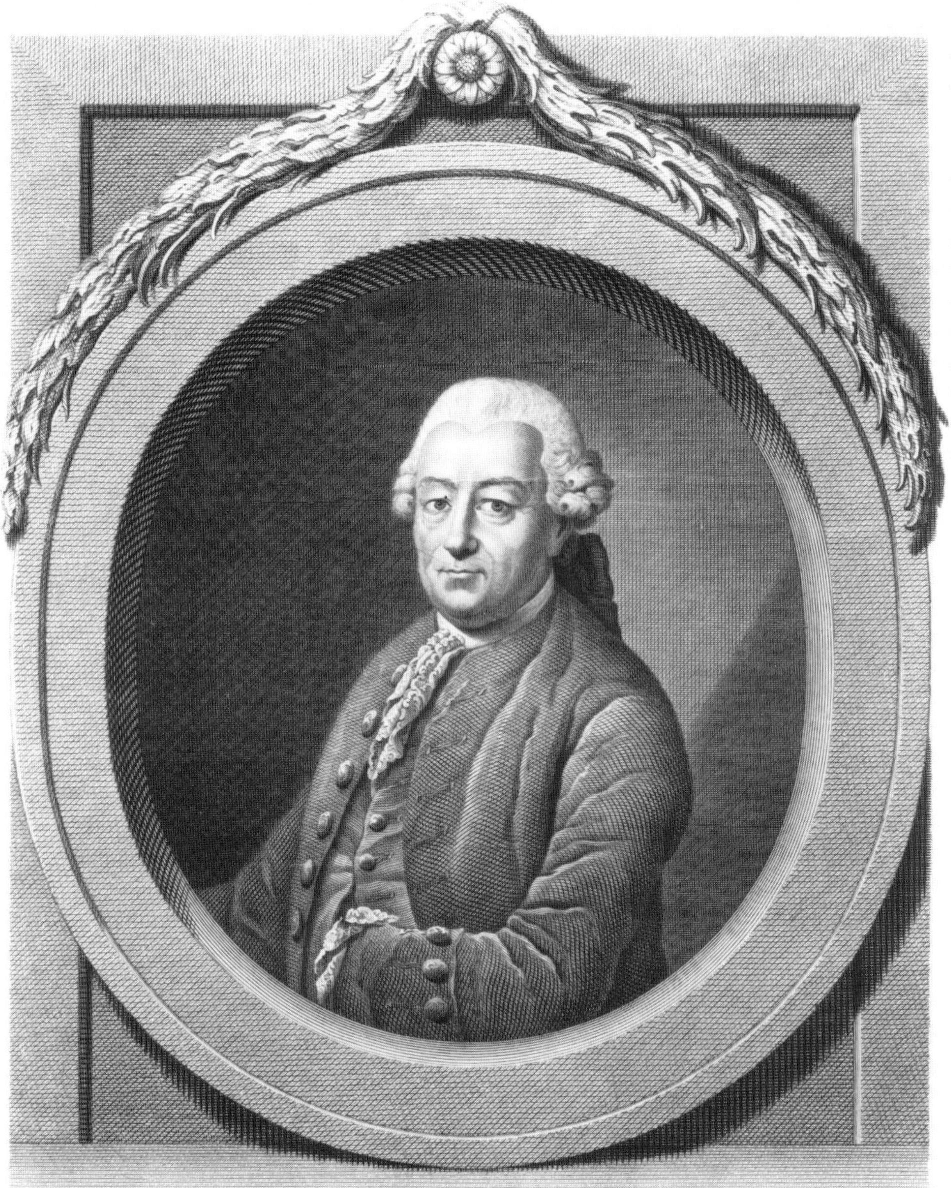
JOANNES FRIDERICVS
DE DOMHARDT

Kat. Nr. V, 57

Eigene Beobachtungen während seiner Reisen nach Westpreußen und die Berichte der dort tätigen Beamten veranlaßten den König zu einer Reihe grundlegender Maßnahmen für die neue Provinz. Die Dorfordnung von 1780 in deutscher und polnischer Sprache regelte das Leben und die Tätigkeit der ländlichen Bevölkerung, von Vorschriften über Ackerbau und Viehzucht angefangen, über den Schulbesuch der Kinder bis hin zur Verbuchung von Abgaben und zum Verhältnis der Dorfbewohner zu den neu eingerichteten preußischen Behörden. Zwischen 1773 und 1785 hielt sich Friedrich regelmäßig meistens im Monat Juni in Westpreußen auf. Obwohl er seine Enttäuschung über die vorerst kaum sichtbaren Erfolge gegenüber der Kammer in Marienwerder nicht verschwieg, war er davon überzeugt, hier Dauerhaftes zu schaffen. „Was gemacht wird, ist nicht auf kurze Zeit, sondern auf die Jahrhunderte gemacht", beurteilte General Lentulus die Anstrengungen des Königs.

### 63 Danzig

„Grundriß der Stadt Danzig nebst ihren umliegenden Gegenden und dem Ausfluß der Weichsel in die Ostsee nach einer genauen Aufnahme des Terrains zusammengetragen und angefertiget durch D. F. Sotzmann, den 1ten Novbr. 1783. NB. Alles gelb lassirte ist Königl. Preuß., und alles weisse Danziger Gebiet"

Bez.: „C. C. Glassbach sen. sc. Berol."

GStA PK, Sammlung Dr. Nickel Karten/Pläne Nr. 76, Fb. S. 151

Bei der Teilung Polens 1772 waren die Städte Danzig und Thorn nicht an Preußen gelangt, sondern der Krone Polens verblieben. Doch beeinträchtigte die Trennung von ihrem Hinterland die Wirtschaft beider Städte stark. Danzig spürte die preußische Nachbarschaft auf dem linken Weichselufer, während Friedrich versuchte, diesen Gebietsgewinn bei der Errichtung der Preußischen Seehandlung im Oktober 1772 und durch die Erhebung von Schiffahrtsabgaben in sein Wirtschaftsprogramm einzubauen. Im November desselben Jahres befahl der König die Einrichtung eines Admiralitätsgerichts in Danzig-Fahrwasser.

### 64 Minister Leopold Otto von Gaudi (1728—1789)

Leopold Otto von Gaudi

Kupferstich, 14 × 8,3 cm
Bez.: „Wagenr. del. D. Berger sculp. 1788"

Berlin Museum

Nach dem plötzlichen Tod des für Ost- und Westpreußen zuständigen Ministers im Generaldirektorium (I. Departement), von Massow, berief der König den bisherigen Präsidenten der Magdeburger Kammer, von Gaudi, 1775 auf seine Stelle. Damit mußte Gaudi auch die schwierige Aufgabe des westpreußischen Retablissements übernehmen. Wie sehr hier dem König an der Verwirklichung seiner Pläne und der genauen Erfüllung aller Aufgaben lag, geht aus der Instruktion für Gaudi vom 22. Dezember 1775 hervor, in der der neue Minister aufgefordert wird, sich nach Westpreußen zu begeben, um einen persönlichen Eindruck von den dortigen Zuständen zu gewinnen. „Dieses sind Meine generale Idées, so Euch hierdurch bekannt machen wollen", schreibt Friedrich. „Eure nähere Bearbeitung und Mir bekannter Diensteifer wird Euch schon dahin führen, Meiner Intention nach allen Eueren Kräften nachzufolgen. . ."

## Gewinnung von Land und Leuten

### 65 Franz Balthasar Schönberg von Brenckenhoff (1723—1780)

Christian Friedrich Reinhold Lisiewski

Schönberg von Brenckenhoff

Öl auf Lwd., 77,5 × 65 cm
um 1775

SKH Dr. Louis Ferdinand Prinz von Preußen, Berlin

Brenckenhoff wurde 1762 als Wirklicher Geheimer Finanz-, Krieges- und Domänenrat in den preußischen Staatsdienst genommen, nachdem er unter Leopold von Anhalt-Dessau und seinen Nachfolgern seine Begabung für die Landeskultur und Ökonomiesachen mehrfach hatte unter Beweis stellen können. In der Neumark und in Hinterpom-

Kat. Nr. V, 65

mern führte er die Arbeiten des Retablissements zur Zufriedenheit des Königs durch. Nach der Inbesitznahme Westpreußens wurde ihm mit dem Netzedistrikt ein neues, weites Aufgabengebiet zugewiesen. Durch Meliorationen, Deich- und Wasserbauten erschloß er — vielfach unter Einsatz seines persönlichen Vermögens — Wasserstraßen für Verkehr und Handel und gewann Landflächen für die landwirtschaftliche Nutzung. Er gehört nächst Friedrich Wilhelm I. und Friedrich dem Großen zu den bedeutendsten Kolonisatoren Brandenburg-Preußens.

## 66 Persönlichkeit Brenckenhoffs

Brenckenhoff an den Stallmeister von Brandt
Driesen, 1765 September 16

GStA PK, I. HA Rep 94 A Slg. Adam Nr. 48

Brenckenhoffs persönlicher Einsatz für das Retablissement und seine Gutmütigkeit, mit der er unbedenklich eigene finanzielle Mittel einsetzte, genaue Abrechnungen und Nachweise über den Verbleib öffentlicher Gelder jedoch als weniger wichtig ansah, sind aus den Quellen abzulesen. Ein Zeugnis dieser Art ist sein eigenhändiges Schreiben an den Stallmeister von Brandt, mit dem er diesem in Anbetracht des herrschenden Viehsterbens seine eigenen Pferde zum Vorspann für den Geheimen Finanzrat von Rech zur Verfügung stellt. Das Viehsterben ist ihm eine große Sorge, „indeßen wünsche [ich], daß Ew. Hochwohlgeb. Dorfschaften davon befreyet bleiben mögen“.

## 67 Wasserbauarbeiten im 18. Jahrhundert

a) „D: Gilly Königl. Preuß. Geh. Oberbaurath“

Kupferstich, 19 × 11 cm

SSG, Schloß Charlottenburg

b) Abbildungen aus: David Gilly: Praktische Anweisung zur Wasserbaukunst. H. 1—4. (H. 3 und 4 hrsg. von J. A. Eytelwein)
Berlin 1809—1824

SBPK Nz 8020 (Foto)

Die Abbildungen aus Gillys „Wasserbaukunst“ verdeutlichen, unter welchen technischen Bedingungen in friderizianischer Zeit die Arbeiten an und in den Gewässern durchgeführt werden mußten. Von wenigen Gerätschaften abgesehen, war es doch der Einsatz von Menschenkraft, der zum Erfolg führen mußte. Die äußeren Umstände waren von der Witterung abhängig; Nässe und Kälte hemmten den Fortgang der Arbeiten. Die Unterbringung der Arbeiter, ihre Verpflegung, Löhnung und medizinische Betreuung mußten sichergestellt werden. Dabei erwartete der König bei möglichst sparsamem Verbrauch der Gelder schnelle und überzeugende Erfolge. Brenckenhoffs große Begabung lag auf praktischem Gebiet, wobei er seit 1770 in David Gilly einen befähigten Helfer fand. Für die Verwaltungsaufgaben und das Rechnungswesen hatte Brenckenhoff keinen sachverständigen Mitarbeiter. Ihm selbst lagen diese Aufgaben wenig, und er zögerte nicht, zu improvisieren und eigene Mittel einzusetzen, um die ihm gesetzten Ziele zu erreichen.

Kat. Nr. V, 67b

## 68 Das Netzebruch

„General Carte vom Netz-Bruche, Worinnen die Neu-angelegte Colonien und die zu Uhrbahrmachung dieses Bruches angefertigte Bewallungen Canäle und Grabens ingleichen die angrentzende Feldmarcken und Königliche Forsten verzeichnet von D. Gilly“
Landsberg an der Warthe, 1768 November und Dezember

118 × 181 cm, 1:21 600

GStA PK, XI. HA A 50768

Der 1748 in Schwedt an der Oder geborene, einer Hugenottenfamilie entstammende David Gilly entwickelte sich zu einem der fähigsten Mitarbeiter Brenckenhoffs, vor allem in der Praxis des Wasserbaues und der Kolonisation des gewonnenen Landes. Hierfür legen auch seine Karten und Pläne Zeugnis ab, aus denen der Fortschritt der Arbeiten an der Netze und in der Siedlung zu ersehen war. 1768 siedelten bereits 809 Familien in 38 neuen Kolonien. Namen wie Brenckenhoffswalde, Schönberg, Franzthal, Neu-Dessau, Friedrichshorst deuten auf den Gründer der Kolonien, Franz Balthasar Schönberg von Brenckenhoff, und den Zeitpunkt ihrer Entstehung hin.

## 69 Deichordnung für das Netzebruch

„Deich-, Ufer- und Graben-Ordnung für das Ober- und Nieder-Netzbruch"
Berlin, 1779 Dezember 14

GStA PK, XII. HA VI Nr. 515

Nach Abschluß des Bewallungswerks im Netzebruch unter der Leitung Brenckenhoffs und der Ansetzung von Kolonistenfamilien blieb die Unterhaltung der Deiche als Aufgabe bestehen, zu deren Erfüllung alle Siedler ihren Beitrag zu leisten hatten. Die Deich- und Grabenordnung setzte bis in Einzelheiten fest, welche Pflichten der Deichhauptmann, der Deichinspektor, der Wall- und Schleusenmeister und die Kolonisten zu erfüllen hatten. In den beigefügten Deichrollen waren die Ausdehnungen an den Wällen festgelegt, für die jeder Siedler nun verantwortlich war.

## 70 Der Bromberger Kanal

„Plan von dem in Anno 1773 et 1774 auf allerhöchsten Befehl Seiner Königlichen Majestät von Preussen Neugefertigten SchiefsCanal nebst 8 einfachen und 2 doppelten Schleusen Zwischen Bromberg und Nackel in West Preussen desgleichen den Lauff der Netze von Bialaschliwe bis im Giploss-See. Dieser Canal undt die Schiffahrth mit der Netze und Weichsel durch die Brahe zu vereinigen ist in einer Zeit von 15 Monathen durch mehrentheils fremden ArbeitsLeuten und so das die mehreste Zeit an 6000 Mann daran gearbeitet, unter Direction des Geheimen Finantz Rath Herrn von Brenckenhoff und unter Aufsicht des Bau Inspectores Wilhelm Dornstein von Müllerose zu Stande gebracht worden."

Kolor. Handzeichnung, 56 × 90 cm, 1 : 140 000

GStA PK, XI. HA E 399

Die Anlage des Bromberger Kanals ermöglichte eine Wasserverbindung zwischen Netze und Weichsel, wodurch gleichzeitig der Wasserweg zwischen Oder und Weichsel eröffnet wurde. Mit 6000 Arbeitern vollendete Brenckenhoff innerhalb von 16 Monaten den größten Teil des Werkes; dabei wurde allen Beteiligten ein Höchstmaß an Einsatz und Anstrengung abverlangt. Als der König im Sommer 1773 das Netzeland bereiste, war die neue Wasserstraße bereits schiffbar. 1775 konnten die Arbeiten abgeschlossen werden. Es folgten die Regulierung der Netze zwischen Nakel und Driesen und Wasserbauten an einigen Nebenflüssen von Netze und Weichsel. Durch die Veränderung des Wasserspiegels gewann die Nogat zunehmend an Bedeutung. Daraus ergab sich die Möglichkeit, den Handel von Danzig nach Elbing abzulenken. Die Anlage des Kraffuhl-Kanals zwischen Nogat und Elbing 1783 unterstrich diese Absicht des Königs.

## 71 Anweisungen für Brenckenhoff

Friedrich an Brenckenhoff
Potsdam, 1777 Oktober 30

GStA PK, BPH Rep. 47 Nr. 121

Auf einen Bericht Brenckenhoffs vom 24. Oktober 1777 über die beabsichtigte Abschaffung von Wassermühlen an den Strömen und Flüssen gibt der König zu erkennen, daß in einem solchen Fall die Entschädigung der Eigentümer erfolgen müsse. Brenckenhoff wird angewiesen, überschlägig die Finanzmittel festzustellen, die hierfür erforderlich sein würden. Der König vertritt jedoch die Ansicht, daß bei der Anlage kleiner Gräben und der Verlegung der Mühlen diese bestehen bleiben könnten, ohne das Wasser der Flüsse aufzuhalten oder zu stauen.

## 72 Ackerbau im Kreis Ruppin

Anton Büsching

„Beschreibung seiner Reise von Berlin nach Kyritz in der Priegnitz, welche er vom 26. September bis zum 2. Oktober 1779 verrichtet hat“ Leipzig 1780

Hier: Abbildung des Ruppinschen Ochsen-Hakens.

GStA PK, Bibliothek 19 B 85

Anton Friedrich Büsching, seit 1766 Direktor des Gymnasiums zum Grauen Kloster in Berlin, verband seine persönlichen Reisebetrachtungen auch während seiner Fahrt von Berlin nach Kyritz und zurück mit einer wissenschaftlichen Darstellung dieses Gebietes der Mark Brandenburg. So ist ihm eine der frühesten Beschreibungen des Lebens im Bruch zwischen Rhin und Dosse, dessen Urbarmachung soeben abgeschlossen war, zu verdanken: Die Äcker „sind bey jedem Dorf in drei Felder abgetheilet, einer dienet für das Winter-Getreide, der andere für das Sommer-Getreide und der dritte, welcher brach liegt, dienet zur Hütung oder Hutweide. Es wird nicht viel Weitzen, aber viel Roggen und Gerste gebauet. Die neu angelegten Colonien bauen jetzt viel Hafer ... Die Aecker werden fast insgesammt vermittelst des Hakens umgearbeitet, da er dem hiesigen leichten Boden nützlicher ist als der Pflug ...“ Büsching rühmt den Vorzug dieses Geräts der Kolonisten, dessen technische Einzelheiten er durch einen Kupferstich veranschaulicht.

## 73 Hans Ernst Dietrich von Werder (1740—1803)

„Hans Ernst Dietrich von Werder Königl. Preuss. Geheimer Etats-Minister und Generalpostmeister“

Kupferstich, 18 × 11 cm

Bez.: „H. Francke pinx. 1785 D. Berger Sculps. 1786“

Dr. Elmar Mauch, Bad Mergentheim

Zu den wichtigsten Verwaltungsbeamten während der letzten Regierungsjahre Friedrichs des Großen zählte der vormalige Landrat von Ziesar, Hans Ernst Dietrich von Werder, der 1781 Leiter des II.

Kat. Nr. V, 73

Departements im Generaldirektorium geworden war. Danach hatte er als Provinzialminister der Kurmark zugleich das wichtige Salzregal und das Generalpostamt zu verwalten. Ab 1784 mußte er auch das V. Departement übernehmen, das für Kommerzien und Fabriken zuständig war.

## 74 Kolonisation in Schlesien

„Friderizianische Siedlungen rechts der Oder bis 1800“

Aus: Geschichtlicher Atlas von Schlesien. Herausgegeben von der Historischen Kommission für Schlesien. 1. Stück Blatt I—III. Bearb. von Herbert Schlenger. 2. Auflage. Sigmaringen: Thorbecke Verlag 1984.

Nach der Erwerbung Schlesiens hatten die frühesten Ansiedlungspatente vorrangig eine Verbesserung des Fabriken- und Manufakturwesens beabsichtigt. Der Ausbau der ländlichen Siedlungen außerhalb der Domänen begann erst nach 1763, wobei der Minister Hoym auf Befehl des Königs Oberschlesien seine besondere Aufmerksamkeit zuwandte. Die Zahl der schlesischen Kolonisten wird auf über 60 000 berechnet, von denen sich etwa die Hälfte in den Städten niedergelassen hatte. Trotz vieler Bemühungen blieb in den oberschlesischen Kolonien eine wirtschaftliche Blüte aus, aber eine Verbesserung der Siedlungsdichte war immerhin erreicht worden.

## 75 Carl Georg Heinrich Graf von Hoym (1739—1807)

„Carl George Heinr. v. Hoym königl. Preußl. geheim.StaatsMinister“

Kupferstich, 29 × 21 cm
Bez.: „Bardou pinx., J. F. Bause sc.“

Dr. Elmar Mauch, Bad Mergentheim

Hoym war seit 1770 als Nachfolger von Ernst Wilhelm von Schlabrendorff Provinzialminister für Schlesien, wo er sich der Landwirtschaft und des Siedlungswesens annahm. Auf Betreiben des Königs legte er das Schwergewicht auf Dorfgründungen in Oberschlesien. 1786 wurde er in den Grafenstand erhoben. Er gehörte zur Gruppe derjenigen Minister, die der König kurz vor seinem Tode noch einmal empfing.

## 76 Begünstigung niederschlesischer Siedler

„Patent betreffend die Beneficia, Freyheiten und Exemtiones, welche denen auf die gegen Allerhöchste Königliche Bonification in Niederschlesien neu erbaute Häußler-Stellen zu etablirenden ausländischen Colonisten angedeyhen sollen“
Breslau, 1776 August 26

GStA PK, XII. HA VI (unverz.)

Verglichen mit der Neumark, mit Pommern oder dem Netzedistrikt, zeigte das Ansiedlungswesen auch in Niederschlesien nur sehr langsame Fortschritte, obwohl den Gutsbesitzern für die Gründung neuer Dörfer und die Einrichtung von Häusler-Stellen staatliche Beihilfen zugesichert worden waren. Um auch auswärtigen Kolonisten den Zuzug nach Schlesien zu erleichtern, sollten sie vom Militärdienst frei sein und den Grundherren gegenüber „mit keinem persönlichen Unterthänigkeits-Nexu belegt werden“.

## 77 Das Verhältnis von Gutsherren und Bauern

„Verordnung, wie in Ansehung der Dienste sowohl, als der Unterthanen selbst, in Ost- und West-Preußen verfahren werden soll“
Berlin, 1773 November 8

In: Provinzialrecht der Provinz Westpreußen. Bd. 2 Abt. 2. Hrsg. von Friedrich Heinrich von Strombeck. Leipzig 1832, S. 151—160.

GStA PK, Bibliothek 21 L 21

Aus dem Kolonisationswerk in friderizianischer Zeit ergab sich die Frage nach der Stellung der Bauern. Um Kolonisten zu gewinnen, erhielten sie gewöhnlich den günstigen Stand als Erbzinsleute zugesprochen. Dagegen stieß die Möglichkeit, die Gutspflichtigkeit und Erbuntertänigkeit insgesamt aufzuheben, auf Bedenken der Gutsbesitzer, die auf die Gefahr der Landflucht hinwiesen. Die Furcht vor der Depeuplierung (Entvölkerung) setzte Ansätzen einer Bauernreform von vornherein Grenzen. Friedrich überschritt diese Grenzen nicht, sondern betonte trotz Zusicherung ihrer persönlichen Freiheit die Bindung der Bauern an den Gutsherrn. In diesem Sinne regelte der König auch für Ost- und Westpreußen das Verhältnis zwischen Gutsherren und Bauern und machte die gegenseitigen Rechte und Pflichten deutlich, die nach der Aufhebung der Leibeigenschaft in Ostpreußen (1719—1724) und Westpreußen (1772) fortbestanden. Dabei zeigte er in dem entsprechenden Edikt die zahlreichen Möglichkeiten auf, die zur Loslassung von der Untertänigkeit berechtigten. In seinen „Denkwürdigkeiten seit dem Hubertusburger Frieden“ begründete Friedrich seine Anstrengung zu verhindern, daß sich Gutsbesitzer Bauernland aneigneten: „Mit der Zeit würde jedes Dorf seinen Eigenthümer und keine Lehnleute gehabt haben; nun flößt aber Landeigentum den Bürgern Anhänglichkeit an ihr Vaterland ein; diejenigen, die nichts Eigenes besitzen, können sich nicht an ein Land hängen, wo sie nichts zu verlieren haben.“

Kat. Nr. V, 75

## 78 Schutz der Untertanen

a) Abschrift der Entscheidung des Königs, daß die Gräfin von Geßler „wegen verübter Grausamkeit und Todtschlags an ihrer Dienstmagd, der Deppin, mit dem Schwerdt vom Leben zu Tode gebracht werden“ soll.
Berlin, 1750 Oktober 8

b) „An die in der Geßlerschen Inquisitions-Sache bestelte Commissarien, daß Catherine Perschken, Hans Darge, Dorothea Johnin und Dorothea Eisenbergin, weil sie sich zu Werkzeugen der an der Deppin verübten Grausamkeit gebrauchen laßen, mit Einmonatlicher Zucht-Hauß-Arbeit, die beyden Fritzen aber mit 4wöchentlichen Gefängniß belegt werden sollen“
Berlin, 1751 Juni 29

GStA PK, XX. HA EM 61 a Nr. 25 und 26

Aufsehen erregte schon 1750/51 der Prozeß gegen die Gräfin Geßler, deren Gemahl sich als Führer der Bayreuth-Dragoner in der Schlacht bei Hohenfriedberg ausgezeichnet hatte. Sie wurde der körperlichen Züchtigung ihres Gesindes angeklagt, wobei ihre Magd zu Tode gekommen war. Der König verschärfte das Urteil, das ursprünglich auf sechs Jahre Arrest gelautet hatte, und verfügte die Hinrichtung mit dem Schwert, während er für die zur Beihilfe gezwungenen Bediensteten niedrigere Strafen festsetzte. Mit diesem „abscheulichen Exempel“ wollte er seine Bemühungen um den Schutz der Untertanen vor Mißhandlungen unterstreichen und verdeutlichen, daß der Stand der Angeklagten die Rechtfindung nicht beeinflussen dürfe. Die gleichen Beweggründe ließ der König auch später mit seinem Machtspruch im Müller-Arnold-Prozeß erkennen. Der Gräfin gelang die Flucht in ihre polnische Heimat.

## 79 Verbot willkürlicher Absetzung der Bauern

Reskript an die Westpreußische Kriegs- und Domänenkammer-Deputation
Berlin, 1777 März 12

GStA PK, BPH Rep. 47 Nr. 35

Das „Auf Seiner Königl. Majestät allergnädigsten Special Befehl“ von Etatsminister von Gaudi unterzeichnete Reskript verbietet, Bauern ohne gegründete Ursachen von ihren Höfen abzusetzen und in Sterbefällen den Kindern der Bauern ohne ausdrückliche Anweisung des Königs den Hof vorzuenthalten.

## 80 Ackerbau

„Königlich-Preußische Feldordnung zur Abstellung derer bey dem Ackerbau im Fürstenthum Halberstadt und dazu gehörigen Herrschafften zum Nachtheil desselben, auch der Hude und Weide bishero eingeschlichenen Mißbräuche, Inconvenientien und Unordnungen“
Berlin, 1759 Juli 27

GStA PK, XII. HA VI Nr. 402

Dreimal im Jahr wurde die Feldordnung den Bauern und Hirten sonntags nach der letzten Predigt vorgelesen. Auf diese Weise sollten ihnen ein geregelter und ordnungsgemäßer Anbau von Feldfrüchten im Wechsel der Brachen, die Beachtung der Grenzen ihrer Äcker sowie des Eigentums an Land, Bäumen und Vieh und nicht zuletzt die Kultivierungsaufgaben eingeschärft werden. Abschnitt 15 macht Räumung und Pflege der Ackergräben zur Pflicht, weil das Gras sonst „durch das beständig daselbst stehende Wasser ganz versauret".

## 81 Kreditsozietät für die Kur- und Neumark und schlesische Pfandbriefanstalt

a) „Chur- und Neumärkisches allergnädigst confirmirtes Ritterschafts-Credit-Reglement"
Berlin, 1777 Juni 15

GStA PK, XII. HA VI Nr. 509

b) Pergament-Pfandbrief der Schlesischen Landschaft
Breslau, 1771 Dezember 24

Westfälische Landschaft — Bodenkreditbank, Münster

Um der hohen Verschuldung des adligen Grundbesitzes nach dem Siebenjährigen Krieg wirksam entgegenzutreten, reichten staatliche finanzielle Zuwendungen nicht aus. Schon 1767 veranlaßte der König, im einzelnen den Grad der Verschuldung und die Belastungen durch Hypotheken festzustellen, den Wert der Güter zu taxieren und die kriegsbedingten Schäden zu schätzen. Die ersten Schritte zur Herstellung gesunder wirtschaftlicher Verhältnisse wurden in Schlesien durch die Gründung einer Pfandbriefanstalt getan. 1776 regte der König die Vertreter der kurmärkischen Stände zur Einrichtung einer Kreditsozietät an. Die Ausgabe der Pfandbriefe war mit der Garantie der „Associirten des Creyses, worinn das Gut belegen, hiernächst aber auch noch mit der Garantie der Associirten der Provinz und endlich der sämmtlichen Associirten der Chur- und Neumark Brandenburg" versehen. Ein Stammkapital von 200 000 Talern stellte der Staat zur Verfügung. 1780 folgte auch Pommern dem schlesischen Beispiel. Eine 1783 erlassene Allgemeine Hypothekenordnung für den Preußischen Staat wurde auch für andere deutsche Territorien beispielgebend.

## 82 Getreidevorräte

a) Friedrich an die Litthauische Kriegs- und Domänenkammer in Gumbinnen
Potsdam, 1782 März 10

GStA PK, BPH Rep. 47 Nr. 63

b) Kornmagazine des preußischen Staates im 18. Jahrhundert

Entwurf: F. Benninghoven

Naturkatastrophen und Mißwuchs bewirkten wiederholt Notstände bei der Versorgung der Bevölkerung mit Brotgetreide, gepaart mit einer spürbaren Verschlechterung der Handelsbilanz. Durch die Vermehrung der Kornmagazine insbesondere in Schlesien und in der Mark Brandenburg strebte der König einen Ausgleich zwischen sehr guten Ernteerträgen und schlechten Ergebnissen an, erreichte damit einen Rückgang der Preisschwankungen und gewann durch diese staatlichen Schutzmaßnahmen die Möglichkeit, mit verbilligter oder auch kostenloser Verteilung von Korn Hungersnöte zu verhindern. Wenn diese Wirtschaftspolitik einerseits im In- und Ausland Aufmerksamkeit erregte und Zutrauen erweckte, so bedurfte es andererseits allerdings der Einwirkung auf die Kaufleute, mit ihren Geschäften dieses System nicht zu durchbrechen. So wies der König im Schreiben vom 10. März 1782 die Kriegs- und Domänenkammer in Gumbinnen an, „daß den Kauffleuten nicht erlaubt werden muß, daß sie das Korn in unsern Landen aufkauffen und solches außerhalb verschiffen, denn wir haben selbst nicht genug . . ."

## 83 Kartoffelanbau

Robert Warthmüller

„Der König überall"

Öl auf Lwd., 105 × 182 cm
1886

Privatbesitz

Nach ersten Versuchen Ende des 17. Jahrhunderts und um 1720 (Charité), den Anbau von Kartoffeln heimisch zu machen, griff Friedrich II. diesen Gedanken wieder auf, so daß er oft als Initiator für die Einführung der Kartoffel angesehen wird. Tatsächlich gibt es eine ganze Reihe von Edikten des

Königs, den Kartoffelanbau vor allem in Pommern und Schlesien durchzusetzen. So erging beispielsweise 1756 ein Circulare an sämtliche Breslauer Land- und Steuerräte, Magistrate und Beamte, die Bauern „wegen Anbauung der Tartoffel" anzuhalten, deren Wohlgeschmack gerühmt wird. Um die unbekannte Frucht den Haushalten zu empfehlen, sind dem Circulare Kochrezepte beigegeben, nach denen die Kartoffel beim Brotbacken, als Pellkartoffel mit Erbsbrei, Gemüse, Fleisch und Salz sowie als Viehfutter gebraucht werden kann.

### 84 Forstsachen

„Forst-Ordnung für Ost-Preußen und Litthauen"
Berlin, 1775 Dezember 3

GStA PK, XII. HA VI Nr. 504

1770 gründete Friedrich der Große als VIII. Departement im Generaldirektorium ein eigenes Ressort für Forstsachen, das er dem Grafen von der Schulenburg-Kehnert unterstellte. Es umfaßte sowohl die königlichen, als auch die städtischen und übrigen Forst-, Jagd-, Mast- und Holzhandlungssachen. Angegliedert waren eine Nutzholz- und eine Brennholz-Kommission. Die Forstwirtschaft hatte während der Kriegsjahre besonders gelitten. Der Wiederaufforstung hatte der König in seinem Politischen Testament von 1768 ein besonderes Kapitel gewidmet. Die Arbeiten waren langwierig, und nennenswerte Erträge waren vorerst nicht zu erwarten. Die einzelnen Provinzen erhielten Forstordnungen, die die große Zahl bisheriger Einzeledikte durch abgestimmte, wohldurchdachte und den gegenwärtigen Verhältnissen angepaßte Verlautbarungen ersetzten.

## Die Armee nach dem Siebenjährigen Kriege

### 85 Die verbesserte Verteidigung

Plan von der Königl. Preußischen Armee von 1776

Kolorierte Handzeichnung mit schematischer Darstellung der einzelnen Regimenter
Bez.: „F. L. Fehr Unt. Off. Obr. von Braun Rgmt. d. Berlin fecit"

GStA PK, IX. HA

Zeichnerische Begabungen gab es auch unter den preußischen Unteroffizieren, wie das ausgestellte Blatt beweist. Die Armee wird hier schon nach ihrer Vermehrung nach dem Gewinn Westpreußens dargestellt. Die Staatseinnahmen stiegen nach 1773 bald um 2 Millionen Taler. Was davon nicht für die innere Verwaltung der aufbaubedürftigen neuen Provinz benötigt wurde, konnte für die Vermehrung der Streitkräfte ausgegeben werden. So konnte schon 1772 ein Mobilmachungsplan die „Summe der ganzen Force" auf 226 777 Soldaten beziffern, wovon 197 256 ins Feld rücken sollten, die anderen waren Garnisonen und Landmiliz. Die erste Heeresvermehrung hatte allerdings schon 1768 bei der Drohung eines neuen Krieges stattgefunden. Ein Denkmal für dieses Heer nach dem Siebenjährigen Kriege, als der Soldat auch in der Bevölkerung beliebter wurde (Aufkommen der ersten Bleisoldaten), war auf literarischem Gebiet Lessings „Minna von Barnhelm", nach Goethes Urteil „die wahrste Ausgeburt des Siebenjährigen Krieges, von vollkommen norddeutschem Nationalgehalt".

### 86 Uniformen der preußischen Armee

a) Carl F. Schulz

Preußische Uniformen um 1786
Von links: Füsilier vom Füsilierregiment Prinz Heinrich (Nr. 35)
Musketier vom Infanterieregiment Herzog von Braunschweig (Nr. 21)
Unteroffizier von der Fußartillerie
Grenadier vom Infanterieregiment von Lengfeld (Nr. 5)

Aquarell, 51,5 × 64,5 cm

SMPK, Kunstgewerbemuseum

b) Carl F. Schulz

Preußische Uniformen um 1786
Von links: Unteroffizier vom Carabinierregiment (Kürassierregt. Nr. 11)
Reiter von des Gen.-Major v. Backhof Regt. Kür., das Pferd marschmäßig gepackt (Kürassierrgt. Nr. 2)
Dragoner vom Ansbach-Bayreuthschen Dragonerregiment (Nr. 5)
Husar vom Grölingschen Husarenregiment (Nr. 6)

Aquarell, 52,2 × 65,2 cm

SMPK, Kunstgewerbemuseum

Carl Friedrich Schulz (1796—1866) war seit 1840 Professor der Berliner Akademie. Er nahm am Feldzug 1814—1815 teil und war als Künstler in Berlin, Holland, England, Frankreich und Rußland tätig. Er malte anfänglich Marinebilder, dann Jagdszenen und schließlich Uniformen der Zeit Friedrichs des Großen und Soldaten der russischen Armee für den Zaren Nikolaus I. Die ausgestellten Bilder malte er 1838 für Friedrich Wilhelm III.

## 87 Um Ostpreußens Verteidigung. Der Schweizer Paul von Gonzenbach und Graudenz

a) Paul von Gonzenbach (1724—1799)

Porträtfoto nach der farbigen Wiedergabe eines Gemäldes im Thurgauer Jahrbuch, 1969

GStA PK

b) „Graudentzsche Niedrung c. 1790"

Karte, handgezeichnet, koloriert, mit der Festung Graudenz
Maßstab etwa 1 : 20 000

SBPK Karte N 11 125/13

c) Kabinettsordre König Friedrichs an Paul von Gonzenbach
Potsdam, 1775 November 29

Kanzleiausfertigung mit eigenhändiger Unterschrift des Königs

GStA PK, IV. HA., Neuerwerbung

d) „Eléments de Castramétrie et de Tactique, MDCCLXXI"

Gedrucktes Exemplar der Schrift des Königs über Lagerbefestigungskunst und Taktik. Aufgeschlagen die Titelseite und Plan einer neuartigen Redoutenbefestigung

Im Auftrag der Stiftung Preußischer Kulturbesitz verwahrt: SSG, Schloß Charlottenburg P 14 (Exemplar aus der Bibliothek Friedrichs des Großen im Potsdamer Stadtschloß)

Nach der Gewinnung Westpreußens konnte der König sich den Wunsch erfüllen, den er schon in seinen Testamenten als fernes Zukunftsziel gesehen hatte, die Verteidigung Ostpreußens durch eine Festung an der unteren Weichsel zu sichern. Da ihm Danzig und Thorn als schon bestehende Festungen nicht zugesprochen worden waren, erbaute er eine neue Festung in Graudenz auf der rechten Flußseite. Er beauftragte hierzu den Hauptmann des Ingenieur-Korps von Gonzenbach. Paul von Gonzenbach aus Hauptwil im Kanton Thurgau war schon als Achtzehnjähriger in preußische Wehrdienste getreten. Er leitete den Bau von Graudenz bis in die Zeit Friedrich Wilhelms II. hinein, hat aber nicht mehr erlebt, wie die von ihm geschaffene Festung 1807 so umsichtig und ruhmvoll gegen Napoleon verteidigt wurde. Gonzenbach stieg als Direktor des Festungsbaus bis zum Obersten auf und war auch am Ausbau von Silberberg, Glatz, Pillau und Neufahrwasser (Weichselmünde) beteiligt. 1799 starb er in Pillau und wurde dort mit großen militärischen Ehren beigesetzt.
Graudenz war eins der Lieblingsprojekte Friedrichs des Großen. Alljährlich erschien er dort, um den Fortgang der Arbeiten zu besichtigen und Truppenrevuen abzuhalten. Er ließ sich in der Nähe bei Mockrau ein schlichtes Bauernhaus bauen, das ihm als Quartier diente. In dem vorliegenden Schreiben zeigt der König sich zufrieden, daß die Bauleitung an Gonzenbach übergeben worden ist, übersendet ihm einen Plan des jetzigen Zustandes des Baus und hofft, Gonzenbach werde „alle Mühe aufwenden, den Fortifications-Bau an sich sowohl beßer zu poussiren, als auch dabey durchgehends auf mehrere Menage sehen".
König Friedrich beschäftigte sich nicht nur mit dem Festungsbau und der Verstärkung der Landesverteidigung, sondern verfaßte auch aus seiner Erfahrung der Praxis theoretische Schriften zur Kriegswissenschaft, Lagerbefestigungskunst und Taktik, wie z. B. das hier ausgestellte Buch.

## 88 Die neuen Inspektionen

„Briefe eines alten Preussischen Officiers verschiedene Charakterzüge Friedrich des Einzigen betreffend"
Hohenzollern [Braunschweig], 1790

GStA PK, Bibliothek 14a 500 323

Nach dem Siebenjährigen Krieg war Friedrich mit dem Zustand, in dem die Armee sich befand, begreiflicherweise nicht zufrieden. Sie war durch Verluste und Geldmangel dezimiert, zählte in ihren Reihen viele Untüchtige, auch hatte die Disziplin, hatte das Können in einem so langen Kampf notwendig gelitten. Das abgenutzte und trotzdem kampferprobte Instrument der Landesverteidigung mußte gereinigt, gestrafft und wieder auf die alte Höhe der Tüchtigkeit gebracht werden. Da die Regierungsgeschäfte stets zunahmen, die Kräfte des Königs jedoch begrenzter waren, so verschaffte er sich Entlastung bei der Kontrolle der Reorganisation durch die Einrichtung der Inspektionen, Vorläufer der späteren Generalkommandos. Jede Provinz erhielt je einen Inspekteur für die Infanterie und einen für die Kavallerie. Diese hatten zu überwachen, daß untüchtige Leute ausgeschieden, tüchtige eingestellt, Beförderungen nicht nach Dienstalter, sondern nach Leistung vorgenommen wurden, daß die Übung und die Disziplin wieder gehoben wurden. Dies und das neue Werbesystem erregten auch bei der Truppe viel Unwillen. Die alte patriarchalische Armee war dahin, ältere Offiziere konnten von jüngeren überholt werden, wobei es auch zu Mißgriffen kommen konnte, zumal leider jeder Inspekteur zugleich Inhaber eines Regiments blieb, das er bevorzugen konnte. Über all dies berichtet hier der mißvergnügte Rudolf Wilhelm von Kaltenborn, der vier Jahre nach dem Tode des Königs das Buch herausgab. Kaltenborn war nur zeitweilig in der preußischen Armee. Sein Buch ist bezeichnenderweise anonym erschienen und enthält eine Menge unkontrollierbaren Armeeklatsch und häufig auch nachweisliche Unwahrheiten. Als Quelle ist es daher nur bedingt verwertbar. Als Zeugnis für die murrenden Mißvergnügten erhält es hier trotzdem seinen Platz. Und doch mußte auch dieser im Umgang mit der Wahrheit so unbedenkliche Mann an einer Stelle eingestehen: „Jeder Officier . . . war eigentlich keinen Augenblick sicher weggejagt oder wenigstens hart gedrückt zu werden; und dem ohnerachtet war vielleicht in Europa kein freier denkender, sprechender und den Dienst ausgenommen, handelnder Mann, als gerade der preußische Officier. Er wußte nichts von kriechender Schmeichelei. Er brauchte nichts, als seinen Dienst zu thun; das übrige alles überließ er sorglos dem Schicksal . . . In jedem anderen Dienste ist man immer recht ängstlich bemüht, Dinge zu erfinden, die dem Fürsten oder Herrn Ehre machen sollen; oder wenigstens seine guten Handlungen förmlich auszuposaunen; in Preußen, war gerade der entgegengesetzte Fall."

## 89 Aufstieg des Bürgertums in Offiziersstellen

„Edict, welchergestalt die Söhne Adelichergüter-Besitzer, Bürgerlichen Standes, der Erhöhung in den Adel, wenn sie Lust zu Militair-Diensten bezeigen, sich gewärtigen sollen"
Berlin, 1768 Mai 28

GStA PK, Bibliothek 42a M 4

Foto

Friedrich der Große bevorzugte Offiziere aus dem Adel, weil sie nach seiner Auffassung einen höheren Ehrenstandpunkt und das hatten, was man im alten Preußen Contenance, Haltung, nannte. Auch hatte der König wie sein Vater den Adel als Entschädigung für den Verlust ständischer Mitspracherechte durch den Dienst in den führenden Stellen der Armee und der Beamtenschaft entschädigt. Vor allem sah er darauf, daß die Zahl der Adelsgüter nicht verringert wurde, wenn auch eine Vergrößerung auf Kosten der Bauern unterbunden wurde. Schon im Siebenjährigen Krieg kam aber Preußen nicht mehr mit dem verfügbaren Kontingent an kriegstauglichen Adligen aus, und es traten auch bürgerliche Offiziere ein, die durch Tüchtigkeit aufsteigen konnten. Nach dem Krieg entließ der König sie gern wieder. Bürgerliche waren nach seiner Meinung zu sehr durch materielles Gewinnstreben gekennzeichnet, auch sollten die Bürger Handel und Gewerbe blühend machen. Um 1768 mußte sich Friedrich gleichwohl auch zur Aufnahme Bürgerlicher in die Armee entschließen. Sie mußten aber Söhne von Gutsbesitzern sein, selbst den Kriegsdienst wünschen und in Garnisonregimentern oder bei der Artillerie dienen. Wenn sie dann aufgestiegen waren und zehn Jahre als Kapitän gedient hatten, konnten sie geadelt werden. Anderseits lehnte Friedrich die Dienste von Söhnen seiner Generale und Minister gern ab. Sie seien zu reich; nach zwei oder drei Dienstjahren würden bei solchen Söhnen, die nur so zum Spaß vorübergehend dienen wollten, Brustschmerzen, blödes Gesicht oder Bruchschaden vorgeschützt, um nichts leisten zu müssen. „So habens 20 vornehme Leute bei die Gendarms gemacht; ich will Offiziers und keine Durchläufer dabei haben".

## 90 Versöhnung Friedrichs mit einem ostpreußischen Regiment

Brief des Leutnants C. W. v. Hülsen
Bei Graudenz, 1773 Juni 9

Aus: Helene v. Hülsen, Unter Friedrich dem Großen. Aus den Memoiren des Aeltervaters [Carl Wilhelm v. Hülsen] Berlin 1890

GStA PK, Bibliothek 5 H 30

Bei der Truppenrevue bei Graudenz im Juni 1773 schloß der König auch mit den Truppen seinen Frieden, die er seit ihrem Versagen bei Zorndorf sehr ungnädig behandelt hatte. Das Regiment von Tettenborn erhielt seinen alten Regimentsmarsch zurück. Auf das Versprechen guter Führung des Regiments bei der ersten Gelegenheit sagte Friedrich: „Ich will nun gar nicht mehr daran gedenken. Ich will alles vergessen!" Es gab eine Szene, die den König zu Tränen rührte. „Nun ist ja alles gut", sagte der König dann, „Kinder, laßt mich zufrieden!" Und als der General ihm für das Regiment dankte, erwiderte er: „Da hat er seinen Grenadiermarsch wieder." Dann ritt er schnell weg.

## 91 Aufmerksamkeit für verbesserte Waffentechnik

Kabinettsordre des Königs an Generalmajor v. Dieskau
1766 Oktober 20

GStA PK, BPH Rep. 47 Nr. 131

Auch im 18. Jahrhundert machte die Waffentechnik ihre Fortschritte. Der König hatte darauf ein aufmerksames Auge, um die Armee immer auf dem bestmöglichen technischen Stand zu erhalten. Im vorliegenden Falle hatte der Rittmeister von Zedwitz neue Pistolen eingeführt, die 300 Schritt weit schießen konnten. Friedrich befahl Generalmajor v. Dieskau, diese Waffen zu erproben und das neue Verfahren auch auf seine Anwendbarkeit bei den Geschützen zu untersuchen.

## 92 Bessere Behandlung der Soldaten

Aus dem Tagesbefehl des Gouverneurs von Berlin, Generalleutnant v. Möllendorff
1785 Juni 10

In: J. D. E. Preuß, Friedrich der Große, Bd. 4, Berlin 1834, S. 331 f.

GStA PK, Bibliothek 14ª 315

Im Laufe der Fortentwicklung der friderizianischen Armee machten sich die bessere Bildung des Offizierskorps auf den Akademien und Kadettenanstalten und der Einfluß der Aufklärung bemerkbar. Es zeigen sich erste Ansätze der Vorreformzeit, wenn von der Spitze her, wie hier, an die Offiziere appelliert wird, die Mannschaften nicht mit dem Stock, sondern im Sinne von Ehre und Menschlichkeit zu führen, „den gemeinen Mann mehr mit Ambition, als mit der Tyrannei zu der Ordnung und Kriegsgeschicklichkeit zu führen, die des Königs Majestät verlangen. Se. Maj. der König haben keine Schlingel, Canailles, Racailles, Hunde und Krobzeug im Dienste; sondern rechtschaffene Soldaten, welche wir auch sind, nur bloß daß uns das zufällige Glück höhere Charaktere gegeben hat. Denn unter den gemeinen Soldaten sind viele so gut, als wir, und vielleicht würden es manche noch besser als wir verstehen. Ein jeder Officier sollte sich freuen, ein Anführer ehrliebender Soldaten zu sein, das ist er aber gerade nicht, wenn er diejenigen, deren Befehlshaber er ist, unter eine so geringe Race von Menschen heruntersetzt." Möllendorff gehörte zu den Offizieren, die in ihrer Jugend den Siebenjährigen Krieg mitgemacht hatten; er hatte sich bei Leuthen ausgezeichnet. Diese Ansätze liegen 20 Jahre vor den preußischen Reformen.

### 93 Verteidigungsstellungen zum Schutz Ostpreußens

Friedrich II.: Defensions-Plan von Preußen
Potsdam 1774 April 27

Ausfertigung auf Papier, mit eigenhändiger Unterschrift

GStA PK, BPH Rep. 47 Nr. 245

Kurze Zeit nach dem Zugewinn Westpreußens entwarf der König bereits einen Plan zur Verteidigung Ostpreußens, das man bis dahin im Falle eines russischen Angiffs in einem Zweifrontenkriege hatte räumen müssen. Friedrich sieht vier hintereinander liegende Verteidigungslinien vor: An der Memel, wenn der Gegner aus Kurland kommt; bei Insterburg, wenn der Gegner aus östlicher Richtung angreift; bei Angerburg und an der Seenkette, wenn der Gegner an der Weichsel angreift; und schließlich bei Graudenz als dem letzten Lager. Es sind strategische Überlegungen, wie sie auch in späteren Jahrhunderten nicht besser angestellt werden konnten. An einen Angriff gegen Rußland dachte der König nie, weil nach seiner Ansicht dabei nichts zu gewinnen war.

### 94 Friedrich der Große

Anna Dorothea Therbusch
Friedrich II.

Öl auf Lwd., 76 × 62,5 cm

Berlin Museum

In den Jahren 1771 bis 1772 hat Anna Dorothea Therbusch einige Bilder für Friedrich den Großen gemalt. In diesem wohl ungefähr gleichzeitigen Porträt, das sympathisch, aber unähnlich ist, hat sie sich an die Darstellungen ihres Lehrers Antoine Pesne angelehnt, insbesondere an die weit verbreitete Variante des Porträts der Berliner Gemäldegalerie von 1739/1740 (Nr. III, 83), auf der der König einen mächtigen Dreispitz trägt. Die Augen erhalten einen warmen und offenen Ausdruck. Ganz falsch ist der Mund mit seinen vollen Lippen wiedergegeben.

## Bayerischer Erbfolgekrieg und Friede von Teschen

### 95 Besuch des russischen Thronfolgers Paul in Potsdam

a) „Vorbeimarsch des Ersten Bataillons Garde vor Friedrich dem Großen und dem russischen Großfürsten Thronfolger Paul Petrowitsch, späterem Kaiser Paul I. von Rußland gelegentlich seines Werbungsbesuches um Sophie Dorothee v. Württemberg, Friedrichs II. Großnichte spätere Kaiserin Maria Feodorowna im Neuen Palais von Sans-Souci bei Potsdam auf dem sogenannten „Mopke“ zwischen dem Palais und den Communs am 29. Juli 1776“

Nach einem Original von Moritz Pathe auf Grund historischer Feststellungen von Prof. Dr. Kania-Potsdam
Farbdruck

SMPK, Kunstbibliothek 976,26

b) Porzellanschale aus einem Tafelservice für den Großfürsten Paul von Rußland, mit dem Doppelwappen Rußlands und Holstein-Gottorps unter dem russischen Doppeladler

16passige ovale Porzellanschale mit Goldrand, 28,6 × 22 cm
Unter Glasur der Unterseite blaues Z.
KPM 1776

SSG, Schloß Charlottenburg

Durch einen Staatsstreich hatte König Gustav III. von Schweden die unter russischem Schutz stehende Vorherrschaft der schwedischen Reichsstände gestürzt. Rußland fühlte seinen Einfluß in Gefahr. Friedrich, vertraglich gegenüber Rußland verpflichtet, suchte mäßigend einzuwirken, fand aber bei Gustav kein Gehör. Um so wichtiger erschien ihm die Verlängerung seines Bündnisses mit Rußland. Zu diesem Zweck veranlaßte er den Prinzen Heinrich, einer Einladung Katharinas II. zu folgen. Man müsse, so sagte er mit einem indischen Sprichwort, den Teufel anbeten, um ihn am Bösestun zu verhindern. Heinrich hatte großen Erfolg, und auf der Rückreise begleitete ihn der Großfürst Paul, der russische Thronfolger, nach Berlin und Potsdam, um sich mit Friedrichs Großnichte, der Prinzessin Sophie Dorothee von Württemberg, zu verloben. Für die Residenzen war das ein großes Schauspiel, in der Berliner Königstraße wurden die Fenster für 20 Taler vermietet. In Potsdam fand die gezeigte Truppenparade statt, und anläßlich des Besuches stellte die Königliche Porzellanmanufaktur das Service her, aus dem die ausgestellte Schale stammt. Sie ist aus dem Besitz des Thronfolgers und ist ihm wohl damals verehrt worden.

## 96 Briefwechsel zwischen Kaiser Joseph und König Friedrich wegen der bayerischen Erbfolge

a) Kaiser Joseph an König Friedrich
Olmütz, 1778 April 13

Abschrift des ausgegangenen Schreibens auf Papier, französisch

Österreichisches Staatsarchiv, Haus-, Hof- und Staatsarchiv, Wien, FA SB Kart. 5 fol. 17—21

b) König Friedrich an Kaiser Joseph,
Schönwalde, 1778 April 14

Ausfertigung auf Papier mit eigenh. Unterschrift, französisch

Österreichisches Staatsarchiv, Haus-, Hof- und Staatsarchiv, Wien, FA SB Kart. 5, fol. 4, 5

Am 30. Dezember 1777 starb Kurfürst Maximilian Joseph von Bayern, der Sohn Karls VII. Erbe dieses letzten bayerischen Wittelsbachers war Karl Theodor von der pfälzischen Linie, der bereits über Sulzbach, Neuburg, die Kurpfalz sowie Jülich und Berg verfügte. In Wien sah man der neuen Machtansammlung mit Sorge entgegen, wenn auch Karl Theodor ebenfalls kinderlos war. Deshalb nötigte man dort schon am 14. Januar Karl Theodor zur Anerkennung eines Vertragstextes, in dem er österreichische Erbansprüche auf alle bayerischen Gebiete anerkannte, die Herzog Wilhelm von Bayern nach der Teilung von 1353 besessen hatte und die angeblich 1426 an Österreich zu Lehen gegeben worden sein sollten. In Wien verstand man darunter ganz Niederbayern. Zur Abrundung sollte Karl Theodor, der auch die böhmischen Lehen der Oberpfalz zugestehen mußte, im Tausch gegen einen Teil der österreichischen Niederlande auf einen Teil Oberbayerns verzichten. Drei Viertel Bayerns gedachte Joseph so an Österreich anzugliedern. Während Maria Theresia warnte und 10 000 Österreicher am 16. Januar zur Besitzergreifung schon in die abgetretenen Gebiete einrückten, griff der preußische König ein, der eine solche Gewichtsverschiebung als bedrohlich für seine Interessen ansah. Auch war er nicht, wie in Mährisch-Neustadt vorgesehen, konsultiert worden. Er erklärte den Wittelsbachern, lieber Krieg führen als einer Zerstückelung Bayerns zusehen zu wollen. Bei den Reichsständen zeigte sich diesmal eine Haltung zugunsten Preußens. Sachsen stellte den Preußen vertraglich 21 000 Mann. Am 18. März machte Preußen mobil. Kaunitz und Joseph glaubten nicht an ernste Schritte des preußischen Königs. Am 13. April sandte Joseph an Friedrich einen Brief, in dem er eine Übereinkunft vorschlug. Beigelegt war ein Plan, der Bayern für Österreich, Ansbach und Bayreuth für Preußen sichern sollte. Friedrich antwortete ohne Umschweife als „alter Soldat". Für ihn sei die Frage, „ob ein Kaiser nach seinem Willen über Reichslehen verfügen kann. Wenn man dies bejaht, werden alle Lehen Timars, die nur auf Lebenszeit gelten, und über die der Sultan nach dem Tode des Besitzers verfügt." Dies erklärt der König als gegen Gesetze und Gewohnheiten des Römischen Reiches gerichtet. Als Reichsfürst, zum Schutz der fürstlichen Rechte und der Libertät sowie seiner Interessen, werde er sich dagegen wenden. Ansbach schließt er aus der Betrachtung aus, da seine Rechte dort völlig gesetzlich seien. Gleichwohl enthält Friedrichs Antwort auch den Ausgleichsvorschlag, den Kurfürsten Karl Theodor mit Land zu entschädigen und einen Teil Bayerns an Österreich zu bringen.

## 97 Zuspitzung des Konflikts

Schreiben der Kaiserin Maria Theresia an ihren Sohn, Kaiser Joseph II.
1778 Juni 20

Ausfertigung auf Papier mit Unterschrift der Kaiserin

Österreichisches Staatsarchiv, Haus-, Hof- und Staatsarchiv, Wien, FA SB Kart. 4, fol. 95, 96

Im Juni 1778 spitzte sich die Lage zu. Am 13. Juni begehrte Preußen Auskunft darüber, welche genauen Gebietsansprüche Österreich in Bayern erhebe und welche Entschädigungen Karl Theodor und die anderen Betroffenen, wie Sachsen, erhalten sollten. Hierüber sei man immer noch im unklaren.

Der König verlangte eine klare und unumwundene Antwort. Verweigere man sie, so falle die Verantwortung für das entstehende Unheil dem Wiener Hof zu. In Wien sah man in dem preußischen Schritt nach Wien ein Einlenken. Am 20. Juni schrieb Maria Theresia ihrem Sohn: „So ist dieser große Mann, den man für einen Salomo ausgibt und der, wenn man ihn nur sorgfältig und ununterbrochen beobachtet, sehr klein und als ein reiner Charlatan erscheint, der nur durch die Gewalt und sein Glück gedeckt wird. Ich will mich nicht in Stolz überheben, aber mein Joseph ist doch ganz anders und arbeitet auch anders, Zeuge dessen die Armee, wie sie vorhanden ist und sich behauptet, die Expeditionen an Cobenzl und hieher, der Briefwechsel zwischen Dir und diesem Ungeheuer, den ich öfter überlese, um mich wieder zu beleben.“ Im weiteren Verlauf räumt die Kaiserin allerdings ein, daß sie in dieser Sache ungerecht sei.

## 98 Der letzte Krieg

a) „Vorstellung der Beweggründe welche Seine Majestät den König von Preußen vermüßiget haben sich der Zertrümmerung von Baiern zu widersetzen, Im Jahre 1778“

Titelseite und erste Seite der preußischen Rechtfertigungsschrift

GStA PK, Bibliothek 14 V 26

b) Ansprache König Friedrichs an seine Generale vor dem Ausmarsch in den Bayerischen Erbfolgekrieg

Nach einer Federzeichnung Adolf Menzels in: F. Kugler, Geschichte Friedrichs des Großen, Leipzig 1840, S. 561

Foto: GStA PK

Am 27. Juni 1778 traf aus Wien die ausweichende Antwort auf das preußische Ultimatum ein. Sechs Tage später ließ der König von Preußen den Krieg ansagen und am 5. Juli überschritt er mit dem schlesischen Heer die Grenze nach Böhmen. Alle gesundheitlichen Beschwerden und sein vorgerücktes Alter beachtete er nun nicht mehr. Mit zwei Armeen, zusammen 160 000 Mann Preußen und Sachsen, gedachte er Böhmen und Mähren zu erobern. Eine öffentliche Bekanntmachung legte die Gründe dar. Gebietsforderungen hatte Preußen für sich nicht.

## 99 Maria Theresias Friedensbemühungen

Schreiben Maria Theresias an Friedrich den Großen
Schönbrunn, 1778 Juli 12

Abschrift auf Papier, französisch

Österreichisches Staatsarchiv, Haus-, Hof- und Staatsarchiv, Wien, StK Preußen, Hofkorrespondenz Kart. 1, fol. 50—51

In Österreich war die kriegerische Maßnahme Preußens Grund zu großer Aufregung. Die Erregung teilte sich auch der Kaiserin mit, die es diesmal nicht verschmähte, acht Tage nach der Kriegserklärung einen Unterhändler zu Friedrich zu entsenden und an den „bösen Mann“ ein direktes Schreiben zu richten, zum erstenmal eigenhändig. Die Kaiserin hatte viele Kriegslasten und Enttäuschungen hinter sich. Sie hatte ihren Gemahl 1765 verloren und bangte um den Sohn, der selbst zur Armee gegangen war, um den König zu schlagen und Ruhm zu ernten oder geschlagen zu werden, was bei Friedrichs Ansehen keine Schande sein könne. Die Kaiserin schreibt, ihr „mütterliches Herz“ sei beunruhigt, da zwei ihrer Söhne bei der Armee ständen. Man glaubt ihr nach allen ihren Erlebnissen die rührende Sorge gern, mit der sie jetzt den Grafen Thugut entsandte, um den Frieden zu retten, wenn auch Joseph von ihrem Schritt, wie sie schreibt, nicht unterrichtet war.

## 100 Gefechtsszene

Nach einer Zeichnung von Adolph Menzel in: F. Kugler, Geschichte Friedrichs des Großen, Leipzig 1840, S. 565

Fotografische Vergrößerung: GStA PK

Der Verlauf des Bayerischen Erbfolgekrieges zeigte, daß auf beiden Seiten halbherzig und mehrfach auch mit Unentschlossenheit gekämpft wurde. Die Führer der preußischen und österreichischen Armeen hatten ihre alte Form nicht mehr, sowohl Laudon und Lacy als auch Prinz Heinrich und der König selbst. Seydlitz war fünf Jahre zuvor seinem Leiden erlegen, Zieten nahm aus Altersgründen nicht mehr teil. Beide Seiten machten auch entscheidende Fehler. So endete der glänzend begonnene Feldzug im Herbst mit dem Rückzug aus

Böhmen. Außer einem „Kartoffelkrieg", der Fortnahme aller Vorräte aus dem besetzten Gebiet, gab es kein größeres Ereignis. „Heldentaten der Siebzigjährigen" nannte der König bissig das Ergebnis. Verstimmt richtete er scharfe Kritik gegen den Prinzen Heinrich, dem er schrieb: „Krieg und Schlaffheit vertragen sich nicht miteinander; wer nach reiflichem Nachdenken über seine Aufgabe nichts unternimmt, wird immer ein armer Herr sein."

## 101 Der Friede von Teschen

a) Text des Friedensvertrages von Teschen
1779 Mai 13

Aus: G. F. Martens, Recueil de traités ... de l'Europe. Bd. 2, Göttingen 1817. Aufgeschlagen: S. 662 und 663

GStA PK, Bibliothek 42g M 1

b) Schreiben Friedrichs des Großen an Kaiser Joseph II. wegen Ausführung des Artikels XIV des Teschener Vertrages
Berlin, 1779 Juli 21

Ausfertigung auf Papier mit eigenhändiger Unterschrift „Friderich" und Gegenzeichnung von Finckenstein und Hertzberg

GStA PK, BPH Rep. 47 Nr. 220

Der Friede von Teschen sicherte den Fortbestand Bayerns als staatliche Einheit innerhalb des alten Reiches. Karl Theodor erhielt die Rechte so, wie der verstorbene letzte bayerische Wittelsbacher sie gehabt hatte. Nur das Innviertel mußte er an Joseph II. preisgeben. Sachsen erhielt für seine Allodialrechte in Bayern als Entschädigung 4 Millionen Taler. In dem ausgestellten Schreiben König Friedrichs in deutscher Sprache (es war eine Reichssache) fordert der König den Kaiser in Ausführung des Artikels XIV des Teschener Vertrages, der am 13. Mai 1779 geschlossen worden war, zur Belehnung des Kurfürsten von der Pfalz mit den bayerischen Landen auf. Es war die sächsische Kurfürstin aus dem Hause Wittelsbach, die die Stimmung in Deutschland in die schwungvollen Sätze faßte: „Man dachte 1777, daß Friedrich, Sieger in drei Kriegen, Gesetzgeber und Vater seiner Völker, sich höher nicht erheben könne ... Bis dahin hatte er vornehmlich für die Seinen gekämpft; jetzt kämpfte er für die anderen; er wurde der uneigennützige Schiedsrichter in den Händeln der Herrscher, das Werkzeug der obersten Gerechtigkeit, welche die Nationen richtet." Und eine „hohe Verehrung für Friedrich den Einzigen, der durch die Erhaltung von Bayern die Dankbarkeit dieses Landes und des ganzen Vaterlandes sich erworben hatte", hat damals den Freiherrn vom Stein nach eigener Aussage bewogen, in den preußischen Dienst einzutreten. — Ein Schatten fiel allerdings auf das Ergebnis. Neben Frankreich, das seit 1648 durch den Westfälischen Frieden Bürge der innerdeutschen Verfassung war, trat nun auch Rußland als Vermittler und Bürge in diese Garantie ein, ein Ziel, das schon der Zarin Elisabeth vorgeschwebt hatte, gleich wie sie Bürgin der innerschwedischen und innerpolnischen Zustände gewesen war. Die inneren Angelegenheiten Deutschlands wurden von auswärtigen Mächten mitbestimmt, und Preußen hatte die Hand dazu gereicht. Die damalige Zeit, dynastisch denkend, fand noch nichts dabei.

## 102 Erinnerungen an den Krieg von 1778

Friedrich II.
„Mémoires sur la guerre de 1778"
Potsdam, 1779 Januar 20

Handschrift auf Papier, 18 Seiten, eigenhändig, französisch, mit Unterschrift

GStA PK, BPH Rep. 47 Nr. 293

Friedrich hatte die Gewohnheit, seinen Handlungen sogleich die Erinnerungen daran in Form schriftlicher Aufzeichnungen folgen zu lassen. Wie nach den früheren Kriegen und der polnischen Teilung, so geschah dies auch nach dem Bayerischen Erbfolgekrieg. „Nachdem wir dargestellt haben, wie die Teilung Polens zwischen Rußland, Österreich und Preußen vor sich gegangen ist", so beginnt der König, „hätten wir gedacht, daß dies das letzte bemerkenswerte Ereignis in der Regierungszeit des Königs sein würde." In dieser Art, die Geschichte seiner eigenen Zeit zu schreiben, ist der König von keinem anderen Regenten oder Staatsmann übertroffen worden, wenn es auch gelegentlich ähnliche Beispiele gibt.

# Der Schritt zum Allgemeinen Landrecht

Kat. Nr. V, 103

## 103 Johann Heinrich Kasimir Graf von Carmer (1721—1801)

„Johann Heinrich Casimir von Carmer. Königl. Preusischer Gros-Canzler"

Kupferstich, 15,7 × 9,8 cm
Bez.: „Reinhardt pinx., D. Berger sculpsit"

GStA PK, IX. HA III Nr. 42

Carmer, der einer rheinpfälzischen Familie entstammte, trat 1749 in den preußischen Staatsdienst ein, wo er sich bald als einer der fähigsten Mitarbeiter Coccejis bei der Reformierung des Justizwesens erwies. Seit 1763 Leiter der Breslauer Regierung (= Obergericht), setzte er sich nach den Kriegsjahren für eine Verbesserung der Landesökonomie ein. 1768 wurde er schlesischer Justizminister und legte bereits in dieser Funktion dem König erste selbständige Entwürfe für eine Justizreform vor. Doch erst nach seiner Berufung nach Berlin in das Amt des Großkanzlers als Nachfolger des Freiherrn von Fürst 1779 begann er im Auftrag Friedrichs mit einer gründlichen Neuordnung des Rechtswesens. Hierzu gehörten die Ausarbeitung einer Prozeßordnung mit der Verpflichtung der Richter, die streitenden Parteien selbst anzuhören, die Sammlung der Provinzialrechte und die Herstellung eines allgemeinen Gesetzbuches. Der Entwurf der Prozeßordnung erschien bereits 1781 als „Corpus Juris Fridericianum" Buch I. Dagegen trat die Rechtskodifikation, das „Allgemeine Preußische Landrecht", erst 1794 in Kraft. Allerdings hatten die ersten Entwürfe Friedrich dem Großen noch vorgelegen. Die dritte bedeutende Leistung Carmers war die Ausarbeitung einer neuen Hypothekenordnung, für die er in Schlesien erste Erfahrungen gewonnen hatte.

## 104 Verbesserung des Justizwesens

„Abdruck der Allerhöchsten Königlichen Cabinets-Ordre d. d. Potsdam, den 14ten April 1780 die Verbesserung des Justiz-Wesens betreffend"

GStA PK, XII. HA VI Nr. 516

Schon wenige Monate nach der Ernennung Carmers zum Großkanzler beauftragte ihn der König mit der Neuordnung des preußischen Justizwesens. Mit der Kabinettsordre vom 14. April 1780 entwarf Friedrich ein Programm, das die Justizverwaltung ebenso berücksichtigte wie das Zivil-Prozeßrecht, die Provinzialrechte und die Kodifikation eines allgemeinen preußischen Landrechts. Vereinfachung und Vereinheitlichung des Rechts wurden angestrebt; Römisches Recht, Naturrecht und einheimisches Recht sollten berücksichtigt werden, wobei die Sprache verständlich und für den gemeinen Mann zugeschnitten sein sollte. Carmer erhielt die

Weisung, eine Gesetzkommission zu bilden, „wie nun die Ausführung einer so wichtigen Sache nicht das Werk eines einzelnen Mannes ist". Die Gesetzkommission wurde mit Patent vom 29. Mai 1781 ins Leben gerufen. Sie bestand aus der eigentlichen Justizdeputation bewährter Rechtsgelehrter und der Finanzdeputation, die sich aus Sachverständigen von Policey, Ökonomie, Forst-, Fabriken-, Handlungs- und Bergwerkssachen zusammensetzte.

## 105 Entwurf einer Prozeßordnung

„Corpus Juris Fridericianum. Erstes Buch von der Prozeß-Ordnung"
Berlin 1781

GStA PK, Bibliothek 42$^a$C 2

Am 14. April 1780 hatte der König durch Kabinettsordre den Großkanzler von Carmer mit der Neuordnung des Justizwesens beauftragt. Er knüpfte damit an die Bemühungen seiner ersten Regierungsjahre an, die der besseren Einrichtung der Justizkollegien, der Verkürzung der Prozesse und einer Regulierung des Instanzenweges gegolten hatten, jedoch durch den Siebenjährigen Krieg und den Tod des Ministers Samuel von Cocceji nicht hatten fortgeführt und abgeschlossen werden können. Die Erfahrungen während des Prozesses um den Wassermüller Arnold 1779/80 gaben den erneuten Anstoß für die Rechtsreform: Die Verfahren sollten beschleunigt und vereinfacht werden, die Richter sollten die Parteien selbst anhören und sich die Beweise vorführen lassen, die Gesetze sollten einfach formuliert und in der Sprache der Untertanen der preußischen Staaten abgefaßt sein. Für jede Provinz sollte eine Sammlung der dort geltenden Gesetze angelegt werden: ein „subsidiarisches Gesetzbuch", „zu welchem der Richter beym Mangel der Provintzial-Gesetze recurriren kann". Der Entwurf der Prozeßordnung lag als erstes Buch des „Corpus Juris Fridericianum" schon 1781 vor; ihre endgültige Fassung erhielt sie in der 1793 erstmals veröffentlichten Allgemeinen Gerichtsordnung.

## 106 Der Müller-Arnold-Prozeß

„Von Sr. Königl. Majestät Höchst Selbst abgehaltenes Protocoll den 11 December 1779. Ueber die drey Cammer-Gerichts-Räthe Friedel, Graun und Ransleben"
o. O., 1779/80

GStA PK, BPH Rep. 47 Nr. 132

Der Müller-Arnold-Prozeß wurde bekannt wegen des Eingreifens Friedrichs in die Rechtsprechung zugunsten der „Kleinen Leute". Der Wassermüller Christian Arnold hatte eine Mühle bei Pommerzig in der Neumark vom Grafen Schmettau in Erbpacht genommen.
Sie wurde in ihrer Nutzbarkeit beeinträchtigt durch Karpfenteiche, die der Landrat v. Gersdorff oberhalb der Mühle anlegen ließ. Als Arnold darauf den Pachtzins nicht mehr zahlte, wurde ihm die Mühle genommen (1778). Seine Beschwerden bei der Küstriner Regierung und dann beim Berliner Kammergericht wurden zurückgewiesen; nun wandte er sich an den König, der die nähere Untersuchung dem Obersten v. Heucking übertrug. Da dessen Bericht für den Müller günstig ausfiel, glaubte Friedrich, daß die Richter ihre adligen Standesgenossen parteilich begünstigt hätten; er beschloß, ein Exempel zu statuieren.
Am 11. Dezember 1779 führte er persönlich die Vernehmung der Kammergerichtsräte Friedel, Graun und Ransleben durch, ohne ihren Einwänden Gehör zu schenken. Im Anschluß an das Verhör wurden die Räte zum Stadtgefängnis gebracht. Das Urteil wurde kassiert; der Großkanzler Fürst erhielt seine Entlassung, die Räte erhielten ein Jahr Festungshaft und mußten dem Müller Schadenersatz leisten. Ihre Rehabilitation erfolgte erst nach dem Tode Friedrichs des Großen.

## 107 Verhör der Kammergerichtsräte

„Friedrich II. als zürnender Richter"

Kupferstich, 18,5 × 10,9 cm
Bez.: „Schubert del. W. Arndt sc. Berlin 1794"

GStA PK, IX. HA III 436/28

Aus der Niederschrift des Kammergerichtsrats Ransleben 1779: „Der König saß mitten in der Stube, so daß er uns geradezu ansehen konnte, mit dem Rücken gegen den Kamin, worin das Feuer brannte. . .Drei kleine Banken mit grünem Tuch beschlagen, standen vor ihm, worauf er die Füße zu liegen hatte. Er hatte eine Art von Muffe oder Rouleau vor sich, worin er die eine Hand hatte, an welcher er große Schmerzen zu haben schien. In der andern hatte er die Arnoldsche Sentenz. Er lag auf einem Lehnstuhl, zur Linken stand ein Tisch, worauf verschiedene Papiere lagen . . . Der König bediente sich noch sehr harter Ausdrücke gegen uns, und entließ uns endlich, ohne zu sagen, was er mit uns machen wolle. Kaum hatten wir das Zimmer verlassen, als Er hinter uns her kam und uns befahl, zu warten. Kurz darauf kam ein Adjutant, welcher uns in einem Wagen nach dem gemeinen Stadtgefängnisse dem Kalandshofe führte, wo wir eine Wache von zwei Unterofficiers und zwei Gemeinen bekamen . . ."

## 108 Der Machtspruch des Königs

Vincenzo Vangelisti

„Balance de Frédéric"

Kupferstich, 21 × 17 cm (hier Reproduktion)
1780

SBPK Einblattdrucke YB 9740 kl.

Der Stich ist eine Allegorie auf die Aufhebung des von der Küstriner Regierung und dem Kammergericht in Berlin über den Wassermüller Arnold gefällten Urteils durch den König. Vor der im Hintergrund sichtbaren Pommerziger Krebsmühle, um deren Nutzung nach der Anlage eines Karpfenteiches es im Streit zwischen dem Landrat von Gersdorff und dem Müller ging, verkündete der König durch Machtspruch das Urteil zugunsten Arnolds, der auf dem Bild mit seinen Angehörigen vor dem Monarchen kniet. Die Richter, die nach bestem Wissen zu handeln meinten, ziehen sich vor der Autorität des Königs zurück. Friedrich hatte am 11. Dezember 1779 dem Minister von Zedlitz zu verstehen gegeben: „Denn Ich will, daß in Meinen Landen einem jeden, er sei vornehm oder gering, prompte Gerechtigkeit widerfahren, und nicht zum saveur eines Größeren gedrückt, sondern einem jeden ohne Unterschied des Standes und ohne alles Ansehen der Person eine unparteiische Justiz administriret werden soll . . ."

## 109 Vorarbeiten zum Allgemeinen Landrecht

„Entwurf eines allgemeinen Gesetzbuchs für die Preußischen Staaten. Erster Teil"
Berlin, Leipzig 1784

GStA PK, Bibliothek 14 E 19

Am 24. März legte Großkanzler von Carmer mit Billigung des Königs den in nahezu vierjähriger Arbeit entstandenen ersten Entwurf eines allgemeinen Gesetzbuches der Öffentlichkeit vor. Er enthielt das Personenrecht. Die Entwürfe der das Sachenrecht betreffenden Abschnitte erschienen 1787 und 1788. Der König und der Großkanzler wünschten

Kat. Nr. V, 107

Kat. Nr. V, 108

eine Diskussion und Anregungen: „Allein die Sache, wovon die Rede ist, betrifft eine der wichtigsten Angelegenheiten des ganzen Publikums; es ist also billig, daß man die Stimmen dessen darüber vernehme. Überdies gibt es in- und außerhalb des Landes noch Männer von bekannten Verdiensten um das Fach Gesetzgebung, an die ich mich unmittelbar nicht wenden konnte, und deren Einsichten ich gleichwohl zu benutzen wünschte", schrieb Carmer in seiner Vorerinnerung. Stellungnahmen wurden vor allem dort erbeten, wo es in dem neuen Gesetzbuch um die Abweichungen vom Römischen Recht und die Berücksichtigung naturrechtlicher Grundsätze ging, ferner dort, wo Zweifel auftauchen konnten, ob die Materie vollständig erfaßt war und ob aus dem Wortlaut die Bestimmungen unzweideutig herausgelesen werden konnten. Für die Mitarbeit am Gesetzwerk wurden Prämien ausgesetzt. Bis zum 1. Dezember 1784 sollten die Gutachten und Vorschläge eingereicht sein. Das ausgestellte Exemplar des „Entwurfs" ist ein Beispiel für die kritische Durchsicht und die schriftliche Äußerung von Bedenken auf den hierfür vorgesehenen leeren Seiten.

Insgesamt waren 52 Gutachten und 62 Ausarbeitungen aus dem In- und Ausland eingegangen.

Kat. Nr. V, 110

### 110 Allgemeines Landrecht für die Preußischen Staaten

„Allgemeines Landrecht für die Preussischen Staaten. Erster Theil erster Band. Dritte Auflage“
Berlin 1796

GStA PK, Bibliothek 42ª L 3

Das Allgemeine Landrecht trat am 1. Juni 1794 in Kraft. Es enthielt Staatsrecht, Ständerecht, Lehnrecht, Kirchenrecht, Strafrecht, Privatrecht und verwies einleitend auf eine Reihe allgemeingültiger Normen. Der Wunsch Friedrichs des Großen, dem Naturrecht neben dem Römischen Recht Raum zu geben, war berücksichtigt worden. Auch um sprachliche Einfachheit und Kürze der Formulierung hatte sich der Mitarbeiter von Carmer, Carl Gottlieb Svarez, dem die praktische Ausarbeitung des Gesetzbuches übertragen worden war, bemüht. In etwa 19 000 Paragraphen wurden Familie, Gemeinde, Stände, Kirche und Staat behandelt, wobei die Grundsätze, nach denen Friedrich regierte und den Staat formte, deutlich sichtbar blieben. Zu ihnen zählen die Glaubens- und Gewissensfreiheit der Einwohner im Staate, doch hatten die kirchlichen Gemeinschaften ihre Anhänger zum Gehorsam gegen die Gesetze, zur Treue gegen den Staat und zu sittlich guten Gesinnungen gegen ihre Mitbürger zu ermahnen (Zweiter Teil, Tit. 11). Die alte Gliederung der Gesellschaft in den Bauernstand, Bürgerstand und Adelsstand wurden beibehalten, ebenso die Bevorrechtung des Adels, sofern der Landesherr die Befähigung einzelner Mitglieder für bestimmte Ämter anerkannte. Das Allgemeine Landrecht galt für den gesamten Preußischen Staat. Da — von Ost- und Westpreußen ausgenommen — eine Kodifikation der Provinzialrechte nicht erfolgte, setzte sich das Allgemeine Landrecht schneller als erwartet als Einheitsrecht durch.

# VI. Roi Philosophe und „Alter Fritz“

*Soll ein Land sich*
*in blühendem Gedeihen erhalten,*
*so ist es unbedingt notwendig,*
*daß die Handelsbilanz günstig stehe:*
*wenn es mehr*
*für die Einfuhr bezahlt,*
*als es an der Ausfuhr verdient,*
*so muß es unfehlbar*
*von Jahr zu Jahr ärmer werden.*
*Man stelle sich*
*eine Geldtasche vor,*
*die hundert Dukaten enthält:*
*nehmen wir täglich einen heraus*
*und tun nichts dafür hinein,*
*so müssen wir zugeben,*
*daß am Ende der hundert Tage*
*die Geldtasche leer ist.*

# Reform der Bildung

## 1 Bildnis des Königs

Anton Friedrich König d. Ä.

Friedrich der Große

ca. 9,5 × 8 cm
o. J.

Eugenie Mannkopff, Göttingen

Anton Friedrich König, Schüler von Antoine Pesne und seit 1767 kgl. Hofminiaturbildnismaler, zählte zu den fleißigsten Miniaturisten seiner Zeit. So soll er allein von Friedrich dem Großen einige tausend Bildnisse hergestellt haben. Da viele seiner Werke nicht signiert sind, werden für die Zuweisung an König stilistische Merkmale geltend gemacht.

## 2 Minister Karl Abraham von Zedlitz (1731 – 1793)

„K. A. Frh. von Zedlitz Königl. Preussischer Statsminister, gebohren 1731"

Kupferstich, 13,5 × 7,7 cm
Bez.: „Wagner del. D. Berger Scul. 1782"

GStA PK, IX. HA III Nr. 43

Der aus Schlesien stammende Zedlitz war 1755 in den preußischen Justizdienst eingetreten und 1764 Präsident der Regierung in Brieg geworden. Nach seiner Ernennung zum Justizminister 1770 wurde er ein Jahr später auch mit dem Departement für Kirchen- und Schulsachen betraut. So fiel ihm nach der Erwerbung Westpreußens die Aufgabe zu, Schulen in der neuen Provinz einzurichten und Lehrer für die Dörfer zu gewinnen. Die Verbesserung des preußischen Schulwesens, insbesondere die Errichtung von Bürgerschulen zwischen den Volks- und den Höheren Schulen, ist mit seinem Namen verbunden. Die Gründung des Oberschulkollegiums erfolgte jedoch erst nach dem Tode Friedrichs des Großen im Jahre 1787.

Kat. Nr. VI, 2

## 3 Das General-Landschulreglement

a) Denkschrift Johann Julius Heckers über die „Schul-Verbesserungen insonderheit von besserer Einrichtung der Dorfschulen in der Churmarck"

Berlin, 1763 März 29

GStA PK, Pr.Br. Rep. 2 B II. Reg. Potsdam 1 Generalia Nr. 3822

b) „Königlich-Preußisches General-Land-Schul-Reglement, wie solches in allen Landen Sr. Königlichen Majestät von Preussen durchgehends zu beobachten“

Berlin, 1763 August 12

Nordrhein-Westfälisches StA Münster, Minden-Ravensberg Konsistorium Nr. III,2

Die das Schulwesen betreffenden Edikte aus den ersten Regierungsjahren Friedrichs II. lassen erkennen, daß der König keine grundlegenden Veränderungen beabsichtigte. Seit 1717 gab es in Preußen den Grundsatz der Allgemeinen Schulpflicht. Auf diesem Erlaß Friedrich Wilhelms I. fußten alle späteren Verlautbarungen. Das General-Landschulreglement von 1763 ging auf Vorarbeiten des Pädagogen Johann Julius Hecker (1707—1768) zurück, der seine Ausbildung noch unter dem Einfluß August Hermann Franckes in Halle erhalten hatte. Nach halleschem Vorbild gründete er 1747 in Berlin eine ökonomisch-mathematische Realschule. Den Anstoß für das Reglement gab jedoch der König selbst, der während des Krieges auf die schlechten ländlichen Schulverhältnisse in der Mark Brandenburg aufmerksam geworden war. Das Reglement erneuerte die Aufforderung zum regelmäßigen Schulbesuch und schrieb die Einteilung der Schulstunden und Stundenpläne vor. Die Schulaufsicht sollte durch beauftragte weltliche und geistliche Organe wahrgenommen werden; die Anstellung der Lehrer hatte erst nach vorangegangener Ausbildung und Prüfung an den Seminaren zu erfolgen. Schulvisitationen in den folgenden Jahren ließen einen zwar langsamen, doch stetigen Fortschritt in den Schulverhältnissen erkennen.

## 4 Friedrich Eberhard von Rochow (1734—1805)

Daniel Chodowiecki

„Eberhard von Rochow, Erbherr auf Rekahn“

Kupferstich, 33,5 × 21,3 cm
1777

SMPK, Kupferstichkabinett

Neben die staatlichen Maßnahmen traten wirkungsvolle private Bemühungen um eine systematische Ausbildung der Lehrer und einen regelmäßigen Unterricht der Kinder. Friedrich Eberhard von Rochow, der nach Teilnahme am Siebenjährigen Kriege auf seinem Gut Reckahn eine Musterschule einrichtete, gehörte zu den Vertretern der Aufklärung, die Verstandesbildung und Tugend als Ziel der Erziehung ansahen und in diesem Sinne auf Lehrer und Kinder einzuwirken suchten. Rochows „Kinderfreund“, eines der bedeutendsten Lehrbücher in der preußischen Schulgeschichte, wurde jedoch beim Oberkonsistorium wegen seines allzu sehr auf die brandenburgischen Verhältnisse abgestellten Inhalts nicht für eine Verbreitung in allen Gebieten Preußens zugelassen. Da sich aber der „Kinderfreund“ auch ohne landesherrliche Förderung schnell verbreitete, wurden Rochows pädagogische Gedanken überall bekannt und wirkten auf den Schulunterricht ein.

## 5 Einrichtung von Schulen

Friedrich an den Geheimen Finanzrat von Brenckenhoff
Potsdam, 1774 Februar 20

GStA PK, XIV. HA Rep. 133 Nr. 1

Bei der Besetzung der Schulmeisterstellen in Westpreußen wurden die konfessionellen Belange nach Möglichkeit berücksichtigt. Das Waisenhaus in Halle, dem schon Friedrich Wilhelm I. als Ort pietistischer Frömmigkeit seine besondere Aufmerksamkeit zugewandt hatte, gewann als Ausbildungsstätte für evangelische Lehrer auch das Interesse Friedrichs des Großen. Viele Lehrer, die später in Westpreußen tätig wurden, waren in Halle im Geiste August Hermann Franckes ausgebildet worden. Für den Unterricht in katholischen Schulen versicherte sich der König der Unterstützung der Jesuiten. So gestattete er auch dem Finanzrat von Brenckenhoff am 20. Februar 1774, Lehrer des ehemaligen Jesuitenkollegiums in Posen für die Schulanstalten bei den Jesuitenklöstern Bromberg und Deutsch Krone zu engagieren. Einer Zunahme von Klosterinsassen trat Friedrich jedoch wiederholt entgegen.

## 6 Besetzung von Schulmeister-Stellen

„Circulare an sämtliche Inspectores der Churmarck über die Versorgung der Invaliden mit Küster- und Schulmeister-Stellen“
Berlin, 1781 Mai 17

SBPK Nr. 27 in: 2° An 8630-5

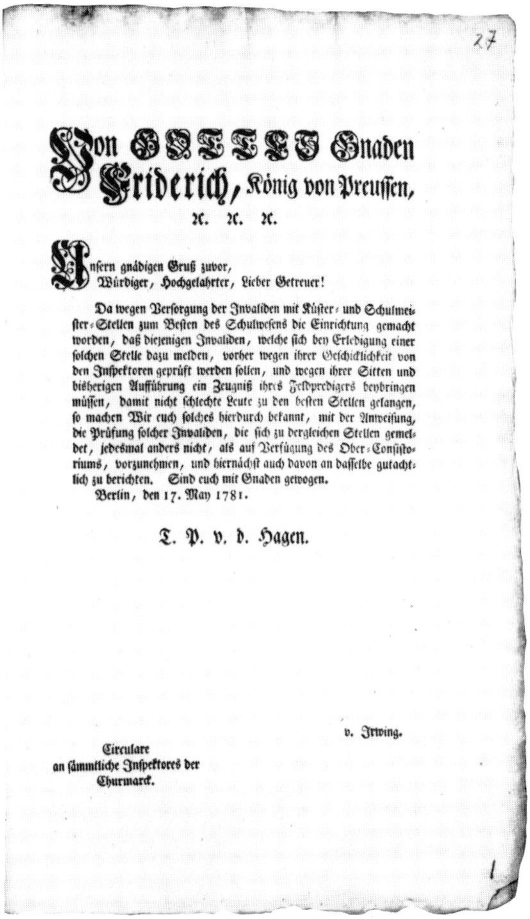

27

Von GOTTES Gnaden
Friderich, König von Preussen,
2c. 2c. 2c.

Unsern gnädigen Gruß zuvor,
Würdiger, Hochgelahrter, Lieber Getreuer!

Da wegen Versorgung der Invaliden mit Küster- und Schulmeister-Stellen zum Besten des Schulwesens die Einrichtung gemacht worden, daß diejenigen Invaliden, welche sich bey Erledigung einer solchen Stelle dazu melden, vorher wegen ihrer Geschicklichkeit von den Inspektoren geprüft werden sollen, und wegen ihrer Sitten und bisherigen Aufführung ein Zeugniß ihres Feldpredigers beybringen müssen, damit nicht schlechte Leute zu den besten Stellen gelangen, so machen Wir euch solches hierdurch bekannt, mit der Anweisung, die Prüfung solcher Invaliden, die sich zu dergleichen Stellen gemeldet, jedesmal anders nicht, als auf Verfügung des Ober-Consistoriums, vorzunehmen, und hiernächst auch davon an dasselbe gutachtlich zu berichten. Sind euch mit Gnaden gewogen.

Berlin, den 17. May 1781.

T. P. v. d. Hagen.

v. Irwing.

Circulare
an sämmtliche Inspektores der
Churmarck.

Kat. Nr. VI, 6

Der Mangel an ausgebildeten Lehrern blieb noch lange das größte Hemmnis für die Verbesserung der Schulverhältnisse in Preußen, insbesondere auf dem Lande. Das General-Landschulreglement von 1763 forderte einen Lehrerstand mit ausreichenden Einkünften und unabhängig von einem Nebenerwerb. Um zur Erfüllung dieser Forderung beizutragen, äußerte Brenckenhoff 1779 den Gedanken, vakante Stellen mit Invaliden zu besetzen und damit zugleich das Problem der Versorgung der Kriegsversehrten zu lösen. Das Prüfungsergebnis der Anwärter war nicht ermutigend: Generaldirektorium, Geistliches Departement und die Provinzialkollegien mußten feststellen, daß von der großen Zahl der Invaliden weniger als zwei vom Hundert die erforderlichen Voraussetzungen mitbrachten und daß bei diesen das Interesse an einer solchen Aufgabe sehr gering war. Unzureichende Qualifikation der Invaliden auf der einen Seite und schlechte materielle Ausstattung der Lehrerstellen auf der anderen Seite standen der Unterbringung der Kriegsversehrten im Schuldienst entgegen. Daß ein Schulmeister für seine Stelle „tauglich" sein sollte, blieb oberster Grundsatz.

## 7 Das höhere Schulwesen

a) Friedrich II. von Preußen
„Lettre sur l'éducation"
Berlin 1770
GStA PK, Bibliothek 14ª500[386]

b) Johann Heinrich Ludwig Meierotto (1742—1800)
Radierung, 19,6 × 11,6 cm
Berlin Museum

c) „Taschenbuch pro 1775/76"
GStA PK, II. HA Gen.Dir. Abt. 4 Nr. 19

d) Schreiben des Direktors und der Verordneten Räte des Joachimsthalschen Gymnasiums an den Visitator und Professor Sulzer über die Einrichtung des Griechisch-Unterrichts ab Secunda
Berlin, 1773 Januar 4
GStA PK, X. HA Rep. 32 Joachimsthal Nr. 1

e) Johann Georg Sulzer (1720—1779)
Kupferstich, 12,5 × 8,5 cm
Bez.: „Graff pinx. Pfenninger sc."
Dr. Elmar Mauch, Bad Mergentheim

1769 hatte Friedrich der Große in seiner Schrift „Über die Erziehung" das Joachimsthalsche Gymnasium in Berlin, das Gymnasium in Brandenburg und das Gymnasium Kloster Berge bei Magdeburg als Unterrichtsstätten genannt, die mit befähigten Lehrern versehen seien („elles sont fournies de Professeurs habiles"). Aber auch bei ihnen glaubte er noch Mängel im Unterricht zu erkennen, die die Ausbildung der Urteilsfähigkeit der Schüler und die Gewöhnung an selbständiges Denken betrafen. Dem Minister von Zedlitz fiel die Aufgabe zu, die

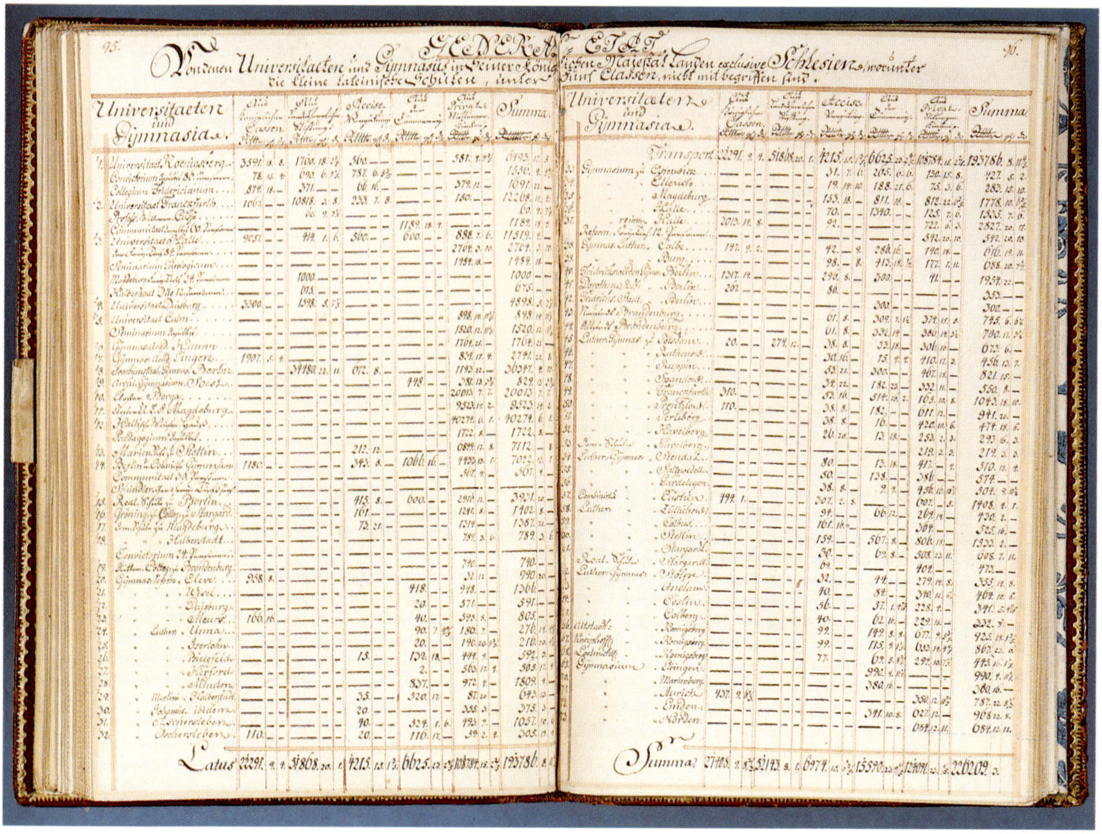

Kat. Nr. VI, 7 c

Reform der höheren Schulen nach den Vorstellungen des Königs in die Wege zu leiten: Die Erlernung des Griechischen und des Lateinischen hielt Friedrich für wesentlich, doch sollte auch guter Unterricht in der deutschen Sprache erteilt werden, ebenso in Mathematik, Philosophie, Logik, Metaphysik und Geschichte. Zedlitz fand in Meierotto, dem Rektor des Joachimsthalschen Gymnasiums, einen tatkräftigen Helfer; auf ihn geht die Einführung von Abitur und Reifezeugnis zurück. In dem 1775/76 angelegten „Taschenbuch" Friedrichs des Großen findet sich unter der Überschrift „General-Etat Von denen Universitaeten und Gymnasiis in Seiner Königlichen Majestät Landen exclusive Schlesien, worunter die kleine lateinische Schulen, unter fünf Classen, nicht mit begriffen sind" eine Nachweisung der Städte mit Universitäten und höheren Schulen, deren Kosten und Unterhaltsträger. Preußen insgesamt hatte seit der Erwerbung Westpreußens sechs Universitäten: Königsberg, Frankfurt/Oder, Halle/Saale, Duisburg, Kulm, Breslau.

## 8 Schulunterricht

a) Friedrich Gedike

„Neue Nachricht von der Einrichtung des Friedrichwerderschen Gymnasiums"

Berlin 1788

GStA PK, Bibliothek 19ª829

b) Übersicht über die Lehrstunden nach ihrer Verbindung und Folge im Schuljahr 1795/96. In: Zu der öffentlichen Prüfung der Zöglinge des vereinigten Friedrichwerderschen und Friedrichstädtischen Gymnasiums . . .
Berlin 1796

GStA PK, Bibliothek 19ª826

Die in den letzten Lebensjahren Friedrichs des Großen angeregte Schulreform konnte sich erst unter seinem Nachfolger voll auswirken. In Berlin waren neben Meierotto, dem Direktor des Joachimsthalschen Gymnasiums, Anton Friedrich Büsching, Direktor des Gymnasiums zum Grauen Kloster, und Friedrich Gedike, Direktor des Friedrichwerderschen Gymnasiums, Träger des Reformgedankens. Gedike gab die Anregung zur Gründung des Berliner Seminars für Gelehrtenschulen (1787), führte 1788 die Reifeprüfung ein, errichtete Schulbibliotheken und vertrat in seinen Abhandlungen eine Modernisierung der Unterrichtsmethoden. In seiner „Neuen Nachricht" erläutert er (S. 63f.) die Vorteile des Unterrichtsgesprächs gegenüber dem Lehrervortrag: „Denn ob es gleich leichter und bequemer für den Lehrer ist, zu seinen Schülern zu reden als mit ihnen zu sprechen, so ist doch das letztere bei weitem nützlicher. Es ist daher jedem Schüler bei uns erlaubt, den Vortrag des Lehrers zu unterbrechen, sobald ihm etwas nicht klar oder in einiger Rücksicht zweifelhaft ist. Jedem ist es erlaubt, zu fragen, zu zweifeln, Einwürfe zu machen, die denn gewöhnlich nur alsdann erst vom Lehrer gehoben werden, wenn sie keiner der andern Schüler zu heben vermag ..."

Kat. Nr. VI, 7e

# Friedrich und die deutsche Literatur

## 9 Bau der Königlichen Bibliothek

a) Denkmünze in Silber, Durchmesser 4 cm

1777

Vorderseite: Bildnis Friedrichs in antikem Gewand mit Lorbeerkranz, Profil nach links. Umschrift: FRIDERICUS BORUSS.REX URBES AEDIBUS ORNANS. Unten: ABRAMSON FEC.
Rückseite: Schwebender Putto einen geschmückten Altar krönend. Aufschrift: F(ridericus) R(ex) B(orussiae) O(ptimus) M(aximus). Umschrift: DIGNUS ET HAC. Unten: BIBL.REGIA EXSTRUC. MDCCLXXVII.

GStA PK, Neuerwerbung 1985

b) Johann Georg Rosenberg

„Vue de la Place de l'Opéra à Berlin"

„Vue de la Place de l'Opéra et de la nouvelle Bibliothèque ainsi que de l'Eglise Catholique"

Kolor. Kupferstich, 46,1 × 69,3 cm
Bez.: „Rosenberg del., Obercogler sculp."

Berlin Museum

Die Denkmünze wurde während der Bauarbeiten an der Kgl. Bibliothek geprägt, die ihrer geschwungenen Fassade wegen den Beinamen „Kommode" erhielt. Der König hatte den Bauplatz gegenüber der Oper 1774 erworben; der Entwurf stammte von Unger und Boumann d. J. und läßt Bezüge zu Fischer von Erlachs nach dem Kohlmarkt hin gelegenen Trakt der Wiener Hofburg erkennen. Noch vor Vollendung der Berliner Bibliothek wurden ab Ende 1780 die Bücher von ihrem bisherigen Aufbewahrungsort im „Apothekenflügel" des Schlosses in die „Kommode" gebracht. Ab 1784 war die Bibliothek auch einer öffentlichen Benutzung zugänglich.

## 10 Minister Ewald Friedrich von Hertzberg (1725–1795)

a) „Hertzberg“

Kupferstich, 32 × 21,3 cm
Bez.: „I. S. Klauber pc.“

GStA PK, IX. HA I 841

b) Ewald Friedrich von Hertzberg

„Huit Dissertations“

Berlin 1787

Staats- und Universitätsbibliothek Göttingen
Oct.Phys.Math. IV 220

Hertzberg, der in Halle ein gründliches Studium der Rechte und der Philosophie absolviert und 1745 den juristischen Doktorgrad erworben hatte, begann seine Laufbahn, gefördert vom Minister von Podewils, in der Diplomatie und verwaltete daneben das Geheime Kabinettsarchiv. Seine schriftstellerische Begabung konnte er mit den Aufgaben im Staatsdienst verbinden. 1763 führte er in Hubertusburg die Verhandlungen mit den österreichischen und sächsischen Bevollmächtigten. Im gleichen Jahre wurde er Leiter des Auswärtigen Departements, dem er bis 1791 vorstand. Seine selbständigen Vorstellungen von der Politik wichen nicht selten von denen des Königs ab; so betonte er eine Überlegenheit diplomatischer Verhandlungen gegenüber kriegerischen Entscheidungen. Seit 1752 war Hertzberg Mitglied der Berliner Akademie der Wissenschaften. In seinen zahlreichen Festreden beschrieb er zwischen 1780 und 1793 Natur, Politik, Wirtschaft und Verfassung des Preußischen Staates. Er setzte sich für die Förderung der deutschen Sprache und Literatur ein und befürwortete nach dem Tode Friedrichs nachdrücklich die Zuwahl von 12 deutschen Mitgliedern in die Akademie.

## 11 Friedrichs Verhältnis zur deutschen Literatur

Friedrich II. von Preußen

„De la littérature allemande“

Berlin 1780

SBPK 169 627 R

Friedrich veröffentlichte seine Ansichten über die deutsche Literatur im Herbst 1780. Er beschränkte sich dabei nicht auf die sogenannte schöne Literatur oder auf die Dichtungen, sondern verstand unter dem Begriff „littérature“ auch wissenschaftliche Abhandlungen der verschiedenen Fachrichtungen. Ob die Kenntnisse des Königs von der deutschen Sprache tatsächlich so mangelhaft waren, daß sich ihm die zeitgenössische deutsche Literatur nicht erschloß, mag dahingestellt sein; daß er aber den Hinweisen seiner Umgebung keine Beachtung schenkte, daß sich neben der spröden, vielfach geschraubt klingenden und im Gefühlsausdruck überspannten Poeterei der Aufklärung eine Dichtkunst zu entwickeln begann, die nicht nur die deutsche Sprache glättete, sondern bereicherte und schöpferisch handhabte, ist erwiesen. Friedrich schrieb in seiner Schrift „De la littérature“: „Alles, was ich Ihnen einräumen kann, ohne mich zum niedrigen Schmeichler meiner Landsleute zu machen, ist dies: Wir haben in der kleinen Gattung der Fabeln einen Gellert gehabt, der sich neben Phädrus und Äsop zu stellen gewußt hat. Die Dichtungen von Canitz sind erträglich, nicht wegen ihrer Diktion sondern eher als schwache Nachahmung des Horaz. Nicht übergehen will ich die Idyllen von Geßner, die einige Anhänger gefunden haben. Erlauben Sie mir jedoch, den Werken des Catull, Tibull und Properz den Vorzug zu geben ...“ Friedrich über Goethes „Götz von Berlichingen“: „Man mag Shakespeare solche wunderlichen Verirrungen verzeihen; denn die Geburt der Künste ist niemals die Zeit ihrer Reife. Aber nun erscheint noch ein „Götz von Berlichingen“ auf der Bühne, eine scheußliche Nachahmung der schlechten englischen Stücke, und das Publikum klatscht Beifall und verlangt mit Begeisterung die Wiederholung dieser abgeschmackten Plattheiten...“ Friedrich schloß seine Schrift mit zuversichtlichen Gedanken: „Wir werden unsere Klassiker haben. Jeder wird sie lesen, um von ihnen zu lernen. Unsere Nachbarn werden Deutsch lernen. Die Höfe werden mit Vergnügen Deutsch sprechen, und es kann geschehen, daß unsere geschliffene und vervollkommnete Sprache sich dank unseren guten Schriftstellern von einem Ende Europas zum andern verbreitet. Diese schönen Tage unserer Literatur sind noch nicht gekommen, aber sie nahen. Ich kündige sie Ihnen an, sie stehen dicht bevor.“

FRIDERICUS BORUSS·REX URBES ÆDIBUS ORNANS
ABRAMSON
DIGNUS ET HAC
F·R·B·
O·M·
BIBL·REGIA EXSTRUC·
MDCCLXXVII

Kat. Nr. VI, 9 a

## 12 Christian Fürchtegott Gellert (1715–1769)

a) „C. F. Gellert“

Kupferstich, 21 × 13 cm
Bez.: „Gestochen von Kauke in Berl. 1758“

Dr. Elmar Mauch, Bad Mergentheim

b) Christian Fürchtegott Gellert

„Fabeln und Erzählungen“

Leipzig 1746

Amerika Gedenkbibliothek L 220 Gel 51

Kat. Nr. VI, 12 a

c) „Fables Choisies, mises en vers par Monsieur La Fontaine. Avec un nouveau Commentaire par M. Coste“
Premier Partie. Paris 1752

Im Auftrag der Stiftung Preußischer Kulturbesitz verwahrt: SSG, Schloß Charlottenburg (Exemplar aus der Bibliothek Friedrichs des Großen im Potsdamer Stadtschloß)

Zu den wenigen deutschen Dichtern, deren Werke Friedrich kannte und anerkannte, gehörte Christian Fürchtegott Gellert.
Gellert, der seit 1745 an der Universität Leipzig Vorlesungen über Moral, Poesie und Beredsamkeit hielt, war durch seine Fabeln berühmt geworden, die er nach dem Vorbild der „Fables“ Lafontaines dichtete und in zwei Bänden veröffentlichte. Die in liebenswürdiger und humorvoller Weise erteilten Belehrungen entnahm er vielfach den „Moralischen Wochenschriften“, den vielgelesenen „Zeitschriften“ der Aufklärungszeit, die das Publikum unterhalten und unterrichten wollten. Die Sprache von Gellerts Fabeln ist einfach und eingängig. Nach dem Erfolg der ersten Ausgabe 1746 veröffentlichte er 1748 einen zweiten Teil. Tugenden und Laster waren auch die Themen von Gellerts deutschsprachigen Komödien, die Lessing als „wahre Familiengemälde“ rühmte.

## 13 Johann Christoph Gottsched (1700–1766)

a) „Io.Christophorvs Gottschedivs, Philosoph.ration. et transcend. P. P. O. Poeseos extraord: in Acad.Lipsiensi majoris Princ. Collegii collegiatus societatis scientiarum Berolinensis Membrum. nat.d. 2. Febr. A. S. R. MDCC.“

Kupferstich, 32 × 19 cm
Bez.: „A. M. Wernerin pinx. I. I.Haid sc. Aug.Vind.“

GStA PK, IX. HA I Nr. 31

b) Johann Christoph Gottsched

„Ausführliche Redekunst. Nach Anleitung der alten Griechen und Römer, wie auch der neuern Ausländer; in zween Theilen verfasset und mit Exempeln erläutert. . .“

1. Aufl. Leipzig 1739

Amerika Gedenkbibliothek L 32-3

Kat. Nr. VI, 13 a

Die „Ausführliche Redekunst" ist dem Kronprinzen Friedrich von Preußen gewidmet, den Gottsched in seiner Vorrede als künftigen Schutzherrn der freien Künste und großmütigen Liebhaber aller Wissenschaften preist. „Sie machen schon die Seytenspiele fertig und sinnen auf ganz neue Loblieder, ein aufgehendes Gestirn damit zu verehren, welches mit seinem gütigen Einflusse ihrem Helikon recht goldene Zeiten verspricht." Gottsched, als Sohn eines Pfarrers in Juditten bei Königsberg i. Pr. geboren, hatte nach abgeschlossenem Studium an der Albertina seine Heimatprovinz verlassen, um den preußischen Werbern zu entgehen. Er begab sich nach Leipzig, hielt ab 1725 Vorlesungen und wurde 1730 Ordentlicher Professor der Logik und Metaphysik. Er wandte sich gegen Schwulst und Verwilderung der deutschen Sprache, für deren Gebrauch in der Dichtung er sich nachdrücklich einsetzte. Klarheit und Verständlichkeit des Deutschen forderte er in seinen theoretischen Schriften und im Zusammenhang mit der Reform des Theaters und verwies dabei insbesondere auf französische Vorbilder. Die „Ausführliche Redekunst" gehört in die Reihe seiner Darstellungen, in denen er Sprache, Literatur und Beredsamkeit historisch und systematisch abhandelte. Zu einer persönlichen Begegnung Gottscheds mit dem preußischen König kam es während des Siebenjährigen Krieges in Leipzig.

## 14 Gotthold Ephraim Lessing (1729—1781)

a) Kopie nach Anton Graff

Gotthold Ephraim Lessing

Öl auf Holz, 17,5 × 21,5 cm
1800

Herzog August Bibliothek Wolfenbüttel

b) Daniel Chodowiecki

Illustrationen zu Lessings „Minna von Barnhelm" (12 Blätter)

Kupferstiche, 1769

Berlin Museum

c) Gotthold Ephraim Lessing
„Minna von Barnhelm oder das Soldatenglück. Ein Lustspiel in fünf Aufzügen"
Berlin 1767

Privatbesitz

1780 erschienen Friedrichs „De la littérature allemande", Lessings „Erziehung des Menschengeschlechts", Wielands „Oberon", Voß' „Der siebzigste Geburtstag" und Herders „Briefe das Studium der Theologie betreffend". Moses Mendelssohn veröffentlichte im Verlag Friedrich Nicolai „Fünf Bücher Mose, zum Gebrauch der jüdischdeutschen Nation" in Übersetzung; in Berlin erschien regelmäßig Nicolais „Allgemeine deutsche Bibliothek", und die ersten Werke des „Sturm und Drang" wurden bekannt. Man hat die Schrift des Königs über die deutsche Literatur einen Nekrolog auf die zu Ende gehende Epoche, die sich ausschließlich am französischen Geschmack ausrichtete, genannt.

Kat. Nr. VI, 14b

Auch die junge Generation wußte um die Armut der deutschen Literatur, aber während Friedrich Goethes „Götz" Mangel an Geschmack nachsagte, nahm er Lessing gar nicht zur Kenntnis, der im Verein mit Nicolai und Moses Mendelssohn während seines mehrjährigen Berliner Aufenthalts die „Briefe die neueste Literatur betreffend" regelmäßig mitgestaltet und gefördert hatte. Lessings „Minna von Barnhelm", nach der Teilnahme am Siebenjährigen Kriege niedergeschrieben und 1767 gedruckt, war dem König nicht bekannt geworden, obwohl es in seiner Umgebung Männer wie Quintus Icilius und den Minister von Hertzberg gab, die sich für die deutsche Literatur einsetzten.

## 15 Friedrich Nicolai (1733–1811)

a) Anton Graff

Friedrich Nicolai

Öl auf Lwd., 62 × 53 cm
um 1783

Berlin Museum

b) Friedrich Nicolai

„Beschreibung der Königlichen Residenzstädte Berlin und Potsdam, aller daselbst befindlicher Merkwürdigkeiten, und der umliegenden Gegend"

3. Aufl. Bd. 1. Berlin 1786

GStA PK, Bibliothek $19^{a}5$

Friedrich Nicolai, der Berliner Literat, Schriftsteller, Verleger und Buchhändler, Freund Gotthold Ephraim Lessings und Moses Mendelssohns, widmete die dritte, erweiterte Auflage seiner „Beschreibung" am 18. April 1786 dem preußischen König: „Berlin und Potsdam sind von Ewr. Königl. Majestät und von Allerhöchst Dero glorwürdigen Vorfahren neu geschaffen worden. Was diese nun angefangen hatten, haben Ew. Königl. Majestät aufs vollkommenste ausgeführt..." Diese Widmung mag im Zusammenhang stehen mit einer wenige Wochen vorher stattgehabten Begegnung zwischen dem König und Nicolai, über die der Geheimrat von Reckert seinem Auftraggeber, dem Landgrafen von Hessen-Philippsthal-Barchfeldt, berichtete: „Vor einigen Tagen hat Höchstderselbe (Friedrich II.) den hiesigen gelehrten Buchführer Nicolai, einen besonders geschickten Mann, der die Caracteristik von Berlin und viele andere denkwürdige Werke geschrieben und ediret hat, zu Sich kommen laßen; und unter andern vieles von der beßern Kinderzucht, ihrer Lehrer und ihres instructivern Unterrichts mit ihm gesprochen..." Nicolai hatte für seine „Beschreibung", die zugleich eine Darstellung der wirtschaftlichen, sozialen und kulturellen Verhältnisse der Städte Berlin und Potsdam ist, das Königliche Geheime Archiv benutzt; in seiner eigenhändigen Widmung dankt er den „geheimen Archivarien", durch deren Freundschaft und Gefälligkeit er diesem Buch „viel mehr Vollkommenheit hat geben können".

## 16 Moses Mendelssohn (1729—1786)

Anton Graff

Moses Mendelssohn
Öl auf Lwd., 62 × 52 cm

SSG, Jagdschloß Grunewald (Leihgabe des Senators für Kulturelle Angelegenheiten)

Moses Mendelssohn, der als Sechzehnjähriger aus Dessau nach Berlin gekommen war, im Hause des Seidenfabrikanten Isaak Bernhard im Laufe der Jahre eine Vertrauensstellung bis zur schließlichen Teilhaberschaft errungen hatte und zu den führenden Persönlichkeiten des geistigen Berlin im Kreise von Friedrich Nicolai und Gotthold Ephraim Lessing gehörte, wandte sich 1763 an den König mit der Bitte um die Anerkennung als Schutzjude. Dieses Privileg, das nach dem Generaljudenprivileg von 1750 nur einer bestimmten Anzahl Juden in Preußen zuerkannt wurde, sollte ihn vor Ausweisung aus der Stadt schützen und berufliche Sicherheit vermitteln. In der Umgebung des Königs setzte sich d'Argens für Mendelssohn ein, so daß dieser nach einiger Verzögerung für sich persönlich das Schutzjudenprivileg erhielt. Nicht zugestanden wurde diese Vergünstigung seinen Angehörigen. Der Aufnahme Mendelssohns in die Akademie der Wissenschaften, für die er aufgrund preisgekrönter Arbeiten vorgeschlagen worden war, stimmte der König nicht zu. Während Lessings Ringparabel in „Nathan der Weise" dichterischer Ausdruck der Toleranz geworden war, führte Mendelssohn durch sein schriftstellerisches Schaffen in deutscher Sprache seine jüdischen Glaubensgenossen an deutsche Bildungsinhalte heran und machte sie mit dem Denken der Aufklärung bekannt.

Das von Anton Graff gemalte Mendelssohn-Porträt ist die Wiederholung eines 1772 geschaffenen Bildnisses in der Leipziger Universität.

## 17 Ewald von Kleist (1715—1759)

„Ehrengedächtniß Herrn Ewald Christian von Kleist, Majors unter dem Königl. Preußischen Regiment von Hausen; Berühmten Verfasser des Frühlings, und anderer schönen Gedichte"

Berlin, o. J. (1760).

GStA PK, Bibliothek 5 K 189

Unter dem Einfluß von Johann Wilhelm Ludwig Gleim, der mit seinen „Grenadierliedern" zum volkstümlichen Sänger der Feldzüge Friedrichs des Großen geworden war, wurde Kleist an die deutsche Dichtung seiner Zeit herangeführt, der er sein Werk „Der Frühling" beisteuerte. Während des Siebenjährigen Krieges lernte Kleist Gellert und Lessing kennen. Er starb an seinen während der Schlacht bei Kunersdorf empfangenen Wunden. Friedrich Nicolai brachte anonym sein „Ehrengedächtnis" auf Kleist heraus: „Seine Liebe zur Dichtkunst und zu allen schönen Wissenschaften werden ihn unsterblich machen. Seine Gedichte haben einen originellen Schwung, er redete allemahl aus eigener Empfindung, also findet man darinn nichts kaltes, nichts geschminktes, er wollte allemahl lieber rauh als unschmackhaft seyn . . ." Lessing setzte Kleist in seiner „Minna von Barnhelm" als Major von Tellheim ein Denkmal.

## 18 Johannes von Müller (1752—1809)

Johannes von Müller

Kupferstich, 8,6 × 7,5 cm

GStA PK, IX. HA III Nr. 1125

Der Historiker Johannes von Müller, der in Schaffhausen geboren war, galt nach Erscheinen seiner fünfbändigen Geschichte der Schweizer Eidgenossenschaft in seiner Zeit als einer der bekanntesten und bedeutendsten Geschichtsschreiber und politischen Schriftsteller. Er stand in Diensten süddeutscher Fürsten, hoffte jedoch, die Aufmerksamkeit Friedrichs des Großen auf sich zu ziehen, nach Preußen überwechseln zu können und im Auswärtigen Ministerium oder an der Akademie der Wissenschaften Verwendung zu finden. Friedrichs Äußerungen über von Müller zu d'Alembert beweisen das geringe Interesse des Königs an solchen Plänen. Erst 1804 wurde von Müller als Historiograph und Mitglied der Akademie der Wissenschaften nach Berlin berufen, verknüpft mit den Erwartungen, in ihm den Biographen Friedrichs des Großen gefunden zu haben. Die weitere politische Entwicklung und von Müllers Parteinahme für Napoleon im Dienst des Königs von Westfalen standen diesem Vorhaben bald entgegen.

### 19 Begegnung mit der Karschin

a) Anna Luise Karschin (1722—1791)

Kupferstich, 22 × 17,5 cm
Bez.: „Joh. H. Lips sculpsit aqui fort. 1776“

GStA PK, IX. HA II Nr. 233

b) Johann Ludwig Gleim (1719—1803)

Kupferstich, 21,5 × 15,6 cm
Bez.: „Bollinger sc. Zwickau bei Gebr. Schumann“

GStA PK, IX. HA II Nr. 277

c) Anna Luise Karschin

„Auserlesene Gedichte von Anna Louisa Karschin“

Berlin 1764

Amerika Gedenkbibliothek K 220 Karsch 1

Kat. Nr. VI, 19a

Die aus Niederschlesien stammende Anna Louisa Durbach, Tochter eines Brauers, hatte bei einem Verwandten das Lesen und Schreiben gelernt und versuchte schon als junges Mädchen, ihre Gefühle und Beobachtungen unbefangen in Versen auszudrücken. 1749 heiratete sie den wandernden Schneider Karsch in Fraustadt. Ihre ersten Gedichte erschienen 1755 auf losen Blättern. Zu ihrer Art zu dichten erzählte sie: „Ich weiß von keinen Regeln . . . ich beobachte das Metrum nach dem Gehör und weiß ihm keinen Namen zu geben.“ Mit Johann Ludwig Gleim in Halberstadt, dem Dichter der „Grenadier-Lieder“, führte sie einen lebhaften Briefwechsel. Den Zeitgenossen wurde die Karschin durch Gleim, Sulzer und Herder bekanntgemacht, die sie als Naturdichterin priesen. Ihre Werke lassen sich jedoch keiner geistigen Strömung ihrer Zeit eindeutig zuordnen. Am 11. August 1763 wurde sie von Friedrich dem Großen in Sanssouci empfangen. Der König hatte durch den General von Seydlitz einige Gedichte der Karschin zu Ereignissen des Siebenjährigen Krieges kennengelernt und war auf ihr Gedicht „Der weinende Amor, bey Betrachtung einer Bildsäule zu Charlottenburg im Garten“ besonders aufmerksam geworden. Bei der Begegnung zwischen dem König und der Karschin kam es zu einem Gespräch, in dessen Verlauf Friedrich seine Verwunderung über ihre Kenntnisse zum Ausdruck brachte. Sie berichtete darüber, noch unter dem Eindruck der Persönlichkeit des Königs stehend, an Gleim und verfaßte ein Gedicht „Geschichte der Unterredung mit dem Philosophen zu Sanssouci“. 1764 gaben Gleim und Sulzer ihre Gedichte heraus. Seit 1761 lebte die Karschin in Berlin; allerdings hatte sich ihre Hoffnung, mit Unterstützung des Königs dort ein Haus zu erwerben, nicht erfüllt.

## Zur Staatslehre und Philosophie

### 20 Der König im Alter

Christian Friedrich Reinhold Lisiewski

Friedrich der Große

Öl auf Lwd., 66 × 52 cm
Bez. auf d. Rückseite: „C.F.R. de Liszewsky pinxit Ao. 1782“

SSG, Leihgabe der SMPK, Neue Nationalgalerie

Lisiewski hat den König hier als gealterten, von Verantwortung und Leiden gezeichneten Herrscher dargestellt. Aus dem Blick des Siebzigjährigen spricht die von vielen Erfahrungen getragene Abgeklärtheit des Alters. Der von unten gesehene Herrscher könnte so als Vorstudie zu einem Reiterbildnis gemalt worden sein, von dem aber sonst nichts bekannt ist. Lisiewski (1725—1794) lebte von 1772 bis 1779 in Berlin und war einer der begabtesten Porträtmaler der Zeit.

Kat. Nr. VI, 20

## 21 Regierungsformen und Herrscherpflichten

„Essai sur les formes de gouvernement et sur les devoirs des souverains"
Berlin 1777

GStA PK, Bibliothek 14ª 500 390

In dieser kleinen Schrift betont der König die Rolle des pacte social, dessen Begriff er schon im Antimachiavell gebraucht hatte, ohne Rousseau zu kennen. Die naturrechtliche Auffassung fußt auf der Hypothese, daß die Mitglieder der Gesellschaft einen Vertrag geschlossen und sich einen Regenten erwählt haben, der sie nach Gesetzen regieren soll. Die Aufrechterhaltung der Gesetze ist dem König „der einzige Grund, der die Menschen veranlaßte, sich Obere zu geben." Dies ist die Herkunft der „Souveränität". Aus Beispielen aus der Geschichte leitet er die Erklärung vom Untergang der antiken Aristokratien und Demokratien ab, sie gingen durch die Unvollkommenheit menschlicher Einrichtungen zugrunde. „Was die eigentliche monarchische Regierungsform betrifft, so ist sie die schlimmste oder die beste von allen, je nachdem sie verwaltet wird." Wichtig sind dem König die Pflichten, die der Monarch zu erfüllen hat. „Damit er sie nie aus den Augen lasse, muß er sich erinnern, daß er ein Mensch ist, wie der geringste seiner Untertanen. Wenn er der erste Richter, der erste General, der erste Finanzier, der erste Minister der Gesellschaft ist, so soll er dies alles nicht bloß vorstellen, sondern alle damit verbundenen Pflichten erfüllen. Er ist nichts, als der erste Diener des Staates und ist verbunden, mit aller Rechtschaffenheit, Weisheit und Uneigennützigkeit zu verfahren, als wenn er jeden Augenblick seinen Mitbürgern über seine Staatsverwaltung Rechenschaft ablegen sollte. So ist er strafwürdig, wenn er das Geld seines Volks, welches durch die Auflagen einkommt, in Aufwand, in Pomp und zu Ausschweifungen verschwendet; er, der auf die guten Sitten wachen soll, welche die Aufseherinnen der Gesetze sind, er, der die Nationalerziehung vervollkommnen, und nicht sie durch böse Exempel verderben soll. Die Erhaltung der guten Sitten in ihrer Reinheit ist einer von den wichtigsten Gegenständen."

## 22 Der Philosoph des aufgeklärten Absolutismus

„Kritische Untersuchung über das System der Natur"
In: Hinterlassene Werke Friedrichs II. Königs von Preussen, Band 6, Berlin 1788

GStA PK, Bibliothek 14 a 271

1770 hatte der französische Modephilosoph Baron Holbach zwei anonyme Schriften erscheinen lassen; in ihnen bestritt er die göttliche Verleihung der fürstlichen Macht, klagte die Fürsten als Schlächter ihrer Untertanen an, die sie sich in Kriegen zu ihrem Zeitvertreib gegenseitig erwürgen ließen, daß sie die Untertanen in Unwissenheit erhielten, um sie desto besser beherrschen zu können, und daß sie sich hierzu der Religion bedienten, um die Menschen besser gängeln und abhängig machen zu können. Holbach hatte das Recht verfochten, daß Untertanen ihre Fürsten stürzen und sich eigene Regierungen wählen könnten. Insofern war er Wegbereiter der kommenden Französischen Revolution. Gegen beide Schriften wandte sich der König mit zwei Aufsätzen, deren Titel sich an diejenigen Holbachs anlehnten: „Examen de l'essai sur les préjugés“ und „Examen critique du système de la nature“, von denen die zweite Schrift hier in deutscher Fassung ausliegt. Der König weist der deterministischen Lehre des Barons Holbach zunächst die inneren Widersprüche und Ungereimtheiten nach und führt die Annahme einer blinden Materie als Urgrund des Seins und der Welt ad absurdum. Dann weist er nach, daß die Republiken aller Zeiten ebensoviele Kriege geführt hätten wie die Fürsten und daß nach Holbachs Grundsätzen alle Gemeinschaften außer den Quäkern als tyrannisch einzustufen seien. Den Fürsten macht der König das Gefühl der Verantwortlichkeit und des Dienens zur Pflicht, dem Volk aber räumt er das Recht nicht ein, Verantwortung zu fordern. Warnend weist er auf die Zustände im Wahlkönigreich Polen hin, „wo eine jede Königswahl die Epoche eines bürgerlichen und auswärtigen Krieges ist.“ Ein Wahlsystem berge immer die Gefahr, „daß eifersüchtige Nachbarn eine so günstige Gelegenheit benutzen möchten, das Königreich zu unterjochen oder zu verwüsten.“ Menschlich vollkommen werde auch ein anderes Regierungssystem nicht sein: „Seitdem die Welt steht, haben die Nationen mit allen Arten von Regierungsformen einen Versuch gemacht; die Geschichte wimmelt von Beispielen: aber keine einzige ist ohne Nachtheile“. Nach Friedrichs Ansicht ist die monarchische Form am erträglichsten, und zwar als Erbkönigtum. Er meint, daß geborene Fürsten „weniger Stolz und Eitelkeit besitzen, als solche, die aus der Niedrigkeit zu dieser Höhe sich erheben, und, aufgebläht von ihrer Größe, diejenigen verachten, welche einstmals ihres gleichen waren, und bei aller Gelegenheit mit Wohlgefallen ihre Größe empfinden lassen.“ Ein Erbfürst wird das Beste des Staates sich angelegen sein lassen, Gewählte werden „nur an sich denken, und für nichts weiter sorgen, als was, so lange sie leben, geschehen wird; sie bestreben sich, ihre Familie zu bereichern, und lassen alles zugrunde gehen, weil sie den Staat nur als einen zeitlichen Besitz, dem sie einstens entsagen müssen, betrachten.“ Gleichwohl hat auch der König nicht verkannt, daß in der Erbmonarchie unfähige Söhne fähigen Vätern folgen können, dieser Schaden scheint ihm geringer und ausgleichbar. Friedrich hat die Französische Revolution, wenn er auch die Vorgänge in den amerikanischen Kolonien Englands damals aufmerksam verfolgte, nicht vorausgesehen. Wohl aber warnte er die Verfechter der Volkssouveränität: „Wenn je die hohlen Ideen unseres Philosophen sich verwirklichen sollen, so müßte man zuvor die Regierungsformen in allen europäischen Staaten umschmelzen, was ihm freilich eine Kleinigkeit erscheint; daß diese zu Richtern ihres Herrn erhobenen Untertanen sowohl weise wie gerecht wären, daß die Bewerber um die Regierung ohne Ehrgeiz wären, daß weder Intrige noch Kabale noch der Geist der Auflehnung sich geltend machten; erforderlich wäre weiter, daß die entthronte Dynastie völlig ausgerottet würde, oder man würde den Nährstoff zu Bürgerkriegen und Parteihäupter haben, die stets bereit wären, an der Spitze der Parteien den Staat in Unruhe zu stürzen.“ Dagegen galt dem König die Erbmonarchie als das kleinere Übel.

## 23 Friedrichs späteres Verhältnis zu Voltaire

Schreiben des Königs an Voltaire
Potsdam, 1777 Juni 1

Ausfertigung auf Papier mit eigenhändiger Nach- und Unterschrift des Königs, französisch

GStA PK, BPH Rep. 47 Nr. 444

Trotz der Wiederannäherung durch den Briefverkehr während des Siebenjährigen Krieges grollte Voltaire dem König noch lange wegen der Behandlung, die er 1753 durch Preußen in Frankfurt erfahren hatte. Erst 1770 überwand er die Verstimmung, als der König unter d'Alemberts Vermittlung 1000 Taler und ein im Ton warm gehaltenes Zustimmungsschreiben zur Errichtung eines Standbildes für Voltaire nach Paris sandte. Der Ton der Briefe wurde lebhafter, amüsanter. Nun rühmten beide Geister einander wieder, und so nennt Friedrich in dem vorliegenden Brief Voltaire „den Mann des Jahrhunderts, den Virgil und den Cicero unserer Tage“. Er teilt ihm politische Ansichten mit, so über die Mutmaßungen über die Aufständischen in Nordamerika und über den „Grafen von Falkenstein“, womit niemand anders gemeint ist als Kaiser Joseph II., der sich damals auf einer Frankreichreise befand, freundliche Aufnahme fand, und von dem Friedrich annimmt, er werde Voltaire auf der Rückfahrt besuchen.

## 24 Die „Eloge de Voltaire“

König Friedrich II. von Preußen
„Eloge de Voltaire lu à l'Académie royale des sciences et belles-lettres de Berlin“
1778 November 26

Druck

GStA PK, Bibliothek $14^{a}$ $500^{387}$

Als Voltaire am 30. Mai 1778 in Paris gestorben war, widmete Friedrich ihm einen bewegten Nachruf, der im Feldlager in Böhmen konzipiert und im November 1778 in der Berliner Akademie verlesen wurde. Der Dichter und Philosoph hatte ihn in den letzten Jahren ebenfalls gerühmt und gefeiert. Aber er hatte ein früheres gehässiges Pamphlet gegen den König aus der Zeit der Entfremdung nicht vernichtet, das nicht lange nach Voltaires Tod veröffentlicht wurde.

Kat. Nr. VI, 25

## 25 König Friedrich in seinen letzten Jahren

F. Bartolozzi nach H. Ramberg

„Frederick II King of Prussia“

Kupferstich, 37,2 × 25,5 cm (Blatt)
Bez.: „H. Ramberg delin. F. Bartolozzi sculp. Publish'd as the act directs May $4^{th}$ 1787 by Alderm$^{n}$ Boydell N° 10 Cheapside London“

SMPK, Kunstbibliothek 976,13

Johann Heinrich Ramberg (1763—1840) war Öl- und Aquarellmaler, Radierer und Zeichner für den Kupferstich. Von 1781 bis 1788 hielt er sich als Schützling Georgs III. in England auf, wo er Schüler von Benjamin West wurde. In London befand sich damals auch Francesco Bartolozzi (1727—1815), ein italienischer Maler und Kupferstecher und Mitglied der Royal Academy, der besonders durch seine Punktier- oder Crayon-Manier große Erfolge hatte. So ist der Stich, der 1787 gedruckt wurde, wohl nach Vorlagen aus dem letzten Lebensjahrfünft Friedrichs des Großen entstanden.

## 26 Über die Vaterlandsliebe

„Briefe über die Vaterlandsliebe“
1779

In: Die Werke Friedrichs des Großen, hrsg. v. Gustav Berthold Volz, deutsch von Friedrich v. Oppeln-Bronikowski, Band 8, Berlin 1913

GStA PK, Bibliothek $14^{a}268$

Die „Briefe über die Vaterlandsliebe“, die König Friedrich 1779 schrieb, wenden sich gegen die neue philosophische Richtung der Enzyklopädisten, die ihren Namen von den Mitarbeitern der großen französischen Enzyklopädie, der lexikalischen Zusammenfassung alles damaligen Wissens hatte. In der neuen Wissenschaftsrichtung sah der König ein Überhandnehmen der Naturwissenschaften mit Zahlenberechnungen, mit einem Aufwand an Fleiß und Gelehrsamkeit, deren Ergebnisse zu wenig geistigen Nutzen brächten. Im vorliegenden Falle wirft der König den Enzyklopädisten Mangel an Vaterlandsliebe vor. In dem erdachten Briefwechsel zwischen den beiden Freunden Anapistemon und Philopatros, einem Streitgespräch, verteidigt Friedrich den Begriff des Vaterlandes und der Liebe zu ihm. Unter anderem sagt er: „Sie sagen, Sie wüßten nicht, worin der Gesellschaftsvertrag bestehe. Hören Sie, er entstand durch das gegenseitige Hilfsbedürfnis der Menschen. Da aber keine Gemeinschaft ohne Tugend und gute Sitten bestehen kann, so mußte jeder Bürger einen Teil seines Eigennutzes dem seiner Mitbürger opfern. Daraus folgt: Wenn Sie nicht betrogen werden wollen, dürfen Sie selbst nicht betrügen. Wollen Sie nicht bestohlen werden, so müssen Sie selbst nicht stehlen. Verlangen Sie Hilfe in der Not, so müssen Sie selbst stets hilfsbereit sein. Wollen Sie nicht, daß jemand unnütz sei, so arbeiten Sie selbst. Soll der Staat Sie verteidigen, so tragen Sie mit Ihrem Gelde dazu bei, besser noch, durch Ihre eigene Person. Wünschen Sie die öffentliche Sicherheit, so gefährden Sie sie selbst nicht. Soll Ihr Vaterland gedeihen, so ermannen Sie sich und dienen Sie ihm mit allen Kräften. ... Sie sagen weiter: Ich weiß nicht, welche Schuld ich der Gesellschaft abzutragen habe, noch wo das Kapital ist, dessen Zins sie fordert. Das Kapital sind Sie, Ihre Eltern, Ihre Erziehung, Ihr Vermögen. Das Kapital ist in Ihrem Besitz. Die Zinsen, die Sie entrichten sollen, sind, daß Sie Ihr Vaterland wie Ihre Mutter lieben und ihm Ihre Talente weihen. Indem Sie sich nützlich machen, zahlen Sie alles heim, was das Vaterland von Ihnen zu fordern das Recht hat. Ich setze hinzu: Es ist gleichgültig, welche Regierungsform Ihr Vaterland hat. Alle Verfassungen sind Menschenwerk, und vollkommen ist keine. Ihre Pflichten bleiben also die gleichen; ob Monarchie oder Republik, ist einerlei.“ Schließlich gibt der königliche Autor seine „unverhüllte Seele“ in folgenden Worten zu erkennen, die er seinem Lande widmet: „Mein Herz ist von Liebe und Dankbarkeit durchdrungen. Ich brauchte Dich nicht zu sehen und zu hören, um Dich zu lieben. Ja, ich gestehe, daß ich Dir alles verdanke. Darum hänge ich zärtlich und unlöslich an Dir. Meine Liebe und Dankbarkeit werden erst mit meinem Tode enden. Mein Leben selbst ist Dein Eigentum. Wenn Du es zurückforderst, werde ich es Dir mit Freuden opfern. Für Dich sterben, heißt ewig im Gedächtnis der Menschen leben. Ich kann Dir nicht dienen, ohne mich mit Ruhm zu bedecken!“

## 27 Helvetius

Schreiben des französischen Philosophen Claude Adrien Helvetius an Friedrich den Großen

Paris, 1764 Februar 1

Eigenhändig, französisch, mit Unterschrift

GStA PK, BPH Rep. 47 Nr. 422

Das Schreiben des Helvetius (1715—1771), veranlaßt durch seine Wahl zum korrespondierenden Mitglied der Berliner Akademie, ist in schmeichelhaftem Ton der Bewunderung geschrieben. Friedrich lehnte die materialistische Auffassung des Helvetius ab. Insbesondere bestritt der König die Auffassung, „daß alle Menschen gleichermaßen geistig begabt seien, und daß die Erziehung alles vermag.“ Auch noch in einer anderen Hinsicht sah Friedrich die Grenzen der Möglichkeit einer allgemeinen Aufklärung, ohne in der Arbeit an ihr nachlassen zu wollen. Schon am 25. November 1769 schrieb er an d'Alembert: „Was bedeuten einige aufgeklärte Professoren, einige weise Akademiker im Vergleich zu der ungeheuren Volkszahl eines großen Staates? Die Stimme dieser Lehrer wird wenig gehört und erstreckt sich nicht über eine begrenzte Sphäre hinaus.“ Von 10 Millionen Einwohnern waren nach seiner Ansicht nur 50 000 nicht durch die Arbeit für das tägliche Brot völlig in Anspruch genommen, der Adel und die wohlhabenden Bürger. Von diesen sah er die meisten ohne geistige Interessen, in Dummheit, Gleichgültigkeit, Engherzigkeit oder frivolem Genuß dahinleben. Vielleicht 1000 nach Geist und Gaben untereinander sehr verschiedene Köpfe blieben dann übrig.

Diderot hatte auf seiner Rückreise von Petersburg um Potsdam einen Bogen gemacht, vielleicht, weil er des Königs Abneigung gegen seine Schriften kannte („Die Strahlen seines Lichts sind nicht bis zu uns gedrungen“). Helvetius kündigte seinen Besuch an, und als Mensch war er dem König charak-

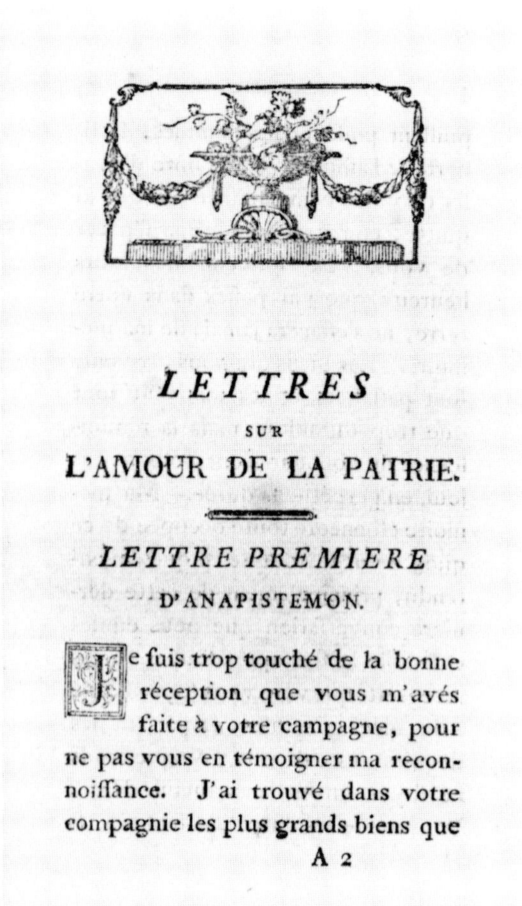
LETTRES
SUR
L'AMOUR DE LA PATRIE.

LETTRE PREMIERE
D'ANAPISTEMON.

Je suis trop touché de la bonne réception que vous m'avés faite à votre campagne, pour ne pas vous en témoigner ma reconnoissance. J'ai trouvé dans votre compagnie les plus grands biens que
A 2

Kat. Nr. VI, 26

terlich nicht unsympathisch, obwohl Friedrich vorher gesagt hatte, der erste Tag ihrer Begegnung würde der schönste sein. Aber von den Schriften dieses „guten Menschen“ war Friedrich auch dann enttäuscht, als er sie noch einmal gelesen hatte.

## 28 Gedicht über das Dasein Gottes

Aus dem Nachlaß Friedrichs des Großen
„Vers sur l'existence de dieu quelques années avant sa mort“

In: Oeuvres de Frédéric le Grand, Band XIV, S. 18—20

GStA PK, Bibliothek 14ª269

Friedrich der Große war Deist im Sinne des aufgeklärten Zeitalters. Die Lehre Christi verstand er nicht im Sinn der Offenbarung, sondern als vollendete Morallehre. Gott war für ihn das höchste und für uns unerkennbare Wesen, dessen Wegen und Ratschlüssen wir uns anzuvertrauen hätten. Dabei war der König im Zweifel, ob Gott in die menschlichen Angelegenheiten eingriffe oder nicht, und zwischen beiden Auffassungen des Glaubens hat er in seinem Leben mehrfach geschwankt, ohne zu einer abschließenden Haltung zu gelangen. Gleichwohl ist er ein Atheist nie gewesen. Auch hat er sich gegen den Pantheismus eindeutig verwahrt. In seinen letzten Lebensjahren hat der König das hier ausgestellte Gedicht verfaßt, in dem er deutlich dem Einwand gegen die Güte und Weisheit Gottes entgegentritt, wie er oft aus Naturkatastrophen, Krankheit, Tod und Unheil aller Art abgeleitet wird. In der Übersetzung lauten einige der Verse:

„Nicht darfst du Gottes Weisheit schuldig nennen,
statt deiner Einsicht Schwäche zu bekennen.
Er, der Allmächt'ge, setzte dir die Schranken,
die all dein Vorwitz nimmer bringt ins Wanken.
Vielleicht will er durch diese Finsternisse
demüt'gen die Vernunft, die selbstgewisse,
die schon frohlockte, wenn sie hie und da
im Streiflicht eine Wahrheit dämmern sah.
Vermeßnes Menschenkind, rebellisches Atom!
Wie viel fehlt dir, daß sich dein Glück erfüllte
und deinem blöden Blicke sich enthüllte
das ewige Gesetz im Weltenstrom!
Daß ganz du Gottes Ratschluß könntest preisen,
müßt' er dir erst sein ganz Geheimnis weisen.“

## 29 Eingeschränkte Druckfreiheit

„Edict wegen der wieder hergestellten Censur, derer in Königlichen Landen heraus kommenden Bücher und Schriften, wie auch wegen des Debits ärgerlicher Bücher, so ausserhalb Landes verleget werden, de dato Berlin den 11ten May 1749“

In: C. O. Mylius, Corpus Constitutionum Prussico Brandenburgensium, Berlin und Halle 1737—1751, Bd.5

GStA PK, Bibliothek 42ª M 4

Im ersten Jahrzehnt der Regierung Friedrichs war die Bücherzensur fast ganz außer Anwendung gekommen. 1749 wurde die Zensur aber wieder in Anspruch genommen und durch ein königliches Edikt neu geregelt. Druckschriften mußten nun vier Kommissaren zur Prüfung vor der Drucklegung eingereicht werden. Diese Kommissare waren für juristische, philosophische, historische und theologische Schriften zuständig. Selbstzensur übten die Akademie und die Universitäten, ferner wurden Schriften, die sich auf die Verfassung des Deutschen Reiches oder die preußischen Landesrechte bezogen, vom Departement der auswärtigen Sachen geprüft. In den Provinzen übten die Regierungen und Ortsmagistrate die Zensur über „bloße Carmina" aus. Die Prüfungspflicht galt auch für alle ins Land eingeführten Bücher. Ernsthafte Untersuchung der Wahrheit wollte der König nicht verhindern, aber ihm lag daran, „nur vornehmlich demjenigen zu steuern, was den allgemeinen Grundsätzen der Religion und sowohl moralischer als bürgerlicher Ordnung entgegen ist". Die Zensur wurde milde ausgeübt, außer im politischen Bereich, in dem es keine öffentliche Auseinandersetzung gab. Gegenüber den Zuständen vor Friedrichs Zeit, wo es sehr viel strenger zugegangen war, war das ein großer Schritt zum Besseren. In anderen Ländern war die Zensur eher stärker. Friedrichs anonym erschienene Vorrede zur Kirchengeschichte von Fleury wurde auf den päpstlichen Index gesetzt und in der protestantischen Schweiz öffentlich vom Henker verbrannt.

### 30 Die Eigenliebe als Moralprinzip

„Essai sur l'amour-propre envisagé comme principe de morale"
Berlin 1770

GStA PK, Bibliothek 14ª 500 386

Bei den Bemühungen des Königs um die Bildung und Erziehung der Jugend spielte die Morallehre eine große Rolle. In der Moral sah der König mit Recht eine Grundlage gesellschaftlichen Zusammenlebens und des Staates, wie sie von keiner anderen übertroffen wurde. So hat er auch selbst moralphilosophische Schriften verfaßt. In der „Eigenliebe als Moralprinzip" bemüht er sich um den Nachweis, daß man der Mehrheit der Menschen den Wert der Moral im praktischen Handeln am besten klarmachen kann, wenn man ihre Eigenliebe und den eigenen Vorteil anspricht. Es komme darauf an, jedermann klarzumachen, daß sein eigener Vorteil in der Tugendübung liege. Die Sittenlehre will Friedrich „jedem anderen Unterricht vorziehen".

### 31 Zwiegespräch über die Moral

„Dialogue de morale à l'usage de la jeune noblesse"

In: Oeuvres de Frédéric II, 1789, Band 2,
S. 365—386
Amerika-Gedenkbibliothek G 469 10 n

1770 verfaßte der König eine Art Katechismus seiner Morallehre, der in klarer Sprache in Form eines Dialogs die Grundsätze festlegt, die nach Friedrichs Ansicht für eine sittliche Lebensführung gelten sollten. Der Dialog beginnt mit der Frage: „Was ist Tugend?" und bestimmt diesen Begriff so: „Eine glückliche Gemütslage, die uns treibt, die Pflichten gegen die Gesellschaft zu unsrem eignen Vorteil zu erfüllen." Die in dieser Schrift aufgestellten ethischen Grundsätze haben bis heute ihre Berechtigung nicht verloren.

## Ausschmückung der Residenzen

### 32 Ausbau Berlins

Johann David Schleuen

„Abriss der Königlichen Preussischen Residenz-Stadt Berlin, so wol überhaupt nach ihrem gantzen Umfang, als auch der sämtlichen Kirchen und vornehmsten Königl. Gebäuden derselben insbesondere"

o. J. (zwischen 1755 und 1775)

82,5 × 87 cm

Berlin Museum

Von der in Berlin ansässigen Familie Schleuen, deren Mitglieder als Kupferstecher und Verleger tätig waren, hat insbesondere Johann David Schleuen die wichtigsten Gebäude Potsdams und Berlins durch seine Darstellungen bekannt gemacht. Seltener sind dagegen Stadtpläne Berlins, deren verschiedene Auflagen sich durch die Auswahl von beigegebenen kleinen Gebäudeabbildungen nach dem jeweiligen Bauzustand voneinander unterscheiden. Die Ansichten auf dem „Abriß", der zwischen 1755 und 1775 zu datieren ist, zeigen neben den Kirchen und Palästen auch die Post, das Lagerhaus und die Charité. Zu den Bauwerken, die während der Regierungszeit Friedrichs des Großen entstanden und Ausdruck seiner Vorstellungen sind, gehören das Opernhaus, die Bibliothek, die Hedwigskathedrale, das Palais des Prinzen Heinrich, der Dom am Lustgarten, die Akademie der Wissenschaften und die „Dome" am Gendarmenmarkt.

## 33 Der Berliner Dom

Johann Friedrich Schleuen

„Prospect der sehr prächtigen neuen Schloss- und Dom-Kirche zu Berlin welche Seine Königl. May. in Preussen auf dem grossen Parade Platz erbauen lassen. Anno 1747 wurde der Anfang gemacht, die Feierliche Einweyhung geschahe d. 6. Septemper Anno 1750"

Kupferstich, 28 × 43,2 cm
Bez.: „Schleuen excud."

Berlin Museum

Der Neubau des Berliner Doms am Lustgarten nach Plänen von Johann Boumann d. Ä. ersetzte die gotische Domkirche auf dem südlichen Schloßplatze. Diese hatte ursprünglich dem 1297 gegründeten Dominikanerkloster gehört, war jedoch 1536

Kat. Nr. VI, 33

durch Kurfürst Joachim II. zu einem Domstift erklärt worden, diente als Hauptkirche und war die Begräbnisstätte der Hohenzollern. Bei dem neuen Dom handelte es sich um einen rechteckigen Saalbau mit umlaufenden Emporen. Über der Vorhalle an der Lustgartenseite erhob sich eine Kuppel mit Laterne. Noch vor Abschluß der Bauarbeiten wurde die alte Dominikanerkirche abgebrochen.

## 34 Das Ordenspalais der Johanniter

Johann Friedrich Schleuen

„Prospect des Ordens-Palais Sr. Königl. Hoheit des Prinzen Ferdinand zu Berlin“

Kupferstich, 28,8 × 41,6 cm

Berlin Museum

Im Zuge der Bebauung der Friedrichstadt in Berlin war unter Friedrich Wilhelm I. die Anlage dreier Plätze erfolgt: des Vierecks vor dem Brandenburger Tor am Ende der Straße Unter den Linden, des Achtecks am Ausgang der Leipziger Straße und des Rondells, von dem die Wilhelmstraße, die Friedrichstraße und die Lindenstraße strahlenförmig ausgingen, ohne bisher bebaut worden zu sein. Der rechteckige Wilhelmplatz unterbrach nicht nur den Verlauf der Wilhelmstraße, sondern er bildete zum Brandenburger Tor hin den Beginn einer beiderseitigen Bebauung dieser Straße mit Palästen. Der Wilhelmplatz, nach 1771 mit Standbildern der Generäle von Schwerin, von Winterfeldt, von Seydlitz und von Keith geschmückt, besaß durch den 1736 errichteten Palast des Johanniter-Ordensmeisters Markgraf Karl von Brandenburg-Schwedt Bedeutung. Nach dem Tode des Markgrafen Karl 1762 kam das Gebäude in den Besitz des Prinzen Ferdinand von Preußen.

Kat. Nr. VI, 35

## 35 Das Palais des Prinzen Heinrich

Johann David Schleuen

„Prospect des neuen Königl. Printz Heinrichs Palais zu Berlin, dem Opern Hause gegen über“

Kupferstich, 28,7 × 42,5 cm
Bez.; „J. D. Schleuen exc. Berl.“

Berlin Museum

Nach Entwürfen des aus Holland stammenden Baumeisters Johann Boumann d. Ä. wurde 1748 mit der Errichtung eines Stadtschlosses für Prinz Heinrich, den Bruder des Königs, begonnen. Vollendet war das Gebäude erst 1764 nach dem Siebenjährigen Kriege. Das Palais schloß den Platz gegenüber Oper und Hedwigskirche ab, der in den siebziger Jahren durch die Vollendung der Königlichen Bibliothek („Kommode“) einen weiteren architektonischen Akzent erhielt.

## 36 Der Friedrichstädtische Markt („Gensdarmenmarkt“)

F. A. Schmidt (gez. von Calau)

„Der Gens'darmen Markt, von der Französischen Straße aus aufgenommen“

Kupferstich, 15,8 × 22 cm

Berlin Museum

Mit dem neugestalteten „Gensdarmenmarkt“ gab Friedrich der Große in seinen letzten Regierungsjahren der Friedrichstadt in Berlin einen eindrucksvollen Mittelpunkt. Bis 1773 umstanden die Ställe des Regiments Gens d'Armes die Deutsche Kirche. 1774 erfolgte der Baubeginn eines Schauspielhauses unter Leitung des Architekten Georg Christian Unger. Karl Philipp von Gontard setzte vor die zu Beginn des 18. Jahrhunderts errichtete Deutsche und die für die Hugenotten bestimmte Französische Kirche zwischen 1780 und 1785 hohe, repräsentative Turmbauten. Nach dem Einsturz des „Deutschen Doms“ noch während der Bauarbeiten übernahm Unger Wiederaufbau und Vollendung. „Das Ganze macht einen ungemeinen Eindruck. Vorzüglich ist der untere viereckige Bau sehr edel und verursacht durch die Schönheit seiner Verhältnisse die wohlangebrachten Zierrathen und das sanfte Licht der Farbenmischung eine sehr angenehme Empfindung“, beschreibt Nicolai 1786 die soeben vollendeten Gebäude.

## 37 Residenzstadt Potsdam

a) „Grundriss von Potsdam und der umliegenden Gegend, aufgenommen im Jahr 1778 von C. L. Oesfeld, copirt nach einem doppelt so großen Maasstab von J. Fischer“

GStA PK, XI. HA E 52899

b) Das Potsdamer Stadtschloß

Modell, hergestellt von Rüttiger Modellbau, Berlin 1953, überarbeitet von Ralf Karsten Jürgensen, Berlin 1985/86

SSG, Schloß Charlottenburg

Während der Regierungszeit Friedrichs II. vergrößerte sich Potsdam flächenmäßig nicht, aber die Residenzstadt wandelte ihr Aussehen: hölzerne Gebäude wurden durch Steinbauten ersetzt, die Fassaden im Geschmack der Zeit erneuert oder verschönert, öffentliche und private Neubauten entstanden, breite gepflasterte Straßen durchzogen das Stadtgebiet, das Bassin und die Kanäle wurden ausgebaut. Das an der Havel gelegene Stadtschloß stammte aus der Zeit des Großen Kurfürsten, war jedoch unter seinem Nachfolger umgebaut und verändert worden. Friedrich bewohnte das Schloß während der kalten Monate. Auch er hatte schon kurz nach seinem Regierungsantritt grundlegende Umgestaltungen vornehmen lassen, mit deren Planung er wie in Rheinsberg, Charlottenburg und Sanssouci Georg Wenzeslaus von Knobelsdorff betraute. Der König lieferte jedoch auch hier detaillierte Vorgaben, die von seinem Architekten nicht immer widerspruchslos angenommen wurden. Zu den wichtigsten baulichen Veränderungen gehörten die Erhöhung der Seitenflügel, die Neufassung und Verschönerung der Fassaden und Umbauten der Portale und Treppen. Bei der Dekoration der Innenräume traten Motive aus der Geschichte des Hauses Hohenzollern hervor. Auch der Lustgarten wurde neu angelegt. Nach Westen und Osten erstreckten sich die von Knobelsdorff entworfenen Kolonnaden. Ein Teil des Paradeplatzes wurde zum Park umgestaltet, zu dessen Schmuck das Bassin mit der Figurengruppe „Neptun und Amphitrite“, Plastiken, kunstvoll gestaltete Pflanzenkübel und Vasen, Bäume und Hecken beitrugen.

Kat. Nr. VI, 40

## 38 Potsdamer Bauten

a) Andreas Ludwig Krüger

„Vorstellung der Nord-Seite beym Bassin in Potsdam“ (1. Ansicht)

Radierung, 34,2 × 49,2 cm
Bez.: „A. L. Krüger fec. 1779“

b) Andreas Ludwig Krüger

„Vorstellung der Nord-Seite beym Bassin in Potsdam“ (2. Ansicht)

Radierung, 34 × 49,5 cm
Bez.: „A. L. Krüger fec. 1779“

Berlin Museum

Der Bassinplatz war im Zuge der Potsdamer Stadterweiterung 1737 bis 1739 während der Trockenlegung des Geländes angelegt worden. Zum Auffangen des Wassers diente ein großes Becken, das Bassin, das durch Gräben mit dem Heiligen See und dem Stadtkanal verbunden wurde. 1771 waren umfangreiche Baumaßnahmen zur Sicherung des Bassins notwendig geworden. Gleichzeitig erfolgten durch die Architekten Gontard und Unger Umgestaltungen der Häuserfronten im Westen und Süden des Platzes. Daß sie dabei gelegentlich auf Vorbilder römischer Stadtpaläste zurückgriffen (Palazzo Salviati), wird auf der 1. Ansicht deutlich. Die Französische Kirche, 1751—1753 von Boumann erbaut, war noch von Knobelsdorff entworfen worden. Sie war seit 1753 der kirchliche Mittelpunkt der nahe beim Bassin wohnenden französischen Kolonie.

## 39 Entwurf zu einem Potsdamer Bürgerhaus

Eigenhändige Federskizze Friedrichs II. von Preußen, o. J.

SSG, Schloß Charlottenburg

Die Skizze zeigt die Frontalansicht eines dreistökkigen Stadthauses, links die Bemerkung des Königs: „Hanchenmacher Frideric“, rechts: „corintische architrave/Das oberste Stok bodens/aber so hoch als das Patler haus." Neuere Forschungen haben ergeben, daß sich die Skizze auf das Haus Breite Straße 33 in Potsdam bezieht. Es wurde 1751 errichtet.

## 40 Sans Souci

Johann David Schleuen

„Prospect des Königlichen Lust-Schlosses und Gartens Sans Souci bei Potsdam"

Kolorierter Kupferstich
Orig. Größe 34,4 × 57,3 cm
Bez.: „Berlin, zu fordern bei I. D. Schleuen, Kupferstecher" (Nach 1750)

Berlin Museum

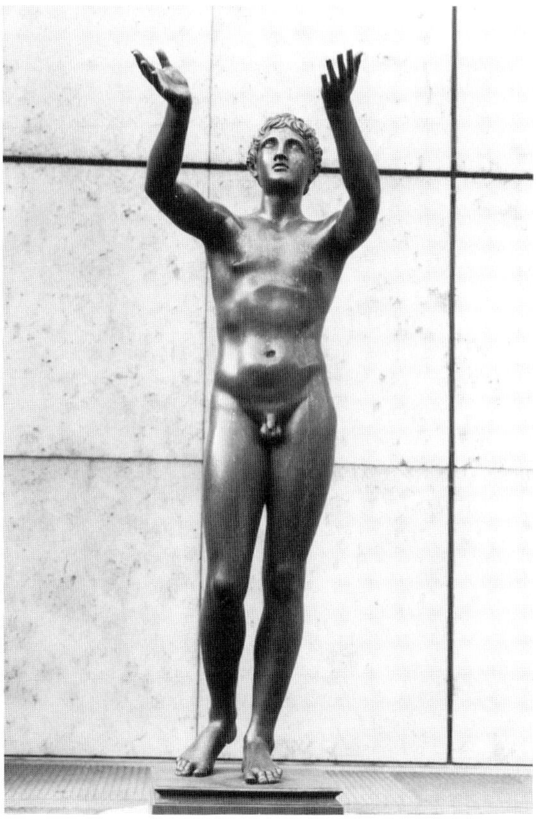

Kat. Nr. VI, 41 a

## 41 Skulpturen im Park von Sanssouci

a) Der betende Knabe

Bronzeskulptur, vermutlich römisch nach griechischem Vorbild

Kopie (Berlin 1826)
Höhe: 128 cm
Bez.: „Gegossen von Krebs, Ciseliert v. Coué"

SMPK, Skulpturengalerie

b) Venus

Kopie (Form 2319)
Höhe: 175 cm

SMPK, Gipsformerei

Während der König Garten und Park von Sanssouci mit zahlreichen Bildwerken zeitgenössischer Meister schmücken ließ, stellte er den „Betenden Knaben", von den Zeitgenossen auch „Der Adorant", „Antinous" oder „Ganymed" genannt, vor seiner Bibliothek auf der obersten Terrasse der Anlage auf, um ihn durch das Fenster sehen zu können. Den Kauf dieser antiken Plastik verdankte er dem Fürsten Liechtenstein in Wien 1747. Die Bronzefigur ist seit dem 16. Jahrhundert bei mehreren Besitzern nachweisbar. Vom Prinzen Eugen war sie in das Eigentum des Fürsten Joseph Wenzel von Liechtenstein übergegangen. Friedrich erwarb sie nach längerem Bemühen für 5000 Taler.

Die „Venus" gehörte zu den Darstellungen antiker Götter, die auf der untersten Terrasse um das ursprünglich vierpaßförmige Marmorbecken herum aufgestellt waren. Jean Baptiste Pigalle hatte sie 1748 geschaffen. „Venus" und der gleichzeitig entstandene „Merkur" galten als die Meisterwerke Pigalles und wurden als bedeutendste Schöpfungen der zeitgenössischen Bildhauerkunst angesehen.

## 42 Schweizer Pendule

Pendule mit Sockel, Louis XVI
Neuchâtel, Schweiz, zwischen 1780 und 1790

Holz und Bronze, Höhe: 110 cm

Sammlung Axel Springer, Berlin

Das seit 1707 unter der Herrschaft der preußischen Könige stehende Fürstentum Neuenburg hatte insbesondere durch seine Textilmanufakturen und die

Herstellung von Uhren für Preußen Bedeutung. Mehrfach wurden Arbeiten für den Berliner Hof angefertigt. Zu ihnen zählt die auf das Ende des 18. Jahrhunderts zu datierende Pendule, die mit den Wappen von Preußen und Neuenburg geschmückt ist. Auf der politischen Ebene war das Verhältnis des Königs zu Neuchâtel nicht frei von Spannungen; Streit gab es wegen steuerlicher Maßnahmen und der Söldnerdienste der Neuenburger. Dem preußischen König selbst waren Aushebungen in seinem Kronland in den Generalartikeln von 1707 nicht zugestanden worden.

# Gleichgewicht und Fürstenbund

## 43 Der Tod der Kaiserin Maria Theresia

Maria Theresia im Witwenschleier

Kupferstich, 13 × 8 cm
Bez.: „Jacob Adam fecit Viennae“

SMPK, Kunstbibliothek 1046,2

Am 29. November 1780 starb in Wien Maria Theresia, Friedrichs große Gegnerin im Kampf um Schlesien. Als der König die Nachricht erhielt, schrieb er seinem Gesandten v. Riedesel nach Wien: „Die ausgezeichneten Verdienste dieser großen Fürstin sind allgemein anerkannt. Ganz Europa bewunderte die hervorragenden Eigenschaften ihres Geistes und ihres Herzens. Es gab nur eine Stimme über den Rang, den sie unter den Souveränen einnahm. Man kann ohne Übertreibung wohl sagen, daß sie einhellig betrauert werden wird.“ Und an d’Alembert schrieb Friedrich: „Sie hat dem Thron Ehre gemacht und ihrem Geschlecht. Ich habe Krieg gegen sie geführt und bin niemals ihr Feind gewesen.“ Alle früheren Vorbehalte waren jetzt vergessen; sicherlich dachte der König auch, wie früher schon mehrfach, an sein bevorstehendes eigenes Lebensende.

## 44 Der Philosoph von Sanssouci

Anton Graff

Friedrich der Große
Öl auf Lwd., 62 × 51 cm

SSG, Schloß Charlottenburg, GK I 5615

1781 malte Anton Graff ein Bildnis des 69jährigen Königs, das diejenigen, die in ihm den Philosophen von Sanssouci verehren, von seinen vielen Porträts wohl am meisten schätzen. Der Leipziger Stecher Johann Friedrich Bause, der 1787 das Bildnis stach, schreibt darüber am 23. August 1786, also sechs Tage nach dem Tod des Königs, an Friedrich Nicolai: „Das Gemälde besitzt der preußische Gesandte in Dresden; er und jeder, der es gesehen hat, halten es für besonders ähnlich. Herr Graff malte es vor fünf Jahren; als er in Berlin war, ging er alle Tage auf die Parade, marquierte sich den Monarchen, wozu man ihm Gelegenheit verschaffte, ihn recht nahe sehen zu können, und ging jederzeit gleich in sein Logis, um sein Bild auszumalen.“ Graff beobachtete also den König als Befehlshaber seiner Truppe, er malte ihn dagegen als den weisen Regenten.
Vermutlich ist das im Schloß Charlottenburg bewahrte Exemplar identisch mit dem von Bause erwähnten. Der preußische Gesandte in Dresden war damals Philipp Karl von Alvensleben, der 1791 preußischer Kabinettsminister wurde. Auf welche Weise das Bild in Schlösserbesitz gelangte, ist unbekannt. Um 1860 kann es zuerst nachgewiesen werden.
Im 18. und frühen 19. Jahrhundert war das Bild nicht sonderlich populär. Schon durch das relativ kleine Format, also durch die Nahsicht des Kopfes, besitzt es einen privaten Charakter. Der Oberkörper mit einem einfachen Kontur, der nur ein wenig den gebeugten Rücken erkennen läßt und sich mehr dem Formdiktat des Ovals anzupassen scheint, ist nach links gewendet. Der von vorn gesehene Stern des Schwarzen Adler-Ordens heftet die Gestalt in der Mitte gleichsam fest, und der Kopf wendet sich dem Betrachter in einer leichten Bewegung zu, die von den großen Augen fortgesetzt wird. Durch die Schlichtheit und Abstraktheit dieser Komposition gelingt es Graff, alles Leben im Gesicht zu konzentrieren, und er hat vielleicht in dem Verzicht auf eine außergewöhnliche Erfindung, die dem Rang der Persönlichkeit wohl angemessen gewesen wäre, die Konzentration des Königs auf das Wesentliche ausdrücken wollen.

## 45 Betrachtungen über den politischen Zustand Europas

„Considérations sur l'état politique de l'Europe" 1782 Mai 9

Handschrift auf Papier, eigenhändig, französisch, mit Unterschrift „F"

GStA PK, BPH Rep. 47 Nr. 339

Noch bei Lebzeiten Maria Theresias hatte Joseph II. im Sommer 1780 einen Besuch in Petersburg abgestattet, der die Lage veränderte. Der Kaiser hatte erklärtermaßen immer noch Schlesiens Rückgewinnung im Sinn, und so hoffte er, „die Galle des teuren Friedrich" durch seine russische Verbindung so aufzuregen, daß er platze. Noch bestand das preußisch-russische Bündnis, das bis 1788 datiert war, aber in Polen und der Türkei liefen die preußischen und russischen Interessen auseinander. Katharina schlug den Österreichern die Aufteilung der europäischen Türkei vor, ein Verteidigungsbündnis war bereits geschlossen. In dieser Lage schien dem König von Preußen noch einmal die Koalition der Gegner des Siebenjährigen Krieges zu drohen. Der Siebzigjährige verfaßte im Gedanken, nach seinem baldigen Tode würden die Gegner über Preußen herfallen, die „Betrachtungen". Noch sei die Gefahr nicht akut. Aber für Preußen gelte es wachsam zu sein und sich möglichst im geeigneten Augenblick mit der Türkei, wenn möglich, auch mit Frankreich oder England zu verbünden, die beide vom Krieg in Amerika noch geschwächt waren. Die größte Sorge machte ihm der Thronfolger: „Wenn aber nach meinem Tode mein Herr Neffe in seiner Schlaffheit einschläft, wenn er in Sorglosigkeit lebt; wenn er, verschwenderisch, wie er ist, das Staatsvermögen verschleudert und wenn er nicht alle Fähigkeiten seiner Seele neu aufleben läßt, — sehe ich voraus, daß Herr Joseph ihn über den Löffel barbieren wird und daß in dreißig Jahren weder von Preußen noch vom Hause Brandenburg die Rede mehr sein wird . . ."

## 46 Über die Politik

Handschriftliche Aufzeichnungen vom Herbst 1784, französisch, eigenhändig mit Unterschrift „Fédéric"

GStA PK, BPH Rep. 47 Nr. 340

Zwei Jahre nach den „Betrachtungen" konnte der König zwar noch immer die Unruhe feststellen, die durch die betriebsame, aber unbedachte Außenpolitik Kaiser Josephs in die europäischen Angelegenheiten gekommen war, zugleich sah er aber auch, daß die Gefahr eines gemeinsamen Vorgehens Österreichs mit Rußland gegen Preußen wieder abnahm; er gewahrte die Schwäche Frankreichs in den auswärtigen Angelegenheiten und ruft am Schluß aus (es war fünf Jahre vor der Französischen Revolution): „O Richelieu! O Mazarin! O Ludwig XIV, was würdet ihr sagen, wenn ihr die Schmach eurer Nachfolger sehen und miterleben könntet?"

## 47 Neue Pläne Kaiser Josephs zur Erwerbung Bayerns

Berlinische Nachrichten von Staats- und gelehrten Sachen, No. 32, 1785 März 15

GStA PK, Bibliothek 47, 2

Im Februar und März beunruhigten Friedrich Nachrichten über neue Pläne Kaiser Josephs, Bayern durch Tausch gegen die österreichischen Niederlande an Habsburg zu bringen. Auch in München gingen die Wellen der Unruhe hoch, es kam zu Anfragen der Landstände, von denen der Zeitungsbericht Kenntnis gibt. Unterdessen war es Joseph auch gelungen, durch die Besetzung des Erzbistums Köln und des Bistums Münster mit habsburgischen Kirchenfürsten Territorien in Norddeutschland rings um die preußischen Besitzungen in die Hand seines Hauses zu bringen. König Friedrich, der bei keiner Großmacht eine feste Stütze sah, kehrte nun zu seinem alten Plan eines Bundes deutscher Fürsten zurück, eine Art Wiederaufnahme des Schmalkaldischen Bundes aus dem 16. Jahrhundert gegen die kaiserliche Vormachtstellung.

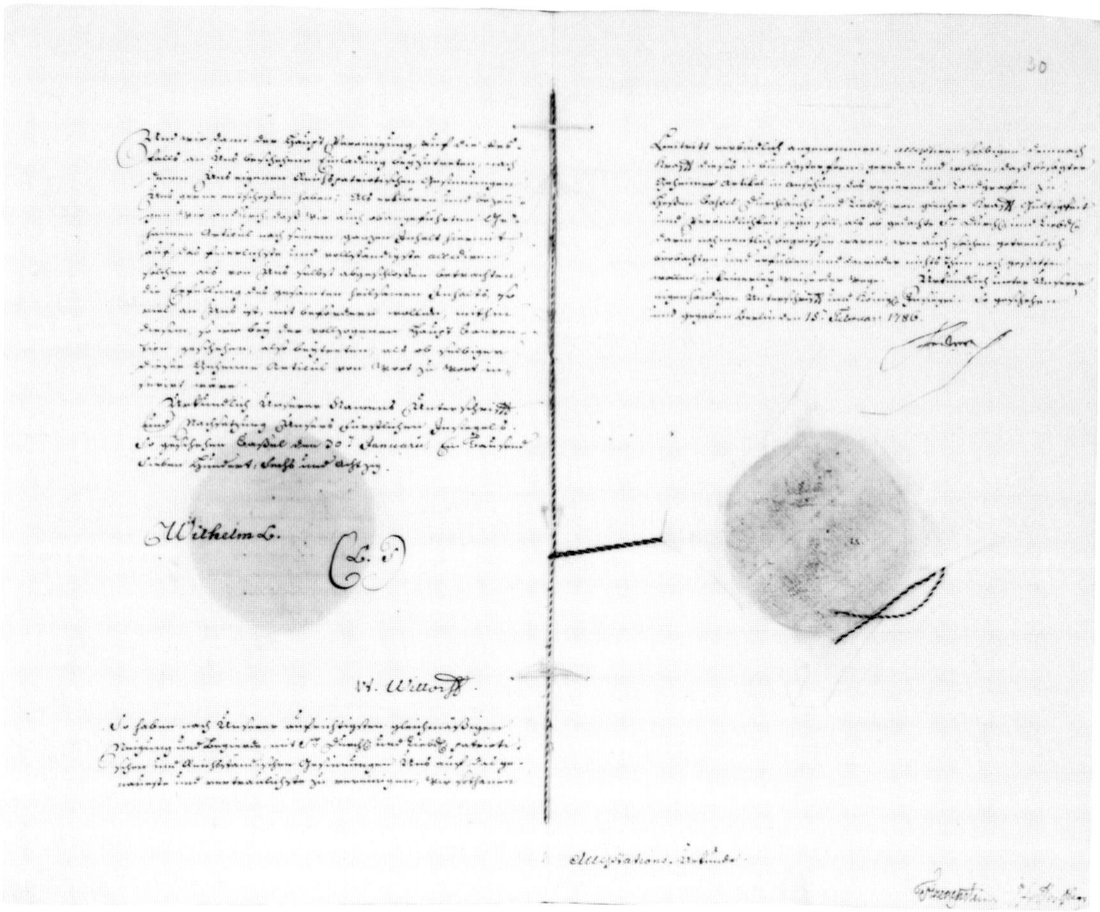

Kat. Nr. VI, 48

## 48 Der Fürstenbund

Preußische Ratifikationsurkunde über den Beitritt des Landgrafen von Hessen-Kassel zum Fürstenbund
1786 Februar 15

Ausfertigung auf Papier mit eigenhändiger Unterschrift König Friedrichs

Hessisches Staatsarchiv Marburg 4 e Nr. 2677

Der Plan Josephs II., Bayern gegen die österreichischen Niederlande einzutauschen, 1778 durch den Krieg zu Fall gebracht und 1784 wieder hervorgeholt, beunruhigte König Friedrich erneut. 1785 gelang es ihm endlich, hiergegen einen Bund deutscher Fürsten zusammenzubringen, mit dem erklärten Ziel, die bestehenden Verträge und Hausverträge zu schützen und sich dem Tausch mit allen Kräften entgegenzustellen. Am 24. Oktober 1784 entwarf Friedrich das Projekt zu einer solchen „Ligue“ zwischen den Fürsten Deutschlands „nach dem Modell der schmalkaldischen nachgezeichnet“. „Du feu, du feu, Messieurs“ (Mehr Feuer, meine Herren!), rief der König seinen Ministern zu, als die Kunde neuer Betriebsamkeit in der Tauschfrage aus Wien kam. Die Sorge verstärkte sich, als auch Rußland Schritte zugunsten Josephs unternahm. „Schon mehr als zur Hälfte jenseits dieser Welt,“ schrieb der König im Februar 1785, „muß ich Klugheit und Tätigkeit verdoppeln und unausgesetzt die verhaßten Projekte im Kopfe haben, die dieser verfluchte Joseph mit jedem neuen Tage neu erzeugt. Ich bin also dazu verurteilt, einige Ruhe nicht eher zu genießen, als bis ein wenig Erde meine Gebeine decken wird." Am 23. Juli 1785 war es dann endlich so weit: Preußen, Sachsen und Hannover unterzeichneten die Urkunde des deutschen Fürstenbundes mit dem Ziel, allen Reichsständen, auch den geistlichen, den Besitz ihrer Lande zu sichern. Ein Geheimartikel sah den Widerstand mit bewaffneter Macht vor. Kurmainz, Pfalz-Zweibrücken, Hessen-Kassel, Gotha, Weimar, Mecklenburg-Schwerin, Mecklenburg-Strelitz, Ansbach, Baden und Osnabrück traten bei. Das Ergebnis war eine große Steigerung des preußischen Ansehens im Reich und in Europa. Der Kaiser hatte eine schwere Niederlage erlitten. Der neue Bund hatte keine konfessionellen Tendenzen mehr, auch war er nicht, wie frühere Bünde dieser Art, an das Ausland angelehnt. Mehr leistete der Fürstenbund nicht. Er verfestigte für eine Zeitlang den deutschen Dualismus, schob aber den Kampf um die Vorherrschaft in Deutschland nur auf. Schon 1803 gingen die Mächte wieder andere Wege.

## 49 Handels- und Freundschaftsvertrag zwischen Preußen und den Vereinigten Staaten von Amerika

Preußische Ratifikationsurkunde des Freundschafts- und Handelsvertrages zwischen Preußen und den Vereinigten Staaten von Amerika
Berlin, 1785 September 24
Ausfertigung mit eigenhändigen Unterschriften des Königs und der Minister von Finckenstein und von Hertzberg. Dazu: Foto des Artikels 24

National Archives Washington, D.C.

Preußen betrachtete die Erhebung der dreizehn englischen Kolonien in Amerika und die Erringung ihrer Selbständigkeit mit Anteilnahme und war der erste deutsche Staat, der Beziehungen zu den USA aufnahm. Ist schon diese Tatsache bemerkens- und erinnernswert, so bietet der Inhalt des Vertrages noch mehr Anlaß, seiner zu gedenken. George Washington, der den Text konzipierte, hat das Werk „den freisinnigsten Vertrag" genannt, „der je von unabhängigen Mächten geschlossen wurde." Das Vertragswerk regelte den gegenseitigen Handel nach dem Freihandelsprinzip und durchbrach die merkantilistischen Grundsätze des alternden Königs. Preußen wünschte damals Tabak, Reis, Indigo und Tran einzuführen und Porzellan, Eisenwaren, Leinwand, Tuche und Wollwaren abzusetzen. Der von John Adams, Benjamin Franklin und Thomas Jefferson abgeschlossene Vertrag setzte das Ziel der Freundschaft und des Friedens zwischen Preußen und den USA, verbürgte den Bewohnern beider Länder in dem anderen Land Gewissens- und Religionsfreiheit, beseitigte das Strandrecht und verbürgte in Kriegsfällen den ungestörten Handel des Partners mit der jeweils feindlichen Macht. Nur Kombattanten waren, wenn sie sich an Bord neutraler Schiffe befanden, von dieser Freiheit ausgenommen. Kaufleute genossen auch im Fall eines Krieges zwischen den Vertragspartnern besondere Freiheiten. Aufgeschlagen ist Artikel 24 über die Kriegsgefangenen mit Bedingungen, wie sie auch im 20. Jahrhundert nicht so umfassend angewandt worden sind. Der Vertrag wurde mehrfach erneuert und galt nach 1871 auch für das Deutsche Reich.

## 50 Friedrich bei der Rückkehr vom Manöver in Potsdam

Johan Frederik Clemens nach Edward Francis Cunningham

„Frédéric le Grand, retournant à Sans-Souci après les Manoeuvres de Potsdam accompagné de Ses Généraux. Dedié et presenté par permission à Frédéric Guillaume II. Protecteur des beaux arts en Prusse"

Kupferstich und Radierung, 57,8 × 86,7 cm (Bild)
Bez.: „Cunningham Peintre du Roi M. de la R. A. Clemens sculp."

SSG, Schloß Charlottenburg

Aus Nordamerika bekannt sind auch zwei Gäste des Königs, die auf diesem Bild von 1784 erscheinen, die ehemaligen Gegner Lord Cornwallis und Marquis de Lafayette. Dargestellt ist eine Begebenheit des Jahres 1784. Johann Gottfried Schadow schreibt darüber: „Was den Glanz jenes Tages im September 1784 zu einer glorreichen Parade erhob, war die Gegenwart des Herzogs von York, Milord Cornwallis aus Indien retour, des Generals Boyd aus Gibraltar, des Lafayette, Marquis de Bouillé, General Greenville und Anderer, und dieser Feldherren Adjutanten." Rechts neben dem König reitet, den Hut in der Hand, Generalleutnant von

Kat. Nr. VI, 50

Möllendorff, ganz rechts barhäuptig General von Götze, links neben ihm mit Hut Generalleutnant von Rohdich. Hinter dem König erscheint, frontal gesehen, Friedrich Wilhelm (II.), links davon sein Sohn, Friedrich Wilhelm (III.). Rechts vom König in scharfer Profilwendung der Herzog von York. Der Schotte Edward Francis Cunningham kam 1783 oder 1784 nach Berlin und malte hier zwischen 1784 und 1787 mit dem Gemälde „Friedrich der Große vom Manöver heimkehrend“ sein Hauptwerk. In ihm verband er wirkungsvoll die Neigung der Zeit zum dokumentarischen Gruppenporträt mit der volkstümlichen Verherrlichung des Königs, dessen Auftreten bei den Herbstmanövern die Öffentlichkeit stets an die Siege der preußischen Armee in den Schlesischen Kriegen und die dadurch befestigte Machtstellung erinnerte. So wurde denn auch das Gemälde durch den um 1791 in dreijähriger Arbeit von dem Dänen Johan Frederik Clemens geschaffenen Stich bis in die napoleonische Zeit hinein verbreitet. In Franz Krügers berühmten Paradebildern lebt etwas von dem Gemälde weiter.

## 51 Friedrichs Aufmerksamkeit für die Verbesserung der Armee

a) Kabinettsordre König Friedrichs an den Etatsminister v. d. Horst wegen Erkundung der neuen Geschütze in Wien
Potsdam, 1783 April 7

Ausfertigung auf Papier, französisch, mit eigenhändiger Unterschrift

GStA PK, BPH Rep. 47 Nr. 232

b) Kabinettsordre König Friedrichs an Leutnant von Froreich vom Regiment v. Saldern mit einer Ablehnung der Aufstellung von National-Freikorps
Potsdam, 1784 November 12

Ausfertigung auf Papier mit eigenhändiger Unterschrift

GStA PK, BPH Rep. 47 Nr. 41

c) Kabinettsordre König Friedrichs an General v. Tauentzien mit scharfer Kritik am schlesischen Manöver
Potsdam, 1784 September 6

Zeitgenössische Abschrift auf Papier

GStA PK, BPH Rep. 47 Nr. 275

Auch angesichts der körperlichen Beschwerden des Alters setzte Friedrich die Inspektion der Truppen auf den alljährlichen Revuen fort und beobachtete wachsam technische Verbesserungen. Neue Gewehre mit trichterförmigem Zündloch, mit denen man schneller feuern konnte, wurden eingeführt. Als sich aus Wien vernehmen ließ, daß dort neuartige Geschütze eingeführt würden, suchte Friedrich hinter das Fertigungsgeheimnis zu kommen. Die Erfahrungen der amerikanischen Kriegführung hatte er sich berichten lassen. Schon in seinem Testament von 1768 empfiehlt Friedrich, den ersten Angriff mit Freibataillonen in zerstreuter Gefechtsordnung vorzunehmen, auch hatte er damals schon Kavallerieangriffe in Kolonnentaktik empfohlen, wie sie allgemein noch unbekannt waren. Diese betrachtete er 1768 noch als Staatsgeheimnis. Den Plan eines Leutnants zur Aufstellung von National-Freikorps lehnte der König allerdings ab, weil er befürchtete, im Kriege aus dem Lande selbst nicht genug Rekruten ziehen zu können, ohne die Wirtschaft zu schädigen. Bei den Revuen wurde das Auge des Monarchen um so schärfer und kritischer, je mehr Gebrechen und Einsamkeit ihn reizbarer und sarkastischer gemacht hatten als früher. Nach der schlesischen Herbstrevue von 1784 mußte sich selbst der verdiente Tauentzien sagen lassen, wie schlecht die Majestät die Truppen seiner Armee gefunden hatte. „Wenn ich Schuster und Schneider zu Generals machte, könten die Regimenter nicht schlechter seyn.“ Vor der nächsten Revue sollte er die Truppen bei Mauschwitz 4 Tage üben lassen, „und wer dann nicht seine Schuldigkeit observiret, über den laße ich Kriegesrecht halten.“

# Der „Alte Fritz“

## 52 „Hängt es doch niedriger!“

Zerreißen eines karikaturistischen Maueranschlages gegen den König durch die Menge

Holzstich nach einer Zeichnung von Adolph Menzel
In: F. Kugler, Geschichte Friedrichs des Großen, Leipzig 1840, S. 529

Foto: GStA PK

Die Einführung der Kaffeeregie 1781 erregte viel Verdruß in der Bevölkerung. Der Unmut der Berliner machte sich auch in Witz und Satire Luft. Kennzeichnend für den König, der nun der legendäre „Alte Fritz“ geworden war, ist jedoch die Szene, die zeigt, wie er mit solchen Situationen fertig wurde. Nur von einem Reitknecht begleitet, ritt er eines Tages durch die Jägerstraße und erblickte von weitem am Werderschen Markt einen Volksauflauf. Der vorausgesandte Heiduck kam zurück: „Sie haben etwas auf Eure Majestät angeschlagen.“ Heranreitend sah der König sein Abbild, auf einem Zeichenblatt, auf einem Schemel sitzend, die Kaffeemühle zwischen den Knien, mit einer gierigen Hand nach herabgefallenen Bohnen greifend. Die andere Hand mahlte. „Hängt es doch niedriger, daß die Leute sich nicht den Hals ausrecken“, rief der König und winkte entsprechend mit der Hand. Die Stimmung schlug jäh in Jubel um, die Karikatur wurde zerfetzt, während Friedrich bereits langsam weiterritt. Er kannte seine Landsleute und wußte, wie man sie ansprechen mußte.

## 53 „Dazu bin ich da“

a) Abordnung Greiffenberger Bürger bei König Friedrich in Hirschberg am 18. August 1785

Holzstich nach einer Zeichnung von Adolph Menzel
In: F. Kugler, Geschichte Friedrichs des Großen, Leipzig 1840, S. 580

Foto: GStA PK

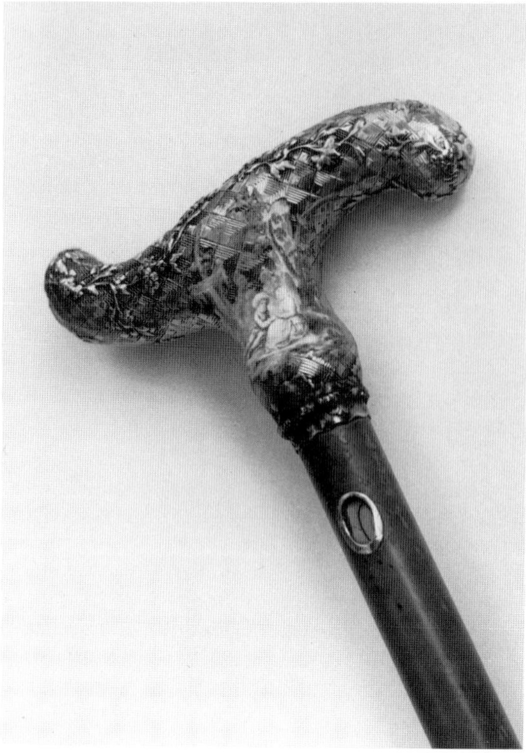

Kat. Nr. VI, 55b

b) C. H. Rödenbeck, Tagebuch oder Geschichtskalender aus Friedrichs des Großen Regentenleben, Bd. 3, Berlin 1842:
Bericht über Friedrichs Besuch in Schmiedeberg 1781

GStA PK, Bibliothek 14ª 316

Aus der Vielzahl von Beobachtungen, die Besucher und Zeitgenossen des Königs aus seinem letzten Lebensjahrzehnt überliefert haben, seien nur zwei herausgegriffen. Sie zeigen beispielhaft die Haltung des Dienens an der Gemeinschaft, die Friedrich nicht nur in Worten verkündet hat, sondern aus der er handelte. Auf seinem letzten Besuch in Schlesien empfing er in Hirschberg, wo die Bevölkerung ihn umjubelte, auch eine Abordnung von Bürgern der Stadt Greiffenberg, die sich mit vielen Worten für die finanzielle Hilfe beim Wiederaufbau nach einem Großbrand bedanken wollte. „Sie haben nicht Ursach“, entgegnete der König gerührt und bescheiden, „sich deswegen bei mir zu bedanken, es ist meine Schuldigkeit, dafür bin ich da.“ Und als er 1781 in Schmiedeberg am Riesengebirge den Kaufleuten Keller aus Landshut, Hoffmann aus Schmiedeberg, Hoffmann aus Hirschberg, Schneider und anderen Vorschläge zur Verbesserung ihres Handels machte, und diese das für undurchführbar erklärten, erwiderte der König: „Nu, nu — es sind nur so Ideen, die ich habe — Sie müssen das freilich besser verstehen, ich komme zu Ihnen in die Schule.“ Und als die Herren weiter bemerkten, daß die Kohle besser herantransportiert werden könne, wenn der König die Wege verbessern ließe, erhielten sie zur Antwort: „Ich werde Ihren Befehl respectiren, ich bin darum da.“ Friedrich verstand es meisterhaft, sich der Sphäre seiner jeweiligen Umwelt anzupassen, und die Leichtigkeit seiner Unterhaltung stand ihm auch im hohen Alter zu Gebote. So erzählt Lord Conway von einer Audienz 1774: „Er sprach über sehr viele verschiedene Dinge, mit einer Leichtigkeit und Freiheit, welche das gerade Gegenteil von dem waren, was ich erwartet hatte.“

## 54 Randbemerkungen

a) Eigenhändige Randbemerkung des Königs zu der Anfrage seiner Minister v. Viereck, v. Happe und v. Blumenthal, welcher von drei Bewerbern um eine Kreisphysikus-Stelle berücksichtigt werden solle
Berlin, 1746 Dezember 23

Faksimile nach H. v. Petersdorff, Friedrich der Große, Berlin 1911

GStA PK, Bibliothek 14ª 482x

b) Eigenhändige Randbemerkung König Friedrichs auf der Reinschrift einer Verfügung an die neumärkische Kriegs- und Domänenkammer, in der eine Untersuchung angeordnet wurde
Berlin, 1767 Dezember 3

Faksimile nach der Abbildung in: Georg Borchardt, Die Randbemerkungen Friedrichs des Großen, Potsdam 1937

GStA PK, Bibliothek 14ª 500[97]

c) Eigenhändige Randbemerkung König Friedrichs auf einen Bericht des Generaldirektoriums 1772 April 9

Herkunft wie b)

Wenn der Franzose Laveaux mit seiner Beobachtung recht hatte, daß in Preußen das Volk sich größerer Freiheit erfreute als in anderen, weniger despotisch regierten Ländern, so hatten die königlichen Beamten ein weniger leichtes Leben. Schon der junge König hatte sie mit drastischen Bemerkungen nicht geschont, im Alter wurde Friedrich eher sarkastischer. Von den zahlreichen Randbemerkungen, mit denen er die Akten würzte, seien hier einige herausgegriffen. Auf die Frage, welcher der drei Bewerber eine ausgeschriebene Kreisphysikus-Stelle erhalten solle, hatte schon der vierunddreißjährige Monarch am Rande geantwortet: „Der am Menschlichsten ist und am wenigsten leute umgebracht hat.“ Unter die Anordnung einer Untersuchung seitens der neumärkischen Kriegs- und Domänenkammer setzte der König bissig: „Die Ehsels würden was Rechtes untersuchen“, mit dem bekannten ausfahrenden Tintenklecks. Und auf einem Bericht des Generaldirektoriums bescheinigte der König seinen Ministern: „Das Directorium weis vihl, was überschwemmungen seindt. Sie laßen got ein guten Man Seindt und wan Sie Nuhr lange Schlafen, vihl eßen undt wenig arbeit haben, So ist ihm allens geleich. Dießes Solte mit güldene buchstaben in der Versamlung des höchst löblichen Directorio geschriben werden.“ Lief ihm die Galle über, so konnte der alte König auch maßlos werden: „Unter 100 Kriegsräten kann man immer mit gutem Gewissen 99 hängen lassen, denn wann ein ehrlicher Mann unter sie ist, so ist es viel.“ Er hatte allerdings einige Male mit korrupten Beamten schlechte Erfahrungen gemacht. Und das „Consistorialgesicht“, das er auf einen Immediatbericht zweier Geistlicher über eine Verwandtenehe setzte, war nicht eben schmeichelhaft. So wird der Seufzer Domhardts an seinen Sohn verständlich: „Der Himmel lasse uns nur erst eine andere Epoche erleben!“

Domhardt erhoffte sich vom Thronfolger „grandeur personelle“. Offen räsonnierte man im Kreis der Offiziere, vor allem um den Prinzen Heinrich, von dessen Tafel Goethe nach seinem Besuch in Berlin am 17. Mai 1778 brieflich berichtete: „Dem alten Fritz bin ich recht nah worden, da hab' ich sein Wesen gesehen, sein Gold, Silber, Marmor, Affen, Papageien und zerrissene Vorhänge, und hab über den großen Menschen seine eigenen Lumpenhunde räsonnieren hören.“ Friedrich war damals nicht in Berlin, er weilte bereits, gichtgeplagt und doch im Sattel, bei der Armee vor dem Bayerischen Erbfolgekrieg.

## 55 Uniform Friedrichs des Großen

a) Uniformrock mit Schwarzem Adler-Orden, Dreispitz, Stiefeln und Handschuhen Friedrichs des Großen

Braunschweigisches Landesmuseum

b) Krückstock Friedrichs des Großen

SKH Dr. Louis Ferdinand Prinz von Preußen, Berlin

Uniform und Stock stammen aus dem letzten Lebensabschnitt des Königs. Immer mehr wurde er zum Potsdamer Einsiedler, lebte in der Residenz Sanssouci oder im Winter im Stadtschloß als „alter Anachoret“ oder als „Vogelscheuche“ — beides seine mild selbstironischen Bezeichnungen. Der blaue Rock mit schmucklosen roten Aufschlägen und den Spuren des Schnupftabaks hätte ihn nicht als von hohem Rang gekennzeichnet. Die ehemals schwarzen Wasserstiefel waren vergilbt. Er zeigte eine ein wenig vernachlässigte Erscheinung, und doch hatten seine Augen an Ausdruckskraft nicht ihre Wirkung eingebüßt; im Wirken, im Dienen und Handeln und in der abgeklärten Weisheit des seinem Ende zugehenden Herrschers blieb er der Große, als den seine Zeit ihn bezeichnete.

## 56 Chasot im Alter

Stefano Torelli

Franz Egmont von Chasot als Stadtkommandant von Lübeck

Öl auf Lwd., 115 × 85 cm
zwischen 1759 und 1762

Museum für Kunst und Kulturgeschichte Lübeck, Inv. Nr. 1958/71

Auch bei der Tafel, wo der König die Geselligkeit am meisten liebte, wurde es im Alter einsamer um ihn. Nur zwei Jahre gehörte der alte Graf Hoditz dazu, den Friedrich aus dem Kriege kannte. In den achtziger Jahren des Jahrhunderts wurde der achtundzwanzigjährige Marchese Girolamo Lucchesini Kammerherr und Teilnehmer der Tafelrunde. Dieser hat in seinen Notizen überliefert, daß es auch weiterhin kurzweilig zuging an der königlichen Tafel, die zuweilen bis zu sechsstündiger Länge dauern konnte. Da sah man die Minister Finckenstein und Hertzberg, den schlagfertigen Dompropst Bastiani und Besucher wie den Fürstbischof von Ermland, Ignaz Krasicki. Prittwitz gehörte noch immer dazu, der Retter von Kunersdorf, und endlich erschien noch einmal ein Jugendfreund aus dem Rheinsberger Kreis, der gealterte Chasot, jetzt Stadtkommandant von Lübeck. „Chasot", schrieb Friedrich 1784, „spricht nur von Esserei, Champagner, Rheinwein, Madeira, Ungar, von der Pracht der Herren Kaufleute der Lübecker Börse, von dem großen Strom Trave, von dem Hafen der Stadt und von seinem Garten, für den er mir eine genaue Aufzählung aller Bäume, Sträucher, Pflanzen, Gemüse und Kräuter, die ihn verschönen, gegeben hat." Zwei Winter hat Chasot in Sanssouci verbracht.

Kat. Nr. VI, 56

## 57 Gedenkrede auf den Prinzen Heinrich

a) Eloge du Prince Henri de Prusse

Gedenkrede des Königs auf seinen Neffen in der Berliner Akademie
Berlin 1768

GStA PK, Bibliothek 14a 500436

b) Friedrich der Große

Gedenkrede auf Prinz Heinrich
Eingeleitet und übertragen von Walter Elze
Potsdam 1941

GStA PK, Bibliothek 14a 500424

Während sich der König von dem Thronfolger (Friedrich Wilhelm II.) innerlich immer mehr abwandte, weil er dessen lässiges Wesen als Gefahr für Preußen ansah, bekundete er eine große verwandtschaftliche Zuneigung zu dessen beiden Geschwistern. Der junge Prinz Heinrich starb indessen 1767 in jungen Jahren. „Ich sah in ihm einen Prinzen, der den Ruhm des Hauses aufrechterhalten würde", bekannte der König kurz danach. „Wenn ich denke, daß dieses Kind das beste Herz der Welt hatte, angeborenes Wohlwollen besaß und für mich Freundschaft empfand, so treten mir unwillkürlich Tränen in die Augen und ich muß den Verlust des Staates und meinen eigenen tief beklagen." In dieser Trauer hat Friedrich dem Toten im Dezember 1767 die Gedenkrede gehalten. Die Gefahr des Erlöschens seines Hauses im Mannesstamm ging indessen vorüber, auf die man in Wien bereits hoffte. Aber die Verbindung zur unmittelbar folgenden Generation erlitt doch einen Rückschlag. Erst der Erziehung der Großneffen konnte sich der König wieder widmen.

## 58 Erziehung des Thronfolgers

a) Anton Friedrich König

Friedrich Wilhelm II. als Prinz von Preußen

Wasserfarben auf Elfenbein, 4,7 × 3,8 cm oval
Bez.: „P. f. P." eingeprägt auf dem Etui

SSG, Schloß Charlottenburg

b) Instruktion für den Erzieher des Thronfolgers, Bensch

Faksimile der Urschrift in: Hohenzollern-Jahrbuch, 5. Jg. 1901

Reproduktion der ersten Seite: GStA PK

Friedrich der Große traute seinem Neffen und Thronfolger nicht viele gute Eigenschaften eines Regenten zu, und die Zukunft hat viele seiner Sorgen bestätigt. Umso mehr Sorgfalt wünschte er auf die Erziehung seines Großneffen, des späteren Königs Friedrich Wilhelm III., angewandt zu sehen. Daher verfaßte er für dessen Erzieher Bensch eine Anweisung, deren erste Seite hier vorgestellt wird. Sie beginnt mit den Worten: „Sie sind neben einen jungen Prinzen gestellt, dessen Erziehung große Sorgfalt und eine stets gleichbleibende Aufmerksamkeit verdient.“ Der König legt vor allem auf die Charakterentwicklung und die moralische Erziehung Wert, da sonst die schlechten Einflüsse der Dienerschaft den jungen Zögling verderben könnten. Launen und Widersetzlichkeit muß man ihm abgewöhnen, sie könnten ihn vorurteilsvoll machen. Die Vorschriften stellen eine Fortentwicklung dessen dar, was der König schon 1752 in seinem Testament über die Prinzenerziehung gesagt hatte.

## 59 Betrachtungen über die Finanzverwaltung

„Réflexions sur l'administration des finances pour le gouvernement Prussien“
1784 Oktober 20

Eigenhändige Niederschrift auf Papier, französisch mit Unterschrift

GStA PK, BPH Rep. 47 Nr. 340

Faksimile

In dieser für seinen Nachfolger bestimmten Schrift legt der König dar, daß die preußischen Staatseinnahmen im laufenden Jahr 21 730 000 Taler betragen, wovon nach den Ausgaben noch 7 120 000 übrig bleiben. Diese darf man nicht ausgeben, sondern muß sie für Sonderfälle zurücklegen, vor allem für den Fall eines drohenden Krieges. Ein Feldzug kostet 12 Millionen Taler. Friedrich hat dafür gesorgt, daß Mittel für gegebenenfalls drei Feldzüge bereit liegen. Auch für Katastrophen muß eine Rücklage vorhanden sein. Warnend und an die Adresse seines Nachfolgers gerichtet fährt er fort: „In der Verwaltung der Finanzen muß man seine Grillen, seine Passionen, seine Liebhabereien zügeln, denn an erster Stelle gehören die Einnahmen des Staates nicht dem Souverän, dies Geld hat nur eine rechtmäßige Verwendung, für das Wohl und die Erleichterung des Volkes. Jeder Fürst, der dieses Geld zu Vergnügungen oder unangebrachten Freigebigkeiten verschwendet, ist in seinen Handlungen weniger Souverän als Straßenräuber, weil er dieses Geld, das reine Blut des Volkes, zu unnützen und oft lächerlichen Ausgaben verwendet. Denn man muß davon ausgehen, daß kein Fürst wahrhaft sagen kann: Gegenwärtig werden wir keinen Krieg mehr haben, wir brauchen nur nach Epikuräerart zu leben und an die Befriedigung unserer Passionen und Vergnügen zu denken.“ Den Regenten ermahnt er zur Arbeit: „Man wird z. B. sagen: Die Rechnungen langweilen mich. Ich erwidere: Das Wohl des Staates erfordert, daß ich sie durchsehe, und in diesem Fall darf mir nichts zu mühsam sein.“

## 60 Friedrich mit seinen Windspielen auf der Terrasse von Sanssouci

Unbekannter Künstler

Friedrich auf der Terrasse von Sanssouci

Federzeichnung, braun laviert auf Papier, 26,5 × 53,5 cm
18. Jahrhundert

Sammlung Axel Springer, Berlin

Als den einsamen Weisen von Sanssouci, von seinen Windspielen begleitet, so kannte die Welt den König von Preußen am Ende seines Lebens. Rückblikkend hat er bekannt:

„Beim Aufstieg zu dem Thron dem Ehrgeiz untertan,
sprach um Unsterblichkeit den Ruhm ich gläubig an,
da doch in seinem Stand das Volk, stumpf und verblendet,
den Tadel wie das Lob nur nach dem Zufall spendet.
In Sorgen und in Müh'n verzehrte ich mein Leben,
blieb in Bellonas Dienst Uranien ergeben.

Rastlos ließ ich den Geist von Plan zu Plane schweifen,
um in der Dunkelheit der Zukunft Bild zu greifen:
Der nahen Sorgen Schar gesellte ich die fernen.
Die Herrscherkunst wollt' ich mit Fleiß und Ernst erlernen,
um durch den Menschengeist, durch ein verdoppelt Ringen
durch kluge Rechnerei das Schicksal zu bezwingen.
Was aber ist der Mensch und was des Menschen Dichten?
Ein Nichts wird alsobald der Kurzsicht Plan vernichten."

Und dennoch galt ihm: „Man ist in der Welt nur glücklich, indem man sich beschäftigt." Er wollte die Menschen glücklich machen und ihnen dienen, aber zugleich machten ihn die Gewohnheit des Regierens, die tiefen Einblicke in die Schwächen und Abgründe der Menschennatur, die Enttäuschungen selbst mit seiner engsten Umgebung, verbunden mit dem angeborenen Hang zum Spott über Lächerlichkeiten und Schwächen, auch zum Menschenverächter. Und dennoch konnte, wie der Fürst von Ligne berichtet, sein Auge sich auch im Alter verklären, „wenn er einen edlen Zug, etwas Erhebendes oder Rührendes vernahm oder erzählte." Ein Hang zur Freude, ein Hang, alles „rosenfarben" zu sehen, ging ihm nicht verloren, und sein Wahlspruch im Alter blieb ein Vers von Chaulieu: „Ich streu' noch einige Blumen auf den kurzen Weg, der mir verbleibt."

## 61 „Du bist ein Geist"

Schreiben König Friedrichs an seinen Bruder Prinz Heinrich über Elektrizität und Gesundheit
1784 September 27

Eigenhändige Ausfertigung auf Papier, französisch, mit Unterschrift

GStA PK, BPH Rep. 47 Nr. 400

In seinen Altersjahren hat sich Friedrich zu seinen Verwandten und Freunden oft über seinen gesundheitlichen Zustand geäußert. Im vorliegenden Brief an den Prinzen Heinrich schreibt er über die Elektrizität als medizinische Erscheinung. Dann vermerkt er, wie seine Kräfte alljährlich mehr schwinden. Er schließt: „Marcotielle sagt: Du bist ein Geist, der einen Kadaver schleppt, das ist sehr wahr in meinem Alter, nicht mehr und nicht weniger: Der Kadaver muß traben!"

## 62 Letzte Revue

König Friedrich bei der Truppenrevue in Schlesien 1785

Holzstich nach einer Federzeichnung von Adolph Menzel
In: F. Kugler, Geschichte Friedrichs des Großen, Leipzig 1840, S. 613

Foto: GStA PK

„Meine Methode, mich nicht zu menagieren, bleibt immer dieselbe; je mehr man sich verwöhnt, desto schwächer und empfindlicher wird der Körper. Mein Metier verlangt Arbeit und Tätigkeit, mein Körper und Geist müssen sich ihrer Pflicht anbequemen. Es ist nicht nötig, daß ich lebe, aber wohl, daß ich handle. Dabei habe ich mich immer sehr wohl befunden." Das war die Haltung des Königs 1776, und ihr blieb er auch in der Folge treu. So begab er sich, in Erfüllung seiner Pflicht als „König-Connetable", im Sommer 1785 zur Revue nach Schlesien. Sechs Stunden lang hielt er am 24. August in strömendem Regen aus, ohne seinen Pelz abzulegen. Fieber stellte sich ein. Am 25. August war er erneut unter den Truppen, als wolle er das Geschick auf die Probe stellen. Vier Wochen später überwand er in Potsdam einen Schlaganfall. Nun nahm er am Herbstmanöver nicht mehr teil.

## 63 Mirabeaus Besuch

Delpech

G. H. Mirabeau

Lithographie, 33,6 × 25 cm
Bez.: „I. lith. de Delpech"

Dr. Elmar Mauch, Bad Mergentheim

Am 17. April 1786 ließ sich der König nach einer Rundfahrt durch die Dörfer am Schwielowsee nach Sanssouci bringen, zum letztenmal bezog er seine Sommerresidenz. Am gleichen Tage empfing er dort den letzten vornehmen Fremden, dem er ein Gespräch gewährte, den französischen Grafen Mirabeau. Honoré Gabriel Riquetti Graf von Mirabeau (1749—1791), geistvoll und von heftigem Temperament, war im Auftrag des französischen Ministers Vergennes nach Berlin gereist, wo er auch als Geheimagent wirken sollte. Er hatte in der französischen Armee gedient und ein wechselvolles

Leben geführt. Als er Potsdam besuchte, hatte er bereits (1776) seinen „Versuch über den Despotismus“ geschrieben. In dem am Lebensende stehenden König und dem künftigen Revolutionär trafen Gegensätze aufeinander, Vertreter zweier Zeitalter. Mirabeaus Mission scheint nicht den in Paris gewünschten Erfolg gehabt zu haben. Nach der Rückkehr schrieb Mirabeau die „Geheime Geschichte des Hofes von Berlin“ und „Die preußische Monarchie unter Friedrich dem Großen“.

## 64 Friedrich in seinen letzten Tagen

a) G. Scheffner nach Grätsch

Friedrich der Große im Sessel sitzend

Kupferstich, 27,7 × 21,5 cm
Bez.: „J. Grätsch pinx. G. Scheffner sculp.“

SKH Dr. Louis Ferdinand Prinz von Preußen, Berlin

b) Schreiben von Karl Reichsfreiherrn vom und zum Stein an seinen Vater über den Gesundheitszustand des preußischen Königs
1786 Mai 5

Ausfertigung, eigenhändig auf Papier

Privatbesitz

Kat. Nr. VI, 64 a

Den letzten Winter seines Lebens brachte der König unter Qualen im Potsdamer Stadtschloß zu. Die Wassersucht meldete sich. Sobald es im April etwas wärmer wurde, ließ er sich einen Sessel auf die Freitreppe setzen. „Ich habe immer das Licht geliebt“, wird dazu als Äußerung des Leidenden überliefert. Rastlos blieb er tätig. Jetzt mußten die Kabinettsbeamten früh um vier statt um sieben zu ihm kommen. „Mein Zustand“, so entschuldigte er sich bei ihnen, „zwingt mich, Ihnen diese Mühe zu machen, die für Sie nicht lange dauern wird. Mein Leben ist auf der Neige; die Zeit, die ich noch habe, muß ich benutzen, sie gehört nicht mir, sondern dem Staate“. Am 29. Mai brach einer der Kabinettsräte durch Schlaganfall zusammen. Der König ließ ihn in ärztliche Fürsorge bringen und setzte mit einem anderen Rat die Arbeit fort. Nachts schlief er wegen der Atemnot sitzend. Mit Genugtuung sah er sein Kulturwerk fortschreiten, sein „Kinderspielzeug im Alter“, wie er es nannte. Am 4. Juli ritt er noch einmal mit seinem Schimmel Condé durch den Garten von Sanssouci; Entkräftung und Brechanfall waren die Folge.

Aus dem Mai stammt auch der hier ausgestellte Bericht des Freiherrn vom Stein über die letzte Krankheit des Königs. Stein, der 1780 in die Dienste des preußischen Staates getreten war, gibt das wieder, was man in der weiteren Umgebung Friedrichs über seinen Zustand berichtete.

## 65 Behandlung durch den Arzt Ritter von Zimmermann

a) J. G. Ritter v. Zimmermann

Kupferstich, 17 × 12,2 cm
Bez.: „Bollinger sc. Zwickau b. d. Gebr. Schumann“

Dr. Elmar Mauch, Bad Mergentheim

b) Ritter von Zimmermann

„Über Friedrich den Großen und meine Unterredungen mit Ihm kurz vor seinem Tode“
Leipzig 1788

GStA PK, Bibliothek $14^{a}$ $500^{157}$

Im Juni 1786 ließ der König aus Hannover den berühmten Arzt Ritter v. Zimmermann rufen, der am 24. eintraf. „Ich stehe nie auf, denn ich gehe nie zu Bette“, sagte er ihm bei der ersten Begrüßung. Zimmermann erkannte, daß eine Heilung ausgeschlossen war. Nach einigen Konsultationen schickte der König ihn daher am 10. Juli wieder nach Hannover zu seinen Patienten zurück. Zimmermann ist wegen seiner Veröffentlichungen über die Krankheit des Königs von vielen Zeitgenossen als eitel gescholten worden, zum Teil wohl auch nicht ganz zu Unrecht. Seine Überlieferung dieser Abschiedsunterredung darf jedoch Glaubwürdigkeit beanspruchen. Den Abschied am 11. Juli schildert Zimmermann mit den Worten: „Nun nahm der König seinen Hut mit unbeschreiblicher Würde, Huld und Freundlichkeit ab, neigte sein Haupt und sprach: ‚Adieu, mein guter, mein lieber Herr Zimmermann. Vergessen Sie den guten alten Mann nicht, den Sie hier gesehen haben!‘“

Kat. Nr. VI, 65 a

## 66 Letzte Unterschrift

a) Küchenzettel vom 25. Juli 1786, vom König durch Zusatz eigenhändig neu entworfen

Faksimile in: Hohenzollern-Jahrbuch, 13. Jg. 1909

GStA PK, Bibliothek

b) Letzte eigenhändige Verfügung König Friedrichs
Potsdam, 1786 August 15

Faksimile nach der Urschrift, in: H. v. Petersdorff, Friedrich der Große, Berlin 1911

Foto: GStA PK

Bis in die letzte Zeit bestimmte der König selbst, was er zu den Mahlzeiten auf der Tafel sehen wollte. Gegen den Rat der Ärzte aß er das, worauf er Appetit hatte.

Die letzte Verfügung von Friedrichs Hand befindet sich auf einer Anzeige des Hofstaatsrentmeisters Buchholtz vom 14. August 1786 aus Berlin. Buchholtz teilt dem König die Höhe von dessen Monatsgeldern für August mit, 28 801 Reichstaler 10 Groschen 1½ Pfennige. Der König verfügt: „10 000 Rt. Gold vor Mihr, 10 000 werden bei Warttenberg vertauschet, davohr 10 500 Rt. davor Banknoten, die eine zu 10 000 Rt. und eine zu 500, 8000 Rt. in 4 Banknohten zu 2000 Rt., 801 Rt. an Swatz. Frdch.“

Wartenberg führte seit 1763 die Kasse, aus der die ausländischen Werbungen bestritten wurden. Der Name am Schluß bezeichnet den Privatsekretär des Königs. Mehr als ein Drittel der Gesamtsumme floß also wieder den staatlichen Ausgaben zu. Die Verfügung traf Friedrich am 15. August, nachdem die Anzeige aus Berlin in Potsdam eingetroffen war. Am 20. Juli mußte der Vorleser die Lektüre von Voltaires Geschichte Ludwigs XV. unterbrechen, weil der König zu starke Schmerzen bekam; diese Lektüre wurde nicht mehr wiederaufgenommen.

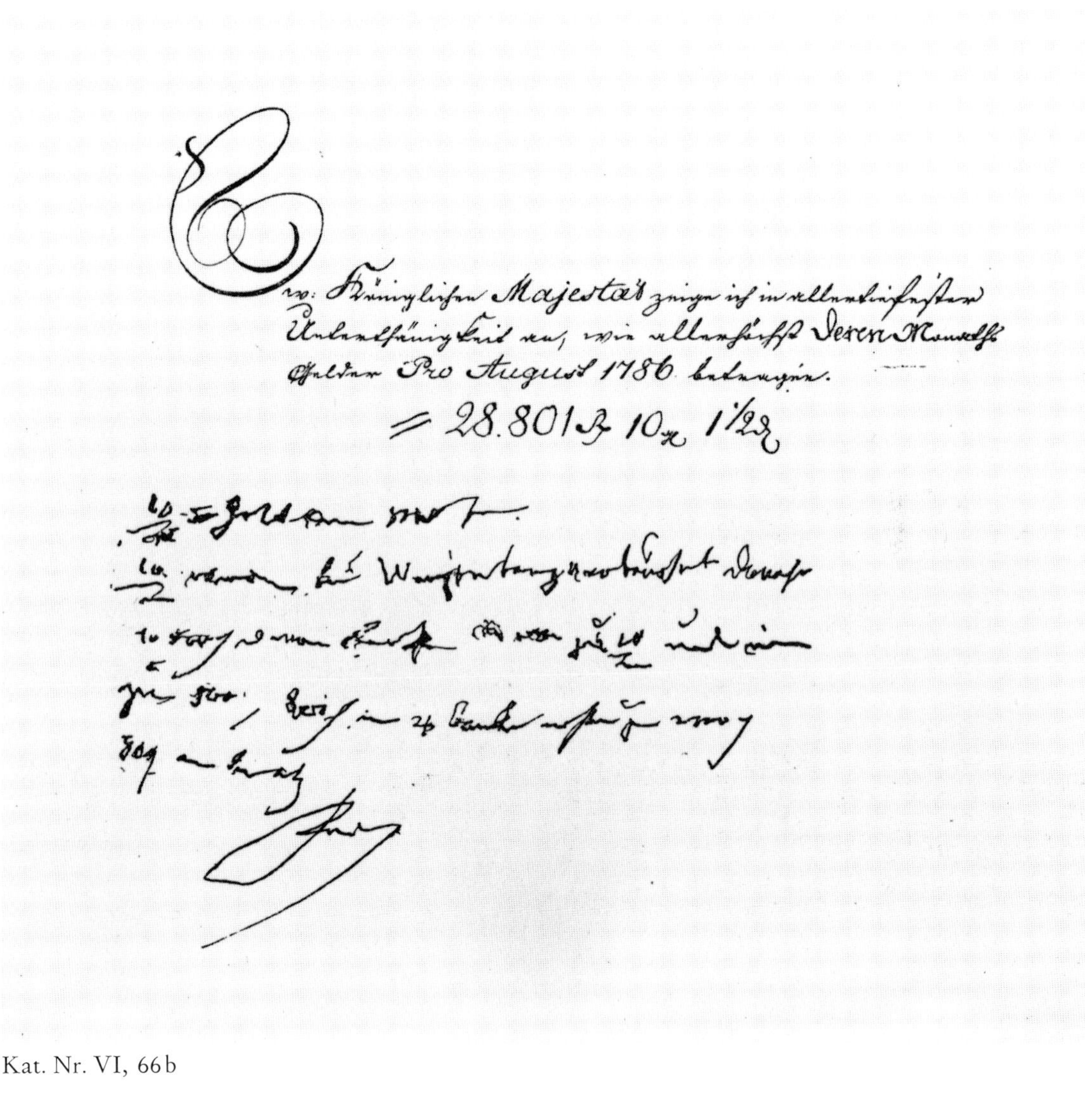
Ew: Königlichen Majestät zeige ich in allerunterthänigster Unterthänigkeit an, wie allerhöchst Deren Monatl. Gelder Pro August 1786 betragen.

= 28.801 Rt 10 gr 1 1/2 d

Kat. Nr. VI, 66b

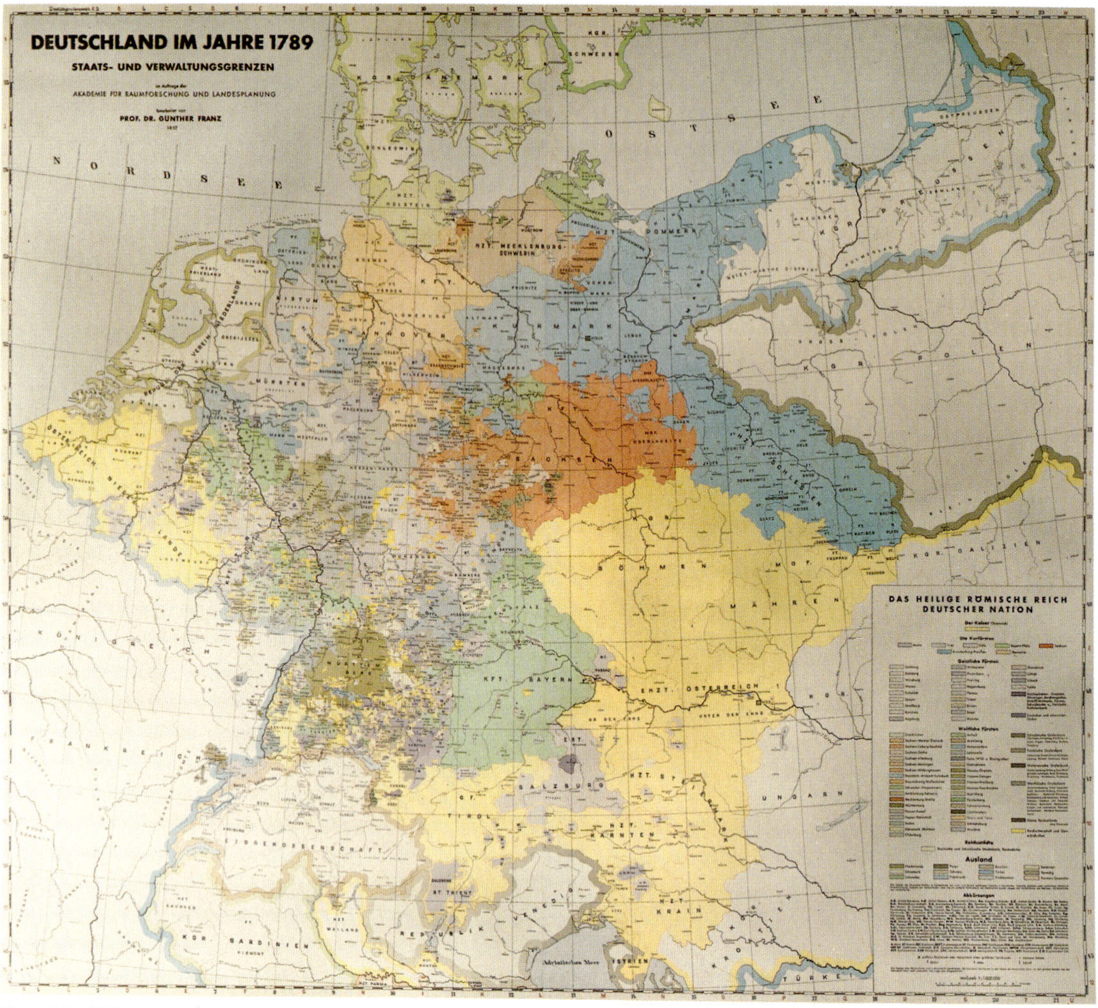


Kat. Nr. VII, 18 a

# VII. Die Sterbestunde

*Pflicht eines jeden guten Bürgers*
*ist es,*
*dem Vaterlande zu dienen*
*und zu bedenken,*
*daß er nicht allein für sich*
*auf der Welt ist, sondern daß er*
*zum Wohle der Gesellschaft,*
*in die die Natur ihn gestellt hat,*
*arbeiten muß.*
*Ich habe mich bemüht,*
*diese Pflicht nach meinen*
*schwachen Kräften und Einsichten*
*zu erfüllen, seitdem ich*
*nach dem Tode meines Vaters*
*zum ersten Amt dieses Staates*
*gelangt bin . . . .*

# Des Königs Tod

## 1 Der Tod Friedrichs des Großen

a) Der Sessel, in dem der König starb

Foto des Sessels vor dem Kamin in Sanssouci

GStA PK, IX. HA Sammlung Oertel Nr. 2612

b) Johann Eckstein

Die Totenmaske Friedrichs des Großen

Nachguß der Gipsformerei der Staatlichen Museen Preußischer Kulturbesitz

GStA PK

c) Christian Gottlieb Selle

„Krankheitsgeschichte des Höchstseeligen Königs von Preußen Friedrichs des Zweyten Majestät"
Berlin 1786

GStA PK, Bibliothek 14ª 369, S. 60—61

In den letzten Tagen des Königs wurde in den Berliner Buchläden öffentlich ein Pamphlet niedrigster Art gegen ihn verkauft, das ihm auch zugeschickt wurde. Den Vorschlag des Ministers Hertzberg, es zu verbieten, wies der Sterbende mit den Worten ab: „Man muß das verachten". „Er tut seine ganze Arbeit", schrieb Hertzberg aus diesen Tagen, „aber doch mit Widerstreben, mit Eile und indem er sich dazu zwingt, so daß er nicht alles mit voller Auf-

Kat. Nr. VII, 2

merksamkeit liest." Am 16. August fand der König morgens die Sprache nicht, Hustenanfälle wechselten mit längerem Schlaf. Der herbeigerufene Arzt, Doktor Selle, wachte in der Nacht in Sanssouci. Als die Wanduhr über dem Haupt Friedrichs 11 Uhr nachts schlug, fragte er den Kammerhusaren Strützky: „Was ist die Glocke? Um vier Uhr will ich aufstehen." Der Diener stützte den im Sessel Sitzenden mehrere Stunden lang. Nach einem heftigen lösenden Husten seufzte der König: „La montagne est passée, nous irons mieux." (Der Berg ist überwunden, es wird uns besser gehen). Um zwanzig Minuten nach zwei Uhr früh trat der Tod ein.

Selle hat dazu geschrieben: „Der Tod des Königs war wie sein Leben. Furchtlos und gleichmüthig blieb er bis zum letzten Zuge seines Othems. Vor dem Fieber glaubte sich der König in der Besserung, wenigstens hatte er sein Ziel noch einige Zeit hinaus gerückt, und im Fieber war ihm der Kopf zu eingenommen, als daß er seine Todesgefahr hätte bemerken können. Auch hatte er zu oft von diesem mit Röcheln verbundenen Husten gelitten, als daß er ihn hätte befremden sollen. — Er verschied also ruhig und sanft, und seine ganz unverstellten Gesichtszüge, sein ruhiger, ernster Blick zeigten noch im Sarge, daß er mit keinem besorgten und quälenden Gedanken aus der Welt gegangen war, ob er gleich noch einige Minuten vor dem Tode Bewußtsein hatte."

## 2 Friedrich der Große auf dem Totenbett

Johann Eckstein

Friedrich der Große auf dem Totenbett

Schwarze und weiße Kreide auf braun getöntem Papier, 35 × 48,4 cm

Links oben aufgeklebter, gedruckter Zettel (vor 1820): „Frederick the Great of Prussia, never would consent to sit for his likeness, all the portraits extant of that extraordinary man are consequently adventious. About an hour after his decease, in 1786, Mr. John Eckstein, Sculptor and Historical Painter to the deceased, was ordered by his successor to take a cast from his face in plaster, on which occasion the above crayon sketch was taken, the only one extant from the original. I was present on the above mentioned occasion, and it gives me pleasure to present it to the Western Museum. Frederik Eckstein."

SSG, Schloß Charlottenburg

Die 1954 aus amerikanischem Privatbesitz erworbene Zeichnung stammt von dem seit 1772 in Potsdam tätigen Modelleur, Maler und Kupferstecher, der 1786 unmittelbar nach dem Tod Friedrichs des Großen die Totenmaske abnahm und danach Büsten anfertigte. Dieser Auftrag war der Höhepunkt in der Laufbahn des wenig bedeutenden Künstlers. Von daher wird verständlich, daß Eckstein offenbar später sich das Bild des Königs auf dem Totenbett anhand eines Abgusses der Totenmaske nochmals vergegenwärtigt hat, vielleicht erst, nachdem er 1796 nach Philadelphia ausgewandert war. Er kann dort bis 1822 nachgewiesen werden. Sein Sohn Friedrich Eckstein versucht mit der Mitteilung auf dem Zettel den Eindruck zu erwecken, als seien Abnahme der Totenmaske und Entstehung der Zeichnung in einem Zuge erfolgt und als sei er selbst bei diesem Vorgang anwesend gewesen. Dem stehen folgende Gründe entgegen. Die Abnahme der Totenmaske war eine Handlung, die in besonderem Maße Ehrfurcht und Takt erforderte. Weder konnte der Bildhauer seinen Sohn zu dieser Arbeit mitnehmen, noch ist es denkbar, daß es ihm erlaubt wurde, für private Zwecke eine Zeichnung von dem Toten anzufertigen. Die Aussage des Sohnes wird schon dadurch unglaubhaft, daß er schreibt, bereits eine Stunde nach dem Tod des Königs, der 2 Uhr 20 erfolgte, sei die Maske abgenommen worden, vollends jedoch durch den Umstand, daß Friedrich Eckstein erst 1787 geboren wurde. Zudem fällt an der Zeichnung auf, daß alles, was auf der Totenmaske zu erkennen ist, sehr scharf und präzise wiedergegeben und ohne Eile gezeichnet ist, während alle übrigen Einzelheiten nur sehr flüchtig angedeutet sind, auch der Kranz der Haare, die viel zu üppig sind.

## 3 Das Urteil Möllendorffs

F. W. Nettling

Wichard Joachim Heinrich von Möllendorff

Radierung mit Punktiermanier, 33,4 × 23,1 cm

Berlin Museum

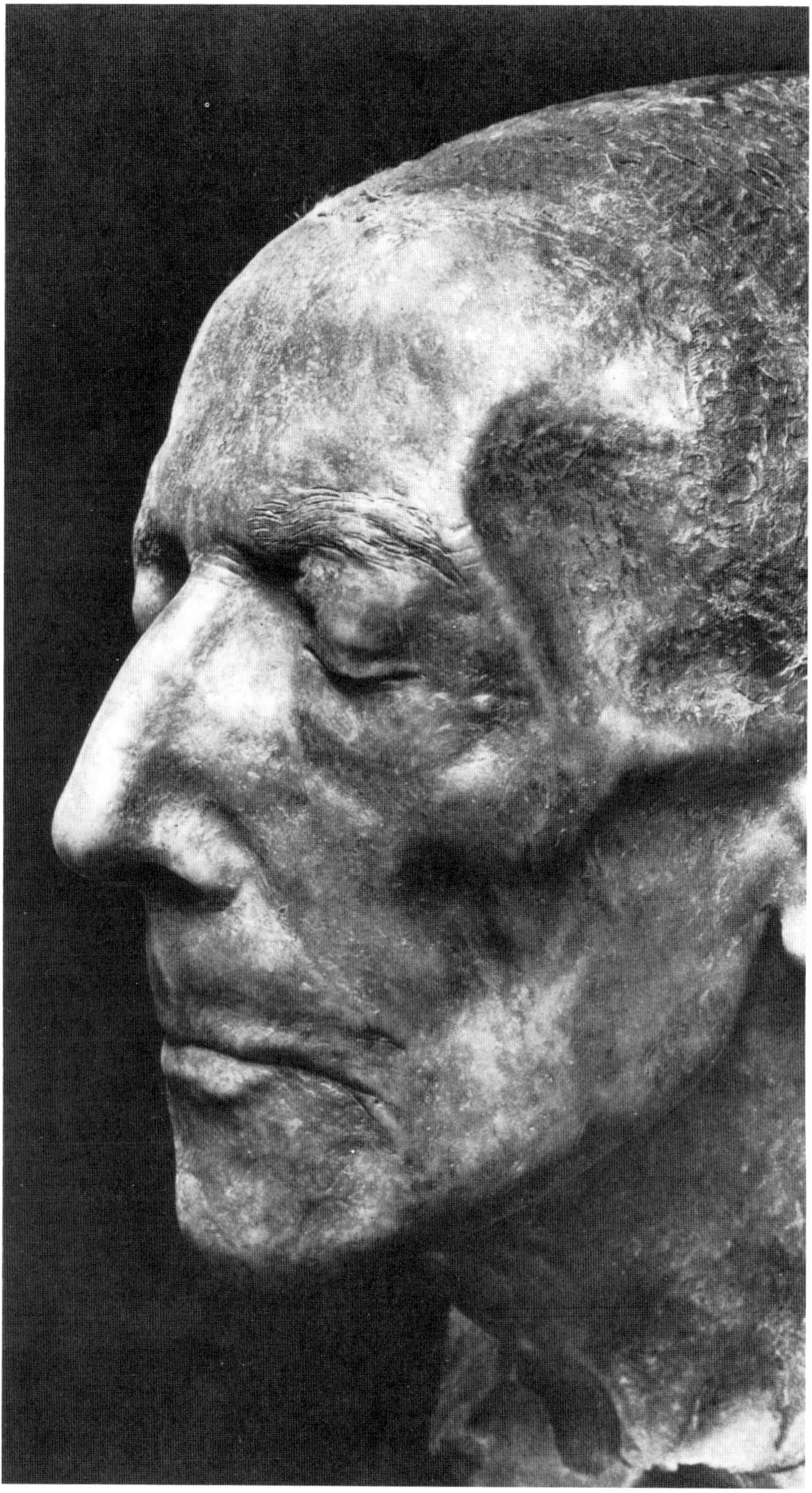

Kat. Nr. VII, 1b

Zunächst im Konzertsaal zu Sanssouci wurde der König in einem alten blauen Seidenmantel aufgebahrt, hier und im Stadtschloß in Potsdam nahmen seine Offiziere und Soldaten Abschied von ihm. Er lag so, wie er so manchesmal im Felde auf Stroh in ihrer Mitte geruht hatte, auf einem schlichten Feldbett. Der Gouverneur von Berlin, der im Siebenjährigen Krieg in fünf Jahren vom Hauptmann zum General aufgestiegene General von Möllendorff, sprach bei der Vereidigung der Berliner Garnison auf den neuen König noch am Todestag zu den erschütterten Offizieren die Worte: „Sie haben den größten der Könige, den ersten der Helden verloren, und ich verliere meinen Herrn und, wenn ich es sagen darf, meinen Freund."

### 4 Eindrücke am Sarge Friedrichs des Großen

a) Adolph Menzel

Gruft Friedrichs des Großen in der Garnisonkirche zu Potsdam

Foto nach der Wiedergabe einer Bleistiftzeichnung
Aus: Die Werke Friedrichs des Großen, hrsg. B. G. Volz, Bd. 10, Berlin 1914

GStA PK, Bibliothek $14^{a}$ 268

b) Schreiben von Friedrich Bouterwek an Direktor Fischer in Berlin
Potsdam, o. D.

Eigenhändig mit Unterschrift

GStA PK, I. HA Rep. 94 A Sammlung Adam Nr. 47

Der Philosoph und Literarhistoriker Friedrich Bouterwek (1766—1828), seit 1789 Privatdozent und später Professor an der Göttinger Universität, schildert seine Eindrücke von einem Besuch der Gruft des Preußenkönigs in der Potsdamer Garnisonkirche. Er berichtet: „Bei dem zinnernen Sarge in der Garnisonkirche wäre ich lieber alleine gewesen. Mir war zu Muthe in dem engen, leeren unbedeutenden Sargkämmerchen, als ob die Welt ausgestorben wäre, oder als ob sie zu nichts besserem mehr gut wäre, als auszusterben. Ganz Potsdam sahe mir anders aus, als ich wieder aus der Kirche trat. Man hätte mich wieder in den Grottensaal führen können, und mir wäre doch die Empfindung geblieben, als ob ich auf der Stelle Karthäuser werden müßte."

## Urteile der Mitwelt

### 5 „Friedrich, der Polarstern"

a) Johann Wolfgang von Goethe

Reproduktion einer Zeichnung des Malers Georg Melchior Kraus
Weimar 1776

SMPK, Kunstbibliothek 1034, 59

b) Johann Wolfgang von Goethe

„Willst du aber die Meinung beherrschen"
Gedicht aus dem Nachlaß
Goethe-Jahrbuch XIII, 1892, S. 227

Goethe hat sich rückblickend in „Dichtung und Wahrheit", wo er die traurigen Mißbräuche der alten Verfassung des Deutschen Reiches streift, über Friedrich geäußert: „Blickten wir hingegen nach Norden, so leuchtete uns dort Friedrich, der Polarstern, um den sich Deutschland, Europa, ja die Welt zu drehen schien." Und wenn er auch 1778 bei seinem Besuch in Berlin den preußischen Staat mit einem großen Uhrwerk verglichen hat, bei dem man von der Bewegung der Puppen auf die verborgenen Räder, „besonders auf die grose alte Walze FR" schließen könne, so lag selbst darin Achtung, mehr aber noch in dem Gedicht auf den König:
„Willst du aber die Meinung beherrschen, beherrsche durch Tat sie,
Nicht durch Geheiß und Verbot. Der wackre Mann, der beständige,
Der den Seinen und sich zu nützen versteht und groß dem Zufall gebietet,
Der den Augenblick kennt, dem unverschleiert die Zukunft
In der stillen Zelle des hohen Denkens erscheint,
Der wo alle wanken, noch steht:
Der beherrscht sein Volk, er gebietet der Menge der Menschen.
Einen solchen habt ihr gesehen vor kurzem hinaufwärts
Zu den Göttern getragen, woher er kam, ihm schauten
Alle Völker der Welt mit traurigen Blicken nach."

## 6 „Ohnmächtiger als der Trenck im Kerker"

Friedrich Freyherr von Trenk

„Trauerrede bey dem Grabe Friedrichs des Großen"
Wien, am 22. August 1786

Handschrift auf Papier

GStA PK, BPH Rep. 47 Nr. 85

Im Gegensatz zu Goethe gab es unter der Fülle der Nachrufe auch solche sehr engherziger und negativer Geister. Dem Freiherrn Friedrich von der Trenck (1726—1794), einem Abenteurer, den der König wegen Vorwurfs des Hochverrats ohne Gerichtsurteil auf die Festung Magdeburg hatte bringen und dort zehn Jahre einsperren lassen, wird die vorliegende Trauerrede zugeschrieben, aus Wien datiert. In diesem Schriftstück, das möglicherweise auch einen andern Verfasser hat, heißt es: „Nun ist er noch ohnmächtiger als der Trenck war, da er im Magdeburger Kerker gefesselt nach Gerechtigkeit schmachtete, dennoch die Macht des Weltbezwingers auf die standhafteste Tugend des verleumdeten guten Staatsbürgers zu vereiteln wußte. Du liegst nunmehro im Staube, Monarch! Ich aber bin noch ein Etwas in Wirklichkeit." Trenck war auf Fürsprache Maria Theresias 1763 freigekommen und durfte 1787 auch wieder nach Berlin. Er starb 1794 unter dem Fallbeil der Französischen Revolution.

## 7 „Seltsam, mit welcher Behendigkeit man dem Namen Friedrichs zu schaden sucht"

Katharina II. von Rußland

„Noten zu Dénina, Essai sur la vie et le règne de Frédéric II"
In: Forschungen zur Brandenburgischen und Preußischen Geschichte, Leipzig 1902

GStA PK, Bibliothek 14 K 14

„Es ist ohne Zweifel seltsam zu sehen, mit welcher Behendigkeit man dem Ruhm und dem Namen Friedrichs II. zu schaden sucht, und das wird in Berlin gedruckt und veröffentlicht; dieser große Mann ist indessen nicht ersetzt", so schrieb 1789 Katharina II. als Randbemerkung ihre Beobachtung über die kleinen Epigonen des großen Königs nieder. In der Tat war die Stimmung in den höheren Kreisen Berlins dem Toten nicht günstig. „Alles ist düster, nichts traurig; alles ist beschäftigt, nichts bekümmert. Kein Gesicht, das nicht Erleichterung und Hoffnung ankündigt; nicht ein Bedauern, nicht ein Seufzer, nicht ein Lob. Dahinaus also laufen so viele gewonnene Schlachten, so viel Ruhm, eine Regierung von fast einem halben Jahrhundert voll so vieler Großtaten. Alle Welt wünschte ihr Ende, alle Welt beglückwünscht sich dazu." So hatte schon Mirabeau die Stimmung nach Friedrichs Tod in den höheren Schichten, in denen er verkehrte, zusammengefaßt. Aber die vornehme Gesellschaftsschicht machte es nun, der König Friedrich Wilhelm II. an der Spitze, wenig besser. Reformen blieben aus, ja, man fragte nicht einmal, ob man es besser könne. In wenigen Jahren war der Staatsschatz verschleudert. Schon 1797 wünschte man sich in Berlin, beim erneuten Thronwechsel die Zeiten Friedrichs des Großen wieder zurückkehren zu sehen. Unter diesem Schwanken der Gemüter verhüllte sich der Kampf zwischen dem alten und neuen System, zwischen individueller Freiheit und staatlichem Zwang. Die Form, wie man in Berlin nach Friedrichs Tod reagierte, hat Goethe mit schärferem Tadel bedacht, gegen „die Hunde", die an „des größten Königs Grube" ihr Unwesen trieben.

## 8 „Aus Zügen zusammengesetzt, die sich zu widersprechen schienen"

Christian Garve

„Fragmente zur Schilderung des Geistes, des Charakters und der Regierung Friedrichs des zweyten"
T. 1, Breslau 1798, S. XI—XII

GStA PK, Bibliothek 14a 287

Der philosophische Schriftsteller Christian Garve (1742—1798) war Professor an der Universität Leipzig, einer der bekanntesten Popularphilosophen der Aufklärung, hatte den König persönlich erlebt und gesprochen. Seine durchaus distanzierte Beobachtung faßt er in das Urteil zusammen: „In der That waren die Talente dieses Königs so mannigfaltig und so geschmeidig: daß er zugleich Dichter, speculativer Philosoph, Geschichtschreiber, feiner Weltmann, angenehmer Gesellschafter für schöne Geister und Gelehrte, einer der ersten praktischen Geschäftsmänner, im Fache der Privat- und öffentlichen Haushalte, Soldat, Feldherr, und geschickter Unterhändler seyn konnte, ohne daß eine dieser Verrrichtungen der andern geschadet hätte; — und ohne daß bey einer noch so lange unterbrochnen Übung, irgendeines dieser Talente wäre verloren gegangen oder geschwächt worden. Und dieß alles war er, wenn nicht auf eine gleich vollkommene doch auf eine ihm eigenthümliche Weise. Sein Charakter war ebenso mannigfaltig und zusammengesetzt: und er war aus Zügen zusammengesetzt, die sich zu widersprechen schienen. In dem Ganzen seines Lebens und seiner Regierung herrschte ein großer Plan, den er mit unerschütterlicher Standhaftigkeit verfolgte."

## 9 Herders Betrachtung der Licht- und Schattenseiten

Johann Gottfried Herder

„Auch eine Philosophie der Geschichte zur Bildung der Menschheit"
Riga 1774

Freie Universität Berlin, Universitätsbibliothek
Rara 8 E 99

Herder wog in seiner Philosophie der Geschichte gegeneinander ab: Kriegs- und Regierungskunst, Einrichtung der Gesetze, ein „Apollo der Musen", Aufklärung, Mäßigung vom Thron, Behandlung der Religion, Sparsamkeit und Ordnung, freies Denken stehen auf der einen Seite. Auf der anderen aber sieht er, „durch ein natürliches Gesetz der Unvollkommenheit menschlicher Handlungen" Mattigkeit des Herzens, Armut, Unglauben, Sklaverei zu handeln, Despotismus unter Blumenketten, da Armeen alles waren. „Die Waage wird schweben? — steigen — sinken — welche Schale? was weiß ich?" Und doch bekannte auch Herder in einem Brief an den alten Gleim: „Sie sind aus Friedrichs Zeit, und ich wills auch sein und bleiben." Auch in Herders Urteil schwingt der Gegensatz zwischen der Macht des Staates im Absolutismus und dem Streben nach individueller Freiheit mit. Nur ist dies ein Gegensatz der Zeitalter, nicht der Personen. Von Friedrich zu verlangen, er hätte 1740 das Zeitalter der Menschen- und Bürgerrechte in Europa im vollen Sinne der Französischen Revolution vorwegnehmen sollen, wäre unhistorisch und muß ein Privileg der Phantasien bleiben.

## 10 Immanuel Kant

Christian Daniel Rauch

Immanuel Kant

Nachbildung der Statuette nach dem Denkmal in Königsberg

GStA PK (Abguß der Gipsformerei SMPK)

Daß die Philosophie Immanuel Kants (1724—1804) im Staate Friedrichs des Großen ihre geistige Heimstätte fand, ist kein Zufall. Der Königsberger Philosoph des kategorischen Imperativs ist dem König zwar nicht begegnet, es sei denn als Zuschauer der Huldigungsreise von 1740. Der König hat auch seine Unterschriften unter die Anstellungsurkunden für den Bibliothekar der Schloßbibliothek und den Professor Kant gesetzt. Unverkennbar spiegelt sich aber der friderizianische Geist der Pflichtethik in Kants Gedankenwelt wider, auch ist die Freiheit des Denkens, die der König seinen Gelehrten zusicherte, von Kant in seiner berühmten Definition des Begriffs „Aufklärung" voll in Anspruch genommen worden. Und so hat denn der Philosoph sein Jahrhundert geradezu das „Zeitalter Friedrichs" nennen wollen, weil der König die Freiheit gewährt habe, von der Vernunft öffentlich Gebrauch zu machen.

## 11 Napoleon am Sarge Friedrichs des Großen

Arnold nach Dähling

Napoleon am Sarge Friedrichs des Großen
Oktober 1806

Kupferstich, 38 × 41 cm

GStA PK, IX. HA I 720

Zwanzig Jahre nach Friedrichs des Großen Tode brach unter den Schlägen der Armee Napoleons der preußische Staat zusammen. Nach der Schlacht bei Jena zog der Kaiser im Oktober 1806 in Potsdam und Berlin ein. Am 24. Oktober nahm er Wohnung im Potsdamer Stadtschloß. Bei der Besichtigung der Wohnräume König Friedrichs nahm er auch dessen Degen zur Hand, und dabei fielen seine Worte: „Wenn der König noch lebte, der diesen Degen getragen hat, würden wir uns nicht hier befinden." In seinen eigenen Erinnerungen sagt

Napoleon: „Ich konnte mich nicht eines schwer zu schildernden Gefühls erwehren, als ich die Stufen zum Schlosse Friedrichs erstieg und in Sanssouci alle Räume besichtigte, die durch den großen König unsterblich geworden sind. Er hatte sieben Jahre dem alten Europa Widerstand geleistet; in vierzehn Tagen ist seine Monarchie vor unseren Adlern in den Staub gesunken." Das war die Erinnerung an den Besuch auch Sanssoucis. Über den Besuch des Kaisers in der Garnisonkirche ist überliefert, daß Napoleon sich 10 Minuten in der Gruft aufhielt und dabei sagte: „Sic transit gloria mundi."
Des Kaisers Gesamturteil über Friedrich lautete: „Er ist vornehmlich groß gewesen in den entscheidendsten Augenblicken, und das ist die schönste Lobrede, die man auf seinen Charakter halten kann." Besonders hob der kaiserliche Sachkenner die Schlacht von Leuthen und die schiefe Schlachtordnung hervor:
Über die Schlacht bei Leuthen urteilte der Kaiser: „Die Schlacht von Leuthen ist ein Meisterstück der Bewegungen, der Manöver und des Entschlusses; sie allein würde genügen, Friedrich unsterblich zu machen und ihm eine Stellung unter den größten Generalen zu geben."
Und ein anderer Fachmann des Militärwesens, Helmuth von Moltke, faßte zusammen: „Es gehört eben ein Friedrich der Große dazu, um sich nirgends Rat zu holen und alles aus sich selbst zu wollen."

## 12 Das Urteil Thomas Carlyles

Thomas Carlyle
„Geschichte Friedrichs II. von Preußen, genannt Friedrich der Große"
Deutsche Ausgabe, Bd. 6
Berlin 1869

GStA PK, Bibliothek 14a 257

Gibt Mirabeau die Stimmung der vornehmen Gesellschaft in Berlin wieder, so zeigt Carlyle (1795–1881) in seinem Schlußabschnitt die Stimmung des Volkes, der einfachen Leute, in Schlesien, wobei er aus einem zeitgenössischen Brief von 1785 zitiert: „Donnerstag, 18. August, reiste er hier durch. Eine Menschenmenge von vielen Tausenden aus der ganzen Umgegend hatte ihn mehrere Stunden erwartet. Endlich kamen die Vorreiter, dann er selbst, der Einzige, und aller Augen waren mit dem sprechendsten Ausdruck von Ehrfurcht und Liebe auf einen Punkt gerichtet. Ich kann Ihnen die Empfindungen nicht beschreiben, die sich meiner und gewiß eines jeden bemächtigten, als ich ihn sah, den greisen König, in der schwachen Hand den Hut, im großen Auge freundlichen Vaterblick auf die unzählige Menge, die seinen Wagen umgab und stromweise begleitete. Als er vorbei war und ich mich wieder umsah, glänzten in manchen Augen Tränen." Und Carlyles Schluß, ein Urteil aus der auf den Tod des Königs unmittelbar folgenden Generation, lautet: „Ich erkläre ihn hier als den letzten der Könige, bis jetzt; — wann der nächste kommen wird, ist eine sehr lange Frage! Aber es scheint mir, als wenn nach und nach die Völker, vermuthlich alle Völker, in ihrer Verzweiflung — geblendet, verschlungen wie Jonas, in einem solchen Walfischbauch gemeiner, wüster abscheulicher Zustände (denn ist nicht die Anarchie, oder die Herrschaft des Gemeineren über das Edlere das eine Lebenselend welches der Klage werth ist und, in Wahrheit das Greuel der Greuel, welches aus allen andern hervorgeht und sie erzeugt?) — als ob alle Völker, und auch England, wenn es ausharrt, an einen solchen Mann und seinen Beruf und seine Leistungen mehr und mehr mit ganz anderen Gefühlen denken werden als denen, welche gegenwärtig möglich sind."

## 13 „Scharfblick des Geistes"

Leopold von Ranke
„Historische Charakterbilder"
Berlin (1924), S. 260–261

GStA PK, Bibliothek 7 R 238

Aus dem Gesamturteil Leopold von Rankes (1795–1886), ebenfalls Angehöriger der auf den Tod Friedrichs folgenden Generation, berühmter Historiograph des preußischen Staates und Begründer der modernen Geschichtswissenschaft, seien zwei Zitate wiedergegeben: „Friedrich vereinigte die strenge Staatsordnung des Vaters mit den ihm eingeborenen Kulturbestrebungen, wodurch der Widerspruch des soldatischen Wesens mit den Tendenzen des Jahrhunderts vermittelt ward. Seine glücklichen Kriegsunternehmungen gehörten dazu, um dem Staate die Kräfte zu gewinnen, deren er noch bedurfte, ihm Haltbarkeit, Ansehen und Rang in der Welt zu geben. ... Die Eigenschaften ..., welche zur obersten Leitung der Geschäfte gehören: Bewußtsein der eigenen Stellung und ihrer Grundlagen, natürlichen Scharfblick des Geistes, vor dem jede Täuschung zerrinnt, Gefühl von dem, was sich ausrichten läßt, kluge Mäßigung, verschlagene Entschlossenheit, besaß er von Natur und bildete sie täglich mehr aus. Nur dadurch konnte ihm die nach dem Begriffe der Zeit verwegenste Unternehmung gelingen; das polititsche Talent hatte daran nicht geringeren Anteil als die Heerführung. Daß Friedrich mit der geistigen Bewegung der Zeit verbündet war, machte ihn groß in ihren Augen und förderte seine Unternehmungen. Er richtete einen Staat auf, in welchem der Druck, der noch an vielen Stellen nicht vermieden werden konnte, durch die Erwägung der Notwendigkeit gemildert wurde, der Gehorsam ein Bewußtsein von Freiheit nicht ausschloß. Da der Fürst sich den Bedingungen des Geschehens vollkommen unterwarf, so tat es auch ein jeder andere ohne Beschämung."

## 14 Zur Beurteilung historischer Größe

Barthold Georg Niebuhr

„Preußens Recht gegen den sächsischen Hof"
Berlin 1814

GStA PK, Bibliothek 14 N 15

Zu einer bestimmten Art der Behandlung historischer Größe hat Barthold Georg Niebuhr (1776—1831), selbst noch zu Lebzeiten Friedrichs des Großen geboren, ein treffendes Wort gesagt. Niebuhr, Mitarbeiter des Freiherrn vom Stein bei dem großen Werk der preußischen Staatsreform, war Direktor der preußischen Seehandlung, später Professor an der Berliner Friedrich-Wilhelms-Universität und Begründer der historischen Quellenkritik. Später wurde er preußischer Gesandter beim Vatikan und lehrte seit 1823 an der Universität Bonn. Der Gelehrte und Staatsmann, der in den Freiheitskriegen die preußische Sache verteidigte und später großen Einfluß auf Ranke und Mommsen gewann, gibt zu bedenken: „Es hat immer Menschen gegeben, welche an allem, was groß und schön war, Flecken aufsuchten, oder sie anhefteten, und diese haben sich immer vor der Nachwelt verächtlich gemacht." Diese Beobachtung ist von zeitlosem Wert.

## 15 „Sie konnten ohne Ehre nicht mehr glücklich sein"

Ernst Moritz Arndt

„Das preußische Volk und Heer im Jahre 1813"
In: E. M. Arndts ausgewählte Werke, hrsg. v. H. Meisner u. R. Geerds, Bd. 13, Leipzig o. J.

GStA PK, Bibliothek 5 A 104

Arndt hat an anderer Stelle sehr ungünstig über Friedrich geurteilt. Er sah in ihm den undeutschen Franzen-Affen, Feind und Zerstörer der deutschen alten Reichsverfassung, einen Fluch und ein Verderben für Deutschland. Im Widerspruch zu diesem Urteil hat er in seinen späteren Schriften mehr Gerechtigkeit und kühlen Blick walten lassen. Im Gegensatz zu den meisten Deutschen, die als Bürger kleiner Staatsgebilde „Teilnehmer kleiner Verhältnisse; Geschäfte und Ansichten" waren, die nichts Großes zu verlieren hatten und die Herrschaft der Fremden nach 1797 kaum als Unglück empfunden hätten, lag es bei den Preußen nach Arndt anders. „Sie hatten einen unsterblichen Namen, einen großen Ruhm verloren. Sie konnten ohne Ehre nicht mehr glücklich sein. Alle fühlten das Unglück, aber bitter fühlten sie die Schande, sie trauerten, aber zürnten noch mehr."

## 16 Carl von Clausewitz: Bekenntnis

Carl von Clausewitz

Denkschrift vom Februar 1812
In: G. H. Pertz, Das Leben des Feldmarschalls Grafen Neithard von Gneisenau, Bd. 3, Berlin 1869

GStA PK, Bibliothek 5 G 139

Als die napoleonische Fremdherrschaft und Besatzung auf Deutschland lastete, haben sich führende Geister des Königs Friedrich wieder erinnert. So mancher, nicht nur der alte Blücher, hatte noch unter den Fahnen Friedrichs seine Laufbahn begonnen. Nicht wenige preußische Reformer hatten Vorlesungen in Immanuel Kants Haus besucht. Carl v. Clausewitz (1780—1831) war als Zwölfjähriger in die preußische Armee eingetreten und 1795 Offizier geworden. In seiner berühmten Bekenntnisschrift greift er auf die Erinnerung an den großen König zurück: „Vielmehr muß ganz Europa von diesem Staat erwarten, daß er sich noch einmal gegen eine völlige Unterdrückung und Vernichtung erheben und durch einen Kampf auf Leben und Tod Friedrichs Namen sich würdig zeigen werde. — Dieser Name Friedrichs des Zweiten, der in dem Munde aller Preußen ist, läßt das ganze Ausland mit Recht erwarten, daß bei uns noch eine achtungswerte Gesinnung zu finden sei; ein Gefühl für Pflicht, Tugend und Ehre, die, weit entfernt, durch den Druck der Zeiten abgestumpft zu sein, vielmehr eine stärkere Federkraft gewonnen haben und uns mit edlem Unwillen erfüllen." Clausewitz wurde von seinen Landsleuten 1813 verstanden.

## 17 „Was er getan hat, wird jetzt erst recht sichtbar"

Wilhelm und Caroline von Humboldt in ihren Briefen.
Bd. 4: Federn und Schwerter in den Freiheitskriegen, Berlin 1910

GStA PK, Bibliothek 5 H 78

Als Napoleon 1813 besiegt war, verband nach der Völkerschlacht von Leipzig auch Wilhelm von Humboldt die Wendung der Dinge mit dem Geist Friedrichs des Großen. „Und Napoleon gab sich das Ansehen", schrieb Humboldt, „als wenn Friedrich II. nur für Augenblicke seinen Staat aufgebaut hätte. Was er getan hat, wird jetzt erst recht sichtbar, denn, was man auch sagen mag, der Grund des jetzigen Impulses in Preußen kommt noch unleugbar von ihm her."

## 18 Deutschland nach dem Tode Friedrichs des Großen

a) Deutschland im Jahre 1789: Staats- und Verwaltungsgrenzen. Im Auftr. d. Akad. f. Raumforschung u. Landesplanung bearb. von G. Franz, 1952

GStA PK, XI. HA. Rolle 107 L

b) Tafel mit Angaben der Bevölkerungsentwicklung

Graphische Gestaltung: R. K. Jürgensen

Quelle: R. Koser in: Forschungen zur Brand. u. Preuß. Gesch. Bd. VII (1894) u. XVI (1903).

Die Karte zeigt die fertig ausgebildete Großmacht Preußen in Deutschland mit Schlesien und Westpreußen. Der Dualismus der beiden deutschen Mächte ist deutlich. Aber während Preußen weit vorwiegend deutsch besiedelte Gebiete gewonnen hatte, war Österreich je länger, desto mehr aus Deutschland hinausgewachsen (Ungarn, Italien, Galizien). Das gab dem preußischen Staat bereits damals eine Möglichkeit zu stärkerer innerer Geschlossenheit. Die Bevölkerung des Landes hatte sich, wie die Tabelle zeigt, seit 1740 fast verdreifacht, aber auch ohne die neuen Gebiete war sie durch Binnenkolonisation und Geburtenüberschuß um annähernd 50 v. H. gestiegen. Die Verluste des Siebenjährigen Krieges waren nach wenigen Jahren bereits nicht nur ausgeglichen, sondern von dem Bevölkerungsüberschuß überholt. Der König hatte seinem Lande den größten Sprung nach vorn verschafft. Die Nachfolger konnten nur auf der gewonnenen Grundlage weiterbauen.

Kat. Nr. VII, 19

## 19 Friedrich der Große mit zwei Windspielen

Gottfried Schadow

Friedrich der Große mit zwei Windspielen

Bronze, Höhe: 90 cm
Nachguß nach dem Guß von 1822

SMPK, Neue Nationalgalerie

Moderner Nachguß. Der originale Bronzeguß von 1822 befindet sich in Potsdam-Sanssouci. Schadow schreibt am 1. 9. 1821 über diese Arbeit an seinen Sohn Rudolf: „Zu meinem Zeitvertreib modellire ich itzt eine Figur in halber Größe von König Fridrich mit der Krücke, den linken Arm in die Seite gesetzt und ganz prosaisch; wollen mal sehen, was so eine Puppe für Wirkung macht. Als Beiwerk werde ich ein paar von den kleinen Windhunden anbringen, qui faisant la distraction du grand Monarque.“ Auf den Halsbändern der Hunde sind die Namen „Alkmene“ und „Hasenfuß“ eingeritzt. Mit dem in die Hüfte gestemmten linken Arm und dem abgestreckten rechten greift Schadow ein traditionelles Motiv barocker Repräsentationsbildnisse auf, aber durch die Beigabe der beiden Hunde und die genaue Schilderung aller Details der Uniform kommt Schadow hier der Neigung der Zeit zum Genre entgegen. Man soll sich den König als Spaziergänger, als den bürgernahen Landesvater vorstellen, der plötzlich innehält, etwas beobachtet und darauf reagieren wird. Die Auffassung entspricht dem Bild vom König, wie es besonders durch Friedrich Nicolais Anekdotensammlung im Volk verbreitet worden war, und rückt deutlich von den größtenteils heroisierenden Denkmalsprojekten ab. Als Schadow sich mit der Arbeit befaßte, besaß er keine Hoffnung mehr, das seit des Königs Tod geplante Denkmal für ihn ausführen zu können, zu dem er sich seinerzeit gerufen gefühlt hatte. So wird in dieses Werk viel persönliche Empfindung eingeflossen sein.

## 20 Marmorbüste Friedrichs des Großen

Christian Friedrich Heinrich Sigismund Bettkober

Friedrich der Große

Marmor, Höhe: 79 cm

SSG, Schloß Charlottenburg (Leihgabe)

Die Büste des 1786 an die Akademie berufenen Bildhauers ist 1792 entstanden. Die geistigen Qualitäten des Königs sind in dem Porträt kaum erfaßt. Bettkober hat sich bemüht, der Physiognomie einen Ausdruck von Abgeklärtheit und Altersmilde zu geben.

## 21 Das Reiterstandbild von Rauch

Christian Daniel Rauch

Friedrich der Große zu Pferde

Bronze, Höhe: 67 cm

SSG, Schloß Charlottenburg

Das Denkmal für den König beschäftigte Berliner und auswärtige Künstler — nicht nur Bildhauer, sondern auch Architekten und Maler — seit dem Tod des Königs. Nach 1806 schien das Projekt zunächst vergessen. Erst 1822 legte Schinkel wieder einen Entwurf vor, dem 1829 auf Anregung des Königs sechs weitere folgten. Aber erst seit 1836 wurde die Errichtung eines Denkmals mit Energie betrieben. Die Entscheidung fiel für eine Reiterstatue in Uniform, wie das Volk den König zu sehen gewohnt war. Rauch erhielt den Auftrag.
Am 1. Juni 1840, am 100. Jahrestag der Thronbesteigung Friedrichs des Großen und sieben Tage vor dem Tod Friedrich Wilhelms III., wurde der Grundstein für das Denkmal Unter den Linden vor dem Palais des Prinzen Wilhelm gelegt. Die Enthüllung fand 1851 statt. Die Statuette gibt ein in Einzelheiten von der Ausführung abweichendes Modell von Rauch wieder.

## 22 Reiterstatuette

Theodor Kalide

Friedrich der Große zu Pferde

Eisenguß und Zinkguß, Höhe: 65,2 cm

SSG, Schloß Charlottenburg

Kalide hat sich in der 1826 entstandenen Statuette an ein Vorbild von Emanuel Bardou gehalten, das 1777 geschaffen und auf der Akademieausstellung von 1786 gezeigt wurde. Bardous Statuette wiederum basiert auf dem bekannten Stich von Chodowiecki „Die Wachtparade“. Dieses Bild vom reitenden König in seiner schlichten Uniform liegt schließlich auch Rauchs Reiterstandbild Unter den Linden zugrunde.

## 23 Friedrich der Große

Gottfried Schadow
Friedrich der Große
Nachguß nach dem Denkmal für Stettin
Bronze, Höhe: 240 cm
SSG, Schloß Charlottenburg

Das 1791 vom Minister von Hertzberg in Auftrag gegebene und 1792 ausgeführte Marmororiginal wurde am 10. Oktober 1793 auf dem Exerzierplatz in Stettin enthüllt. Neun Monate zuvor war in Frankreich Ludwig XVI. hingerichtet worden. Der König stützt den übergroßen Kommandostab auf einen Gesetzesfolianten und ein Buch über die Künste des Krieges und des Friedens. Ein idealisierendes Attribut ist der Hermelinmantel, der in merkwürdigem Kontrast zu der Uniform steht. Er verleiht der Gestalt die blockhafte Massigkeit, die als Ausdruck von Macht beeindruckt. Vor allem aber wollte Schadow dem Kopf Züge höchster Willenstärke, Intelligenz und Autorität verleihen.

Kat. Nr. VII, 21

# VIII. Nachleben im Bild

*Unser Leben führt uns*
*mit raschen Schritten*
*von der Geburt bis zum Tode.*
*In dieser kurzen Zeitspanne*
*ist es die Bestimmung*
*des Menschen,*
*für das Wohl der Gemeinschaft,*
*deren Mitglied er ist,*
*zu arbeiten.*

## Wirklichkeit und Deutung

Aus den vielen Episoden im Leben Friedrichs des Großen, die Künstler zur Behandlung gereizt haben, sind solche ausgewählt worden, die besonders beliebt waren und die durch die Häufigkeit ihrer Darstellung einen Rückschluß auf ihre Wichtigkeit für das populäre Gesamtbild zulassen, das sich die Nachwelt von dem König gemacht hat. Der Vergleich verschiedener Auffassungen der gleichen Szene kann den Blick für den jeweiligen Zeitgeist und die Individualität des Künstlers schärfen. Der Wandel der Einstellung zum König spiegelt sich auch in der Bevorzugung bestimmter Motive.

### 1 Hinrichtung Kattes

Zum Vorgang siehe I, 47. Diese furchtbarste Episode im Leben des Kronprinzen, die den Konflikt zwischen dem Vater und dem Sohn in seiner ganzen Abgründigkeit deutlich macht, ist in Preußen anscheinend zuerst von Menzel illustriert worden.

Kat. Nr. VIII, 1 a

a) Abraham Wolfgang Küfner

„Leben Sie wohl mein Prinz"

Radierung, 12 × 7 cm (Platte)
Bez.: „A. W. Küfner inv. del. et sc."
Aus: Joh. G. Papst, Leben Friedrichs II von Preußen für deutsche Jünglinge, bearbeitet, Nürnberg 1788—1789

SBPK Einblattdrucke YB 4910 kl.
Foto

Küfner, der „Chodowiecki Nürnbergs", hat die Tragik des Vorganges mit einer anrührenden Schlichtheit, die dem humanen Empfinden seiner Zeit entsprach, wiedergegeben. Alle Beteiligten sind von Mitleid erfüllt und erleben die grausame Härte des Urteils mit Betroffenheit, sogar der Scharfrichter, dessen Physiognomie nur wenig gröber als die der anderen Personen ist. Die heruntergestreckten Hände des Kronprinzens und die Unterarme Kattes, parallel zum Schwert und der Richtung der Blicke, sprechen auf diesem kleinem Raum alles aus.

b) Andrew, Best und Leloir nach Adolph Menzel

Holzstich, 13,8 × 11,1 cm
Bez.: „A. M. Andrew Best Leloir"
Aus: Franz Kugler, Geschichte Friedrichs des Großen, Leipzig 1840, S. 78 (B. 495)
Foto

Menzels Darstellung ist dramatischer als die Küfners und geschickter inszeniert, indem sie der Ahnung des Schrecklichen einen breiteren Raum läßt. Im Gleichschritt der Kolonne ist die Unerbittlichkeit des königlichen Befehls zu spüren. Die gefaßte Haltung Kattes und seine Freundestreue sind der wichtigste Inhalt der Episode. Vom Kronprinzen sieht man nur die hilflos erhobenen Hände.

### 2 Vermählung

Die Vermählung des Kronprinzen Friedrich mit der Prinzessin Elisabeth Christine von Braunschweig-Bevern fand am 12. Juni 1733 in der Kapelle von Schloß Salzdahlum bei Wolfenbüttel statt. Vollzogen wurde die Trauung durch den Beichtvater der Prinzessin, den Abt Dreyssigmark.

a) Daniel Chodowiecki

„Friedrich II wird als Kronprinz im Juni 1733 mit der Prinzessin Elisabeth Christine von Braunschweig zu Salzthal vermählt."

Radierung, 8,7 × 5,2 cm (Platte)
Aus: „Historisch Genealogischer Kalender 1793, S. 141 (E. 687,9)
Foto

Der mit Familiensinn begabte Chodowiecki hielt die Szene für wichtig genug, um sie darzustellen. Links vorn steht Friedrich Wilhelm I., der die Eheschließung durchgesetzt hatte.

Kat. Nr. VIII, 2b

b) Andrew, Best und Leloir nach Adolph Menzel

Holzstich, 11,2 × 12,5 cm
Bez.: „A. M. Andrew Best & Leloir"
Aus: Franz Kugler, Geschichte Friedrichs des Großen, Leipzig 1841, S. 102 (B 509)
Foto

Menzel hat seiner Darstellung einen zeitgenössischen Stich von Johann Georg Schmidt mit einer allerdings erfundenen Architektur und einer zahlreicheren Hofgesellschaft zugrunde gelegt. Er zeigt das Geschehen jedoch in einer spannungsvolleren Schrägsicht, die die jugendliche Gestalt des Kronprinzen betont. Ihr ist ein Ausdruck von Festigkeit und Entschlossenheit gegeben, während Elisabeth Christine sanft und demütig wirkt. Man kann das Problem dieser Ehe ahnen. Links stehen Friedrich Wilhelm I. und Herzog Ludwig Rudolf von Braunschweig, der Onkel der Braut, und geben staunende Befriedigung über das politische Ereignis zu erkennen.

## 3 Rheinsberg

1734 schenkte Friedrich Wilhelm I. dem Kronprinzen das am Grienericksee gelegene Schloß Rheinsberg, das von den Architekten Johann Gottfried Kemmeter und Georg Wenzeslaus von Knobelsdorff umgebaut und erweitert wurde. Im Herbst 1736 konnte der Kronprinz mit einer kleinen, aus Freunden bestehenden Hofgesellschaft einziehen. Die Ausstattung der Innenräume zog sich jedoch noch länger hin. Antoine Pesne vollendete das große Deckenbild des Konzertsaales erst 1740. Die

Kat. Nr. VIII, 3 a

Kat. Nr. VIII, 3c

Rheinsberger Kronprinzenzeit war der glücklichste Abschnitt im Leben Friedrichs des Großen.

a) Friedrich Wilhelm Nettling nach F. A. Calau

„Friedrich der Große als Kron-Prinz zu Rheinsberg im Jahr 1735."

Kupferstich in Punktiermanier, 27,7 × 18,8 cm (Platte)
Bez.: „F. A. Calau del. F W Nettling sc. L. 1802."

SMPK, Kupferstichkabinett

Die Darstellung mit den beiden charakteristischen, 1735 jedoch noch nicht existierenden Türmen des Schlosses Rheinsberg ist nicht anekdotisch sondern symbolisch. Die aufgehende Sonne versinnbildlicht die Aufklärung (wie bei Chodowiecki E. 661) und zugleich den bevorstehenden Regierungsantritt. Dieser Gedanke findet sich auch bei Menzel (Nr. 3b). Bemerkenswert ist, daß der Zeichner den dreiundzwanzigjährigen Kronprinzen bereits als „Alten Fritz" wiedergibt. Eine Variante der Komposition als Querformat hat Gottfried Arnold Lehmann gestochen.

b) Andrew, Best und Leloir nach Adolph Menzel

Holzstich 7,2 × 10,5 cm
Bez.: „A. M. ABL"
Aus: Franz Kugler, Geschichte Friedrichs des Großen, Leipzig 1840, S. 115 (B 518)
Foto

Menzel illustriert den von Kugler ausführlich zitierten Bericht des Barons Bielfeld vom 30. Oktober 1739 in den „Lettres familières et autres" von 1763 über Rheinsberg: „Ein Saal, welcher der Hauptschmuck des Schlosses sein wird, ist noch nicht fertig; er soll mit Marmor bekleidet und mit großen

Spiegeln und Goldbronze verziert werden. Der berühmte Pesne arbeitet am Plafond-Gemälde, das den Aufgang der Sonne vorstellt. Auf einer Seite sieht man die Nacht, in dichte Schleier gehüllt, von ihren traurigen Vögeln und Horen begleitet... Man sieht die weißen Pferde des Sonnenwagens und den Apoll, der die ersten Strahlen sendet. Ich halte dies Bild für symbolisch und auf einen Zeitpunkt deutend, der vielleicht nicht mehr fern ist." Menzel stellt sich Pesnes Deckenbild nach der Beschreibung Bielfelds vor und gibt Venus und die Pferde Apollos wieder. Weder das Gemälde noch die Architektur stimmen mit der Wirklichkeit überein.

c) Adolph Menzel

Gouache auf Pappe, 24 × 32 cm
Bez. unten links: „Menzel 1861"

SMPK, Nationalgalerie

Menzel hat sich vom 1. Oktober 1860 an in Rheinsberg zur Kur aufgehalten und vom Schloß verschiedene Studien angefertigt. Bis 1862 entstanden neben der Gouache der Nationalgalerie noch folgende Deckfarbenbilder, die Eindrücke des Rheinsberger Aufenthaltes verarbeiten: „Hofball in Rheinsberg", „Lakaien im Vorsaal" und „Kahnpartie des Kronprinzen". In der Szene mit dem Maler Pesne auf dem Gerüst gibt er die Architektur von Rheinsberg sehr frei und das Deckengemälde überhaupt ohne Ähnlichkeit mit dem Pesnes wieder. Während der alte Meister mit dem Modell der Venus (?) scherzt und ein Farbtopf herunterfällt, steigen, von ihm offenbar noch nicht bemerkt, der Kronprinz, Knobelsdorff und der Baron Bielfeld (?) erstaunt nach oben blickend das Gerüst hoch. Ein Gehilfe säubert eine Palette, und Franz Benda spielt auf der Bratsche, um den Maler zu unterhalten. Die auf der Nase liegende Gliederpuppe, Symbol trockenen akademischen Studiums, wird durch das lebende Modell ersetzt. Menzel will das ungezwungene Treiben der Künstler am Rheinsberger Hof schildern. Seine Sympathie gilt Antoine Pesne.

## 4 Abschied des Kronprinzen von seinem Vater

Zum Vorgang siehe I, 92. Karl Ludwig Freiherr von Pöllnitz berichtet darüber (Mémoires pour servir à

Kat. Nr. VIII, 4b

l'histoire des quatre derniers souverains de la maison de Brandebourg, Berlin 1791, II, S. 366):
„Der König kam noch einmal zu sich, und am 28. fühlte er sich stark genug, um sich im Rollstuhle in den Garten (vor dem Potsdamer Stadtschlosse) bringen zu lassen. Er fuhr auf dem Paradeplatze hin und her und ließ vor seinen Augen den Grundstein zu einem Hause legen, das er neben seinem Marstall errichten lassen wollte, um dort einen Hufschmied, den er aus England hatte kommen lassen, unterzubringen. Bei dieser Beschäftigung traf ihn der Kronprinz. Der Empfang, den der König seinem Sohn bereitete, war ein äußerst rührendes Schauspiel: sobald er ihn von Ferne kommen sah, streckte er ihm die Arme entgegen, in die sich der Kronprinz weinend warf. So blieben sie einige Zeit, ohne zu sprechen. Endlich nahm der König das Wort und sagte zu dem Kronprinzen, obgleich er streng gegen ihn gewesen sei, habe er ihn doch zärtlich geliebt, und es sei ein sehr großer Trost, ihn wiederzusehen. Der Prinz antwortete, er habe

Kat. Nr. VIII, 4c

stets für ihn die zärtlichste Ehrfurcht gehabt und hoffe, daß Gott ihm die Gnade antun werde, ihm einen Vater zu erhalten, der ihm so große Güte erweise. Der König sagte zu dem Prinzen, seine Stunde sei gekommen, er habe nur noch wenige Tage zu leben, und wolle sie anwenden, ihn über den Zustand zu unterrichten, in welchem er die Staatsgeschäfte hinterlasse. Er befahl seinen Leuten, ihn in sein Zimmer zu führen; der Prinz folgte ihm."

a) Daniel Chodowiecki

„Der kranke König Friedrich Wilhelm I. umarmt seinen Sohn den Kronprinzen, den er gleich darauf von seinem künftigen bald anzutretenden Reiche unterrichtet"

Radierung, 8,7 × 5,2 cm (Platte)
Aus: Historisch Genealogischer Calender auf das Jahr 1793, S. 150 (E. 687, 11)
Foto

Chodowiecki scheint in dieser Radierung von 1792 als erster das Thema dargestellt zu haben. Das Motiv der Begegnung, das einen Bildbau mit zwei sich antwortenden Hälften nahe legt, hat der Zeichner gern gewählt (vgl. Nr. 19 c). Die Bäume vermitteln den Eindruck, auch die Natur sei einer militärischen Disziplin unterworfen.
In den zwölf Blättern zur brandenburgischen Geschichte, die der Kalender enthält, nimmt das Thema des Todes und des Regierungswechsels großen Raum ein. Der Abschied der sterbenden Königin Sophie Charlotte von ihrem Bruder in Hannover, der Abschied Friedrichs I. von dem ihm zujubelnden Volk und Friedrich Wilhelms I. Anweisungen zu seinem Leichenbegängnis sind andere Darstellungen der Folge.

b) Johann Friedrich Bolt nach Bernhard Rode

„Kronprinz Friedrich begrüßt seinen Vater kurz vor dessen Tod"

Radierung, 15,4 × 9,1 cm (Platte)
Bez: „B Rode pinx. J F Bolt fc 93."

SBPK Einblattdrucke YB 5190 kl. 2
Foto

1795 stellte Rode in der Berliner Akademieausstellung ein Gemälde mit diesem Thema aus (Nr. 8), das in dem von Chodowiecki verfaßten Katalog mit genau den gleichen Worten erklärt ist, die dieser unter seine Radierung (Nr. 4 a) gesetzt hat. Rode hat sich vermutlich von Chodowiecki inspirieren lassen, das Motiv jedoch in einer noch dem Spätbarock verwandten Üppigkeit und Bewegtheit behandelt. Aus den Bäumen des Paradeplatzes ist ein dichter Wald mit mächtigen Stämmen geworden. Die Steinblöcke im Vordergrund deuten die Grundsteinlegung des Hauses an, die der König von seinem Rollstuhl aus verfolgt hat.
Möglicherweise hat Bolt eine querformatige Komposition Rodes ins Hochformat übersetzt.

c) Louis Zöllner nach Georg Emanuel Opitz

„Friedrich an der Seite seines kranken Vaters"

Lithographie, 17,6 × 26,8 cm (Bild)
Bez.: „Gez. von G. Opitz Lith. und gedr. bei Louis Zöllner in Dresden"
Blatt 2 aus einer 1840 in Merseburg im Verlag von F. L. Nulandt erschienenen Folge

SMPK, Kupferstichkabinett

Opitz stellt einen späteren Moment des Geschehens als Chodowiecki und Rode dar. Ihm kommt es auf die Dankbarkeit des Sohnes an, der schließlich die Strenge, mit der der Vater ihn erzogen hat, demütig akzeptiert. Das Interieur des Sterbezimmers stellt sich der Leipziger Zeichner als üppig im Stil des Zweiten Rokoko möbliertes Gemach vor.

d) Otto Vogel nach Adolph Menzel

Holzstich, 9,5 × 11,3 cm
Bez.: „A. M. OVogel"
Aus: Franz Kugler, Geschichte Friedrichs des Großen, Leipzig 1840, S. 136 (B. 527)
Foto

Menzel hat für seine Darstellung eine dramatische Szene am Sterbetag, dem 31. Mai 1740, gewählt, die die Verbundenheit des Königs mit dem Militär hervorhebt. Friedrich Wilhelm nimmt Abschied vom Kronprinz in Gegenwart hoher Offiziere, unter denen man hinter Friedrich dem Großen den Alten Dessauer erkennt. Nach einer wohl legendären Überlieferung hat der König seinen schlichten Sarg in sein Zimmer stellen lassen, als er Anordnungen für sein Leichenbegängnis traf. Chodowiecki hat diese Episode 1792 ohne den Kronprinzen dargestellt (E. 687,12). Anscheinend ist Menzel von dieser Radierung angeregt worden.

## 5 Die Schlacht bei Mollwitz

Zum Vorgang siehe II, 48

a) Johann David Schleuen nach Bernhard Rode

„Bataille bei Mollwitz in Schlesien d. 10. April 1741. unter Höchst eigener Anführung Se. Kön. Maj: In welcher 3000. Oesterreicher auf dem Platz geblieben, fast eben so viel verwundet, und 1200. gefangen worden."

Radierung, Fragment, 8 × 13 cm
Aus: J. D. Schleuen, Actions glorieuses

SBPK Einblattdrucke YB 5710 kl. 3
Foto

Der Stich gibt die anfängliche Schlachtordnung mit zwei Treffen der preußischen Infanterie und der Kavallerie an den Flanken sowie den österreichischen Truppen gegenüber vor dem Dorf Mollwitz wieder. Die Kampfszenen vorn sind als Versatzstücke eingefügt, um die schematische Übersicht über das Geschehen kompositorisch abzurunden. Der in die Tiefe sprengende Reiter in der Mitte soll vermutlich der König sein. Die Bildunterschrift verschweigt das Verdienst Schwerins und die mißliche Lage des Königs in der zweiten Phase der Schlacht.

b) Daniel Chodowiecki

„Die in der Schlacht bey Mollwitz zweymal zurückgeworfene Preussische Cavallerie führt Friedrich selbst zum dritten Male gegen den Feind"

Radierung, 8,6 × 5,2 cm
Aus: Historisch Genealogischer Calender auf das Jahr 1794 (E. 712,2)
Foto

Chodowiecki, vor die schwierige Aufgabe gestellt, in winzigem Hochformat eine ausgedehnte Feldschlacht darzustellen, beschränkt sich mit seinem Ordnungssinn auf die diszipliniert nach vorn reitende preußische Kavallerie, die vom König in heroischer Pose angeführt wird. Die Illustration ist geradezu eine Verfälschung des tatsächlichen Geschehens.

Kat. Nr. VIII, 5 a

c) Adolph Menzel

„Schlacht bei Mollwitz“

Lithographie, 28,8 × 36,7 cm
Bez.: „Erfunden und lithographirt von A. Menzel Druck des Lith. Inst. v. L. Sachse & C° Berlin!
Aus: Denkwürdigkeiten aus der Brandenburgisch-Preußischen Geschichte, Berlin 1836 (B. 79)

SSG, Schloß Charlottenburg

Als eine der beiden Darstellungen aus der Epoche Friedrichs des Großens (vgl. Nr. 11 a) hat Menzel die Schlacht bei Mollwitz gewählt, weil sie ihm ein besonders wichtiges Ereignis zu sein schien. Er schildert die Schlußphase der Schlacht, die in Abwesenheit des Königs durch den Einsatz der in mustergültiger Disziplin vorrückenden preußischen Infanterie gewonnen wurde.

d) Hieronymus Heinrich Jakob Ritschl v. Hartenbach nach Adolph Menzel

Holzstich, 5 × 12,4 cm
Bez.: „A. M. Ritschl v H.“
Aus: Franz Kugler, Geschichte Friedrichs des Großen, Leipzig 1840, S. 175 (B. 548)
Foto

Dargestellt ist die Flucht der preußischen Kavallerie. Menzel widmet in den Illustrationen zu Kugler der Schlacht bei Mollwitz zwei Darstellungen, um die zwei Teile des Geschehens in ihrer Gegensätzlichkeit, des Versagens der einen Waffengattung und des Erfolges der anderen, zu markieren. Die Wiedergabe der kopflosen Panik der preußischen Reiterei ist besonders überzeugend, weil man keine Verfolger sieht.

e) Hieronymus Heinrich Jakob Ritschl v. Hartenbach und Wilhelm Georgy nach Adolph Menzel

Holzstich, 7,5 × 11 cm
Bez.: „A. M. R v H W. Georgy“
Aus: Franz Kugler, Geschichte Friedrichs des Großen, Leipzig 1840, S. 177 (B. 550)
Foto

Wie oft gewinnt Menzel eine Spannung dadurch, daß er das Geschehen aus der Sicht des Unterlegenen darstellt. Links im Hintergrund stürmt die preußische Infanterie heran. Die Spanischen Reiter und die Gewehre der Österreicher, die wie die Stacheln eines Igels das Karree schützen, lassen einen furchtbaren Anprall erwarten.

## 6 Huldigung der schlesischen Stände

Nach der Eroberung Schlesiens durch Friedrich den Großen fand am 7. November 1741 im gotischen Fürstensaal des Rathauses von Breslau die Erblandeshuldigung statt, bei der rund vierhundert Personen anwesend waren. Zunächst leisteten die Deputierten der Bischöfe und Fürsten ihren Eid knieend, wobei der König saß und den Hut auf dem Kopf behielt. Als danach die Standesherrschaften und die übrigen Deputierten den Eid stehend ablegten, erhob sich der König und stand barhäuptig vor der Versammlung.

a) Georg Paul Busch nach Friedrich Bernhard Werner

Radierung, 32 × 39 cm (Platte)
Bez.: „F. B. Werner ad viv. del. Busch fec.“

SBPK Einblattdrucke YB 5801 gr.

In der Legende des zeitgenössischen Stiches sind außer dem König folgende Teilnehmer benannt: Prinz August Wilhelm, Markgraf Karl, Prinz Ferdinand von Braunschweig-Bevern, der Fürst von Anhalt-Dessau, Graf Podewils und der Baron von Arnold. Die Örtlichkeit ist ausführlich beschrieben. Ferner ist ein kurzer Bericht des Ereignisses gegeben: „Am 7. Nov. 1741 frühe nach 8. Uhr, erhoben sich Seine König. May. in Begleitung Dero Herrn Bruders, des Printzen Wilhelms König. Hoheit, der Herren Marggrafen, Printz Heinrichs, Printz Carls, und Printz Wilhelms Hoheiten, ingleichen Ihro Hochfürst. Durch: des regierenden Fürsten von Anhalt-Dessau, und anderer Hochfürst. Personen, der Generalität, und sämtlichen König. Suite, nach dem Fürsten-Saal, und verfügeten sich daselbst auf einen unter einem carmoisin-sammetnen, mit goldenen Tressen bordirten Baldachin auf 3 Stuffen erhöheten Thron-Sessel. Worauf von dero Etats-Minister, Herrn Grafen von Podewils, den daselbst in mehr als 400 Personen versam̄leten Hn. Deputirten durch eine kurtze Rede der Vortrag geschehen, welche im Namen der Stände, der Landes-Hauptmann v. Prittwitz beantwortete. Da denn durch den Hn. Geh. Rath v. Arnold die Vorlesung geschehen, daß der Dohm-Probst und Dohm-Dechant im Namen des Cardinals, dem Thron sich nähern, 3 Finger auf die Brust legen, u. das Homagium kniend nachsprechen, nach diesen die Fürst. Deputirten gleichfalls kniend, alsdeñ die Standesherrschaften stehend, u. ferner das Dohm-Capitul nebst den übrigen Capitularen kniend, dann die übrigen Stände, und Städtische Deputirte stehend nachfolgen solten, und also dieser Actus binnen 2 Stunden in der schönsten Ordnung vollzogen worden. . .“

b) Johann David Schleuen nach Bernhard Rode

Radierung, 14 × 9 cm (Fragment)
Aus: J. D. Schleuen, Actions glorieuses

SBPK Einblattdrucke YB 5760 kl. 3
Foto

Die Dimensionen des Fürstensaales sind gesteigert die gotischen Elemente unterdrückt, aber eine Vorstellung von der Größe der Versammlung wird auf dem winzigen Blatt vermittelt, das den Vorgang ähnlich wie der Stich von Busch schildert.

c) Abraham Wolfgang Küfner

„Die Stände Schlesiens vor dem Könige zur Huldigung versam̄elt.“

Radierung, 10 × 16 cm (Platte)
Bez.: „A. W. Küfner, inv. del & sc. 88.“

SBPK Einblattdrucke YB 5910 kl. 2
Foto

Küfner greift auf eine anekdotenhafte, verfälschte Schilderung des Barons von Bielfeld von 1763 zurück (Lettres familières et autres), die den König

Kat. Nr. VIII, 6 c

als unkonventionell denkende und geistigesgegenwärtig handelnde Persönlichkeit charakterisiert. Diese Erzählung bestimmt fortan die Darstellung des Vorgangs. Bielfeld schreibt: „Der König trug eine nichts weniger als neue Uniform, sein Haar war nicht vorzüglich frisiert, und sein ganzes Erscheinen keineswegs von äußerem Glanz umgeben. In diesem Aufzuge erstieg er die Stufen des Throns und nahm auf seinem Lehnstuhl Platz. Der Prinz Wilhelm und die übrigen gegenwärtigen Prinzen stellten sich um ihn her. Der Marschall Schwerin, der Seiner Majestät zur Rechten stand, hatte das königliche Reichsschwert halten sollen, aber es war vergessen worden. Der König wußte der Sache abzuhelfen. Er zog den Degen, mit welchem er Schlesien erobert hatte, und reichte ihn dem Marschall. Der Graf Podewils, der dem König zur linken stand, eröffnete die Zeremonie mit einer Rede... So lange dies Lesen dauerte, saß der König und war mit dem Hute bedeckt; während der Rede, die in seinem Namen gehalten wurde, stand er mit entblößtem Haupte da. Der Adel stand ebenfalls; die Abgeordneten des Kardinals, der Geistlichkeit und der Städte lagen auf den Knien." Der Feldmarschall Graf von Schwerin, der als Sieger von Mollwitz an der Eroberung Schlesiens großen Anteil hatte, war am Tag der Huldigung nachweislich nicht in Breslau.

d) Daniel Chodowiecki

„Die Huldigung zu Breslau am 7 November 1741"

Radierung, 8,6 × 5,2 cm (Platte)
Aus: Historisch Genealogischer Calender auf das Jahr 1794, S. 28 (E. 712,3)
Foto

Chodowiecki erzählt die Degenanekdote wesentlich ausdrucksvoller als Küfner, da er die Gestalt des Königs unüberschnitten zeigt und sich bei den Deputierten auf einzelne Vertreter der Gruppen beschränkt. In der Andeutung des Raumes hat er sich anscheinend an den Angaben Werners orientiert.

e) Hieronymus Heinrich Jakob Ritschl v. Hartenbach und Wilhelm Georgy nach Adolph Menzel

Holzstich, 10,8 × 10,5 cm
Bez.: „A. M. R v H. W. Georgy"
Aus: Franz Kugler, Geschichte Friedrichs des Großen, Leipzig 1840, S. 185 (B. 552)
Foto

In seinen Bemerkungen zu den Illustrationen verweist Menzel ausdrücklich auf Bielfeld, dem er als Augenzeuge vertraut. So schildert auch Kugler den Vorgang. Schwerin empfängt den Degen. Die straffe Gestalt des Königs, die als einzige vollständig zu sehen ist und am höchsten steht, dominiert. Die Architektur hat keine Ähnlichkeit mit dem Fürstensaal, der dem aus Breslau stammenden Menzel bekannt gewesen sein muß.

f) Adolph Menzel
Öl auf Leinwand, 97,5 × 136,4 cm
Bez. unten rechts: „Menzel 1855"

SMPK, Nationalgalerie
Leihgabe der Bundesrepublik Deutschland

Kat. Nr. VIII, 6f

Menzel hat das Gemälde 1855 im Auftrag des Schlesischen Kunstvereins geschaffen. Es war als eine patriotische Demonstration gemeint. Bis 1945 befand es sich im Breslauer Museum. Eine Ölskizze, die das Geschehen ungezwungener vorführt, bewahrt die Nationalgalerie in Ost-Berlin. Die Komposition ist aus der Illustration für das Werk Kuglers, die mehr die Degenanekdote als die feierliche Huldigung zu schildern scheint, durch eine Veränderung des Standortes des Betrachters entwickelt. Rechts vom König steht sein Bruder August Wilhelm, dahinter der Graf Münchow und tiefer, fast im Profil, Baron Bielfeld. Links neben dem Thronbaldachin ist der Fürst Leopold von Anhalt-Dessau zu erkennen. Den Degen hält der Feldmarschall Graf Schwerin. Vor den Stufen steht rechts neben dem König der Staatsminister Graf Podewils. Unter den zur Huldigung herantretenden Fürsten links ist durch die Wendung des Kopfes zum Betrachter ein Prinz von Carolath-Schönaich, fast störend die Aufmerksamkeit auf sich ziehend, hervorgehoben. Auf der rechten Seite sind geistliche Würdenträger versammelt, unter ihnen, aus dem Bild blickend, der Abt von Kamenz, Tobias Stusche, dem sich Friedrich später verbunden fühlte. Menzel selbst vermerkt zu diesem Bild auf einer die Personen erklärenden Zeichnung, es sei nach „Aufnahmen an Ort und Stelle und gleichzeitigen amtlichen Berichten und den hinterlassenen Briefen Bielfelds, welcher den Verlauf der Handlung als Augenzeuge schildert", gemalt.

## 7 Friedrich der Große am Sarg des Großen Kurfürsten

Als der alte Dom am Schloßplatz abgebrochen und 1747-50 durch einen Neubau am Lustgarten ersetzt wurde, hatte dies auch eine Überführung der Särge der brandenburgisch-preußischen Herrscher zur Folge. Bei dieser Gelegenheit — im Januar 1750 — ließ Friedrich der Große den Sarg des Großen Kurfürsten öffnen und sagte angesichts des gut erhaltenen Leichnams seines Urgroßvaters: „Messieurs, der hat viel getan." Von seinen Vorfahren hat

Friedrich der Große den Großen Kurfürsten am höchsten geachtet. Spätere Zeiten haben in einer Art historischer Symmetrie die beiden Gestalten als Vorbilder und als Begründer der Macht Preußens gesehen, so z. B. Schinkel in dem für den Kronprinzen Friedrich Wilhelm (IV.) bestimmten Gemälde mit den Reiterstandbildern der beiden Herrscher unter einem Triumphbogen. Ausdruck dieser Auffassung sind auch die bildlichen Darstellungen mit dem König am Sarg des Großen Kurfürsten.

a) Daniel Chodowiecki

„Messieurs, der hat viel gethan"

Radierung, 8,9 × 5 cm (Platte)
Bez.: „D. Chodowiecki fec."
Aus: Gothaischer Hof Kalender auf das Jahr 1789 (E. 600,1)
Foto

Chodowiecki hat die Begebenheit als erster dargestellt und sie in eine betont symmetrische Komposition gefaßt. Der König ergreift, wie es die Anekdote berichtet, die Hand des Leichnams, während er den Ausspruch tut. Sarg und Gewölbe sind Erfindungen, jedoch befindet sich auf dem wirklichen Sarg tatsächlich in der Mitte die Abbildung des Kurzepters in einem Medaillon.

Kat. Nr. VIII, 7 a

b) Friedrich Bolt nach Ludwig Wolf

„Friedrich der Grosse, König von Preussen, an dem geöfneten Sarge des Churfürsten Friedrich Wilhelm des Grossen."

Kupferstich in Punktiermanier
Bez.: „Ludwig Wolf inv: et delin: Friedr. Bolt sc. Berlin 1808."

SMPK, Kupferstichkabinett

Ludwig Wolf ist für seine Darstellung anscheinend durch ein 1800 geschaffenes Gemälde von Johann Gottlieb Puhlmann (Neues Palais, Potsdam) angeregt worden, das dieser im gleichen Jahr und, offenbar als patriotische Demonstration, noch einmal 1808 auf der Berliner Akademieausstellung gezeigt hatte. Während bei Puhlmann Sarg und Innenraum freie Erfindung sind, hat Wolf den Sarg des Großen Kurfürsten vor Augen gehabt, allerdings in den Einzelheiten ungeschickt wiedergegeben. 1843 ist das Blatt von Friedrich Randel als Stahlstich kopiert worden.

c) Hieronymus Heinrich Jakob Ritschl v. Hartenbach nach Adolph Menzel

Holzstich, 7,4 × 11,1 cm
Bez.: „A. M. Ritschl v. H."
Aus: Franz Kugler, Geschichte Friedrichs des Großen, Leipzig 1840, S. 258 (B. 596)
Foto

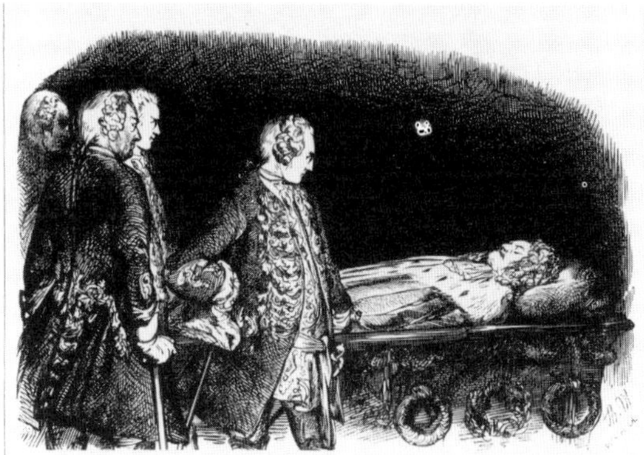

Kat. Nr. VIII, 7 c

Menzel verzichtet auf die Wiedergabe der Architektur, stellt die Figurengruppe und den Toten im Sarg hell vor ein geheimnisvolles Dunkel und konzentriert sich auf den nachdenklich-angespannten Blick, den der zugleich selbstbewußt und ehrfürchtig dastehende König auf den Leichnam wirft.

Die Begleitung bleibt im Hintergrund. Der bekannte Ausspruch des Königs wird erst gedacht, aber noch nicht getan.
1878 hat Menzel ein kleines, als Grisaille ausgeführtes Ölgemälde (Privatbesitz) geschaffen, in dem er die Szene in Anlehnung an Wolfs Darstellung gestaltet hat. Die Erzählung ist durch zahlreiche Einzelheiten anschaulicher, aber längst nicht so packend wie in der Buchillustration, wo man spürt, wie Menzels gespannter Geist sich mit der Gestalt des Königs identifiziert.

d) Otto Vogel nach Adolph Menzel

Holzstich, 10,1 × 11,6 cm
Bez.: „A. Menzel O Vogel"
Aus: Werke Friedrichs des Großen, Berlin 1846—1857, Bd. II, S. 55 zu Geschichte meiner Zeit, 1. Kapitel (B. 835)
Foto

In Anlehnung an die Schilderung der Öffnung des Sarkophags des Großen Kurfürsten hat Menzel in dieser an „Hamlet" erinnernden Vision zum Ausdruck gebracht, welche Verantwortung Friedrich durch seine Vorfahren auferlegt war. Auch Menzel fühlte sich durch den Druck einer verpflichtenden Vergangenheit vorangetrieben.
Das Motiv klingt ferner in der Darstellung Friedrich Wilhelms III. und der Königin Luise mit Kaiser Alexander I. von Rußland am Sarg Friedrichs des Großen an (Nr. 29 a—d).

## 8 Konzerte

Friedrichs Wirken auf künstlerischem Gebiet hatte die Anekdotendarsteller des späten 18. und frühen 19. Jahrhunderts kaum interessiert. Erst Menzel war es ein Anliegen, das Künstlerische in der Natur des Königs in Bildern zu glorifizieren.

a) Franz Hegi

„Gertrud Mara singt vor Friedrich dem Großen in Potsdam"

Aquatintaradierung, 19 × 16,4 cm (Platte)

SSG, Schloß Charlottenburg

Der Stich gehört zu einer undatierten Serie von Szenen mit Musikern; die berühmte Sängerin Gertrud Mara ist also die Hauptperson. Sie war 1771 zweiundzwanzigjährig als erste deutsche Sängerin nach Berlin berufen worden und wirkte hier bis 1780. Ihre Darstellung mit dem hochtoupierten Haar ähnelt dem Porträt Anton Graffs im Neuen Palais. Der König hatte mit ihr verschiedentlich Differenzen. Hegi zeigt ihn verzückt lächelnd dem Gesang lauschend. Der Innenraum ist Phantasie.

b) Eduard Kretzschmar nach Adolph Menzel

Holzstich, 10,8 × 12,6 cm
Bez.: „A. M. E. Kretzschmar"
Aus: Franz Kugler, Geschichte Friedrichs des Großen, Leipzig 1840, S. 275 (B. 606)
Foto

Der König wartet auf seinen Einsatz. Das flimmernde Licht erzeugt eine Unruhe, die durch die Unterhaltung des Paares links verstärkt wird. Im Gegensatz dazu steht die Konzentration des Königs in der Mitte. Menzel vermerkt zu der Illustration: „Abendmusik im Concertzimmer des königl. Schlosses zu Potsdam. Dasselbe nach der Natur gezeichnet. In der Mitte Friedrich; das Costum anlangend, ist zu bemerken, daß Friedrich noch während dieser ersten Hälfte seiner Regierungszeit bei öfteren Gelegenheiten in eleganten Modekleidern von den heitersten Farben erschien. Im Hintergrunde lehnt Quantz, Friedrich's alter Flötenlehrer, am Pfeiler; neben ihm steht Kapellmeister Graun, der Componist des bekannten Oratoriums „der Tod Jesu". Das Bild über dem Cembalo stammt von Antoine Pesne und stellt die Tänzerin Marianne Cochois dar (jetzt Schloß Charlottenburg).

c) Otto Vogel nach Adolph Menzel

Holzstich, 11,9 × 11,1 cm
Bez.: A. M. O Vogel
Aus: Franz Kugler, Geschichte Friedrichs des Großen, Leipzig 1840, S. 596 (B. 796)
Foto

Dargestellt ist ein Konzert, das im September 1770 im Potsdamer Stadtschloß anläßlich der Anwesenheit der hier das Cembalo spielenden Kurfürstin Antonie von Sachsen stattfand. Menzel kommentiert die Illustration folgendermaßen: „Das Local ist das Musikzimmer im Potsdamer Schlosse, in welchem jener Flügel und Notenpulte noch befindlich. Der vorderste Violinspieler ist Friedrich's Concertmeister Franz Benda, neben ihm der Erbprinz von Braunschweig, hinter diesem der Prinz

Kat. Nr. VIII, 8 d

von Preußen. Beide erstere gleichfalls nach alten Portraits."

Die Darstellung ist strenger komponiert als die frühere. Die Musik beherrscht das Bild völlig, vereinigt die Spieler und hebt Rangunterschiede auf. Von den Zuhörern ist nur die verzückt lauschende Dame links zu sehen.

d) Adolph Menzel

„Das Flötenkonzert"

Öl auf Leinwand, 142 × 205 cm
Bez. unten rechts: „Adolph Menzel Berlin 1852"

SMPK, Nationalgalerie

Nach der „Bittschrift" von 1849 (Nr. 21 b) und der 1945 vernichteten „Tafelrunde Friedrichs des Großen" von 1850 ist das im gleichen Jahr begonnene „Flötenkonzert" das dritte der Friedrich-Bilder Menzels. Während das erste Gemälde kein genauer bestimmbares Ereignis darstellt, geben die beiden folgenden Bilder Szenen wieder, die sich 1750 abgespielt haben sollen, ohne daß ihnen entsprechende Geschehnisse überliefert wären. Die Gemälde liegen damit auf der Grenze zwischen Genre- und Historienbild. War der Raum für die Tafelrunde der Speisesaal in Schloß Sanssouci, so findet das Flötenkonzert im angrenzenden Konzertzimmer statt. In dem einen Bild ist nächst dem König Voltaire die Hauptperson, in dem anderen die Markgräfin Wilhelmine von Bayreuth, die vom August bis Dezember 1750 in Potsdam weilte. In beiden Fällen ging es Menzel darum, Leben in Sanssouci vor exakt hundert Jahren zu zeigen, dort das philosophische Gespräch (bei Tageslicht), hier die Musik (bei Kerzenlicht). Schon in den Illustrationen zu Kugler war ein „Flötenkonzert" (Nr. 8 b) unmittelbar auf eine „Tafelrunde" gefolgt. Beide Gemälde sind somit Gegenstücke, ohne allerdings im Format übereinzustimmen. Für Menzel, den denkenden Künstler, zeigte sich sein bevorzugter Held in beiden Werken von denjenigen Seiten, die ihm eine Identifikation am ehesten ermöglichten.

Da Friedrich Wilhelm IV. nach seinem Regierungsantritt 1840 genau hundert Jahre nach dem Friedrichs des Großen Schloß Sanssouci zu seiner Wohnung wählte, nachdem es seit dem Tod Friedrichs unbenutzt geblieben war, forderten die Bilder den

Betrachter auf, die Gegenwart mit der ein Jahrhundert zurückliegenden Vergangenheit zu vergleichen. Zwei Jahre nach den Ereignissen von 1848, bei denen Friedrich Wilhelm IV. keine sonderlich rühmliche Rolle gespielt hatte, konnten diese Darstellungen neben patriotischen Gefühlen auch Bitterkeit aufrühren.
Das ohne Auftrag in Angriff genommene „Flötenkonzert" blieb zunächst unvollendet und wurde erst im Frühjahr 1852 zu einem Abschluß gebracht, nachdem es der Potsdamer Kommerzienrat Jacobs bestellt hatte.
Menzels Virtuosität besteht in diesem Gemälde vor allem in der Behandlung des Kerzenlichtes mit seinen vielfältigen Reflexen, die die berauschende Wirkung der Rokokodekoration extrem steigert. Rechts und links vom Spiegel erkennt man die Wandbilder Antoine Pesnes mit Szenen aus Ovids „Metamorphosen", links „Pygmalion und Galathea" und rechts „Vertumnus und Pomona". Der König spielt eine Kadenz und beherrscht somit die Gesellschaft. Alle, auch die übrigen Musiker, hören zu. Am Cembalo sitzt Philipp Emanuel Bach und wartet auf seinen Einsatz. Rechts steht Johann Joachim Quantz, der Flötenlehrer des Königs, und prüft dessen Spiel. Vor ihm steht mit der Bratsche der Konzertmeister Franz Benda. Vom Notenpult des Königs überschnitten ist die Gestalt der Gräfin Camas, einer vertrauten Freundin des Königs. Links von diesem ist die Markgräfin Wilhelmine zu erkennen. Ihre Schwester Amalie sitzt neben ihrer im Profil gezeigten Hofdame. Die stehenden Herren sind von links nach rechts Baron Jakob Friedrich von Bielfeld, Graf Gustav Adolf von Gotter, Pierre de Maupertuis und der Kapellmeister Carl Heinrich Graun. Keiner der Dargestellten kommt in der „Tafelrunde" vor.

## 9 Die Kapitulation der sächsischen Armee bei Pirna

Zum Vorgang siehe IV, 3

a) Giacomo Zatta nach Pietro Antonio Novelli

„L'armata Sassone che si rende prigioniera di guerra, deponendo le armi a Frederico II. il Grande, nel campo vicino a Pirna"

Kupferstich, 36,2 × 40,5 cm (Platte)
Bez: „presso Antonio Zatta G. Z. scul Novelli inv"
Aus: Sammelwerk mit 17 Stichen zur Geschichte des 18. Jahrhunderts

SSG, Schloß Charlottenburg

Die Darstellung Novellis ist als eine italienische Äußerung zum Zeitgeschehen bemerkenswert, sie läßt jedoch wenig von dem Vorgang der Kapitulation erkennen. Es wird nicht ganz klar, ob der Schreibende im Zelt Friedrich der Große oder der die Kapitulationsurkunde unterzeichnende Befehlshaber der sächsischen Truppen ist. Das Elbsandsteingebirge bei Pirna ist in bizarrer Phantastik wiedergegeben. Der Komposition ganz ähnlich ist ein anderer Stich nach einer Zeichnung Novellis in der gleichen Sammlung, der zeigt, wie Friedrich der Große nach der Schlacht bei Roßbach die französischen Offiziere zum Essen in sein Zelt einlädt.

b) Eberhard Henne nach Daniel Chodowiecki

„die Sächsische Armee ergibt sich dem König zu Kriegsgefangenen im Lager bey Pirna, am 17. October 1756."

Radierung, 9,4 × 5,6 cm
Bez.: „D. Ch. del E. H sc"
Foto

Chodowiecki hat für das Thema eine einfache Formel gefunden, ähnlich der Darstellung des Dialogs des Königs mit dem Flügelmann des Regiments Bernburg nach der Schlacht bei Liegnitz aus der gleichen Folge (Nr. 17), ähnlich auch der berühmten „Wachparade". Im Gesicht des Königs und der Grußgeste liegt ein teils väterlicher, teils auch lauernder Ausdruck, als erwarte er nun von den Sachsen treue Dienste.

c) Unbekannter Zeichner und Stecher

„Die Sächsische Armée ergiebt sich dem König Friedrich des II zu Kriegsgefangenen im Lager bei Pirna, am 17 October 1756"

Radierung, 15 × 22 cm (Platte)

SBPK Einblattdrucke YB 6870 kl. b

Der anonyme Zeichner hat Chodowieckis Komposition ins Querformat überführt. Trotz der Vergrößerung des Formates ist der Ausdruck der Gestalten schwächer, insbesondere der des Königs.

d) Eduard Kretzschmar nach Adolph Menzel
Holzstich, 7,8 × 11,2 cm

Kat. Nr. VIII, 9 d

Bez.: „A. M. E. Kretzschmar"
Aus: Franz Kugler, Geschichte Friedrichs des Großen, Leipzig 1840, S. 310 (B. 624)
Foto

Menzel hat das Schema Chodowieckis abgeändert, indem er den triumphierenden, seinen Hut ziehenden König in den Hintergrund gerückt hat. Sein Hauptaugenmerk gilt den trotzigen Physiognomien der einfachen sächsischen Soldaten, denen man die erlittenen Entbehrungen ansieht, während die Offiziere im Hintergrund sich gelöster den Preußen zuwenden. Die Situation hat etwas Peinliches, und eine ungelöste Spannung beruht, wie in vielen Darstellungen Menzels, auf der Erwartung eines Ereignisses.

## 10 Friedrich der Große nach der Schlacht bei Kolin

Die Niederlage bei Kolin am 18. Juni 1757 war die erste, die das preußische Heer erlitt. Das Verhalten des Königs nach der Schlacht hat wie keine andere Szene aus seinem Leben die Künstler beschäftigt. Das ist umso merkwürdiger, als Niederlagen früher kein Gegenstand der Darstellung waren. Es war hier jedoch beabsichtigt, die Überwindung der Verzweiflung, eine Situation, in der Friedrich sich im Siebenjährigen Krieg noch oft befinden sollte, zu zeigen und damit die Niederlage der Truppen in einen moralischen Sieg der Persönlichkeit Friedrichs umzumünzen. Für das Bemühen der Nachwelt, die charismatischen Züge in der Gestalt des Königs herauszuarbeiten, war keine andere Anekdote besser geeignet, weil eine Parallele mit der Passion Christi, dem rastenden Schmerzensmann, sich aufdrängte. Die im Ablauf des militärischen Geschehens ganz unwichtige, vielleicht sogar legendäre Szene, ist in der viel gelesenen „Geschichte des Siebenjährigen Krieges in Deutschland" von Johann Wilhelm Archenholtz von 1791 berichtet." In Nimburg sammelte der König seine zerstreuten Truppen. So wie der aus der römischen Welt verbannte Marius auf den Ruinen von Karthago saß und sein Schicksal überdachte, so saß Friedrich hier auf einer Brunnenröhre tief nachdenklich, heftete unverwandt seine Blicke auf den Boden und zirkelte mit dem Stocke Figuren in den Sand. Die Zukunft zeigte ihm schreckhafte Bilder. Endlich sprang er auf und erteilte den ankommenden Truppen mit heiterer Miene seine Befehle. Er musterte mit tiefgebeugtem Herzen den kleinen Rest seiner Leibgarde. Alle Krieger dieser auserlesenen Schar waren ihm persönlich bekannt, er wußte ihre Namen, ihr Alter, ihr Vaterland, ihre Schicksale. In wenigen Stunden hatte sie der Todesengel hinweggerafft; sie hatten wie Helden gefochten und für ihn waren sie gestorben. Dieser Gedanke preßte ihm Tränen aus."

a) Friedrich Wilhelm Bollinger nach
Carl Friedrich Hampe

„Friedrich bey Kollin"

Radierung, 20,7 × 25,6 cm (Platte)
Bez.: „Hampe del. Bollinger sc: Der 18^te^ Junius 1757 war der erste unglückliche Tag für das sieggewohnte preussische Heer. Des Einzigen weise Kriegskunst, seiner Schaaren Mut und Tapferkeit vermogten nichts; Unfälle, die eine höhere Hand leitete, entschieden die Schlacht. — Bey Nimburg sass Friedrich traurend auf einer Brunnenröhre, und zeichnete vom Unglück nicht gebeugt, nachdenkend Plane in den Sand. — Heitrer stand er dann auf, musterte seine Krieger, und weinte über so manchen der für ihn gefallen war."

SBPK Einblattdrucke YB 7166 kl.

Hampe teilt das Bild durch den Blick in die Tiefe des Raumes, in dem man Reste des preußischen Heeres wahrnimmt, in zwei annähernd symmetrisch gestaltete Hälften. Die linke ist mit verwundeten und ermüdeten Soldaten sowie Gebäuden gefüllt, während die rechte allein von dem traurig dasitzenden König beherrscht wird, der vor dem hellen Grund einer wandartig steil abfallenden Gelän-

Kat. Nr. VIII, 10c

deformation sitzt, über ihm das Astgewirr eines Waldes.

b) Christian Gottlieb Geyser nach Johann David Schubert

„Friedrich nach der Schlacht bey Collin, überdenkt sein Schicksal"

Radierung, 12,8 × 8 cm (Bild)
Bez.: „Schubert del. Geyser sc."

GStA PK, IX. HA III 1572
Foto

Schuberts kleiner Stich ist in der Teilung der Szene in zwei Hälften der Darstellung von Hampe verwandt, vielleicht sogar direkt abhängig von ihr. Auch die Haltung des Königs ist ähnlich, nur noch mehr zusammengesunken.

c) Daniel Berger nach Johann Christoph Frisch

„Friedrich der II in Nimburg nach der Schlacht bey Kollin"

Kupferstich und Radierung, 51,5 × 39 cm (Platte)
Bez.: „gemahlt von Frisch gestochen von D. Berger. Berlin 1801"

SMPK, Kunstbibliothek

Die großformatige Radierung, die mit den Nrn. 13 e, 15 f und 16 d einen Zyklus bildet, ist 1802 und nochmals 1808 in Berlin ausgestellt worden (Nr. 3 bzw. 21). Im Katalog wird sie erläutert: „Auf dem Kupfer ist der Moment dargestellt, wo der König nachdenkend auf der Brunnenröhre sitzt, und mit seinem Stock im Sande zeichnet; zu seiner Linken stehen Fürst Moritz und Ziethen, und zur Rechten die Generale Seidlitz, Hülsen und Manstein; im Hintergrunde zwei Pagen." Frisch umgibt den weniger gebeugten als nachdenklichen König mit unterschiedlichen Gestalten, deren Verhalten zu ihm von Gleichgültigkeit (die Kinder im Vordergrund), Neugier und Mitleid bis zur Unterstützung durch nüchternes Planen (bei Zieten und dem Fürsten Moritz von Anhalt-Dessau) reicht. Ihn interessiert weniger die psychologische Vertiefung und Spannung als die Breite der Erzählung.

d) Friedrich Arnold nach Heinrich Dähling

„Kolin 18 Jun. 1757."

Radierung, 22,4 × 27,9 cm (Platte)
Bez.: „H Dähling del Arnold sc. Die Schlacht bey Kolin war die erste, die der König verlohr. Er zog sich über Nymburg zurück, ohne verfolgt zu werden. Von dort aus schrieb er an Mylord Marschall: „Das Glück hat mir heute den Rücken zugekehrt. Ich hätte es vermuthen sollen. Es ist ein Frauenzimmer, und ich bin nicht galant."

SMPK, Kupferstichkabinett

Dähling übernimmt von Hampe die Isolierung des Königs, an Frisch dagegen erinnert die Szene rechts mit der geordnet marschierenden Truppe und den beratschlagenden Generalen, unter denen Seidlitz (mit Küraß) und der Fürst Moritz von Anhalt-Dessau links neben ihm zu identifizieren sind. Der Stich ist wohl kurz vor der Niederlage von Jena und Auerstedt entstanden und auf der Akademieausstellung von 1806 (Nr. 349) gezeigt worden.

e) Wilhelm Jury nach Ludwig Wolf

„Friedrich II. nach der Schlacht bei Collin"

Radierung, 9,1 × 6,5 cm (Bild)
Bez.: „L. Wolf inv. et del W. Jury sc."

GStA PK, IX. HA III 436/3
Foto

Die Darstellung Wolfs (um 1825) ist von der Dählings abhängig, wie die ruinöse Mauer vor dem Rundturm und die Haltung des Königs belegen.

f) Friedrich Unzelmann nach Adolph Menzel

Holzstich, 9,5 × 9,7 cm
Bez.: „A. M. U."
Aus: Franz Kugler, Geschichte Friedrichs des Großen, Leipzig 1840, S. 327 (B. 633)
Foto

Menzel hat, wie so oft, für die Szene eine überraschend neue Ansicht gefunden, die seine tiefe Einfühlung in die psychische Situation verrät. Der König wendet sich im Schmerz ab, und die Offiziere seiner Begleitung stehen in respektvollem Abstand ratlos und erschüttert da.

g) Albert Henry Payne nach Julius Schrader

Kupferstich 49 × 38,5 cm (Bild)

Privatbesitz

Kat. Nr. VIII, 10f

Im Gegensatz zu Menzel zeigt Schrader den König von vorn und bis auf die wenigen Figuren im Hintergrund gänzlich allein. Der Betrachter wird aufgefordert, sich die Gefühle des Königs zu vergegenwärtigen und ist durch den Blick unmittelbar angesprochen. Friedrich sitzt vor einer Ruine als Symbol des Zusammenbruches, aber es scheint, als wolle er sich im nächsten Moment erheben.
Das 1849 gemalte und vom Leipziger Kunstverein für das dortige Museum erworbene Bild ist im Zusammenhang mit der Revolution von 1848 zu sehen, in der die Monarchie eine Niederlage hinnehmen mußte. 1845 hatte Paul Delaroche ein nahezu gleich großes Gemälde geschaffen, das Napoleon in Fontainebleau am 31. März 1814 nach Empfang der Nachricht vom Einzug der Verbündeten in Paris zeigt. Es gelangte 1853 mit der Sammlung Schletter in das Leipziger Museum. Schrader hat das berühmte Bild, das wie ein Gegenstück zu seiner Darstellung Friedrichs des Großen wirkt, sicher gekannt.

h) Nach Christian Daniel Rauch

Zinkguß, vergoldet, 11,5 × 14,5 cm
Privatbesitz

Rauch war die Szene so wichtig, daß er sie auf dem Sockel des 1851 vollendeten Friedrich-Denkmals Unter den Linden als Relief, ins Symbolische und Visionäre überhöht, dargestellt hat. Während der König in verzweifelter Situation über sein Schicksal nachdenkt, erscheint er im Himmel als Sieger, von einer Viktoria, die eine Friedenspalme in der Hand hält, mit einem Lorbeerkranz gekrönt und hinter der vorausfliegenden Weisheits- und Kriegsgöttin Pallas Athene. Vorn wächst eine Distel als Sinnbild des Schmerzes.

## 11 Ansprache vor der Schlacht bei Leuthen

Zum Vorgang siehe IV, 26

Diese Szene, in der der Geist des Königs seine Gewalt über seine Zuhörer ausübt, hat nur Menzel dargestellt. In gewisser Weise ist sie für ihn das militärische Gegenstück zum „Flötenkonzert" gewesen.

a) Adolph Menzel

Lithographie, 26,9 × 35 cm
Bez.: „Erfunden und lithographiert von A. Menzel Verlag v. L. Sachse & Co Berlin Druck des Lith: Inst. v. L. Sachse & Co Schlacht bei Leuthen, 1757"
Aus: Denkwürdigkeiten aus der brandenburgisch-preußischen Geschichte, Berlin 1836 (B 80)
SSG, Schloß Charlottenburg

Zum ersten Mal hat Menzel in diesem 1835 geschaffenen Blatt den König in den Mittelpunkt einer historischen Darstellung gerückt und als die überragende Führerpersönlichkeit vorgestellt. Es sind jedoch noch mehr die absichtsvollen Gesten als Gesichtsausdruck und unbewußte Körperhaltung, in denen die Faszinationskraft des Redners ausgedrückt ist.
Unter den Generalen links ist Zieten, auf seinen Husarensäbel gestützt, zu identifizieren. Links neben ihm steht General Lentulus.

b) Otto Vogel nach Adolph Menzel

Holzstich, 8,8 × 17 cm
Bez.: „A. M. Otto Vogel"
Aus: Franz Kugler, Geschichte Friedrichs des Großen, Leipzig 1840, S. 357 (B. 654)
Foto

Kat. Nr. VIII, 11 c

Menzel schreibt zu der Abbildung: „Friedrich unter den Generalen und Stabsoffizieren vor der Schlacht von Leuthen. Zur rechten Friedrich's steht der General Lentulus, Chef der Leibcürassiere; links von diesem, hinter Friedrich, Prinz Ferdinand von Braunschweig, Friedrich gegenüber, im Vordergrunde rechts, Prinz Moritz von Dessau; und hinter dem Letzteren zur rechten General Schmettau, zur linken Ziethen. Portraits der Generale Driesen und Retzow, die bei dieser Scene ebenfalls gegenwärtig waren, vermochte man nicht aufzufinden."

Menzel rahmt den König wirkungsvoll durch zwei Generale und nutzt die Schlichtheit der Uniform sowie die silhouettenhafte Einfachheit des Umrisses dazu, alle Gewalt des Ausdrucks mit wenigen Strichen in das Gesicht zu legen. Man spürt, wie seine Worte aus dem Innersten kommen. Der Fortschritt gegenüber der Lithographie von 1835 ist groß.

c) Adolph Menzel

Öl auf Pappe, auf Leinwand aufgezogen, 30 × 43 cm

SMPK, Nationalgalerie

Ölskizze von 1858 zu einem unvollendet gebliebenen Ölgemälde, das die letzte der großen Darstellungen aus dem Leben des Königs ist. Das Bild faßt das Geschehen ganz anders als die großartig konzentrierte Illustration zu Kugler auf. Die fertigen Teile des Gemäldes, das die Ost-Berliner Nationalgalerie bewahrt, zeigen, daß es Menzels Absicht war, die unterschiedliche Wirkung von Friedrichs Rede auf die Offiziere zu zeigen. Es sind auch im Mittelgrund Soldaten zu sehen, die von den Worten kaum etwas vernehmen können. Die Skizze macht diese Absicht nicht klar, sie läßt aber erkennen, daß der Raum mit Figuren gefüllt ist und daß nur wenig Platz für die Winterlandschaft bleibt. In seinem Transparentgemälde „Christus als Knabe im Tempel" hat Menzel 1851 den Gegenstand des seine Zuhörer erregenden Redners schon einmal behandelt.

## 12 Marsch nach Lissa

Nach der Schlacht bei Leuthen am 5. Dezember 1757 wollte der König die Verwirrung der Österreicher nutzen und in der sehr dunklen Abendstunde, begleitet von Zieten und den Seidlitz-Kürassieren, denen das Grenadierbataillon von Wedel folgte, auf der Breslauer Straße bis zu dem 7 km entfernten Städtchen Lissa vorstoßen. Unterwegs, im Dorf Sahra, wurde der Gastwirt aufgefordert, mit seiner Laterne den Weg zu weisen. Dabei geriet der Trupp unter Beschuß. Friedrich Nicolai hat im dritten Band seiner „Anecdoten" das Unternehmen geschildert und ausführlich den Dialog des Königs mit dem Gastwirt, der jenen nicht erkannte, wiedergegeben.
Die Szene ist wegen der hier hervortretenden Kühnheit, Spontaneität und Leutseligkeit des Königs, aber auch wegen der Beleuchtungseffekte gern wiedergegeben worden. Bernhard Rode hat den Bericht Nicolais einem verschollenen Gemälde zugrunde gelegt, das 1793 auf der Berliner Akademie-Ausstellung gezeigt wurde (Nr. 1).

a) Frederik Carstens

„Friedrich der Grosse läszt sich von einem Schenkwirth, nach der Schlacht bei Leuthen, auf den Dam nach Lissa leuchten. Der General Zieten begleitet ihn."

Kupferstich und Radierung, 20,8 × 28,1 cm (Plattengröße)
Bez.: „F. Carstens: inv. et sculp."

Kunstsammlungen Veste Coburg, V, 195,1

Carstens gibt der Komposition eine reliefartige Flächigkeit und eine klare Gliederung in folgende drei Teile: der Gastwirt vor dem Weidenbaum, Zieten und der König — der eine en face, der andere in reinem Profil — und das Gefolge, das nur aus fünf Reitern besteht. Das Licht nimmt von links nach rechts ab. Der König ist in der Mitte denkmalhaft herausgehoben. Man spürt den Einfluß des berühmten Bruders Jakob Asmus Carstens.

b) Meno Haas nach Carl Hampe

„Friedrich II und General Zieten bey Leuthen d.5.[t] Decembr. 1757. Die glorreiche Schlacht bey Leuthen, die in der alten und neuen Geschichte ihres gleichen nicht hat, wurde von Preussens Kriegsheer in vier Stunden gewonnen. Am Abend war der Monarch mit dem General Ziethen und weniger Bedeckung von Artillerie auf dem Wege nach Sahra, wo ihm wegen der Finsterniss der anbrechenden Nacht, ein Kretzschmer vorleuchten muste, jedoch wegen vieler Flintenschüsse feindlicher Patrouillen, auf lautem Zuruf aller, wieder genöthigt wurde, das Licht auszulöschen. In Lissa nahm der König Quartier wo ihm noch in selbiger Nacht die ganze Armee folgte."

Kupferstich und Radierung, 20,7 × 25,9 cm
Bez.: „Hampe del Meno Haas sc. Berlin 1799"

Kunstsammlungen Veste Coburg

Hampe gestaltete die Szene weit dramatischer, bewegter, aber auch verwirrender als Carstens und schilderte damit die Suche nach dem Weg in der Dunkelheit in dem Moment, wo die unruhig gewordene Truppe den Gastwirt auffordert, das Licht wieder zu löschen. Dieser hebt die Laterne hoch, um die Kerze auszupusten und herauszunehmen. Die kahlen Weiden mit ihren bizarren Ästen wirken gespenstisch und deuten die winterliche Jahreszeit an. Zieten ist als Draufgänger, Friedrich als der besonnen Befehlende charakterisiert. Die Grenadiere mit der Kanone bereichern das Bild. Vielleicht wollte Hampe die Auffassung von Carstens korrigieren.

c) Daniel Chodowiecki

„Kommt nur hier neben mir (sic!), und fasst meinen Steigriemen an"
Radierung, 8,8 × 6,3 cm
Aus: Stein, Charakteristik Friedrichs des Großen, Bd. III, 1801, S. 41 (E. 944,3)
Foto

Die Unterschrift ist dem Text Nicolais entnommen. Der König gibt dem Gastwirt die gefährliche Anweisung, mit seinem Licht in nächster Nähe neben ihm zu gehen: „Kommt nur hier neben mich und faßt meinen Steigriemen an." Die Beziehung des Königs zu dem hilfswilligen, naiven Gastwirt ist die Hauptsache. Bei Chodowiecki zieht die Kolonne, die er dem dafür ungeeigneten Hochformat anpassen mußte, mit größerer militärischer Disziplin ihres Weges. Dadurch erhält das Blättchen einen strengen Bildbau, der in der oberen Hälfte durch die Weidenbäume fortgesetzt ist.

Kat. Nr. VIII, 12b

d) Hermann Müller nach Adolph Menzel

Holzstich, 3,2 × 10 cm
Bez.: „A. M. HM“
Aus.: Franz Kugler, Geschichte Friedrichs des Großen, Leipzig 1840, S. 365 (B. 658)
Foto

Menzel behandelt die Szene als Nachspiel und benutzt die Komposition, die in der zweiten Auflage von 1856 fortgelassen ist, als Kopfleiste des Blattes. Er beschränkt sich auf die schemenhafte Darstellung des aus der Distanz gesehenen Zuges und des Lichteffektes und fängt damit die unheimliche Stimmung der Szene ein. Nur das Pferd des Königs ist herausgehoben.

## 13 Friedrich der Große in Lissa

Als der König nach der Schlacht bei Leuthen mit einem geringen Truppenkontingent bis Lissa vorgestoßen war, nahm er Quartier im dortigen Schloß des Barons von Mudrach, das ihm von einem Aufenthalt im Jahr 1753 bekannt war. Friedrich Nicolai, der vorgibt, alle von ihm erzählten Anekdoten auf ihren Wahrheitsgehalt überprüft zu haben, berichtet, es hätten sich noch österreichische Offiziere im Schloß befunden, die bei der Ankunft des Königs überrascht herbeigeeilt seien, ohne die Situation für eine Gefangennahme zu nutzen, und führt aus: „Der König stieg mit seinen Adjutanten ganz ruhig vom Pferd und sagte zu den österreichi-

schen Offizieren: „Bon soir, Messieurs! Gewiß werden Sie mich hier nicht vermuten. Kann man hier auch noch mit unterkommen?"... die vornehmsten österreichischen Generäle und Stabsoffiziere, erstaunt, nahmen den niederen Offizieren und den Reitknechten die Lichter aus den Händen und leuchteten dem König die Treppe hinauf und in eines der ersten Zimmer. So wie sie da ankamen, präsentierte einer den anderen dem König, der alle nach ihren Namen und Charakteren fragte und sich mit ihnen in Konversation einließ. Währenddessen fanden sich immer mehr und mehr preußische Adjutanten und andere preußische Offiziere auf dem Schloße ein, und nunmehr verabschiedete sich der König von den österreichischen Offizieren, die andere Zimmer auf dem weitläufigen und wohlgebauten Schloß einnahmen."
Dagegen gibt der Baron von Mudrach in einem Brief an einen Neffen vom 8. 12. 1757 folgenden Bericht: „Die Kanonenschüsse verfolgten die Geschlagenen bis in meine Häuser am Damme, was die österreichischen Offiziere, die sich bei mir verbinden lassen wollten, nötigte, ihre Beine in die Hand zu nehmen. Mir kam er vor, als wenn ich plötzlich aus einem Traum erwachte. Ich war auf meinem Balkon, da sah ich einige Kavaliere über meine Brücke reiten und geradewegs auf mein Schloß zukommen. Mein Rentmeister war bei mir; ich sagte ihm, er solle nachsehen, was das sei. Er kam auf der Stelle wieder und sagte, es sei der König, der nach mir frage. Ich war kaum auf der halben Treppe, als der König rief: „Guten Abend, lieber Baron Mudrach." Denke Dir, wie ich vor Freude überwältigt war, unseren großen König wiederzusehen. Er begegnete mir sehr liebenswürdig und bat mich um ein Abendessen. Das geschah, so gut es die Umstände erlaubten. Ich lasse alle Einzelheiten aus und will Dir nur sagen, daß der König auf einer Matratze schlief, die auf Stroh gelegt wurde." (Edmund Glaeser, Schloß Lissa, Rastort geschichtlicher Persönlichkeiten durch 7 Jahrhunderte. Schlesische Geschichtsblätter 1939, S. 7).
Die berühmten Begrüßungsworte, die Friedrich zu österreichischen Offizieren gesagt haben soll, waren also in Wahrheit an den Baron von Mudrach gerichtet. Die spätere Darstellung des Besuches in Lissa ist damit ein Musterbeispiel für Legendenbildung. Tatsächlich vorhandene Qualitäten des Königs wie Geistesgegenwart, Kaltblütigkeit und Schlagfertigkeit offenbaren sich in der verfälschten Schilderung auf wunderbare Weise.

a) Christian Schule nach Carl Moritz Berggold

„Friedrich überrascht des Abends nach der Schlacht bey Leuthen die Oestreichschen Offiziere in Lissa"

Radierung, 12,8 × 8 cm
Bez.: „Berggold del. C. Schule fecit 94."

GStA PK, IX. HA III 1578
Foto

Der Leipziger Zeichner konfrontiert den höflich seinen Hut ziehenden König, wie er durch Frankes Darstellung populär geworden war, mit den verblüfften Österreichern und beleuchtet die Szene malerisch durch die Fackel.

b) Wilhelm Jury nach Ludwig Wolf

„Guten Abend, meine Herrn! Kann man hier mit unterkommen"

Radierung, 9 × 6,4 cm (Bild)
Bez: „L. Wolf inv. et del. W. Jury sc."

GStA PK IX. HA III 436/5
Foto

Wolf erzählt die Szene breiter als Berggold, indem er die Österreicher mit mehreren Leuchtern aus dem Schloß kommen läßt. Er stellt den Bau als eine klassizistische Architektur im Stil der beiden Gilly mit dorischen Säulen dar.

c) Anton Wachsmann nach Carl Friedrich (?) Hampe

„Friedrich II. in Lissa. Nach der Schlacht bey Leuthen zog der König an der Spitze zweyer Grenadier-Bataillone in Lissa ein um Nachtquartier zu nehmen. Der Ort war von Oesterreichern besetzt, welche aus den Fenstern auf die Preußen feuerten. Der König ritt nach dem Schlosse: Verschiedene österreichische Officiere kamen mit Lichtern in den Händen aus den Zimmern gestürzt, um ihre Pferde zu finden und dies Schiessens wegen da von zu reuten. Der König stieg mit seinen Adjudanten ganz ruhig vom Pferde, und sagte zu den Oesterreichern: Bon soir, Messieurs! Gewiss vermuthen sie mich hier nicht. Kann man hier auch noch mit unterkommen?"

Radierung, 22,4 × 28 cm
Bez.: „Christ. Hampe del W. Wachsmann sc."

SBPK, Einblattdrucke 1757, 5 kl.

Kat. Nr. VIII, 13 e

Die Darstellung Hampes ist offensichtlich eine mit einem Verlust an Spannung verbundene Übersetzung der Komposition von Wolf ins Querformat, wobei die Füllung der Fläche mit den Pferden rechts eine Verlegenheit ist. Überraschung zeigt sich nur bei dem einen Österreicher. Eine übereinstimmende Zeichnung, vielleicht die Vorzeichnung zu der Radierung, wurde am 30. 11. 1982 bei Gerda Bassenge in Berlin versteigert. Ein Zeichner Christian Hampe ist nicht bekannt. Es ist schwer zu entscheiden, ob ein Irrtum des Stechers in der Angabe des Vornamens vorliegt oder ob es einen weiter nicht nachgewiesenen Verwandten von Carl Friedrich Hampe mit diesem Namen gegeben hat.

d) Daniel Chodowiecki

„Bonsoir Messieurs! Gewiss vermuthen Sie mich hier nicht"

Radierung, 9,3 × 4,5 cm
Aus: Stein, Charakteristik Friedrichs des Großen, Bd. I, S. 48 (E. 944,4)
Foto

Chodowiecki läßt die Österreicher wie Wolf und Hampe mit Leuchtern aus dem hier schlicht gebauten Schloß treten, gibt den Offizieren jedoch nicht so sehr den Ausdruck der Überraschung als den demütigen Respektes. Die Grußgeste des Königs wiederholt der hinter ihm stehende Zieten.

e) Daniel Berger nach Johann David Schubert

„Friedrich der II in Lissa nach der Schlacht bey Leuthen Bon soir Messieurs!"

Kupferstich und Radierung, 51 × 38,9 cm, Plattengröße
Bez.: „gezeichnet von Schubert gestochen von D. Berger Berlin 1801."

Kunstsammlungen der Veste Coburg, IV, 412, 1510

Der Dresdner Zeichner Johann David Schubert hatte durch sein größeres Format die Möglichkeit zu einer großzügigen Komposition, die deutlich von Rembrandt inspiriert ist. Das Geschehen ist in die hohe Toreinfahrt verlegt, die links den Treppenaufgang und damit die Fortsetzung der Handlung ahnen läßt. Die bewegte Rückenfigur des erschreckten Husaren verdeckt die Hauptlichtquelle, eine Kerze, die er in der Hand hält. In den Gesichtern der Österreicher mischt sich Verblüffung und Ehrerbietung, während der König, im Gegensatz zu den wie Statisten dastehenden wenigen Personen seines Gefolges, fast komödiantisch seine Rolle spielt.

Kat. Nr. VIII, 13g

f) Friedrich Unzelmann nach Adolph Menzel

Holzstich, 9,6 × 8,4 cm
Bez.: „A. M. Uzl."
Aus: Franz Kugler, Geschichte Friedrichs des Großen, Leipzig 1840, S. 366 (B. 659)
Foto

Menzel hat eine ganz neue Anordnung gefunden, die den König als den Handelnden in dieser Szene auf eine schlagende Weise heraushebt. Der Betrachter sieht ihn vor dem nächtlichen Himmel genau so wie die österreichischen Offiziere, die ihr Erschrecken durch seitliches Zurückweichen zu erkennen geben.

g) Adolph Menzel

„Bon soir, Messieurs!"

Öl auf Leinwand, 247 × 190,5 cm
Bez.: „Ad. Menzel 1858"

Hamburger Kunsthalle
Foto

Die Komposition des Gemäldes hat nichts mehr von der bestechenden Klarheit der Buchillustration. Hier beabsichtigt Menzel, das Geschehen so turbulent wie möglich zu gestalten und benutzt dazu die Treppe, auf der er zahlreiche Österreicher in beinahe panischer Bewegung darstellt. Die unruhige Lichtführung und die Buntheit unterstützen den Eindruck. Dieser Unordnung stellt er die heroisch feste Erscheinung des Königs gegenüber, bei der Menzel deutlich macht, daß die überraschten Feinde vor ihr nach oben zurückweichen werden. Von der Begleitung des Königs ist nur Zieten als Silhouette ganz links zu sehen. Menzel übertreibt damit seine Schilderung und verfällt in einen nicht sehr angenehmen renommierenden Ton. Das Treppenmotiv ist gewissermaßen die Umkehrung der Situation, wie sie in der im Jahr zuvor gemalten Begegnung des Königs mit Josef II. gegeben ist (VIII, 19h).

## 14 Der Überfall bei Hochkirch

Der Überfall bei dem Dorf Hochkirch östlich von Bautzen fand in den frühen Morgenstunden des 14. Oktober 1758 statt. Der König hatte unter Mißachtung der Warnungen seiner Generale in diesem Dorf sein Lager aufgeschlagen, obwohl eine österreichische Armee unter dem Feldmarschall Daun, die mit 65 000 Mann mehr als doppelt so stark war wie die preußische, die bewaldeten Höhen bei dem Dorfe besetzt hatte. In der Nacht erfolgte der Überfall, der die Preußen 9 000 Tote kostete, unter ihnen den Feldmarschall Keith. In der Nacht der Schlacht bei Hochkirch starb in Bayreuth des Königs Lieblingsschwester Wilhelmine. Dieser Verlust traf ihn noch tiefer als die Niederlage. Das vom König verschuldete Unglück von Hochkirch hat die populäre Geschichtsdarstellung in Preußen beschäftigt, weil im Versagen und im Überstehen von Niederlagen das aus Schatten und Licht zusammengesetzte Bild Friedrichs des Großen eindrucksvoll entgegentritt.

a) Gottfried Arnold Lehmann nach Heinrich Dähling

„Scene aus der Schlacht bey Hochkirch.in der Nacht vom 13$^{ten}$ Octob.1758. Das Dorf Hochkirch gerieth bey diesem nächtlichen Überfall in Brand. Die Preussen vorne und im Rücken angegriffen, musten weichen, und die Reiterei hieb nun mit Vortheil in die tapfersten Regimenter des Preussischen Fussvolks ein. Der König führte in Person frische Truppen gegen den Feind an. Diesen Moment der Handlung stellt gegenwärtige Abbildung vor."

Radierung, 22,5 × 28 cm
Bez.: „H. Dähling del. 1799 G. A. Lehmann sc. Berlin 1800."

SBPK, Einblattdrucke 1758, 3

Dähling zeigt den erbitterten Nahkampf, zwingt das Getümmel jedoch in eine ziemlich geordnete Komposition von energischer Rhythmik. Er verzichtet auf den Effekt des nächtlichen Kampfes und versucht, das Frühlicht wiederzugeben. Links erscheint der König vor einer mustergültig geordnet vorrückenden Front von Infanteristen.

b) Friedrich Unzelmann nach Adolph Menzel

Holzstich, 6,3 × 7,6 cm
Bez.: „A. M."
Aus: Franz Kugler, Geschichte Friedrichs des Großen, Leipzig 1840, S. 401 (B. 6800)
Foto

Menzel hat den früher auf preußischer Seite nicht oft dargestellten Überfall bei Hochkirch in Kuglers Werk in drei Illustrationen geschildert. Das zeigt, wie wichtig Menzel das Ereignis war. In dieser überaus kühnen, mit heftigen Strichen gezeichneten Illustration ahnt man den wilden, nächtlichen Kampf mehr als daß man ihn erkennt. Die Flammen des brennenden Dorfes werden zur Metapher für die Leidenschaft der Kämpfenden. Im Vordergrund ist dargestellt, wie der Leichnam des Feldmarschalls James Keith niedergelegt wird.

c) Friedrich Unzelmann und Hermann Müller nach Adolph Menzel

Holzstich, 7,6 × 8,9 cm
Bez.: „A. M. U. M."
Aus: Franz Kugler, Geschichte Friedrichs des Großen, Leipzig 1840, S. 402 (B. 682)
Foto

Scene aus der Schlacht bey Hochkirch.
in der Nacht vom 13ten Octob. 1758.
G. A. Lehmann sc. Berlin 1800
Das Dorf Hochkirch gerieth bey diesem nächtlichen Überfall in Brand. – Die
Preussen vorne und im Rücken angegrif fen, musten weichen, und die Reiterei hieb
nun mit Vortheil in die tapfersten Regimen ter des Preussischen Fussvolks ein. Der
König führte in Person frische Trup pen gegen den Feind an. – Diesen
Moment der Handlung stellt gegenwärtige Abbildung vor.

Kat. Nr. VIII, 14 a

Die zweite Illustration ist eine Steigerung der ersten. Die Flammen lodern höher auf, der Ausschnitt aus dem Getümmel der Kämpfenden ist weiter gefaßt, und in der Mitte erscheint die Gestalt des Königs zu Pferd. Menzel hat in einem großen 1856 vollendeten Gemälde, das sich ehemals in der Nationalgalerie befand und 1945 vernichtet wurde, einen ähnlichen Moment in einer allerdings völlig veränderten Komposition wiedergegeben.

d) Hieronymus Heinrich Jakob Ritschl
v. Hartenbach nach Adolph Menzel

Holzstich, 4,8 × 11,9 cm
Bez.: „A. M. R v H“
Aus: Franz Kugler, Geschichte Friedrichs des Großen, Leipzig 1840, S. 404 (B. 683)
Foto

Die dritte Illustration zeigt die Phase der Erschöpfung und Depression nach der verlorenen Schlacht. Friedrich reitet — nun am hellen Tag — mit abgewandtem Blick an einer Reihe ermattet daliegender Soldaten vorbei. Sie sind die Hauptsache.

## 15 Die Schlacht bei Kunersdorf

Die Niederlage, die russische und österreichische Truppen dem König am 12. August 1759 bei Kunersdorf zufügten, war die schwerste im Siebenjährigen Krieg und hat ihn an der Rettung des Staates verzweifeln lassen, so daß er schließlich fast gleichgültig seinem Tod entgegensah. Gleichzeitig hat er in dieser Schlacht mehrere Proben seiner Tapferkeit gegeben, die ihn in höchste Gefahr gebracht haben. Die bildlichen Darstellungen haben daher verschiedene Momente behandelt. Als die Schlacht schon gewonnen schien, hat der König, gegen den Rat der Generale, sich mit dem Erreichten zu begnügen, den Kampf fortgesetzt und eine verhängnisvolle Wendung herbeigeführt. Zwei Pferde wurden ihm unter dem Leib erschossen. Eine Flintenkugel prallte an einem goldenen Etui in seiner Tasche ab. Er konnte sich nicht zur Flucht entschließen, als die Lage am Ende der Schlacht hoffnungslos war, und wäre fast in die Hände der Kosaken gefallen, wenn nicht der Rittmeister von Prittwitz ihn im letzten Moment überredet hätte, mit ihm zu fliehen. Die Flucht gelang durch ein mutiges Rückzugsgefecht.

a) Peter Haas nach Bernhard Rode

„Friedrich der Grosse läuft Gefahr bey Frankfurth oder Kunersdorf von den Cosaken gefangen zu werden“

Radierung, 20,4 × 24,5 cm (Platte)
Bez.: „B. Rode invent P: Haas del et Sculp Berlin 1793.“
Aus: C. D. Küster, Lebensrettungen Friedrichs II. im Siebenjährigen Krieg

Kunstsammlungen Veste Coburg, V, 383,21

Rode benutzt für die Gestalt des fliehenden Königs kurioserweise die Radierung Chodowieckis von 1758, die ihn als Anführer seiner Truppen zeigt. Die Abwehr der Kosaken durch die Soldaten des Rittmeisters von Prittwitz, die nicht als Leibhusaren wiedergegeben sind, wird sehr simpel vorgestellt. Die Komposition ist schematisch.

b) Samuel Ringck nach Johann Gottfried Schadow

„Friedrich II. in der Schlacht bey Kunersdorf, d: 12$^{tn}$ Aug: Die Schlacht war schon gewonnen, zu heftig den Sieg verfolgend gab der König ihn wieder aus der Hand. Er selbst kam in die äußerste Gefahr, sein Pferd ward erschossen. Sein Flügeladjudant Götz gab ihm das seinige, und wollte ihm bewegen sich von dem Orte der Gefahr zu entfernen. Er antwortete aber: wir müssen alles versuchen um die Schlacht zu gewinnen, und ich muss so gut wie ihr meine Schuldigkeit thun.“

Radierung, 21,6 × 26,5 cm (Platte)
Bez.: „Schadow del: Ringck sc. Berlin 98“

SBP, Einblattdrucke YB 8126 kl.

Schadow hat Schlachtendarstellungen aus dem Siebenjährigen Krieg im Zusammenhang mit dem 1795 vollendeten Denkmal für den General von Tauentzien in Breslau und mit verschiedenen Entwürfen für das Friedrichsdenkmal um die gleiche Zeit dargestellt. Er macht überzeugend deutlich, wie sich der König nach dem Sturz seines getroffenen Pferdes mit Hilfe zweier besorgter Soldaten aufrichtet. Die Hauptgruppe ist kontrastreich komponiert, während das Geschehen im Hintergrund schematisch angedeutet ist. Möglicherweise ist mit dem Berg links der Mühlberg gemeint, der am Beginn der Schlacht von den Preußen gestürmt wurde.

c) Johann Ferdinand Krethlow nach Heinrich Dähling

„Friedrich II nach der verlorenen Schlacht bey Kunersdorf“

Radierung, 22 × 28 cm (Platte)
Bez.: „Dähling del. J F Kretlow sc.“

SBPK, Einblattdrucke 1759, 1 kl.

Dähling zeigt wie Rode die gefahrvolle Flucht des Königs, dessen Gestalt mit der des Rittmeisters von Prittwitz in einer harmonisch komponierten, den Vordergrund beherrschenden Gruppe zusammengefaßt ist, abgesetzt von dem Kampfgetümmel im Hintergrund. Das Chaotische und Tragische des Moments wird in der regelmäßigen Darstellung kaum fühlbar.

d) Eberhard Henne nach Daniel Chodowiecki

„Wundergleiche Erhaltung des Königs in der Schlacht bey Cunersdorf am 12. August 1759“.

Radierung, 9,4 × 5,6 cm (Platte)
Bez.: „D. Ch. del E. H. sc.“
Foto

Friedrich steigt von dem getroffenen Pferd, wobei ihm zwei Soldaten von rechts und links in einer für Chodowiecki charakteristischen Symmetrie zu

Kat. Nr. VIII, 15f

Hilfe kommen. Rechts nähert sich ein Reiter mit einem Ersatzpferd. Trotz des kleinen Formates ist das Schlachtgetümmel anschaulich.

e) Unbekannter Zeichner und Stecher

„In der Schlacht bey Kunersdorf, sagte der König; wir mussen alles um die Bataille zu gewinnen versuchen, und ich mus hier, so gut wie Ihr, meine Schuldigkeit thun."

Radierung, 20,2 × 23,8 cm (Platte)

SSG, Schloß Charlottenburg

Der unbekannte Zeichner hat Chodowieckis Komposition naiv vereinfacht. Man sieht am Boden die Kugel, die das Pferd getroffen hat. Rechts ist bereits das Ersatzpferd des Adjutanten zur Stelle. Es gibt eine zweite freie Kopie der Radierung Chodowieckis im Querformat von einem unbekannten Künstler (Herman von Petersdorff, Friedrich der Große, Berlin 1911, Abb. 179).

f) Daniel Berger nach Ludwig Wolf

„Friedrich II in der Schlacht bei Kunersdorf"

Radierung, 48,2 × 57,9 cm (Platte)
Bez.: „gezeichnet von L. Wolff gestochen von D. Berger Berlin 1804"

SSG, Schloß Charlottenburg

Wolf wählt die Fluchtszene, bezieht aber mit dem sterbenden Pferd rechts vorn einen früheren Moment mit ein. In einem Erläuterungsblatt heißt es: „Herr Wolf hat den Moment gewählt, wo Friedrich II. ein anderes Pferd an die Stelle seines todtgeschossenen bestiegen hatte, und zu Prittwitz sagte, der neben ihm ritt: Prittwitz, ich bin verloren! — Ein ankommender Husar bringt ein erbeutetes Pferd, steigt von dem seinen und giebt es demjenigen Offizier, der das seine dem Könige gegeben hatte. Hinter den Hauptfiguren ist eine Attacke der Husaren gegen Kosacken und Kalmucken." Obgleich der König geschlagen ist, beherrscht seine

Gestalt, die durch den Baum dahinter wie bei Chodowiecki akzentuiert ist, die dreiteilige Komposition. Damit ist die Niederlage zu einem Sieg uminterpretiert und der Ausgang des Krieges ins Auge gefaßt.

g) Otto Vogel nach Adolph Menzel

Holzstich, 8,2 × 11,1 cm
Bez.: „A. M. O Vogel"
Aus: Franz Kugler, Geschichte Friedrichs des Großen, Leipzig 1840, S. 422 (B. 692)
Foto

Kat. Nr. VIII, 15 g

Menzel vermittelt einen packenden Eindruck vom Ende der Schlacht. Er gibt die verzweifelte Stimmung des Königs, auch in der mit raschen Strichen gezeichneten kargen Landschaft, wieder. Während links die Leibhusaren des Rittmeisters von Prittwitz fliehen, bemerkt einer von ihnen, der Unteroffizier Velten, den einsam auf einem Hügel stehenden König und macht Prittwitz auf die Gefahr aufmerksam, in der der König sich befindet. Auch hier benutzt Menzel eine räumliche Spannung zum Ausdruck von Dramatik. Das Bildnis Veltens ist nach einer Miniatur gezeichnet.

## 16 Friedrich der Große vor der Schlacht bei Liegnitz

Am 15. August 1760 erfocht Friedrich bei Liegnitz gegen eine Übermacht von Österreichern unter Laudon einen seiner glücklichsten Siege. Die Österreicher hatten einen nächtlichen Überfall auf das preußische Lager geplant, der jedoch vereitelt wurde, weil dem König das Nahen der Feinde rechtzeitig durch den Husarenmajor Hundt gemeldet wurde. Die Szene ist oft dargestellt worden, weil sie die Entschlossenheit des Königs in schwierigen Situationen und seine enge Verbundenheit mit der Truppe vor Augen führen konnte. Zudem reizte die nächtliche Stimmung. Eine ähnliche Szene vor der Schlacht bei Lobositz — der König nachts im Lager auf einer Trommel sitzend — ist von einem unbekannten Künstler radiert worden.

a) W. Arndt nach Johann Christoph Kimpfel (?)

„Nacht vor der Schlacht bei Liegnitz. Friedrich II. erwartet auf einer Trommel sitzend, mit dem heran nahenden Morgen den Feind."

Radierung, 8 × 5 cm (Platte)
Bez.: „K. d. W. A. S."

SBPK Einblattdrucke YB 8377 kl. 3
Foto

Wegen des kleinen Formates ist der Vorgang verkürzt dargestellt. Der Husarenmajor Hundt, der die Nachricht vom Herannahen der Österreicher bringt, ist hinter der Gruppe der drei Grenadiere vorn nur schwer zu erkennen.

b) Samuel Ringck nach Carl Friedrich Hampe

„Friedrich II vor der Schlacht bey Lignitz 1760 den 15t August. Auf einer Trommel sass der Held, Und dachte seine Schlacht; Den Himmel über sich zum Zelt, Und um sich her die Nacht! Er dachte zwar sind ihrer viel, Fast billig ist ihr Spott; Allein wär ihrer noch so viel, So schlag ich sie mit Gott!"

Radierung, 22,9 × 28,6 (Platte)
Bez.: „C. Hampe del. S. Ringck sc. 1800"

Kunstsammlungen Veste Coburg, V, 14, 16

Hampe zeigt den König nachdenklich, während die Soldaten gespannt in verschiedene Richtungen schauen oder sich zum Abmarsch rüsten, ohne daß der Major Hundt, der die Nachricht vom Heranrücken der Feinde bringt, zu sehen ist. Die bewegte Form der Fahne antwortet dem aufgerissenen Gewölk vor dem Mond.

c) Samuel Ringck nach Wilhelm Jury

„Friedrich II. vor der Schlacht bey Liegnitz. In der Nacht vom 14 ten auf den 15ten August

Kat. Nr. VIII, 16 d

1760 patrouillirte der Major von Hund mit dem Lieutenant von Wolfrath auf dem Wege nach Binowitz. Unvermuthet stiess er auf die feindlichen Kolonnen, und eilte nun durch ein kleines Gehölz zum Könige. Das Glück fügte es, dass er, ohne sich dessen zu Versehen, seinen Monarchen mit dem Markgrafen Karl und dem General Zieten bey einem kleinen Wachtfeuer antraf, neben welchem der König eingeschlafen war. Der Aufruhr des Majors v. Hund: der Feind ist da! ist kaum 400 Schritt entfernt! ermunderte den König und das im Schlaf versunkene preußische Heer zum nahen Kampf."

Radierung, 22,2 × 27,9 cm (Platte)
Bez.: „WJury del Ringck sc 1800."

Kunstsammlungen Veste Coburg

Jury berichtet das Geschehen ausführlicher als Hampe und läßt sich den Effekt des Lagerfeuers nicht entgehen. Dafür verzichtet er auf den Mondschein. Hier ist es der Markgraf Karl von Brandenburg-Schwedt, der auf der Trommel sitzt.

d) Daniel Berger nach Johann David Schubert

„Friedrich II vor der Liegnitzer Schlacht. Was giebt's? Ihro Majestät, der Feind ist kaum 800 Schritte entfernt."

Radierung, 55 × 38,3 cm (Platte)
Bez.: „gezeichnet von Schubert gestochen von D. Berger Berlin 1803"

SSG, Schloß Charlottenburg

Im Katalog der Akademieausstellung von 1804, auf der der Stich gezeigt wurde (Nr. 8), heißt es: „Der Moment, den der Künstler dargestellt hat, ist: wie der König beim Wachtfeuer erwacht und frägt: „was giebts?" Der General Schenkendorff winkt dem Major Hundt, daß derselbe den König nicht aufwecken soll, indem er auf das Knie gestützt geschäftig war, mit seinem Stocke das Wachtfeuer zusammen zu schüren. Mehrere Offiziere der Armee und Grenadiere des Königs sind geschäftig, aufmerksam die Befehle zu vernehmen." Dieser letzte Satz entspricht nicht der tatsächlichen Darstellung. Vielmehr schmückt Schubert sie mit genrehaften Zügen aus, um die Atmosphäre eines nächtlichen Lagers anschaulich zu machen. Ein Soldat raucht und reicht einem anderen eine Branntweinflasche, während ein dritter schläft. Offiziere unterhalten sich und reagieren nicht auf das Hauptgeschehen.

e) Friedrich Unzelmann nach Adolph Menzel

Holzstich, 10,1 × 10,4 cm
Bez.: „A. M. Unzelmann"
Aus: Franz Kugler, Geschichte Friedrichs des Großen, Leipzig 1840, S. 449, (B 707)
Foto

Menzel wählt den dramatischen Moment des spontanen Aufbruchs, der Friedrichs Spannkraft und Entschlossenheit hervorhebt. Er stellt den König als Silhouette groß vor den Schein der Flammen. Während Hundt rechts dem Feindt entgegenreitet, wird von links das Pferd herangeführt, das der König besteigen wird, um dem Major zu folgen. Links steht der Markgraf Karl, der Friedrich ähnlich sieht.

## 17 Friedrich der Große und das Regiment Bernburg

Nach einer Reihe bitterer Niederlagen stimmte der Sieg bei Liegnitz den König dankbar gegen seine Soldaten. Das Regiment Anhalt-Bernburg, dem er zur Strafe für ein Versagen bei der Belagerung von Dresden Huttressen und Seitengewehre abgenommen hatte, rehabilitierte sich durch große Tapferkeit. Die Versöhnung des Königs mit den Soldaten galt als Beispiel für seine Gerechtigkeit im Umgang mit dem einfachen Mann. Die Darstellung war geeignet, die Kampfmoral der Truppen zu heben.

a) Eberhard Henne nach Daniel Chodowiecki

„der König, auf der Wahlstatt von Liegnitz, u.: der Flügelmann des damahligen Bernburgischen Regiments — am 15. August 1760."

Radierung, 9,4 × 5,6 cm
Bez.: „D. Ch. del E. H. sc"
Foto

Chodowiecki konzentriert sich in seiner lapidaren Erzählweise auf den Dialog des Königs mit dem Flügelmann des Regimentes, der respektvolle Haltung bewahrt. Die Verwundeten und Toten deuten die Furchtbarkeit der Schlacht an. Im Kontrast dazu steht die Ordnung und Disziplin der angetretenen Truppen.

Kat. Nr. VIII, 17a

b) Samuel Ringck nach Carl Friedrich Hampe

„Friedrich II nach der Schlacht bey Liegnitz 1760 den 15.[tn] August
Das Regiment von Bernburg, welches bei Dresden ausgezeichnet herabgesetzt worden, that sich in dieser Schlacht auserordentlich hervor, die verlohrene Ehre wieder zu erkämpfen, oder sich aufzuopfern. Dem Monarchen blieb diese Tapferkeit nicht unbemerkt. Er ritt beim heranbrechenden Morgen bei dem Regiment vorbei: Die Offiziere schwiegen, in der Hoffnung auf des Monarchen Gerechtigkeit. Vier alte Soldaten aber, fielen ihm im Zügel, und baten um die verlorene Gnade. Friedrich antwortete gerührt: „Ja Kinder: ihr sollt sie wieder haben und alles soll vergessen sein.“

Radierung, 21 × 25,5 cm (Platte)
Bez.: „C Hampe del. S. Ringck Sc. Berlin 99“

SBPK, Einblattdrucke YB 8420 kl.

Hampes Darstellung ist gefühlsbetont. Einige Soldaten umringen bittend das Pferd des Königs, der sich milde und leutselig zu ihnen herabbeugt und vom aufgehellten Himmel wie von einer Aura umgeben ist. Ein Stück Landschaft deutet den Weg an, den er nehmen will.

c) Albert Vogel nach Menzel

Holzstich, 8,3 × 11 cm
Bez.: „A. M. A. Vgl.“
Aus: Franz Kugler, Geschichte Friedrichs des Großen, Leipzig 1840, S. 453 (B. 709)
Foto

Menzel gibt die Szene, Kugler folgend, noch detailreicher wieder, stuft den Ausdruck der Soldaten, von denen zwei ihre Seitengewehre hochhalten, vom innigen Bitten bis zum zufriedenen Lachen ab und stellt dem freundlich blickenden König den streng dreinschauenden Regimentskommandeur gegenüber, der das Disputieren der Soldaten mit dem König als Zudringlichkeit mißbilligt.

## 18 Friedrich der Große nach der Schlacht bei Torgau

Die Schlacht zwischen Preußen und Österreichern bei Torgau am 3. November 1760 war eine der dramatischsten im Siebenjährigen Krieg. Der König geriet mehrfach in die äußerste Gefahr. Das hat die Veranlassung zur Darstellung mehrerer verschiedener Episoden gegeben. Am häufigsten wurde geschildert, wie Friedrich sich nach der Schlacht in dem Dorfe Elsnig, dessen Häuser vollständig mit Verwundeten belegt waren, die kalte Kirche zum Quartier wählt. Nachdem er ein Feuer hatte machen lassen, schrieb er auf den Stufen des Altares eine kurze Nachricht über den Sieg an den Minister Finckenstein. Es sollte gezeigt werden, wie der König mit den Soldaten die Last des Feldzuges teilt und wie er improvisiert. Die Niederschrift der Siegesbotschaft auf den Stufen des Altares sollte auch andeuten, daß der König bei seinen Unternehmungen unter dem Schutze Gottes gestanden hat. Friedrichs ambivalentes Verhältnis zur Religion war damit verschleiert.
Ein Gemälde mit diesem Thema, das Johann Christoph Frisch 1804 auf der Berliner Akademieausstellung zeigte, ist verschollen.

Kat. Nr. VIII, 18 c

a) Eberhard Henne nach Daniel Chodowiecki

„der König, nach der Schlacht bey Torgau, schreibt in einer Dorff-Kirche, auf den Stuffen des Altars, für die als Curiers darauf wartenden Staabs-Officiere, seine Depeschen, in der Nacht vom 3. November 1760."

Radierung, 9,4 × 5,6 cm
Bez.: „D. Ch. del. E. H. sc."
Foto

Die kleine Radierung ist durch ihre knappe, symmetrische, in klaren Raumschichten entwickelte Komposition weit eindrucksvoller als die Darstellungen von Haas und Rode. Das Zusammenkauern des Königs auf den Altarstufen zeigt die Improvisation weit deutlicher an und gibt dem Sieger zugleich ein demütiges Aussehen. Die Parallelität seines Profils und dessen des Küsters, die Verdoppelung des Kuriers und die schlicht rhythmisierte Wand hinter dem Altar vermitteln dagegen den Eindruck von Präzision, Disziplin und spartanischer Gesinnung.

b) Peter Haas

„Friedrich der Grosse ertheilt in der Nacht in einer Dorffkirche am fusse des Altars nach der Schlacht bey Torgau als Sieger Seine Befehle"

Radierung, 20,5 × 24,9 cm
Bez.: „P. Haas f: Berlin 1793."
Aus: C. D. Küster, Lebensrettungen Friedrichs II. im Siebenjährigen Krieg

SSG, Schloß Charlottenburg

Friedrich schreibt gerade seinen Namen unter die Depesche. Zwei Kuriere warten darauf, sie mitnehmen zu können. Vielleicht geht das Blatt auf eine Komposition Rodes zurück, denn dessen Gemälde (Nr. 18 c) variiert die Radierung auf eine allerdings nicht sehr geschickte Weise. Die an den Altar gelehnte Tafel mit der Aufschrift „Nun danket alle Gott", eine Erinnerung an den Choral von Leuthen, unterstreicht den religiösen Gehalt der Szene.

c) Bernhard Rode

Öl auf Leinwand, 115 × 145 cm

SSG, Schloß Charlottenburg, GK I 30074

Gegenüber dem Stich von Haas ist das Gemälde nicht glücklich mit neuen Motiven bereichert. Zwei Soldaten schüren ein Feuer, das durch einen klobigen, architektonisch nicht motivierten Pfeiler größtenteils verdeckt ist. Rode wollte ein Interieur mit künstlichem Licht in der Art der Caravaggisten und Rembrandts geben. Der König sitzt nun vor dem Altar auf einem nicht erkennbaren Sitz und benutzt einen Schemel als Tisch.
Das Gemälde, das zu einer größeren Serie von Darstellungen aus dem Leben des Königs gehört, wurde 1795 auf der Berliner Akademieausstellung gezeigt (Nr. 9).

d) Friedrich Unzelmann nach Adolph Menzel

Holzstich, 8,9 × 7 cm
Bez.: „A. M. Unzelmann"
Aus: Franz Kugler, Geschichte Friedrichs des Großen, Leipzig 1840, S. 468 (B. 721)
Foto

Menzel rückt die Gruppe der Offiziere vom König ab in die Tiefe des nun deutlicher erklärten Kirchenraumes. Friedrich wird gezeigt, wie er mit ernstem Gesicht überlegt, was er schreiben soll. Er ist durch Kerzenlicht akzentuiert.

## 19 Begegnungen Friedrichs des Großen mit Joseph II. in Neiße und Mährisch-Neustadt

Bereits 1766 hatte der damals vierundzwanzigjährige Joseph II., Mitregent seiner Mutter, der Kaiserin Maria Theresia, seit 1765, eine Begegnung mit dem von ihm bewunderten Friedrich dem Großen in Torgau erstrebt. Damals hatten Maria Theresia und der Fürst Kaunitz eine solche Zusammenkunft zu hintertreiben gewußt. Drei Jahre später erschien der österreichischen Führung jedoch eine Annäherung an Preußen vorteilhaft, und Friedrich hatte seinerseits angesichts des russisch-türkischen Konfliktes ein Interesse an einer Begegnung, um auf Katharina die Große einen Druck auszuüben. Als Ort für das Zusammentreffen war Neiße in Oberschlesien ausersehen. Friedrich hielt sich im bischöflichen Schloß auf, als Joseph am 25. August 1769 dort eintraf. Der König kam, von dem Prinzen von Preußen, Friedrich Wilhelm, seinem Bruder Prinz Heinrich und Offizieren seiner Begleitung gefolgt, dem eilig die Treppe heraufsteigenden Kaiser entgegen, und es fand eine Umarmung unter der Versicherung gegenseitiger Hochschätzung statt. Joseph soll gesagt haben: „Das ist der glücklichste Tag meines Lebens". Die Begegnung wurde als Versöhnung zweier Staaten angesehen, die sich in drei Kriegen erbittert bekämpft hatten.
Ein Gegenbesuch Friedrichs auf österreichischem Boden erfolgte am 3. September 1770 in Mährisch-Neustadt. Der König verließ am Rande der Stadt seinen Wagen, weil er dem Kaiser zu Fuß begegnen wollte. Dieser ging mit seinem Gefolge dem König entgegen, und so fand die herzliche Begrüßung unter freiem Himmel statt.

a) Christian Benjamin Glassbach

„Joseph II. Röm: Kayser Friedrich II. König von Preussen. Neis den 25. Aug: 1769.
Der Vater Friedrich, der Weise und der Held,
Das Wunder und der Stolz der Welt
Sah Deutschlands Haupt, mit eines Freundes Blicken:
An Ihm, sah Joseph, mit Entzücken,
Was eine grosse Seel, von Vorurteilen frei
Was Königlicher Geist, was menschlich Hertze sei."

Radierung, 30 × 22 cm
Bez.: „C. B. Glassbach sc. et. Exc. Berol."

SBPK Einblattdrucke YB 9277 mtl.

Der unmittelbar nach dem Ereignis entstandene Stich mit den beiden sich die Hand reichenden Monarchen folgt bewußt einem für die preußisch-sächsischen Bündnisse vorgeprägten Bildschema und legt den Haltungen der Figuren weitgehend Louis de Silvestres Doppelporträt Augusts des Starken und Friedrich Wilhelms I. (Exemplare in Dresden, Gemäldegalerie, und ehemals Potsdam, Stadtschloß) zugrunde. Allegorische Gestalten in den

Kat. Nr. VIII, 19b

Wolken entfernen die Darstellung vom Ereignisbild.

b) Unbekannter Berliner oder Potsdamer Maler

„Friedrich der Große und Joseph II. in Neiße"

Öl auf Leinwand, 91 × 108 cm

SSG, Schloß Charlottenburg

Das Gemälde stammt aus dem Besitz des Generals Robert Scipio Lentulus (1714-1787), der bei beiden Begegnungen zwischen dem König und dem Kaiser zugegen war. Das Bild ist sicher für den General Lentulus geschaffen worden, um seine bevorzugte Stellung der Nachwelt zu überliefern. Er befindet sich als einziger mit den beiden Monarchen im Zimmer, während das übrige Gefolge sich rechts bei der geöffneten Tür drängt.

Die Uniform des Kaisers stimmt mit einem ehemals im Hausarchiv in Charlottenburg als Abschrift überlieferten Augenzeugenbericht überein (von dem Akzise- und Zolleinnehmer Johann Ludwig Tiedemann nach Georg Christoph von Arnim). Hier heißt es: „S. M. der Kaiser kamen den 25. hujus um 12 Uhr Mittags in Neiße zum Neustädter Tor unterm Namen eines Grafen von Falkenstein an. Ihr Fuhrwerk war ein halbbedeckter Wagen mit 6 Postpferden. Der Kaiser hatte eine grüne Mondur mit roten kleinen Aufschlägen und rotem Kragen, eine Paille-Weste mit Gold darunter an und einen Hut mit einer nicht zu breiten goldenen Tresse auf. ... Nach einer also gar kurzen, aber sehr zärtlichen ersten Bewillkommnung auf der Treppe nahm ihn der König bei der Hand und wollte ihn vollends

hinaufführen. Der Kaiser aber wollte garnicht voraus, auch nicht einmal rechter Hand gehen, sondern spielte dem König mit vieler Behendigkeit das praevenire, faßte ihn bei der Hand und führte den König in die Zimmer der Residenz, in die der König auch wirklich, so sehr er sich gleich genirte, zuerst hereintrat. Die beiden Häupter gingen also allein in das Zimmer, in dem der König vorher die Ankunft des Kaisers erwartet hatte. Die Prinzen und die ganze Generalität blieb im Vorzimmer."
Das Bild und der zopfige Rahmen scheinen zusammen um 1780 entstanden zu sein, jedenfalls vor dem 1787 erfolgten Tod des Generals Lentulus. Der Maler des Bildes ist nicht mit Sicherheit zu bestimmen. Vielleicht handelt es sich um Friedrich Wilhelm Bock (vgl. Nr. 27 b).

c) Daniel Chodowiecki

„Der Kaiser Joseph, und Friedrich der Einzige kommen 1770 zu Mährisch Neustadt zusammen"

Radierung, 8,8 × 5,1 cm (Platte)
Bez.: „D. Chodowiecki del & sculps."
Aus: Gothaischer Hof Kalender auf das Jahr 1790 (E. 614,1)
Foto

Was Chodowiecki veranlaßt hat, die Begegnung in Mährisch-Neustadt und nicht die bewegendere in Neiße zu wählen, läßt sich schwer erklären. Das zweite Treffen war politisch bedeutungsvoller, aber es war auch leichter darzustellen, da die komplizierte räumliche Situation der Umarmung im Treppenhaus bei dem kleinen Format der Illustration mit gestalterischen Problemen verbunden war, wie ein Stich nach einer Zeichnung Chodowieckis (vgl. Nr. 19 d) belegt. Hier ist die Komposition ganz einfach. Links, auf der Seite des Kaisers, sind der Fürst Kaunitz und der Generalfeldmarschall Laudon zu erkennen, rechts, auf der Seite Friedrichs, Friedrich Wilhelm (II.). Bei den anderen drei Dargestellten muß es sich um Prinz Ferdinand, den jüngsten Bruder des Königs (vermutlich vorn), den Prinzen Karl Wilhelm Ferdinand von Braunschweig und den General Lentulus handeln. Ähnliche Begrüßungsszenen mit Umarmung hat Chodowiecki mehrfach dargestellt, in einem Falle sogar als religiöses Motiv der Heimsuchung (E. 465).

d) Unbekannter Zeichner und Stecher

„Zusammenkunft Friedrich des Einzigen mit Joseph den II in Neisse"

Radierung, 16 × 22 cm

SBPK Einblattdrucke YB 9279 kl

Die Komposition übersetzt eine hochformatige Radierung nach einer Zeichnung Chodowieckis (Hohenzollern-Jahrbuch 1906, S. 104) ins Querformat. Gegenüber dem Vorbild ist die Treppe von sieben auf drei Stufen reduziert. Kaiser Joseph folgen die Generale Hadlik und Laudon. Die Preußen sind nicht zu identifizieren.

e) Carl Mayer nach Peter Carl Geisler

„Friedrich II. und Joseph II. in Neisse 1760."

Kupferstich, 16,3 × 9,3 cm (Bild)
Bez.: „P. C. Geisler gez. J. Scheible's Verlags-Expedition, Leipzig u. Stuttgart, Stich u. Druck durch Kunst-Anstalt von Carl Mayer in Nürnberg"

GStA PK, IX. HA II 1228

Der um die Jahrhundertmitte entstandene Stich nach einer Zeichnung des Nürnberger Malers Peter Carl Geisler vereinfacht das Geschehen zu einem Händedruck der beiden Monarchen. Daß Friedrich dem Kaiser die Treppe herab entgegeneilt, läßt sich kaum noch wahrnehmen. Mit Säule und Vorhang als gängigen Motiven einer idealen Repräsentationsarchitektur wird der Eindruck von einer bestimmten Örtlichkeit verwischt, und unter den beiderseitigen Begleitern kann keiner mehr identifiziert werden.

f) Friedrich Unzelmann und Hermann Müller nach Adolph Menzel

Holzstich, 13,1 × 12,4 cm
Bez.: „A. M. U M"
Aus: Franz Kugler, Geschichte Friedrichs des Großen, Leipzig 1840, S. 545 (B. 766)
Foto

Begegnung in Neiße. Menzel kommentiert die Darstellung: „Friedrich mit Joseph, weiter zurück auf der Treppe der Prinz von Preußen und Prinz Heinrich, hinter diesem zur Rechten Laudon." Menzel wählt nicht den effektvollen Moment der Begrüßung (vgl. Nr. 19 h), sondern den danach, der das Verhältnis der beiden Herrscher und den Respekt

Kat. Nr. VIII, 19 h

des jüngeren, aber im Rang höher gestellten Kaisers deutlicher zu erkennen gibt. Der König hält den aufrecht gehenden, beglückt und bewundernd zu ihm hinschauenden Joseph II. fest bei der Hand und geleitet ihn zu den Gemächern des Schlosses. Entgegen der Rangordnung folgt der Kaiser dem König als dem Älteren und seinem Vorbild. Die Architektur hat Menzel erfunden.

g) Otto Vogel nach Adolph Menzel

Holzstich, 11,7 × 11 cm
Bez.: „A. M. O Vogel"
Aus: Franz Kugler, Geschichte Friedrichs des Großen, Leipzig 1840, S. 548 (B. 768)
Foto

Begegnung in Neustadt. Menzel vermerkt dazu: „Die beiden Vordersten sind Kaunitz mit Joseph II., weiter hin Friedrich an seiner Linken, zunächst dem Fenster Prinz de Ligne, zu seiner Rechten Laudon, hinter ihm sein Bruder, Prinz Ferdinand. Sämmtlich nach gleichzeitigen Portraits."
Der Saal ist eine Erfindung Menzels. Witzig ist besonders der Konsoltisch mit dem Fuß in Gestalt eines Tritons vor dem Spiegel rechts. Der Dreispitz auf der Tischplatte und die angelehnten beiden Degen unterstreichen als eine Art Stilleben im Charakter der Vignetten Menzels die gelöste Atmosphäre der Zusammenkunft. Das Zufällige und Ungeordnete dieser Szene entspricht Menzels Neigung, Menschen zu beobachten. Elfried Bock nennt die Darstellung „Friedrich als Gast Josephs II. im Wiener Schloß".

h) Adolph Menzel

Öl auf Papier, auf Leinwand aufgezogen, 28 × 36 cm
SMPK, Nationalgalerie

Für die Verbindung für historische Kunst malte Menzel 1857 ein 242 x 310 cm großes Gemälde der Begegnung der beiden Monarchen in Neiße, das im Pathos an Darstellungen wie Rubens' „Begegnung des Königs Ferdinand von Ungarn mit dem Kardinal-Infanten Ferdinand bei Nördlingen" (Wien) oder Velazquez' „Übergabe von Breda" (Madrid) erinnert. Die geschichtliche Bedeutung des Moments sollte augenfällig werden. Das Gemälde gewann der Großherzog von Sachsen-Weimar. Nach dem Ersten Weltkrieg gelangte es in das Breslauer Museum. 1954 gab es die VR Polen an die Ostberliner Nationalgalerie ab.
Die Skizze zu diesem sechsten der acht „Friedrichbilder" befindet sich seit 1889 in der Nationalgalerie. Sie gibt mehr vom Raum wieder als das Gemälde, wirkt in der Handlung natürlicher, schlichter und verzichtet noch auf die Durcharbeitung des zugespitzten psychologischen Ausdrucks in den Gesichtern, die in dem Gemälde den Eindruck einer sehr bewußten Inszenierung erweckt. Bei der Darstellung des Treppenhauses mit seinem Tonnengewölbe hat sich Menzel anscheinend noch von seiner Illustration zu Kugler (vgl. Nr. 19 f) leiten lassen. Mit Geschick ist die Richtungswendung der Treppe zur Teilung der beiden Gruppen genutzt. Der Blick in die Raumtiefe und hinab ist dem österreichischen Gefolge des Kaisers mit den Generalen Laudon und Hadik (rechts) zugeordnet, während der nach oben weisende bildparallele Verlauf den Preußen mit Friedrich Wilhelm (II.), vom König halb verdeckt, den Generälen Tauentzien und Seydler, sowie dem Prinzen Heinrich ganz rechts eingeräumt ist. Der Kaiser befindet sich bereits auf der „preußischen" Seite, die gewichtiger ist. So ist das Bild nicht nur die Darstellung der Versöhnung, sondern auch die der Manifestation der preußischen Überlegenheit. Österreich steigt auf, indem es sich dem aufgeklärten Preußen annähert, ja in die Arme wirft. Mit der Darstellung Friedrichs des Großen in Lissa (vgl. Nr. 13 g) lieferte Menzel ein Jahr danach eine weitere Begegnungsszene zwischen Preußen und Österreichern in einem Treppenhaus.

## 20 Friedrich der Große und sein Page

Die Anekdote vom treuen Pagen ist eine von vielen, die die anständige Gesinnung des Königs gegen seine Untertanen und zugleich als Würze solcher Geschichten die Originalität in seinen Reaktionen vorführen sollen. Gotthold Klee berichtet in seinem Buch „Friedrich der Große" 1903 (S. 147):
„Eines Tages klingelte der König nach dem diensttuenden Pagen, doch niemand kam. Der König fand den Pagen eingeschlafen. Aus seiner Rocktasche sah ein Brief hervor. Der König zog leise den Brief heraus, der von der Mutter des Pagen geschrieben war und also lautete: „Lieber Sohn, ich danke Dir für die Unterstützung. Gott wird Dich dafür belohnen. Sei nur immer ihm und Deinem Könige treu, so wirst Du stets glücklich sein." Friedrich ging in sein Zimmer zurück, holte eine Rolle Dukaten und steckte sie dem immer noch schlafenden Pagen in die Tasche. Dann entfernte er sich wieder und klingelte so stark, daß der Page aufwachte und in das Zimmer des Königs ging. „Du hast wohl geschlafen?" fragte der König. Der Page stammelte eine Entschuldigung und fuhr dabei mit der einen Hand in die Tasche. Alsbald fühlte er die Geldrolle. Der Page stürzte auf die Knie und rief: „Ach, Majestät, man will mich unglücklich machen. Ich weiß nichts von diesem

Kat. Nr. VIII, 20 b

Kat. Nr. VIII, 21 b

Gelde." Da klopfte ihm der König auf die Schulter und sprach gütig: „Steh' nur auf. Wem's Gott gibt, dem gibt er's im Schlafe. Schicke es deiner Mutter, und schreib', daß ich für dich und für sie sorgen will, wenn du so rechtschaffen bleibst." "

a) Daniel Chodowiecki

„Friedrich II belohnt die kindliche Liebe eines Pagen"

Radierung, 8,5 × 5,1 cm (Platte)
Aus: Königl. Grosbritanischer Historischer Genealogischer Calender für 1794 (E. 714,4)
Foto

Chodowiecki gibt den Dialog in der einfachsten Anordnung der Gestalten wieder und stimmt die Innenarchitektur mit den beiden gliedernden Pilastern von unterschiedlicher Breite darauf ab. Originell ist die Vorstellung vom Schloß Sanssouci, die er mit den auffällig gemusterten Stoffbespannungen der Sofas und der Wände vermittelt.

b) Le Grand nach Chasles

„Frederic et son page. Remettons lui sa lettre: mon or ne la lui paieroit pas. Le Maitre recompence il remplit son devoir comme homme, et plus que tous, en avant le pouvoir, mais l'enfant généreux na rien que son salaire. et se prive de tout pour secourir sa mere. Person"

Schabkunstblatt, 54,4 × 42,4 cm (Platte)
Bez.: „Chasle pinx le Grand scul."

SBPK Einblattdrucke YB 101 70 gr.

Das Blatt ist ein Beispiel für das Interesse, das auch in Frankreich an der Person des Königs bestand. Chasles zeigt, wie der König den Brief der Mutter des eingeschlafenen Pagen liest. Das Interieur von Sanssouci mit den beiden großen Landschaftspanneaus ist im Stil des Louis XVI. aufgefaßt. Die Vorliebe des Königs für antike Büsten war dem Maler anscheinend bekannt. Der Zeichner Chasles wird 1774 erwähnt.

## 21 Die Bittschrift

Die Bemühungen des Königs, dem einfachen Untertan zu seinem Recht zu verhelfen, machen einen guten Teil seines Nachruhmes aus. Während bis zur Mitte des Jahrhunderts das Andenken an diese Wirksamkeit in Anekdoten fortlebte, hat Menzel als erster diesen Inhalt in Genreszenen ohne ein bestimmtes historisches oder legendäres Ereignis zu fassen versucht.

a) Eduard Kretzschmar nach Adolph Menzel

Holzstich, 7,5 × 10,6 cm
Bez.: „A. M. E. K."
Aus: Franz Kugler, Geschichte Friedrichs des Großen, Leipzig 1840, S. 583 (B. 788)
Foto

Menzel kommentiert die Szene: „Die Tradition nennt einen der Bäume vor dem Potsdamer Schlosse als vorzugsweise den, unter welchen die Bittsteller traten, um vom König bemerkt zu werden. Jener hieß daher der Baum der Gnade." Ein Husar signalisiert den Wartenden die Ankunft des Königs.

b) Adolph Menzel

Öl auf Leinwand, 60 × 75 cm
Bez.: „Menzel 1849"

SKH Dr. Louis Ferdinand Prinz von Preußen, Burg Hohenzollern

In dem Gemälde, seinem frühesten mit einem Thema aus dem Leben des Königs, hat Menzel als fruchtbaren, spannungsreichen Moment den vor der Überreichung der Bittschrift gewählt. Während der König sich rasch naht und soeben mit strengem Blick das Paar fixiert, redet die arme Frau lebhaft auf den schüchtern dastehenden Mann ein und spricht ihm Mut zu, sein Anliegen vorzutragen. Im Hintergrund erscheinen das Neue Palais und die Communs. Das Bild ist erst nach Menzels Tod vom Haus Hohenzollern erworben worden.

## 22 Entwicklung der Landwirtschaft

Die besonders nach dem Siebenjährigen Krieg intensivierten Bemühungen des Königs um eine Beförderung der Landwirtschaft durch Urbarmachung, Melioration, Kolonisation und Verbesserung der Verkehrswege fanden bei der Bevölkerung große Anerkennung, zumal Friedrich sich bei seinen häufigen Inspektionsreisen persönlich von den Fortschritten überzeugte und bei dieser Gelegenheit mit ihr in Berührung kam.

a) Daniel Chodowiecki

„Na! Kommt alle her."

Radierung, 8,9 × 5 cm
Aus: Gothaischer Hof Kalender auf das Jahr 1789 (E. 600,6)
Foto

Chodowiecki illustriert eine Begegnung mit dem für die Urbarmachung des Rhinluchs bei Neu-Ruppin verantwortlichen Persönlichkeiten (vgl. Nr. 22 c). Das Zentrum der Darstellung ist, wie bei vielen Kupfern Chodowieckis, ein Ausspruch, und sie besteht aus dem Gegenstand dieses Ausspruchs, dem, der ihn tut, und den Adressaten.

b) Bernhard Rode

Bleistift, Pinsel in Braun, 43,5 × 29,7 cm
Bez. links unten: „B. Rode fec. 1796"

SMPK, Kupferstichkabinett

Im Katalog der Akademieausstellung von 1797 findet sich eine Rubrik „Kunstwerke von hiesigen Künstlern, die nicht ausgestellt werden konnten." Hierunter ist „vom verstorbenen Herrn Director B. Rode" ein jetzt verschollenes Gemälde „Die Besitznehmung der polnischen Länder von Friedrich II." aufgeführt, das die Königl. Westpreußische Kriegs- und Domänen-Kammer-Deputation für das Kammerkonferenzzimmer in Bromberg in Auftrag gegeben hatte. Dieses Bild, für das die Zeichnung eine Vorarbeit zu sein scheint, ist im Katalog beschrieben: „Der höchstseelige König

Kat. Nr. VIII, 22 c

Friedrich II. in Lebensgröße, zu seiner linken Seite ein Windspiel, die Gattung von Hunden von denen er stets welche um sich hatte; vor ihm steht die Göttin der Stadt [Bromberg], an der Mauerkrone auf dem Haupte erkennbar. Sie zeigt ihm die Charte vom Netzdistrikte, auf welcher er den Canalbau anzuordnen scheint; zwischen beyden, etwas im Hintergrunde, steht die Göttin Ceres mit dem Ährenkranze; ganz hinten sieht man Ackergeräthschaften; Anspielungen auf Verbesserung der Städte, des Landes, und auf die Anlage des Netzkanals u. s. w." Links im Hintergrund sind Polen zu erkennen.
Schon 1772 beschloß Friedrich, durch den Bau eines Kanals Weichsel und Oder miteinander zu verbinden und auf diese Weise das Getreide aus den neu erworbenen polnischen Gebieten auf direkterem Weg nach Berlin zu geleiten. 1775 war das Unternehmen beendet, das — auf Kosten Danzigs — für Bromberg und Elbing einen bedeutenden Aufschwung brachte.

c) Johann Christoph Frisch

Öl auf Pappe, 45 × 62 cm

SSG, Schloß Charlottenburg, GK I 2912

SKH Dr. Louis Ferdinand Prinz von Preußen, Berlin

Das Gemälde „Friedrich der Große besichtigt die Kolonien im Rhinluch von den Stöllenschen Bergen aus" ist die Skizze zu einem großen Bild, das auf der Akademieausstellung von 1800 als Nr. 4 in der „Gallerie vaterländisch-historischer Darstellungen" gezeigt wurde. Der Kommentar im Katalog lautet: „Friedrich der Große machte im Jahr 1779, in Gesellschaft des Generals, Grafen v. Görz, eine Reise, um die Colonien, die auf seinen Befehl und auf seine Kosten in dem Rhinluch angelegt waren, zu besehen. Der öde Bruch war urbar gemacht, 308 Familien, die aus 1576 Seelen bestanden, hatten daselbst Wohnung und Unterhalt gefunden. Bey den Stöllenschen Bergen verließ der König seinen Wagen, erstieg mit seinen Begleitern die Anhöhen, ließ

sich einen Tubus reichen, und übersah mit prüfendem Blick das Ganze und das Einzelne.
Zufrieden mit der Art, wie sein Befehl vollzogen war, richtete er die rührenden Worte an den Amtsrath (jetzigen Kriegsrath) Clausius und den damaligen Bauinspektor Menzelius: „Das ist wahr! das ist wider meine Erwartung! das ist schön, ich muß Euch das sagen, alle, die ihr daran gearbeitet habt, ihr seyd ehrliche Leute gewesen." Der verstorbene Geh. Ob. Baurath Menzelius zeigte hierbey dem Könige einen Plan der ganzen Gegend vor. — Vieles Volk aus der dortigen Gegend hatte sich hinzugedrängt. Der König, Graf Görz, Clausius und Menzelius sind Bildnisse."

d) Beneworth nach Adolph Menzel

Holzstich, 7,5 × 11,2 cm
Bez.: „A. M. Beneworth sc."
Aus: Franz Kugler, Geschichte Friedrichs des Großen, Leipzig 1840, S. 577 (B. 786)
Foto

Der Ort von Menzels Darstellung läßt sich nicht genau bestimmen. Wahrscheinlich bezieht sie sich auf die von Franz Balthasar Schönberg von Brenckenhoff, einen tüchtigen, genialisch wirtschaftenden Unternehmer geleiteten Arbeiten im Oderbruch. Die weite, wasserreiche Landschaft, der Gegenstand der Aufmerksamkeit der Personen, die in den Hintergrund gerückt sind, ist die Hauptsache. Neben dem König steht vermutlich Brenckenhoff.

e) Adolph Menzel

Öl auf Papier, auf Leinwand aufgezogen, 29 × 41,5 cm

SMPK, Nationalgalerie

In den Kreis der Darstellungen, die die Entwicklung des Landes zum Inhalt haben, gehört auch Menzels Gemälde „Friedrich der Große auf Reisen", das 1853/54 für den Berliner Kommerzienrat und Sammler Dr. Louis Ravené ausgeführt, im letzten Krieg schwer beschädigt und 1967 als Leih-

Kat. Nr. VIII, 22 e

gabe der Bundesrepublik Deutschland der Nationalgalerie überlassen wurde. Der König besichtigt den Wiederaufbau einer im Siebenjährigen Krieg zerstörten Ortschaft mit einem Schloß links. Er ist in Begleitung des Generals Robert Scipio Lentulus rasch seiner Kutsche entstiegen, würdigt die untertänig sich verneigende Gutsherrschaft kaum eines Blickes, beachtet auch die Dorfbewohner zu seiner Linken nicht und strebt auf Brenckenhoff zu, der mit Bauplänen rechts am Bildrand steht. Das ausgeführte Bild unterscheidet sich nicht wesentlich von der Skizze, auf Grund derer der Auftrag erteilt wurde. Vor allem ist Brenckenhoff verändert. Er ist in die Pläne vertieft und wird sich erst im nächsten Moment dem König zuwenden.

## 23 Friedrich der Große und sein Großneffe (Ball-Anekdote)

Die bereits von Nicolai berichtete Anekdote wurde in der Regierungszeit Friedrich Wilhelms III. gern dargestellt, um die Fortsetzung der politischen Traditionen zu betonen. Zudem war der Dialog des alten mit Staatsgeschäften befaßten Königs mit dem kleinen Großneffen ein reizvolles Genremotiv. Der 1770 geborene älteste Sohn des Prinzen von Preußen, der spätere König Friedrich Wilhelm III., hatte seinen Federball auf den Arbeitstisch des Königs geschlagen. Als dieser den Ball festhielt, sagte der Prinz: „Ich frage Sie, Ihro Majestät, wollen Sie mir meinen Ball wiedergeben oder nicht?" Darauf antwortete der König: „Du bist ein braver Junge, du wirst dir Schlesien nicht nehmen lassen!"

a) Frederik Carstens

„Ich frage Sie Ihro Majestät, wollen Sie mir meinen Ball wiedergeben oder nicht?"

Radierung, 24 × 29 cm
Bez.: „F. Carstens fecit se trouve chez Isidoro Weiss Nicolai Anecd:$^{2te}$ Saml.:$^{2te}$ Aufl:"

SBPK Einblattdrucke YB 9460 kl

Die Szene, wie Carstens sie wiedergibt, konnte volkstümlich sein, weil sie den König in einem bürgerlich wirkenden Interieur vor einem simplen Schreibtisch sitzend zeigt. Eine überflüssige Zutat ist der Diener, der eine Tasse Schokolade bringt.

b) Eberhard Henne nach Daniel Chodowiecki

„Du bist ein braver Junge. Du wirst dir Schlesien nicht nehmen lassen."

Radierung, 9,4 × 5,6 cm
Bez.: „D. Chodowiecki del. E. Henne sc."
Foto

Chodowieckis einfache Komposition ist weit überzeugender als die von Carstens. Der kleine Prinz in seiner selbstsicheren Haltung kann das Blatt beherrschen, weil der König fast ganz in seinem Schreibtischsessel verschwindet und nur sein markantes Profil mit der zeigenden rechten Hand den Ausspruch illustriert.

c) Johann Carl Friedrich Riese

Bisquitporzellan, Höhe 37 cm

SSG, Schloß Charlottenburg

Die Skulptur Rieses ist im Erzählstil mit den ausgreifenden Bewegungen von den Anekdotenkupfern Chodowieckis angeregt, wie im Rokoko Porzellangruppen oft direkt die Umsetzung von Stichen ins Dreidimensionale waren. Sie ist 1800 auf der Berliner Akademieausstellung (Nr. 364) gezeigt worden.

d) W. Meyer

„Friedrich II. und Friedrich Wilhelm III. Ich frage Ew. Maj: wollen Sie mir meinen Ball wie-

Kat. Nr. VIII, 23 d

dergeben oder nicht? ‚Du bist ein braver Junge du wirst dir Schlesien nicht nehmen lassen!' "

Lithographie, 43,1 × 32,2 cm (Platte)
Bez.: „Lith v W Meyer Druck Gebr. Delius"

SMPK, Kupferstichkabinett

Die Lithographie verlegt die Szene in ein im Stil des zweiten Rokoko ausgestattetes Interieur. An der Wand hängt ein Bildnis Voltaires nach La Tour. Das Blatt dürfte um die Mitte des 19. Jahrhunderts entstanden sein.

## 24 Der Fürstenbund

Um die auf eine Änderung der Reichsverfassung zielenden Pläne Josefs II. zu durchkreuzen, stiftete Friedrich der Große am 23. Juli 1785 den Fürstenbund, der den Zweck verfolgte, die Rechte und Freiheiten der deutschen Fürsten zu schützen und ihren Besitz zu sichern. Zunächst gehörten nur Preußen, Sachsen und Hannover dem Bund an. Später traten ihm Braunschweig, Mecklenburg, Sachsen-Weimar, Sachsen-Gotha, Zweibrücken, Ansbach, Baden, Anhalt-Dessau und Mainz bei. Dem sich entwickelnden deutschen Nationalgefühl galt dieser Zusammenschluß als ein wichtiges Ereignis. Seine Verherrlichung war jedoch nur in der Allegorie möglich. Im 19. Jahrhundert fand es bei den bildenden Künstlern kein Interesse mehr.

a) Meno Haas nach Bernhard Rode

„Friedrich der Große stiftet den Fürstenbund"

Radierung, 39 × 41,9 cm (Platte)
Bez.: „Gemalt v. Bernhard Rode, Derecteur der Academi der bildenden Künste gestochen von Meno Haas Berlin 1793"

Kunstsammlungen Veste Coburg, V, 111,72

Der Stich reproduziert ein 1785 geschaffenes Gemälde von Rode (Gemäldegalerie Ost-Berlin), zu dem ein Gegenstück „Friedrich der Große als Perseus", eine Allegorie auf den Ausbruch des Siebenjährigen Krieges, existiert. Bemühungen um Frieden und Entschlossenheit, notfalls einen Krieg zu wagen, sind damit gegenübergestellt. Die Allegorie auf den Fürstenbund wurde 1787 auf der Berliner Akademie-Ausstellung (Nr. 2) gezeigt und im Katalog kommentiert: „Friedrich der Zweite, der mit einer Fackel die Waffen des Krieges angezündet hat, umwindet mit dem friedlichen Oelzweige, den ihm die Staatsklugheit vorhält, das Bund Wurfpfeile, welches ihm von der Göttin Deutschlands dargereicht wird, hinter dieser steht die Göttin der Eintracht, die man an ihren beiden zusammengeschlungenen Fruchthörnern erkennt."

b) G. W. Hoffmann

Grisaille, Feder, Tusche und Öl auf Papier, auf Leinwand aufgezogen, 38,2 × 51,6 cm

SSG, Schloß Charlottenburg, GK I 30237

Die skizzenhafte Grisaille, vielleicht ein Entwurf für einen nicht ausgeführten Kupferstich, ist einer im Juni 1963 bei Bassenge, Berlin (Auktion I, Nr. 1281 a) versteigerten Darstellung des gleichen Themas mit den Statuen Hermanns des Cheruskers und Gustav Adolfs II. von Schweden, bezeichnet „G. W. Hofmann delineavit 1789", ähnlich. Bei der zweiten Gestalt rechts vom König handelt es sich offenbar um den Thronfolger Friedrich Wilhelm zwischen Kurfürst Friedrich August von Sachsen (links) und Georg III., König von England und Kurfürst von Hannover (rechts). Links sind die später hinzugekommenen Bündnismitglieder dargestellt; unter ihnen ist der Erzbischof von Mainz als Rückenfigur im Hermelin zu erkennen.

c) Daniel Chodowiecki

„Der Fürstenbund"

Radierung, 8,8 × 5,1 cm (Platte)
Bez.: „D. Chodowiecki 1791"
Aus: Goettinger Taschen Calender für das Jahr 1792" (E. 661,4)
Foto

In einem Eichenwald sind vor einem antikischen Altar mit einem von Ölzweigen umrahmten Bündel von Pfeilen (vgl. Nr. 24 b) Friedrich der Große in der Tracht eines römischen Imperators und fünf Fürsten versammelt. Sie reichen sich die Hände und haben ihre Schwerter als Zeichen der Friedensliebe und Einigkeit auf den Altar gelegt. Chodowiecki scheint sowohl das Bild von Rode wie die von Hofmann gekannt zu haben. Der Stich gehört zu einer Folge „Sechs große Begebenheiten des vorletzten Decenniums". Die anderen Themen sind „Kaiser Leopolds sanfte Wiedereroberung seiner belgischen Staaten", „Aufklärung", „Toleranz", „Der Tod Friedrichs des Zweyten" und „Die neue Französische Constitution".

Kat. Nr. VIII, 24 b

## 25 Friedrich der Große und Zieten

Der Husarengeneral Zieten war der volkstümlichste der Generale Friedrichs, weil seine draufgängerische Tapferkeit, Rechtschaffenheit und schlichte Frömmigkeit (ungeachtet eines selbstbewußten Widerspruchsgeistes, der ihm in jüngerem Alter manche Zurücksetzung eingebracht hat) bürgerlichen Tugendbegriffen entsprachen. In der Zuneigung des Königs zu ihm, die sich steigerte, je älter beide wurden, nachdem eine tiefe 1756 überwundene Entfremdung stattgefunden hatte, sah man ein Beispiel der Dankbarkeit des Königs für erbrachte Leistung und seiner Bereitschaft, das Menschliche über die Rangordnung zu stellen. Daß der König nicht selten Treue schlecht gelohnt hat, wurde damit überdeckt.

Zieten begegnet in vielen Anekdotendarstellungen. Das von Johann Gottfried Schadow 1794 für den Wilhelmplatz geschaffene Denkmal des Generals bezeugte seine Popularität.

a) Daniel Chodowiecki

„Zieten sitzend vor seinem König den 25ten Januar 1785 (sic!) Der hinterlassenen Gattin des Helden ehrerbietigst gewidmet von D. Chodowiecki"

Radierung, 42,4 × 55,3 cm
Bez.: „gezeichnet und gestochen von D. Chodowiecki"

SSG, Schloß Charlottenburg

Die Radierung wurde kurz nach dem Tod Zietens am 27. 1. 1786 und vor dem des Königs ausgeführt

und der Witwe des Generals gewidmet. Mit den Bildnissen der Anwesenden, die Chodowiecki auf einem eigenen Blatt (E. 566) benannt hat, folgte er den kurz zuvor entstandenen Gemälden des Engländers Edward Francis Cunningham, die Friedrich inmitten seiner Generalität darstellen.
Luise Johanne Leopoldine von Blumenthal berichtet über die Szene: „Der Monarch war im Winter 1785 in Berlin, und bei zunehmendem Alter schon sehr kränklich. Sein treuer sechs und achtzigjähriger Zieten ging am 22sten December zur Parole-Zeit auf das Schloß, um seinem Könige das letzte Opfer seiner Ehrfurcht zu bringen, und ihn, nach einer Zwischenzeit von sechs Monaten, wieder zu sehen. Schon hatte der königliche Regent an die Generale von Möllendorf, von Braun und von Prittwitz seine Befehle ertheilt, und wandte sich so eben zu dem anwesenden Prinzen und übrigen Generalen, als er den betagten Zieten gewahr ward, der entfernt unter anderen Offizieren stand, und seinen Sohn, den Lieutenant Zieten, auch seine General-Adjutanten neben sich hatte. Der König ward von seiner Gegenwart angenehm überrascht, eilte sogleich mit dem Aufruf auf ihn zu: „Da ist ja mein alter Zieten!" äußerte sein Bedauern, „daß er sich bemüht hätte, die vielen Treppen zu steigen," und setzte hinzu, „daß er ja gern zu ihm gekommen wäre." Auf die Frage des Königs, „wie er sich befände?" erwiederte der Greis: „Meine Gesundheit ist gut, auch schmeckt mir das Essen, aber ich fühle die Abnahme meiner Kräfte." „Das erste höre ich gern", sagte der König, „aber das Stehen muß ihm sauer werden. Geschwind einen Lehnstuhl!" Die Adjutanten eilten, solchen zu holen. Zieten weigerte sich, versicherte daß er nicht müde sey, mußte aber endlich dem dringenden Zureden des Königs nachgeben, der ihm einmal über das andere sagte: „Setz Er sich, alter Vater, setz' Er sich, sonst gehe ich weg; denn ich will ihm durchaus nicht zur Last fallen!" Und so stand Friedrich der Große als Greis vor seinem sitzenden General mit freudigen Blikken, und fragte ihn noch so vieles über seine Gesundheit, über sein Gedächtnis, sein Gehör, u. s. w. Endlich sagte er ihm: „Leb' Er wohl, Zieten!" — Ach! es war das letzte Lebewohl!"
In Nr. 30 a und b ist der Stich Chodowieckis kopiert.

b) Daniel Chodowiecki

„Friedrich und Ziethen. Lasst ihn schlafen, er hatt lang genug für uns gewacht."

Radierung, 46,2 × 56 cm (Platte)

Bez.: „gezeichnet und geäzt von D. Chodowiecki A° 1788 und ausgeführt A° 1800 sechs Monate vor seinem Ende zu haben bei seinen Erben"

SSG, Schloß Charlottenburg

Als Gegenstück zu der 1786 ausgeführten, ungewöhnlich großen Radierung „Zieten sitzend vor seinem König" (Nr. 25 a) führte Chodowiecki 1788—1800 dieses Blatt aus, ein Beweis für die Sympathie, die Chodowiecki für den Husarengeneral hegte. Ein Datum ist für die Begebenheit nicht überliefert. Die Biographin Zietens, Luise Johanne Leopoldine von Blumenthal, eine Verwandte des Generals, schreibt 1796 darüber: „. . . sein dankbarer König gönnte ihm dafür nachher auch gern Ruhe, selbst an seiner Tafel, wo der Greis in späteren Jahren, wenn es ihm zu lange währte, einzuschlummern pflegte. Das erstemal wollten ihn auf dem königlichen Schlosse in Berlin seine Nachbarn wecken; der König ließ es aber nicht zu, sondern sagte: „Laßt ihn schlafen, er hat lange genug für uns gewacht."
Künstlerisch ist das Blatt bemerkenswert, weil die strenge, auf Symmetrie bedachte und diese nur nach genauer Überlegung lockernde Kompositionsweise, die für die kleinen Kalenderkupfer entwickelt worden war, hier bei einem großen Blatt angewandt ist. Friedrich beherrscht die Mitte, aber Zieten ist durch die Erweiterung der Komposition nach rechts ein großes Gewicht gegeben. Die Architektur ist Phantasie.
Das Blatt ist Chodowieckis Beitrag zu der von Friedrich Wilhelm III. angeregten „Gallerie vaterländisch-historischer Darstellungen" auf der Berliner Akademieausstellung von 1800 (Nr. 3).

c) Christian Schule nach Johann David Schubert (?)

Radierung, 37,6 × 51,1 cm (Bild)
Bez. (handschriftlich mit Bleistift): „Schubert del Schuhle sculps.

Kunstsammlungen Veste Coburg, V, 213, 110

Die Darstellung gibt vermutlich folgende u. a. von Nicolai berichtete Anekdote wieder, die zwei Motive verschmilzt, die Fürsorge des Königs für Zieten und seine Gemeinschaft mit den Soldaten beim nächtlichen Lagerfeuer. „Im Herbst 1760 marschierte der König von Schweidnitz in die Lausitz, um Berlin und Potsdam von den Russen und Österreichern zu befreien. An den Grenzen der Lausitz

Kat. Nr. VIII, 25 b

kamen wir bei einer morastigen Gegend in ein Gehölz, wo die Armee haltmachen mußte, bis der Morast ausgefüllt war, um mit der Artillerie durchzukommen. Es war frühmorgens und kalt und nebelig. Im Augenblick wurden viele Feuer gemacht und auch eins vor dem König, der sich an einen Baum lehnte. Die Generalität lagerte sich um ihn, und einige schliefen; auch Zieten lag da. Der König, in seinen Mantel gewickelt, ließ sich eine Tasse Schokolade machen. Unter anderen näherte sich ein Offizier, der dem König etwas zu melden hatte, und kam nahe an Zieten: „Still!" sagte der König. „Weck Er mir Zieten nicht, er ist müde!" "

d) Hieronymus Heinrich Jakob Ritschl v. Hartenbach nach Adolph Menzel

Holzstich, 7,3 × 7,4 cm
Bez.: „A. M. RvH."

Aus: Franz Kugler, Geschichte Friedrichs des Großen, Leipzig 1840, S. 457 (B. 713)
Foto

Menzel hat in dieser Illustration die gleiche Szene wie Schubert (Nr. 25 c) wiedergegeben. Die Silhouette des Königs verschmilzt mit dem Weidenbaum zu einer bizarren Figuration, die mit den Flammen des Lagerfeuers korrespondiert. Zu dieser unruhigen Umgebung bildet links der schlafende Zieten einen seltsamen Gegensatz.

e) Albert Vogel nach Adolph Menzel

Holzstich, 11 × 8,1 cm
Bez.: „A. M. A. Vogel."
Aus: Franz Kugler, Geschichte Friedrichs des Großen, Leipzig 1840, S. 593 (B. 795)
Foto

Chodowiecki war an dem statischen Gruppenbild interessiert, Menzel dagegen schildert mit einem Blick für das Rührende dieser Begebenheit, wie der alte Zieten sich weigert, auf dem Lehnstuhl Platz zu nehmen. Menzel erläutert die Darstellung: „Die Szene auf dem Parolesaal. Hinter Friedrich steht der Prinz von Preußen, zu dessen Linken Herzog Friedrich August von Braunschweig, unmittelbar hinter Zieten, der nächste am Pfeiler, ist General Holtzendorf, diesem zur Rechten Möllendorf etc. Alle nach gleichzeitigen Portraits.“

## 26 Friedrich der Große in seinen letzten Tagen

Den Winter 1785/86 hatte Friedrich im Potsdamer Stadtschloß verbracht. Er litt unter Wassersucht. Als die Frühlingssonne wärmer schien, saß er bisweilen auf der Freitreppe vor dem Schloß. Am 17. April verließ er die Stadt und zog sich nach Sanssouci zurück. Sein Gesundheitszustand verschlechterte sich immer mehr. Am 16. August war der König zeitweise bewußtlos. Als er dem herbeigerufenen General Rohdich die Parole geben wollte, versagte ihm die Stimme.

a) Eberhard Henne nach Daniel Chodowiecki

„Bald werde ich dir näher kommen“

Radierung, 17,3 × 11,2 cm (Platte)
Bez.: „D. Chodowiecki del. E. Henne sculps“

Kunstsammlungen Veste Coburg

Der Stich nach einer Zeichnung Chodowieckis mit dem Ausspruch, den der König kurz vor seinem Tod beim Anblick der Sonne getan haben soll, ist mehrfach, zumeist als Querformat kopiert worden, so von J. F. Jügel, Liebe und als anonymer Stahlstich um 1840. Chodowiecki zeigt den König auf der Terrasse von Sanssouci vor der hart in die Tiefe fluchtenden Front, die hier ganz ihrer plastischen Lebendigkeit beraubt ist. Die spielenden Hunde, gleichsam ein Attribut des Königs, stehen durch ihre Munterkeit in einem Kontrast zu dessen Hinfälligkeit.

b) G. Scheffner nach J. Grätsch

„Friedrich II. in seinen letzten Tagen.“

Kupferstich in Punktiermanier, 25,4 × 19,8 cm, oval

Bez.: „J. Graetsch pinx. G. Scheffner sculp. Berlin 1795“

Kunstsammlungen Veste Coburg

1793 stellte der wenig bekannte Maler J. Grätsch auf der Berliner Akademieausstellung (Nr. 99) eine Zeichnung „Friedrich II an dem Tage vor seinem Tode den 16. August 1786“ aus. Der Stich danach erschien auf der Ausstellung von 1795 (Nr. 116). Der Stuhl ist der in Sanssouci noch vorhandene Lehnstuhl, in dem der König gestorben ist. Der mit Borten besetzte Schlafrock, auf dem der Ordensstern aufgenäht ist, ist der gleiche wie auf der Darstellung Chodowieckis, die Grätsch gekannt haben muß. Er zielt auf die Rührung, die das Verlöschen eines herausragenden Geistes, die körperliche Ohnmacht eines mächtigen Mannes hervorruft.

Kat. Nr. VIII, 26 c

Kat. Nr. VIII, 27 b

c) Sears nach Adolph Menzel

Holzstich, 12,1 × 6 cm
Bez.: „A. M. Sears sc."
Aus: Franz Kugler, Geschichte Friedrichs des Großen, Leipzig 1840, S. 615 (B. 808)
Foto

Menzel hat sich offenbar von Chodowiecki inspirieren lassen, aber er hat die unglücklich gezeichnete Front von Sanssouci durch die des Potsdamer Stadtschlosses ersetzt und damit eine Szene vor der Abreise des Königs nach Sanssouci am 17. April gewählt. Die hoch aufschießenden Säulen und die beziehungsvolle Trompete der Fama oben geben der Darstellung einen großartigen Zug.

d) Eduard Kretzschmar nach Adolph Menzel

Holzstich, 5,3 × 8,6 cm
Bez.: „A. M. E. K."
Aus: Franz Kugler, Geschichte Friedrichs des Großen, Leipzig 1840, S. 616 (B. 809)
Foto

Eine zweite Illustration zeigt den König in den letzten Tagen in Schloß Sanssouci. Er gibt dem Minister Hertzberg eine Anweisung. Menzel will Friedrichs Pflichtgefühl noch in den letzten Tagen seines Lebens und bei äußerster körperlicher Schwäche vor Augen führen.

## 27 Der Tod Friedrichs des Großen

Friedrich der Große starb in der Nacht vom 16. zum 17. August 1786 um zwanzig Minuten nach zwei im Schlafzimmer seines Schlosses Sanssouci in einem noch vorhandenen Lehnstuhl sitzend. Bei ihm waren außer dem Arzt Dr. Selle seine Kammerdiener Neumann und Schöning sowie einige Lakaien. Einer der Kammerdiener soll den Körper des Königs in den letzten drei Stunden vor dem Tod gestützt haben. Friedrich Wilhelm II. traf am Morgen gegen drei Uhr in Sanssouci ein und betrat das Sterbezimmer mit dem Minister von Hertzberg und dem Generalleutnant Graf Görz. Der neue König erhob seinen Vertrauten Hertzberg in den Grafenstand und verlieh ihm den Schwarzen Adlerorden. Um acht Uhr abends wurde der Leichnam Friedrichs des Großen in den Sarg gelegt, ins Potsdamer Stadtschloß gebracht und im Audienzzimmer aufgebahrt. Vier Obersten hielten die Totenwache.

a) Friedrich Bock

„Der Tod Friederich des Großen."

Radierung, 31,6 × 34,8 cm (Platte)

SBPK Einblattdrucke YB 10340 m.

Bock bemüht sich mit seinem bescheidenen Können im Unterschied zu den meisten anderen Darstellungen der Begebenheit um Authentizität. Die Uhr zeigt 2.45, also den Zeitpunkt 25 Minuten nach dem Tod des Königs. In dem Zimmer, dessen originale friderizianische Wanddekoration schemenhaft zu erkennen ist, steht rechts zwischen dem Staatsminister von Hertzberg und dem Generalleutnant Graf Görz Friedrich Wilhelm II. Die Gestalt neben dem toten König ist der Arzt Dr. Selle. Einer der beiden Kammerhusaren, entweder Schöning oder Neumann, hebt einen Leuchter hoch, während der andere weinend sein Taschentuch vor den Mund hält. Die beiden anderen Personen sind Lakaien. Alle dargestellten Möbel sind noch vorhanden. Hinter dem Wandschirm steht das Feldbett des Königs. Bock, der Hofmaler Friedrich Wilhelms II., stellt diesen durch seine Pose als den neuen König vor.

b) Friedrich Bock

„Aufbahrung Friedrichs des Großen im Potsdamer Stadtschloß"

Öl auf Leinwand, 53 × 63 cm

SSG, Schloß Charlottenburg, GK I 10175

SKH Dr. Louis Ferdinand Prinz von Preußen, Berlin

Ebenso wie in seinem Stich mit der Darstellung von Friedrichs Tod (Nr. 27 a) hat sich Bock auch hier um Authentizität bemüht. Der Raum ist das 1801/02 umgestaltete Audienzzimmer, das Friedrich Nicolai 1786 beschrieben hat: „(2 F.[enster] nach dem Lustgarten und 2 nach dem Schloßplatze). Die Tapete aus gelbem Sammt, sehr hoch mit Silber und sehr schön, von Heinitscheck gestickt. Ueber dem Sitz des Königs ist ein hervorragender Baldachin, unter welchem der Königl. Preuß. Adler auf einem Schilde, das von Schildhaltern getragen wird, mit Silber erhaben gestickt ist. Die Decke ist Stukaturarbeit und versilbert... Ein Kronleuchter von Bergkrystall mit einer sehr großen Kugel, die größte und schönste unter allen, die in diesem Schlosse befindlich sind." Von den vier Offizieren, die die Totenwache hielten, sind nur drei dargestellt.

Das Gemälde wurde 1787 auf der Berliner Akademie-Ausstellung (Nr. 144) gezeigt. Chodowiecki kritisierte den Maler in einem Brief an Graff vom 29. Mai 1787: „Sie werden sich wundern daß der Hoffmaler Bock so viel zur Königl. Familie gehöhrige Bilder ausgestellt hatt, aber noch [mehr] würde es Ihnen wundern, wenn Sie seine ausgestellten Arbeiten sehen solten es ist weder Zeichnung noch Kolorit noch Licht und Schatten noch Aehnlichkeit darinn."

c) Eberhard Henne und Bernhard Rode nach Bernhard Rode

„Friedrichs II Tod."

Radierung, 42,5 × 61,8 cm (Platte)
Bez.: „gemahlt und eingeätzt von B. Rode vollendet von E. Henne."

Kunstsammlungen Veste Coburg, III, 521, 434

Die Radierung reproduziert ein 1787 auf der Akademie-Ausstellung gezeigtes Gemälde Rodes (Nr. 3), das der Katalog folgendermaßen beschreibt: „Der erblaßte König liegt auf seinem Stuhle, der nahe bey der Wanduhr stehet, welche die Stunde seines Todes anzeigt. Sein Arzt erforscht den Puls und bemerkt kein Zeichen des Lebens mehr. Einer zum Dienst des Königes, führt den Cabinetsminister, der dem Könige in seiner Krankheit Gesellschaft geleistet hatte, in das Zimmer und zeigt ihm den erblaßten Monarchen."

Kat. Nr. VIII, 27 c

Rode verändert das authentische Mobiliar des Raumes, den Sterbestuhl, den Dokumentenschrank mit der Uhr und das Tischchen, ebenso wie die Innenarchitektur im Sinne des Klassizismus seiner Zeit. Die nachgewiesene kleine antike Marmorbüste Marc Aurels auf dem Kamin ist vergrößert.

d) Daniel Chodowiecki

„Friedrichs des Einzigen Tod 1785“ (sic!)

Radierung, 8,8 × 5,1 cm
Aus: Gothaischer Hof Kalender auf das Jahr 1790 (E. 614, 2)
Foto

Chodowiecki, der die Radierung von Bock sicher gekannt hat (das Motiv des Dieners mit dem Leuchter scheint daher zu kommen), faßt zwei Momente zusammen. Der sterbende König wird noch von einem der Kammerdiener gestützt, während Friedrich Wilhelm II. bereits anwesend ist und Hertzberg seinen Schwarzen Adlerorden umhängt. Die Aussage des Kupfers ist die Ablösung des alten Königs durch den Neuen. Das Interieur ist frei erfunden.

e) Christian Räntz

„Friedrich II. sterbend König von Preussen.“

Kupferstich in Punktiermanier, 15 × 19 cm

SBPK Einblattdrucke YB 10343 kl.

Der Bildhauer, Zeichner und Kupferstecher Räntz verbindet in seiner primitiven Darstellung ebenso wie Chodowiecki zwei Momente. Friedrich Wilhelm II. und Hertzberg sind fälschlicherweise beim Tod des Königs anwesend.

f) Peter Haas

„Friedrich der Grosse sterbend am 17. August 1786.“

Radierung, 16 × 21,6 cm (Platte)
Bez.: „P: Haas inv: del et sculp: Berolini 1793“

SSG, Schloß Charlottenburg

Der Stich von Haas scheint von Rode (Nr. 27 c) abhängig zu sein (wie der im Profil gezeigte Arzt, der den Puls fühlt, und die auf 3 stehende Uhr vermuten lassen), übernimmt jedoch auch Elemente von Bock, so den Diener mit dem Leuchter neben dem weinenden Diener.

g) Friedrich Unzelmann nach Adolph Menzel

Holzstich, 15,6 × 10,5 cm
Bez.: „A. M. Unzelmann"
Aus: Franz Kugler, Geschichte Friedrichs des Großen, Leipzig 1840, S. 618 (Abb. 810)
Foto

Menzel gibt seiner Darstellung durch Beschränkung auf das Wesentliche einen erhabenen Zug, ohne in einem Detail wie der Bettschüssel die Armseligkeit physischer Bedingtheiten zu verschweigen. Gerade in dieser Spannung, die auch die Züge des dem Licht entgegenblickenden Königs ausdrücken, liegt das Ergreifende der Szene. Der den einsam Sterbenden stützende Kammerdiener wird durch sein Knien zu einem Beter.

## 28 Apotheose Friedrichs des Großen

Nach dem Tod des Königs erschienen neben zahllosen Nachrufen viele bildliche Darstellungen, die ihn verherrlichten.

a) Daniel Chodowiecki

Radierung, 28,8 × 50,7 cm (Platte)
Bez.: „D Chodowiecki f:" (E 575)

SMPK, Kupferstichkabinett

Anläßlich der Huldigung Friedrich Wilhelms II. in Königsberg schuf Chodowiecki zwei Radierungen, die als Vorder- und Rückseite eines Fächers auf Seide oder Papier gedruckt wurden. Auf der einen Seite ist dargestellt, wie Friedrich der Große, antikisch gewandet, von der Gerechtigkeit und der Weisheit zum Olymp emporgetragen wird, wo Jupiter, Mars und Apollo ihn erwarten. Auf der anderen Seite ist eine Allegorie auf Friedrich Wilhelm II. wiedergegeben. Damit ist, wie auch in einigen Stichen der Sterbeszene (Nr. 27 e, f), der Regierungswechsel sinnfällig gemacht. Der König ist tot, es lebe der König.

b) Daniel Chodowiecki

„Der Todt Friedrichs des Zweyten."

Radierung, 8,8 × 5,1 cm (Platte)
Bez.: „D: Chodowiecki inv.: & sculps: 1791."
Aus: Goettingischer Taschen Calender für das Jahr 1792 (E. 661,5)
Foto

Der Körper des toten Königs wird vom Genius des Todes mit der gesenkten Fackel zu den Sternen emporgetragen, wo er von der verhüllten trauernden Gestalt der Ewigkeit in Empfang genommen wird. Der Genius des Ruhmes neben einer Pyramide reicht einen Lorbeerkranz empor. Die Stadt im Hintergrund soll wohl Potsdam sein.

c) Bar

Radierung, 32,2 × 20,3 cm (Platte)
Bez.: „Bar inv. et sc. den 20 August"

SMPK, Kupferstichkabinett

Von dem Verfertiger dieser drei Tage nach dem Tod des Königs entstandenen Allegorie von großer zeichnerischer Unbeholfenheit ist keine andere Arbeit bekannt. Die weinende Minerva stützt den tot auf dem Erdball sitzenden König. Die Ewigkeit berührt ihn an der linken Schulter. Rechts sitzt Chronos. Zwei Putten halten den Lebensfaden, den einer von ihnen durchschneidet. Der preußische Adler mit dem Blitzbündel des Jupiter vertreibt den Neid und zwei verwandte allegorische Gestalten in die Unterwelt. Links sitzt Mars, unter ihm zwei trauernde Bauern. Oben leuchtet das Auge Gottes. Auf einer Kartusche, umgeben von 13 Medaillons mit den Ortsnamen seiner Siege, steht: „Friedrich II König von Preussen geboren d. 24. Jan. 1712. gestorb. d. 17. Aug. 1786. sein erhabener Geist bleibt der ganzen Nachwelt an Grösse unsterblich."

d) Johann Friedrich Franz Beer

„Friedrich II. in der Gruft"

Radierung, 26,1 × 28,7 cm (Platte)
Bez.: „J. F. Beer Kunst: u. Miniat. Mahler Invent. gezeichnet radirt u. herausgegeben zu Frankfurt am Main 1786"
Legende: „Der Hauptgegenstand dieser Preussischen Fürstengruft ist das Monument Friedrich II, um das sich die Götter versammeln, und

welchem der neue König nebst seinen Kronprinzen sich naehert, um noch eine Thraene der Urne seines grosen Oheims zu weihen. Mars hinter dem die Gerechtigkeit und Janus trauernd stehen sitzt an der linken seite tief versenkt über den Verlust seines tapfersten Kriegers. Ihn sucht Minerva zu trösten, durch den Hinblick auf Friedrich Wilhelm II. Auf der rechten Seite ruht Apoll mit sinkendem Haupt hinter ihm kraenzen die Musen, von Friedrichs II lobe überfliessend, die Büste mit Blumen. Seinem Thronfolger übergiebt Cybele, die Mutter der allernaehrenden Erde, Zepter und Schwerdt. Aus dem Schattenreiche komt Diogenes mit der Laterne in der Hand, die verlorene Weisheit, die in Friedrich so herlich thronte, wider zu suchen. Er komt sieht Friedrich Wilhelm und löscht sein Licht wieder aus. Im vordergrunde ruht Saturn unter dem Schatten einer alten Eiche, zeichnet die ruhmvollen Thaten u:siege Friedrich II für die Nachwelt auf."

SBPK Einblattdrucke YB 10356 kl.

Die anspruchsvolle Gedankenfülle der Allegorie steht in merkwürdigem Widerspruch zur Primitivität der Ausführung. Unter der Urne befindet sich eine Schrifttafel mit den Worten: „Hier liegt die Asche der Nahme ist überall MDCCLXXXVI" Oben eine Schrifttafel: „Ne Pyramides quidem Sed virtus et Triumphus consecrant reges posteritati." (Nicht Pyramiden, sondern Tugend und Sieg widmen die Könige der Nachwelt)

e) Bartholomäus Hübner nach G. W. Hofmann

„Friedrich des Zweiten Ankunft im Elisium"

Radierung, 46,5 × 54 cm (Platte)
Bez.: „G:W. Hoffmann delineavit Berolini Chr:a Mechel Scultur: direxit. B. Hübner sculpsit Basileae 1788"

GStA PK IX. HA I 66

f) Erläuterungsblatt zu Nr. 28 e

Radierung

SBPK Einblattdrucke YB 10378 gr. T. 2.

„Erklärung der Personen.
A. Friedrich der Grosse, König von Preussen, ist so eben aus Charons Nachen gestiegen, ihn empfangen die meisten seiner Vorfahren aus dem Brandenburg-Zollerschen Hause; als:
B. Friedrich Wilhelm I., König von Preussen.
C. Friedrich III., erster König von Preussen.
Die Churfürsten
D. Friedrich Wilhelm der Grosse.
E. George Wilhelm.
F. Johann Siegismund.
G. Johann George.
H. Joachim II.
I. Joachim I.
K. Albert Achill.
L. Friedrich II.
M. Friedrich I. und
N. Tassilo, Burggraf aus dem Zollerschen Hause und Stammvater des Brandenburgischen Hauses, staunt voller Bewunderung über die Grösse seiner Nachkommenschaft.
O. Eine Göttin des Orkus reicht dem grossen Monarchen in einer Schaale den Trank der Vergessenheit, den er aber, nur edler Thaten bewußt, anzunehmen ausschlägt.
P. Alexander der Grosse.
Q. Heinrich IV.
R. Ludwig XIV. und
S. Karl XII. sind voll Erwartung den grossen Ankömmling zu empfangen.
T. Marcus Aurelius.
U. Julius Caesar, und
V. Plato, nach deren weisen Vorschriften sich Friedrich bildete, freuen sich, ihn zu sehen, und Plato hat sein Buch über die beste Regierungsform mit ruhiger Miene zerrissen, weil er den erblickt, der sein Ideal noch übertroffen, und die weiseste Regierungsform errichtet hat.
W. Auf Charons Nachen steht noch voll freudiger Empfindung der mytilenische Weltweise Pittacus, weil er vom Pluto die Erlaubniss erhalten hatte den grossen Friedrich herüber zu holen. Endlich eilen aus einiger Entfernung
X. Die Generale von Ziethen,
Y. Seydlitz und
Z. Schwerin ihren grossen König entgegen."
Es folgt ein langes Lobgedicht „Friedrichs Ankunft im Elysium".

Nach Homer, Hesiod und anderen antiken Autoren werden ausgezeichnete Persönlichkeiten von Zeus in eine liebliche Gegend mit immerwährendem Frühling entrückt, wo sie ewig weiterleben. Gegen Ende des 18. Jahrhunderts wurde in der französischen Kunst das Motiv zur Verherrlichung von zeitgenössischen Geistesheroen benutzt, so von L. Favel und Jean-Michel Moreau, die Zeichnungen für zwei Stiche von Charles-François-Adrien Ma-

Kat. Nr. VIII, 28 e

cret „Réception de Voltaire aux Champs Elysées par Henri Quatre" und „Arrivé de J.—J. Rousseau aux Champs Elysées" geliefert haben. Hofmann hat unter den Heroen außer Plato nur Herrscher und Feldherren dargestellt.
Johann Lorenz Rugendas hat in Augsburg eine Kopie des Stiches als Schabkunstblatt herausgebracht.

g) Unbekannter Künstler

Radierung, 39 × 49 cm

GStA PK, IX. HA I 64

Das Grabmal rechts mit der Aufschrift „Hic cineres nomen ubique" (Hier ruht die Asche, der Name ist überall, vgl. Nr. 28 d) ist von Pappeln als Totenbäumen umgeben, eine Erinnerung an Rousseaus Grabmal in Ermenonville. Charon rudert den König über den Styx. Unter den Personen, die ihn im Elysium erwarten, sind Friedrich Wilhelm I., an seiner Seite Voltaire, Zieten und über ihm Heinrich IV. von Frankreich zu erkennen.

h) G. Texier

„L'arivée du roi de Prusse aux Champs Elises, et sa réconciliation avec Voltaire par Henry IV."

Radierung, 23,2 × 33,2 cm (Bild)
Bez.: „Inventé dessiné et Gravé par Texier". Ferner signiert im Bild: „G. Texier invenit Delineavit Sculpsit"

SMPK, Kupferstichkabinett

Charon hat Friedrich den Großen, der bemerkenswert unähnlich wiedergegeben ist, in die Eleusischen Gefilde gebracht, wo sich verschiedene Personen, zumeist Paare, unter Bäumen vergnügen. Voltaire und Heinrich IV. von Frankreich, dessen Leben jener beschrieben hat, begrüßen Friedrich.

Links erkennt man Diogenes, der mit der Laterne Menschen sucht, vor Corneille, der auf den Abkömmling deutet. Dahinter stehen Homer, Äsop und Sappho. Über dem Putto mit Helm sitzen Dante und Beatrice. Der französische Stich verherrlicht Friedrich als Literat, insbesondere als Verehrer der französischen Literatur. Wegen der Widmung an Friedrich Wilhelm III. ist das Blatt nach 1797 zu datieren.

## 29 König Friedrich Wilhelm III., die Königin Luise und Zar Alexander I. am Sarg Friedrichs des Großen

In seinem Buch „Ausführliche Lebens- und Regierungs-Geschichte Friedrich Wilhelms III., Königs von Preußen" (Berlin 1840, I, S. 536, 537) berichtet A. Cohnfeld über das Ereignis: „Unterdeß hatte Kaiser Alexander seine Rückreise von Potsdam aus in der Nacht vom 5. Novbr. [1805] bereits wieder angetreten. Nach russischer Landessitte wünschte er unmittelbar vor seiner Abreise noch zuvor eine Kirche zu besuchen und wählte zu diesem Zweck die Garnison-Kirche in Potsdam, in welcher die Überreste Friedrichs des Großen ruhen. In der Nacht gegen 1 Uhr betraten der Kaiser, der König und die Königin die mit Wachskerzen erleuchtete Kirche. Am Grabe Friedrichs des Großen küßte Alexander, von seinen Empfindungen überwältigt, den Sarg des ruhmreichen Toten und reichte sodann dem Könige und der Königin die Hand als Unterpfand unverbrüchlicher Freundschaft."

Vom Bündnis Preußens mit Rußland erhoffte man sich die Bannung der Gefahr, die von Napoleon ausging, und beschwor das Vorbild Friedrichs des Großen, um Volk und Armee einen moralischen Rückhalt zu geben. Das erklärt die Verbreitung der Darstellung.

Als Napoleon am 25. Oktober 1806 die Gruft besuchte, wurde auch diese Szene von Berliner Künstlern dargestellt.

a) Friedrich Wilhelm Meyer d. Ä. nach Franz Catel

„Alexander I. Kaiser von Rußland verehrt die Ueberreste Friedrichs des Grossen, und nimmt vom Könige Friedrich Wilhelm III. und der Königin Louise von Preussen Abschied, zu Potsdam den 4ten November 1805"

Kupferstich in Punktiermanier, 28,5 × 24 cm (Bild)
Bez.: „Gemalt von F. Catel. Gestochen von F. W. Meyer."

SMPK, Kupferstichkabinett

Catel gibt das Innere der Gruft ziemlich genau wieder. Das Vorbild für den Stich oder eine Replik danach befindet sich im Schinkel-Pavillon.

b) Daniel Berger nach Friedrich Georg Weitsch

„Bey der Asche dieses Unsterblichen. . . Alexander I. Friedrich Wilhelm III. und Louise. in der Nacht am 4ten November 1805."

Schabkunstblatt, 29,7 × 34,9 cm (Platte)
Bez.: „F. Weitsch del. D. Berger fecit 1806."

SSG, Schloß Charlottenburg

Weitsch gibt das Gewölbe als flache Tonne wieder, läßt die Bodenfliesen parallel zu den Wänden verlaufen, vertauscht die Särge und ändert ihre Form. Vom Sarg Friedrichs des Großen geht ein magisches Licht aus. Die Schlagschatten rühren jedoch von einem Licht her, das der Diener hält.

c) Johann Berka nach Sauveur le Gros

„Abschied Alexander I Kaiser von Russland, von Friedrich Wilhelm III. und Louise, am Sarge Friedrich des Großen, in der Garnison Kirche zu Potsdam in der Nacht am 4ten November 1805."

Schabkunstblatt, 30 × 34,8 cm (Platte)
Bez.: „Le Gros del: Berka sc. 1806"

SSG, Schloß Charlottenburg

Kopie nach Weitsch mit geringen Veränderungen, so beim Degen und der linken Hand Friedrich Wilhelms III., die keine Handschuhe hält. Berka arbeitete in Prag, Le Gros in Paris.

d) Friedrich Bolt nach Ludwig Wolf

„Bey Friedrich's des Unsterblichen Asche schwören Alexander I. Kaiser von Rußland, und Friedrich Wilhelm III. König von Preussen sich unauflösliche Freundschaft."

Kupferstich in Punktiermanier,
Bez.: „Ludwig Wolf del: Friedr. Bolt sc. Berlin 1807."

SMPK, Kupferstichkabinett

Kat. Nr. VIII, 29b

Die Architektur und die Särge sind in Einzelheiten ungenau wiedergegeben. Der Stich erschien während der französischen Besetzung Berlins. Er ist das Gegenstück zu der von den gleichen Künstlern ausgeführten Darstellung Friedrichs des Großen am Sarg des Großen Kurfürsten von 1808 (Nr. 7 b).

### 30 Mehrere Szenen

a) E. Zinck nach L. Krump

„Souvenirs de Fréderic le Grand"

Lithographie, 45,8 × 37,7 cm
Bez.: „Dessiné à la plume par L. Krump Lith. d'E. Zinck à Offenbach a. M."

SMPK, Kupferstichkabinett

Das Mittelbild, Friedrich der Große zu Pferd im Park von Sanssouci mit dem Weinbergschloß im Hintergrund, variiert einen Stich von Meno Haas nach Ludwig Wolf. Von den achtzehn Szenen im Rahmen stellen vier besonders schmerzliche Momente aus der Lebensgeschichte des Königs dar und sind so angeordnet, daß sie ein Kreuz bilden: oben in der Mitte Friedrich Wilhelm I. zieht den Degen gegen seinen Sohn, unten in der Mitte Tod Friedrichs, links oben Tod des Generals Schwerin bei Prag, rechts oben Friedrich der Große bei Kolin. Die übrigen Szenen sind: Der General Zieten bei Tein, Schlacht bei Soor, Geistesgegenwart Friedrichs, Schlacht bei Lobositz, Friedrich und Winterfeld, Schlacht bei Roßbach, Schlacht bei Leuthen, Schlacht bei Hochkirch, Schlacht bei Kunersdorf, Schlacht bei Zorndorf, Friedrich bei Torgau, Schlacht bei Liegnitz, Zieten sitzend vor dem König, General Fouquet in der Schlacht bei Landshut, wohl um 1840 entstanden.

b) Johann Friedrich Rosmäsler nach Ludwig Eltzholz

„Friedrich der Große und die denkwürdigsten Augenblicke seines Lebens"

Stahlstich, 23 × 19,4 cm
Bez.: „Zeichnung von L. Eltzholz In Stahl gestochen von Rosmäsler und retouchirt von Lehmann"

SMPK, Kupferstichkabinett

Das von vierzehn Sternen umgebene, in Wolken schwebende Bildnis des Königs, das auf das von Anton Graff zurückgeht, wird von folgenden Zwölf Szenen gerahmt: Hinrichtung Kattes, Schlacht bei Mollwitz, Schlacht bei Soor, Übergabe des Lagers bei Pirna, Schwerins Tod, Nach der Schlacht bei Kolin, Schlacht bei Roßbach, Schlacht bei Leuthen, Schlacht bei Kunersdorf, Schlacht bei Torgau, Zieten sitzend vor seinem König und Tod Friedrichs des Großen. Die Schlachtenszenen überwiegen. Bemerkenswert ist die Auswahl der drei Momente tiefen Schmerzes bei der Hinrichtung Kattes, nach der Schlacht bei Prag und nach der Schlacht bei Kolin. Eltzholz war ein Spezialist des Militärgenres. Die Anordnung der beiden Szenen von Prag und Kolin deuten auf eine Abhängigkeit dieses Stiches von der Lithographie von Zinck. Wohl um 1840 entstanden.

Kat. Nr. VIII, 30 b

# Auswahl aus der wissenschaftlichen Literatur

## Quellen


Acta Borussica. Denkmäler der preußischen Staatsverwaltung im 18. Jahrhundert. Bde. 1—32. Berlin 1892—1982.

Preußische und österreichische Akten zur Vorgeschichte des Siebenjährigen Krieges. Hrsg. von G. B. Volz und G. Küntzel. Leipzig 1899. (Publikationen aus den Königlichen Preußischen Staatsarchiven Bd. 74).

Allgemeines Landrecht für die Preußischen Staaten von 1794. Textausgabe mit einer Einführung von H. Hattenhauer. 2 Bde. Frankfurt a. M., Berlin 1970.

Briefe der Brüder Friedrichs des Großen an meine Großeltern. Hrsg. von L. A. Gf. Henckel-Donnersmarck. Berlin 1877.

Die Briefe Friedrichs des Großen an seinen vormaligen Kammerdiener Fredersdorf. Hrsg. von J. Richter. Berlin 1926.

Briefwechsel Friedrichs des Großen mit seinem Bruder Prinz August Wilhelm. Hrsg. von G. B. Volz. Leipzig 1927.

Briefwechsel Friedrichs des Großen mit Grumbkow und Maupertuis (1731—1759). Hrsg. von R. Koser. Leipzig 1898. (Publikationen aus den Königlich Preußischen Staatsarchiven Bd. 72).

Briefwechsel Friedrichs des Großen mit Gräfin Camas und dem Baron de la Motte Fouqué. Übers. und hrsg. von H. Droysen. Berlin 1967. (Veröffentlichungen aus den Archiven Preußischer Kulturbesitz Bd. 1).

Briefwechsel Friedrichs des Großen mit Voltaire. Hrsg. von R. Koser und H. Droysen. 3 Bde. Leipzig 1908/1909, 1911. (Publikationen aus den Königlich Preußischen Staatsarchiven Bde. 81, 82, 86).

Heinrich de Catt. Unterhaltungen mit Friedrich dem Großen. Memoiren und Tagebücher. Hrsg. von R. Koser. Leipzig 1884. (Publikationen aus den Preußischen Staatsarchiven Bd. 22).

Friedrich II. König von Preußen: Briefe. Hrsg. von M. Hein. 2 Bde. Berlin 1914.

Friedrich der Große. Gespräche mit Henri de Catt. Hrsg. von W. Schüssler. Leipzig 1926. Dtv TB 6115. 1981.

Friedrich der Große. Hrsg. von O. Bardong. Darmstadt 1982. (Ausgewählte Quellen zur Geschichte der Neuzeit. Freiherr vom Stein Gedächtnisausgabe Bd. 22).

Friedrich der Große im Spiegel seiner Zeit. Hrsg. von G. B. Volz. 3 Bde. Berlin 1926—1927.

Friedrich der Große und Wilhelmine von Bayreuth. Ihr Briefwechsel. Hrsg. von G. B. Volz. 2 Bde. Leipzig 1924—1926.

Friedrich der Große. Mein lieber Marquis! Sein Briefwechsel mit Jean-Baptiste d'Argens während des Siebenjährigen Krieges. Ausgewählt, kommentiert und mit einer Einführung versehen von Hans Schumann. Zürich 1985.

Friedrich der Große und Maria Theresia. Diplomatische Berichte von Otto Christoph Graf von Podewils. Hrsg. von C. Hinrichs. Berlin 1937.

Friedrichs des Großen Korrespondenz mit den Ärzten. Hrsg. von G. L. Mamlock. Stuttgart 1907.

Fürsprache. Monarchenbriefe zum Kronprinzen-Prozeß Küstrin 1730. Hrsg. von G. Zimmermann und H. Branig. Berlin 1965.

Gespräche Friedrichs des Großen. Hrsg. von Fr. v. Oppeln-Bronikowski und G. B. Volz. Berlin 1919.

Politische Korrespondenz Friedrichs des Großen. Hrsg. von R. Koser, A. Naudé, K. Treusch v. Buttlar, O. Herrmann und G. B. Volz. 46 Bde. Berlin 1879—1939.

Mémoires de Frédérique Sophie Wilhelmine Margrave de Baireuth 1706—1742. 2. Aufl. 1845. Dt.: Eine preußische Königstochter. Denkwürdigkeiten der Markgräfin von Bayreuth. Hrsg. von J. Armbruster. München 1910.

Mitchell, A.: Memoirs and Papers of Sir Andrew Mitchell, envoy extraordinary and ministre plenipotentia from the court of Great Britian to the court of Prussia from 1756 to 1771. Hrsg. von A. Bisset. 2 Bde. London 1850.

Mylius, Ch. O.: Corpus Constitutionum Marchicarum. 6 Teile (1298—1736). 4 Continuationes (1737—1750) und Supplement zu Cont. 1—3 (1737—1747). Berlin und Halle 1737—1755. Novum Corpus Constitutionum Prussico-Brandenburgensium praecipue Marchicarum ... (1751—1810). Hrsg. von der Königlich Preußischen Akademie der Wissenschaften. Berlin 1753—1822.

Oeuvres de Frédéric le Grand. Hrsg. von J. D. E. Preuß. 31 Bde. Berlin 1846—1857.

Preußische Staatsschriften aus der Regierungszeit König Friedrichs II. Hrsg. von R. Koser und O. Krauske. 3 Bde. Berlin 1877—1892.

Tagebuch oder Geschichtskalender aus Friedrichs des Großen Regentenleben (1740—1786). Hrsg. von K. H. S. Rödenbeck. 4 Bde. Berlin 1840—1842.

Das Tagebuch des Marchese Lucchesini (1780—1782). Gespräche mit Friedrich dem Großen. Hrsg. von F. v. Oppeln-Bronikowski und G. B. Volz. München 1926.

Die politischen Testamente der Hohenzollern. Hrsg. von R. Dietrich. (Veröffentlichungen aus den Archiven Preußischer Kulturbesitz. Bd. 20). Erscheint Ende 1986.

Valory, V. L. H.: Mémoires des négotiations du marquis de Valori ambassadeur de France à la cour de Berlin, accompagnées d'une recueil de lettres de Frédéric le Grand, des princes et frères. Hrsg. von M. de Valory. 2 Bde. Paris 1820.

Vorträge über Recht und Staat von Gottlieb Suarez (1741—1798). Hrsg. von H. Conrad und G. Kleinheyer. Köln und Opladen 1960.

Die Werke Friedrichs des Großen. Hrsg. von G. B. Volz. 10 Bde. Berlin 1912—1914.

## Literatur

Ahnert, R.: Friedrich und Katte. Der Kronprinzen-Prozeß. 1982.

Archenholz, J. W. v.: Geschichte des Siebenjährigen Krieges in Deutschland. Berlin 1893.

Aretin, K. O. Freiherr v.: Friedrich der Große. Größe und Grenzen des Preußenkönigs. Freiburg, Basel, Wien 1985.

Arndt, K. J. R.: Der Freundschafts- und Handelsvertrag von 1785 zwischen Seiner Majestät dem König von Preußen und den Vereinigten Staaten von Amerika. München 1977.

Arneth, A. v.: Geschichte Maria Theresias. 10 Bde. Wien 1863—1879. Neudruck: Osnabrück 1971.

Arnheim, F.: Der Hof Friedrichs des Großen. Berlin 1912.

Baer, M.: Westpreußen unter Friedrich dem Großen. Leipzig 1909/1910. (Publikationen aus den Königlich Preußischen Staatsarchiven Bde. 83, 84).

Baumgart, P.: Die Annexion und Eingliederung Schlesiens in den friderizianischen Staat. In: Expansion und Integration. Zur Eingliederung neugewonnener Gebiete in den preußischen Staat. Köln, Wien 1984. (Neue Forschungen zur Brandenburg-Preußischen Geschichte Bd. 5).

Baumgart, P.: Naturrechtliche Vorstellungen in der Staatsauffassung Friedrichs des Großen. In: Humanismus und Naturrecht in Berlin — Brandenburg — Preußen. Hrsg. von H. Thieme. Berlin, New York 1979.

Beer, A.: Die Erste Teilung Polens. 2. Bde. Wien 1873.

Beheim-Schwarzbach, M.: Hohenzollernsche Colonisation. Ein Beitrag zu der Geschichte des preußischen Staates und der Colonisation des östlichen Deutschlands. Leipzig 1874.

Bergér, H.: Überseeische Handelsbestrebungen und koloniale Pläne unter Friedrich dem Großen. Leipzig 1899.

Berney, A.: Friedrich der Große. Entwicklungsgeschichte eines Staatsmannes. Tübingen 1934.

Bernhardi, Th. v.: Friedrich der Große als Feldherr. 2. Bde. Berlin 1881.

Bleckwenn, H. (Hrsg.): Das altpreußische Heer. Erscheinungsbild und Wesen 1713—1807. 5 Teile. Osnabrück 1971—1984.

Borchardt, G.: Herrschen und Dienen. Die Randbemerkungen Friedrichs des Großen. 2 Bde. Potsdam 1936—1937. Neu hrsg. von E. Murawski: Ihr Wintbeutel und Erzschäker. Die Randbemerkungen Friedrichs des Großen. Bad Nauheim 1963.

Born, K. E.: Wirtschaft und Gesellschaft im Denken Friedrichs des Großen. Stuttgart 1979.

Bräker, U.: Das Leben und die Abentheuer des armen Mannes im Tockenburg. Zürich 1789.

Brandenburg, E.: Die Ahnen Friedrichs des Großen. In: Ahnentafeln berühmter Deutscher. NF Leipzig 1933—1935.

Bücher, G. u. Dittrich, G.: Rheinsberg und Sanssouci. Geselligkeit und Freundschaft. Leipzig 1928.

Büsch, O.: Militärsystem und Sozialleben im alten Preußen 1713—1807. Die Anfänge der sozialen Militarisierung der preußisch-deutschen Gesellschaft. Frankfurt a. M., Berlin, Wien 1981.

Büsch, O. u. Neugebauer, W. (Hrsg.): Moderne Preußische Geschichte 1648—1947. Eine Anthologie. 3 Bde. Berlin, New York 1981.

Büsching, A. F.: Charakter Friedrichs des Zweiten. Halle 1788.

Bußmann, W.: Friedrich der Große im Wandel des europäischen Urteils in Deutschland und Europa. In: Festschrift für Hans Rothfels. Hrsg. von W. Conze. Düsseldorf 1951.

Carlyle, T.: History of Friedrich II. of Prussia. 6 Bde. London 1858—1869. Übers. von J. Neuburg und F. Althaus. 6 Bde. Berlin 1916—1918.

Clausewitz, C. v.: Vom Kriege. Bonn 1980.

Conrad, H.: Die geistigen Grundlagen des allgemeinen Landrechts für die preußischen Staaten von 1794. Köln 1958.

Conrad, H.: Das Allgemeine Landrecht von 1794 als Grundgesetz des friderizianischen Staates. Berlin 1965.

Cramer, F.: Zur Geschichte Friedrich Wilhelms I. und Friedrichs II., Könige von Preußen. Berlin 1829.

Dilthey, W.: Friedrich der Große und die deutsche Aufklärung. Leipzig, Berlin 1927 (Gesammelte Schriften Bd. 3).

Disselhorst, M.: Die Prozesse des Müllers Arnold und das Eingreifen Friedrichs des Großen. Göttingen 1984.

Dollinger, H.: Preußen. Eine Kulturgeschichte in Bildern und Dokumenten. München 1980.

Droysen, H.: Tageskalender Friedrichs des Großen. T. 1: 1732—1740; T. 2: 1740—1763. In: Forschungen zur Brandenburgischen und Preußischen Geschichte. 25 (1912) und 29 (1916).

Duffy, Ch.: Friedrich der Große und seine Armee. Stuttgart 1978.

Easum, Ch. V.: Prinz Heinrich von Preußen, Bruder Friedrichs des Großen. Göttingen 1958.

Eckert, H.: Ulrich Bräkers Soldatenzeit und die preußische Werbung in Schaffhausen. In: Schaffhauser Beiträge zur vaterländischen Geschichte. Bd. 53. 1976. S. 122—190.

Elze, W.: Friedrich der Große. Geistige Welt, Schicksal, Taten. Berlin 1939.

Der österreichische Erbfolgekrieg von 1740—1748. Bearb. von der kriegsgeschichtlichen Abteilung des k. u. k. Kriegsarchivs. 3 Bde. Wien 1896.

Fechner, H.: Friedrich der Große und die deutsche Literatur. Braunschweig 1968.

Förster, F.: Friedrich Wilhelm I. 3 Bde. und 2 Urkundenbücher. Berlin 1834.

Friedrich der Große. Herrscher zwischen Tradition und Fortschritt. Hrsg. von K. O. Freiherr v. Aretin, P. Baumgart u. a. 1985.

Froese, U.: Das Kolonisationswerk Friedrichs des Großen. Wesen und Vermächtnis. Heidelberg, Berlin 1938.

Gaxotte, P.: Frédéric II. Paris 1938. Übers. von H. Dühring. Zürich 1940. Erw. und bearb. Aufl. Frankfurt am Main, Berlin, Wien 1973. — Ullstein TB 3372, 1981.

Gieraths, G.: Die Kampfhandlungen der brandenburg-preußischen Armee 1626—1807. Ein Quellenbuch. Berlin 1964. (Veröffentlichungen der Historischen Kommission Berlin Bd. 8).

Giersberg, H. J. u. Schendel, H.: Potsdamer Veduten. Stadt- und Landschaftsansichten vom 17. bis 20. Jahrhundert. Potsdam 1981.

Giersberg, H. J. u. Schlaebe, H.: Die Bauten des 18. Jahrhunderts im Park von Sanssouci. Staatliche Schlösser und Gärten. Potsdam-Sanssouci1969.

Gooch, G. P.: Frederick the Great. The ruler, the writer, the man. London 1947. Dt.: Friedrich der Große, Herrscher, Schriftsteller, Mensch. Göttingen 1951. — Heyne TB 12. 1975.

Grünhagen, C.: Geschichte des ersten Schlesischen Krieges. 2 Bde. Gotha 1881.

Grünhagen, C.: Schlesien unter Friedrich dem Großen. 2 Bde. Breslau 1890—1892.

Gundolf, F.: Friedrichs des Großen Schrift über die deutsche Literatur. Zürich 1947.

Hahn, G. u. Kernd'l, A.: Friedrich der Große im Münzbildnis seiner Zeit. Frankfurt a. M., Berlin 1986.

Harnack, A. v.: Geschichte der Königlich Preußischen Akademie der Wissenschaften. Bd. 1. Berlin 1900.

Hildebrandt, A.: Das Bildnis Friedrichs des Großen. Zeitgenössische Darstellungen. Berlin, Leipzig 1940.

Hinrichs, C.: Der Kronprinzenprozeß, Friedrich und Katte. Hamburg 1936.

Hinrichs, C.: Der allgegenwärtige König. Friedrich der Große im Kabinett und auf Inspektionsreise. Berlin 1940.

Hinrichs, C.: Friedrich Wilhelm I., König in Preußen. Bd. 1. Hamburg 1941 (mehr nicht erschienen).

Hintze, O.: Die Hohenzollern und ihr Werk 1415—1915. Unveränderter Nachdruck der Ausgabe von 1915. Moers 1979/80.

Hintze, O.: Friedrich der Große nach dem Siebenjährigen Kriege und das Politische Testament von 1768. In: Forschungen zur Brandenburgischen und Preußischen Geschichte. Bd. 32. Berlin 1920.

Hohenzollern-Jahrbuch. Festausgabe zum Zweihundertsten Geburtstage Friedrichs des Großen. Hrsg. von P. Seidel. 15. Jg. 1911.

Holmsten, G.: Friedrich II. in Selbstzeugnissen und Bilddokumenten. Reinbeck 1969.

Holmsten, G.: Potsdam. Die Geschichte der Stadt, der Bürger und Regenten. Berlin 1971.

Hubatsch, W.: Friedrich der Große und die preußische Verwaltung. 2. durchges. Aufl. Köln, Berlin 1982. (Studien zur Geschichte Preußens Bd. 18).

Hubatsch, W.: Das Problem der Staatsraison bei Friedrich dem Großen. Göttingen, Frankfurt a. M. — Berlin 1956.

Jablonowski, H.: Die erste Teilung Polens. In: Beiträge zur Geschichte Westpreußens. H. 2. 1969. S. 47—79.

Jany, C.: Geschichte der Preußischen Armee vom 15. Jahrhundert bis 1914. Hrsg. von E. Jany. 4 Bde. Osnabrück 1967.

Kadatz, H. J. u. Murza, G. (Hrsg.): Georg Wenzeslaus von Knobelsdorff. Baumeister Friedrichs II. München 1985.

Kästner, E.: Friedrich der Große und die deutsche Literatur. Die Erwiderung auf seine Schrift „De la littérature allemande". 2. Aufl. Stuttgart 1972.

Kapp, F.: Friedrich der Große und die Vereinigten Staaten von Amerika. Leipzig 1871.

Knobelsdorff-Brenkenhoff, B. v.: Eine Provinz im Frieden erobert. Köln, Berlin 1984. (Studien zur Geschichte Preußens. Bd. 37).

Koser, R.: Geschichte Friedrichs des Großen. 4 Bde., 4. u. 5. verm. Aufl. Stuttgart, Berlin 1912.

Die Kriege Friedrichs des Großen. Hrsg. vom Großen Generalstab, Abt. Kriegsgeschichte. Teil 1: Der erste Schlesische Krieg 1740—1742. 3 Bde. Berlin 1890—93. Teil 2: Der zweite Schlesische Krieg 1744/45. 3 Bde. Berlin 1895/96. Teil 3: Der Siebenjährige Krieg 1756—1763. 13 Bde. (bis 1760). Berlin 1901—1914.

Krockow, Chr. Graf v. u. Jürgen, K. H.: Friedrich der Große. Lebensbilder. Berg.-Gladbach 1986.

Kühn, M.: Schloß Charlottenburg. Die Bauwerke und Kunstdenkmäler von Berlin. 2 Bde. Berlin 1970.

Kugler, F.: Geschichte Friedrichs des Großen. Geschrieben von Franz Kugler. Gezeichnet von Adolph Menzel. Leipzig 1840 [und öfter].

Kunisch, J.: Das Mirakel des Hauses Brandenburg. Studien zum Verhältnis von Kabinettspolitik und Kriegführung im Zeitalter des Siebenjährigen Krieges. München, Wien 1978.

Kurth, W.: Sanssouci. Seine Schlösser und Gärten. Berlin 1968.

Lavisse, E.: La jeunesse du Grand Frédéric. Paris 1891. Dt.: Die Jugend Friedrichs des Großen. Hrsg. von F. v. Oppeln-Bronikowski. Berlin 1917.

Lavisse, E.: Le Grand Frédéric avant l'avènement. Paris 1893.

Lehmann, M.: Friedrich der Große und der Ursprung des Siebenjährigen Krieges. Leipzig 1894.

Malinowsky, L. v. u. Bonin, R. v.: Geschichte der brandenburg-preußischen Artillerie. 3 Bde. Berlin 1840—42. Neudruck: Wiesbaden 1982.

Manger, H. L.: Baugeschichte von Potsdam, besonders unter der Regierung Friedrichs II. 3 Bde. Berlin, Stettin 1789—90.

Matschoß, C.: Friedrich der Große als Beförderer des Gewerbefleißes. Berlin 1912.

Mediger, W.: Moskaus Weg nach Europa. Der Aufstieg Rußlands zum europäischen Machtstaat im Zeitalter Friedrichs des Großen. Braunschweig 1952.

Menzel, A. v.: Die Armee Friedrichs des Großen in ihrer Uniformierung. Berlin 1908—1912.

Menzel, A. v.: Die Soldaten Friedrichs des Großen. Leipzig 1923.

Merten, D.: Der Katte-Prozeß. Berlin 1980.

Meyer, J. B. (Hrsg.): Friedrichs des Großen Pädagogische Schriften und Äußerungen. Mit einer Abhandlung über Friedrichs des Großen Schulreglement nebst einer Sammlung der hauptsächlichsten Schul-Reglements, Reskripte und Erlasse. Langensalza 1885. Neudruck Königstein 1978.

Mitford, N.: Friedrich der Große. München 1973.

Mittenzwei, I.: Friedrich II. von Preußen. Berlin, Köln 1980.

Möller, H.: Aufklärung in Preußen. Berlin 1974.

Mönch, W.: Voltaire und Friedrich der Große. Stuttgart, Berlin 1943.

Müller, M. G.: Die Teilungen Polens, 1772, 1793, 1795. München 1984.

Mushacke, M.: Krefeld im friderizianischen Zeitalter unter besonderer Berücksichtigung der Seidenindustrie. Krefeld 1899.

Naudé, A.: Beiträge zur Entstehungsgeschichte des Siebenjährigen Krieges. 2 Bde. Leipzig 1895—96.

Neugebauer, W.: Absolutistischer Staat und Schulwirklichkeit in Brandenburg-Preußen. Berlin, New York 1985.

Nicolai, F.: Anekdoten von König Friedrich II. Berlin 1789.

Nicolai, F.: Beschreibung der königlichen Residenzstädte Berlin und Potsdam. 3 Bde. Berlin 1786.

Niebuhr, M. v.: Geschichte der Königlichen Bank in Berlin. Berlin 1854.

Petersdorff, H. v.: Friedrich der Große. Ein Bild seines Lebens und seiner Zeit. Berlin 1911. Ders.: Fridericus Rex. Ein Heldenleben. Nordhausen 1925.

Die graphischen Portraits Friedrichs des Großen aus seiner Zeit und ihre Vorbilder. Hrsg. von E. v. Campe. München 1958. Ergänzungsband 1970.

Poseck, E.: Die Kronprinzessin. Königin Elisabeth Christine, Gemahlin Friedrichs des Großen. 6. Aufl. Stuttgart 1952.

Preuß, J. D. E.: Friedrich der Große. Eine Lebensgeschichte. 4 Bde. mit 5 Urkundenbüchern. Berlin 1832—1834.

Quandt, R.: Friedrich II. als Komponist und Musiker. In: Tibia. 6. Jg. 1981.

Ranke, L. v.: Zwölf Bücher Preußischer Geschichte. (Sämtliche Werke Bd. XXV—XXIX) 2. Aufl. 1878 f.

Ranke, L. v.: Die deutschen Mächte und der Fürstenbund. Deutsche Geschichte von 1780—1790. Leipzig 1871. (Sämtliche Werke Bd. 31).

Ranke, L. v.: Der Ursprung des Siebenjährigen Krieges. Leipzig 1871.

Raumer, F. L. G. v.: König Friedrich II. und seine Zeit. Nach den gesandtschaftlichen Berichten im Britischen Museum und Reichsarchiven. Leipzig 1836.

Rave, P. O. (Hrsg.): Berlin. Ansichten aus alter Zeit. Nach den Kupferstichen des Johann Georg Rosenberg. Berlin 1959.

Ritter, G.: Friedrich der Große. Ein historisches Profil. Heidelberg 1954.

Rumpf, J. D. F.: Beschreibung der äußern und innern Merkwürdigkeiten der Königlichen Schlösser in Berlin, Charlottenburg, Schönhausen, in den bei Potsdam. Potsdam 1794.

Schieder, Th.: Friedrich der Große. Ein Königtum der Widersprüche. Berlin 1983.

Schlenke, M.: England und das friderizianische Preußen 1740—1763. Ein Beitrag zum Verhältnis von Politik und öffentlicher Meinung im England des 18. Jahrhunderts. Freiburg und München 1963.

Schoeps, H. J.: Preußen. Geschichte eines Staates. Bilder und Zeugnisse. 2 Bde. Berlin 1981.

Seidel, P.: Friedrich der Große und die Bildende Kunst. Leipzig 1924.

Simon, E.: Friedrich der Große. Das Werden eines Königs. Tübingen 1964.

Skalweit, S.: Frankreich und Friedrich der Große. Bonn 1952. (Bonner Historische Forschungen Bd. 1).

Spranger, E.: Der Philosoph von Sanssouci. Heidelberg 1962.

Springer, M.: Die Coccejische Justizreform. 1914.

Stadelmann, R.: Preußens Könige in ihrer Tätigkeit für die Landeskultur. Bd. 3 Leipzig 1885. (Publikationen aus den Königlich Preußischen Staatsarchiven Bd. 25).

Stern, S.: Der Preußische Staat und die Juden. Dritter Teil: Die Zeit Friedrichs des Großen. Abt. 1 und 2. Tübingen 1979. (Schriftenreihe wissenschaftlicher Abhandlungen des Leo-Baeck-Institut 24, 1—2).

Stribrny, W.: Die Rußlandspolitik Friedrichs des Großen 1764—1786. Würzburg 1966.

Thiébault, D.: Mes souvenirs de vingt ans de séjour à Berlin. 5 Bde. Paris 1804.

Thouret, G.: Friedrich der Große als Musikfreund und Musiker. Leipzig 1898.

Treue, W. (Hrsg.): Preußens großer König. Leben und Werk Friedrichs des Großen. Eine Ploetz-Biographie. Freiburg, Würzburg 1986.

Vocke, R.: Friedrich der Große, Person, Zeit, Nachwelt. Gütersloh 1977.

Waddington, R.: La Guerre de Sept ans. Histoire diplomatique et militaire. 5 Bde. Paris 1899—1914.

Weber, W.: Innovation im frühindustriellen Bergbau und Hüttenwesen. Göttingen 1976. (Studien zur Naturwissenschaft, Technik und Wirtschaft im 19. Jahrhundert, Bd. 6).

Wirtgen, A.: Die preußischen Handfeuerwaffen, Manufakturen und Modelle 1700—1806. Osnabrück 1976.

Zernack, K.: Negative Polenpolitik als Grundlage deutsch-russischer Diplomatie in der Mächtepolitik des 18. Jahrhunderts. In: Rußland und Deutschland. Festschrift für Georg v. Rauch. Hrsg. von U. Liszowski. Stuttgart 1974. S. 144—159.

Zick, G.: Berliner Porzellan und Manufaktur von Wilhelm Caspar Wegely 1751—1757. Berlin 1978.

Ziechmann, J. (Hrsg.): Panorama der friderizianischen Zeit. Bremen 1985. (Forschungen und Studien zur friderizianischen Zeit. Hrsg. von Peter Baumgart, Hans Bleckwenn u. a.).

Zierholz, H. P.: Arbeiterschaft und Recht in Brandenburg-Preußen 1648—1800. Weimar 1985.

# Fotonachweis

Die angegebenen Zahlen geben die Katalognummern wieder.

Bayreuth, Eremitage: I 53 a

Berlin, Berlin Museum (Foto: H. J. Bartsch): III 63, III 69 a, III 77 a, III 77 b, III 95, IV 12 b, V 3 a, V 5, V 10, V 30 c, V 33 d, VI 33

Berlin, Bildarchiv PK: I 2, III 1, III 57, III 58, VI 35, VI 40, VII 19

Berlin, Geheimes Staatsarchiv PK (Foto: H. M. Moll-Bakaris u. S. Titzmann): I 27, I 30 b, I 30 c, I 37, I 47, I 51, I 53 b, I 73, I 92 a, II 7 b, II 10, II 16, II 25, II 43 a, II 45, II 52, II 65, II 86, III 13, III 17, III 18 a, III 21 a, III 22 g, III 26, III 27, III 28 a, III 29, III 34, III 59 a, III 59 b, III 64 c, III 66, III 80 a, III 80 b, III 80 c, III 82 b, III 85 a, III 92, III 99, III 100, IV 4, IV 10, IV 11, IV 14 b, IV 18 a, IV 27 g, IV 29, IV 34, IV 42, IV 52 a, IV 54 a, IV 59, IV 66 a, IV 69, IV 70 a, V 14 a, V 15 b, V 16 b, V 23, V 32, V 38, V 40, V 43 a, V 45, V 48, V 50, V 53, V 56 a, V 56 b, V 57, V 73, V 75, V 103, V 107, V 110, V 114, VI 2, VI 7 c, VI 7 e, VI 9 a, VI 12 a, VI 13 a, VI 19 a, VI 26, VI 48, VI 61, VI 65, VI 66 b, VII 1 b, VII 18 a, VIII 2 b, VIII 7 c, VIII 9 d, VIII 15 g, VIII 26 c, VIII 28 e

Berlin, Gemäldegalerie SMPK (Foto : J. P. Anders): I 94

Berlin, Kupferstichkabinett SMPK (Foto: J. P. Anders): VI 14 b, VIII 3 a, VIII 4 c, VIII 7 b, VIII 23 d, VIII 29 d, VIII 30 b

Berlin, Kunstbibliothek SMPK (Foto: K. H. Paulmann): III 11, V 31, VI 25, VIII 10 c

Berlin, Neue Nationalgalerie SMPK (Foto: J. P. Anders): IV 78, VIII 3 c, VIII 6 f, VIII 8 d, VIII 11 c, VIII 19 h, VIII 22 e

Berlin, Skulpturengalerie SMPK (Foto: J. P. Anders): VI 41 a

Berlin, Staatliche Schlösser und Gärten: V 1, VII 2, (Foto: J. P. Anders): I 1, I 12, I 26, I 30 a, I 48, I 54 a, I 55, I 67, I 85, I 86, II 20, II 27, II 81, III 18 a, III 53, III 55, III 65, III 73, III 74 c, III 81, III 87, III 109, IV 12 b, IV 17, IV 23 a, IV 27 c, IV 33, IV 35, IV 54, IV 55, IV 67, V 4, V 65, VI 10, VI 14 b, VI 20, VI 50, VII 2, VII 18, VII 21, VIII 7 d, VIII 10 f, VIII 15 f, VIII 16 d, VIII 17 a, VIII 18 c, VIII 19 b, VIII 22 c, VIII 24 b, VIII 25 b, VIII 27 b

Berlin, Staatsbibliothek PK: II 79 a, II 86, III 31, III 68, III 110, IV 27 a, V 67 b, V 108, V 112, VI 6, VIII 1 a, VIII 4 b, VIII 5 a, VIII 6 c, VIII 13 c, VIII 14 a, VIII 20 b

Coburg, Kunstsammlung der Veste Coburg: VIII 12 b, VIII 13 e, VIII 27 c

Doorn, Stichting Huis Doorn (Foto: T. Haartsen, Aderkerk): I 69, I 70, I 71, I 72, III 52 b

Erlangen, Friedrich Alexander Universität (Foto: G. Glasow): I 83

Hamburg, Kunsthalle (Foto: R. Kleinhempel): VIII 13 g

Hechingen, Burg Hohenzollern: IV 52 e, IV 52 f, VIII 21 b (Foto: E. H. Hehl, Tiefenbronn): IV 16, (Foto: H. Rominger, Ebingen): II 36, IV 65 a, VI 55 b, VI 64 a

Heidelberg, Kurpfälzisches Museum: IV 78

Lübeck, Museum für Kunst und Kulturgeschichte (Foto: H. Jäger): VI 56

Marburg, Hessisches Staatsarchiv: VI 48

Münster, Westfälisches Landesmuseum, Portraitarchiv Diepenbroik: V 6 a, V 6 b, V 41 a

Wien, Haus-, Hof- und Staatsarchiv: IV 77 b

Wien, Heeresgeschichtliches Museum: III 84, IV 14 a, IV 46 a, IV 48

Wilhelmshaven, Küsten Museum (Foto: Sagkob): III 46

Aufnahmen privater Leihgeber: I 28, I 40, I 42, II 2, II 52, IV 47, IV 54 b, IV 55

Die den Kapiteln vorangestellten Aussprüche wurden den Werken Friedrichs des Großen entnommen.